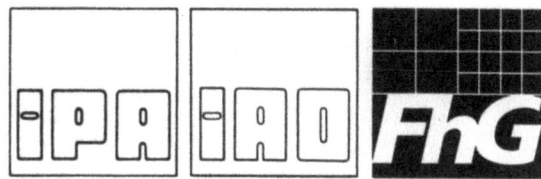

Forschung und Praxis

Band T 41

Berichte aus dem

Fraunhofer-Institut für Produktionstechnik und Automatisierung (IPA), Stuttgart

Fraunhofer-Institut für Arbeitswirtschaft und Organisation (IAO), Stuttgart

Institut für Industrielle Fertigung und Fabrikbetrieb (IFF) der Universität Stuttgart, und

Institut für Arbeitswissenschaft und Technologiemanagement (IAT) der Universität Stuttgart

Herausgeber: H. J. Warnecke und H.-J. Bullinger

12. IAO-Arbeitstagung
9.-10. November 1993

Wege aus der Krise
Geschäftsprozeßoptimierung
und Informationslogistik

Herausgegeben von H.-J. Bullinger

Springer-Verlag Berlin Heidelberg GmbH 1993

Dr.-Ing. Dr. h. c. Dr.-Ing. E. h. H. J. Warnecke
o. Professor an der Universität Stuttgart
Fraunhofer-Gesellschaft, München

Dr.-Ing. habil. Prof. e. h. Dr. h. c. H.-J. Bullinger
o. Professor an der Universität Stuttgart
Fraunhofer-Institut für Arbeitswirtschaft und Organisation (IAO), Stuttgart

ISBN 978-3-540-57586-3   ISBN 978-3-662-10878-9 (eBook)
DOI 10.1007/978-3-662-10878-9

Dieses Werk ist urheberrechtlich geschützt. Die dadurch begründeten Rechte, insbesondere die der Übersetzung, des Nachdrucks, der Entnahme von Abbildungen und Tabellen, der Funksendung, der Mikroverfilmung oder der Vervielfältigung auf anderen Wegen und der Speicherung in Datenverarbeitungsanlagen, bleiben, auch bei nur auszugsweiser Verwertung, vorbehalten. Eine Vervielfältigung dieses Werkes oder von Teilen dieses Werkes ist auch im Einzelfall nur in den Grenzen der gesetzlichen Bestimmungen des Urheberrechtsgesetzes der Bundesrepublik Deutschland vom 9. September 1965 in der Fassung vom 24. Juni 1985 zulässig. Sie ist grundsätzlich vergütungspflichtig. Zuwiderhandlungen unterliegen den Strafbestimmungen des Urheberrechtsgesetzes.

© Springer-Verlag Berlin Heidelberg 1993
Ursprünglich erschienen bei Springer-Verlag Berlin Heidelberg New York 1993

Die Wiedergabe von Gebrauchsnamen, Handelsnamen, Warenbezeichnungen usw. in diesem Werk berechtigt auch ohne besondere Kennzeichnung nicht zu der Annahme, daß solche Namen im Sinne der Warenzeichen- und Markenschutz-Gesetzgebung als frei zu betrachten wären und daher von jedermann benutzt werden dürften.

Sollte in diesem Werk direkt oder indirekt auf Gesetze, Vorschriften oder Richtlinien (z. B. DIN, VDI, VDE) Bezug genommen oder aus ihnen zitiert worden sein, so kann der Verlag keine Gewähr für Richtigkeit, Vollständigkeit oder Aktualität übernehmen. Es empfiehlt sich, gegebenenfalls für die eigenen Arbeiten die vollständigen Vorschriften oder Richtlinien in der jeweils gültigen Fassung hinzuziehen.

Gesamtherstellung: Copydruck GmbH, Heimsheim

Vorwort

Die Zeit der Problemsensibilisierung für deutsche Unternehmen ist vorbei. Japanische Lean-Konzepte als Visionen genügen nicht, um Wege aus der Krise aufzuzeigen. Gefragt sind heute konkrete Vorgehensweisen, die sowohl die aktuelle Situation berücksichtigen als auch zukunftsorientierte Handlungsanleitungen geben. Ziel der IAO-Tagung ist daher vor allem die Vorstellung bereits erfolgreicher Realisierungen und ihrer Methoden.

Im allgemeinen lassen sich hier zwei Kernpunkte identifizieren:
Geschäftsprozeßoptimierung als Fokus in dezentralen Strukturen verlagert Verantwortung und beschleunigt dadurch Abläufe und erhöht den Kundennutzen.
Informationslogistik gibt den dezentralen Strukturen einen gemeinsamen Unterbau, erlaubt eine ganzheitliche Sicht aus jeder Perspektive und wird dadurch zum verbindenden Element des Betriebsgeschehens.
Diese beiden Kernpunkte lassen sich sowohl auf technische als auch auf kaufmännische Bereiche anwenden. Durch die ganzheitliche Betrachtung werden Schnittstellen zu Nahtstellen.

Tagungsziel ist die Diskussion von Umsetzungsstrategien sowie der Auswirkungen auf Zeiten, Kosten und Qualität von Prozeß und Produkt. Die integrierte Darstellung von Prozeßanalyse und technologischer Umsetzungsstrategie ermöglicht den Tagungsteilnehmern kerngeschäftsrelevante Prozesse zu erkennen. Auf dieser Basis zeigen konkrete Fallbeispiele Ansätze für organisatorische Verbesserungsmaßnahmen sowie das Nutzen von Unterstützungspotentialen des Technologieeinsatzes zur Steigerung von Wertschöpfung und Kundenorientierung.

Der vorliegende Band faßt die Beiträge der IAO-Arbeitstagung 1993 zusammen, auf der über den aktuellen Stand des Wissens in Forschung und Praxis zu zentralen Fragestellungen des Organisations- und DV-Managements berichtet wurde. Der Erfahrungsaustausch stand dabei wieder im Vordergrund und spiegelt sich auch in den Beiträgen dieses Buches wider. Die Expertenbeiträge machen deutlich, daß zur erfolgreichen Bewältigung der aktuellen Herausforderungen genügend Instrumente und Methoden vorhanden sind. Die gegenwärtigen Situation sollte genutzt werden, neue Wege zu beschreiten, um gestärkt aus der Krise hervorzugehen.

An der Erstellung dieses Buches waren viele helfenden Hände beteiligt, die leider nicht alle namentlich aufgezählt werden können, denen aber unser besonderer Dank gilt. Besonders sind hier die Autoren zu nennen, die ein Referat ausgearbeitet haben. Dank gilt auch den beteiligten Mitarbeitern des IAO und den Mitveranstaltern des Forums.

Stuttgart, November 1993 *Hans-Jörg Bullinger*

Inhalt

Leitvortrag Hans-Jörg Bullinger	9
Die prozeßorientierte Organisation Johann Tikart	49
Ein Mittelständler in Südostasien Michael Marks	69
Marktorientierter Service Michael S. Duesberg	79
Der kontinuierliche Verbesserungsprozeß (CIP) als Weg zum schlanken Unternehmen Heinrich Hinkel	97
Optimierung von Geschäftsprozessen in indirekten Bereichen Ralf Richter	109
Dynamische Modelle zur Analyse und Optimierung von Geschäftsprozessen Hansjörg Fromm	115
Montagemanagement für Variantenreiche Serienprodukte Heinz Schott	127
Vorgangsbearbeitung auf Mainframe und Unix Michael Werner	141
Lernende Organisation und Kundennutzenoptimierung Hermann Klinger	165
TQM bei Motorola **Theorie und Praxis der Sechs Sigma Philosophie - was kommt danach** Heinrich Wallechner	179
Die Engineering Database (EDB) im Umfeld der ISO 9000 Martin Eigner	191
Office Automation Trends **Groupware versus Workflow-Management** Harald B. Karcher	203
Innovations- und Wertschöpfungskette wachsen zusammen Hans-Peter Bochsler	217
Engineering Data Management: **Ein Ansatz für eine unternehmensweite Informationslogistik** Hendrik Knopper	233
Langfristige Informatik-Leitplanung auf der Basis von Geschäftsprozessen Manfred Meibom	249

Inhalt

Die Rollen von Informationstechnologie und Anwender bei der effizienten Umsetzung in die Praxis Urs Schmid	**279**
PAO - ein Organisations- und Kommunikationsmittel für die Produktinnovation und Auftragsabwicklung Johannes Dünnwald	**293**
Product Information Management - die strategische Entscheidung der 90er Jahre Achim Deboeser	**315**
Wege zur Effizienz- und Qualitätssteigerung im Engineering des Großanlagenbaus Peter Dück und H. Holland	**337**
Prozeßorientierte Produktdokumentation für Nutzfahrzeuge – Prinzip, Umsetzung und strategische Bedeutung Eckart Seybold	**351**
Geschäftsprozesse - von der Analyse zur Gestaltung Dieter Schieferle	**391**
Auswirkungen der integrierten Vorgangsbearbeitung auf die Software Entwicklung bei Banken Alfred Goll	**415**
Geschäftsprozesse und Standardsoftware Heinz Bandur	**425**
Optimierung von Geschäftsprozessen bei Einsatz von Standardsoftware Reinhard Brombacher	**439**

12. IAO-Arbeitstagung
Wege aus der Krise
Geschäftsprozeßoptimierung und
Informationslogistik

Leitvortrag

Hans-Jörg Bullinger
FhG-IAO, Stuttgart

Situationsanalyse

Deutschland und die anderen europäischen Volkswirtschaften erleben derzeit die wohl größte Wirtschaftskrise der letzten 50 Jahre. Eine offensichtliche Lösung der vielfältigen, damit verbundenen Probleme existiert nicht, da in fast allen Bereichen von Produktion und Dienstleistung ein unüberschaubarer Umbruch stattfindet.

Gesättigte Märkte

Der Übergang vom Anbietermarkt zum Kundenmarkt ist längst vollzogen. Der Kunde hat bei fast allen Produkten eine reichhaltige Auswahl an Herstellerfirmen und Produktvarianten. Damit ist er in der Lage hohe Anforderungen an Produktpreis, -qualität und -lieferzeiten zu stellen.

Der Faktor Zeit ist in zwei Bereichen kritisch geworden: Weil die Lebensdauer von Produkten kontinuierlich sinkt, wird der Entwicklungsbereich zu immer kürzeren Produktentwicklungszeiten gezwungen. Gleichzeitig sind vom Kunden akzeptierte Lieferzeiten selbst für exotische Varianten sehr gering geworden.

Der Faktor Qualität ist zur Herausforderung geworden. Hohe Kundenerwartungen, aber auch eine verschärfte Produkthaftung erzwingen die Aufwertung aller Maßnahmen zur Qualitätssicherung.

Der Preisdruck auf Produkte und Dienstleistungen wird nicht nur von den Effekten eines Kundenmarktes, sondern zusätzlich durch eine der wirtschaftlichen Situation entsprechende Nachfrageschwäche und Preissensibilität geprägt.

Aber auch die Produktfunktionalität wird zunehmend präziser durch die Anforderungen des Kunden diktiert, die auch bei Serienprodukten zu einer Vielzahl von Varianten und dementsprechend geringen Stückzahlen pro Variante führen.

Internationalisierung und Standort Deutschland

Alle Bereiche der Industrie sind direkt oder indirekt durch die fortschreitende Internationalisierung betroffen. Für Produktionsbetriebe sind neue Produktions-, Zulieferer- und Kundenbeziehungen prägend, auch Dienstleistungsunternehmen operieren weltweit und müssen sich demgemäß einer internationalen Konkurrenz stellen.

Eine solche Wettbewerbssituation - zunehmend auch durch Schwellenländer bestimmt - zwingt nicht nur zu Verbesserungen der Preis-Kosten-Relation, gleichzeitig ist auch eine verstärkte Hinwendung zu neuen Produkten und Dienstleistungen mit zeitgemäßen Realisierungsverfahren gefordert. Gerade im Kostenbereich mußte der Wirtschaftsstandort Deutschland bereits empfindliche Attraktivitätseinbußen hinnehmen. Dementsprechend kommen für Neuansiedlungen immer mehr Standortalternativen in Gestalt neuer Industrieländer in Osteuropa, Asien und Lateinamerika in Betracht.

Einig sind sich so gut wie alle wirtschaftlichen Analysen in der Identifikation des Kostenfaktors als Kernproblem. *"Wir sind im internationalen Wettbewerb nicht soviel besser, wie wir teurer sind"* (Seitz). So sind deutsche Produkte im Maßstab des Weltmarkts oftmals um bis zu 30 % zu teuer. Die Verantwortung dafür entfällt zu etwa gleichen Teilen auf Produkt und Gestaltung, Strukturen der Unternehmensorganisation sowie gesellschaftliche Rahmenbedingungen.

Zwar können deutsche Industrien klassischer Bereiche immer noch eine führende Rolle beanspruchen, in wichtigen Bereichen neuer Technologien kann die deutsche Wirtschaft nach Meinung angesehener Experten allerdings keine nennenswerte Rolle auf dem Weltmarkt (mehr) spielen /1/.

Lageeinschätzung Industrie

Die Reaktionen der Industrie auf die aktuelle Situation sind dabei sehr heterogen. Beispielsweise wurde der Eigenfertigungsanteil deutscher Unternehmen zwischen 1991 und 1992 von etwa 30% der Betriebe erhöht, gleichzeitig aber auch von 27% reduziert /2/. Erst die differenzierte Betrachtung ergibt eine sichtbare Tendenz in Gestalt verstärkter Eigenfertigung bei allgemein angewandten Fertigungsverfahren. Demgegenüber werden spezielle Fertigungsverfahren zunehmend auf dafür spezialisierte, externe Unternehmen verlagert, so daß sich die gegenwärtige Entwicklung als Konzentration auf die Kernbereiche charakterisieren läßt. Zudem kann als Ergebnis steigenden Anpassungsdrucks und verschärfter Auslese zum einen ein Verschwinden nichtanpassungsfähiger Unternehmen, zum anderen eine zunehmende Tendenz zur Kooperation von geschäftlich verbundenen Unternehmen (hauptsächlich in Vertrieb, Einkauf und F&E) beobachtet werden.

Der Ansatz innerbetrieblicher Produktivitätsverbesserungen hat sich dabei in den letzten Jahren schwerpunktmäßig von Automatisierungsstrategien hin zu einer effizienten Organisation verlagert. So wurde etwa Gruppenarbeit als Anpassung der Betriebsorganisation zur Nutzung mitarbeiterbedingter Potentiale von zahlreichen Unternehmen eingeführt. Um langfristig wettbewerbsfähig zu bleiben wird dagegen auch versucht, Kosten über Personalfreisetzung zu senken.

Alles in allem vermag es vor diesem Hintergrund nicht weiter zu verwundern, daß in den Unternehmen keine nennenswerte Euphorie beobachtet werden kann. So wollen z. B. nur 60% der Betriebe an realisierbare Umsatzsteigerungen, nur 10% an ein Personalwachstum glauben.

Handlungsbedarf

Die aktuelle Krise macht es überdeutlich: Viele Betriebe werden große Anstrengungen unternehmen müssen, um die hohen Kundenanforderungen befriedigen und damit wettbewerbsfähig bleiben zu können. Unterschiedlich marktrelevante Faktoren erfordern jedoch auch eine unterschiedliche Gewichtung im Rahmen von Verbesserungen. Für jedes Unternehmen und selbst für jedes Produkt stellt sich so die Frage nach einer zukunftsträchtigen Stategie, mit der sich verlorene Marktanteile zurückgewinnen und insbesondere in Wachstumsmärkten tragfähige Potentiale aufbauen lassen.

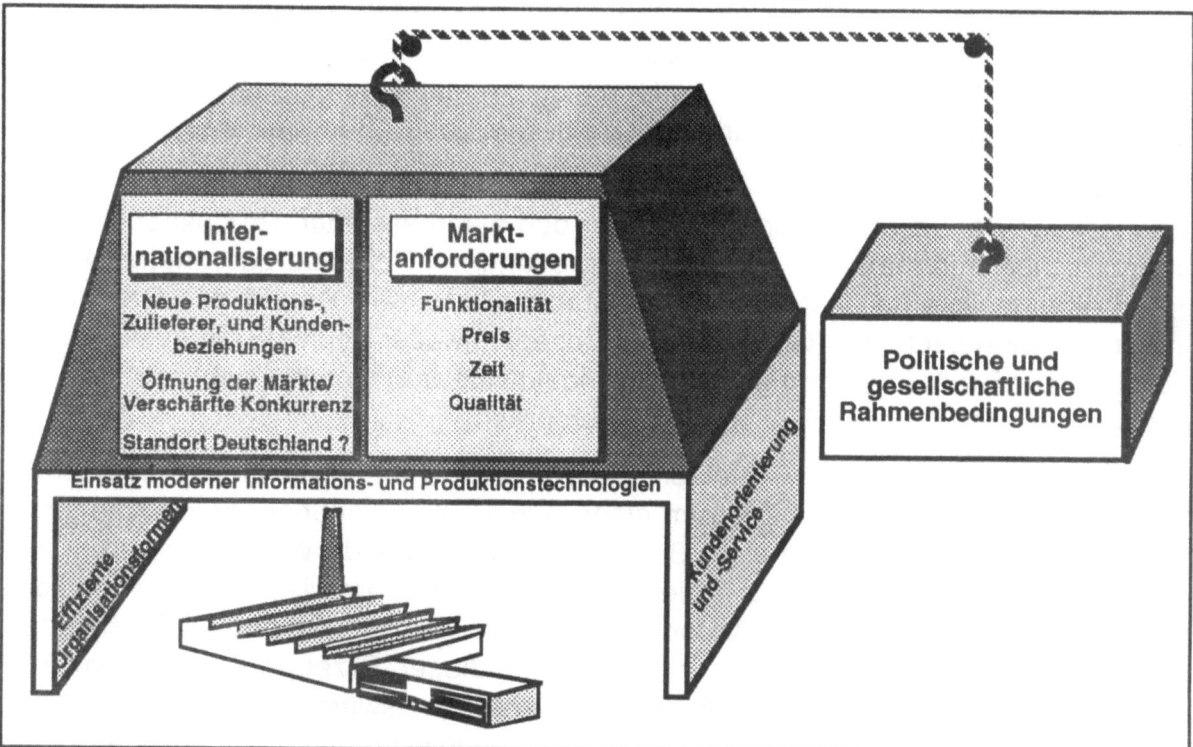

Bild 1: Überleben in schwieriger Zeit

Erfolgsrezepte der Vergangenheit sind jedenfalls kaum geeignet, um Wege aus der aktuellen Krise aufzuzeigen, demgegenüber wird ein kritischer Rückblick hier wichtige Schlußfolgerungen für die Zukunft erleichtern.

Von Taylor zu CIM

Die Wurzeln gegenwärtig vorherrschender Denkweisen reichen weit in eine Vergangenheit zurück, die allgemein als industrielle Revolution bezeichnet wird. Später leitete das Wirken von Taylor (Arbeitsteilung in der ausführenden und dispositiven Ebene, Schematisierung und Mechanisierung der Arbeitsleistung) /3/ den Übergang von der Manufaktur zur mechanisierten Großindustrie ein. Die "(un)bewußten Weiterentwicklungen" von Ford (Fließbandfertigung, hohe Fertigungstiefe und hohes Produktionsvolumen) bauten Taylors Grundsätze zum dominierenden Prinzip der Massenproduktion aus.

Nach dem Ende des zweiten Weltkriegs konnte diese Vorreiterrolle durch die innovative Überlegenheit amerikanischer Produkte in nahezu der ganzen Welt, so auch in Deutschland, ausgebaut werden. Gerade in dieser Zeit wurden amerikanische Managementmethoden zur Grundlage des deutschen Wiederaufbaus, und auch heute noch prägen US-Vorbilder weite Teile unseres Bewußtseins.

Die Industriekultur in Europa entwickelte sich gemäß diesen Vorbildern zur Massenproduktion für einen Anbietermarkt. Fließbandstrukturen prägten die Fertigung, der Fortschritt bestand aus zunehmender Automatisierung, wobei die Entwicklung der Datenverarbeitung zunächst nur punktuelle Auswirkung auf die Unternehmen hatte. In den 70er Jahren änderte sich die Marktcharakteristik hin zu einem nachfrageschwachen Käufermarkt mit kleineren Losgrößen bei steigender Produktvielfalt.

Als Reaktion darauf wurde versucht, die für den automatisierten Produktionsprozeß erforderlichen Informationen bereichsübergreifend mit Hilfe übergeordneter Datenverarbeitungssysteme austauschbar zu machen. Mit dem Begriff des Computer-Integrated-Manufacturing (CIM) war ein Konzept - wieder nach US-amerikanischem Vorbild - zur Erhöhung von Flexibilität, Produktivität und Qualität geboren, das die Lösung fast aller Produktivitätsprobleme versprach.

In den vergangenen Jahren rückten jedoch Erfolge der japanischen Wirtschaft langsam aber beständig ins Zentrum einer industriellen Neuorientierung. Die japanische Wirtschaft konnte auf allen Gebieten beeindruckende Wachstumsraten aufweisen, dabei wurden erstmals in den 50er und 60er Jahren japanische Produkte, seinerzeit meist von einfacher Bauart und niederer Qualität, auf deutschen Märkten angeboten. Die anfängliche Geringschätzung dieser Erzeugnisse verschwand schnell, als mit steigender Qualität und konstanter Preiswürdigkeit ganze Produktsparten fast ausschließlich von japanischen Erzeugnissen dominiert wurden.

Daraufhin konnten japanischen Management-Methoden auch bei europäischen Führungskräften Interesse wecken, mit dem Buch "Die zweite industrielle Revolution" von Womack/Jones /4/ konnte schließlich Lean Production nach japanischem Vorbild zum Maßstab für effiziente Unternehmensführung werden und CIM als Hoffnungsträger zur Lösung der Produktivitätsprobleme ersetzen.

Die Vision "Lean-Production"

Der Begriff "Lean" steht für ein ganzes *"Bündel von Prinzipien und Maßnahmen zur effektiven und effizienten Planung, Gestaltung und Kontrolle der gesamten Wertschöpfungskette industrieller Güter"* /3/. Seine einzelnen Komponenten wurden schon oftmals vorgestellt und sollen deshalb hier nur kurz skizziert werden. Es sind dies:

o Unternehmenssegmentierung durch dezentrale Strukturen
o Kundenorientiertes Qualitätsmanagement
o Humanzentriertes Management
o Wertschöpfungskette mit Zulieferer/Kunden-Integration

Unternehmenssegmentierung durch dezentrale Strukturen

Überbleibsel tayloristischer Denkprinzipien sind heute immer noch Bereichsegoismen, die eine ganzheitliche Sichtweise auf den Produktentstehungsprozeß verhindern und so zum Problem einer zeitgemäßen Unternehmensführung werden.

Damit verbundene Organisationsstrukturen sind dabei durch hierarchische Gliederungen geprägt, die vor allem durch die Trennung von planenden, ausführenden und qualitätssichernden Tätigkeiten auffallen.

Dagegen fordert Lean Production die Verlagerung von Verantwortung und Kompetenz in Gruppen mit hohem Selbstoptimierungs- und Selbststeuerungsvermögen. Ziel ist es dabei, eine ganzheitliche Sichtweise auf das Produkt zu erlauben, Entscheidungswege und Durchlaufzeiten wesentlich zu verkürzen und damit die Produktkosten entscheidend zu senken.

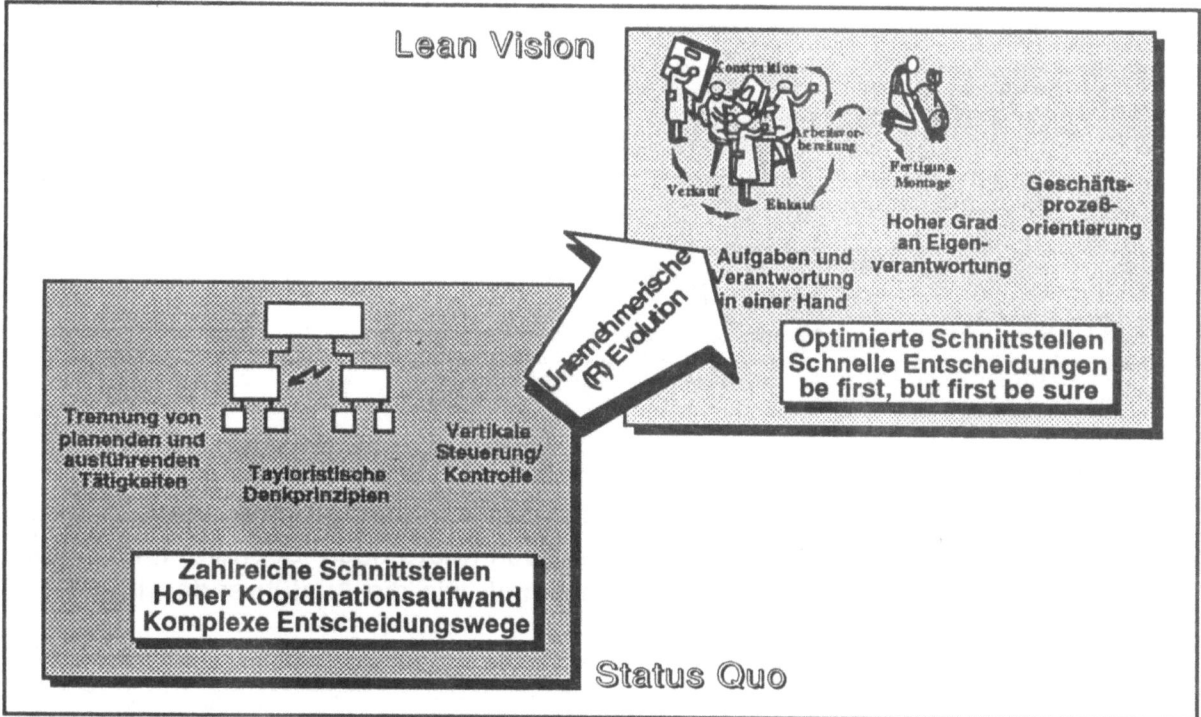

Bild 2: Dezentrale Strukturen

Kundenorientiertes Qualitätsmanagement

Die gegenwärtige Situation im Bereich des Qualitätsmanagements zeichnet sich jedoch vor allem durch vielfältige Abstimmungsprobleme zwischen Kunde, Vertrieb und Entwicklung aus. So löst der Vertrieb oftmals überhöhte Kundenerwartungen aus, denen das Unternehmen nur mit unwirtschaftlichem Aufwand gerecht werden kann.

Das Qualitätsmanagement im Rahmen der Lean Production soll dagegen mit Hilfe von Qualitätszirkeln neben der Produkt- auch die Prozeßqualität sicherstellen. So sollen in Zukunft alle am Wertschöpfungsprozeß Beteiligten Qualitätsaufgaben übernehmen und dadurch innerhalb des gesamten Unternehmens ein neues Qualitätsbewußtsein schaffen. Zulieferer von Rohstoffen und Produktkomponenten werden dabei mit Hilfe der Maßnahmen nach ISO 9000 in den Prozeß der Qualitätssicherung integriert, um damit ein kundenorientiertes Qualitätsmanagement zu erlauben.

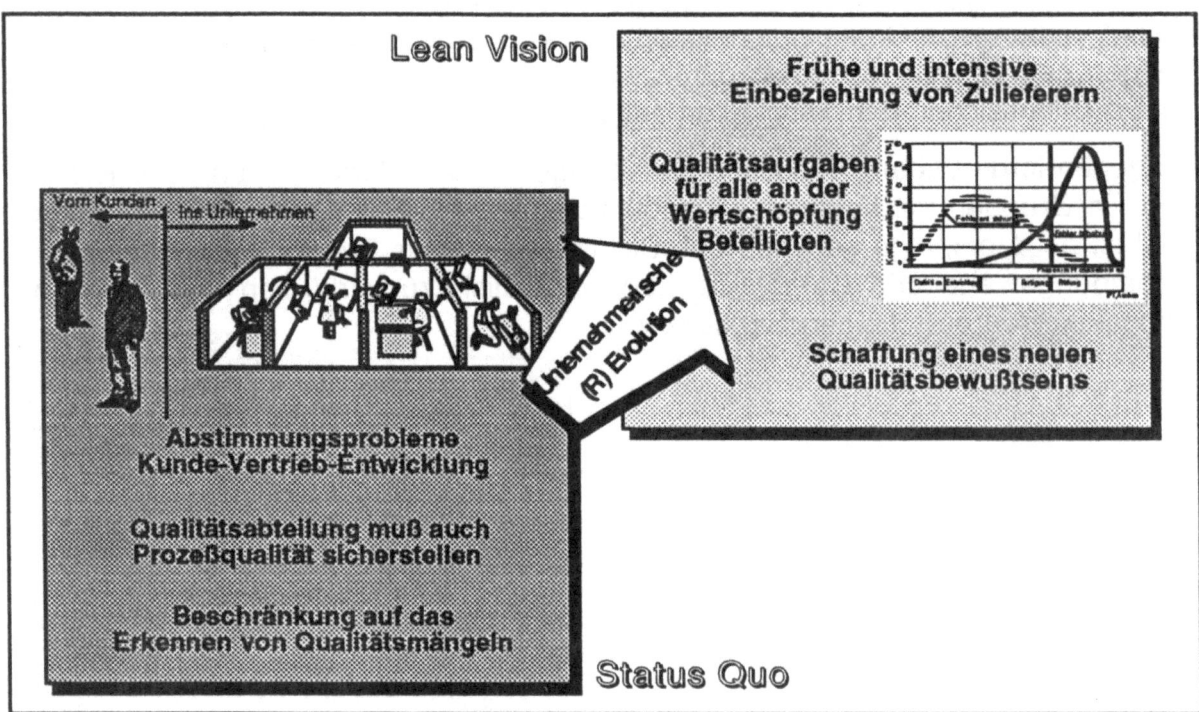

Bild 3: Kundenorientiertes Qualitätsmanagement

Humanzentriertes Management

Das Erbe Taylors, der das individuelle Urteil des Arbeiters durch wissenschaftliche Management-Methoden ersetzen wollte, ist auch heute noch lebendig. Immer noch wird häufig von Vorgesetzten akribisch bestimmt, wie die Ausführenden ihre Tätigkeit zu erfüllen haben.

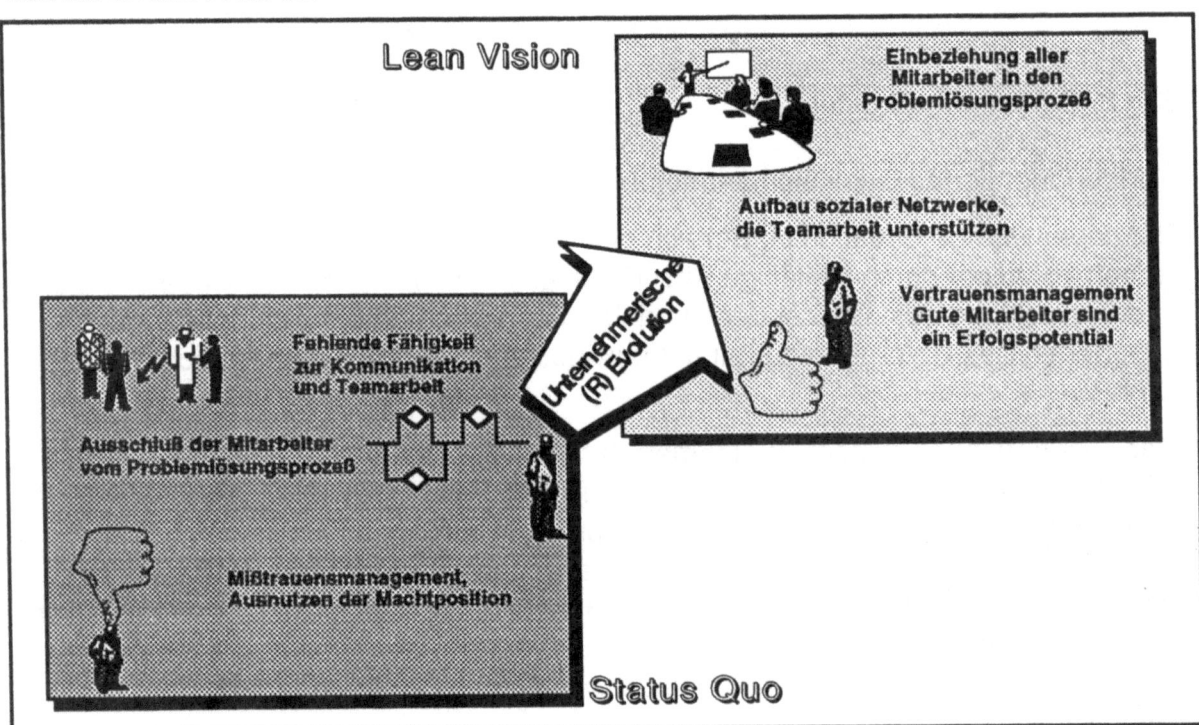

Bild 4: Humanzentriertes Management

Demgegenüber wird bei Lean Production der Mitarbeiter, über die Delegation von Kompetenz und Verantwortung, aktiv in den Lösungsprozeß eingebunden. Dies steigert sowohl die Identifikation als auch die Motivation für die Arbeit entscheidend. In Verbindung mit entsprechenden Anreizsystemen wird der Mitarbeiter zu eigenständigem Mitdenken angeregt, wodurch wiederum Arbeitszufriedenheit und auch Arbeitsresultate eine deutliche Verbesserung erfahren.

Wertschöpfungskette mit Zulieferer- und Kundenintegration

Zulieferer und Kunden werden allzu häufig als Gegenseite der Unternehmenstätigkeit, bestenfalls jedoch als gleichberechtigter Partner verstanden. Auch das Verständnis zum Kunden ist selbst im "Dienst"-Leistungsbereich nur sehr selten dadurch geprägt, daß sich ein Unternehmen als Diener seiner Kunden versteht.

Zulieferer und Kunden müssen dagegen im Verständnis von Lean Production gerade als alles entscheidende Faktoren gesehen werden. Die frühe Einbindung von Zulieferern und Kunden in den Produktentwicklungsprozeß fördert Synergien, die für die Produktdefinition äußerst hilfreich sind. Kunden und Zulieferer werden zur Informationsquelle für Planung, Herstellung und die kontinuierliche Verbesserung der Produkte. Durch engen Kundenkontakt entspricht die Produktfunktionalität präzise den Kundenanforderungen, was nicht nur zur Akzeptanz von Preis-/Leistungs-Relationen führt, sondern zudem auch die Kundentreue erhöht.

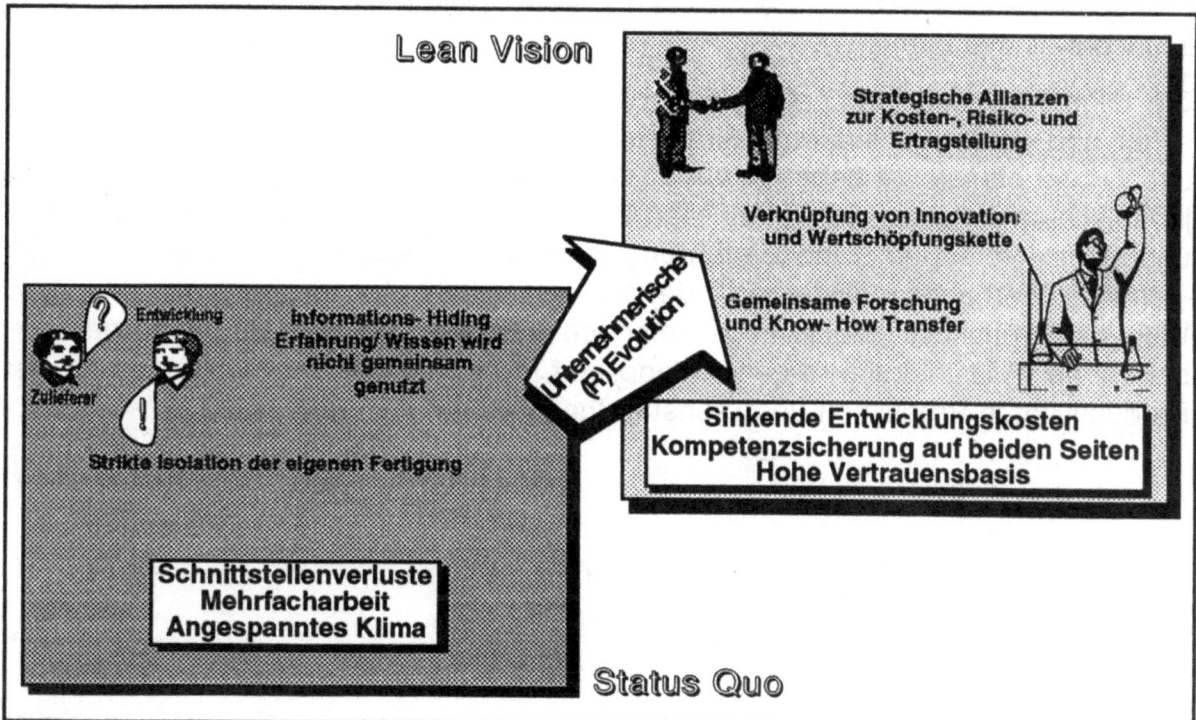

Bild 5: Integrierte Wertschöpfungsketten

Die Randbedingungen

Lean Management ist für viele zunächst eine Vision ohne konkrete Umsetzungsanleitungen geblieben. Dies ist auch nicht weiter verwunderlich, da sich Lean Production in vielen Bereichen auf Spezifika japanischer Mentalität, Geschäftspraktiken, Besonderheiten des japanischen Kulturraums, allgemein auf spezifisch japanische Rahmenbedingungen stützt.

Daher kann es für europäische Unternehmer nicht genügen, einzelne Komponenten von Lean Management in hiesige Unternehmen unkritisch zu übernehmen. Eine solche fragmentarische Übertragung in andere Rahmenbedingungen wird kaum als funktionierende, schon gar nicht als optimale Lösung gelten können, da gerade die erfolgreiche Anpassung an spezifische Randbedingungen die gute von der optimalen Lösung unterscheiden kann.

Die gedankliche Vision der Lean Production kann - ja muß - dabei in großen Teilen zunächst schlicht akzeptiert werden, die konkrete Ausgestaltung der Ziele sowie der Weg dorthin bleiben jedoch offen. Der Übergang zu solchen Zielvorstellungen bleibt mit der Frage nach den Möglichkeiten verbunden, die bestimmenden Faktoren des Erfolgs erkennen und – weit wichtiger noch – auch übernehmen zu können. War die Übertragbarkeit amerikanischer Führungslehren auf europäische Unternehmen schon aufgrund kultureller Verwandtschaft gegeben, so bleibt Lean Production, entstanden in einer deutlich anderen Kultur, dem europäischen Wesen zunächst einmal fremd.

Die folgende Aufstellung zeigt einige durchaus substanzielle Unterschiede japanischer und deutscher Industriekultur auf. Dabei birgt jedoch die in der gegenwärtigen Krise oftmals zu beobachtende Gleichsetzung der differierenden Punkte mit japanischen Vorteilen die Gefahr, den Blickwinkel auf mögliche Lösungsstrategien unnötig zu verengen. Eine Einführung japanischer Verhältnisse wäre jedenfalls – soweit überhaupt realisierbar – der weitaus schwerste und auch langwierigste Weg zur Produktivitätssteigerung. Demgegenüber werden auf Grundlage der vorhandenen Industriekultur eigene Wege und Möglichkeiten zur Verbesserung der Produktivität in Produktion und Dienstleistung gefunden werden müssen.

Japan	Deutschland
o Entscheidungen vor dem Hintergrund einer Konsenskultur	o Entscheidungen auf der Basis des Kritischen Rationalismus
o Konsequentes Umsetzen von Ideen	o Kreativität und Individualität
o Personelle Integrationsformen	o Technologische Integrationsformen
o Inner- und überbetriebliche Koordination	o Strukturen mittelständischer Prägung
o Geographische Nähe zu südostasiatischen Wachstumsmärkten	o Standort im europäischen Binnenmarkt, Nähe zu Osteuropa
o Formale Steuerung von Informationen und Organisationen	o Zentralisierte, verbürokratisierte Unternehmensführung
o Strategische innovationsorientierte Industriepolitik des Staates	o Subventionen großteils für Problemindustriezweige
o Langfristig angelegte Geschäftsbeziehungen	o Kartellrecht hemmt strategische Allianzen
o Unternehmensnetzwerke zur Grundlagenforschung	o Hohe Fertigungstiefe und hohe Anzahl an Direkt-Zulieferern
o Marktdominanz als Strategie	o Kurzfristige Gewinnrückführung
o Langfristige Strategien führen zum Erfolg	o Bilanz als Indikator des kurzfristigen Erfolges
o Kundenorientierung sichert Produkterfolg	o Streben nach Perfektion bringt (Über-) Komplexität
o Arbeitnehmer fühlen sich als Teil des Betriebes	o Klassischer Gegensatz zwischen Arbeitgeber und Arbeitnehmer
o Betriebsgewerkschaften	o Starke Gewerkschaften
o Betrieb betreut Angestellte, Betriebsrisiko ist individuelles Lebensrisiko	o Soziale Absicherung ist staatliche Aufgabe
o Senioritätsprinzip	o Leistungsprinzip
o starke Gruppenorientierung fördert Gemeinschaftsleistung	o Individualismus exponiert Einzelleistungen
o ganzheitliche akademische Ausbildung	o fachzentrierte akademische Ausbildung
o Job-Rotation üblich	o Job-Rotation nur selten
o Kaizen selbstverständlich	o Perfektion von Anfang an

Tabelle 1: Japanische und deutsche Charakteristika im Vergleich

Ausgangspunkt dieser Suche nach Wegen aus der Krise sollte die Nutzung eigener Stärken, Ideen und Konzepte sein, wobei japanische Elemente durchaus als Vorbild für ein neues Bewußtsein dienen können. So ist etwa das japanische Grundverständnis von Mitarbeiter und Kunde durchaus als Vorbild zu gebrauchen, die Umsetzung muß sich jedoch nach den hiesigen Rahmenbedingungen richten.

Einführung von Lean Management in Deutschland

Die offensichtliche Überlegenheit der Lean-Management Methodik führte in vielen Fällen zu einer übereilten Einführung entsprechender Organisationsstrukturen. Resultate dieses Vorgehens waren jedoch keineswegs notwendig auch die erhofften Verbesserungen der Betriebsergebnisse, was Parallelen zu den Schwierigkeiten im Zusammenhang mit den Bemühungen um die CIM-Einführung in den 80er Jahren aufzeigt.

CIM-Einführungen	Lean-Einführungen
Technikzentrierung	Organisationszentrierung
Komplette Konzepte von externen Beratern, keine interne Beteiligung	Unternehmensweite Einführung im Hau-Ruck-Verfahren, kaum Beteiligung der Betroffenen
Qualifizierung notwendig, aber meist vernachlässigt	Qualifizierung notwendig, aber nur im allernotwendigsten Umfang durchgeführt
Wirtschaftlichkeit nur schwer nachzuweisen	kurzfristige Wirtschaftlichkeit offensichtlich, langfristige Effekte offen
Vernachlässigung von Personalaspekten	überstürzte Umsetzung vernachlässigt ganzheitliche Personalaspekte
Effizienzsprung bei ganzheitlicher Realisierung	Realisierung im gesamten Unternehmen vorteilhaft

Tabelle 2: Schwierigkeiten von CIM und Lean-Einführungen

Als zentrale Parallelen zeigen sich sowohl das Fehlen einer ganzheitlichen Sichtweise als auch der Mangel an intrinsischer Motivation der Mitarbeiter, die angesichts der Realisierung fremdentwickelter Konzepte hervorgerufen wird. Da CIM- und Lean-Konzepte oftmals eher verordnet als von den Mitarbeitern selbst entwickelt werden, werden alte Denk- und Verhaltensweisen in großen Teilen der Belegschaft eher konserviert als aktuellen Erfordernissen entprechend modifiziert.

Strukturelle Randbedingungen sind dabei zwar nur Teil des notwendigen Betrachtungsraums, auf der anderen Seite jedoch ausreichend, um eine direkte Übertragbarkeit des Lösungsmodells konkret zu verhindern. Die Suche nach eigenen Wegen bedarf somit nicht nur der Berücksichtigung aller internen Faktoren, vielmehr auch aller externen Randbedingungen. Die Komplexität des Problems erfordert daher ein ebenfalls komplexes Regelwerk, um für jeden Anwendungsfall einen adäquaten Lösungsansatz bereithalten zu können. Alternativ dazu sind Meta-Regeln aufzustellen, die für den jeweiligen Anwendungsfall eine Ableitung der notwendigen Regeln erlauben und dadurch die Komplexität beherrschen lassen.

Herausforderung Komplexität

Daß Unternehmen komplexe Systeme sind, steht außer Frage und zeigt sich an vielen Eigenschaften und Systemkomponenten. Das komplexe System Unternehmen ist selbst jedoch auch nur Teil eines größeren Systems Wirtschaft, zu dem es die verschiedensten Schnittstellen mit Lieferanten und Kunden, mit rechtlichen Rahmenbedingungen und mit den Märkten für Personal, Kapital, Technologie und Rohstoffe unterhält. Einen Betrieb vor dem Hintergrund der dynamischen Entwicklung dieser internen und externen Faktoren in einem "eingeschwungenen Zustand" am Laufen zu halten, ist Grundaufgabe des Managements.

In Zeiten des wirtschaftlichen Umbruchs, insbesondere in Krisenzeiten, wird die Komplexität eines Unternehmens noch zusätzlich erhöht, da sich - sofern dies erlaubt wird - neue Strukturen parallel zu vorhandenen aufbauen. Diese Reaktion auf äußere Einflüsse ist wichtig und notwendig, damit Unternehmen in einer dynamischen Umwelt flexibel agieren können.

Diese Reaktionsweise - verstanden als Selbstreaktion des Systems - widerspricht der vorherrschend deterministischen Grundhaltung von Management-Theorien vergangener Jahre. Dennoch wird zunehmend akzeptiert, daß komplexe Organisationsstrukturen nicht völlig beherrschbar sind, dementsprechend ist auch ihr Wandel weder exakt zu planen noch zu steuern. Während sich bisher präferierte Paradigmen der Managementlehre auf Analyse, Vorhersage und Steuerung konzentrierten, weicht die Realität von aufgestellten Regeln mehr und mehr ab. Dies bedeutet, daß zwar einzelne Systemkomponenten in ihrem Verhalten noch exakt beschreibbar und vorraussagbar sind, die Summe aller Elemente mit ihren vielfältigen Verknüpfungen jedoch als ganzes System auf kleinste Veränderungen mit nicht vorherbestimmbaren Ausprägungen reagiert.

Systeme haben, sofern sie stabil sind, selbstregulierende und selbstorganisierende Tendenzen. Dieses Beharrungsvermögen ist Grundlage der Existenz eines eingeschwungenen Zustands, es kann jedoch in einem Umfeld, das Flexibilität erfordert zu plötzlichen und unerwarteten Reaktionen führen. Aufgabe des Managements in einem solchen Umfeld ist die Gewährung oder Erhaltung notwendiger Freiräume, damit sich ein Unternehmen in ausreichender Weise verändern kann, ohne dabei an empfindlichen Steuergrößen zu intensiv zu agieren.

Die tayloristische Vorgehensweise der Unternehmensorganisation versucht die Komplexität eines Unternehmens durch Aufspaltung in planende, steuernde, ausführende und kontrollierende Funktionseinheiten, den Abteilungen, zu reduzieren. Die Vorteile dieses Ansatzes werden jedoch oftmals durch die notwendige Schnittstellenorganisation für die Koordination eines Gesamtunternehmens überkompensiert. So verursachen etwa Kommunikations-, Führungs- und Verwaltungsdienstleistungen bei ausuferndem Spezialistentum mit hohem Grad der Arbeitsteilung dramatisch wachsende Transaktionskosten. Dies begünstigt zudem das Entstehen unflexibler, technokratischer Systeme, woraus Entfremdungseffekte, wie

Sinnentleerung der Arbeit, Kosten- und Qualitätsmängel des Outputs, Motivationsdefizite der Mitarbeiter und hohe Widerstandskräfte der Organisation gegen Anpassungsleistungen resultieren, Probleme also, die in vielen Unternehmen zum Betriebsalltag gehören.

Das bisher erfolgreiche, analytische und rein funktionalistische Denken reicht zur Bewältigung gegenwärtiger Herausforderungen aber nicht mehr aus, erhöhte Komplexität und Dynamik machen demgegenüber ganzheitliches Denken notwendig. Als wesentliches Element der ganzheitlichen Denkweise wird zukünftig jeder Mitarbeiter – und nicht etwa nur der Manager – seinen Beitrag zum Organisationsziel zu leisten und daher in der angemessenen Ganzheitlichkeit zu begreifen haben. Dies erfordert die Transparenz von Zielen und damit die Herstellung von Sinnbezügen, welche Zusammenhänge zwischen Teilen und Ganzem überhaupt erst erschließen lassen. Infolgedessen muß heute gelten: Wer mehr Leistung fordert, muß mehr Sinn bieten.

Einige Unternehmen konnten diese Aufgabe bereits erfolgreich bewältigen, indem meist intuitiv den Anforderungen ihrer komplexen Systemstrukturen gefolgt wurde. Grundgedanke der erfolgreichen Realisierung war dort eine ganzheitliche Sicht auf die Ziele des Unternehmens und die Aktionen, die direkt zur Zielerreichung beitragen. Diese Aktionen, die im folgenden Geschäftsprozesse genannt werden, beschreiben einen zielorientierten Ausschnitt des Unternehmens ohne eine ganzheitliche Betrachtung aufzugeben und ohne die Nachteile einer tayloristischen, streng abteilungsorientierten Komplexitätsreduktion. In Gestalt des Geschäftsprozeßmanagements deutet sich damit eine zeitgemäße Vorgehensweise für den Umgang mit komplexen Unternehmen an, die auch bereits praktische Erfolge vorweisen kann. In den Regeln der Einführung des Geschäftsprozeßmanagements finden sich dabei jene Meta-Regeln der Unternehmensorganisation, die eine Deduktion der jeweiligen Aktionen abgestimmt auf den individuellen Unternehmensbedarf zulassen. Dabei werden interne und externe Parameter jeweils individuell integriert, um so eine Übertragbarkeit gefundener Lösungen sichern zu können.

Geschäftsprozesse

Obwohl der Begriff des Geschäftsprozesses in der Literatur nicht eindeutig definiert wird, kann allen Publikationen (z. B. /6/) ein übereinstimmendes Grundverständnis entnommen werden:

- o Prozesse sind definierte Abläufe des Betriebsgeschehens, sie sind inhaltlich abgeschlossen und können von vor-, neben- oder nachgelagerten Vorgängen isoliert betrachtet werden.
- o Prozesse besitzen einen definierten Beginn und ein definiertes Ende.
- o Ein Prozeß ist zielorientiert, so daß sein Ende durch das Erreichen des Ziels festgelegt ist.

o Prozeßorientierung betrachtet parallel alle prozeßrelevanten Parameter wie Personal, Material, Produktionsanlagen, Information und Informationsanlagen, Qualität, Durchlaufzeiten und alle Aspekte der Organisation, auch diejenigen, die als Randbedingungen den Prozeß entgegen der Zielrichtung beeinträchtigen.
o Gestartet wird ein Prozeß meist durch einen externen Auslöser, der als Eintritt eines definierten Zustandes zu verstehen ist.
o Ein Prozeß enthält Input und liefert Output, er befindet sich im Kontext vor- und nachgelagerter Prozesse.
o Prozesse setzen sich aus Teilprozessen zusammen, Teilprozesse können sukzessive oder parallel ausgeführt werden.
o Prozesse und Teilprozesse sind oftmals abteilungsübergreifend.
o Prozesse können Kunden, Lieferanten und andere externe Bezugsgruppen involvieren.
o Prozesse sind dynamisch, ständige Anpassung an ein verändertes Umfeld und ständige Optimierung sind notwendig.

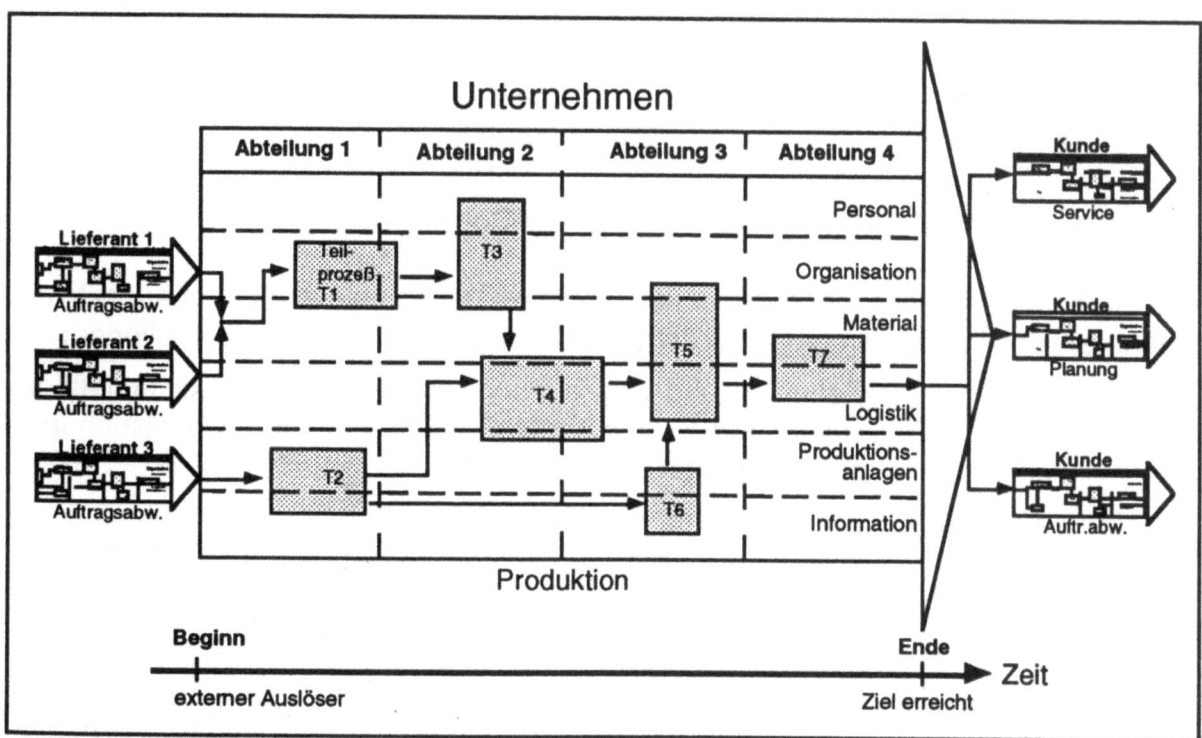

Bild 6: Geschäftsprozesse

Die Mächtigkeit des Prozeßbegriffes liegt vor allem in der abteilungsübergreifenden Zielorientierung, welche die Trennung von technischen und büro-orientierten Unternehmensbereichen überwindet. Durch die Fokussierung auf ein Prozeßziel ist der Geschäftsprozeßgedanke in der Lage, die hohe Komplexität eines Unternehmens auf ein überschaubares Maß zu reduzieren. Durch die hierarchische Strukturierung von Haupt- und Teilprozeßzielen kann eine klare Entscheidungsstrategie für Konflikte zwischen konträren Teilzielen vorgegeben werden.

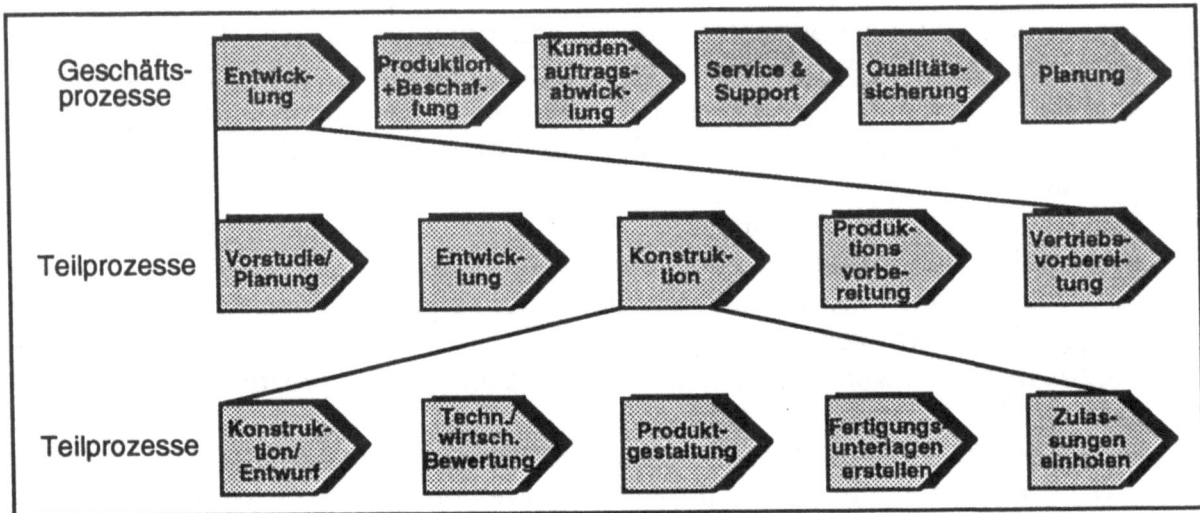

Bild 7: Geschäftsprozesse und Teilprozesse

Einmalige Prozesse, wie etwa die Entwicklung neuer Produkte, werden auch heute schon gemäß diesen Prämissen durchgeführt, hier allerdings Projekte genannt. Die Mächtigkeit dieser Vorgehensweise ist dabei unumstritten. Die Übertragung der Projektmanagementgrundsätze auf sich wiederholende Aufgaben stellt daher einen Teil der Grundlagen des Prozeßmanagements dar.

Unternehmensanalyse zur Geschäftsprozeßoptimierung

Ausgangspunkt einer Geschäftsprozeßoptimierung ist eine entsprechende Unternehmensanalyse, deren typische Vorgehensweise sich in fünf Phasen gliedert:

- o Selektion: Definition und Abgrenzung der wesentlichen Geschäftsprozesse und -Teilprozesse, Festlegung der Untersuchungsschwerpunkte

- o Vorgangsanalyse: Erhebung der jeweiligen Erfolgsfaktoren und Nutzendimensionen, Modellierung der Vorgangsstrukturen (Soll/Ist)

- o Quantifizierung: Ergänzung der Vorgangsmodelle durch Zeiten- und Mengengerüste (repräsentative Ist-Daten, geschätzte Soll-Daten)

- o Soll-Konzeption: Auswertung und Verknüpfung der Ergebnisse, Vorschläge für organisatorische Veränderungen, Spezifikationen geeigneter Informationslogistik, Einführungskonzeption

- o Realisierung: Unterstützung bei der Umsetzung organisatorischer Maßnahmen und bei der Einführung neuer Techniklösungen zur Realisierung der erarbeiteten Soll-Konzeption

Ausgangspunkt von Prozeßanalysen und -verbesserungen ist die Schaffung der Voraussetzungen für das Denken in Prozessen und Prozeßketten. Ziel der Analyse ist eine verbesserte organisatorisch-technische Gestaltung von Arbeitssystemen zur Realisierung effizienterer Geschäftsprozesse. Die generelle Vorgehensweise der Analyse beginnt daraufhin stets mit der Definition prozessualer Input- bzw. Outputgrößen. Als Nebeneffekte der Prozeßanalyse können zudem unternehmensinterne Geschäftsprozesse oder deren (Zwischen-) Ergebnisse entdeckt werden, die direkt am Markt anbietbar sind.

Die Dokumentation der Analysen erfolgt in Prozeßdiagrammen und beinhaltet folgende Informationen:

o Eingangsgrößen und Ausgangsgrößen des Prozesses
o Verwendete Methoden, Fertigungsmittel, Hilfsmittel und sonstige Ressourcen
o Prozeßdatenquellen und -senken, verwendete Ressourcen der Informationslogistik
o Prozeßverantwortliche und -ausführende Personen
o Prozeßzusammenhänge mit anderen (Teil-)Prozessen, Übergabestellen zwischen Teilprozessen
o Bezug zur Aufbauorganisation
o Qualitäts-, Zeit- und Kostendaten

Effizienzsteigerung durch Geschäftsprozesse

Vor dem Hintergrund einer permanenten Wettbewerbsverschärfung wird eine Effizienzsteigerung der Wertschöpfungsketten und damit die Optimierung von Geschäftsprozessen zum zentralen Ansatzpunkt für zeitgemäße Leistungsfähigkeit. Da nur die ganzheitliche Sicht auf die Wertschöpfungskette von der Angebotsbearbeitung über die Entwicklung bis hin zum Vertrieb eines Produktes den angestrebten Nutzen bringen kann, wird die Betrachtung von Prozeßketten der Produktion um die Aspekte der indirekten Bereiche erweitert werden. Dabei werden "non-value-added"-Tätigkeiten von kernrelevanten, wertschöpfenden Tätigkeiten getrennt, um in der Folge zu Ansatzpunkten für die Effizienzsteigerung von Prozessen zu kommen.

Innerhalb von Prozeßketten sind dezentrale Verantwortungsbereiche zu schaffen, was einerseits zu kurzen Entscheidungswegen und andererseits zu mehr Eigenverantwortlichkeit bei Planung, Durchführung und Kontrolle führt. Dezentrale Verantwortungsbereiche sollten dabei stets von einem übergeordneten Schnittstellenmanagement begleitet werden, das die Ausbildung schlecht oder überhaupt nicht abgestimmter Einzeleinheiten verhindert.

Die Integration verteilter Aufgaben durch Geschäftsprozeßmanagement ist daher ein Ansatz zur ganzheitlichen Führung eines Unternehmens. Natürlich wird ein Wandel zur Geschäftsprozeßorientierung Auswirkungen auf viele – bisher stark tayloristisch geprägte – Handlungsgebiete des Managements haben. Auf Basis einer ganzheitlichen Sicht des Unternehmensgeschehens wird jedoch auch der wachsenden Komplexität und Dynamik der Aufgabenteilung auf systematische Weise Rechnung getragen werden.

Als Hauptaspekte der Geschäftsprozeßorientierung präsentieren sich dafür

o Humanzentrierung und Verantwortung
o Unternehmensübergreifende Zusammenarbeit
o Kundenorientierung
o Naht- statt Schnittstellenmanagement
o Effizienzanalyse und -verbesserung
o Informationsflußanalyse und -verbesserung

Humanzentrierung und Verantwortung

Als entscheidendes Merkmal der Realisierung organisierter Geschäftsprozesse wird dem Menschen eine weit größere Bedeutung eingeräumt. Dies zeigt sich in der Ausweitung der Kompetenzen zum einen für den Verantwortlichen eines Geschäftsprozesses, zum anderen aber auch für den ausführenden Mitarbeiter, wobei nicht nur mehr Freiheiten gewährt, sondern gleichzeitig auch größere Verantwortung übertragen wird.

Das Leistungspotential der Mitarbeiter steht somit als wichtigste Ressource im Mittelpunkt der Organisation von Geschäftsprozessen. Zentrale Punkte für die Nutzung dieses Potentials sind:

o die Sinngebung in allen betroffenen Bereichen,
o die transparente Darstellung von Zielen, Aufgaben und Problemen,
o das Zusammenwirken aller Beteiligten bei der Entscheidungsfindung,
o die konzentrierte Umsetzung getroffener Entscheidungen,
o das ständige Streben aller Mitarbeiter nach Verbesserung,
o die Konzentration auf die Problemlösung, nicht auf die Suche nach Schuldigen und
o das systematische Vereinfachen von Produkten und Prozessen.

Geschäftsprozesse und Führungspersonal

Ein wichtiger Schritt zur Einführung der Geschäftsprozeßorientierung ist die Übertragung der Verantwortung für Ablauf, Pflege und Optimierung eines Prozesses auf einen Prozeßverantwortlichen, dessen Position gänzlich außerhalb bisheriger Aufbauhierarchien definiert werden kann. Wichtig ist hier die Ausstattung mit entsprechenden Kompetenzen, die es dem Prozeßmanager ermöglichen, alle dem Prozeß dienenden Maßnahmen zu ergreifen. Ein Prozeßverantwortlicher wird damit etwa einem Projektleiter vergleichbar.

Durch den bereichsüberschreitenden Charakter vieler Prozesse ist eine breite Qualifikation des Prozeßmanagers Voraussetzung für die erfolgreiche Prozeßintegration. Da mit der Ernennung eines Prozeßverantwortlichen auch Verantwortlichkeiten abteilungsübergreifend zu definieren sind, werden mittelfristig etwa vorherrschende Management-Taylorismen verdrängt. Sollten sich aus möglichen

Überschneidungen von Verantwortlichkeiten Probleme ergeben, werden befriedigende Lösungen mehr denn je von einer zieltransparenten und kooperativen Betriebsumgebung abhängig sein.

Neben Führungspersonal, Funktionsspezialisten und Projektleitern wird der Prozeßverantwortliche ein weiterer, ganz eigenständiger Typus des Vorgesetzten, dessen Qualifikation am besten durch langfristig angelegte Job-Rotation aufzubauen ist.

Geschäftsprozesse und Fachpersonal

Prozeßverantwortlichkeit macht gerade auch vor den ausführenden Mitarbeitern eines Unternehmens nicht halt, schließlich sammelt sich dort das praktische Wissen um Probleme und Restriktionen täglicher Abläufe. Eben deshalb können auf dieser Ebene auch mittels kleiner Schritte große Verbesserungen für den Gesamtzusammenhang des Unternehmens erzielt werden. Im Endeffekt werden so gut wie alle Optimierungsbestrebungen für ganzheitliche Prozesse hier ansetzen oder zumindest diesen Bereich bewußt integrieren. Als aktuelle Schlagworte hierzu sind "Kaizen" oder auch "CIP" (Continuous Improvement Process) zu nennen, wobei die damit verbundenen Konzepte nicht isoliert betrachtet werden dürfen, um nicht die Ansätze der ganzheitlichen Geschäftsprozeßoptimierung zu vernachlässigen.

Grundlage von Geschäftsprozeßverbesserungen auf Anregung der Ausführenden ist die Schaffung eines Arbeitsklimas, das Vorschläge der Mitarbeiter ernst nimmt. Finden Detaillösungen mit nur kleinem Verbesserungspotential keine Anwendung, ist dies für jede einzelne Entscheidung betriebswirtschaftlich zwar nachvollziehbar, gleichzeitig besteht jedoch die Gefahr, die Motivation der Vorschlagenden für die Zukunft drastisch zu vermindern. Ein für Anregungen förderliches Arbeitsklima sollte daher ausreichend Transparenz der ganzheitlichen Auswirkungen von Verbesserungen gewähren, um den Mitarbeitern eine eigene, kompetente Einschätzung der Auswirkungen von Detailänderungen zu ermöglichen.

Die Gestaltung des Vorschlagswesens - insbesondere auch als Teil von Gruppenarbeit - fungiert dabei als erstes deutliches Signal für die Mitarbeiter, daß ihre Anregungen Beachtung finden. Diskussionen über einzelne Vorschläge machen mit Entscheidungsgrundlagen vertraut und schaffen Verständnis für Entscheidungen des Managements, sofern diese auf eine transparente Argumentation gegründet werden. Auf Basis gegenseitigen Vertrauens kann selbst dann mit Akzeptanz gerechnet werden, wenn Entscheidungsgrundlagen aus den verschiedensten Gründen nicht öffentlich gemacht werden können. Zweifellos stellt sich mit der Schaffung einer soliden Vertrauensgrundlage eine der anspruchsvollsten Aufgaben, die eine humanzentrierte Vorgehensweise dem Anwender aufgibt.

Andererseits lassen sich nur vor einem solch transparenten Hintergrund auch weitreichende Kompetenzen an die Mitarbeiter zur selbständigen Prozeßoptimierung vergeben. Die Kompetenz des Mitarbeiters kann dann bis hin zur eigenverantwortlichen Umgestaltung der Arbeitsabläufe ausgedehnt werden, so daß diesem gewissermaßen die Rationalisierung der eigenen Arbeit anvertraut werden kann. Dies erfolgt als Konsequenz einer ganzheitlichen Betrachtung, wobei der Mitarbeiter selbst die Ziele des Geschäftsprozesses eigenständig erfassen und beurteilen kann.

Unternehmensübergreifende Zusammenarbeit

Geschäftsprozeßorientiertes Denken verändert die Interaktion über Unternehmensgrenzen hinweg, dies gilt sowohl für die Kundenorientierung als auch für die Zuliefererintegration. Da beide Formen der unternehmensübergreifenden Zusammenarbeit Schnittstellen des Betriebes nach außen repräsentieren, somit also auch zum ganzheitlichen Unternehmen gehören, gilt auch hier die Forderung nach Prozeßorientierung und -optimierung.

Ein Kundenauftrag wird in der Regel nach entsprechender Akquisitionstätigkeit gemäß kundenseitig formulierten Spezifikationen erteilt, welche zur Eingangsgröße des daraufhin anlaufenden internen Auftragsabwicklungsprozesses werden. Zwar ist hier eine präzise Definition dieser Spezifikationen gefordert, da ein Großteil dieser Daten schon früh für die weitere Auftragsabwicklung benötigt wird, dennoch zeigt die große Anzahl von notwendigen Rückfragen, daß in diesen Bereichen durch strukturierte Erfragung der Kundenerwartungen der Auftragsablauf noch verbessert werden kann.

Aus Sicht der Geschäftsprozeßorientierung sollten darüber hinaus auch weiche Faktoren eines Kundenauftrages den Kundenbedürfnissen entsprechen. Damit verbunden ist eine Gewichtung von Betreuungsaufwand, Zeit- und Kostenvorgaben, eventuell aber auch eine kundenorientierte Abwicklung des Bestellvorganges selbst. Rahmenvereinbarungen über allgemeine Rabatte auf Listenpreise können die Angebotserstellung vereinfachen, Bestellvorgänge über Daten-Fern-Übertragung die Abwicklungszeiten reduzieren oder der Austausch von Qualitätsanforderungen auftragseigene Spezifikationen erübrigen.

Das Verhältnis zum Zulieferer wird zunächst durch eine transparente Darstellung ausgelagerter Geschäftsprozesse deutlich. Anhand einer solchen Darstellung können vergebene Arbeitsumfänge, Durchlaufzeiten und Kosten im Verhältnis zum Gesamtprozeß betrachtet und entsprechende Modifikationen der Zuliefertätigkeit definiert werden. Bekanntestes Beispiel dieser Vorgehensweise ist die Automobilindustrie, bei der sich die Anzahl der Direktzulieferer kontinuierlich verringert, die verbleibenden aber zum Systemzulieferer aufgewertet werden. Durch eine solche Vorgehensweise können Koordinationstätigkeiten an den Zulieferer abgegeben werden, entsprechende Geschäftsprozesse führen aus Sicht des Automobilwerks zu entscheidenden Vereinfachungen. Die Systemzulieferer können in ihren ganzheitlichen Aufgabenstellungen mit größeren Freiheiten arbeiten, was ihre Tätigkeit nicht unwesentlich aufwertet.

Kundenorientierung

Determinanten des Kundennutzens sind funktionsgerechte Produkte mit kurzen Lieferfristen und hoher Qualität bei niedrigen Kosten. Vorrangiges Ziel für produzierende Unternehmen ist somit die marktorientierte Gewichtung dieser Faktoren und die Umsetzung in Produkte und Dienstleistungen. Durch den Ansatz des "Customer Focus"-, d.h. die Kundenorientierung als oberste Richtschnur des Handelns, ist die gesamte Geschäftätigkeit neu zu überdenken, die kostenorientierte Umsetzung dieser Anforderungen wird unter dem Stichwort Target Costing zusammengefaßt. Letzteres bezeichnet eine japanisch geprägte, ganzheitliche Strategie zur Entwicklung marktgerechter Produkte, wobei durch entsprechende Kostenmanagementmethoden dem Kunden genau die gewünschte Funktionaltät zu marktkonformen Preisen geboten werden kann. Insofern ist Target Costing damit als kosten- und kundenorientierte Ausprägung von Geschäftsprozeßmanagement zu verstehen.

Kundenorientierung verdient angesichts der aktuellen Situation besondere Beachtung, da selbst schon geschäftsprozeßorientierte Unternehmen bislang sehr stark auf die Effizienz ihrer Tätigkeit konzentriert sind. Darüber darf jedoch eine ausreichende Kundenorientierung nicht vergessen werden, denn mit effizienten Prozessen falsche Produkte herzustellen ist mindestens ebensowenig erfolgreich, wie passende Produkte über ineffiziente Prozesse zu produzieren.

Naht- statt Schnittstellenmanagement

Da an Schnittstellen generell die Gefahr von Reibungsverlusten besteht, deren Folgen für Material und Information sich in langen Durchlaufzeiten durch Liege-, Warte- und Transportzeiten zeigen, müssen Schnittstellen zu Nahtstellen transformiert werden. Ein Indikator für solche Reibungsverluste ist etwa die Bearbeitungszeit des Materials, sie beträgt heute lediglich 2% bis 5% der Durchlaufzeit in der Produktion. Aber auch die Geschwindigkeit von Informationen gibt einen Hinweis auf nach wie vor vorhandene Schnittstellenprobleme der Informationstechnologie. Auch die Qualität von Informationen leidet an Schnittstellen, wie etwa zwischen eigenständigen "Kommunikationswelten".

Neben den Einschränkungen der innerbetrieblichen Kommunikation verhindert auch die übliche, nur auf funktionale Kompetenzen gebaute Aufbauorganisation die Ausbildung einer unternehmensweiten Auftragsverantwortlichkeit. Auswirkungen sind unkoordinierte Aktivitäten verschiedener Organisationseinheiten mit umständlichen, kaum transparenten Entscheidungsprozessen, was unter anderem auch zu einer hohen Belastung der Führungskräfte führt.

Um den gegenwärtigen Herausforderungen gerecht werden zu können, ist auch hier eine Abkehr von einer nur funktionalen hin zur geschäftsprozeßorientierten Organisation gefordert. Notwendig dafür sind integrierte Strukturen, die sich am Kundenauftrag und am Prozeß der Auftragsabwicklung orientieren. Dabei ist der

Kundenwunsch ganzheitlich zu betrachten, er beginnt in der Akquisitionsphase und endet erst mit dem Produktlebensende.

Aus der Realisierung einer geschäftsprozeßorientierten Organisation ergibt sich zwangsläufig eine neue Querschnittssegmentierung des Unternehmens als logische Folge der notwendigen Komplexitätsreduktion. Eine solche Erneuerung darf jedoch nicht auf der anderen Seite wieder zu neuen Schnittstellenproblemen führen, daher sind hier zu beachten:

o Das bewußte Leben einer Unternehmenskultur mit freiem Informationsfluß über neu definierte Organisationsgrenzen hinweg muß (vor-)gelebt werden.
o Dies umfaßt auch den Einsatz und vor allem die Integration moderner Informationslogistik in allen Betriebsabläufen.

Effizienzanalyse und -verbesserung

Die Bewertung von Geschäftsprozessen und damit die Analyse verbesserungsbedürftiger Teilprozesse kann über ein Benchmarkingverfahren erfolgen. Dabei ist es förderlich, hohe Ziele zu formulieren und Vergleichswerte von Marktführern einzubinden. Der Prozeßgedanke gestattet hier nicht nur eine globale Gegenüberstellung verwandter Industriebetriebe, sondern erlaubt auch den Vergleich einzelner Prozesse, so könnten etwa Betriebe des produzierenden Gewerbes durchaus auch ein Versandhaus als Maßstab bei Logistikprozessen heranziehen.

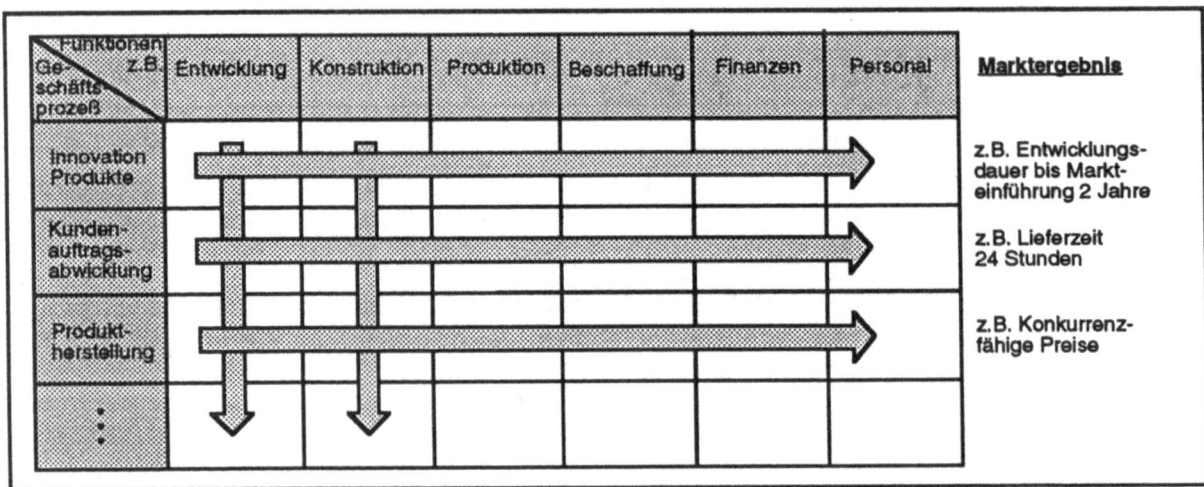

Bild 8: Geschäftsprozeßanalyse

Ein weiterer, allgemeiner Maßstab findet sich in den Kosten eines Prozesses, die sich methodisch auf Basis der Prozeßkostenrechnung analysieren lassen. Durch Prozeßorientierung erreichte Verbesserungen der Transparenz im Betrieb, können dabei rechnerisch auf die Kostentransparenz übertragen werden. Damit steht ein interner, stets aktueller Maßstab zur Verfügung, dessen Maßgröße allgemeine Anerkennung findet und auch weitere Möglichkeiten der vergleichenden Analyse eröffnet.

Informationsflußanalyse und -verbesserung

Um organisatorischen, kommunikativen und informationstechnischen Schwachstellen des Informationsflusses entgegenzutreten, bietet sich der Einsatz von Prozeßteams zur kontinuierlichen Verbesserung von Geschäftsprozessen an. Mitglieder solcher Teams sollten Mitarbeiter sein, die in den entsprechenden Geschäftsprozessen im betrieblichen Alltag direkt beteiligt sind. Dadurch wird es möglich, qualifizierte Verbesserungsmaßnahmen zu finden und anschließend im Sinne einer kontinuierlichen Ablaufverbesserung auch umzusetzen.
Die Beteiligung von Vertretern der Geschäftsführung an Prozeßteams verhindert das Auseinanderdriften von Geschäftsprozeßoptimierung und Geschäftsstrategie, gleichzeitig wird die Bedeutung der Prozeßoptimierung unterstrichen. Darüber hinaus besteht auch die Möglichkeit, den Kunden in geeignetem Maße in Prozeßteams zu integrieren, was die Optimierung des Kundenbezugs wesentlich erleichtert.

Die Kreativität eines Prozeßteams - oder im Rahmen der kontinuierlichen Prozeßverbesserung auch die Kreativität der ausführenden Mitarbeiter - wird dazu genutzt, alle Betriebsabläufe von der Konstruktion über die Produktion bis hin zum Verkauf, insbesondere auch diejenigen indirekter Bereiche wie Bestellannahme und Gehaltsabrechnung, ständig zu verbessern. Dabei sind selbst kleine Schritte angemessene Alternativen zur Untätigkeit, denn das vorhandene Betriebsklima, die Grundlage eines jeden funktionierenden Verbesserungswesens, läßt sich charakteristischerweise nicht kurzfristig zielorientiert verändern.

Da Geschäftsprozeßoptimierung auf der kontinuierlichen Verbesserung der Prozesse und Teilprozesse durch die selbständige Mitarbeit aller Beschäftigten basiert, bedarf es transparenter Ziele und geeigneter Informationen für jeden, um in seinem Umfeld ganzheitlich optimierend entscheiden zu können. Grundlage hierfür ist zum einen eine rasche und möglichst allgemeine Verfügbarkeit und zum anderen eine hohe Qualität der Informationen. Transparenz und Qualität von Informationen werden heute durch entsprechende Informationssysteme gewährleistet, die durch abteilungsübergreifende Informationsbereitstellung dazu beitragen, die Schnittstellen eines Betriebes zu Nahtstellen zu machen. Moderne Informationslogistik verbindet dezentrale Strukturen und gibt ihnen einen gemeinsamen Unterbau. Dadurch kann ein vollständiges, einheitliches Datenmodell von verschiedenen Blickwinkeln aus betrachtet und dennoch die jeweils relevante Information im ganzheitlichen Kontext wiedergeben werden.

Um all diese Vorteile - die erhebliche Beiträge zu erfolgreichen Umsetzung leisten können - nutzen zu können, ist Geschäftsprozeßmanagement durch eine geeignete Informationslogistik zu unterstützen.

Informationslogistik

Die geschäftsprozeßorientierte Integration innerhalb eines Unternehmens stellt spezifische Anforderungen an die Informations- und kommunikationstechnische Unterstützung. "Voraussetzung für die Realisierbarkeit des Geschäftsprozeßansatzes ist ein unternehmensweit organisierter Informationszugriff sowie eine entsprechende Infrastruktur zur Kommunikation auf elektronischem Weg." /5/ Unternehmensweiter Informationszugriff heißt dabei aber in der Konsequenz eine Integration heterogener Informations- und Kommunikationssysteme aus dem Fertigungsbereich (CIM) und dem Bürobereich (Bürokommunikation) zu ganzheitlichem Computer Integrated Business (CIB).

Werden CIM und CIB jetzt möglich?

Die in den 80er Jahren geführte CIM-Diskussion konnte seinerzeit durch das Versprechen, die völlige Durchdringung und Verfügbarkeit von Information quer durch das Unternehmen zu gewähren, eine Welle der Euphorie auslösen. Sämtliche Bereiche sollten dazu in einem totalen Integrationsansatz miteinander verbunden werden. Der damalige Stand der DV-Technologien, die Konzeption von Schnittstellenstandards etc. konnten den Erwartungen jedoch nicht gerecht werden, so daß hier eine gewisse Ernüchterung eintrat. Seit damals konnte jedoch gerade auf dem Gebiet der Kommunikations- und Informationstechnologien entscheidende Fortschritte erzielt werden, so daß die Diskussion um neue Erkenntnisse zu aktualisieren ist.

Migrationsschritte statt totaler Integration

Die Effizienz von CIM-Systemen wurde zum einen mit den Effekten einzelner Komponenten wie CAD, CAM und PPS, zum anderen aber auch mit den Vorteilen der totalen Integration begründet. Die Realisierung einer unternehmensweiten Integrationsplattform war zentraler und wichtigster Schritt der Einführung von CIM.
Die aktuelle Strategie der Integration von Informationssystemen basiert dagegen auf der Möglichkeit, Erzeugersysteme entlang der Wertschöpfungskette sukzessiv auf eine Integrationsplattform zu stellen, was bereits einen ersten entscheidenden Unterschied zum Tenor der damaligen CIM-Diskussion verdeutlicht. Der totale Integrationsansatz weicht damit einem Migrationskonzept, das eben diese Integration entlang der Wertschöpfungskette erlaubt und als prozeßorientiertes Vorgehen DV-Projekte nun handhab- und überschaubar macht.

Horizontale und vertikale Integration realisierbar

Mit der Möglichkeit zur Realisierung eines Executive Information System (EIS) kristallisiert sich auf Basis derselben Integrationsplattform ein weiterer Unterschied zum CIM-Konzept heraus. Dies bedeutet, daß neben der horizontalen Integration die Konfigurationsfähigkeit der Informationssysteme (z.B. EDMS) auch zur Abbildung vertikaler Strukturen genutzt wird, womit die gegenwärtige CIM-Diskussion fraglos eine neue Dimension erhält.

Dezentrale Strukturen benötigen DV-technisches "Backbone"

Moderne Organisationskonzepte, wie sie über Geschäftsprozeßmanagement realisiert werden, tendieren zu dezentralen, autonomen Einheiten. Diese jedoch sind durch ein DV-technisches "Backbone" miteinander zu verbinden, andernfalls drohen entstandene Organisationsstrukturen zu vielen "Organisationsinseln" zu zerfallen. Moderne Integrationsplattformen bieten gerade hier die Möglichkeit, auch in verteilten und heterogenen Systemlandschaften Informationen in geeigneter Weise zu handeln.

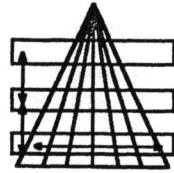

"MIS/EIS"-Diskussion wird erneut geführt:
* Orientierung an Geschäftsprozessen
* neben der horizontalen auch die vertikale Integration möglich

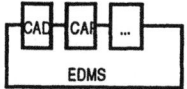

kein totaler Integrationsansatz:
* partielle Ingration von Unternehmenseinheiten
* offene/modulare Systemarchitekturen ermöglichen eine prozeßorientierte Integration von Erzeugersystemen

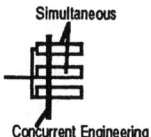

interne Arbeitsabläufe und damit die innerbetriebliche Kommunikation erfahren einen Wandel
* teamorientierte SW, MultiMedia
* synchroner Informationsaustausch wird erforderlich

Bild 9: Aktualisierte CIM-Diskussion

Anforderungen an die geschäftsprozeßunterstützende Informationstechnologie

Geprägt von den Kernprozessen eines Unternehmens, avancieren Informationen zum "kritischen Faktor" für den optimalen Geschäftsprozeß. Daraus lassen sich detaillierte Anforderungen an moderne Informationssysteme formulieren:

Erstellung eines integrierten Produktmodells

Neben den Produktdaten (Teilestamm) müssen auch Produktstrukturen gespeichert werden, die verschiedene Auswertungen wie beispielsweise die Teileverwendung, Stücklistengenerierung etc. erst ermöglichen.

Die verschiedenen Strukturen (z. B. funktionale Erzeugnisstruktur, fertigungs- oder montageorientierte Auflösung des Produktes, vertriebsrelevante Produktdaten) geben die Sichtweisen der Unternehmenseinheiten auf das Produkt wieder. Diese sind in einem integrierten Produktmodell abzulegen, wofür sich aufgrund hoher Realitätsnähe zur Gegenstandswelt bevorzugt objektorientierte Tools (Datenbanken und Sprachen) empfehlen.

Verwaltung und Archivierung von technischen Dokumenten

Zur vollständigen Beschreibung von Produkten gehören zum einen Dokumente, die während des Produktentstehungsprozesses verwendet wurden (z.B. Normen, Spezifikationen, Pflichtenhefte), und zum anderen solche, die produktspezifisch generiert wurden (Anforderungslisten des Marketing, Zeichnungen, Arbeitspläne, NC-Programme). Für eine zeitgemäße Datenhaltung wird es nun vor allem darauf ankommen, zugehörige Dokumentenstrukturen gemäß der Erzeugnisstruktur eines Produktes aufzubauen, d.h. zu jedem Einzelteil oder jeder Baugruppe und jedem Enderzeugnis müssen alle auf Dokumentenseite relevante Informationen (z.B. Berechnungsverfahren für Einzelteile, technische Spezifikationen einer Baugruppe, Betriebsanleitungen für Enderzeugnisse, Qualitätssicherungsnachweise nach ISO 9000) adäquat verwaltet werden.

Künftiges Dokumentenmanagement wird sich dabei verstärkt an Hypertext- und Multimedia-Mechanismen zu orientieren haben, mit Hilfe derer sich beliebige Strukturen zwischen verschiedensten Informationseinheiten wie Daten, Texte, Bilder oder Videoaufzeichnungen herstellen lassen. So können etwa Videosequenzen über Fertigungsverfahren umfangreiche Informationen für den Konstrukteur bereithalten, der daraufhin zukünftige Produktentwürfe an fertigungsinduzierte Aspekte anpassen kann. Wesentliche Vorteile liegen hier in einer Effizienzsteigerung der Informationslogistik, d.h. Zusammenhänge zwischen unterschiedlichsten Informationsbeständen werden nachvollziehbar, die Qualität der Verwertbarkeit von Informationen zur Verbesserung von Geschäftsprozessen wird wesentlich erhöht.

Historien-, Versionen- und Variantenverwaltung

Im Zuge der Entwicklungen im Bereich der Produkthaftung wird von Unternehmen verstärkt gefordert, die Produktentstehung transparenter zu machen. Dies bedeutet, daß eine kontinuierliche Produkthistorie mit Entwicklungsabschnitten, Zulieferteilen und Berechnungsverfahren dokumentiert werden muß.

Neu- und Weiterentwicklungen von Einzelteilen, Baugruppen oder Produkten stützen sich in über 70% der Fälle auf bereits bestehende Daten. Gefordert sind daher Mechanismen zur Identifikation einer optimalen Ausgangsposition, also dem Auffinden derjenigen Version eines Produktes, auf der eine neue Produktkonzeption bestmöglichst aufzubauen ist. Charakteristische Mechanismen der Objektorientierung wie Klassenbildung, Vererbung, Methoden etc. lassen sich dabei gerade auf daraus resultierende Anforderungsprofile projizieren.

Workflowmanagement

Für arbeitsteilige Prozesse, die zur Abwicklung von Geschäftsvorgängen initiiert werden, wurde der Begriff des "Workflow" eingeführt. Im Rahmen eines Workflow-Managements soll eine aktive Vorgangssteuerung erreicht und auch auf weniger gut strukturierte Vorgänge ausgeweitet werden. Workflow-Management-Systeme unterstützen vor allem die aufgabenbezogene Kommunikation und Koordination zwischen Aufgabenträgern.

Workflow-Management kann als Teilgebiet des Forschungsgebietes CSCW (computer supported cooperative work) betrachtet werden, welches sich mit "Kooperativem Arbeiten" und damit verbundenen Zusammenhängen zu Informations- und Kommunikationstechnologien beschäftigt. Erörtert werden sollen vor allem Problemstellungen, die sich mit dem Zugriff auf gemeinsame Arbeitsbereiche, bzw. Informationsbestände, sowie der Koordination und Kooperation bei arbeitsteilig zu erfüllenden Aufgaben beschäftigen. Dabei werden bereichsübergreifend sowohl technische als auch büro-orientierte Bereiche betrachtet.

Zu Gegenständen dieser Betrachtung werden dabei typische organisatorische Abläufe im Unternehmen wie etwa die Auftragsabwicklung. Neben der Festlegung der am Produkt oder Projekt beteiligten Bereiche (Personen) wird hierbei auch die Ablaufstruktur abgebildet werden müssen, was z. B durch die systeminterne Vergabe von Reifegraden (entspricht den Unternehmensbereichen) und Stati ("in Arbeit" oder "in Prüfung") eines Dokumentes oder Produktes erfolgen kann.

Offenheit der Systeme

Für die Offenheit der Systeme sind Schnittstellen zur Systemkopplung und -konfiguration erforderlich. Bezüglich des technischen Produktdatenaustausches werden zunehmend Normungsaktivitäten berücksichtigt (z.B. IGES, SET, STEP, VDAxx). Für die Systemkonfiguration, d.h. Flexibilität der Benutzeroberfläche (Sprache,

Layout, Meldungen, Defaultwerte etc.), Erweiterbarkeit und Anpassbarkeit (neue Objekte, Benutzer, Änderungen der Datenstruktur) des Systems müssen entsprechende Funktionalitäten angeboten werden. Weiterhin müssen Programmierschnittstellen auch die Anbindung externer Programme (User Exits, Makros, Fremdsysteme) ermöglichen.

Vor der organisatorischen Seite müssen Benutzerprivilegien für Applikationen, Funktionen, Datenbereiche und Datenfelder vergeben werden. Dabei ist ein optimales Verhältnis zwischen Sicherheitsmechanismen (=Aufwand, Pflege) und der Wirtschaftlichkeit bei offenen Zugriffen gesucht.

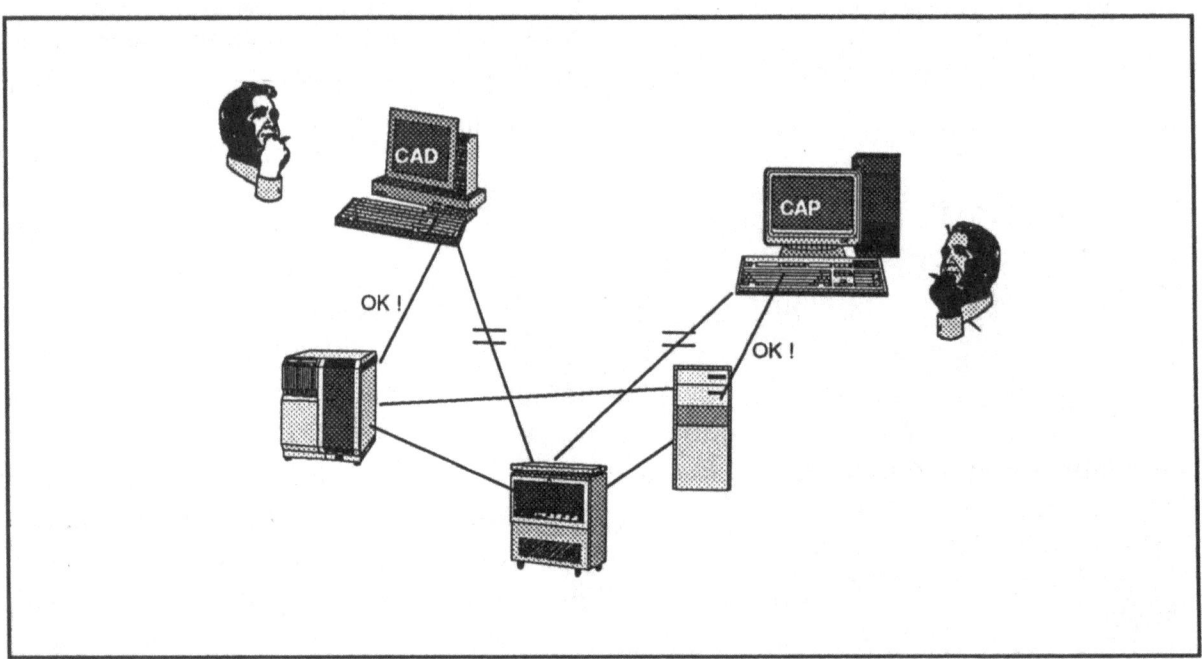

Bild 10: User-Management

Einsatz in heterogenen und vernetzten Systemlandschaften

Um Redundanzen der Datenhaltung zu vermeiden, müssen verschiedene Applikationen (CAD, CAP, PPS, EIS) auf die gleiche Datenbasis zurückgreifen können. Aufgrund der vorherrschenden Heterogenität der DV-Landschaft in verschiedenen Unternehmensbereichen stellt sich zudem der Anspruch der Unabhängigkeit von Hardware, Netzwerken und Betriebssystemen.
Kommerziell verfügbare Lösungen erlauben derzeit in aller Regel die Verteilung von einer Datenbank in einer homogenen Welt, Datenbestände mehrerer physikalisch verteilter Datenbanken in heterogenen Systemwelten können demgegenüber bislang nicht in einer logischen Datenbasis zusammengefaßt werden.

Sicherheitskonzept

Nicht nur die angeführten Benutzerprivilegien, auch systemorientierte Anforderungen sind hinsichtlich geeigneter Mechanismen zur Datensicherung von besonderer Bedeutung. Neben üblichen Recovery-Verfahren sind hier Online-Backups und Monitoring-Systeme (Beobachtung von Zugriff und Speicherverwaltung) zu fordern. Bei verteilten Systemen muß auch verteiltes Transaktionsmanagement, d.h. Manipulationen in Datenbanken auf verschiedenen Netzknoten ermöglicht werden. Im Zuge der Sicherung von verteilten Datenbeständen muß ebenfalls auf diese Systemfunktionen zurückgegriffen werden können.

Als weiterer Aspekt ist die Wahrung der Datenkonsistenz, d.h. die Widerspruchsfreiheit von Daten, zu beachten. Zur Wahrung der Datenintegrität muß zudem die Sicherheit gewährt werden können, daß ungültigen Daten der Eingang in die Datenbank verwehrt bleibt. Die Ungültigkeit von Daten kann dabei sowohl durch Inkonsistenz als auch durch die Verletzung vordefinierter Regeln (wie etwa die Festlegung eines bestimmten Bereichs gültiger Werte) bei der Datengenerierung verursacht werden.

Projektbeispiel aus dem Änderungswesen

Am Beispiel des Änderungswesens sollen durch eine Geschäftsprozeßbetrachtung zu identifizierende Rationalisierungspotentiale und ihre operative Umsetzung aufgezeigt werden /7/. Dafür wird im folgenden auf die Bemühungen um Verbesserungen der Geschäftsprozesse im Änderungswesen eines süddeutschen Elektrokonzerns mit ca. 6000 Mitarbeitern eingegangen.

Zielsetzung und Vorgehensweise

Ziel des Projekts war hier die Halbierung der Durchlaufzeit von Änderungen. In gemeinsamen Teamsitzungen mit Vertretern betroffener Unternehmensbereiche wurden zur Erfassung der IST-Situation der Durchlauf von Änderungen durch die Organisation, die prozeßrelevanten Aufgabenschritte, deren Bearbeiter und schließlich die anteilige Zeitdauer ermittelt. Zur Unterstützung der Teamarbeit sollten IST-Abläufe und Verbesserungsmaßnahmen auf einem Rechner simuliert werden. Dazu wurden Grunddaten und Abläufe in einem simulationsfähigen Rechnermodell hinterlegt. Analog zur Materialflußsimulation in den Produktionsbereichen wurde Simulation zur Abbildung der Geschäftsprozesse und deren Informationsflüsse im Änderungswesen angewandt. Modellierung und Simulation der Prozesse dienten zunächst als Abbildung des realen IST-Zustandes, in der darauffolgenden Optimierungsphase wurde das Rechnermodell für die Gestaltung und Darstellung alternativer Lösungsansätze verwendet.

Die direkte Aufzeichnung von Grunddaten und Abläufen am Rechner konnte im vorliegenden Fall für ein hohes Akzeptanzniveau bei den Beteiligten sorgen. Im Sinne des "rapid prototyping", d.h. der schnellen und nahezu vollständigen Erfassung relevanter Faktoren wie Tätigkeiten, Abläufe, Bearbeiter, Zeiten und Verteilungen, konnte die Richtigkeit und Vollständigkeit der abgebildeten Geschäftsprozesse durch wenige Iterationen gemeinsam ermittelt werden.

Alternative Lösungsansätze wurden in einem nächsten Schritt zu einem SOLL-szenario verdichtet, welches neue organisatorische und informationstechnische Strukturen umfaßte. Daraus abgeleitete Maßnahmen (Migrationsschritte) für das Änderungswesen wurden vom Unternehmen nahezu vollständig umgesetzt. Die "theoretisch ermittelten" Simulationswerte für die Durchlaufzeit von Änderungen deckten sich dabei mit Praxiserfahrungen anhand der neuen Strukturen im Änderungswesen.

Ausgangssituation

Als Ausgangssituation diente im vorliegenden Fall ein sequentieller Vorgang mit neun relevanten Arbeitsschritten:

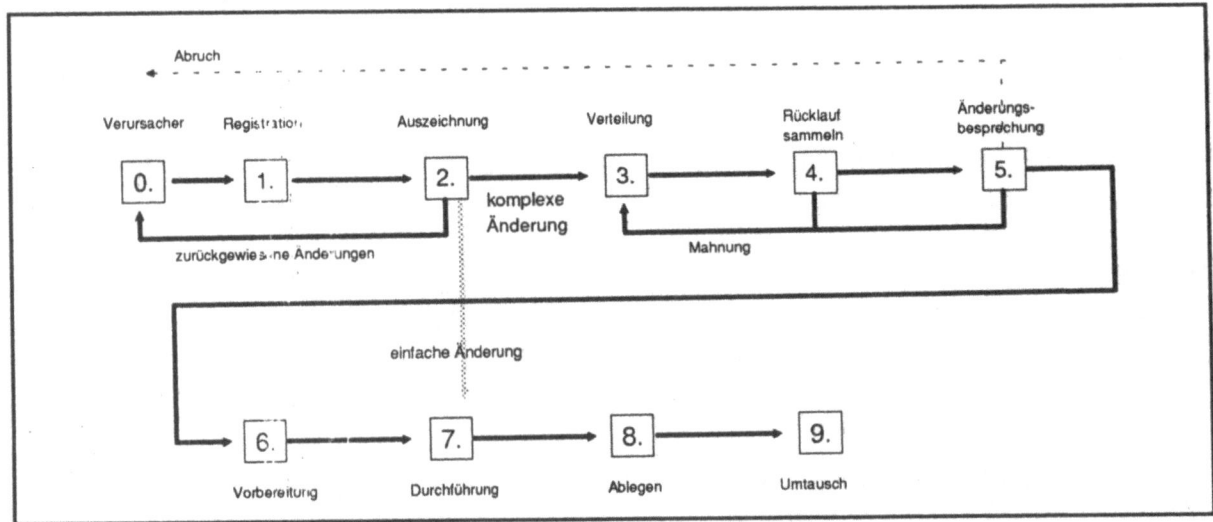

Bild 11: IST-Ablauf im Änderungswesen

Geschäftsprozeßparameter und Modellierung

Für die Modellierung, d.h. die Abbildung realer Geschäftsprozesse im simulationsfähigen Rechnermodell, mußten neben den Parametern Tätigkeiten, Bearbeiter und Abläufen auch die Bearbeitungszeiten und weitere verschiedene Verteilungs-Parameter ermittelt werden. Ziel dieser Modellierung war es, ein möglichst realitätsnahes IST-Modell zu erhalten, das die Grundlage für mögliche Konfigurationsänderungen (Optimierung) bildet. Die Ergebnisse der Simulationsläufe wurden in gemeinsamen Teamsitzungen ermittelt und ergaben einen hohen Überdeckungsgrad mit den realen Ausgangsdaten.

meinsamen Teamsitzungen ermittelt und ergaben einen hohen Überdeckungsgrad mit den realen Ausgangsdaten.

Für die Abbildung realer Ablaufstrukturen und Zeiten auf die Modellebene wurde ein am IAO entwickeltes, objektorientiertes Werkzeug verwandt, das auf Basis von Petri-Netzen eine realitätsnahe Modellierung erlaubt. In Bild 12 sind die Simulationsergebnisse von "einfachen" und "komplexen, wichtigen Änderungen" abgebildet.

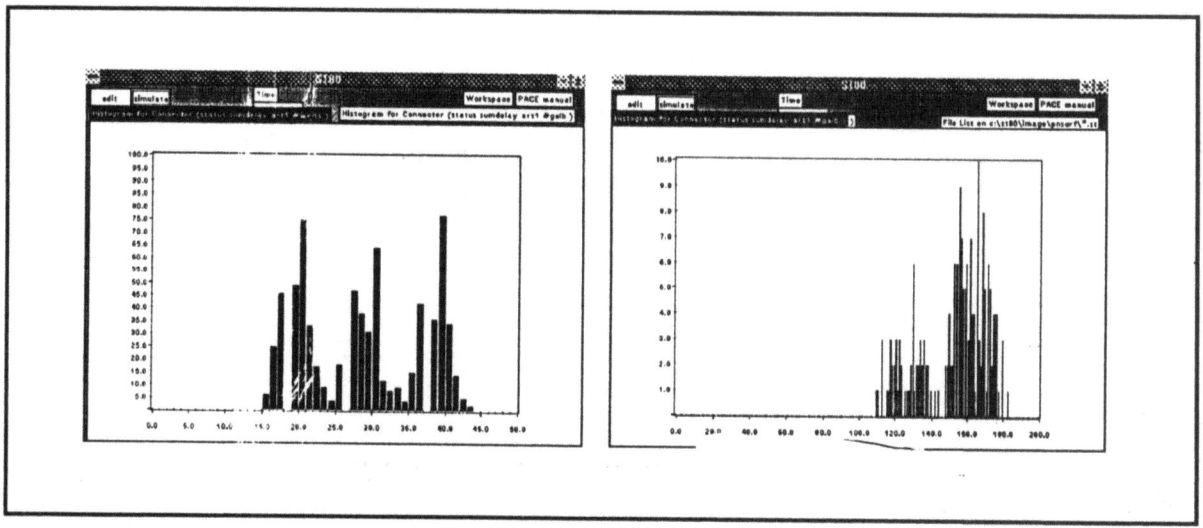

Bild 12: Ergebnis der Simulation
linkes Bild zeigt die Verteilung der Durchlaufzeiten bei einfachen Änderungen, rechtes Bild bei komplexen und wichtigen Änderungen.

Rationalisierungspotentiale

Wichtigste Forderungen für ein effizientes Änderungswesen ist die schnelle und unternehmensweite Umsetzung, d.h. Änderungsprozesse müssen die kurzfristige Bewertung und Durchührung, sowie über das ganze Unternehmen hinweg einen einheitlichen Stand der Dokumente sicherstellen. Das obige Modell kann als Grundlage zur Analyse bestehender Abläufe angewandt werden. Damit können verschiedene Ideen z.B. zur Parallelisierung von Arbeitsschritten im Sinne des Simultaneous Engineering schnell modelliert und simuliert werden. Wesentlicher Rationalisierungsansatz ist die Bestimmung sogenannter "value added" Tätigkeiten, d.h. die Durchführung der Änderung als "wertschöpfender Kernprozeß" wird vom "Verwaltungsprozeß" entkoppelt und parallelisiert.

Ziel von Teamsitzungen über die Verwendung von Dokumenten war daraufhin die Absonderung unrelevanter Dokumente ohne Informationsverlust für den weiteren Änderungsablauf, um damit eine Reduktion der Dokumentenanzahl und die Konzenration auf wesentliche Informationen zu erreichen.

Der Ablauf im Sollkonzept

Entscheidend für die Teammitglieder war hier zunächst, daß die Sollkonzeption auf rein organisatorischen Maßnahmen basierte und die für einzelne Prozeßschritte zur Verfügung stehende Zeit nicht reduziert wurde.

Die Umsetzung der obigen Rationalisierungspotentiale ergab daraufhin folgende Änderungen im Ablauf des Soll-Konzepts. (vgl. Bild 13).

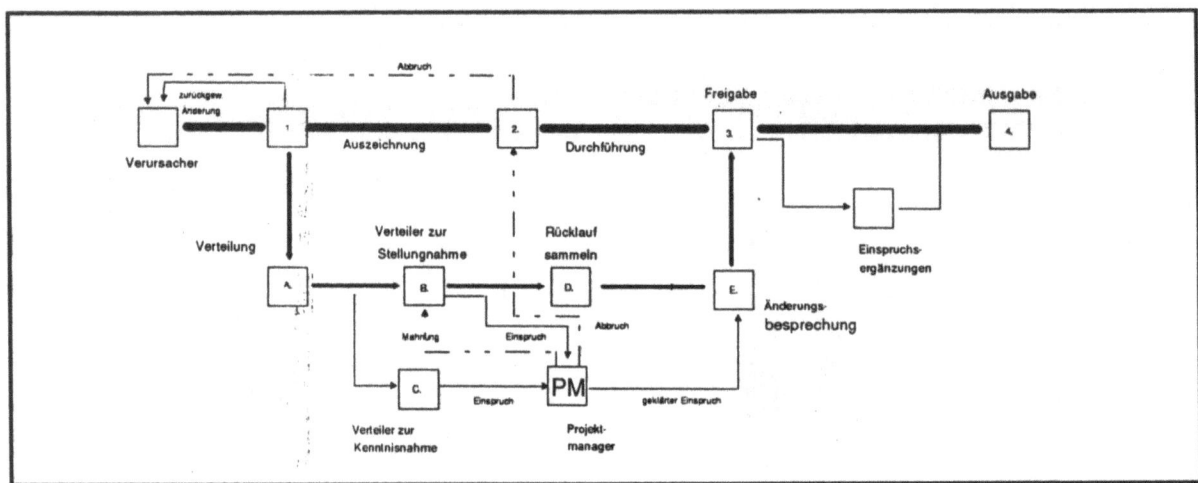

Bild 13: Soll-Ablauf des Änderungswesen

Das Ergebnis

Als Ergebnis der Simulation des Sollkonzeptes kam es bei einfachen Änderung zu einer Reduzierung der Durchlaufzeit um 40%, bei komplexen und wichtigen Änderungen sogar um 50% (vgl. Bild 14)

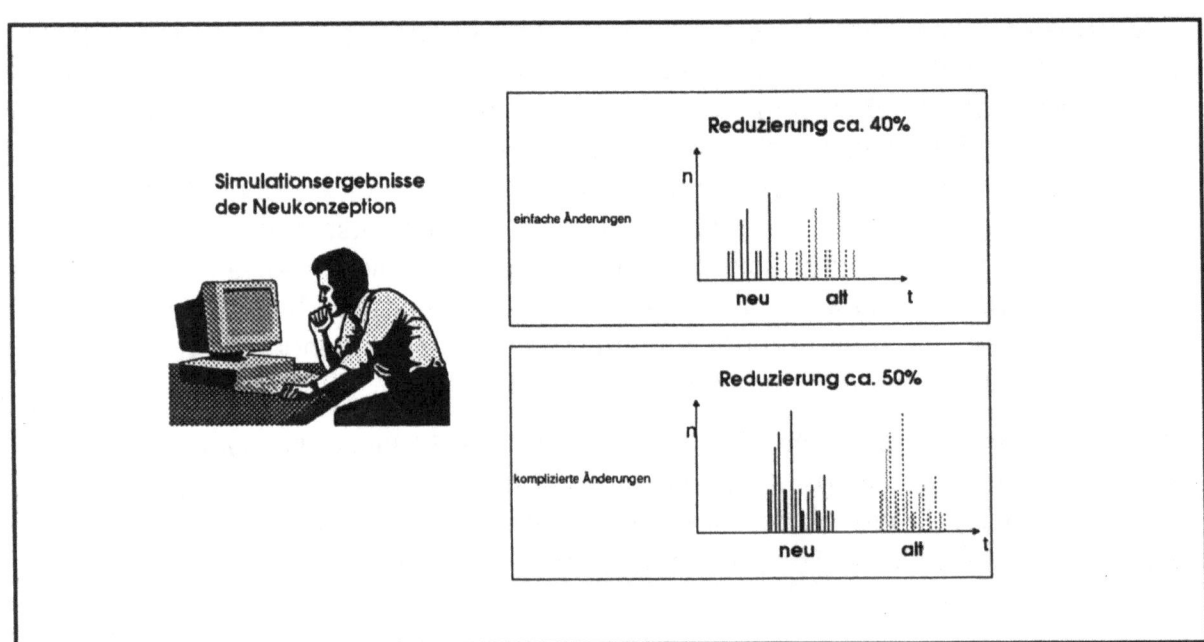

Bild 14: Simulationsergebnisse des Soll-Ablauf im Änderungswesen

Wie realistisch sind diese Ergebnisse?

Die Rationalisierungsansätze sind bis zum jetzigen Zeitpunkt nahezu vollständig umgesetzt, unrelevante Dokumente wurden aus dem Bestand entfernt. Durch die Übertragung der Verantwortung auf einen "Änderungsverantwortlichen" konnten verstärkt Termine eingehalten und nach Aussage des Projektpartners Einsparungen von derzeit ca. 20% bei einfachen und 30 % bei komplexen Änderungen realisiert werden.

Als weiterer Schritt erfolgt nun die Einführung eines "elektronischen Änderungsdienstes", mit dessen Hilfe Verteilung, Verfolgung und Anmahnung von Änderungen zukünftig automatisch erfolgen wird.

Zukünftiger Ablauf

Mit der Übernahme dieser Aufgaben von einem DV-System läßt sich der Nebenprozeß "Verwaltung" vollständig automatisieren. Die Beschleunigung des Prozesses durch den Wegfall von Tätigkeiten und Transportzeiten ermöglicht eine weitere spürbare Verkürzung der Durchlaufzeit über den Einsatz am Markt bereits erhältlicher EDM-Systeme. Diese gehen weit über die konventionelle Dokumentationsverwaltung hinaus und können Verarbeitung, Qualität und Gebrauch von Produktinformationen im gesamten Unternehmen verbessern helfen. Sie ermöglichen die effiziente Steuerung von Geschäftsprozessen (z.B. Änderungsabläufe) in indirekten Bereichen durch eine verbesserte Kontrolle aller Produktdaten und Dokumente.

Realisierungsschritte im Unternehmen

Geschäftsprozeßmanagement mit Hilfe offener Systeme der Informationslogistik kann in mehreren Stufen in das Unternehmen eingeführt werden. Der Entwicklungspfad geht hier von der "Stand-Alone"-Lösung über bereichsintegrierte und bereichsübergreifende Lösungen bis hin zu unternehmensweiten Systemen. Aus organisatorischen und qualifikatorischen Gründen ist in der Praxis ein vollständiges Durchlaufen aller Entwicklungsstufen zu fordern.

Integrationsstufe 1: "Stand-Alone"-Anwendungen

Eine Vorgangsunterstützung in dieser ersten Integrationsstufe beschränkt sich auf einzelne, isolierte Teilprozesse, der Schwerpunkt liegt daher zunächst bei der Unterstützung von Teilaufgaben, nicht etwa der ganzheitlichen Prozeßabwicklung. Die Integration in ein übergeordnetes Informationssystem ist daher hier noch nicht erforderlich, Möglichkeiten zum Austausch von Daten und Dokumenten über gängige Datenträger erscheinen noch ausreichend.

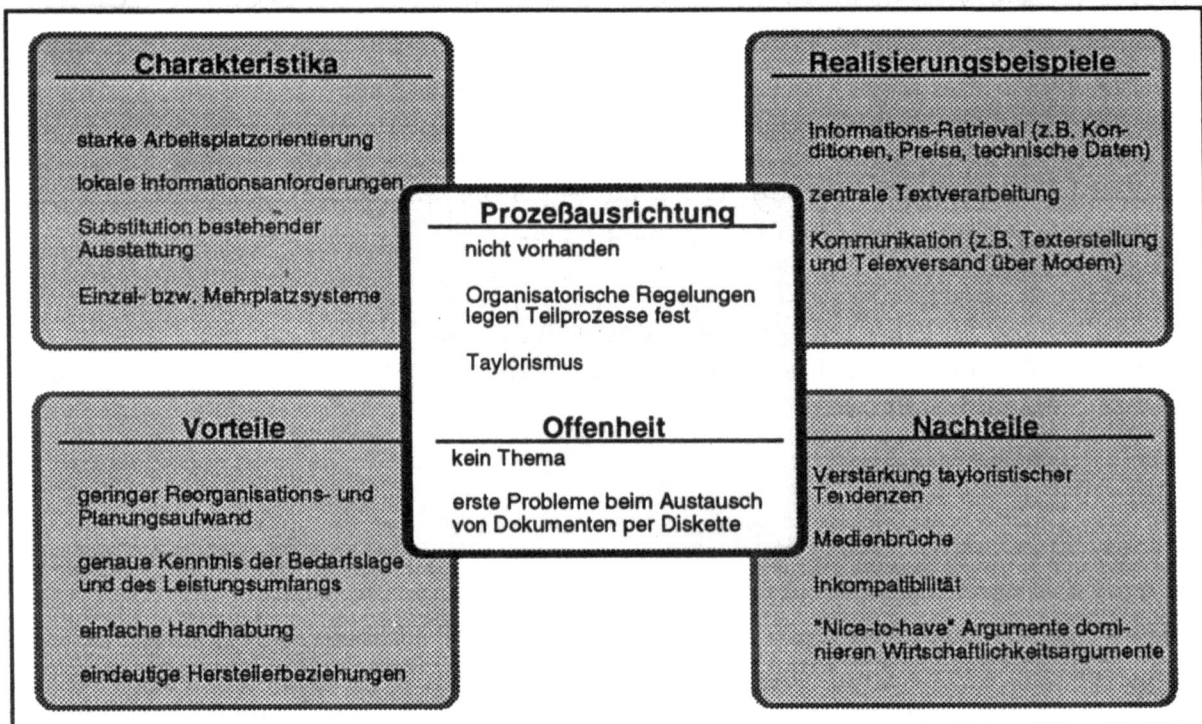

Bild 15: "Stand-Alone"-Anwendungen

Mit fortschreitender technischer Entwicklung erweitert sich jedoch kontinuierlich der Einsatzbereich der Rechnerunterstützung. Da in Unternehmen jedoch häufig eine Selbstversorger-Mentalität zu beobachten ist, können die theoretisch durch Verknüpfung zu übergeordneten Vorgängen erzielbaren Verbesserungen oftmals schon aufgrund von Medienbrüchen oder Inkompatibilitäten nicht realisiert werden.

Integrationsstufe 2: Bereichsintegrierte Vorgangsbearbeitung

Die Unterstützung zur Vorgangsbearbeitung ist in dieser Integrationsstufe auf betriebliche Funktionsbereiche maßgeschneidert. Komplexe, formularbasierte Anwendungen ermöglichen eine effiziente Bearbeitung auch dezidierter Aufgabenstellungen. Datenbanken werden dabei häufig zwar auf einem Host angelegt, oftmals jedoch nur von einer Fachabteilung aufgebaut und gepflegt.

Ein wesentlicher Nutzen dieses Stadiums liegt in der quantitativen Reduzierung des Dokumentenbestands und in der Verbesserung der Informationsqualität, wie sie beispielsweise durch Vermeidung von Eingabefehlern durch intelligente Formulare zu erzielen ist. Praxiserfahrungen zeigen in diesem Zusammenhang, daß bei gleicher Personalstärke erheblich größere Arbeitsvolumina bewältigt werden.

Der eher zentralisierte Einsatz von Informationssystemen führt jedoch zur Intensivierung der Arbeitsteilung, wodurch einerseits die Attraktivität von Arbeitsinhalten sinkt, andererseits jedoch auch der Koordinations- und Kontrollaufwand steigt. Die verstärkte Verrichtungszentralisierung verursacht dabei nicht nur eine stärkere

Zergliederung und eine Abnahme der Flexibilität von Arbeitsabläufen, darüber hinaus sind auch zu erwarten:

o Hohe Durchlaufzeiten einzelner Vorgänge durch hohe Transport- und Liegezeiten, sowie lange Kommunikations-, Kontroll- und Rüstzeiten.
o Der nur einzelarbeitsplatzorientiert optimierende Technikeinsatz bedingt unnötiges Wechseln der Fertigungsmittel oder im Bürobereich Medienbrüche und Wiederholungstätigkeiten ohne Wertzuwachs. Zudem führt die Ablage von Information in verschiedenen Systemen zu redundanter, jedoch in der Systematik uneinheitlicher Datenhaltung und damit zu Einschränkung der Zugriffsmöglichkeiten für andere.

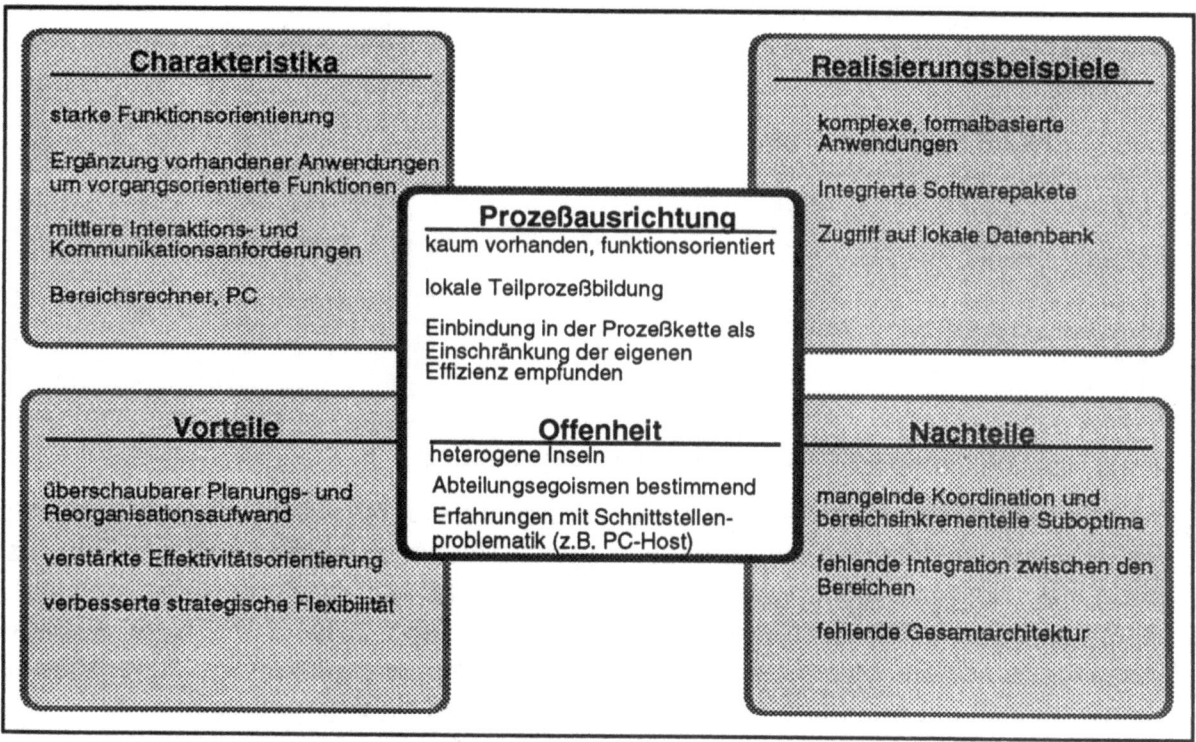

Bild 16: Bereichsintegrierte Vorgangsbearbeitung

Integrationsstufe 3: Bereichsübergreifende Vorgangsbearbeitung

Auf dieser Integrationsstufe werden in vorangehenden Stufen gebildete "Bereichsinseln" durch Rechnernetze verbunden. Aus Sicht des Gesamtunternehmens findet hier der Übergang von der verrichtungszentrierten zur vorgangsorientierten bzw. prozeßorientierten Arbeitsstrukturierung statt.

Eine ganzheitliche Vorgangsbearbeitung wird durch die abteilungsübergreifende Nutzung und Weiterleitung von Informationen über geeignete Schnittstellen, den gemeinsamen Zugriff auf Datenbanken und über entsprechende Netzwerkkommunikation realisiert. Da der volle Nutzen jedoch erst dann anfallen kann, wenn bereits vorhandene Informationssysteme von Einzelabteilungen in ein

Gesamtkonzept integriert wurden, sind zunächst Schnittstellen zu jeweiligen Anwendungsprogrammen zu schaffen.

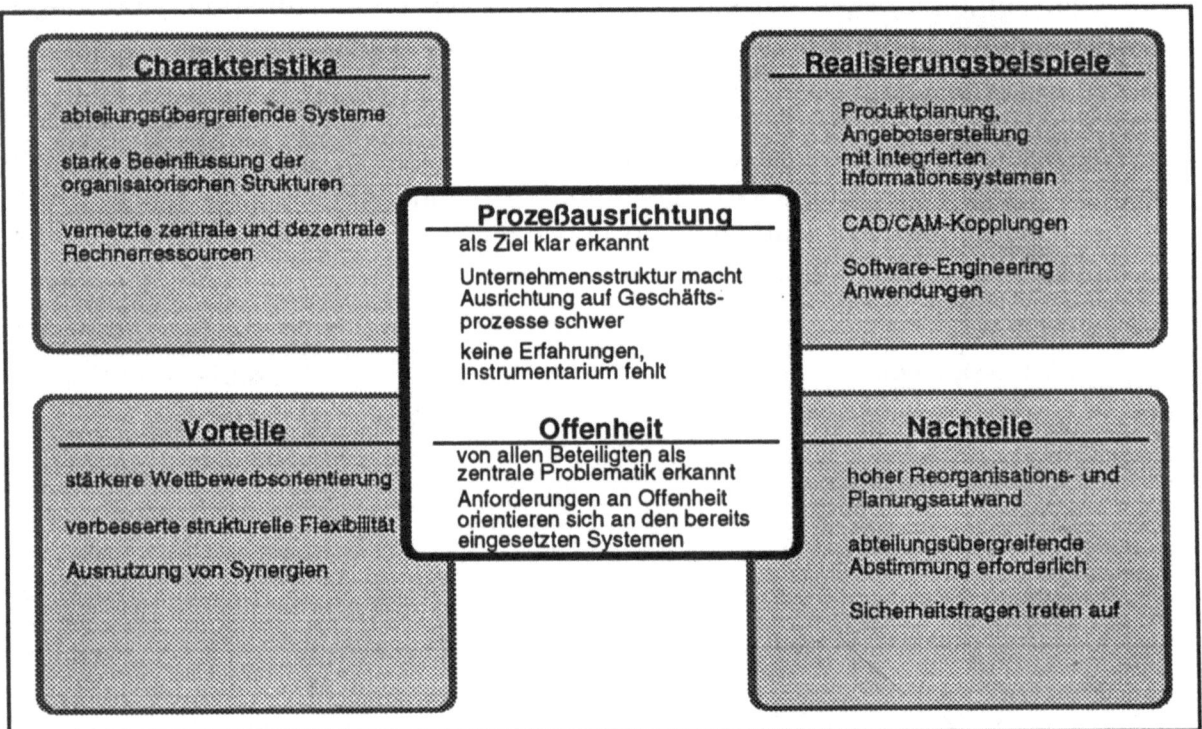

Bild 17: Bereichsübergreifende Vorgangsbearbeitung

Die Vorgangsorientierung erfordert eine adäquate Qualifikation und damit gezielte Weiterbildungsaktivitäten zur Erfassung ganzheitlicher Zusammenhänge. Dafür ist zum einen die technische Qualifikation in Bezug auf das gesamte Leistungsspektrum der Informationssysteme und deren Bedienung zu fördern, zum anderen gewinnt die soziale Qualifikation in Bezug auf die Kommunikations- und Kooperationsfähigkeit mit fachfremden Partnern zunehmend an Bedeutung.

Integrationsstufe 4: Computer Integrated Business (CIB)

Im Zentrum dieser Phase steht nun die unternehmensweite, technische und organisatorische Integration aller Unternehmensbereiche.

Alle hierarchischen Ebenen eines Unternehmens erhalten jetzt zusätzlich prozeßorientierte Funktionen. Die Gestaltung von Arbeitsinhalten und -abläufen führt zu einer größeren Aufgabenintegration, wodurch Zeit- und Kostenverluste reduziert werden sollen. Rationalisierung und Vernetzung orientieren sich somit immer weniger an der Automatisierung von Einzelfunktionen, sondern mehr an der Optimierung zusammenhängender Arbeitsprozesse über Bereichsgrenzen hinaus. Eine höhere Wirtschaftlichkeit wird auf gesamtorganisatorischer Ebene gesucht, Leistungsindikatoren hierfür sind die Funktionstüchtigkeit der Organisation, der Grad der Kunden- und Wettbewerbsorientierung und dafür notwendige Voraussetzungen wie Innovationsfähigkeit und Flexibilität.

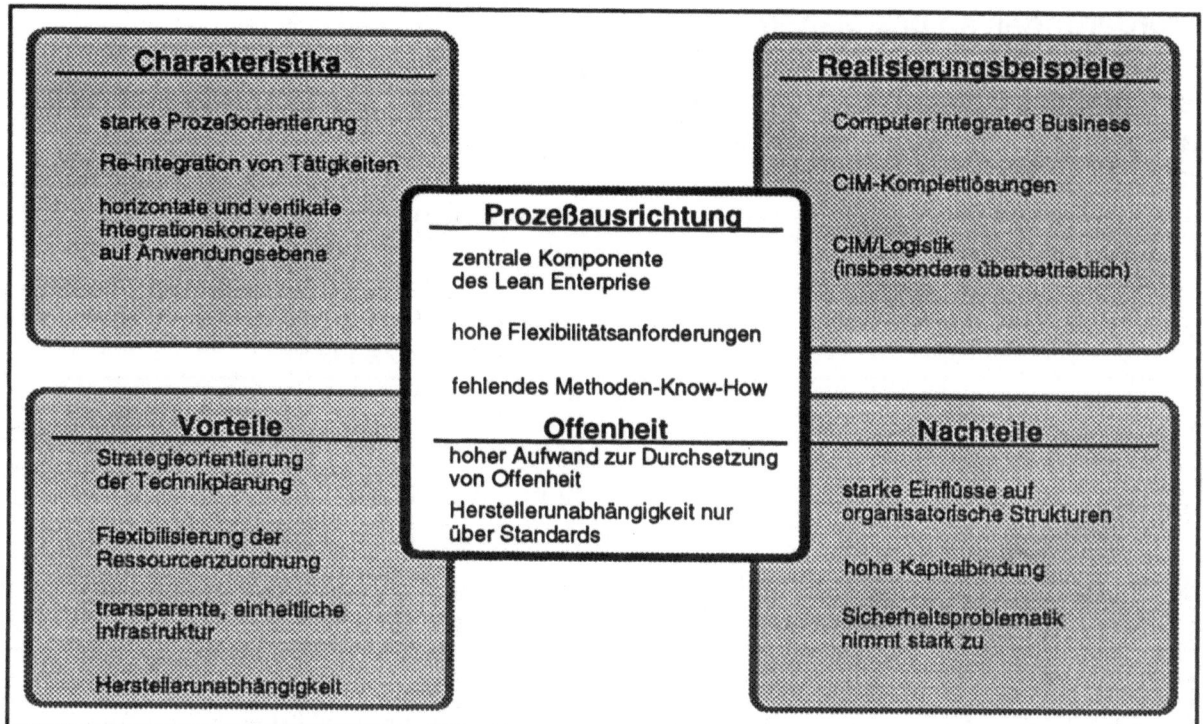

Bild 18: Computer Integrated Business (CIB)

Den genannten Vorteilen steht allerdings der Nachteil einer erhöhten Technologiekomplexität gegenüber. Typische Schwachstellen dieser Integrationsstufe sind:

o Hohe Abhängigkeit des gesamten Unternehmens von der Verfügbarkeit des verteilten Informationssystems.
o Bislang nicht ausreichende Standardisierung im Bereich des Datenmanagements, der Kommunikationssysteme und der Benutzerschnittstellen.
o Unzureichende Berücksichtigung von Aspekten des Datenschutzes und der Datensicherheit.

Sowohl bei der Einführung wie auch bei der Weiterentwicklung des Geschäftsprozeßmanagements sind zunächst Prioritäten bei der Optimierung einzelner Geschäftsprozesse festzulegen. Dabei sind alle dargestellten Entwicklungsstufen zu durchlaufen, eine solch sukzessive Vorgehensweise erlaubt schon frühzeitig den Zugriff auf Resultate, die zur Motivation für den weiteren Umsetzungsprozeß zu nutzen sind und so jeweils folgende Schritte erleichtern. Damit folgt die Einführung und Weiterentwicklung von Geschäftsprozeßmanagement in wesentlichen Punkten dem Kaizen-Gedanken.

Anforderungen an das Management

Als Grundlage dieser weitreichenden Änderungen ist auch im Bereich des Managements ein Wandel im Denken notwendig.

Altes Denken	Neues Denken
Unternehmen = Maschine	Unternehmen = Organismus
Technokratisches Denken	Systemhaftes, ganzheitliches Denken in Geschäftsprozessen
Denken in Funktionen und Zuständigkeiten	Denken in Prozessen und Kundenzufriedenheiten, als Diener des "Kunden"
Perfekte Organisation	Selbstorganisation und Verantwortung auf tiefstmöglicher Stufe
Ökonomisch-Technische Rationalität	Ökonomisch-Ökologisch-Humane Rationalität
Tayloristisches Menschenbild	Human-Resources-Management
Mensch als Systembediener	Mensch als Entscheider
Komplexität muß beherrscht werden	Komplexität muß geleitet werden
Jedem Mitarbeiter nur die Informationen, die er unbedingt braucht (Information Hiding)	Jedem Mitarbeiter den Zugriff auf die größtmögliche Datenmenge ermöglichen (Transparenz)
Hohe Datenqualität	Umgang mit Unschärfen und Bandbreiten
Führungslaufbahn und Spezialisten	Führungs-, Fach-, Projekt- und Prozeßverantwortungslaufbahn
Wandel bedroht Status	Wandel fördert notwendige Dynamik

Tabelle 3: Wandel im Management-Verständnis

Somit stellt ein neues Denken die notwendige Randbedingungen für die Umstellungen auf die Arbeit mit Geschäftsprozessen dar, charakteristisch hierfür ist der Wandel vom tayloristischen hin zu einem komplexen Weltbild, das vor allem auch die Stellung des Mitarbeiters exponiert.

Zusammenfassung

Die Anwendung der Geschäftsprozeßoptimierung mit adäquater Informationslogistik führt zu zielorientiertem Handeln quer durch alle Unternehmensbereiche und dadurch zu einer ganzheitlichen Optimierung des Gesamtsystems Unternehmen.

Als wichtigste Punkte sind hier zu nennen:

o die Schaffung von Transparenz im Unternehmen über Strukturen, Zielsetzungen und Abläufe,

o die Konzentration auf kundenrelevante Faktoren durch die Vergabe eindeutiger Prioritäten bei Geschäftsprozessen,

o Effizienzsteigerung in der Auftragsbearbeitung und Produktentwicklung durch die Straffung organisatorischer Abläufe und Unterstützung durch geeignete Informationslogistik entlang der Wertschöpfungskette,

o die Delegation von Verantwortung auf ausführende Mitarbeiter zur Reduktion von Verwaltungstätigkeiten für das Management und zur Neustrukturierung der Aufgaben der Unternehmensleitung,

o die Formulierung eines Technologiekonzepts für den Aufbau eines unternehmensweiten Informationssystems zur effektiven Unterstützung zeitgemäßer Organisationsstrukturen.

Richtschnur für den Ausbau der Informationslogistik sollten dabei spezifische Geschäftsprozesse sein, an deren Anforderungen sich Notwendigkeiten und Erfolge konkretisieren lassen. Das Leitmotiv der partiellen Integration heißt demnach: "Besser direkt in die interne und externe Kopplung der Geschäftsprozesse investieren, als mit unüberschaubarem Aufwand an umfassenden Infrastrukturkonzepten laborieren".

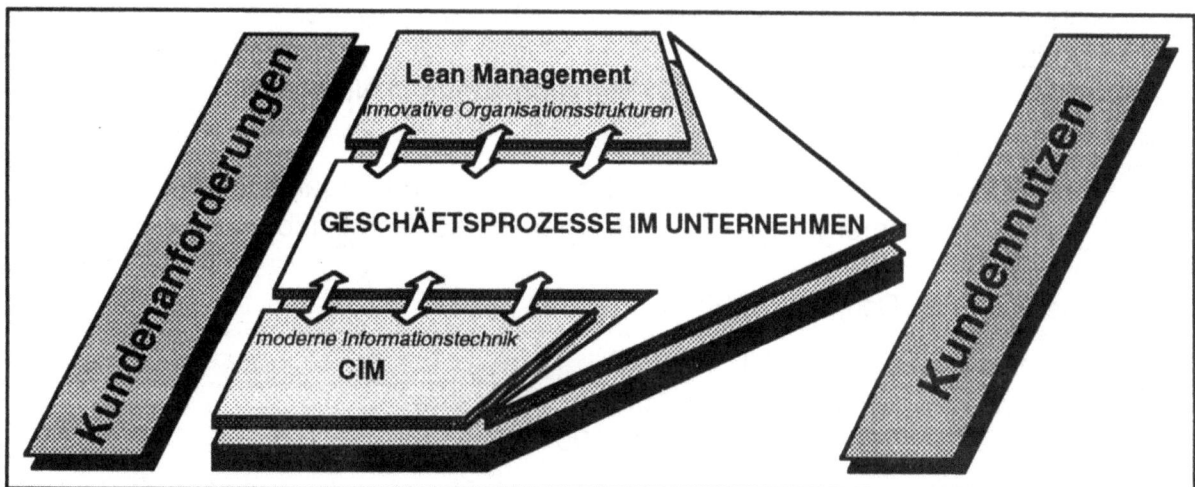

Bild 19: Geschäftsprozesse im Unternehmen

Die Orientierung an Geschäftsprozessen sollte dabei berücksichtigen, daß Prozeßorientierung in einzelnen Bereichen schon einige Zeit Gegenstand organisatorischer Verbesserungen in den Unternehmen ist. Die Prozeßausrichtung auf Zeitaspekte wird für den technischen Bereich unter Concurrent und Simultaneous Engineering forciert, Qualität als Prozeßergebnis wird von Total Quality Management gefordert, Kostenaspekte werden ganzheitlich in Target Costing betrachtet, die Kostenrechnung selbst nimmt sich mit der Prozeßkostenrechnung der prozeßorientierten Gemeinkostenverteilung an. All diese Entwicklungen lassen sich schon jetzt als partielle Prozeßorientierung beschreiben, zu fordern ist jedoch demgegenüber die ganzheitliche Prozeßorientierung, unterstützt durch adäquate Informationslogistik.

Die Besonderheiten der aktuellen Situation erfordern nicht nur neue Wege, sie erleichtern auch Veränderungen, die vorher kaum möglich gewesen wären. Ein sich zunehmend an der Notwendigkeit zu kostengünstigerer Fertigung und schnellerer Produktentwickung orientierendes Bewußtsein der Belegschaften und deren Erkenntnis um die eigene Verantwortung im Betriebsgeschehen sollte genutzt werden, um in Verbindung mit einer transparenten Informationspolitik ganzheitliches Denken aller Beschäftigten unternehmensweit zu initiieren. Durch Verbesserung interner und externer Kundenorientierung und die Einführung rationellerer Abläufe wird es auch außerhalb Japans möglich sein, schlanker und deshalb gestärkt aus der Krise hervorzugehen.

Literatur

/1/ Seitz, Konrad;
Die japanisch-amerikanische Herausforderung - kämpfen um das Überleben
München: Bonn Aktuell, 1992, 4.Auflage

/2/ Mitteilung für den Maschinenbau Nr.4 (Mai 1993)
Herausgegeben vom Sonderforschnugsbereich 187 der
Ruhr-Universität Bochum,
in Zusammenarbeit mit der GfK Marktforschnug in Nürnberg

/3/ Pfeiffer, Werner; Weiss, Enno;
Lean-Management: Grundlagen der Führung und Organisation
industrieller Unternehmen / von Werner Pfeiffer und Enno
Weiss
Berlin: Erich Schmidt, 1992

/4/ Womack, J.P; Jones, D.T; Roos, D;
Die zweite Revolution in der Automobilindustrie
Frankfurt/M.; New York: Campus, 1991

/5/ Pissot, H.;
Prozeßorientierte Bürokommunikation.
In: Office Management, 1991, Heft 7-8, S.41-43.

/6/ Striening, Hans-Dieter;
Prozeßmanagement im indirekten Bereich.
In: Controlling ,1989, Heft Nr. 6, S.324.

/7/ Warschat, Joachim; Marcial, Frank; Matthes, Jürgen;
Optimierung von Abläufen in den indirekten Bereichen.
München: Carl Hanser Verlag, 1993, ZWF 88 (1993) 7-8.

12. IAO-Arbeitstagung
Wege aus der Krise
Geschäftsprozeßoptimierung und Informationslogistik

Die prozeßorientierte Organisation

Johann Tikart

Mettler Toledo (Albstadt) GmbH, Albstadt

Die Mettler-Toledo (Albstadt) GmbH

Absatzgesteuerte Produktion, synchrone Produktentwicklung und Total Quality Management stehen nicht im Widerspruch sondern führen in ihrer Synthese zur schlanken Produktion und Organisation. Schlank kann nur werden, der bereit ist Ballast abzuwerfen und durch vorbehaltloses Vertrauen die Eigenverantwortlichkeit der Mitarbeiter reaktiviert. In dieser veränderten Unternehmensstruktur erhält auch die Qualitätssicherung eine völlig neue Ausrichtung. Sie verlegt ihre Hauptaufgabe von den selektiven zu den präventiven QS-Maßnahmen und verlagert ihren Schwerpunkt vom operativen in den strategischen Bereich. Dieser unternehmerische Wertewandel wurde bei Mettler-Toledo in Albstadt in mehreren Schritten verwirklicht.

Das Unternehmen, seit 1971 Teil der Schweizer Mettler-Toledo Gruppe, entwickelt und produziert elektronische Waagen und Wägesysteme für den professionellen Anwender in Industrie und Handel. Präzision und anwendergerechte Applikationslösungen kennzeichnen die breite Produktpalette. Der Erfolg auf den europäischen und wichtigsten internationalen Märkten bestätigt in eindurcksvoller Weise die Richtigkeit des eingeschlagenen Weges.

Mettler-Toledo (Albstadt) GmbH beschäftigt 230 Mitarbeiter und erzielen einen internen Umsatz von 100 Mio. DM.

Die Unternehmensphilosophie

1. Der Sinn eines Wirtschaftsunternehmens

Der Sinn eines Wirtschaftsunternehmens ist die Erzielung eines wirtschaftlichen Erfolgs für die Gegenwart und die Zukunft. Die Sicherstellung dieses Erfolges ist der primäre Auftrag des Unternehmens und damit der aller Mitarbeiter. Die Erfüllung dieses Sinnes ist ein Maß für die Qualität des Unternehmens. Unser Ziel ist der wirtschaftliche Erfolg. Wir wissen jedoch, daß dieser Erfolg nur erreichbar ist, wenn wir eine entsprechende Leistung bieten.

Deshalb bekennen wir uns dazu:

"Wir sind leistungsorientiert"

2. Der Markt als der Ort des Geschehens

Auf dem Markt entscheidet es sich, ob unsere Anstrengungen zum Erfolg führen. Das Aufspüren und das Nutzen von Marktchancen sind unsere primäre Aufgabe. Die Veränderung der Märkte, die Dynamik der Märkte, die Differenzierung der Kundenbedürfnisse stellen an das Unternehmen ein hohes Maß an Anpassungsfähigkeit. In dieser Situation kann ein Unternehmen nur dann erfolgreich sein, wenn es die gleiche Beweglichkeit, die gleiche Dynamik wie die Märkte besitzt. Wenn es wie ein Spiegelbild des Marktes erscheint. Organisationsstrukturen und Organisationsabläufe sind daraufhin zu optimieren

In diesem Sinne sind wir marktorientiert."

3. Der Mensch als der Handelnde

Es sind Menschen, die Leistungen vollbringen, die auf dem Markt zum Erfolg führen. Die Identifikation unserer Mitarbeiter mit unserem Tun, die Bereitschaft sich zu engagieren, das Einbringen des kreativen Potentials aller unserer Mitarbeiter, die Offenheit und das gegenseitige Vertrauen, eine Organisation, die Eigenverantung ermöglicht, die gemeinsame Freude am gemeinsamen Erfolg sind die Quellen unseres Erfolges.

"Deshalb sind wir mitarbeiterorientiert."

4. Die Organisation, in deren Mittelpunkt der Mensch steht und die ihm ein Handeln ermöglicht.

Es geht darum, das ganze Unternehmen neu zu denken und gegebenenfalls neu zu gestalten.

Für die Neugestaltung haben wir uns drei Organisationsprinzipien gegeben:
- **das Prinzip der Selbststeuerung**
- **das Prinzip der Funktionsintegration und**
- **das Prinzip der Eingenverantwortlichkeit.**

Das Prinzip der Selbststeuerung besagt, daß das Geschehen nicht von einer zentralen Stelle im Hintergrund, sondern am Ort des Geschehens durch die Sachkompetenz vor Ort gesteuer wird.

Das Prinzip der Funktionsintegration besagt, Aufhebung der Arbeitsteilung, Zusammenführen, was zusammengehört und Finden einer prozeßorientierten Organisationsform.

Das Prinzip der Eigenverantwortlichkeit besagt, jeder ist für das selbst verantwortlich, was er tut. Im Rahmen seines Handlungsspielraums wählt er für die Bewältigung seiner Aufgaben den Weg, den er eigenverantwortlich als richtig erkennt. Kollegen und Vorgesetzte helfen dabei.

Wenn die Beweglichkeit und die Kreativität unserer Mitarbeiter die Quellen unseres Erfolgs sein sollen, so geht es darum, Organisationsformen und Formen der Zusammenarbeit zu entwickeln, die dem natürlichen Verhalten der Menschen entsprechen.

Wir wollen das Unternehmen nicht so gestalten, daß es nur dann funktioniert, wenn Menschen sich entgegen ihrer Natur verhalten. Unsere Kreativität und Phangasie ist gefordert, das natürliche Verhalten der Menschen so zu lenken, daß es positiv für das Unternehmen wird. Wie das geschehen kann, das finden wir beim Betrachten der Natur, beim Studium der Evolutionslehre reichlich.

Es geht nicht darum, daß wir zunächst bessere Menschen brauchen, wir brauchen nur natürliche Menschen.

Durch unsere Erziehung, durch unsere leidvollen Erfahrungen, durch die Rollen, die wir im Leben spielen müssen, haben wir uns von diesem natürlichen Zustand weit entfernt. Auch diesen Ballast müssen wir abwerfen. Und dies beginnt in unseren eigenen Köpfen. Bei der Neugestaltung und der ständigen Verbesserung des Unternehmens, ist es, dem natürlichen Bedürfnis der Menschen folgend, notwendig, daß unsere Mitarbeiter von Anfang an in diesen Prozeß integriert werden. Da die Weisheit nicht in einem Kopf versammelt ist, brauchen wir alle.

Die drei Organisationsprinzipien:
- selbststeuernd
- Funktikonsintegration oder auch prozeßorientierte Organisation und
- Eigenverantwortlichkeit

sind keineswegs die ausschließlichen Organisationsprinzipien. Unserer Erfahrung nach treten die anderen Prinzipien bei Verwirklichung dieser drei Hauptprinzipien von selbst zu Tage. Wir haben zunächst unsere programmgesteuerte Produktion zu einer absatzgesteuerten Produktion gewandelt, dann unsere sequentiell arbeitende Entwicklung zu einer synchronen Produktentwicklung und unsere selektive Qualitätssicherung zu einer präventiven Qualitätssicherung.

Die fraktale Organisation

Das Fraktal ist ein Individium und grenzt sich zu seiner Umwelt durch seine Hülle hermetisch ab. Das Fraktal besteht aus Elementen, die über Schnittstellen gekoppelt und selber Fraktale sind und aus einem alle Elemente umfassenden Geist.

Die Input-Schnittstelle ist streng selektiv, d. h. sie läßt aus dem Überangebot nur das durch, was das Fraktal benötigt. Ist das Angebot reichlich, so gedeiht das Fraktal. Ist das Angebot zu knapp, so verkümmert das Fraktal oder stoppt. Die Output-Schnittstellt stößt alles Überflüssige ab.

Ein Fraktal arbeitet grundsätzlich mit höchstmöglichem Wirkungsgrad, d. h. mit kleinstmöglichem Ressourceneinsatz. Dies ist für das Überleben des Fraktals der entscheidende Wettbewerbsvorteil.

In einer Organisation ist das kleinste Fraktal der einzelne Mensch als ganze Persönlichkeit, bestehend aus seiner biologischen Existenz und aus einem Geist, seiner Seele, seiner Psyche, seiner Kultur, seiner Erziehung, seinen Fähigkeiten usw.

Ein Fraktal ist immer ein vollständiger Prozeß, ein Fraktal kann immer nur Element eines übergeordneten Fraktals sein. D. h. es kann nicht gleichzeitig Element mehrerer Fraktale sein.

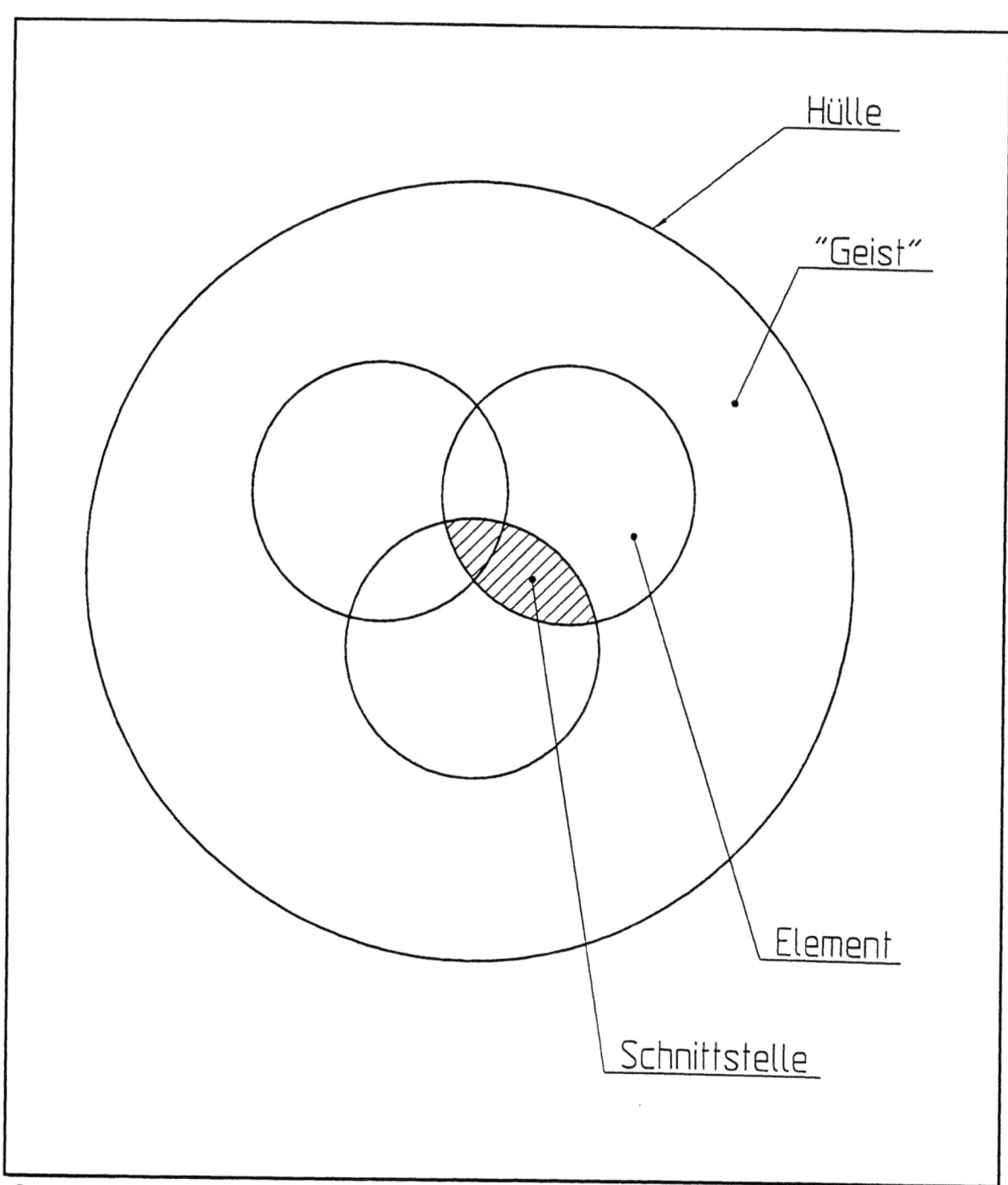

Grundgestalt eines Fraktals

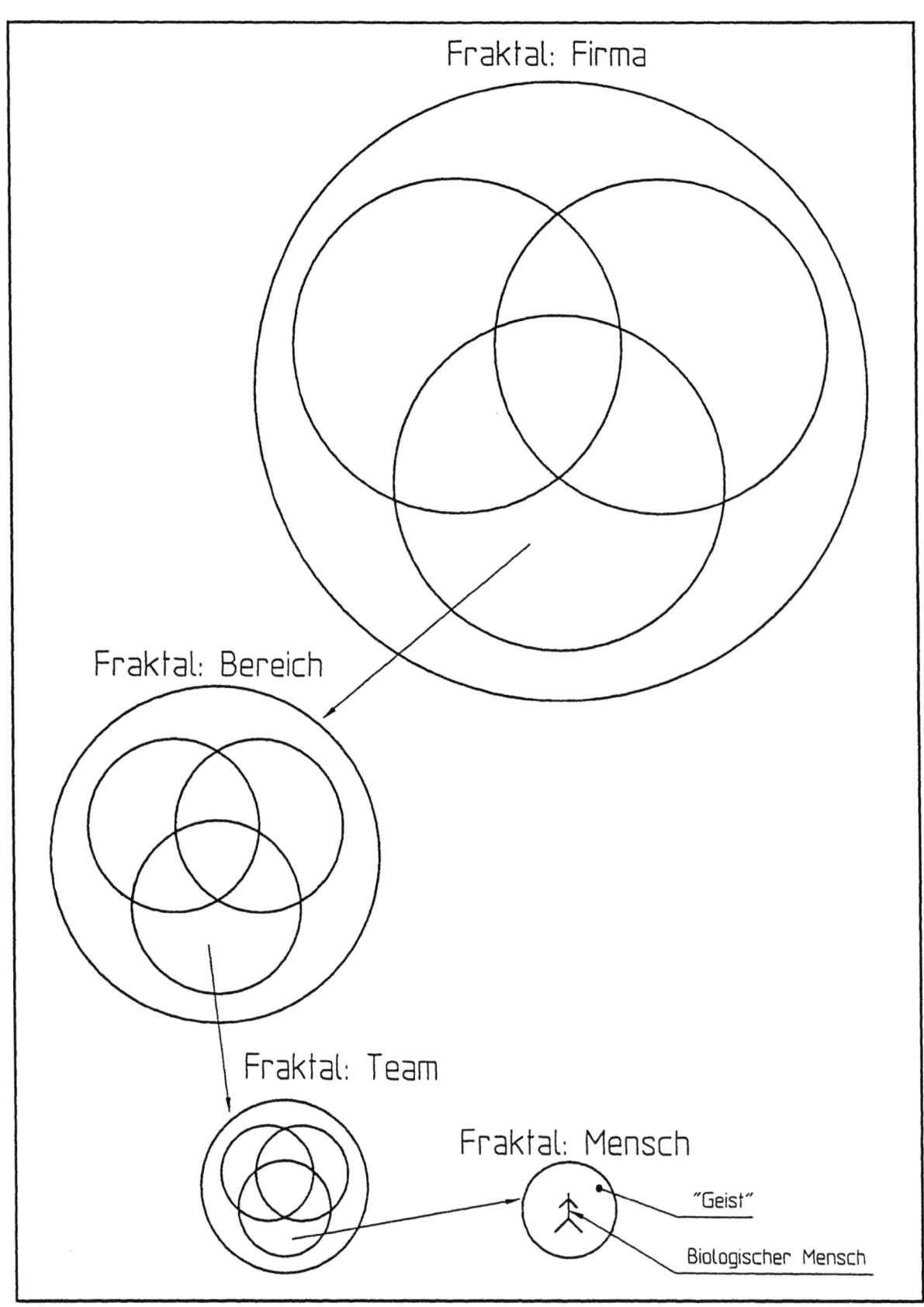

Die fraktale Organisation

Die absatzgesteuerte Produktion (ASP)

1. Die programmgesteuerte Produktion

(siehe Bild 1: Programmgesteuerte Produktion)

Bei sich immer weiter fragmentierten Märkten, sich weiter differenzierten Kundenbedürfnissen und damit Marktchancen und sich damit auch immer weiter differenzierten Produktionsprogrammen, ist es nicht mehr möglich, mittels einer Prognose über den künftigen Absatz ein treffendes Produktionsprogramm zu erstellen. Die Folge ist, daß der Regelkreis der programmgesteuerten Produktion in Folge seiner vielen toten Zeiten das Geschehen der Produktion nicht mehr ausregeln kann.

Die Konsequenzen sind: hohe Lagerbestände, sowohl im Teilelager als auch im Fertigwarenlager, eine schlechte Lieferfähigkeit und permanente Probleme mit Fehlteilen.

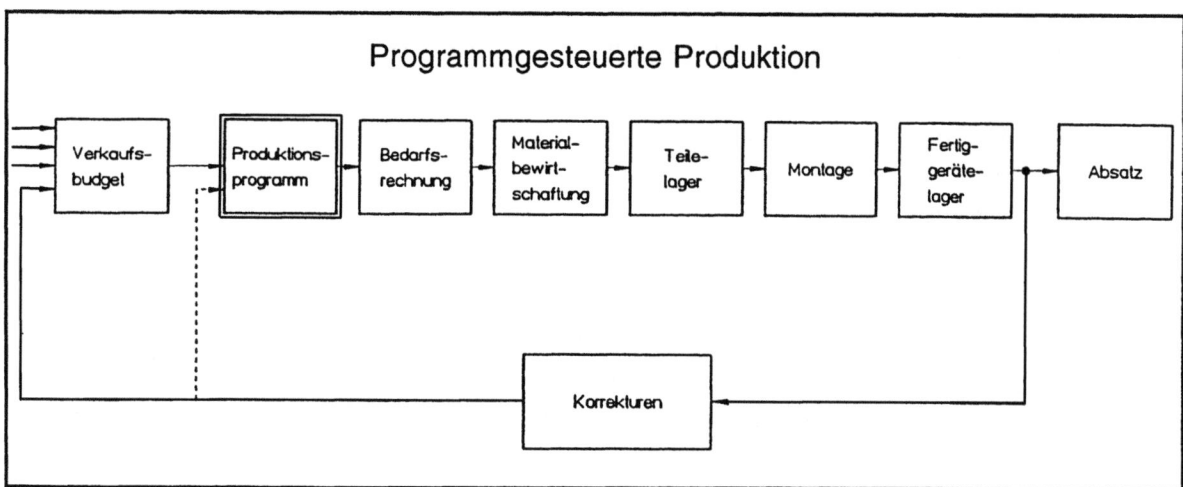

Bild 1: Fertigungsablauf bei programmgesteuerter Produktion

2. Die absatzgesteuerte Produktion

(siehe Bild 2: Absatzgesteuerte Produktion mit Fertigwarenlager und Bild 3: Absatzgesteuerte Produktion ohne Fertigwarenlager)

Marktbedürfnisse stehen in einem Zielkonflikt mit herkömmlichen industriellen Produktionsmethoden.

Herkömmliche industrielle Produktionsmethoden erfordern zu ihrer Optimierung:
- hohe Stückzahlen

- konstanten Produktionsfluß
- schmales Produktionssortiment
- keine Änderungen
- ausreichenden Vorlauf für Umstellungen
- hohe Kapazitätsauslastung
- optimale Losgrößen
- hohes Einkaufsvolumen
- Ausschöpfung des Beschaffungsmarktes
- lange Produktlebensdauer

Die ASP löst diesen Zielkonflikt, indem sie den Marktbedürfnissen die Priorität vor den Produktionsbedürfnissen gewährt und indem sie eine Optimierung der Organisation und der organisatorischen Abläufe auf diese Zielsetzung hin bewirkt.

- Es wird genau das produziert, was heute der Markt fordert.
- Wöchentliche Absatzschwankungen zwischen 50 % und 200 % eines Planwertes führen auch zu einer wöchentlichen Schwankung des Produktvolumes zwischen 50 % und 200 % des Planwertes.
- Um Beweglichkeit zu besitzen, erfolgt die Produktion
    - ohne Lagerbestände
    - mit der Losgröße-1-Fähigkeit
    - einstufig
    - mit kürzester Durchlaufzeit
    - mit unverrückbaren Lieferterminen
    - mit flexiblem Personaleinsatz
    - mit festen Lieferanten (Technologiefamilien)
    - in ausgewählter Produktions-Technologie
- Die Produktion erfolgt selbststeuernd und eigenverantwortlich.
- Die Logistik arbeitet nach dem "Hol-Prinzip".
- Neue Produkte werden "ASP-tauglich" entwickelt.

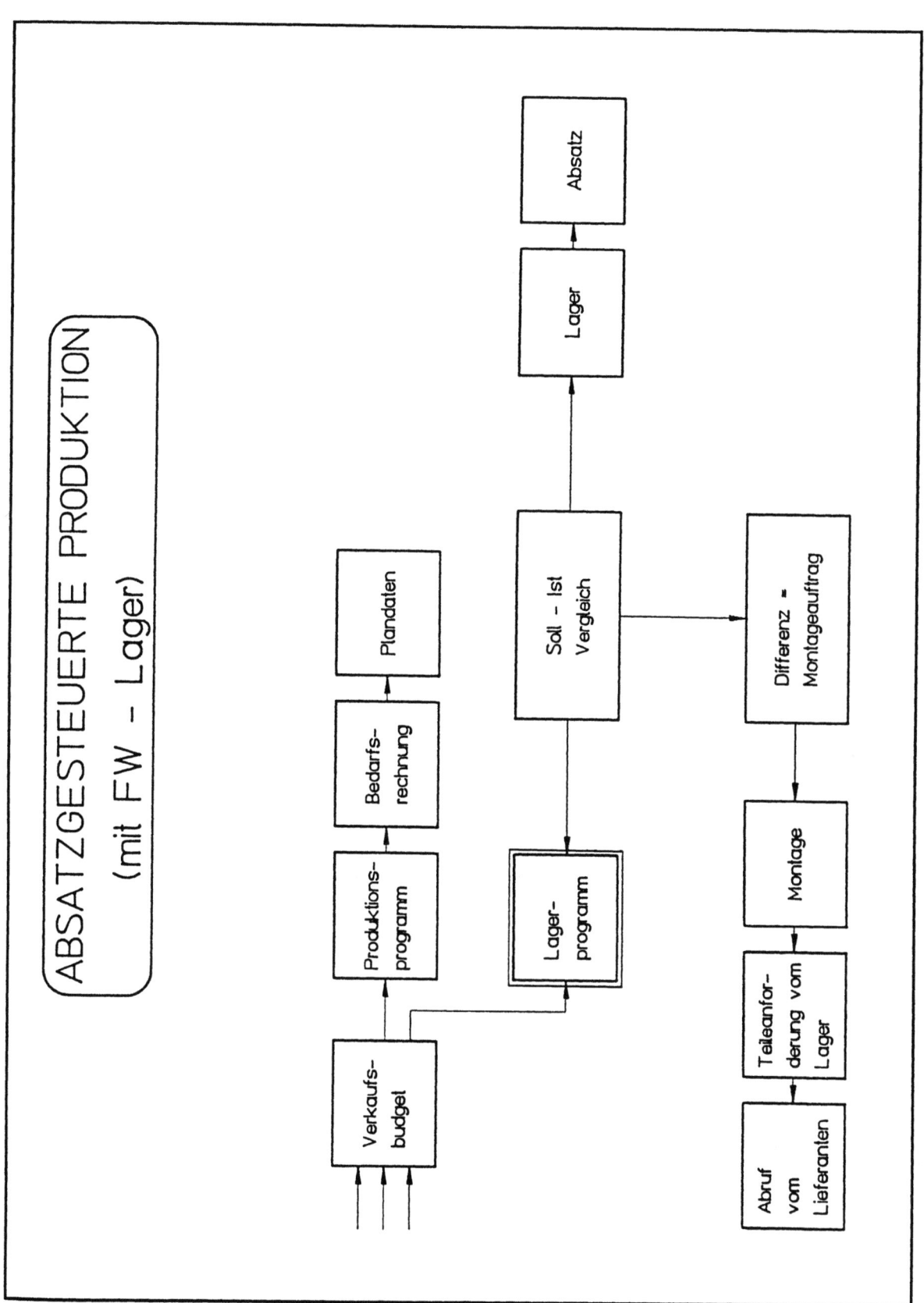

Bild 2: Fertigungsablauf bei absatzgesteuerter Produktion (mit Fertigwaren-Lager)

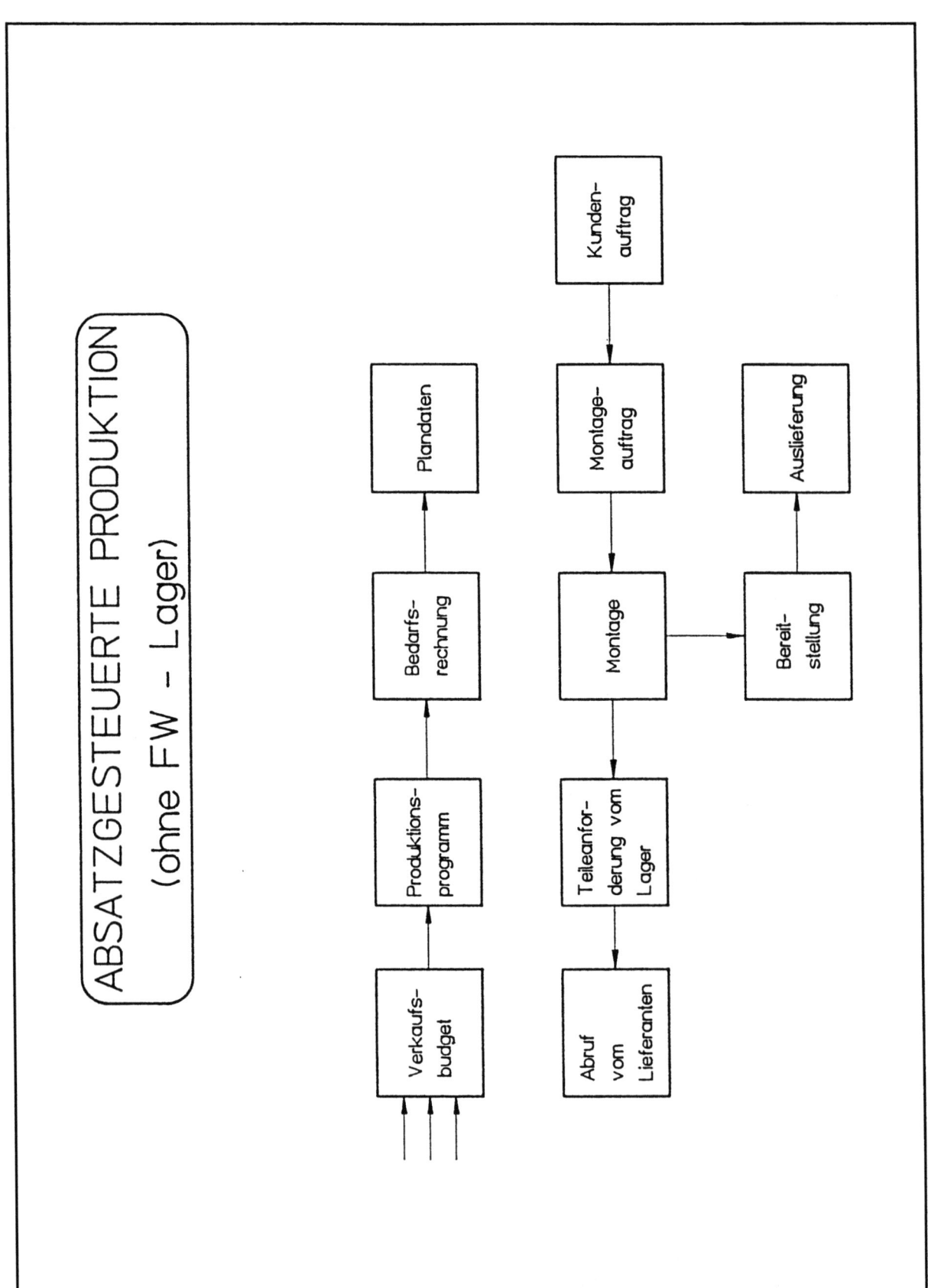

Bild 3: Fertigungsablauf bei absatzgesteuerter Produktion (ohne Fertigwaren-Lager)

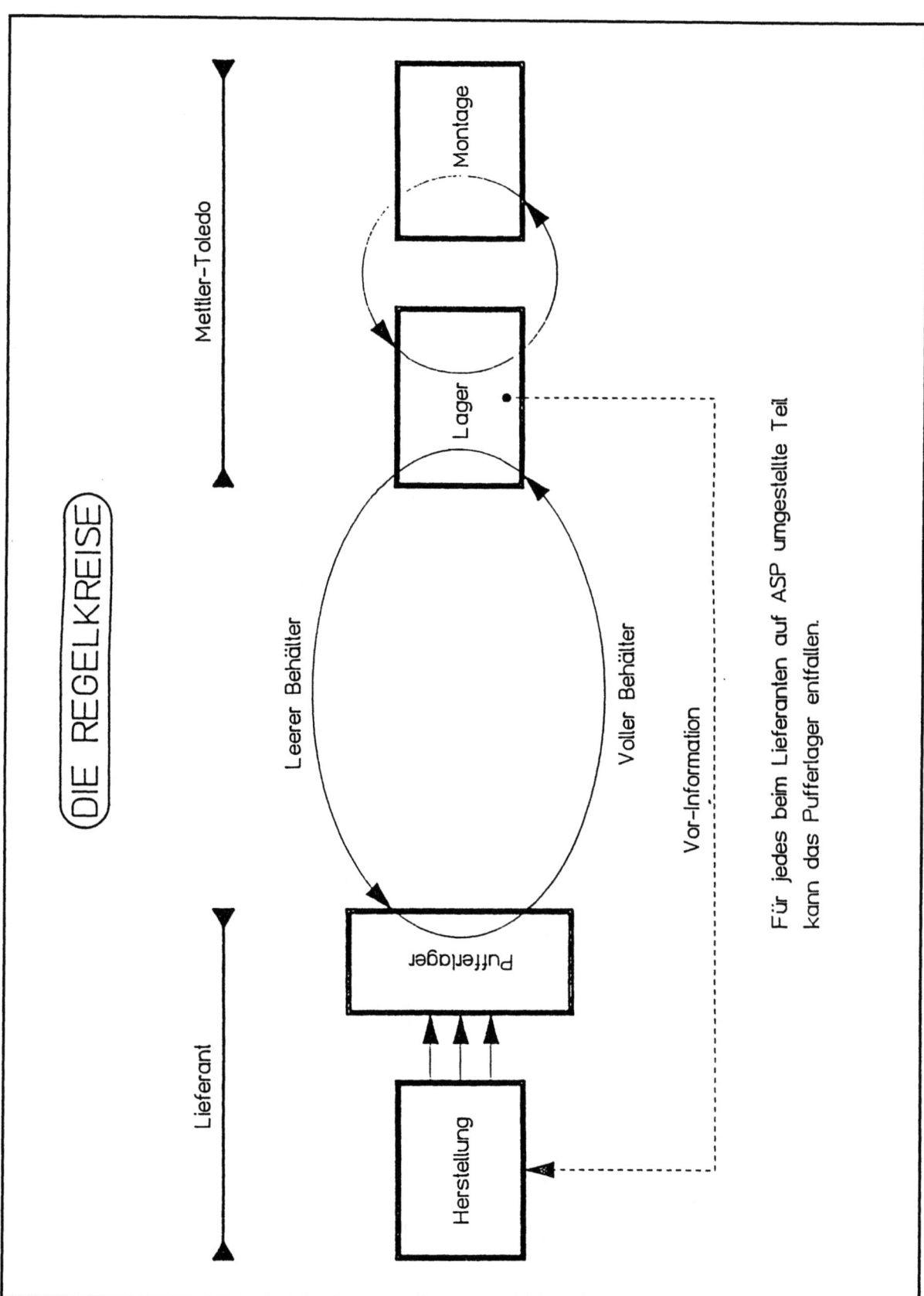

Bild 4: Regelkreise ohne absatzgesteuerte Produktion beim Lieferanten

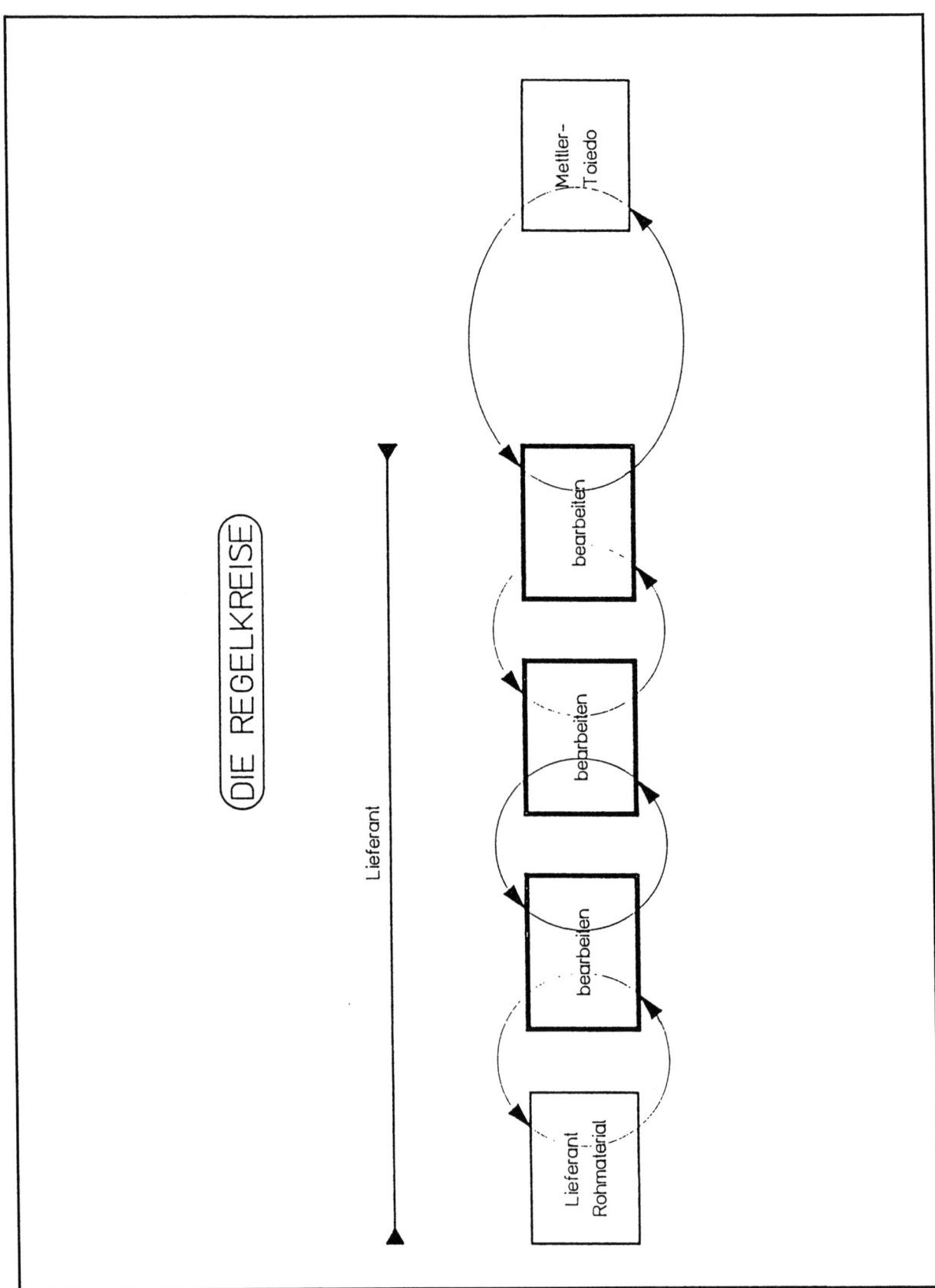

Bild 5: Regelkreise mit absatzgesteuerter Produktion beim Lieferanten

Die synchrone Produktentwicklung (SPE)

Die Realisierung des Unternehmensziels, Entwicklung der Eigenschaften, im höchsten Maße anpassungsfähig zu sein gegenüber den sich permanent verändernden Bedürfnissen und Chancen des Marktes, ohne dabei die Vorteile einer industriellen Serienproduktion zu verlieren, verlangt nicht nur die Verkürzung der Reaktionszeit, also der Durchlaufzeit für die Belieferung der Märkte mit eingeführten Produkten, sondern auch eine drastische Verkürzung der Realisationszeit für die Belieferung der Märkte mit neu zu schaffenden Produkten.

Dieses Ziel wird mit der synchronen Produktentwicklung erreicht. Mit dem Instrument der synchronen Produktentwicklung verkürzten wir die Entwicklungszeit für neue Produkte von bislang 2 - 3 Jahren auf neu 6 - 9 Monate.

Die synchrone Produktentwicklung basiert auf drei Pfeilern:
1. Die Trennung der Technologieentwicklung von der Produktentwicklung.
2. Die Einzeltätigkeiten sind nicht mehr sequentiell, sondern parallel und synchron.
3. Die Organisationsform des Projektmanagements nicht nur temporär projektbezogen, sondern als permanentes Organisationsprinzip.

1. Trennung der Technologieentwicklung von der Produktentwicklung

Bisher:
Innerhalb einer Produktentwicklung wird gleichzeitig eine Technologieentwicklung betrieben. Dieses Vorgehen hat Vor- und Nachteile.

Die Vorteile des bisherigen Vorgehens:

- Innovationen sind gleich in einer vermarktungsfähigen Form entwickelt.
- Der Druck, das entwickelte Produkt tatsächlich produzieren und vermarkten zu müssen, zwingt zur Lösung aller Probleme. Bei einer "Schubladen-Entwicklung" ist die Neigung sehr groß, ungelöste Probleme zu ignorieren oder zu verschleiern, oder als nebensächlich zu betrachten oder ihre Lösung bis zum Zeitpunkt der Realisierung zu verschieben.
Soll dann eine "Schubladen-Entwicklung" vermarktet werden, so findet eine Ernüchterung statt, und man merkt, daß man so gut wie neu beginnen muß und jetzt ein anderer Ansatz sinnvoller wäre.

- Bei "Schubladen-Entwicklungen" wird dem Konstrukteur das Erfolgserlebnis vorenthalten. seine Motivation bleibt in Grenzen, sein Zeitaufwand dagegen unbegrenzt, ohne daß eine wirklich fertige Lösung ensteht.

Die Nachteile des bisherigen Vorgehens:

- Die Entwicklungszeit ist sehr lang. Der angestrebte Marktnutzen wurde verpaßt. Die Marketingkonzeption ist nicht mehr schlüssig. Um dies zu korrigieren, werden während der Entwicklungszeit die Vorgaben an die Entwicklung geändert, wodurch die Entwicklungszeit weiter verlängert wird. Zum Schluß wird die Marketing-Konzeption dem entstandenen Produkt angepaßt.
Dies gelingt aber nur teilweise, so daß Sortimentsergänzungen, Modifikationen unds ein Release X notwendig werden.
- Die Technologieentwicklung ist nicht geplant und koordiniert. Die Schwerpunkte sind zufällig je nach der Interessenlage, der Neigung und dem aktuellen Kenntnisstand der eingesetzten Entwickler entstanden.
- Der Entwickler ist der "Schöpfer seiner Produkte". Ein guter Entwickler wird die Produktionsfähigkeit und die Vermarktungsfähigkiet seiner Produkte absichern, indem er die Kompetenz der zuständigen Fachstellen in Anspruch nimmt. Dazu steht ihm das Instrument des Projektmanagements zur Verfügung. Der Nachteil besteht darin, daß die Quelle der Innovation ausschließlich der Entwickler selbst ist. Die anderen Fachstellen beurteilen eine Entwicklung danach, "ob es machbar ist" und welche Konsequenzen sie zu ziehen haben. Das "Wie" wird beraten, das "Was" steht nicht zur Disposition. Die anderen Fachstellen haben keine gestalterischen Einfluß. (Am auffälligsten ist dies in Bezug auf die Produktion zu erkennen.) Die Innovationskraft in der gesamten Breite des Unternehmens wird nicht genutzt.

2. Die Einzeltätigkeiten sind nicht mehr sequentiell, sondern parallel und synchron

Alle Unternehmensfunktionen beginnen gleichzeitig und gemeinsam mit der Projektarbeit. Zu jedem Zeitpunkt ist der Arbeitsstand an allen Stellen gleich. Deshalb ist das Projekt überall zur gleichen Zeit abgeschlossen. Es gibt keine sequentiellen Abläufe.

Die Tätigkeiten, Abläufe, Methoden und Instrumentarien sind dieser Zielsetzung entsprechend zu entwickeln. Oberste Priorität hat die kürzeste Durchlaufzeit. Im Vordergrund steht nicht die Effektivität der Aufgabenbewältigung der Fachabteilungen sondern die kürzeste Realisierungszeit der Nutzung einer Marktchance.

Neue Produkte sollten nach einer Projektdauer von wenigen Monaten auf dem Markt verfügbar sein.

SPE führt nicht nur zu einer drastischen Reduktion der Projektdauer.

Gleichwertige Vorteile entstehen,

- weil eine Projektdauer von wenigen Monaten weniger Projektkosten als eine von mehreren Jahren verursacht.
- weil die Marketing-Konzeption bei Verfügbarkeit des Produktes noch gültig sein kann.
- weil getroffene Entscheidungen innerhalb einer Gesamtdauer von wenigen Monaten beständiger sind.
- weil bei der Kürze der zur Verfügung stehenden Zeit notwendige Entscheidungen nicht verschoben werden könne.
- weil eingefahrene Wege neu überdacht werden müssen.
- weil eingefahrene Wege neu überdacht werden müssen.
- weil unnötiger Ballast - in Form von Sitzungen und in Form von Papieren - abgeworfen wird.
- weil die Motivation durchgehalten werden kann.
- weil die Hemmschwelle, ein mißglücktes Projekt aufzugeben, niedriger ist.

Synchronitäts-Regeln

1. Regel:
Es ist zu prüfen, ob von zwei zu synchronisierenden Vorgängen nicht einer oder beide Vorgänge entfallen können.
2. Regel:
Aus den verschiedenen Ablaufmöglichkeiten eines Vorgangs wird der Ablauf gewählt, welcher die kürzeste Durchlaufzeit hat.
3. Regel:
Bei Vorgängen, die in körperlicher Abhängigkeit zueinander stehen, wird keine Arbeitsteilung vorgesehen.
4. Regel:
Bei Vorgängen, die in informeller Abhängigkeit zueinander stehen, wird der abhängige Vorgang trotz unzulänglichem Informationsstand begonnen.
5. Regel
Die Synchronisation verfolgt das Ziel, Vorgänge gleichzeitig zu beenden. Sie verfolgt nicht das Ziel, Vorgänge zum "richtigen" Zeitpunkt zu beginnen.

Zur Regel 5:

Ein Projektablaufplan wird überlicherweise so aufgebaut, daß die Einzeltätigkeiten, in Abhängigkeit vom möglichen Starttermin und von der Bearbeitungszeit, eine Kette sequentieller, in der Regel auch verzweigter, Vorgänge ergibt.

Die gesamte Projektzeit ergibt sich als Addition der Einzelzeiten:

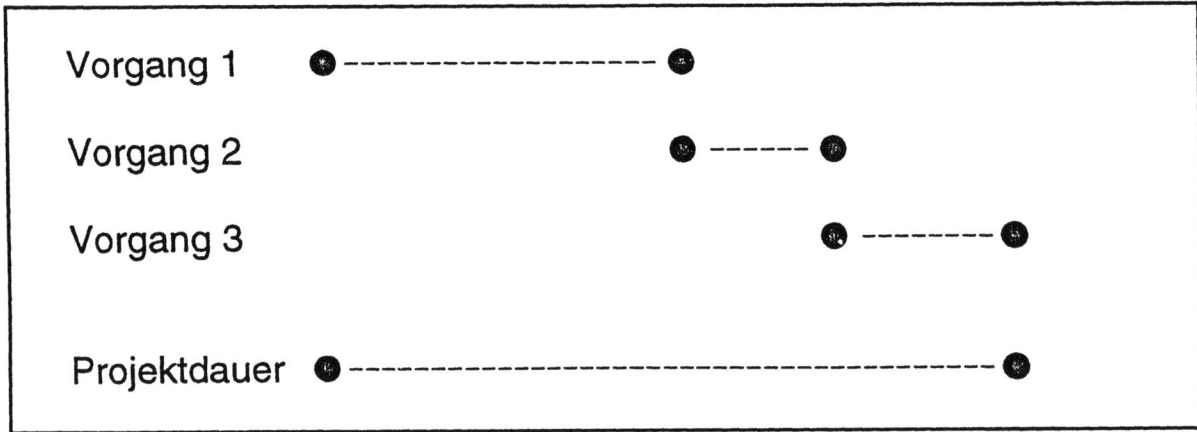

Der Projektablaufplan einer SPE geht von einem parallen Ablauf der Einzelvorgänge und von ihrem gemeinsamen Abschluß aus.

Die gesamte Projektdauer wird von der längsten Einzelzeit bestimmt:

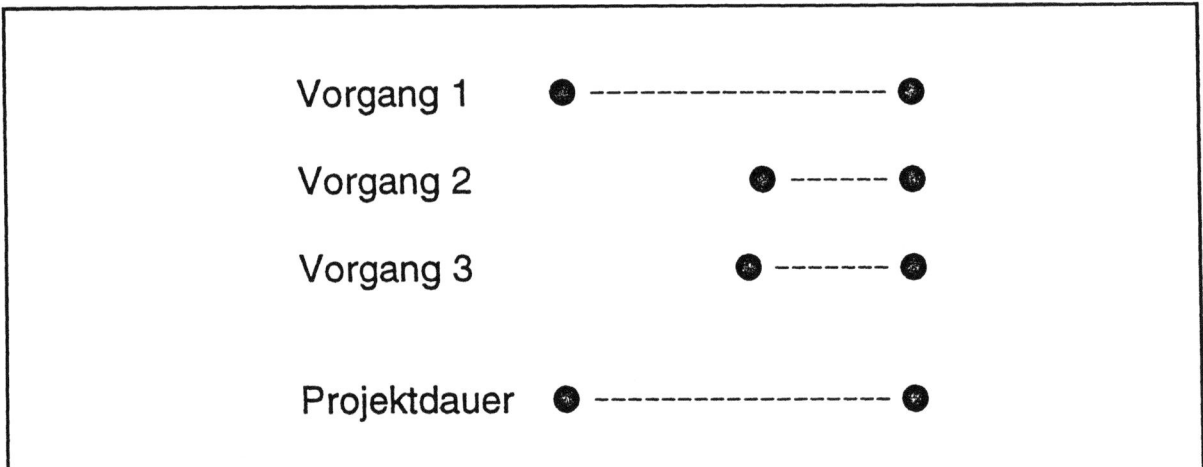

Die Synchronisierungsregeln zeigen, mit welchen Mitteln ein Parallelablauf erreicht werden kann.

6. Regel:
Es wird auf Vorhandenes zurückgegriffen. Für später mudß "Vorhandenes geschaffen werden.

7. Regel:
Entscheidungsprozeduren, Genehmlassungsverfahren, Prüfverfahren usw. dürfen nur als Parallelvorgänge behandelt werden.
8. Regel:
Die Projektarbeit geschieht in hoher Kommunikationsdichte. Deshalb darf Information nur als Parallelvorgang behandelt werden.
9. Regel:
Ist auf Anhieb Synchronität nicht erreichbar, so wird das Umfeld so verändert, daß eine Synchronisierung möglich wird.
10. Regel:
Da eine permanente Synchronität nicht erreichbar ist, werden in möglichst kurzen Abständen Synchronisationspunkte gesetzt.

Die SPE bei der Mettler-Toledo (Albstadt) GmbH

- Einführung: 01.01.1989
- Erreichte Realisierungszeit für neue Projekte: 6 ... 9 Monate
  (gegenüber früher 2 ... 3 Jahre)

Organisationsform:

- Branchenorientierte SPE-Teams mit unternehmerischer Ergebnisverantwortung mit in der Regel jeweils sieben Mitarbeitern.
- Jedes Team besteht aus Ingenieuren für Mechanische Konstruktion, Elektronik, Software, aus Produktionstechnikern, Marketing- und QS-Experten,
- Die Aufgabe des SPE-Teams besteht darin, Marktchancen aufzuspüren und zu realisieren. Alle dazu erforderlichen Aktivitäten bewältigt das SPE-Team eigenverantwortlich und vollständig.

Aus der Summe all der Erfahrungen, die wir gesammelt haben, ist es uns zur Gewißheit geworden, daß wenn wir etwas gestalten wollen, den Mut haben müssen, das zu tun, was wir als richtig erkannt haben, auch wenn wir uns auf nicht abgesicherten Wegen bewegen. Daß wir unsere Kraft und unsere Energie nicht erschöpfen dürfen in endlosen "Ja-aber"-Diskussionen, sondern unser unternehmerisches Wollen bestimmten müssen. Daß wir begreifen müssen, daß ein Unternehmen keine Maschine ist, in dem ein Rädchen in das andere greift, sondern ein lebendiger Organismus ist. Daß wir aus der Natur lernen können, wie solche Organisationen funktionieren. Daß wir unsere Ängste abbauen und den Menschen vertrauen müssen.

Und wen wir im Zweifel sind, dann gilt:

Wenn Kopf und Herz übereinstimmen, dann ist die Entscheidung gut, selbst wenn sie sich später als falsch erweisen sollte.

12. IAO-Arbeitstagung
Wege aus der Krise
Geschäftsprozeßoptimierung und
Informationslogistik

Ein Mittelständler in Südostasien

Michael Marks
Oskar Frech GmbH & Co. KG, Schorndorf

Die Aktualität des Themas

"Neue Wachstumsrekorde der vier kleinen Tiger" - "Überhitzung der chinesischen Wirtschaft auf dem Weg von der Planwirtschaft zur sozialistischen Marktwirtschaft" - "Unerwartete Öffnung des indischen Marktes für ausländische Investitionen" - das sind nur einige der Schlagzeilen, die in den vergangenen zwei Jahren, nicht zuletzt nach Abklingen des mehrjährigen Aufschwungs bei uns, den Verantwortlichen in der europäischen Industrie die derzeitigen Wachstumsmärkte und die Neuausrichtung der Weltwirtschaft deutlich vor Augen geführt haben. Die oben genannten Aussagen lassen sich auf nahezu alle Länder in Ost- und Südost-Asien, wie Südkorea, Taiwan, Hongkong, Singapur und Thailand sowie in neuerer Zeit Indonesien, Malaysia und Vietnam, mit mehr oder minder starken Modifikationen, aber immer gleicher Tendenz, anwenden.

Mit Ausnahme Japans, das sich derzeit in einer ähnlich stagnitiven bzw. rezessiven Phase wie die Masse der europäischen Länder befindet, spricht man in allen übrigen Ländern der genannten Region trotz der teilweisen Abhängigkeit von Exporten nach Europa oder Amerika immer noch von Wachstumsraten, die für die europäischen Volkswirtschaften auch in den vergangenen Boomjahren Spitzenwerte dargestellt haben, falls sie überhaupt in dieser Höhe auch nur annähernd erreicht werden konnten.

Die Vehemenz, mit der sich deutsche und europäische Manager derzeit auf den Weg nach Asien machen, um dort die Geschäfte zu suchen, die sie nach Abklingen der Aufschwungphase in Europa und nach Ausbleiben des von vielen zu optimistisch erwarteten Wachstums in den sich demokratisch und marktwirtschaftlich ausrichtenden osteuropäische Staaten zur Auslastung ihrer bestehenden Kapazitäten und als Beitrag zu neuem Wachstum brauchen, erkennt man sofort, wenn man heute in Frankfurt oder Zürich ein Flugzeug nach Hongkong, Singapur, Bangkok, Bombay, Seoul oder Tokio besteigt.

Allerdings werden noch viele der mit mehr oder weniger großer Euphorie reisenden Manager sehr schnell feststellen müssen -soweit dieses nicht bereits geschehen ist -, daß kurzfristige Erfolge auf den Märkten in Ost- bzw. Südost-Asien selten bis nie erzielbar sind.

Ich möchte Ihnen hier allerdings nicht den Mut für Ihre geplanten oder bereits begonnenen Aktivitäten in Asien nehmen, sondern Ihnen vielmehr ein wenig von der vielfältigen Erfahrung, die unser Unternehmen in dieser Region der Welt gemacht hat, weitergeben, damit Sie eine Vorstellung bekommen und darüber nachdenken können, wie Ihre Strategie, denn eine allgemeingültige gibt es wohl nicht, zur Erschließung und Bearbeitung dieser Märkte aussehen könnte.

Unser langer Weg nach Asien

Zum besseren Verständnis meiner Ausführung darf ich Ihnen zunächst kurz die Firma Oskar Frech GmbH & Co., in deren Geschäftsleitung ich für den Vertrieb und die internationalen Aktivitäten zuständig bin, vorstellen. Frech ist als Hersteller von Druckgießmaschinen, Druckgießwerkzeugen und Automationseinrichtungen für den Gießereisektor ein mittelständisches Familienunternehmen mit Stammsitz in Schorndorf bei Stuttgart. Fertigungsstätten für das oben genannte Produktprogramm befinden sich neben Schorndorf in Barcelona (Spanien) und seit 1992 in Taipeh (Taiwan). Selbständige Vertriebs- und Servicegesellschaften hat die Frech-Gruppe in den wichtigsten Industrieländern Europas, in Amerika, in Hongkong und Schanghai, darüber hinaus existiert ein Vertriebsbüro in Südkorea. In Japan gibt es eine Lizenzfertigung für Teile unseres Produktprogramms.

Die ersten Schritte in den asiatischen Markt hat unser Haus bereits in den 70er-Jahren mit dem Export von in Deutschland produzierten Maschinen getan. Schon damals wurde sehr schnell deutlich, daß der technische Stand in den einzelnen Ländern der Region sich auf sehr unterschiedlichem Niveau bewegt. Daraus, und aus der Tatsache, daß Mentalität und Kultur der einzelnen Länder sehr unterschiedlich sind, was nach meiner Erfahrung von vielen Europäern bei ihrer Vorgehensweise in Asien nicht genügend berücksichtigt wird, indem sie alle Länder der Region in der gleichen Art und Weise zu behandeln versuchen, haben sich wichtige Erkenntnisse für unsere Marktbearbeitung ergeben.

Da sich tragfähige und dauerhafte Geschäftsbeziehungen in Asien nur auf der Basis guter persönlicher Beziehungen, wobei ich bitte das Wort "Beziehungen" nicht falsch zu verstehen, entwickeln können, wurde neben der Erklärung der Bearbeitung der asiatischen Märkte zur Chefsache darauf Wert gelegt, daß ein Mitarbeiter des Stammhauses jeweils der Ansprechpartner für Kunden eines bestimmten Landes ist, damit jeweils wieder die gleichen Gesichter und nicht ständig neue auftauchen. In den einzelnen Ländern der Region wurden Vertriebsvereinbarungen mit lokalen Handelsgesellschaften geschlossen, die von unserem Stammhaus durch regelmäßige Schulungen und gemeinsame Kundenbesuche unterstützt werden.

Da sich der chinesische Markt in den Folgejahren als der für unsere Produkte aufnahmefähigste erwiesen hat, und man in Japan mit einem Partner eine Lizenzvereinbarung für den Bau und Vertrieb unserer Produkte auf dem Japanischen Markt eingehen konnte, haben wird im Jahre 1980 mit der Erfahrung einiger Jahre im Rücken eine Vertriebs- und Servicegesellschaft in Hongkong gegründet, ein Standort, der sich aufgrund unserer Marktschwerpunkte und der vorhandenen Infrastruktur nach sorgfältiger Prüfung anderer Länder in der Region als der Vorteilhafteste herauskristallisiert hat. Die Aufgabe der dort installierten Vertriebsmannschaft ist es, neben der direkten Betreuung der zum damaligen Zeitpunkt noch bedeutenden Zahl von Druckgießereien in Hongkong, die selbständigen Handelsvertretungen für unsere Produkte zwischen Singapur und Südkorea technisch und kommerziell zu unterstützen, während die Service-Ingenieure von Hongkong aus für die Wartung und Reparatur unserer Maschinen in Asien eingesetzt werden.

Nachdem der chinesische Markt mehr und mehr an Bedeutung gewann und man aufgrund der geschäftlichen Aktivitäten in China entsprechende Kontakte zu technisch und technologisch gut ausgebildeten Ingenieuren des chinesischen Druckgießverbandes hatte, wurde im Jahr 1987 mit einem bis vor kurzem für ein Joint-Venture noch notwendigem chinesischen Partner der Vertrag für ein Service-Center in Schanghai unterzeichnet. Jedoch verging bis zur zwingend vorgeschriebenen Akkreditierung dieses Joint-Venture-Vertrages durch die chinesische Regierung ein Zeitraum von mehr als zwei Jahren, währenddessen ständige Modifikationen des Vertrages sowie geänderte finanzielle Vorstellungen des staatlichen chinesischen Partners diskutiert und entschieden werden mußten, eine Erfahrung, die viele Unternehmen machen müssen, die sich in China engagiert haben bzw. derzeit engagieren. Eine gewissen Erleichterung wird sicherlich zukünftig eintreten, da mittlerweile unter gewissen Voraussetzungen Firmengründungen von Ausländern ohne einheimische Beteiligung in China zulässig sind.

Die Wettbewerbssituation

Im Zuge der industriellen Entwicklung der asiatischen Staaten seit Ende der 70er Jahre, insbesondere mit dem Aufkommen der sogenannten "vier kleinen Tiger", entstanden neue Wettbewerber für uns hauptsächlich in Hongkong, Taiwan sowie in China, wobei die Hersteller aus den beiden erstgenannten Ländern aufgrund der Größe bzw. besser gesagt der "Kleinheit" ihres internationalen Marktes sehr schnell auch mit dem Export ihrer Maschinen in die übrigen Märkte der Region begannen. Dabei war die Qualität der lokal gefertigten Maschinen zunächst äußerst schlecht, dennoch konnten bei Verkaufspreisen, die 50-80% unter unseren lagen, auch die besten technischen und qualitativen Argumente nur in einer begrenzten Zahl von Fällen den Ausschlag für eine Investition in unser Produkt gegeben. Relativ schnell wurde auch eine Qualitätsverbesserung der in Hongkong und Taiwan gefertigten Maschinen erkennbar, die nicht zuletzt daher rührte, daß man nach bereits in anderen Branchen bewährtem Muster europäische Maschinen gekauft und so gut wie möglich nachgebaut hat, was zwangsweise mit zunehmender Erfahrung im Maschinenbau auch zu ständig besseren Ergebnissen führte. So waren auch wir sehr bald mit dem Problem konfrontiert, daß Maschinen im Markt auftauchten, die bis auf die Farbgebung unseren Produkten vom äußeren her sehr ähnlich waren.

Da der gewerbliche Rechtsschutz in vielen neu industrialisierten oder sich entwickelnden Ländern Asiens bis heute nicht besonders ausgeprägt ist, erschien es auch nicht sehr sinnvoll, viel Zeit, Managementkapazität und Kosten in die gerichtliche Bekämpfung dieses Wettbewerbs zu investieren, ja selbst bei erfolgreichem Ausgang eines Verfahrens nahezu zu jeder Zeit und an jedem Ort ein neuer Wettbewerber auftauchen könnte, der die gleiche Problematik gebracht hatte.

Neben den nationalen Wettbewerbern in einzelnen Ländern spielt natürlich auch in unserem Produktbereich die Konkurrenz der japanischen Maschinenhersteller eine sehr bedeutende Rolle. Wie im Bereich der Photo-, Unterhaltungselektronik- und Autoindustrie sind die Japaner auf der Basis langfristig angelegter Strategien frühzeitig auch im Bereich der Werkzeugmaschinen und Druckgießmaschinen angetreten, um die asiatischen Märkte für ihre Produkte zu vereinnahmen. Während sie dies im Bereich der "Consumer-Products" (Unterhaltungslektronik und PKW) durch Gründung von eigenen Fertigungsstätten ("Trans Plants") bzw. Lizenzvergaben in den Ländern der Region realisieren, geht die Taktik im Bereich des Maschinenbaus aufgrund der im Investitionsgüter-Bereich kleineren Stückzahlen dahin, mit qualitativ hochstehenden Produkten über den Preis in die Lücke zwischen den lokalen Hersteller einerseits und den europäischen bzw. amerikanischen Hersteller andererseits zu stoßen. Um bei gleichem Qualitätsniveau wie die europäischen Hersteller einen spürbaren Preisvorteil zu erreichen, der sich bei kompletter Fertigung in Japan aufgrund der dort anzutreffenden Kostenstruktur im Bereich des Maschinenbaus heute nur sehr schwer realisieren läßt, wurde allerdings schon sehr früh auf den Komponentenbezug aus Ländern der Region zurückgegriffen.

Was unseren Produktbereich betrifft, hatte dies zur Folge, daß die japanischen Wettbewerber auf den Märkten in Südost-Asien mit Preisen an den Markt gehen konnten, die rund 30 % unter denen liegen, die wir bei Belieferung aus Deutschland erreichen können.

Diese Konstellation - taiwanesische, chinesische und Hersteller aus Hongkong im Low-Tech-Bereich mit Preisvorteilen von teilweise deutlich mehr als 50 % einerseits und japanischer Wettbewerb auf höherem technischen Niveau mit guter Qualität und Preisvorteilen von 30 % andererseits - hat dazu geführt, daß man sich bei uns im Hause schon sehr früh Gedanken über die Aufnahme einer eigenen Fertigung in Asien gemacht hat. Die Gründe waren allerdings nicht allein in dem damit zu erzielenden Kostenvorteil zu sehen. Die in vielen Jahren gewonnene Markterfahrung hatte vielmehr gezeigt, daß die Investition in eine Fertigung vor Ort auch ein erhebliches Vertrauenskapital bei den Kunden der Region schaffen und für unser Unternehmen und das Produkt einen deutlichen Imagegewinn bringen würde. Damit, so wurde uns von unseren Kunden und Vertretungen immer wieder versucht zu erklären, sollte es möglich sein, aufgrund unserer Technologie-Führerschaft auch bei etwas höheren Preisen gegen den japanischen bzw. den lokalen Wettbewerb zusätzliche Marktanteile zu gewinnen, was sich zwischenzeitlich mit den ersten Verkäufen unserer in Taiwan gefertigten Maschinen als richtig erwiesen hat.

Der Aufbau der Fertigung

Nachdem die grundsätzliche Entscheidung gefallen war, in eine Fertigung bzw. Montage in Asien zu investieren, galt es, den richtigen Standort und den richtigen Partner zu finden. Aufgrund unserer bisher gemachten Erfahrungen war es von Anfang an klar, daß wir diesen Schritt nicht ohne einen Partner machen wollten, der mit der Mentalität und den örtlichen Gegebenheiten bestens vertraut ist, und daß wir für das Unternehmen einen nationalen General Manager benötigen, damit die beim Aufbau eines solchen Werkes auftretenden Probleme möglichst schnell und effizient ohne Verständigungs- und Verständnisprobleme gelöst werden können.

Nach der Evaluierung von Standorten in Singapur, Hongkong, China und Taiwan haben wir uns schließlich für den Standort Taipeh entschieden, da wir dort die für ein internationales Unternehmen notwendige Infrastruktur vorfinden, Taiwan über erhebliche Erfahrungen im Maschinenbau und damit über die notwendigen qualifizierten Mitarbeiter und eine gut strukturierte Zulieferindustrie verfügt (so war die Zahl der taiwanesischen Maschinenhersteller auf der EMO '93 in Hannover größer als die Zahl der japanischen Maschinenbauer), Taiwan bezüglich der sprachlichen Voraussetzungen im Hinblick auf die zukünftig erwartete, weitere Annäherung zu China sowie die Bedeutung der Chinesen in der Wirtschaft der gesamten Region gute Voraussetzungen bietet, und weil wir in Taipeh mit einem unserer langjährigen Kunden den Partner gefunden haben, bei dem wir neben der fachlichen Basis auch die menschlichen Voraussetzungen für eine erfolgreiche Zusammenarbeit in der Zukunft geben.

Nach Abschluß der mehrjährigen Evaluationsphase wurden innerhalb weniger Monate die notwendigen Verträge ausgehandelt, und die Vorgehensweise für den Start der gemeinsamen Unternehmung festgelegt. Dabei zeigten sich sowohl unsere Partner als auch die Behörden, die in die Genehmigung dieses Joint-Venture eingeschaltet werden, sehr kooperativ.

Nachdem der General Manager und der Produktionsleiter gefunden waren, wurden die ersten chinesischen Mitarbeiter rekrutiert, die vor ihrer Tätigkeitsaufnahme drei Monate auf ihre neue Aufgabe hin in unserem Stammwerk geschult worden sind. Dabei hat sich herausgestellt, daß alle neuen Mitarbeiter eine gute schulische Basis haben, sehr interessiert sind und außergewöhnlich schnell die ihnen vermittelten neuen Kenntnisse aufgenommen haben. Erfreulich für uns war auch das gute gegenseitige Verständnis zwischen den Chinesen und unseren Mitarbeitern im Stammhaus, die mit ihnen Kontakt hatten.

Die Aufnahme der Maschinenmontage in Taipeh - zunächst zwei Typen aus unserem Produktprogramm - ist ohne größere Schwierigkeiten verlaufen. Dabei wurde die 1. Serie vollständig aus Komponenten zusammengesetzt, die von Deutschland aus angeliefert worden sind. Jedoch hat man bereits während dieser Phase mit der Suche nach zuverlässigen und qualitätstreuen Lieferanten begonnen, damit möglichst bald auf den Bezug von lokalen Komponenten umgestellt werden kann. Schlüsselkomponenten werden allerdings auch in der Zukunft weiterhin vom Stammhaus in Deutschland geliefert, was hier für zusätzliche Auslastung der mechanischen Fertigung sorgt.

Der letztendlich bei der Montage in Taiwan zu realisierende Kostenvorteil für unser Produkt beläuft sich auf rund 30 %. Diese Einsparung resultiert jedoch nur zu einem Teil aus niedrigeren Personalkosten da einerseits Taiwan längst kein Billiglohn-Land mehr ist und andererseits der Raum Taipeh, in dem unser Unternehmern angesiedelt ist, keinen großen Markt für billige Arbeitskräfte bietet. So verdient ein Facharbeiter umgerechnet rund DM 2.000,-- im Monat, für einen Spitzenmann - im Bereich der Elektronik z. B. - muß man in der Größenordnung von ca. DM 3.000,-- pro Monat rechnen.

Deutliche Einsparungen können wir allerdings im Bezug von mechanischen Komponenten erzielen, die wir teilweise mehr als 40 % billiger einkaufen, als wir diese in Deutschland herstellen oder beschaffen können.

Schwieriger als erwartet stellt sich die Situation aber zum Beispiel für den Bezug von Hydraulik-Komponenten (Ventile, Speicher, Pumpen) dar, da diese in der von uns verlangen Qualität noch nicht gefertigt werden, und die Produkte aus Japan oder aus Europa teilweise sogar erheblich teurer lokal einzukaufen sind, als wir sie in Deutschland beschaffen können.

Die Anpassung an örtliche Gegebenheiten

Die ersten Erfahrungen haben bestätigt, was wir von Anfang an vermutet haben, nämlich daß mittelfristig aufgrund der Situation am Beschaffungsmarkt in Asien wie auch aufgrund der Umgebungsbedingungen eine Umkonstruktion unserer Maschinen auf die örtlichen Gegebenheiten notwendig sein wird. Dazu möchte ich ihnen einige Beispiele geben. So werden an die elektrischen Bauteile aufgrund der in den meisten Ländern der Region herrschenden hohen Luftfeuchtigkeit besondere Anforderungen gestellt. Verschiedene Profilstärken bei Stählen und Blechen sowie Gußlegierungen, die wir in Europa beschaffen können, sind in Asien nicht üblich. Durch Umstellungen auf andere Profilstärken bzw. andere Gußlegierungen, die lokal hergestellt werden, können kurzfristig erhebliche Kostenreduktionen auf der Materialebene erreicht werden.

Aus Kosten- und Servicegründen ist auch zu überlegen, die europäische Elektronik-Steuerung unserer Produkte teilweise oder komplett durch ein japanisches System zu ersetzen.

Alle diese Modifikationen führen aber dazu, daß nach und nach eine rein asiatische Maschine entsteht, die dann nicht mehr ohne weiteres in Länder außerhalb Asiens exportiert werden könnten, was wir allerdings derzeit auch nicht planen.

Neben der Kostenseite spielt, wie bereits mehrfach angedeutet, die Marktnähe, gerade auch im Hinblick auf die notwendigen Modifikationen sogenannter europäischer Maschinen - und damit auch das Vertrauen und die Sicherheit des Kunden bei einer Investition in unser Produkt eine entscheidende Rolle für die Beurteilung des Sinns und der Notwendigkeit einer Fertigung in Asien. Nachdem wir auf diesem Wege das oben erwähnte Preisniveau der japanischen Wettbewerber praktisch erreichen, gilt es, das Technologie- und Qualitätsniveau, für das wir bekannt sind, auch mit den in Taiwan montierten Maschinen zu halten. denn es wäre eine Katastrophe, wenn wir durch die Fertigung außerhalb Europas bei der Qualität unserer Produkte Abstriche machen müßten. Um dieses zu vermeiden, werden alle in Taiwan montierten Maschinen vor der Auslieferung an den Kunden von unseren deutschen QS-Fachleuten, die regelmäßig vor Ort sind, auf Herz und Nieren geprüft. Nur so können wir einen weltweit gleichen Qualitätsstandard sicherstellen.

Diese QS-Ingenieure sind neben unserem Montageleiter, der sich in regelmäßigen Abständen zur Zeit noch jeweils einige Wochen in Taiwan aufhält und das dortige Team auch bei der Evaluation von leistungsfähigen Zulieferern unterstützt, die einzigen deutschen Mitarbeiter vor Ort.

Unser Ziel muß es sein, schnellstmöglich das einheimische Personal dahin zu bringen, gleiche Qualität und Produktivität wie im Stammhaus zu erreichen. Wir sind davon überzeugt, daß dieses schneller und effektiver möglich ist, wenn Entscheidungen vor Ort im Team durch die dazu befugten, lokalen Verantwortungsträger getroffen werden, als wenn wir versuchen, aus großer Distanz zu häufig in die dortige Organisation hineinzuregieren.

In der Produktivität haben wir natürlich nach rund einem Jahr in Taiwan noch nicht die Werte erzielt, für deren Erreichung wir in Deutschland mehr als 40 Jahre gebraucht haben. Allerdings ist der Produktivitätsnachteil bereits heute geringer als der Kostenvorteil, den wir aus den etwas niedrigeren direkten Lohnkosten und erheblich niedrigeren Lohnnebenkosten erzielen.

Produktionszuwachs statt Produktionsverlagerung

Von der Marktseite gehen wir so vor, daß wir die in Taiwan gefertigten Maschinen nur in den Märkten Ost- und Südost-Asiens mit Ausnahme Japans vertreiben. Damit verlagern wird nicht die Produktion von unseren Standorten in Deutschland oder Spanien nach Asien, wie es vielleicht anfänglich der eine oder andere im Zuge der allgemeinen Standortdiskussion vermutet hat, sondern vollen zusätzliche Marktanteile und damit zusätzlichen Umsatz in den genannten Märkten erzielen, indem wir auf dem Preisniveau der Japaner mit unseren technologisch führenden Maschinen diese verdrängen und andererseits den Preisabstand zu den jeweiligen nationalen Herstellern auf ein Maß verringern, das es uns im einen oder anderen Falle aufgrund der bei unseren Produkten unzweifelhaft vorhandenen Vorteile auch ermöglicht, diese Preisdifferenz argumentativ bei der Entscheidung eines potentiellen Kunden über eine Investition zurückzudrängen.

Ein weiterer Effekt, der aber aufgrund der gegebenen Konstellation sich nicht unbedingt von unserer Branche auf andere Branchen übertragen läßt ist der, daß wir den japanischen wie auch taiwanesischen Wettbewerb durch unsere Aktivitäten stärker in ihren Märkten binden und damit verhindern, daß diese mit ihren Produkten der Vorstoß nach Europa und Amerika unternehmen, wo wir für unser Produktspektrum in den meisten Märkten eindeutig die Marktführerschaft erreicht haben.

Zusammenfassung

Lassen Sie mich abschließend unsere Beweggründe für eine Maschinenmontage in Südost-Asien und die ersten erzielten Ergebnisse kurz zusammenfassen:

1. Kostenvorteile in der Montage und beim Bezug lokal gefertigter Komponenten.
2. Marktnähe und damit Vertrauens- und Imagegewinn bei den lokalen Kunden.
3. Angriff des asiatischen Wettbewerbs in dessen angestammten Märkten und dadurch Verhinderung bzw. Verzögerung seiner Schritte nach Europa und Amerika.
4. Gewinn weiterer Marktanteile in Asien und damit gleichmäßigere Verteilung der Umsätze unserer Gruppe in den Märkten der Triade.

12. IAO-Arbeitstagung
Wege aus der Krise
Geschäftsprozeßoptimierung und
Informationslogistik

Marktorientierter Service

Michael S. Duesberg
Bayerische Hypotheken- und Wechselbank AG, München

Die Banken sind noch lange nicht 'die Stahlindustrie der 90er Jahre'. Das Dekad des Investment Bankings findet seine Fortsetzung in den Derivaten. Das gestiegene Bedürfnis nach adäquaten Absicherungsmöglichkeiten gegenüber Marktpreisschwankungen hat das Volumen derivativer Finanzinstrumente teilweise auf ein Vielfaches der Bilanzsumme des jeweiligen Hauses hochschnellen lassen. Im Hinblick auf die Hebelwirkung dieser Instrumente und der zunehmenden Volatilität der Märkte werden auch die Anforderungen an die Geld-, Devisen- und Wertpapierabwicklung immer höher. Hier gilt es neben den notwendigen Produktivitätssteigerungen (Lean) den qualitv gestiegenen Anforderungen im Wertschöpfungsprozeß (Value) Rechnung zu tragen. Dieser Spagat zwischen Mehrwert und Kostenreduktion erfordert neue Wege im Servicebereich eines Finanzdienstleisters.

Dieses Konzept nennt sich: LAV - Lean And Value -. Die 'Liebe' zum Markt und somit Nähe zum Kunden ist die Voraussetzung für einen marktorientierten Service. Die Anforderungen des Kunden sind eigentlich einfach zu formulieren: Gutes möglichst günstig einkaufen. Wenn der Service stimmt, ist der Preis selten das primäre Thema. Die HYPO-BANK stellt den Kunden in den Mittelpunkt, um Serviceproduktmerkmale zu definieren. Am Kunden wirken vernetzt sieben Kräfte, die der optimalen Produktgestaltung dienen: Qualitäts-, Prozeß-, Technologie-, Service-, Outsourcing-, Opportunity- und Human-Resource-Management (s. Schaubild 1).

Qualitäts-Management als Ausgangspunkt für die Kunden/Bankbeziehung

Qualität wird in der DIN-Norm 5530 konkret definiert: "Die Gesamtheit von Eigenschaften und Merkmalen eines Produktes oder einer Dienstleistung, die sich auf deren Eignung zur Erfüllung gegebener Erfordernisse beziehen." Anders formuliert bedeutet dies, daß Qualität dann entstanden ist, wenn die Eigenschaften der Produkte und Dienste genau den Vorstellungen der Kunden entsprechen.
Qualität beruht auf vier Grundpfeilern: Der **Kundenorientierung**, d.h. der Kunde steht im Mittelpunkt, insbesondere auch der interne Kunde; der **Prozessorientierung**, die Kenntniss der Prozesse erleichtert sowohl dem Unternehmen als auch dem Mitarbeiter das "Mitdenken"; dem **präventiven Verhalten**, d.h. Fehler rechtzeitig erkennen und beheben, bevor sie sich auf den Kunden auswirken (Nullfehlerkonzept - es ist möglichst fehlerfrei zu arbeiten); den **ständigen Verbesserungen** - ein einmal installierter Prozess ist (z.B. im Sinne von Kaizen) niemals das Optimum, sondern der Ausgangspunkt für weitere Verbesserungen.

Das gesamte Unternehmen muß hinter dem Primat der Qualität stehen. Die Unternehmensspitze bekennt sich zum Qualitäts-Management und sorgt für zügige Umsetzung der erarbeiteten Lösungen. Das mittlere und untere Management schafft Freiräume für die Mitarbeiter und hat Qualität als explizite Zielvorgabe. Die Mitarbeiter verstehen sich als die für die Qualität letztlich Zuständigen und arbeiten (z.B. in Qualitätszirkeln) aktiv an Problemlösungen und den so wichtigen täglichen kleinen Verbesserungen.

Zur Einführung des Qualitäts-Managements bedarf es umfassender Information und Transparenz der Ziele, um alle "ins Boot" zu bekommen und für die Ideen zu begeistern. Systeme müssen entwickelt werden um Qualität zu institutionalisieren und meßbar zu machen. Die HYPO-BANK hat durch den internen 'Noch-Besser-Prozess' und durch kontinuierliche externe Kundenbefragungen das Qualitäts-Management instrumentalisiert und wird im Zuge der Einführung des ISO 9000 Standards auch zukünftigen Qualitätsanforderungen gerecht werden (s. Schaubilder 2-3).

Mit der Prozeßkostenrechnung zum Prozeß-Management

Dauerhafte Verbesserungen im Hinblick auf Kostensenkung und Effizienzsteigerung sind nur durch die Klarheit über die Unternehmensprozesse zu erreichen. Die Komplexität der heutigen betrieblichen Abläufe und deren Auswirkungen lassen sich nicht in Kostenstellen, sondern nur in übergreifenden Prozessen erfassen.

Das erfordert den Einsatz der Prozeßkostenrechnung. Die analysierten Einzeltätigkeiten werden entlang der betrieblichen Wertschöpfungskette zu Prozessen zusammengefaßt. Für den Manager entsteht dadurch Transparenz über Leistungszusammenhänge, Schnittstellen, Ursachen für Ressourcenverbrauch und Input-Output-Beziehungen seiner Organisationseinheit. Die Prozeßkostenrechnung konzentriert sich durch eine Top-Down-Vorgehensweise, flexible Tiefe und gezielter Aggregation auf die je nach Rechnungszweck wenigen wirklich relevanten Daten, sowie auf eine stärkere direkte Zurechnung der bisherigen Gemeinkosten auf die Prozesse. In einem definierten Prozeß wird der wichtigste Stellhebel, für die dem Prozeß zuzurechnenden Kosten, der sogenannte "Cost-Driver", identifiziert. Der Cost-Driver ist als dominante Bezugsgröße, die den Prozeßablauf und damit den Verbrauch von Ressourcen auslöst, zu verstehen. Je nach seiner Ausprägung (Menge) ändert sich die Höhe der in einem Prozeß entstehenden Kosten. Mit dieser Kenntnis der Cost-Driver können die Kosten eines Prozesses verursachungsgerecht ermittelt und weiterverrechnet werden.

Erst durch die Methodik der Prozeßkostenrechnung entsteht detaillierte Kenntnis über Art und Anzahl der Leistungen sowie insbesondere deren Kostenauswirkungen. Somit wird es mit Hilfe der Prozeßkostenrechnung sinnvoll möglich, mit dem Budgetverantwortlichen Kostenziele zu vereinbaren und zu überwachen.

Die Kenntnis der Prozeßkosten ist maßgeblich für die operative Prozeßsteuerung und -optimierung sowie für die strategische Entscheidungsfindung des Managements. Aus der transparenten Prozeß- und Kostenstruktur werden echte Effizienzreserven schnell offensichtlich. Die Prozeßkostenrechnung liefert eine Vielzahl von Ansatzpunkten, die nach Rentabilitätsaspekten aufgegriffen und umgesetzt werden können.

Damit die Prozeßkostenrechnung in der HYPO-BANK als Entscheidungsgrundlage dienen kann, wurden neben der Berechnung von Prozeßkostensätzen auch zusätzliche Bewertungsdimensionen erarbeitet. So können Aufwandsunterschiede, die durch besondere Komplexität der Produktvarianten und deren Kombinationsmöglichkeiten entstehen, verursachungsgerecht kostenmäßig bewertet werden. Dazu werden die Kosten eines "Normal"-Geschäftes in das Verhältnis zu den "Komplex"-Geschäften gesetzt.

Aus der prozessualen Sicht der betrieblichen Wertschöpfungsabläufe lassen sich darüber hinaus die Module für ein aktives Kapazitätsmanagement, für eine prozeßorientierte Personal- und Bildungsarbeit, für eine Vertriebssteuerung, für eine marktgerechte Dienstleistungspreisfindung und für Kennzahlensysteme entwickeln. Außerdem steht das Prozeßmanagement im engen Zusammenhang mit den Aktivitäten aus dem Service- und Qualitäts-Management.

Prozeß-Management ist somit in der HYPO-BANK eine permanente Methode des Kosten-Managements; ein wesentlicher Unterschied zu Einmalaktionen mit Verfahren der Gemeinkostenwertanalyse. Auch pauschale Kostensenkungsvorgaben nach der "Rasenmähermethode" sind nicht die richtigen Impulse in der Unternehmensrealität und haben oftmals nur einen temporären Effekt (s. Schaubilder 4-7).

Über die Bankinformatik zum Technologie-Management

Das schnelle Geschäftswachstum im Investment Banking der 80er Jahre führte zu einem Wildwuchs von Daten und Programmen. Einzelne Anwendungen lassen sich nur schwer elektronisch miteinander verbinden und werden zum Teil durch ein "Human Interface" überbrückt. Dies macht die Verbesserung aller Abwicklungssysteme notwendig, denn fehlerarme und schnelle Abwicklung sind für den Kunden "Hygienefaktoren", deren Nicht-Erfüllung eine Kundenbeziehung gefährden kann.

Um die Vorteile einer Kostenteilung zu nutzen, entwickelt die HYPO-BANK zusammen mit der West-LB und der BHF-Bank ein System zur Unterstützung des Wertpapiergeschäfts (WP-Neu), das die Abwicklungseffizienz erheblich steigern wird. Wertpapieranwendungen kommunizieren mit standardisierten Basismodulen auf einer relationalen Datenbank. Über Schnittstellen wird die Verbindung zu externen Informationsanbietern und Börsen gewährleistet. Die Mehrwährungsfähigkeit und die Mehrsprachigkeit sind Merkmale des Systems (s. Schaubilder 8-9).

Service-Management

Service ist die permanente Bereitstellung von marktgerechten Dienstleistungen, die unseren Kunden nützen und zu marktkonformen Preisen angeboten werden. Daß der Wettbewerb künftig über den besseren Service und auf der Kostenseite entschieden wird, ist keine neue Erkenntnis. Nur - wie kann besserer Service in Form von marktgerechten Dienstleistungen produziert werden, ohne daß dabei die Kosten aus dem Ruder laufen?

Zunächst beginnt der Servicegedanke (jeder Mitarbeiter hat Kunden) in Herz und Bauch, ist also eine Frage der inneren Einstellung jedes einzelnen Mitarbeiters (vom Sachbearbeiter bis zur Führungskraft). Diese Änderung im Denken und Handeln ist eine der großen Herausforderungen, die es zur Erreichung des Zieles "Mehr Kunden- und Serviceorientierung" zu bewältigen gilt.

Was ist konkret zu tun, um die Kundenorientierung und damit die Servicequaltität zu verbessern?

Das Service-Management hat die primäre Aufgabe Änderung von Einstellung und Verhalten der Mitarbeiter durch "Vormachen, Mitmachen, Nachhalten" der Führungskräfte zu bewirken. Um die Geschäftsprozesse für alle Prozessbeteiligten transparent zu machen, werden diese durchgängig beschrieben und zwar vom Kundenauftrag bis zur Kundenbestätigung mit klaren Schnittstellendefinitionen. Am Ende weiß jeder Mitarbeiter, wo er selbst in der Prozesskette steht und damit, von wessen Leistung er abhängig ist und wer von seiner (Dienst-)Leistung abhängig ist.

Zur Anhebung des Qualifikationsniveaus der Mitarbeiter sind gezielte Personalentwicklungsmaßnahmen zu erarbeiten. Anschließend werden, zur Festlegung von klar definierten Servicestandards zwischen den Servicenehmern und Servicegebern, Service-Vereinbarungen abgeschlossen. Diese beinhalten sowohl Bandbreiten und Signalgrößen als auch eindeutig festgelegte Eskalationswege für den Fall, wenn der vereinbarte Service-Level nicht eingehalten werden kann.

Kunden- und Serviceorientierung kann nicht im Rahmen einer Anweisung von oben verordnet werden, sondern ist vielmehr auf breiter Basis zu etablieren. Um dies als eine weitere Erfolgsgröße für die Erreichung des o. g. Zieles zu gewährleisten, wird die gemeinsame Umsetzung eines gemeinsam erstellten Aktionplanes durch Mitarbeiter aller Ebenen (Sachbearbeiter und Führungskräfte) vorangetrieben.

Nachdem wir als Dienst- und Serviceleister nicht auf einer Insel leben, ist es erforderlich, den Grad der Zufriedenheit unserer Kunden (mit den Dienstleistungen) und dem damit verbundenen Service regelmäßig mittels Servicebarometer abzufragen (siehe Schaubilder 10-13).

Fazit: Was wir machen ist gut, aber laßt uns trotzdem GEMEINSAM nach etwas Besserem suchen

Die "Make-or-Buy-Frage" ist Grundlage für das Outsourcing-Management

Der Lebenszyklus bei vielen Dienstleistungsprodukten wird immer kürzer. Das Wissen bzw. die Erfahrung im Unternehmen kann nicht mehr schnell genug aufgebaut werden, was zu einer zu späten oder zu teuren Produktplazierung im Markt führt. Für die HYPO-BANK hat Outsourcing bereits Tradition. So sind z.B. Teile des Investment-Managements, der EDV, der Schulung und das Discount-Banking in Konzerntöchter ausgelagert. Im Rahmen des Projektes Global Clearing für Financial Futures sind mehrere Konstellationen mit dem Ergebnis untersucht worden, daß die Auslagerung der Abwicklung von derivativen Produkten zu einem Spezialisten (Global Clearer) stattfindet. Der zukünftige Ablauf beinhaltet eine vollautomatisierte Verarbeitung und Verbuchung. Die Vorteile sind durch einen geringeren Mitarbeitereinsatz, eine kostengünstigere Produktion der Leistung und durch direkte EDV-Anbindung eine schnellere Verarbeitung sowie ein geringeres Fehlerrisiko (s. Schaubilder 14-15).

Opportunity-Management: Vom Prototyp im Blitzstart zur Serienfertigung

Das Aufspüren von Marktchancen und die konsequente Umsetzung zu einem wettbewerbsfähigen Serienprodukt ist die Aufgabe des Opportunity-Managements. Der traditionelle Depotbankservice wurde durch das Anlageverhalten speziell von amerikanischen Investoren internationalisiert und zum 'Global Custody Service' entwickelt. Global Custody Service unterscheidet sich neben der Internationalisierung durch eine Reihe von zusätzlichen Leistungen, wie z.B. Wertpapierleihe, Cash-Management, Steuerrückerstattungen etc., vom herkömmlichen Depotbankservice. Gerade institutionelle Anleger verlangen heute einen exzellenten Abwicklungsservice im In- und Ausland. Hierzu bedarf es Mitarbeiter mit einer hohen fachlichen und internationalen Kompetenz, die für einen großen Abschnitt der Wertschöpfungskette verantwortlich sind, um den Service aus einer Hand zu ermöglichen. Dieses Konzept des 'Brain-Trust at Work' wurde vom Markt sehr positiv aufgenommen (s. Schaubilder 16-18).

Human-Resource-Management muß unternehmerisches Handeln fördern

Das organisatorische und kulturelle Umfeld der HYPO-BANK fördert unternehmerisches Denken und Handeln. Motivation, Ausbildung und Kompetenz, d.h. Wollen, Können und Dürfen, müssen im Rahmen der Unternehmensführung klar aufeinander abgestimmt sein. Hierzu schafft eine prozeßorientierte Bildungsbedarfsermittlung präzise Voraussetzungen für die Aus- und Fortbildungsmaßnahmen. Aber nicht nur der Einsatz von Personalentwicklungs-Instrumenten ist wichtig für die Mitarbeiterförderung, sondern vor allem auch die Vorbildfunktion der Führungskraft: 'Vormachen, Mitmachen, Nachhalten' ist Teil der HYPO-Unternehmenskultur (s. Schaubilder 19-21).

"Der Kunde muß immer Ausgangspunkt und Ziel aller Überlegungen sein"

       Dr. Eberhard Martini   Vorstandssprecher der HYPO-BANK
                                         Präsident des Bundesverbandes deutscher Banken

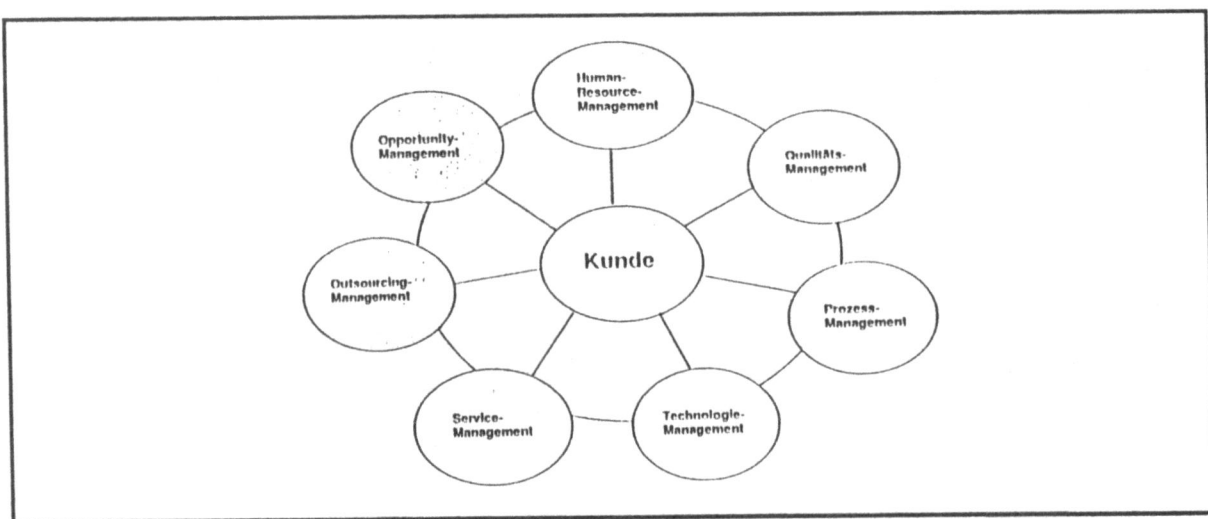

Bild 1 Market Driven Service

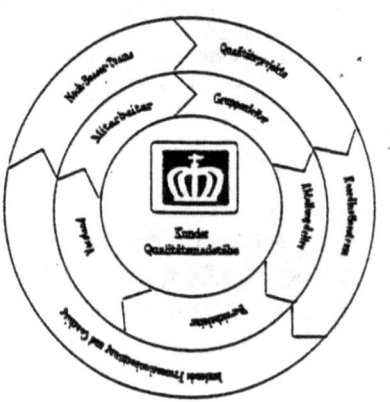

Bild 2 Institutionen im Qualitätsmanagement (Plakat zur Mitarbeiterinformation)

Qualitätsmanagement

Systeme im Qualitätsmanagement

+ Qualitätssicherungshandbuch

- Qualitätsmerkmale und Qualitätsstandards
- Aufbauorganisation und Schnittstellen
- Arbeitsplatzbeschreibungen
- Arbeitsanweisungen
- Servicevereinbarungen

+ Servicevereinbarungen

Die genaue Definition des Leistungsumfanges verbessert die Kunden- / Lieferantenbeziehung und ermöglicht eine an den tatsächlichen Erfordernissen orientierte Kapazitätsplanung.

+ Reporting

- soziale Komponenten

Qualität äußert sich nicht nur in Fehlerraten, Kosten etc. sondern auch in der Zufriedenheit und im Verhalten der Mitarbeiter. Da diese "weiche" Komponente (außer über periodische Mitarbeiterbefragungen) nicht direkt erhoben werden kann, wurden Statistiken entwickelt, aus denen sich die Zufriedenheit etc. näherungsweise ableiten läßt.

- prozessbezogene Komponenten

  o Prozeßmengen
  o Durchlaufzeiten
  o Rückstände
  o Fehlerstatistik mit Maßnahmenüberwachung (Fehlermanagement)
  o Kostenentwicklung
  o Erfolgsdarstellung

Bild 3 Qualitätsmanagement

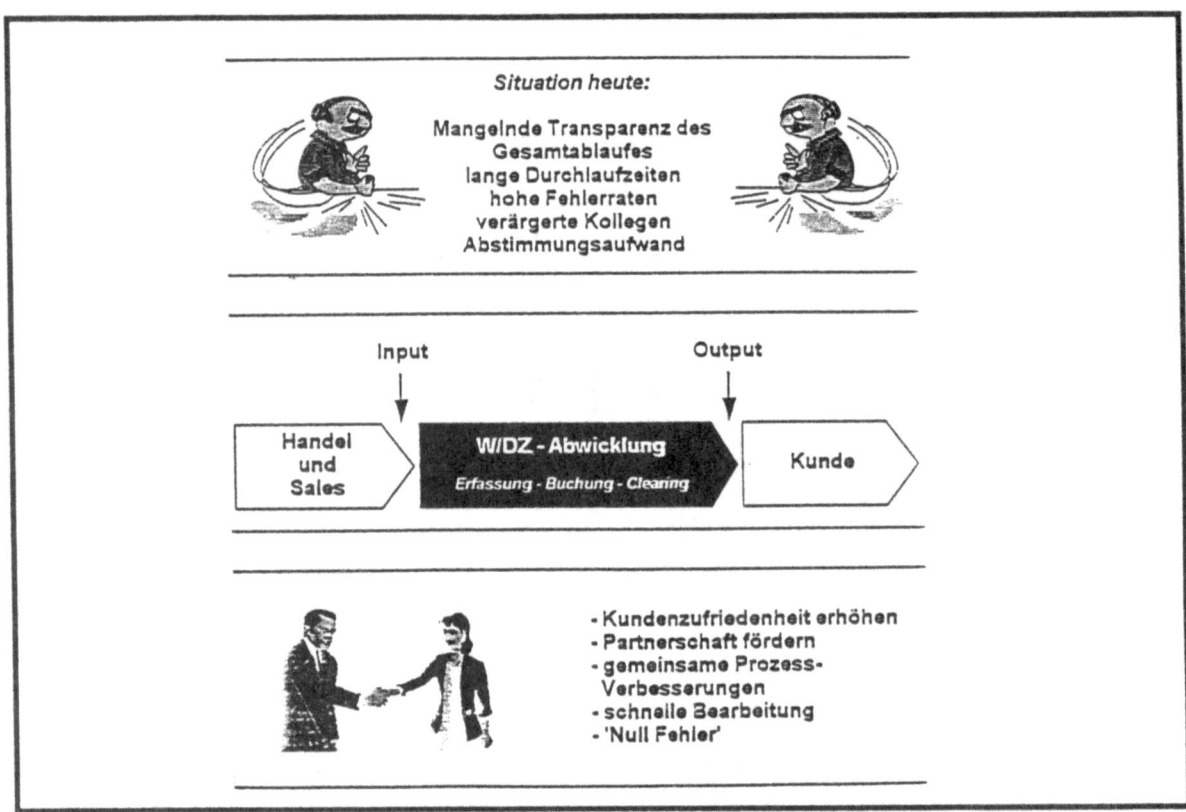
Bild 4 Wertpapier-Prozess

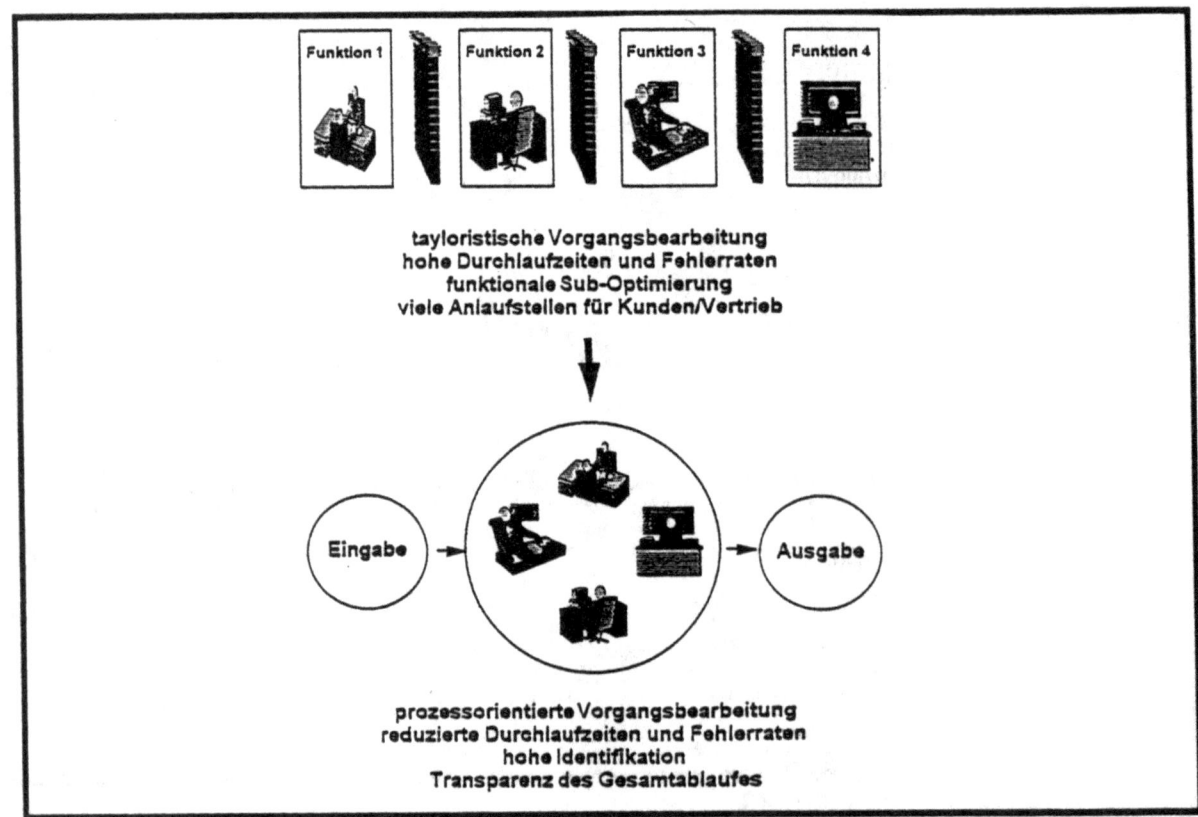
Bild 5 Vom funktionalen zum prozessualen Denken und Handeln

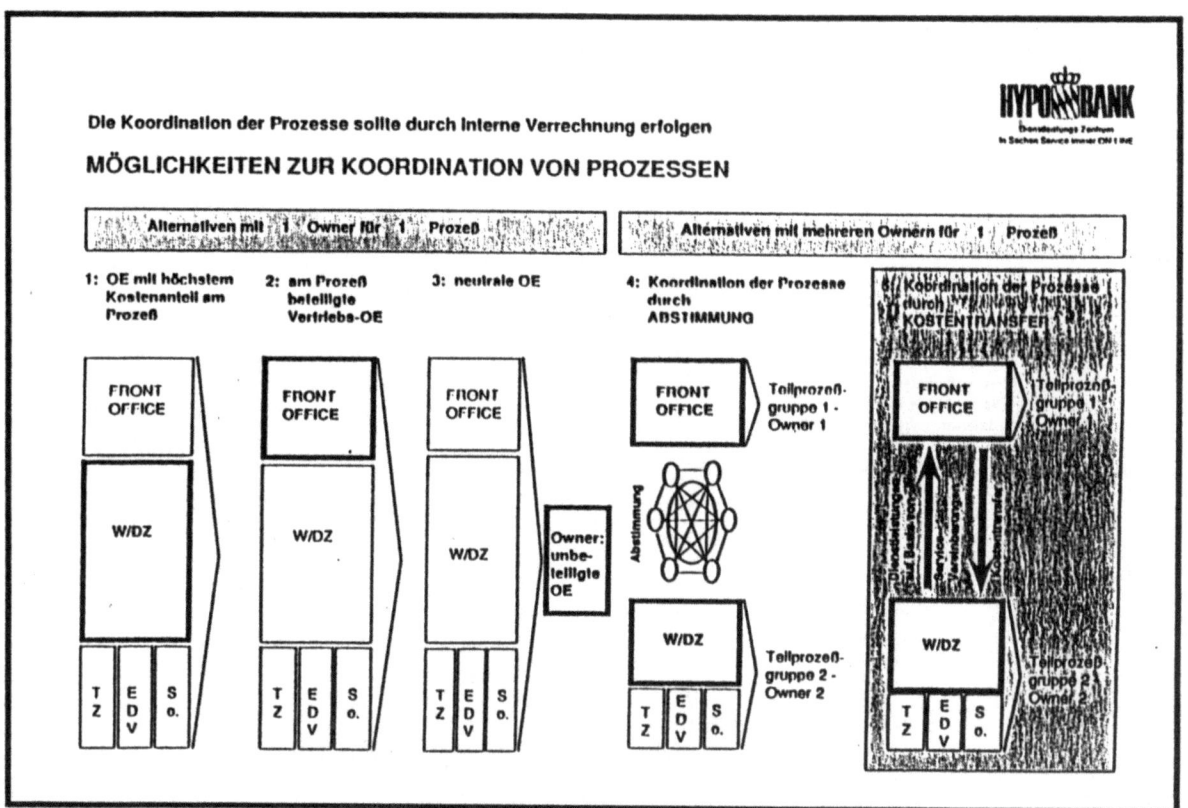

Bild 6

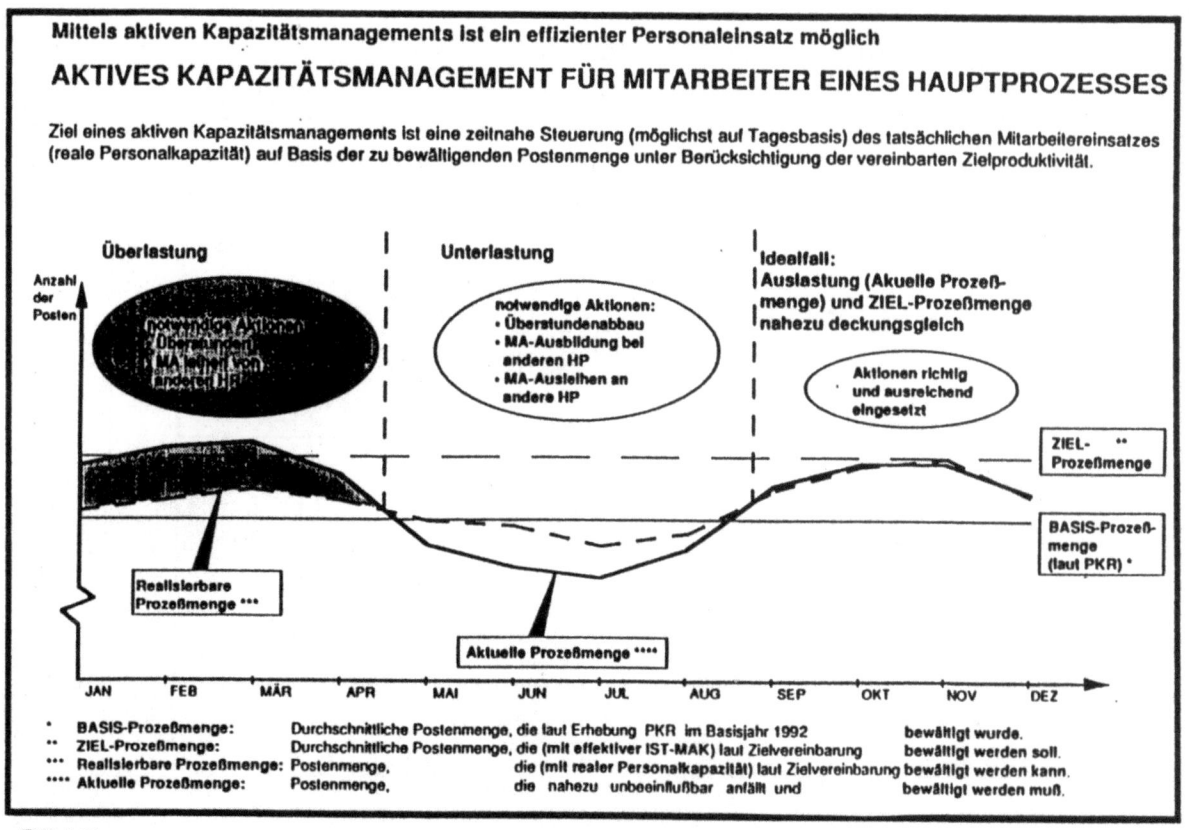

Bild 7

Bild 8

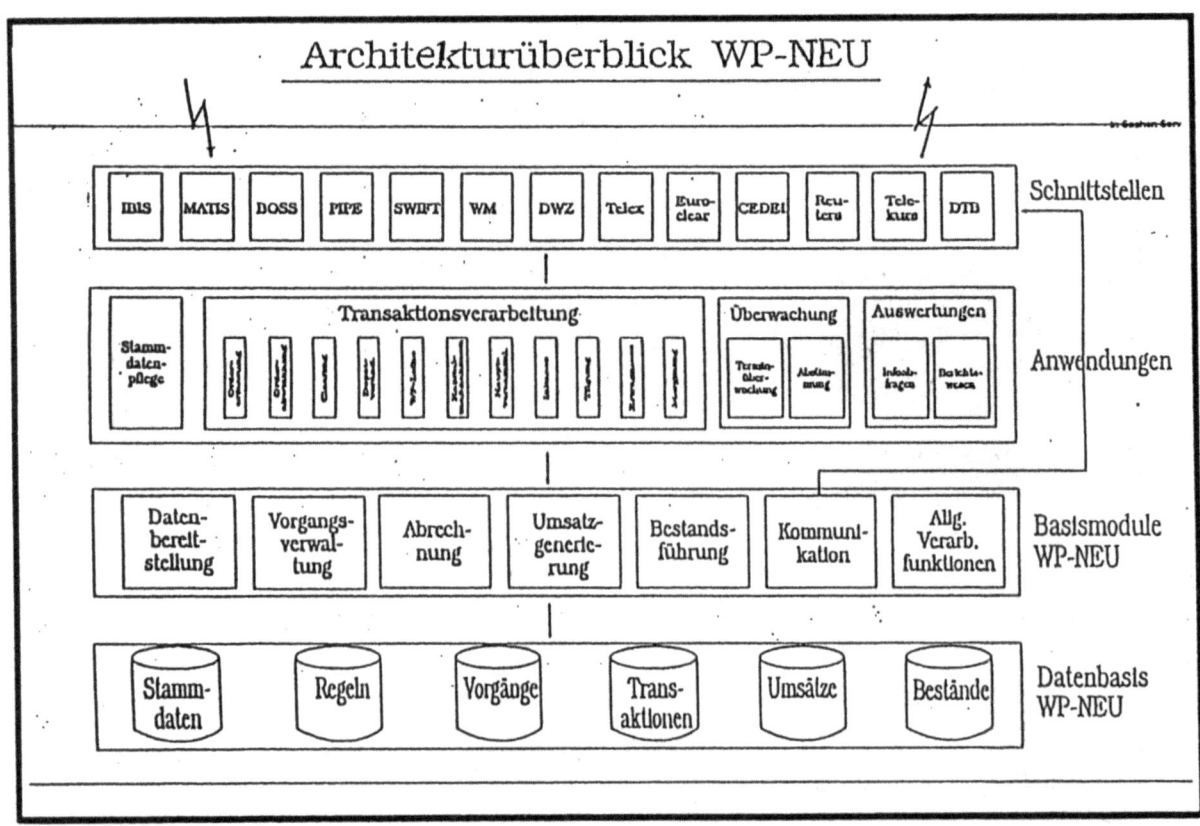

Bild 9

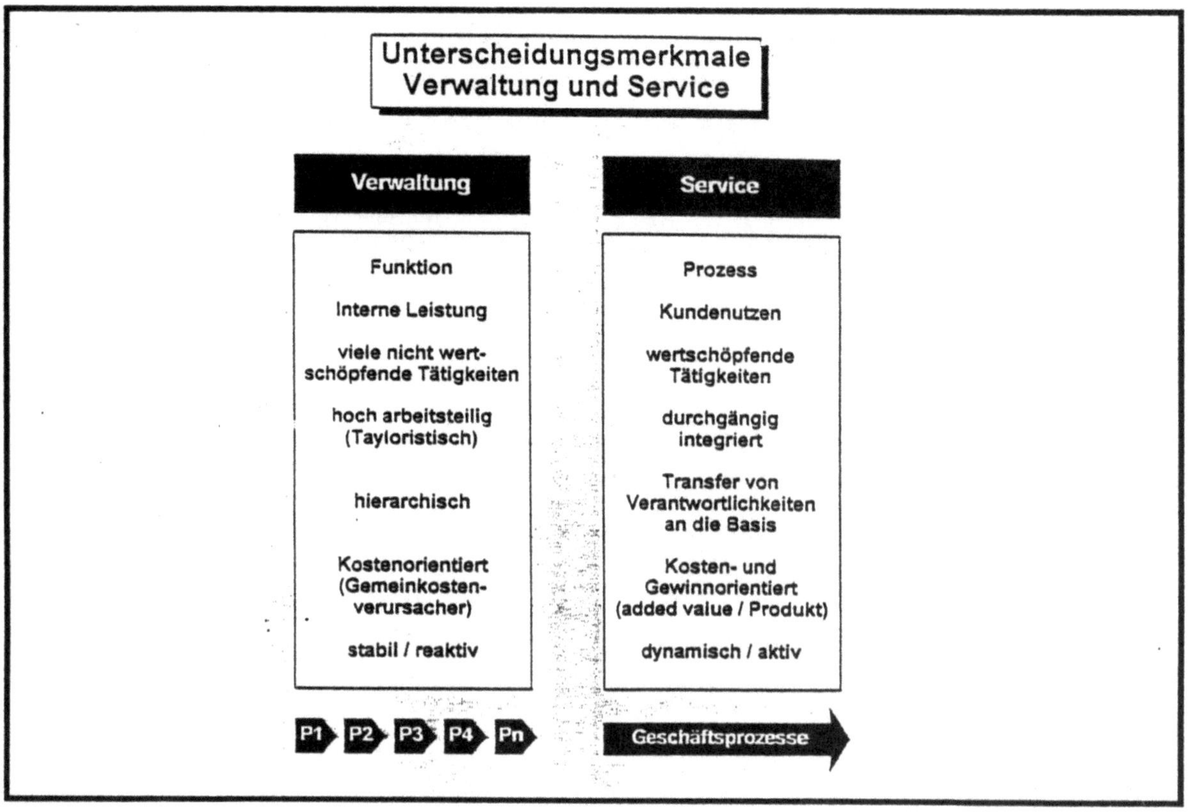

Unterscheidungsmerkmale Verwaltung und Service

Verwaltung
- Funktion
- Interne Leistung
- viele nicht wertschöpfende Tätigkeiten
- hoch arbeitsteilig (Tayloristisch)
- hierarchisch
- Kostenorientiert (Gemeinkostenverursacher)
- stabil / reaktiv

P1 ▶ P2 ▶ P3 ▶ P4 ▶ Pn ▶

Service
- Prozess
- Kundennutzen
- wertschöpfende Tätigkeiten
- durchgängig integriert
- Transfer von Verantwortlichkeiten an die Basis
- Kosten- und Gewinnorientiert (added value / Produkt)
- dynamisch / aktiv

Geschäftsprozesse ▶

Bild 10

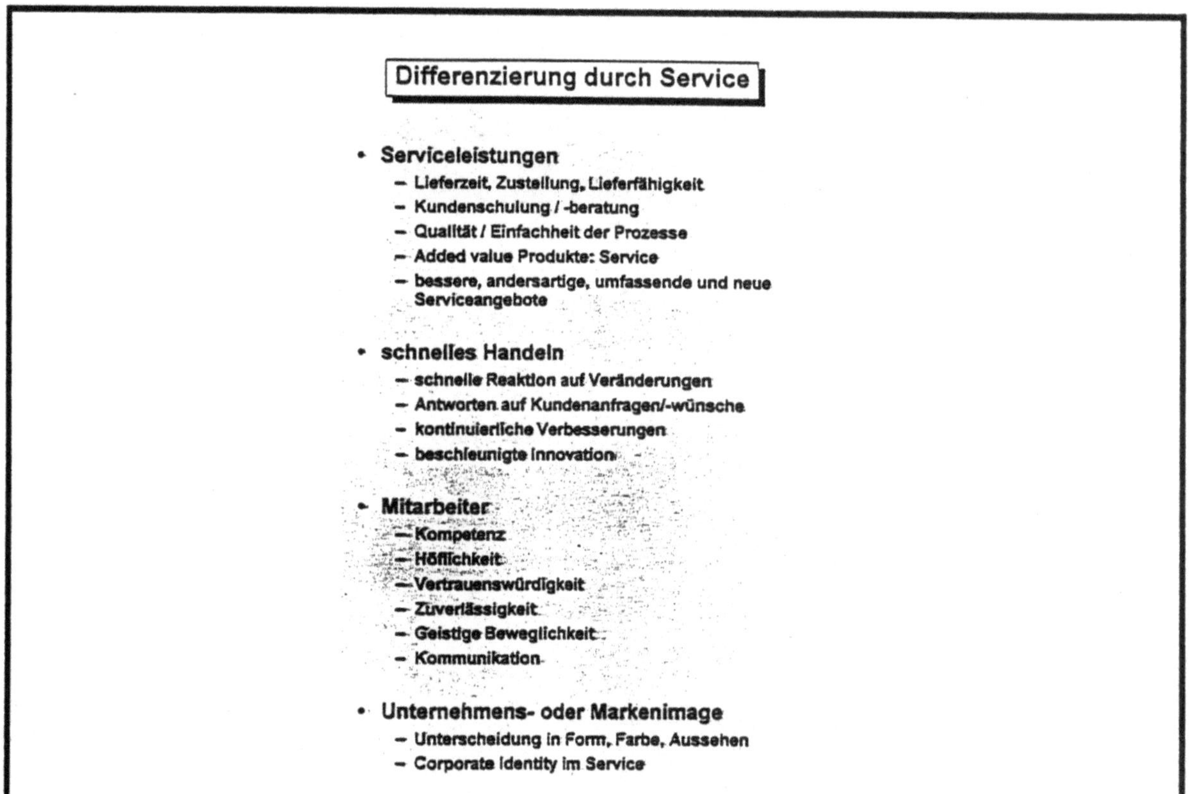

Differenzierung durch Service

- **Serviceleistungen**
  - Lieferzeit, Zustellung, Lieferfähigkeit
  - Kundenschulung / -beratung
  - Qualität / Einfachheit der Prozesse
  - Added value Produkte: Service
  - bessere, andersartige, umfassende und neue Serviceangebote

- **schnelles Handeln**
  - schnelle Reaktion auf Veränderungen
  - Antworten auf Kundenanfragen/-wünsche
  - kontinuierliche Verbesserungen
  - beschleunigte Innovation

- **Mitarbeiter**
  - Kompetenz
  - Höflichkeit
  - Vertrauenswürdigkeit
  - Zuverlässigkeit
  - Geistige Beweglichkeit
  - Kommunikation

- **Unternehmens- oder Markenimage**
  - Unterscheidung in Form, Farbe, Aussehen
  - Corporate Identity im Service

Bild 11

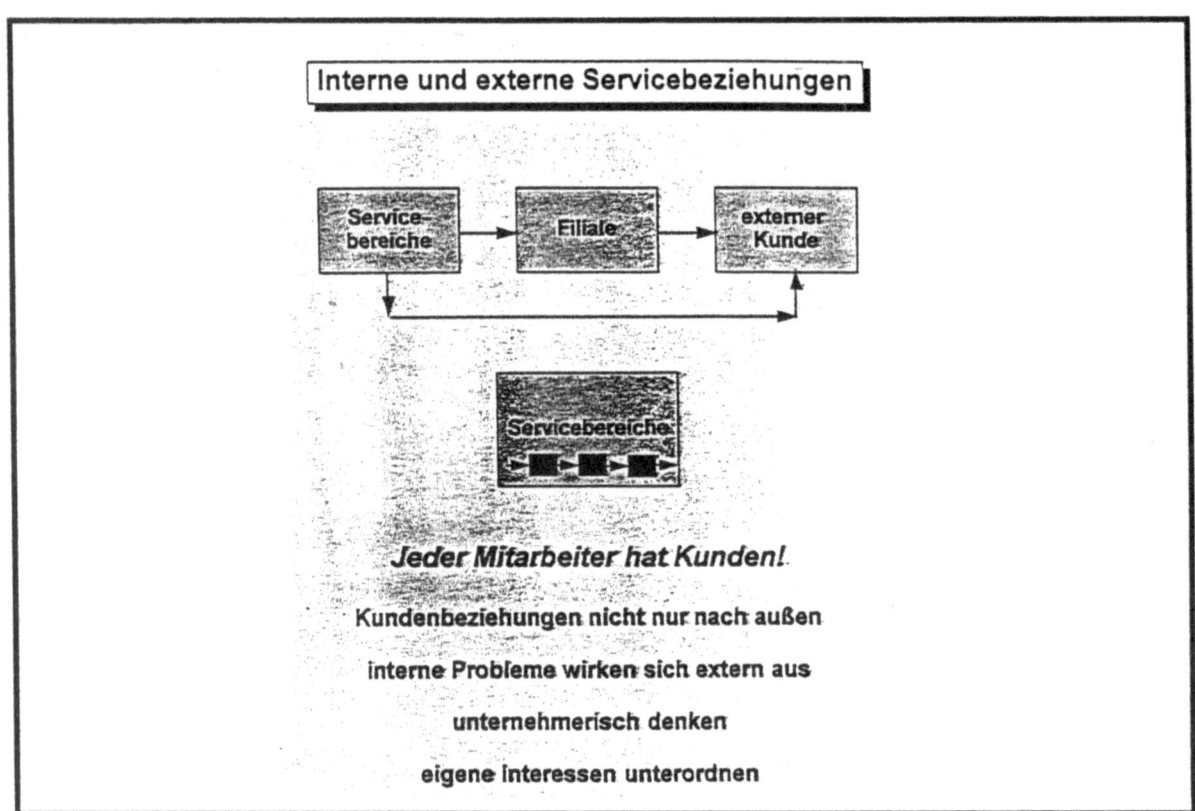

Bild 12

Bild 13

Outsourcing in der HYPO-BANK

Bis dato hat man im Bankgewerbe Dienstleistungen zu Tochter- bzw. Beteiligungsgesellschaften ausgegliedert und in deren Namen den Kunden angeboten.

Mit Start des Global Clearing Projektes (Mitte 1992) - für Financial Futures - sind mehrere Konstellationen untersucht wurden.

1. Kauf einer Abwicklungssoftware
2. Entwicklung einer Software
3. Verlagerung der Abwicklung zu einem Spezialisten (Global Clearer), der im Namen der HYPO-BANK die Verarbeitung der Geschäfte übernimmt.

Bild 14

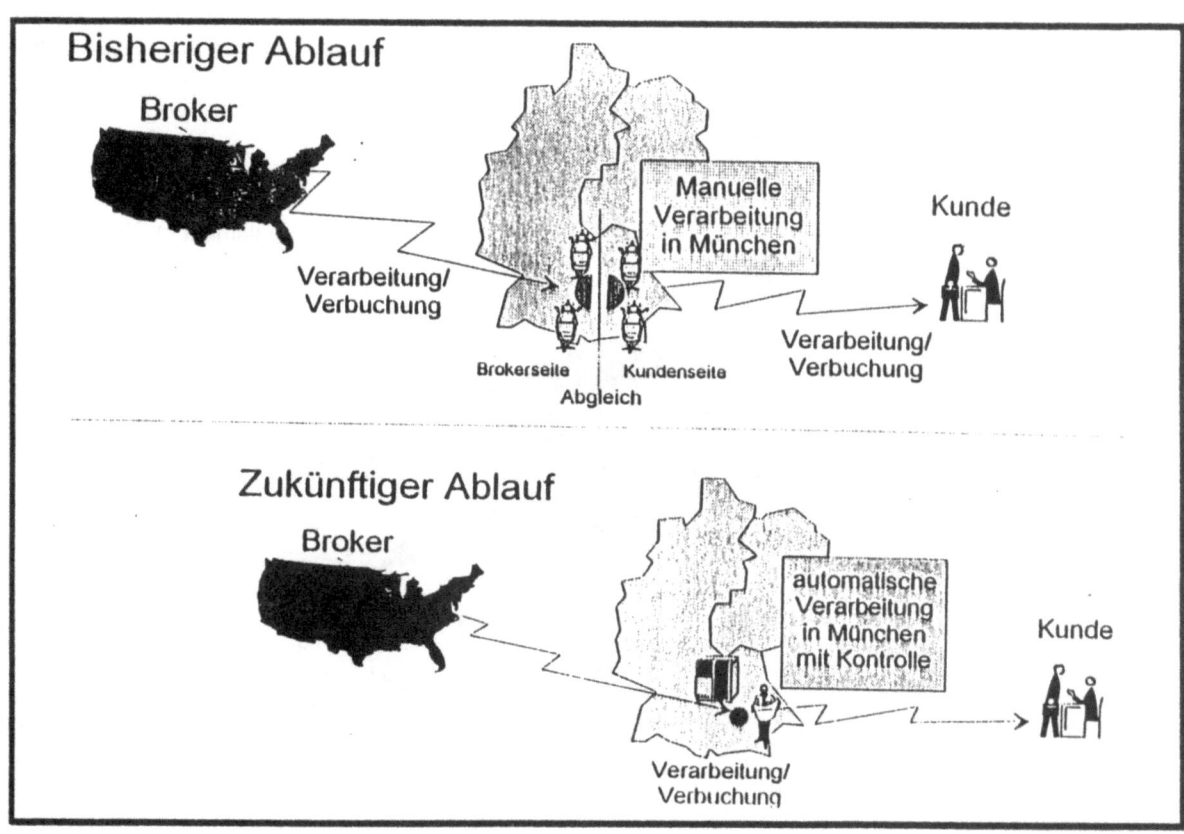

Bild 15

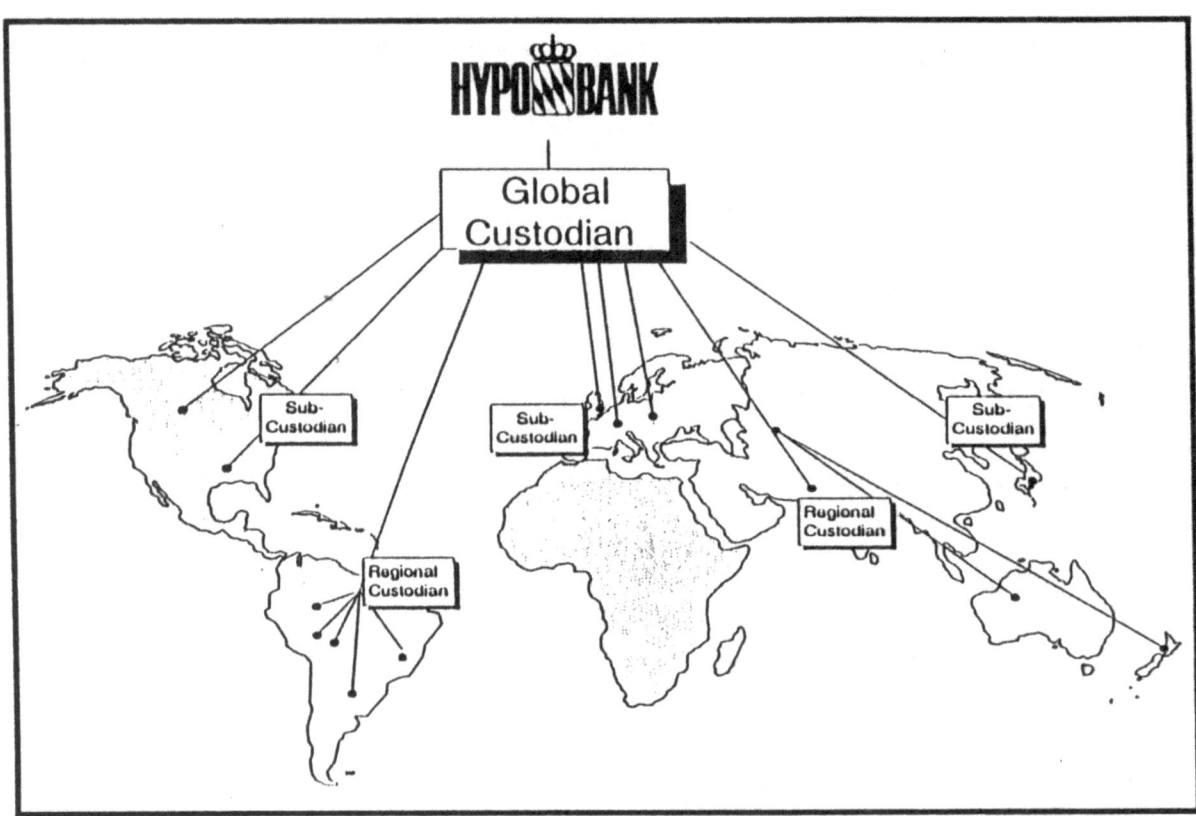

Bild 16

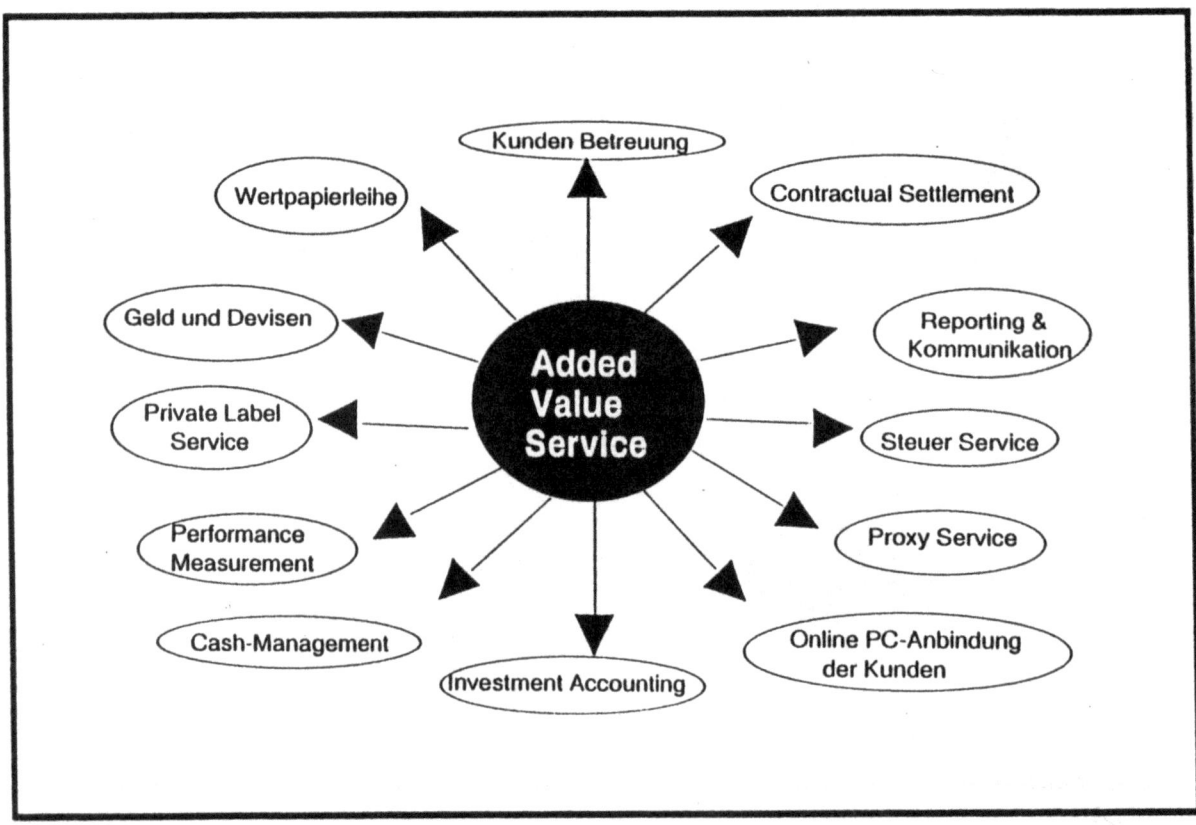

Bild 17 Added Value Service

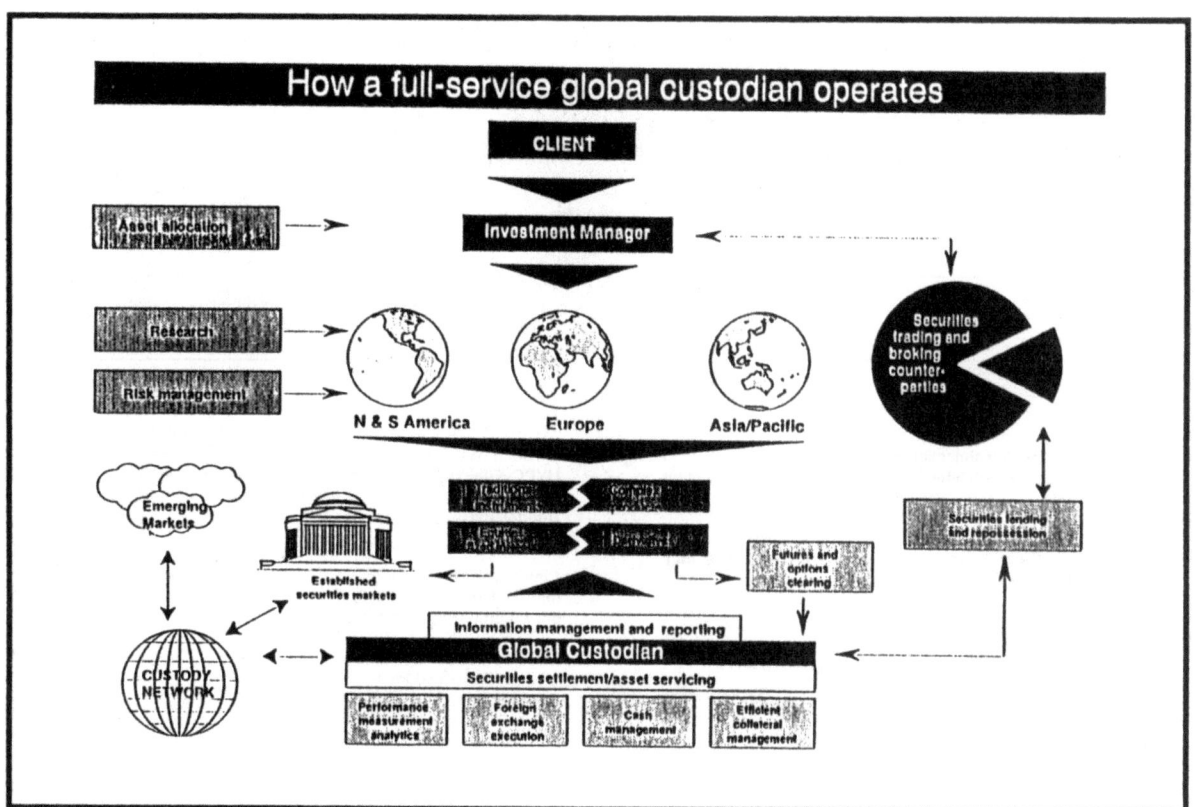

Bild 18

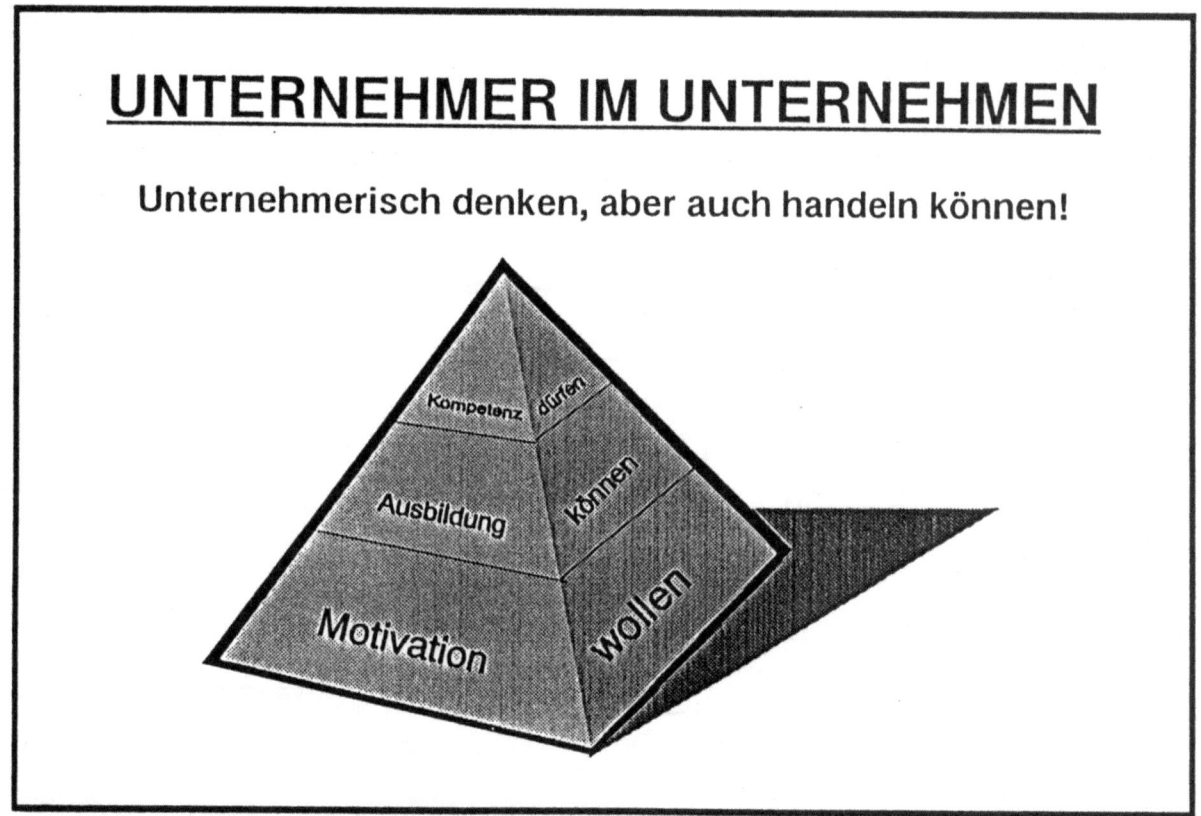

Bild 19

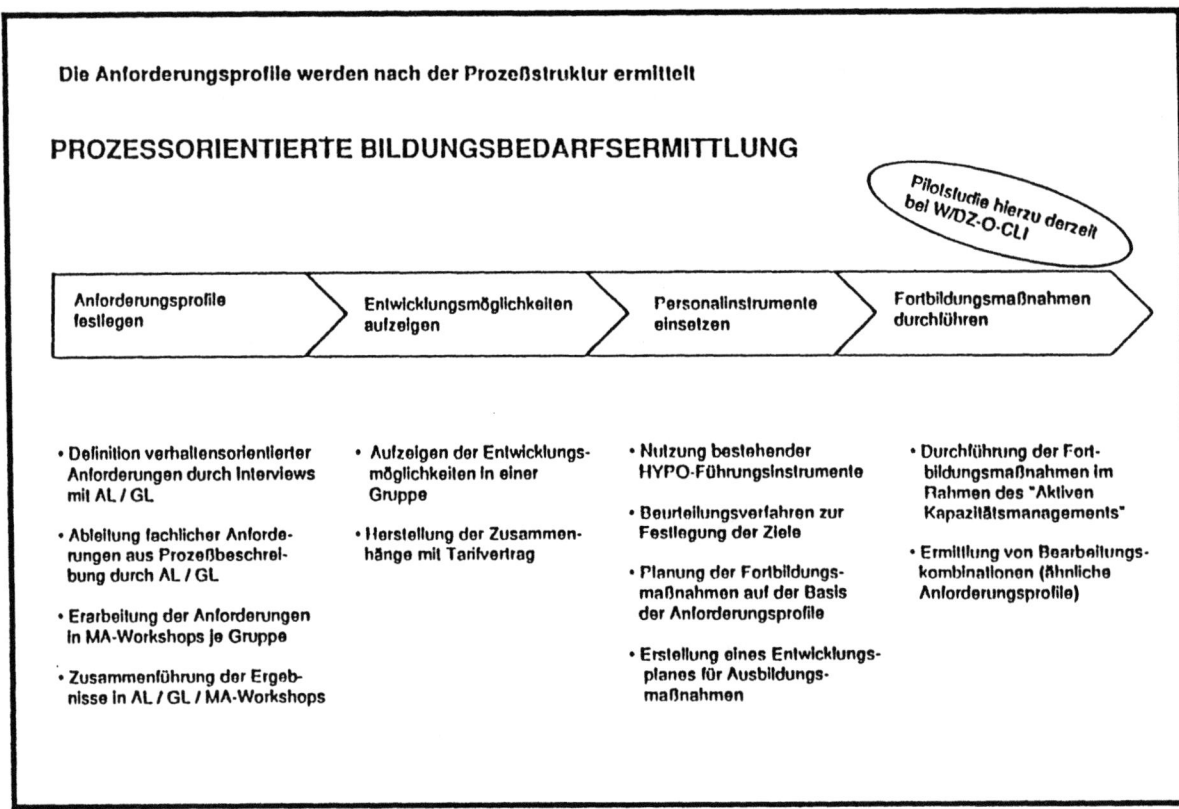

Bild 20

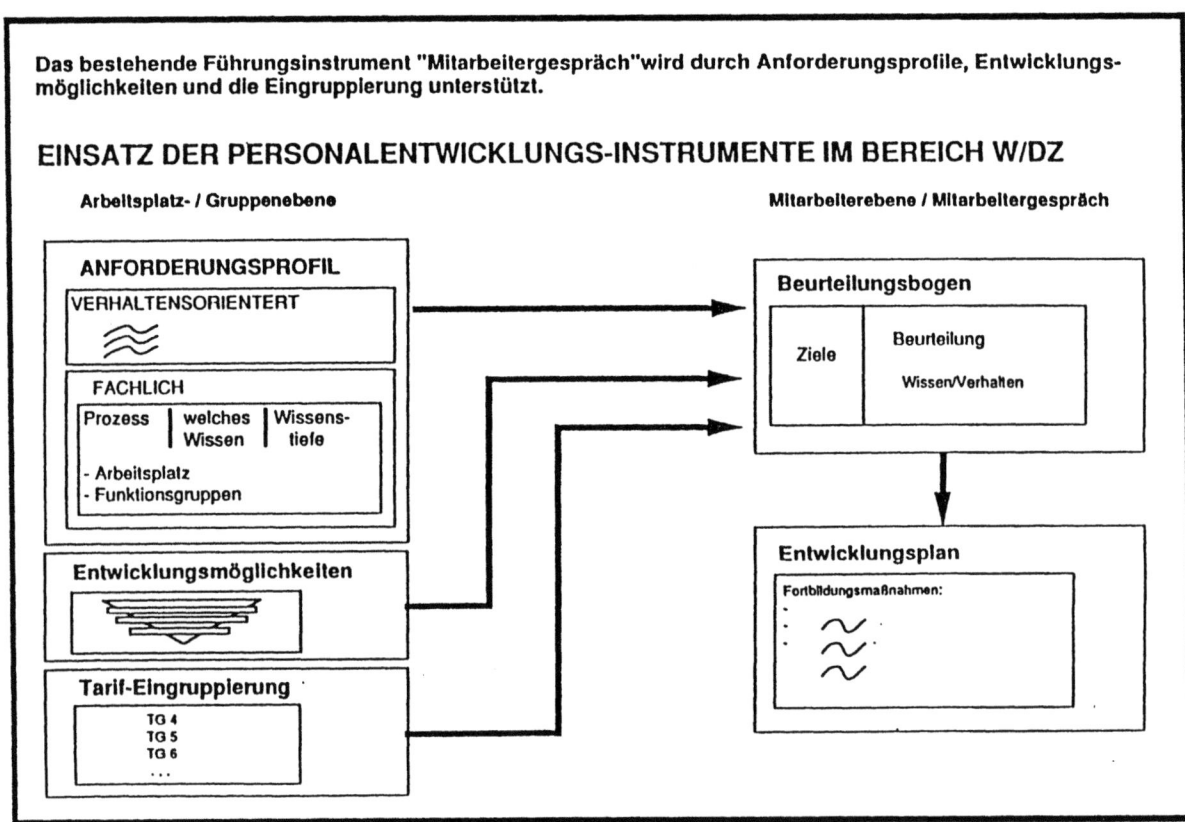

Bild 21

12. IAO-Arbeitstagung
Wege aus der Krise
Geschäftsprozeßoptimierung und Informationslogistik

Der kontinuierliche Verbesserungsprozeß (CIP) als Weg zum schlanken Unternehmen

Über den Continuous Improvement Process (CIP) zu Lean Production bei Robert Bosch

Heinrich Hinkel

Robert-Bosch GmbH, Stuttgart

Warum ist CIP - das ist der Prozeß der kontinuierlichen Verbesserung - notwendig ?

Die letzten Jahre haben - insbesondere in der Kraftfahrzeug-Zulieferindustrie - zu einer Verschärfung der Wettbewerbssituation geführt.

Preissteigerung aufgrund höherer Kosten - vor allem höherer Löhne - lassen sich immer weniger durchsetzen. Statt dessen werden den Zulieferern Preissenkungen als Folge von Verbesserungen an Produkten und Produktionsprozessen abverlangt.

Es ist nicht zu übersehen, daß entscheidende Anstöße für dieses Vorgehen aus Fernost kommen. Und es zeigt sich auch bereits, daß diejenigen, die dieser Herausforderung nicht gewachsen sind, an Boden verlieren.

Ein drastisches Beispiel bietet die amerikanische Autoindustrie, die sich zwar mit Großprojekten wie der neugeschaffenen Marke "Saturn" dem Kampf stellte, aber das Vordringen japanischer Kraftfahrzeug-Produzenten in USA nicht aufhalten konnte.

Für uns als Kraftfahrzeug-Zulieferer ist dabei bemerkenswert, daß die japanischen Kraftfahrzeug-Hersteller nicht alleine nach USA kamen. In ihrem Gefolge zogen auch japanische Zulieferer auf den großen Kontinent.

Wir sind deshalb gut beraten, wenn wir die Ursachen für den Erfolg der Japaner studieren. Eine Hilfe erhielten wir mit der MIT-Studie "The Machine that changed the world", zu deutsch: "Die zweite Revolution in der Autoindustrie".

Sie zeigte, daß hinter dem Erfolg der fernöstlichen Konkurrenz ein gesamtheitliches Konzept steht, das zu einer wesentlich verbesserten Nutzung der Ressourcen führt.

Was bedeutet CIP für uns ?

Ich gehe davon aus, daß Ihnen die Grundlagen von CIP-Japaner nennen es KAIZEN - weitgehend bekannt sind.

Deshalb nur eine kurze Zusammenfassung der wichtigsten Gedanken:
Im Gegensatz zu spektakulären Innovationen sind bei CIP ständige Verbesserungen - vor allem von Abläufen - in kleinen Schritten gefragt. Alle Mitarbeiter sind hierzu aufgefordert und arbeiten mit.

Durch ständige Übung im Problemlösen-Probleme sind gerne gesehen, denn ihre Lösung bringt Erfolge - bilden die Mitarbeiter Problemlösungs-"Muskeln" aus. Die erweiterten Fähigkeiten und der Erfolg führen zu erhöhtem Selbstvertrauen, stärkerer Identifikation mit den Aufgaben, zu mehr Engagement und, da man Probleme gemeinsam angeht, zu verbesserter Zusammenarbeit.

Da eine ständige Aufgabe der Industrie die Verbesserung der Wirtschaftlichkeit darstellt, wird sehr viel Wert auf die Beseitigung nicht-wertschöpfender Vorgänge wie Doppelarbeit, Wartezeit, unnötige Bewegungen, Horten hoher Lagerbestände usw. gelegt. Wir haben die Erfahrung gemacht, daß die hierbei erzielten Erfolge einen wesentlichen Motivationsfaktor für die weitere CIP-Arbeit bilden.

Der Dienstleistungsgedanken - "Der Nächste im Prozeß ist der Kunde" - und - "Qualität hat Priorität vor allen anderen Zielen" - sind von zentraler Bedeutung für CIP. Unbedingte Marktorientierung und vor allem Disziplin, konsequentes Handeln und Denken in Regelschleifen sind weiterhin maßgebend für den Erfolg.

Soweit die wichtigsten Grundgedanken.

Nun, was bedeutet das für uns?

Auf den ersten Blick haben wir es eigentlich mit **Selbstverständlichkeiten** zu tun, ja in manchem finden wir unsere guten alten Tugenden wieder: Sparsamkeit, Ordnung, Sauberkeit und Disziplin.

Bei näherem Hinsehen aber erkennen wir, daß andere Gedanken ein **Umdenken** erfordern.

1. Das Prinzip "Qualität zuerst" bedeutet, daß daraus die Kostensenkungen folgen. Wir haben jedoch oft Qualitätsverbesserungen mit erhöhten Kosten in Zusammenhang gebracht.
2. Das konsequente Verfolgen des Wertschöpfungsgedankens führt zu einer Aufwertung der Produktionsstätten als Ort, wo Wertschöpfung stattfindet. Die Hierarchie hat die Aufgabe, die Bedingungen zu schaffen, daß in der Produktion beste Arbeit verrichtet werden kann.
3. Kleine Schritte, die in der Summe zu großen Verbesserungen führen, wurden zu oft belächelt. Dadurch wurden viele Chancen verspielt und Instrumente wie das betriebliche Vorschlagswesen nicht genügend genutzt.
4. Der Just-in-Time-Gedanke wurde oft mißverstanden als Verlagerung der Bestände vom Kraftfahrzeug-Hersteller auf die Zulieferer. Konsequent und vor allem durchgängig in der gesamten Wertschöpfungskette angewandt, führt er dagegen zu Kostenersparnis, größerer Kundenorientierung und zu einer ständigen Herausforderung, die Probleme dauerhaft zu beseitigen, die sonst durch Bestände überdeckt wurden.

Um die bestehende Firmenkultur so zu modifizieren, daß CIP überall mit Herz und Hand umgesetzt wird, ist vor allem eines nötig;

Tun!

Und damit sind wir schon beim nächsten Abschnitt:

Wie wird CIP eingeführt?

Natürlich muß man erst mal wissen, wohin die Reise geht. In vielen Veranstaltungen haben wir unser Management über die Grundideen, Instrumente und Werkzeuge von CIP informiert. Das tragende Element der CIP-Einführung bildet aber "learning by doing". CIP muß in der Praxis erlebt werden.

An zentraler Stelle wurde deshalb eine CIP-Arbeitsgruppe installiert, deren Mitglieder vor allem die Aufgabe haben, anhand überschaubarer CIP-Pilotprojekte unter Einbeziehung der Betroffenen den Geschäftsbereichen und Werken zu demonstrieren, wie man mit wenig Aufwand in kurzer Zeit deutliche Verbesserungen erzielt.

Konkret sieht das so aus, daß die vom Pilotprojekt betroffenen Bereiche - unter Einschaltung des zuständigen Betriebsrats - vorab informiert werden. An 3,5 Tagen analysieren dann die Teilnehmer des CIP-Pilotprojekts unter Anleitung der Mitglieder der CIP-Arbeitsgruppe den ausgewählten Bereich: Wie sieht der Materialfluß aus? Welche Bestände an Roh- und Fertigteilen finden wir vor? Gibt es typische Probleme? Was sagen die betroffenen Arbeiter und Angestellten? Der vorgefundene Zustand des Bereichs wird qualitativ und vor allem quantitativ beschrieben.

In mehreren Brainstormings werden Verbesserungsmöglichkeiten erarbeitet, mit Prioritäten versehen und - wenn irgend möglich - gleich angepackt und unbürokratisch umgesetzt.

Auch der am Ende der 3,5 Tage erreichte Zustand wird erfaßt und die erreichten Verbesserungen werden ausgewertet. Noch nicht abgeschlossene Maßnahmen werden von den zuständigen Stellen nach einem Terminplan abgearbeitet. Das Ergebnis des Pilotprojekts wird Führungskräften und Betroffenen präsentiert.

Soweit in groben Zügen die CIP-Einführung anhand von Pilotprojekten.

Damit CIP nicht eine "Einmal-Veranstaltung" bleibt, haben die Geschäftsbereiche und Werke organisatorische Voraussetzungen zu schaffen: CIP kann nicht delegiert werden. Deshalb sind vor allem die Führungskräfte gefordert, im Rahmen ihrer Linienfunktion CIP voranzutreiben. Für den betroffenen Bereich ist es aber wichtig, daß jeweils ein kompetenter und anerkannter CIP-Koordinator CIP-Aktivitäten anregt und koordiniert. Für diese Aufgabe muß er weitgehend freigestellt sein und Unterstützung von CIP-Moderatoren finden, die neue CIP-Projekte in Kleingruppenarbeit angehen.

Damit aus CIP eine unternehmensweite Bewegung wird, sind weiterhin flankierende , vor allem kommunikative Maßnahmen nötig:
CIP muß in aller Munde sein. Deshalb wird es z. B. bei Abteilungsbesprechungen zum Thema gemacht. Berichte über CIP und erfolgreiche CIP-Projekte in der Firmenzeitung halten die Firmenöffentlichkeit informiert. Konkreter tauschen sich Betroffene auf Workshops aus. Vorträge über CIP im Führungskreis verdeutlichen allen Angesprochenen die Wichtigkeit dieses Unternehmenprojekts.

Welche Ergebnisse bringt CIP ?

"Es ist nichts so gut, als daß man es nicht noch besser machen könnte!"

Diese Erfahrung konnten wir in jedem CIP-Pilotprojekt machen. Und davon haben wir bereits weit über 1 000 hinter uns. Am leichtesten zugänglich für CIP sind anschauliche, immer wiederkehrende Abläufe, wie sie in der Fertigung vorkommen.

Sie wurden daraufhin untersucht, ob sie sich vereinfachen, zusammenfassen oder gar eliminieren lassen. Zielkriterien waren hierfür vor allem Verbesserung von Qualität (insbesondere Prozeßqualität) und Wertschöpfung.

Je nachdem, ob wir es mit Kleinserienfertigung oder hochautomatischer Großserienfertigung zu tun haben, setzten wir unterschiedliche Schwerpunkte beim Vorgehen:
Bei der Kleinserienfertigung stellten sich Fragen nach der Arbeitsorganisation, dem Maschinenlayout, Rüstzeitoptimierung, nach Taktzeiten, Beständen, Ordnung und Übersicht. Wir untersuchten, wie die Produktion flexibler und effizienter gestaltet werden kann.

Bei hochautomatisierter Großserienfertigung stellten sich Fragen nach Prozeßbeherrschung beziehungsweise Fehlererkennung und -ursachen, nach Maschinenausfällen, Materialfluß und Beständen. Neben diesen mehr technisch-organisatorischen Fragen erzielten wir durch Einbeziehung der Betroffenen in den CIP-Prozeß die für das weitere Gelingen so wesentliche Beteiligung.

Nach oft anfänglicher Skepsis führte die aktive Beteiligung und der sich einstellende Erfolg zu Akzeptanz, Überzeugung bis hin zu Begeisterung.

Wir führten auch Pilotprojekte in der Verwaltung, der Entwicklung und im Verkauf durch. Auch hier zeigte sich genügend Potential für Verbesserungen. Da die Abläufe weniger repetitiv und standardisiert als in der Fertigung sind, boten sich Problemlösungsworkshops an zu Themen wie:
- Klärung der Abläufe
- Erarbeitung bester Vorgehensweise
- Verbesserung der (internen) Kundenbeziehung.

Beschlossene Maßnahmen wurden durch Erfolgskontrollen abgesichert.

Wie unterteilen sich die Ergebnisse der Pilotprojekte nach der Art der durchgeführten Maßnahmen? Ganz vorne stehen Qualitätsverbesserungen sowie Verbesserungen für die betroffenen Mitarbeiter - und das ist gut so. CIP will ja zu Verbesserung und keinesfalls zu Erschwernis beitragen. Daß dieses Ergebnis motiviert, versteht sich von selbst.

Danach kommen Verbesserung der Organisation und von Ordnung und Sauberkeit. Bestandssenkung und Durchlaufzeit-Reduzierung schließen sich an. Zusammen mit der an sechster Stelle angeführten Vorgabezeit-Reduzierung sind sie auf konsequente Umsetzung der Just-in-Time-Prinzipien zurückzuführen.

Wie soll es mit CIP weitergehen?

Das Wort "kontinuierlich" in der Namensgebung deutet schon darauf hin, wie:
CIP ist ein "never ending process".

Ich habe beschrieben, wie CIP erfahrbar gemacht wird, wie es in aller Munde kommt, wie es in der Organisation etabliert wird. Nun muß CIP ständig mit Leben erfüllt werden. Dies geht nicht ohne die Energie unserer Führungskräfte.
Ziel ist, die Beteiligung unserer Mitarbeiter zu steigern. Wir wollen, daß sie sich bei der Arbeit ganzheitlich einbringen können und nicht nur bestimmte (manuelle) Funktionen erfüllen.

Durch eine positive anpackende Haltung gegenüber Problemen können sie immer mehr von diesen beseitigen.
Kampagnen tragen dazu bei, CIP unter immer wieder neuen Blickwinkeln anzugehen. Schwierigere Aufgabengebiete müssen angegangen werden. So lassen sich viele Verbesserungen durch eine verbesserte bereichsübergreifende Zusammenarbeit erreichen. Hierbei können Methoden wie das Quality Function Deployment oder das Policy Deployment große Dienste tun.

In vielen unsrer Werke hat der CIP-Gedanke mit der Einführung teamorientierter Produktion (TOP) eine neue Dynamik erhalten. So hat unser neues Werk in Eisenach seine Fertigungsmannschaft in Teams organisiert.
Meist sind dies kleine Produktionseinheiten, die zum Teil untereinander in engen Kunden-Lieferanten-Beziehungen stehen.

Sie werden jeweils von einem Teamführer geführt. Ein wichtiges Führungsinstrument sind regelmäßige moderierte Teamsitzungen. In den Teamsitzungen geht es um Aufgaben und Ziele des Teams, besonders bezüglich Qualität, Kosten und Liefererfüllung. Weitere Themen sind Qualitätssicherung, wichtige Informationen, interne Angelegenheiten, eventuell auftretende Probleme und eben CIP, die ständige Verbesserung.

Die hierbei erarbeitete Vorgehensweise und beschlossene Maßnahmen werden vor Ort visualisiert. Dies unterstützt die zunehmende Selbststeuerung der Teams. Eine begleitende Starthilfe erfahren die Teams durch Spezialisten einer Projektgruppe CIP-TOP. Wie schon mit der Qualitätssicherung begonnen, werden zunehmend indirekte Funktionen in die Teams int4. der CIP-Arbeit und der teamorientierten Produktion auf die Bosch-Tradition bei der Lernstattarbeit auf.

Diese Form der Gruppenarbeit wurde vor über zehn Jahren eingeführt mit dem Ziel, ausländischen Arbeitern die Integration in das Unternehmen zu erleichtern. Wir erkannten dabei, daß sich durch Information in der Gruppe die erwünschte Integration bewirken läßt. Diese Integration ist Voraussetzung für die Identifikation mit dem Unternehmen und führt hin bis zur erwünschten Initiative (4-Stufen-Konzept).

Das Lernstattkonzept setzte sich in den vergangenen Jahren zügig auf breiter Front durch. Inzwischen gibt es bei Bosch mehr als 2 000 Lernstattgruppen. Deren

Erfahrung in moderierter Gruppenarbeit kann nun voll bei CIP-Workshops sowie in der teamorientierten Produktion genutzt werden und hilft bei der Überwindung menschlicher und organisatorischer Barrieren.

Sie sehen, wir haben uns auf einen langen Weg aufgemacht. Vieles liegt noch vor uns.

Aber wir sind sicher, daß wir mit jedem Schritt, den wir tun, effizienter werden.
Und das nützt unseren Kunden genauso, wie es uns selbst nützt.

CIP bei Robert Bosch:

Der kontinuierliche Verbesserungsprozeß (CIP)
als Weg zum schlanken Unternehmen

1. Warum ist CIP notwendig?

2. Was bedeutet IP für uns?

3. Wie wird CIP eingeführt?

4. Welche Ergebnisse bringt CIP?

5. Wie soll es mit CIP weitergehen?

Bild 1 Continuous Improvement Process

"Wir sind die Gewinner, und der industrielle Westen wird weiter verlieren. Sie können nicht viel daran ändern, weil die Ursachen Ihrer Fehler in Ihnen selbst liegen.

Ihre Unternehmen sind nach dem Taylorschen Modell ausgerichtet, und schlimmer: Es ist in Ihren Köpfen drin.
Weil Ihre Bosse denken und die Arbeiter an den Schraubenziehern drehen. Für Sie besteht das Wesentliche des Managements darin, die Ideen von den Köpfen der Bosse in die Hände der Arbeiter zu bringen.

Für uns besteht der Kern des Managements insbesondere in der Kunst, die intellektuellen Ressourcen aller Mitarbeiter für den Dienst am Unternehmen zu mobilisieren und zu bündeln."

Konosuke Matsushita

Matsushita Electric Industrial Co., Japan

Bild 2 Continuous Improvement Process

- Ständige Verbesserung in kleinen Schritten
- Probleme werden aktiv angegangen
- Beseitigung nicht-wertschöpfender Vorgänge
- Der Nächste im Prozeß ist der Kunde
- Qualität zuerst
- Marktorientierung
- Denken und Handeln in Regelschleifen

Bild 3 CIP - Grundgedanke

Selbstverständlichkeit: — Arbeitstugenden

Umdenken nötig: — Qualität zuerst

— Wertschöpfung vor Status

— viele kleine Schritte nötig

— Just-in-time durchgängig erhöht die Flexibilität und senkt die Kosten

Bild 4 CIP - Voraussetzungen

Abläufe werden

* analysiert

* vereinfacht

* zusammengefaßt

* eliminiert

Bild 5 Continuous Improvement Process

1. Information und Motivation
2. Pilotseminare (Learning by Doing)
2. Organisatorische Verankerung
4. Flankierende Maßnahmen

Bild 6 CIP - Einführungsstrategie

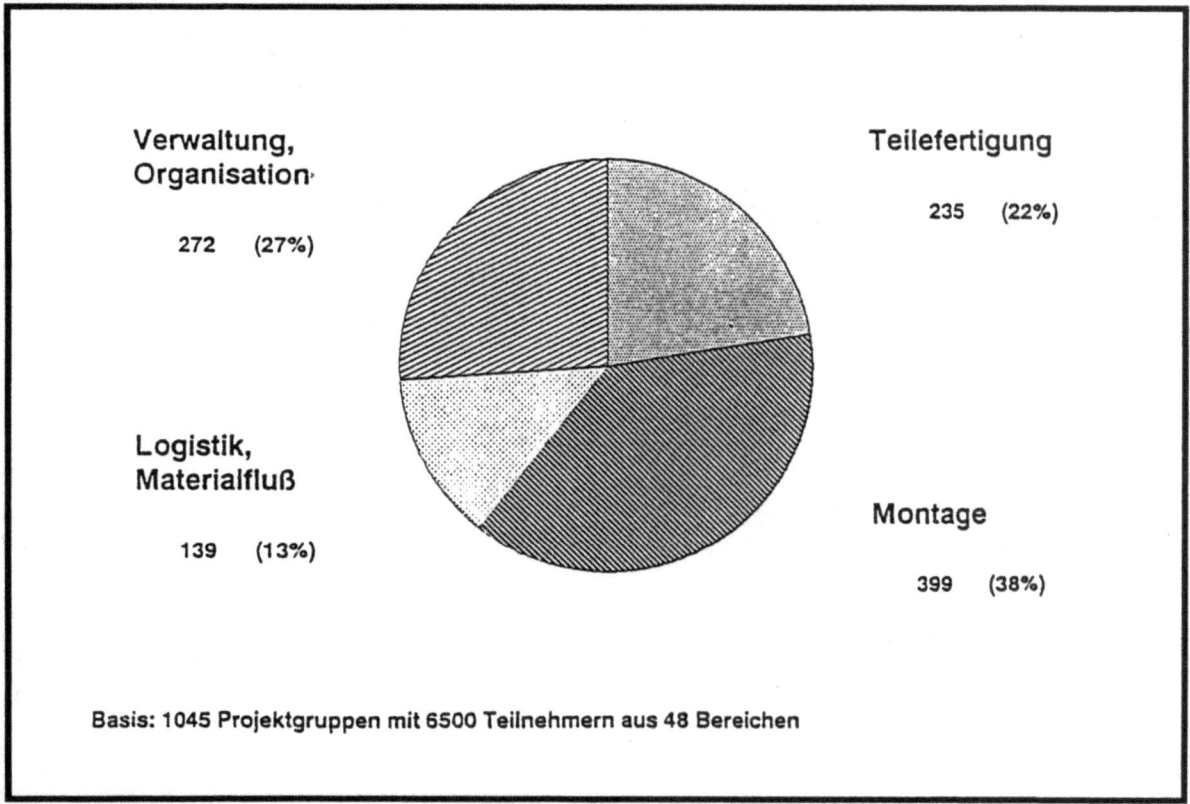

Bild 7 Bisherige CIP - Projekte (Inland) Themenbereiche

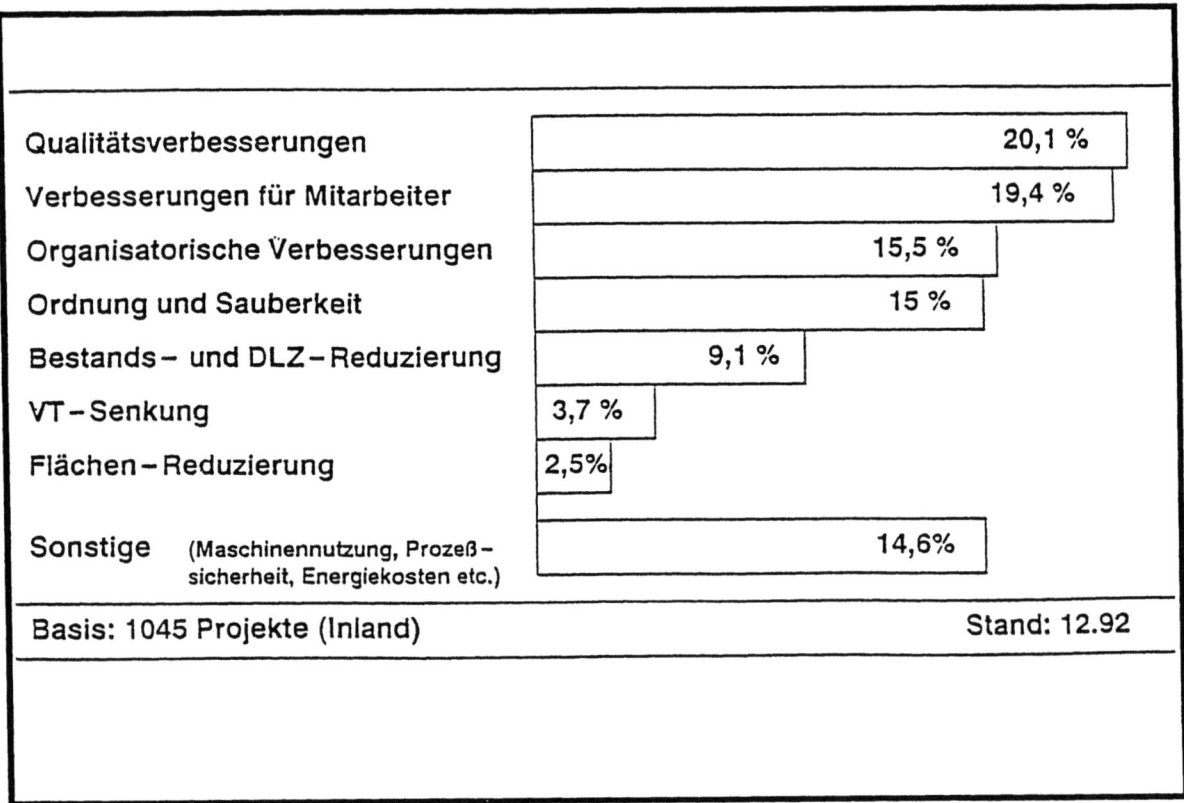

Bild 8 Ergebnisse der bisherigen CIP - Projekte

CIP - ein Prozeß ohne Ende

denn:

Es geht immer noch besser

Bild 9 Continuous Improvement Process

12. IAO-Arbeitstagung
Wege aus der Krise
Geschäftsprozeßoptimierung und
Informationslogistik

Optimierung von Geschäftsprozessen in indirekten Bereichen

Ralf Richter

Robert Bosch GmbH, Stuttgart

In der Vergangenheit wurde in vielen Betrieben versucht, mittels externer Berater oder durch Organisationsspezialisten, ineffiziente Abläufe zu analysieren und Verbesserungen vorzunehmen. Damit konnten jedoch nur wenige Prozesse erfasst werden, außerdem wurden die Verbesserungsmaßnahmen aufgrund der mangelhaften Einbeziehung der betroffenen Mitarbeiter im betrieblichen Alltag kaum umgesetzt. In Zuge des simultaneous engineering gehen viele Betriebe zunehmend dazu über, das riesige Potential zur Rationalisierung von Geschäftsprozessen durch die Mitarbeiter selbst zu erschließen. Ziel ist die "selbstlernende Organisation", der es gelingt, sich mit eigenständigen und umsichtigen Mitarbeitern auf ein sich ständig änderndes Umfeld schnell auszurichten.

Bei der Robert Bosch GmbH wurde dazu der Begriff CIP (continious improvment) geprägt, wobei CIP als die "ständige Verbesserung der Arbeitsabläufe in Produktion und Verwaltung durch kleine gezielte Schritte mit geringem finanziellem Aufwand durch die Einbeziehung aller Mitarbeiter" definiert werden kann.

Im folgenden wird auf die CIP - Aktivitäten des Geschäftsbereichs Elektrowerkzeuge der Robert Bosch GmbH eingegangen. Dazu werden notwendige Koordinationsmaßnahmen für die Einführung des CIP - Prozesses und die Durchführung anhand eines Beispiels aufgezeigt. Anschließend werden Probleme und weitere Maßnahmen diskutiert.

Seinen Ursprung hat der CIP - Gedanke in der Fertigung. Ziel ist die Vermeidung von Verschwendung in Fertigungsprozeßen. Dazu wurden CIP - Workshops eingerichtet, in denen nach einem vorgegebenen Muster durch betroffene Mitarbeiter Fertigungsprozesse vor Ort analysiert, Verbesserungsmaßnahmen festgelegt und sofort umgesetzt werden. Die Dauer eines Workshops ist in der Regel auf 3 1/2 Tage terminiert, das Ergebnis ist in den meisten Projekten eine Durchlaufzeitverkürzung, die Verringerung von Fertigungsfläche oder Bestandssenkungen. Verschwendungen sind im indirekten Bereich, wie beispielsweise Arbeitsplanung, Entwicklung oder Verwaltung, meist weit weniger offensichtlich, die Informationsflüsse komplexer als im direkten Fertigungsbereich. Daher kann die Vorgehensweise für Prozessverbesserungen für den indirekten Bereich nicht unverändert übernommen werden. In der Regel werden Verbesserungsprojekte im indirekten Bereich in Foren abgearbeitet, die 1 - 2 mal pro Monat für je ca. 2 Stunden tagen. Die gesamt Dauer des Projekts sollte 3 Monate nicht übersteigen, alle Foren werden in moderierter Gruppenarbeit durchgeführt. Die Koordination der Projekte wird durch einen Mitarbeiter zentral wahrgenommen.

Aufgaben des Koordinators sind

- das Sammeln der Vorschläge von Mitarbeitern und Vorgesetzten für CIP - Projekte,
- die Auswahl der Projekte zusammen mit den Fachbereichen und dem Betriebsrat,
- die Zusammenstellung der Teams und die Auswahl der Moderatoren, sowie
- die Organisation der Ergebnispräsentation vor der Geschäftsleitung.

Bei der Auswahl der Themen ist insbesondere in der Startphase des CIP - Prozesses darauf zu achten, daß die Projekte überschaubar, die Ergebnisse objektiv meßbar und schnell und erfolgreich umsetzbar sind. Nichts steigert die Motivation von Mitarbeitern und Vorgesetzten mehr, als erfolgreiche Projekte; der notwendige " Multiplikationseffekt " für die Organisation wird so maßgeblich unterstützt. Neben der Themenfindung muß vom Koordinator die Auswahl und Ausbildung der Moderatoren vorgenommen werden. Mit dem Ziel einer " selbstlernenden Organisation " müssen die Moderatoren aus dem eigenen Mitarbeiterkreis stammen, lediglich in der Anfangsphase können externe Moderatoren einbezogen werden.

Im folgenden wird die Arbeit eines CIP - Teams am Beispiel " Effizienz-steigerung im Änderungsdienst "aufgezeigt. Beim Änderungsdienst handelt es sich um einen komplexen Prozeß über sehr viele Organisationseinheiten hinweg. Ein solch umfangreiches Projekt sollte daher nur von einer schon fortgeschrittenen " CIP - Organisation " in Angriff genommen werden. Maßgeblich für den "Prozeß Änderungs-dienst" ist es, daß Änderungen in der Organisation schnell umgesetzt und ein einheitlicher, aktueller Dokumentationsstand im Unternehmen erreicht wird. Darum hat sich das Projektteam zum Ziel gesetzt, die Durchlaufzeit im Änderungsdienst innerhalb eines Jahres um 50% zu verringern.

Teammitglieder im Projekt waren Mitarbeiter aus der Entwicklung, Fertigung, Qualitätssicherung, Logistik und Einkauf. In den ersten Sitzungen wurden die Schwachstellen im Änderungsdienst durch Ablaufanalysen, Kartenabfragen und die Diskussion aktueller, nach Meinung einzelner Fachbereiche schlecht gelaufener Änderungen aufgedeckt. Zusammengefaßt wurden als wesentliche Schwachstellen im Änderungsdienst die

- mangelhafte Vorabstimmung von Änderungen,
- das ungenaue Ausfüllen von Änderungsscheinen und daraus folgende Mißverständnisse und Nachfragen beteiligter Fachbereiche, sowie
- hohe Liegezeiten bei der Bearbeitung von Änderungen identifiziert.

Als Maßnahmen wurden vom Team

- die Einrichtung von Änderungskoordinaten in den Fachbereichen,
- die Zusammenfassung der Abläufe und wichtiger Angaben auf Änderungsformulare in einer Prozeßmappe und Ausfüllanleitung, sowie
- die Erfassung und monatliche Veröffentlichung der Durchlaufzeit von Änderungen an die Teammitglieder und die Geschäftsleitung festgelegt.

Die aufgezeigten Maßnahmen stellen lediglich die Zusammenfassung zahlreicher im Detail zwischen den Fachbereichen aufgearbeiteter Probleme dar. Dokumentiert wurden die Maßnahmen in der bereits angesprochenen Ausfüllanleitung und der Prozeßmappe. Wesentliches Element für die erfolgreiche Umsetzung des Projektes war die Erfassung der mittleren Durchlaufzeit aller im jeweiligen Monat fertiggestellten Änderungen (Bild 1).

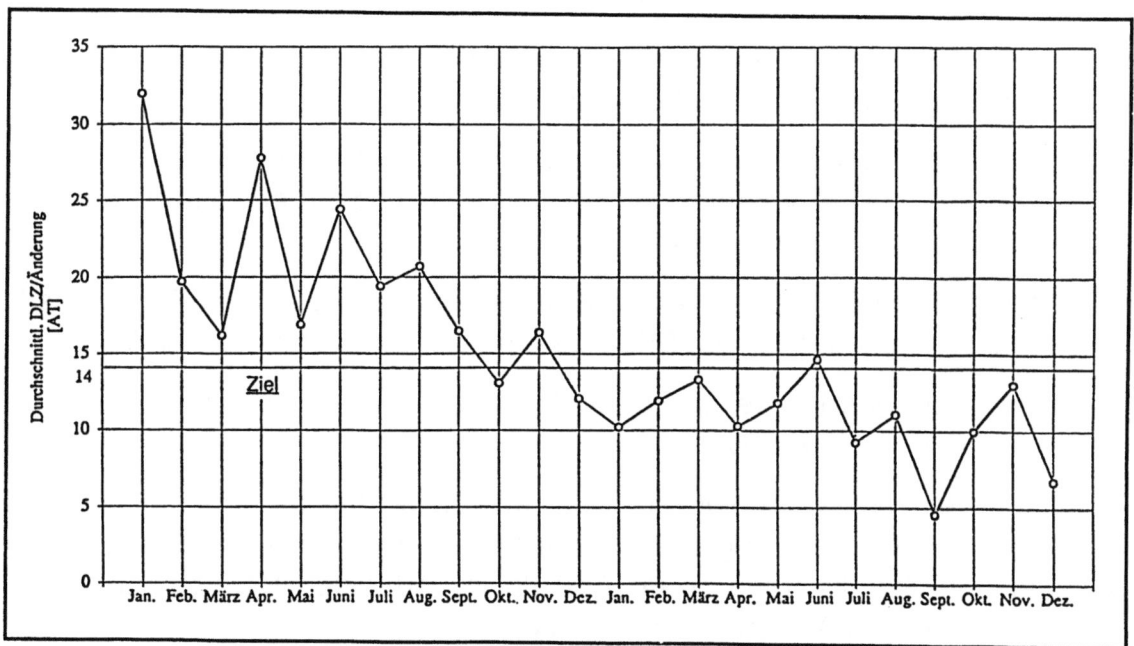

Bild 1: Erfassung der Durchlaufzeit von Änderungen

Das Ziel einer Halbierung der Durchlaufzeit wurde bereits nach 9 Monaten erreicht. Nach der Dokumentation und Verabschiedung der Maßnahmen traf sich das Team weiterhin im Abstand von ca. 3 Monaten. Zu den Terminen sammelten die Teammitglieder Änderungen, die nicht gemäß den Vorgaben verfasst waren und stellten diese zur Diskussion, wodurch die " kontinuierliche Verbesserung " im Änderungswesen weiter unterstützt wurde.

Nach Abschluß von zahlreichen CIP - Projekt im indirekten Bereich wurde anhand von Fragebögen eine Befragung von Mitarbeitern und Vorgesetzten über die Akzeptanz von " CIP " in der Organisation durchgeführt. Die Befragung ergab, daß die Foren von beteiligten Mitarbeitern akzeptiert und sehr positiv aufgenommen wurde.

Die Mitarbeiter sehen sich verstärkt in Entscheidungsprozesse eingebunden, verstehen abteilungsübergreifende Zusammenhänge besser und gehen motivierter ihren Aufgaben nach. Erstaunlich wenig wurde von Mitarbeitern die zu Beginn eines Projektes zusätzliche zeitliche Belastung durch die Teilnahme an Workshops kritisiert, insbesondere dann, wenn durch überschaubare Themenstellungen schnelle Erfolge sichtbar wurden. Verbessert werden muß noch die Rolle des Vorgesetzten im CIP - Prozeß. So waren bei der Auswahl und der Durchführung der Projekte sowie bei der Unterstützung in der Umsetzungsphase Vorgesetzte noch zu wenig vertreten.

Die Rolle der Vorgesetzten im kontinuierlichen Verbesserungsprozeß soll daher zukünftig durch weitere Maßnahmen gestärkt werden:

- Regelmäßige Durchsprache zwischen Vorgesetzten und Mitarbeitern, die in CIP - Projekten vertreten sind. Tätigkeiten und Ergebnisse werden in Abteilungssitzungen vorgestellt.

- Benennen eines Vorgesetzten, der für ein anstehendes CIP - Projekt als " Promoter " wirkt und für den Erfolg des Projektes mitverantwortlich ist.

- Vorgesetzte werden selbst als Moderatoren geschult und führen eigenständig CIP - Projekte durch.

Damit wird einerseits die Motivation der Mitarbeiter für die erfolgreiche Teilnahme an CIP - Projekten gestärkt, andererseits wird die oft schwierige Umsetzung und Stabilisierung neuer Abläufe im indirekten Bereich durch die aktiven Mitarbeit der Vorgesetzten gestärkt.

Mit den durchgeführten CIP - Projekten wurden wesentliche Effizienzsteigerungen im indirekten Bereich erreicht. Um CIP zum festen Bestandteil der Tagesarbeit jedes Mitarbeiters zu machen, muß über weitere Projekte das eigenständige und umsichtige Handeln aller Mitarbeiter gestärkt werden; ebenso müssen die Vorgesetzten ihren Rollenwechsel vom " alleinentscheidenden Führer " hin zum coaching partner für Mitarbeiter und zum Initiator für Prozeßverbesserungen über Abteilungsgrenzen hinweg vollziehen.

Damit führt CIP zu einem grundlegenden Umbruch hin zu einer auch in einem schwierigen Markt erfolgreich handelnden Organisation.

12. IAO-Arbeitstagung
Wege aus der Krise
Geschäftsprozeßoptimierung und
Informationslogistik

Dynamische Modelle zur Analyse und Optimierung von Geschäftsprozessen

Hansjörg Fromm

IBM Deutschland Produktion GmbH, Sindelfingen

Unter massivem Kostendruck wächst in unseren Unternehmen der Bedarf an Methoden und Werkzeugen, um betriebliche Umstrukturierungen im Sinne von Lean Production und Lean Enterprise zu unterstützen.

Eine in diesem Zusammenhang immer häufiger angewandte Methode ist die Abbildung betrieblicher Abläufe durch Geschäftsprozeßmodelle. Neueste Entwicklungen erweitern diese Ansätze um die Möglichkeit der Simulation und beziehen Ressourcen, Auftragsvolumen, zufällige Einflußgrößen und zeitliche Abhängigkeiten in die Betrachtung mit ein. So entstehen dynamische Modelle von Geschäftsprozessen, mit denen sich Leistungsmerkmale wie Lieferfähigkeit und Liefertreue, Durchlaufzeiten, Bestände, usw. quantitativ auswerten lassen.

Geschäftsprozesse

Um die richtigen Produkte und Dienstleistungen in der richtigen Qualität und zum richtigen Zeitpunkt auf den Markt zu bringen, ist es äußerst wichtig, den *gesamten Prozeß* zu betrachten, der zur Entwicklung, Herstellung und Auslieferung des Produktes bzw. zur Erbringung der Dienstleistung führt /1/.

Nur wenn Qualitäts- und Zeitziele in jedem einzelnen Schritt erfüllt sind, kann der Prozeß am Ende ein Ergebnis liefern, das allen seinen Anforderungen entspricht. Die Anforderungen der Kunden gehen heute weit über die Funktionstüchtigkeit eines Produktes hinaus. Sie beziehen sich genauso auf die Beratung, den Vertragsabschluß und die Zahlungsbedingungen, die Auslieferung und Installation, Wartung und Schulung. Deshalb sind letztlich *alle* Geschäftsprozesse an der Zufriedenstellung des Kunden und am Aufbau eines guten Rufes beteiligt.

Typische Beispiele für Geschäftsprozesse sind:
- Auftragsbearbeitung
- Bearbeitung von Beschwerden
- Einkaufsabwicklung
- Ersatzteillagerung
- Bevorratung
- Materiallogistik
- Fertigungssteuerung
- Produktplanung
- Produktentwicklung

Diese scheinbar so unterschiedlichen Geschäftsprozesse weisen eine Reihe von Gemeinsamkeiten auf, die es erlauben, ein für alle gültiges *Geschäftsprozeß-Management* zu definieren.

Geschäftsprozeß-Management

Geschäftsprozeß-Management und *Geschäftsprozeß-Engineering* /1/ sind Methoden, mit deren Hilfe Geschäftsprozesse in einen Zustand der Effektivität, Effizienz und Kontrollierbarkeit überführt werden können.

Der Begriff Prozeß-Engineering (auch Prozeß-Reengineering oder Prozeß-Redesign /2/ /3/) deutet schon darauf hin, daß hier für alle Geschäftsprozesse ein ingenieurmäßiges Vorgehen angestrebt wird. Das ist in Entwicklung und Fertigung heute längst selbstverständlich (z.B. Software Engineering, Industrial Engineering), im Dienstleistungs- und Verwaltungsbereich oft jedoch völlig unbekannt. Zu diesem ingenieurmäßigen Vorgehen gehören z.B. die Planung und der Entwurf von Prozessen, die vollständige und eindeutige Beschreibung, die Einrichtung von Kontrollpunkten zur Messung von Kennzahlen, die statistische Auswertung dieser Kennzahlen, usw.

Der Begriff Prozeß-Management beinhaltet als wesentliche Elemente die Kontrolle und Steuerung, aber auch die Stärkung des Verantwortungsbewußtseins. Die wichtigsten Prozesse sind vom organisatorischen Standpunkt aus funktionsübergreifend, d.h. sie berühren in ihrem Ablauf mehrere organisatorische Einheiten und Verantwortungsbereiche. Mitarbeiter, die an diesen Prozessen beteiligt sind, und im besonderen die Führungskräfte, neigen dazu, den Prozeß in ihrem Bereich zu optimieren und dabei ihren Einfluß zu sichern und auszubauen, ohne die Auswirkungen auf andere Bereiche zu berücksichtigen. Diese an sich ungewollte Suboptimierung kann nur durch die Übertragung von funktionsübergreifender Verantwortung in eine Hand - wir sprechen vom *Prozeß-Verantwortlichen* - vermieden werden /4/.

Nur wenn der Prozeß in seinem gesamten Ablauf verstanden ist und alle seine Wechselwirkungen und Seiteneffekte erfaßt worden sind, kann der Prozeßablauf insgesamt optimiert werden. Nur in diesem Falle wird er den Interessen und Zielen des Unternehmens entsprechen.

Ein wichtiges Kriterium für die Effektivität von Geschäftsprozessen ist ihr zeitliches Verhalten /5/. Nur schnelle innere Abläufe garantieren eine Reaktionsfähigkeit, wie sie für die Durchsetzung am Markt notwendig ist. Diese Betrachtung von zeitlichen Vorgängen über ganze Geschäftsprozesse hinweg führt auf den Begriff der *Total Cycle Time*. Unter Total Cycle Time versteht man sehr einfach ausgedrückt die Zeit von dem Moment an, zu dem der Kunde einen Wunsch äußert, bis dieser Wunsch erfüllt ist und der Kunde zufrieden seine Rechnung bezahlt.

Das fehlende Element

Es gibt heute schon eine ganze Reihe von Methoden, um Geschäftsprozesse zu definieren, zu strukturien und zu organisieren.

Oft reichen einfache Graphiken oder Ablaufdiagramme aus, um Schwachpunkte, Schnittstellenprobleme und Redundanzen in einem Prozeß aufzuzeigen. Viele Unternehmen beschreiben ihre Prozesse bereits mit CASE-Werkzeugen, um daraus später die Anforderungen an eine DV-Lösung ableiten zu können /6/.

All diesen Ansätzen ist gemein, daß sie ein mehr oder weniger *statisches Modell* des Geschäftsprozesses zugrunde legen. Was fehlt, ist die Berücksichtigung von Ressourcen, die Einbeziehung des zu erwartenden Geschäftsvolumens, und der Einfluß oft komplizierter zeitlicher Abhängigkeiten zwischen den Aktivitäten eines Prozesses.

Die wichtigsten Geschäftsziele vieler Unternehmen heute - erhöhte Lieferbereitschaft, kürzere Durchlaufzeiten, niedrigere Bestände, reduzierte Kosten - sind aber gerade von diesem zeitlichen Zusammenwirken von Faktoren, also von der Dynamik des Geschäftsprozesses, abhängig.

Geschäftsprozeß-Simulation

Die Simulation stellt ein wichtiges Element im Konzert der Methoden des Geschäftsprozeß-Managements dar. Sie arbeitet mit einem *dynamischen Modell* des Geschäftsprozesses. Mit ihrer Hilfe lassen sich Abläufe im Unternehmen *quantitativ* bewerten.

So können Alternativen zu den bestehenden Geschäftsabläufen schneller und sicherer beurteilt werden. Außerdem läßt sich das enorme Verbesserungspotential aufzeigen, das heute in vielen Geschäftsabläufen - insbesondere in den nichttechnischen Bereichen - steckt. Und die Simulation hilft, sich im Rahmen einer strategischen Planung Ziele zu setzen, die zwar hoch gesteckt, aber nachweislich erreichbar sind.

Viele Firmen wissen heute bereits, woran es bei ihren Geschäftsprozessen krankt. Gute Ideen sind oft vorhanden und Verbesserungsvorschläge auf dem Tisch. Welcher Vorschlag jedoch die Kosten oder die Investitionen zu seiner Umsetzung rechtfertigt, kann nur eine quantitative Analyse zeigen. Eine solche Kosten-/Nutzenanalyse liefert die Geschäftsprozeß-Simulation.

Welche Geschäftsprozesse lassen sich mit Hilfe der Simulation analysieren?

Grundsätzlich alle. Der Nutzen ist jedoch da am größten, wo
- das Vorhandensein von Ressourcen (Personal, Material, Maschinen, Transportmittel) eine Rolle spielt,
- die Belastung der Ressourcen entscheidend vom zu bearbeitenden Volumen abhängig ist,
- schwankende Einflußgrößen vorhanden sind (z.B. tageszeitliche oder saisonale Schwankungen des Volumens, unerwartete Ausfälle von Maschinen oder Personal, schwankende Bearbeitungszeiten, unsichere Anlieferung von Material oder Informationen),
- einer der folgenden Faktoren für das Erreichen der Geschäftsziele oder für die Zufriedenheit der Kunden ausschlaggebend ist: Lieferfähigkeit oder Liefertreue, Durchlaufzeit, Bestände.

Wie läuft eine Simulationsstudie ab?

Zunächst müssen alle Daten und Informationen zusammengetragen werden, die den Geschäftsprozeß in seinem Ist-Zustand beschreiben. Diese Informationen sind sowohl struktureller als auch quantitativer Art. Sie definieren die einzelnen Schritte des Prozesses und ihre Wechselwirkungen, die erforderlichen Ressourcen und die Einheiten (Aufträge, Formulare, Teile, Nachrichten, Rechnungen), die im jeweiligen Prozeßschritt verarbeitet oder erzeugt werden. Zur Beschreibung der dynamischen Eigenschaften sind zeitbezogene Leistungsdaten erforderlich (Bearbeitungszeiten für einzelne Vorgänge, Transportzeiten, Zeitpunkte des Startens von DV-Programmen). Im günstigsten Fall liegen Meßreihen und statistische Auswertungen vor. Im ungünstigsten Fall fehlen diese Daten ganz und müssen durch bestmögliche Schätzwerte ersetzt werden.

Aus diesen Informationen wird ein Modell des Geschäftsprozesses konstruiert. Dieses Modell hat zunächst beschreibenden Charakter. Es dient als Grundlage dafür, von den Prozeß-Beteiligten und von den Prozeß-Verantwortlichen eine Bestätigung zu erhalten, daß der Prozeß in der Realität wirklich so abläuft (oder ablaufen sollte). Aus dieser Diskussion ergeben sich häufig schon Hinweise auf bestehende Mängel und mögliche Fehlerquellen.

Wird das Modell akzeptiert, so kann mit Hilfe der Simulation das dynamische Verhalten untersucht werden. Die Simulationsergebnisse werden mit Prozeßergebnissen in der Realität verglichen. Eine Nicht-Übereinstimmung deutet darauf hin, daß der Prozeß so, wie er von den Beteiligten gesehen wird, in Wirklichkeit nicht abläuft. Dieser Umstand sollte Anlaß für eine eingehendere Analyse des Ist-Zustandes sein.

Im Falle der Übereinstimmung hat man jedoch ein Modell, das die Wirklichkeit ausreichend genau beschreibt.

Jetzt kann mit den Verantwortlichen festgelegt werden, welche Studien mit dem Modell durchgeführt werden sollen. Der große Vorteil eines Modellversuchs ist, daß am Prozeß beliebige Veränderungen vorgenommen werden können. Diese Veränderungen können struktureller Art sein (z.B. Änderung des Prozeßablaufs, Elimination von Schnittstellen, Parallelisieren von Teilprozessen) oder quantitativer Art (z.B. Verkürzung der Bearbeitungszeit, Hinzunahme von Ressourcen, Verringerung der Fehlerhäufigkeit). So kann ein probeweises Re-Engineering auf dem Rechner vorgenommen werden. Die Auswirkungen jeder einzelnen Änderung werden im Hinblick auf die Leistungsziele bewertet. Bevor eine Prozeßalternative im realen Betrieb eingeführt wird, kann sie am Modell auf ihr Verhalten in verschiedensten Situationen überprüft werden. Das verhindert Fehlentscheidungen und schafft Planungssicherheit. Ebenso kann das Zusammenwirken einer Kombination von Veränderungen am Simulationsmodell sicher quantifiziert werden.

Was sind typische Ergebnisse der Geschäftsprozeß-Simulation?

Als Ergebnis der Analyse stehen z.B. Aussagen darüber,
- wieviele Einheiten (Geschäftsvorfälle, Teile, Kundenanfragen) der Prozeß in der Lage ist, durchzusetzen,
- welche Zeit für den Gesamtdurchlauf einer Einheit benötigt wird,
- wie sich diese Zeit aus wertschöpfenden und nicht wertschöpfenden Anteilen zusammensetzt,
- welche Zeit für die Bearbeitung von Rückläufern oder nachzubessernden Einheiten verbraucht wird,
- wie stark die Ressourcen (Personal, Maschinen, Transportmittel) belastet sind,
- wie sich die Belastung der Ressourcen zusammensetzt,
- wie hoch die Bestände sind (unerledigte Arbeit vor oder in Bearbeitung, erledigte Arbeit am Ende des Prozesses).

Beispiel

In der IBM wurden schon eine Vielzahl von Projekten zur Simulation von Geschäftsprozessen durchgeführt. Ein besonders erfolgreiches Projekt war die Analyse der gesamten Geschäftsabläufe, die an der Herstellung und Auslieferung eines bestimmten IBM-Produkts beteiligt sind. Ziel dieses Projektes war es, die hohen Bestandskosten zu reduzieren und gleichzeitig die Lieferfähigkeit zu erhöhen. Abbildung 1 zeigt die Grobstruktur dieses Geschäftsprozesses. Jeder Kasten entspricht einem Teilprozeß, der seinerseits wieder eine komplizierte Struktur haben kann, wie z.B. der Kasten "Fertigung", der einen geographisch weit verzweigten Produktionsverbund mit eigenen Werken und Zulieferfirmen repräsentiert. Das Zusammenwirken der Teilprozesse läßt sich am besten rechts unten beginnend erklären. Das Geschäftsablauf beginnt mit einer Absatzplanung. Hier wird aufgrund der vorherrschenden Marktbedingungen und der eigenen Preispolitik das zukünftige Verhalten der Kunden prognostiziert. Die Bedarfsvorhersage ist Grundlage für die Produktionsplanung. Im Prozeß der Produktionsplanung entsteht unter Berücksichtigung der Lagerbestände das Produktionsprogramm. Die Materialbedarfsrechnung bricht das Produktionsprogramm in die einzelnen Komponenten auf und terminiert den Bedarf. Daraus resultieren Aufträge an Produktion und Lieferanten. Zur richtigen Terminierung ist die Materialbedarfsrechnung auf genaue Angaben über die Durchlaufzeiten und Bestände in der Fertigung angewiesen. Die Fertigung liefert ihre Produktion ans Warenlager.

Gleichzeitig zu diesem Produktionsprozeß auf Planungsbasis ("build to plan") gehen an anderer Stelle, nämlich bei den Händlern und in den Niederlassungen, Kundenaufträge für das Produkt ein. Händler haben einen gewissen Bestand auf Lager, aus dem sie Kunden sofort bedienen können. Bei der Vielfalt von Modellen ist die richtige Zusammenstellung dieses Sortiments nicht einfach. IBM kommt den Händlern entgegen, indem sie innerhalb einer gewissen Zeit nicht verkaufte Produkte zurücknimmt. Kann der Händler seinen Kunden nicht aus dem Lager bedienen, so gibt er den Auftrag an ein zentrales System zur Auftragsabwicklung weiter. Von diesem System, mit dem auch die Niederlassungen arbeiten, wird die Verfügbarkeit des jeweiligen Modells ermittelt und ein voraussichtlicher Liefertermin bestimmt. Dem Kunden wird auf dieser Grundlage ein Liefertermin zugesichert. Eine Lieferung gilt als erfolgreich, wenn sie spätestens x Tage nach dem zugesicherten Liefertermin beim Kunden eintrifft.

Mit dem Simulationsprojekt erwartete der Produktbereich eine Unterstützung bei ihren Bemühungen, Bestände zu reduzieren und die Lieferfähigkeit zu erhöhen. Mit welchen Maßnahmen dies erreicht werden könnte, war vielen Beteiligten klar. Unklar war jedoch, wie wirksam jede einzelne Maßnahme sein würde und daraus folgend, in welcher Reihenfolge und mit welcher Priorität Verbesserungen angegangen werden sollten. Solche Verbesserungsmaßnahmen betrafen z.B.
- die Vorhersagegenauigkeit bei der Absatzplanung
- die Dauer des Produktionsplanungszyklus
- die Fertigungsstrategie ("build-to-plan" oder "build-to-order")
- Sicherheitsbestände in der Lagerhaltung
- die Dauer der Auftragsabwicklung

- Durchlaufzeiten in der Fertigung
- Strategien der Bestandsführung bei Händlern
- Unsicherheiten bei der Zulieferung von Komponenten

Ein Simulationsmodell muß anhand der Ist-Situation verifiziert werden, bevor es zur Studie von Veränderungen eingesetzt wird. Zu diesem Zweck wurde ein komplettes zurückliegendes Geschäftsjahr simuliert, und die Simulationsergebnisse wurden mit aufgezeichneten Geschäftsergebnissen verglichen. Folgende Ergebnisse waren Grundlage des Vergleiches:
- Anzahl georderter und ausgelieferter Produkte
- Lieferfähigkeit (Lieferung erfolgreich, wenn tatsächlicher Liefertermin <= zugesicherter Liefertermin + x Tage)
- Lagerbestände nach Modellvarianten in der Produktion, im Warenlager und bei den Händlern (in Stückzahlen und nach Wert)
- Rückläufer von den Händlern
- Durchlaufzeit vom Auftragseingang bis zur Auslieferung

Es zeigte sich, daß das Modell mit einer Genauigkeit von +-5% die Wirklichkeit repräsentierte. Die Simulation konnte jetzt verläßliche Aussagen über die Wirksamkeit von Veränderungen liefern. Sie wies z.B. nach, welchen Effekt die Einführung einer "build-to-order" Strategie auf die jeweiligen Lagerbestände und die Lieferfähigkeit hat. Es wurde eine Vielzahl von Parametern verändert und deren Zusammenwirken studiert. Am Ende lag eine Quantifizierung aller möglichen Maßnahmen vor, die einer weiteren Kosten-/Nutzenrechnung unterzogen wurde. Alle Maßnahmen zusammengenommen hätten in einer Steigerung der Lieferfähigkeit von über 30% und einer Reduzierung der Lagerbestände um über die Hälfte resultiert. Nicht jede Verbesserungsmaßnahme war jedoch wirtschaftlich sinnvoll. Es wurde eine Liste von Aktionen ausgewählt und verabschiedet, die jetzt von den jeweiligen Prozeßverantwortlichen durchgeführt werden.

Zusammenfassung

Um wettbewerbsfähig zu bleiben, müssen Unternehmen schnelleraul das Marktgeschehen und die Wünsche und Erwartungen ihrer Kunden reagieren können. Das kann nur erreicht werden, wenn alle internen Prozesse - in den technischen und in den nichttechnischen Bereichen möglichst schlank, effizient und flexibel gestaltet werden. Die Wirksamkeit notwendiger Umstrukturierungsmaßnahmen ist bei der Dynamik heutiger Geschäftsabläufe meist schwer vorhersagbar. Hier stellt die Geschäftsprozeß-Simulation das fehlende Element dar, mit dessen Hilfe sich Veränderungen im Unternehmen quantitativ bewerten lassen. Wenn die Zielsetzungen des

Unternehmens erhöhte Lieferbereitschaft, kürzere Durchlaufzeiten und niedrigere Bestände sind, ist der Einsatz der Simulation nahezu unverzichtbar. Am Beispiel eines IBM Produktions- und Distributionsverbundes wurde gezeigt, wie die Geschäftsprozeß-Simulation wertvolle Entscheidungshilfe bei der Durchführung von Verbesserungsmaßnahmen geben kann.

Referenzen

/1/ Haist, F., Fromm, H.:
Qualität im Unternehmen,
2., durchgesehene Auflage, Carl Hanser Verlag, München-Wien 1991

/2/ Hammer, M.:
Reengineering Work: Don't Automate, Obliterate,
Harvard Business Review, July-August 1990, S. 104-112 zfo, Heft 3, 1993, S. 172-176

/3/ Davenport, T. H., Short, J. E.:
The New Industrial Engineering: Information Technology and Business Process Redesign,
Sloan Management Review, Summer 1990, S. 11-27

/4/ Fromm, H., Hinterhuber, H. H.:
Das gute Beispiel kommt aus der Führungsetage. Die Prozeßorientierung braucht eine Verhaltensänderung,
Blick durch die Wirtschaft, 28. Juli 1993, S. 7

/5/ Fromm, H.:
Das Management von Zeit und Variabilität in Geschäftsprozessen,
CIM Management, Nr. 5, 1992, S. 7-14

/6/ Nagl, G. C.:
Erfolgspotential Unternehmensprozeß. Modellierung von Unternehmensprozessen mit Computer Aided System Engineering,
zfo, Heft 3, 1993, S. 172-176

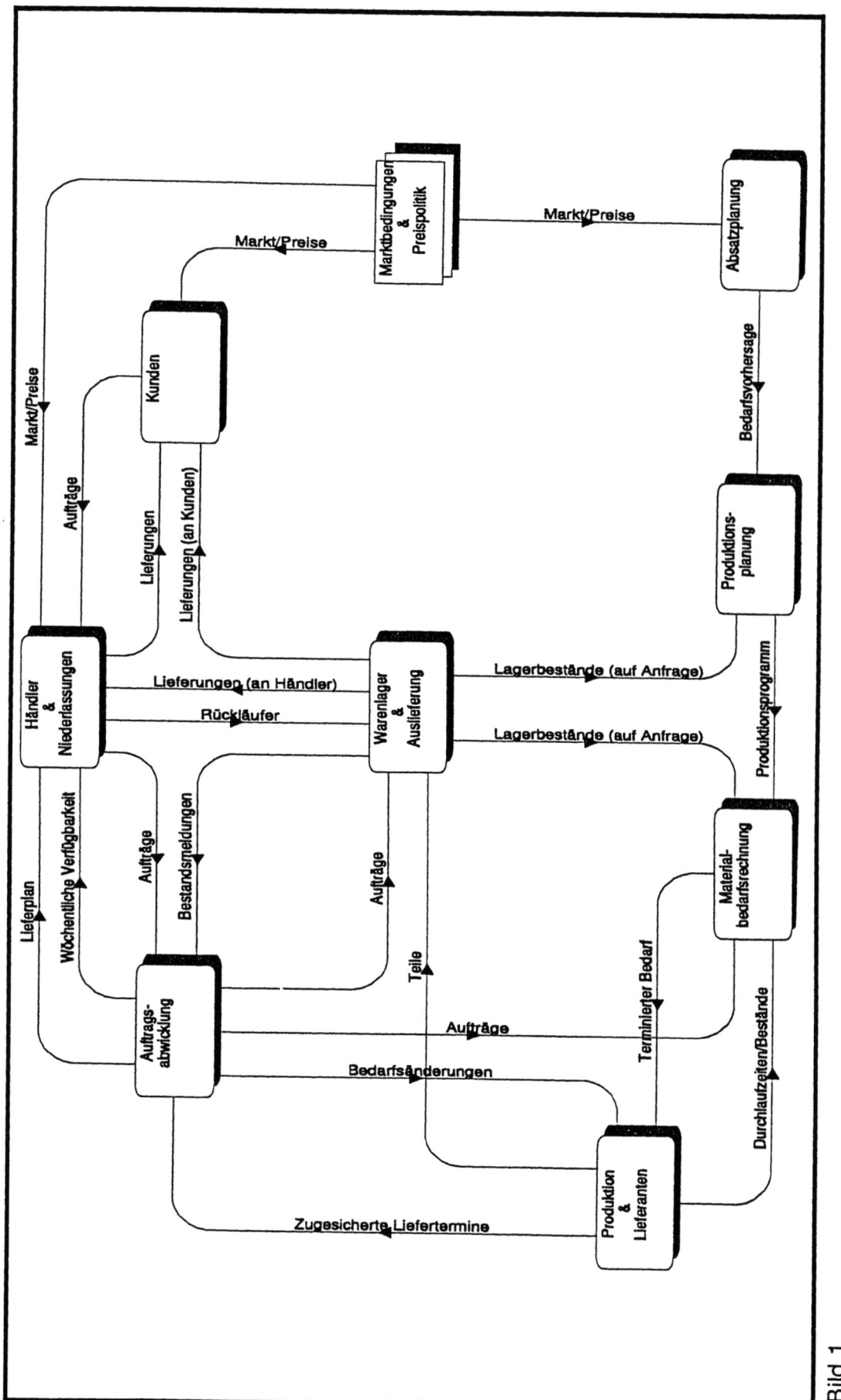

Bild 1

12. IAO-Arbeitstagung
Wege aus der Krise
Geschäftsprozeßoptimierung und
Informationslogistik

Montagemanagement für Variantenreiche Serienprodukte

Heinz Schott

Metabowerke GmbH & Co., Nürtingen

Zusammenfassung

Die Metabowerke GmbH 6 Co. sind mit ihrem Segmentbereich "Elektrowerkezuge" mit ca. 10% am Markt Europa beteiligt (Bild 1). Daraus läßt sich ableiten, daß wir kein Massenhersteller in diesem Bereich sind. Um jedoch an einem in Teilbereichen nahezu gesättigten Markt, Marktanteile zu gewinnen, bedarf es einer besonderen Markt- und Produktstrategie.

Daraus resultierend gestalten wir unsere Produktsortimente so, daß sie den unterschiedlichsten Kundenbedürfnissen in Europa und weltweit in gehobener Produktqualität und Ausstattung gerecht werden. (Bild 2 Produktpalette)

Weiterhin ist in gesättigten Märkten schnelle Reaktionsfähigkeit auf Mengen- und Terminveränderungen von besonderer Bedeutung.

Dies bedeutet, daß die Kundenwünsche als Anforderungsprofil direkt auf die Endmontage abgebildet werden müssen.

Andererseits müssen die Kommunikationswege zwischen Kunde, Vertrieb, Werk und Vertriebslogistik entscheidend verkürzt werden.

1. Einleitung

Die marktseitig geforderte Reaktionsfähigkeit auf Mengen- und Terminveränderungen in Produkt oder Produktgruppen zwingt uns zur permanenten Neustrukturisierung der Montage- und Materialflußgestaltung. Wie ein Unternehmen auf diese Reaktionsfähigkeit eingehen kann und muß, wird im wesentlichen von den Marktbedingungen selbst, von der Unternehmensstruktur und vom Produkt bestimmt.

Wir haben aus der Vergangenheit für unser Unternehmen den Erfahrungswert gesammelt, daß wir auf Marktveränderungen intern integrale Handlungsweisen vornehmen müssen.

2. Unser Kunde ist der Endverbraucher

Dieser Endverbraucher sind Sie, meine Damen und Herren, sowie der Handwerker und in geringem Umfange die Industrie; die Aussage gilt für uns weltweit.

Diese Kunden fordern aus preislichen Gründen eine Produktdifferenzierung. Außerdem verlangen sie von uns kurzfristige Lieferfristen von wenigen Tagen, denn ein altes Ziel aller Unternehmungen, nämlich kleine Bestände und somit schneller Kapitalumschlag, hat besondere Bedeutung für Unternehmen des Handels erlangt.

Neben der Erfüllung dieser harten Forderungen des Handels haben wir mit unserer Vetriebsstrategie "immer am Markt präsent zu sein" ein weiteres Ziel gesetzt: trotz Reduzierung der Lagerbeständes weitere Marktanteile zu gewinnen. Wenn dabei noch ca. 200 Grundtypen und daraus resultierend ca. 1000 Maschinentypen beherrschbar sein müssen, so wird Ihnen deutlich, welche Anforderungen auf die Montage und die Vorfertigung einstürmen.

3. Planungsansätze

Ich hoffe, daß Ihnen durch die Schilderung der Verhältnisse verständlich wird, daß keine konventionellen Ansätze zur Lösung führen können. Es mußten einerseits vielmehr bereichsübergreifende Überlegungen angestellt werden, andererseits die zentralen Strukturen aufgelöst werden.

Dies erforderte in hohen Maße im Vorfeld eine gedankliche Umstrukturierung bei allen Verantwortlichen, bevor die körperliche Umstrukturuerung eingeleitet werden konnte.

Im wesentlichen betroffen waren die Abteilungen:
- Vertrieb
- Logistikbereich intern
- Arbeitsvorbereitung
- Qualitässicherung
- Datenverarbeitung/Organisation
- Bereich Vorfertigung
- Bereich Endmontage
- Vertriebslogistik

Nachstehend soll in diesem Vortrag nur der Teil des Projektes IMOLOS (Integrierte Montage und Logistik-Systeme) berichtet werden, welcher sich mit dem PPS-System und den Leitständen auseinandersetzt.

Die aus der Praxis heraus geforderten Funktionsintegrationen erfordern ein Lösungskonzept, bei dem die traditionellen Grenzen zwischen PPS, Leitständen, Lagerverwaltung und Qualitätssicherung aufgehoben werden.

Vereinfachte technische und organisatorische Schnittstellen schaffen Handlungsspielraum für die Mitarbeiter in dezentralen Strukturen. Dieser Handlungsspielraum muß durch die Leittechnik unterstützt werden, ja sogar erweitert werden.

Es soll über folgende Schwerpunkte berichtet werden:
- Aufgaben und Komponeneten der Leittechnik in der Montage
  -Materialbereitstellung
  -Auftragsabwicklung
  -Identifikation
- Spezieller Aspekt "Gruppenarbeit"
- EDV-Konzept
- Beispielhafte Realisierung und Erfahrungsbericht einer Projektwoche

4. Entscheidungs- und Realisierungsschritte

In enger Zusammenarbeit mit dem Fraunhofer-Institut für Arbeitswirtschaft und Organisation, Stuttgart (IAO), SAP AG, Walldorf und Digital Equipment GmbH, München wurde in der Modellfabrik für Montage und Logistik ein rechnergestütztes Leitsystem geplant und realisiert. Es wurde unter realitätsnahen Bedingungen getestet und über eine Woche mit "Metabo-Mitarbeitern" betrieben.

Das Leitsystem erstreckt sich vom firmenübergreifenden Produktionsplanungs- und Steuerungssystem (PPS) durchgängig bis hin zum Montagearbeitsplatz (Bild 3).

Die Vorgehensweise zur Planung der Leittechnik beschränkte sich nicht auf die technische Gestaltung der Montage bzw. die Auslegung des EDV-Systems. Eine integrierte Betrachtung erfordert ebnso eine abgestimmte Konzeption unter ganzheitlichen Gesichtspunkten, wobei neben der Technik das Personal und die Arbeitsorganisation im Vordergrund stehen.

Von besonderer Bedeutung im Hinblick auf Flexibilität, Erweiterungsmöglichkeit und Modifizierung ist eine offene Informationsstruktur, welche von komponentenspezifischen Erscheinungen losgelöst eingesetzt und in bestehende Produktions- und Montageabläufe schrittweise integriert werden kann.

Grundgedanke des hiervon abgeleiteten Informationskonzeptes ist der "Ersatz" komplizierter Steuerungsvorgänge durch einfache, hierarchisch gegliederte, dezentrale Regelungen (Regelkreise wie z. B. bei KANBAN).

Neue Abläufe sowie neue Informations- und Kommunikationssysteme stellen neue Anforderungen an die Mitarbeiter. Damit werden zwangsläufig Qualifizierungsmaßnahmen notwendig. Somit sind Entwicklung neuer Montage-, Logistik-, Informationskonzepte untrennbar mit der Entwicklung eines maßgeschneiderten Qualifikationskonzeptes verbunden.

Die Auflösung von starren, verrichtungsorientierten bis hin zu flexiblen, objektorientierten Fertigungs- und Montagestrukturen mit manuellen und automatischen Arbeitsplätzen stellt neue Anforderungen an die Montagesteuerung.

Gängige PPS-Systeme können diese Aufgaben alleine nicht leisten und werden den Anforderungen nicht gerecht.

Die Komplexität dieser Themenstellung macht deutlich, daß es die Leittechnik schlechthin nicht geben kann. Jedoch kann eine Vorgehensweise zur Konzeption der Leittechnik unter gewissen Prämissen dual dargestellt werden:
- Aufgaben der Leittechnik (organ. Sicht)
- Komponenten der Leittechnik (DV-technische Sicht)

5. Aufgaben der Leittechnik in der Montage

Bei der Planung des Leitsystems wurden zunächst die zur Erfüllung der Montageaufgaben notwendigen Funktionen in der Werkstatt ermittelt und analysiert. Die Bereiche sind in Bild 4 dargestellt:

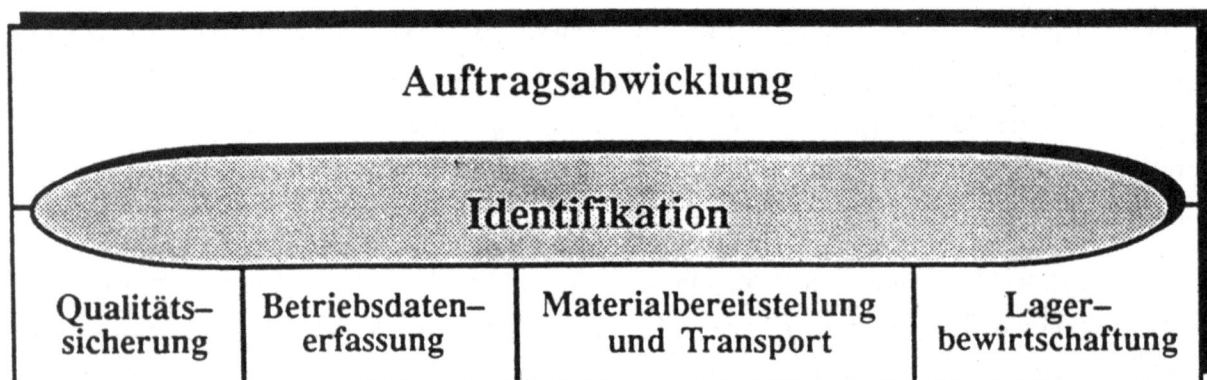

Bild 4: Aufgabenbereiche der Leittechnik in der Montage

6. Komponenten der Leittechnik in der Montage

Die Komponenten der gesamten Leittechnik können untergliedert werden in die

- Unternehmensebene (zentrale Aufgaben)
- Leitebene (dezentrale Steuerung)
- Prozeß- bzw. Werkstattebene

Beide Darstellungen wurden realisiert und können in der Modellfabrik für Montage und Logistik besichtigt werden.

7. DV-gestützte Materialbereitstellung

Zunächst wurde der gesamte Materialfluß und die vorkommenden Materialbereitstellungs-Strategien ermittelt und analysiert (Bild 5).

Für die Feinplanung der Materialbereitstellung wurde zunächst das Teilespektrum betrachtet. Nach der Klassifizierung der Teile wurden die passenden Materialbereitstellungs-Strategien zugeordnet. Es kamen fünf solcher Strategien vor (Bild 6).

Die Schwerpunkte wurden verlagert auf die Materialbereitstell-Strategien:
- KABAN
- Zweibehälter
- Abruf

Aus zeitlichen Gründen kann an dieser Stelle nicht detailliert auf dike jweilige favorisierte Strategie eingegangen werden. Handhabungs-, Buchungsvorgänge sowie Bereitstellflächen am Montageplatz waren die wichtigsten Kriterien.

Dabei ist es von Wichtigkeit, einzelne Aufgaben Funktionsträgern und Funktionskomponenten zuzuordnen. Beispielgebend für die Auftragsverwaltung kann die Darstellung in Bild 7 sein.

Die Gruppenausprägung ist hier deutlich erkennbar.

8. Qualitätssicherung am Endprüfplatz der Montage

Eine Integration der QS in der Montage-Leittechnik wurde realisiert, so daß Qualitätsdaten am Prüfplatz online erfaßt, verdichtet und ausgewertet werden konnten.

Hier wurden alle Produkte geprüft und im IO-Fall mit einem Typenschild versehen. Die erfaßten Meßdaten werden zunächst mit Rahmendaten (Datum, Prüfer usw.) zu einem Prüfdatensatz zusammengefaßt.

Am Auftragsleitstand können Teilfertigmeldungen abgesetzt werden. Statistische Auswertungen der Prüfdatensätze können zusätzlich am QS-Leitstand erfolgen (Bild 8).

9. Erfahrungen aus der Sicht des Anwenders

Die nachstehenden Ausführungen spiegeln Erfahrungen zum Teil unter den Rahmenbedingungen der Modellfabrik und unter den spezifischen Betriebsbedingungen der Fa. Metabo wider. Sie können und dürfen nicht als allgemeingültige Ergebnisse Verwertung finden. Sie sollen Anhaltspunkte und Anregungen für gleichartige Entscheidungsfindungen darstellen.

Für den Probebetrieb am IAO (FhG) wurde im Rahmen des IMOLOS-FINKOS-Projekts erstmals in Deutschland eine CPI-C-Kommunikation (Common-Programming-Interface-Communication) über eine 64-kBit-Standleitung realisiert. CPI-C stellt Sprachen, Anwendungen und Aufrufe zur Verfügung und erlaubt, basierend auf dem SNA-LU 6.2 Protokoll der IBM, die Kommunikation zwischen IBM und IBM-fremden Rechnern.

Hierzu mußten Softwarepakete sowohl auf dem Großrechner als auch auf der Leitebene (Gateway) installiert werden.

Nach der Installation mußten eine Vielzahl von Systemtabellen sowohl in den Monitoring-Trägersystemen des Großrechners (VTAM, NCP, CICS) als auch innerhalb der SNA-Software des Gateway-Rechners parametisiert werden (ca. 1000) Stück.

Diese Parametisierung mit gleichzeitigem Einsatz einer 64-kBit-Standleitung bereitete die größten Probleme und erforderte intensive interdisziplinäre Abstimmungen und gemeinsame Fehleranalysen zwischen den Firmen IBM, HP, Telekom und der SAP.

Nach ca. acht Wochen intensiver Bemühungen konnten dann erstmals Ende Januar 1993 über die 64.-kBit-Standleitung R2-PPS-Systemtabellen, Arbeitsplätze und Montageaufträge mit den dazugehörigen Stücklisten und Arbeitsplänen online übertragen werden.

So mühsam die Installation und die Konfiguration der verwendeten Transferkomponenten war, so außergewöhnlich stabil und schnell zeigt sich aber auch der laufende Betrieb.

Einführung und Integration eines Leitstandkonzeptes in die DV-Gesamtstruktur des Unternehmens:
- Voraussetzung LAN (Lokal Area Network)
- größere Sicherheit bei Ausfall der Planungsebene
- 24 Stunden Verfügbarkeit - unabhängig vom Host
- einfacher Anschluß zum Anbinden von prozeßnahen Automatisierungssystemen
- Integration der Fertigungssteuerung mit der Materialflußsteuerung

usw.

Bei den Materialbereitstellungs-Strategien konnte nach kurzer Einarbeitungszeit eine hohe Akzeptanz bei den Mitarbeitern festgestellt werden. Die Verfügbarkeit der automatischen Systeme war hoch und während der gesamten Probezeit ohne Ausfall. Die Kommunikation der unterschiedlichen Systeme untereinander (Leitstand LVS usw.) war fast ohne Störung.

Die Arbeitsplatzgestaltung wurde am einzelnen Arbeitsplatz an ein hohes Optimum herangeführt. Spezifische Verbesserungen am Prüf- und Verpackungsplatz sind vorzunehmen (Hardware-Bereich).

Bei der Mitarbeiterqualifikation zur Gruppenarbeit mußten intern durch intensive Schulung und Unterweisung die Voraussetzungen geschaffen werden. Mitarbeiter zum gruppendynamischen Verhalten anhaltend zu motivieren, bedurfte einiger Ausdauer und Zähigkeit. Die intern sich positiv anbahnenden Auswirkungen auf trangierende Bereich sind weit stärker als im Modellbetrieb sichtbar wurden.

Die Fähigkeit sich als Gruppe zu verstehen und selbständig zu operieren, bildet die Grundlage die neu hinzukommenden Zusatzfunktionen der Montagebereiche (Logistikbereich, DV-Unterstützung usw.) zu begreifen, die Qualitätsverantwortung zu integrieren und Schulungsinhalte und Schulungsdefizite selbst zu erarbeiten oder einzufordern.

Hier besteht Handlungsbedarf in angrenzenden Bereichen.

Die installierte Rechnerarchitektur ließ mit verhältnismäßig geringem Aufwand alle in der Modellfabrik installierten Applikationen zu.

Weitere Anwendungen wurden nicht getestet.

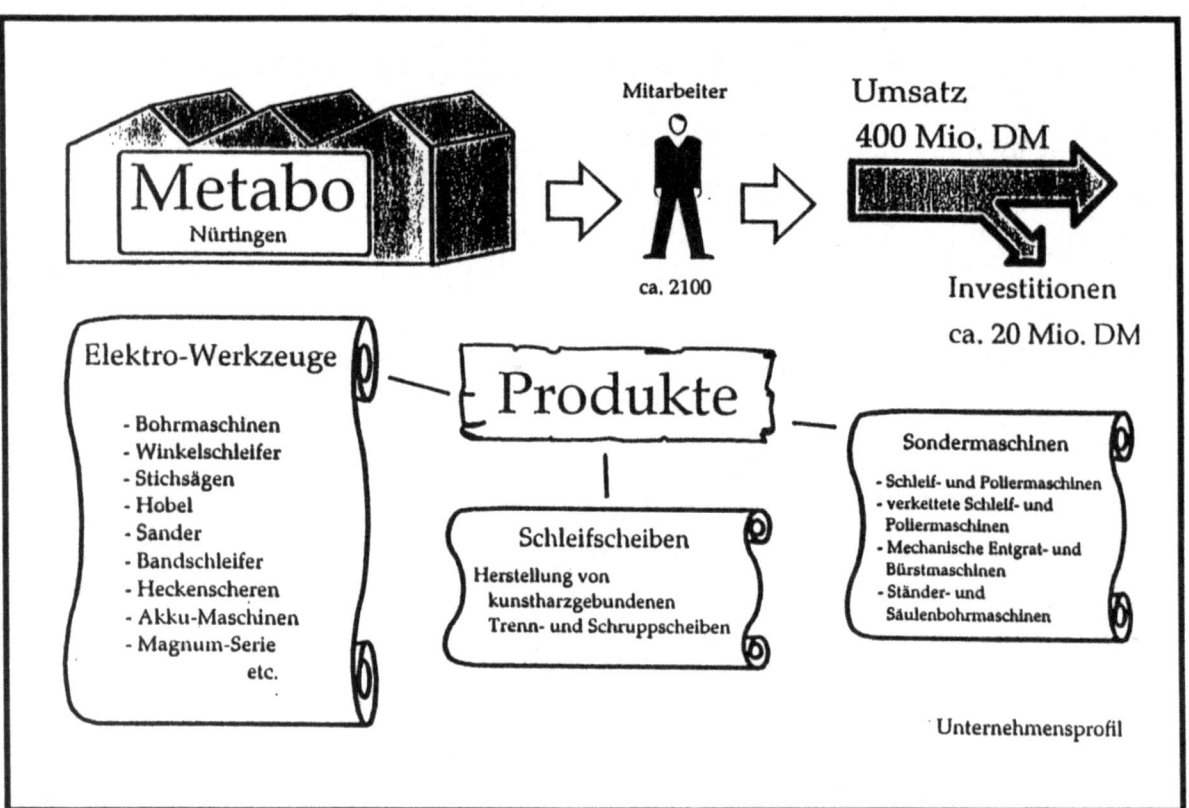

Bild 1

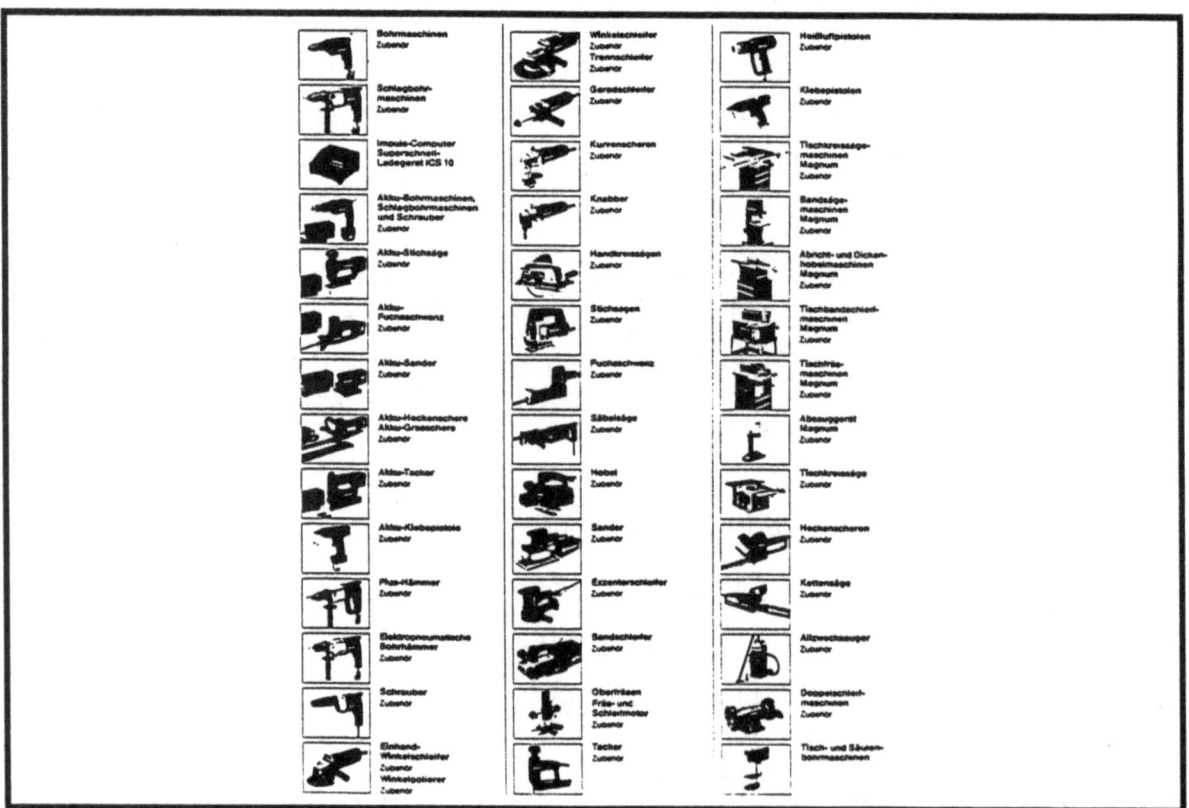

Bild 2

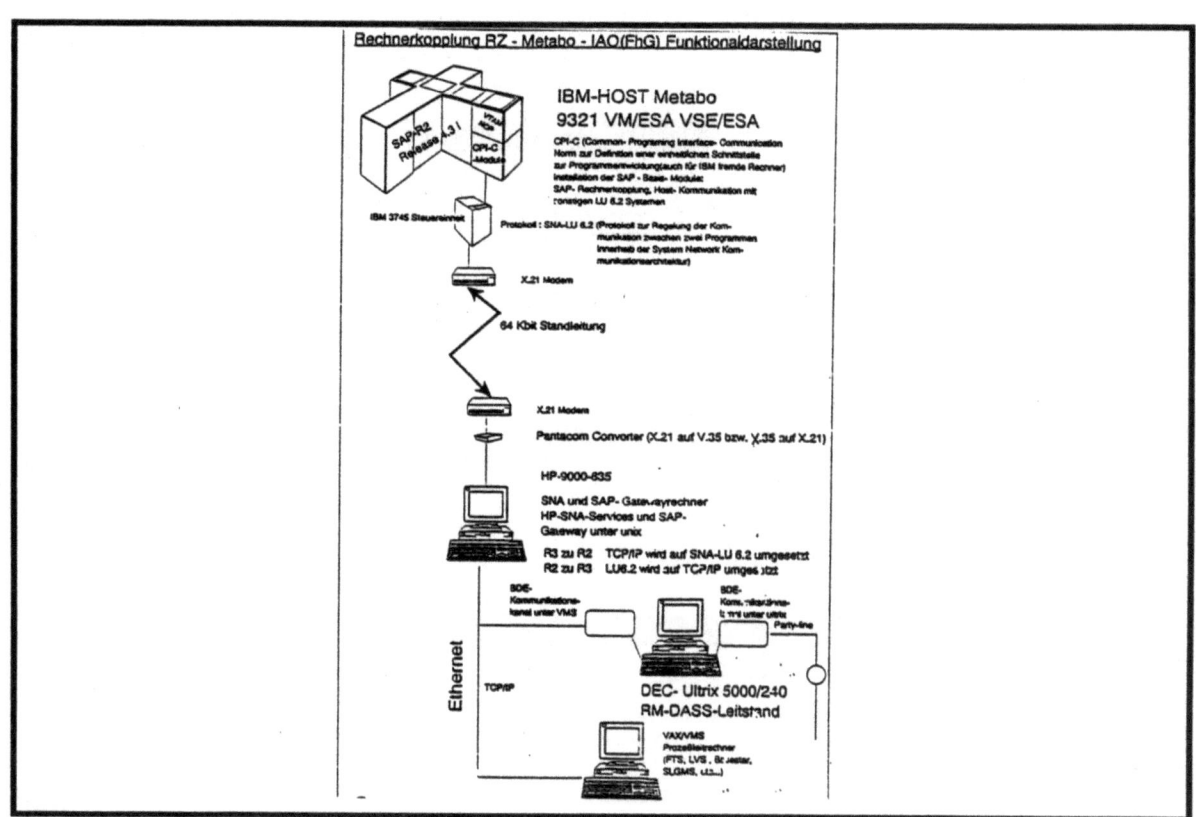

Bild 3

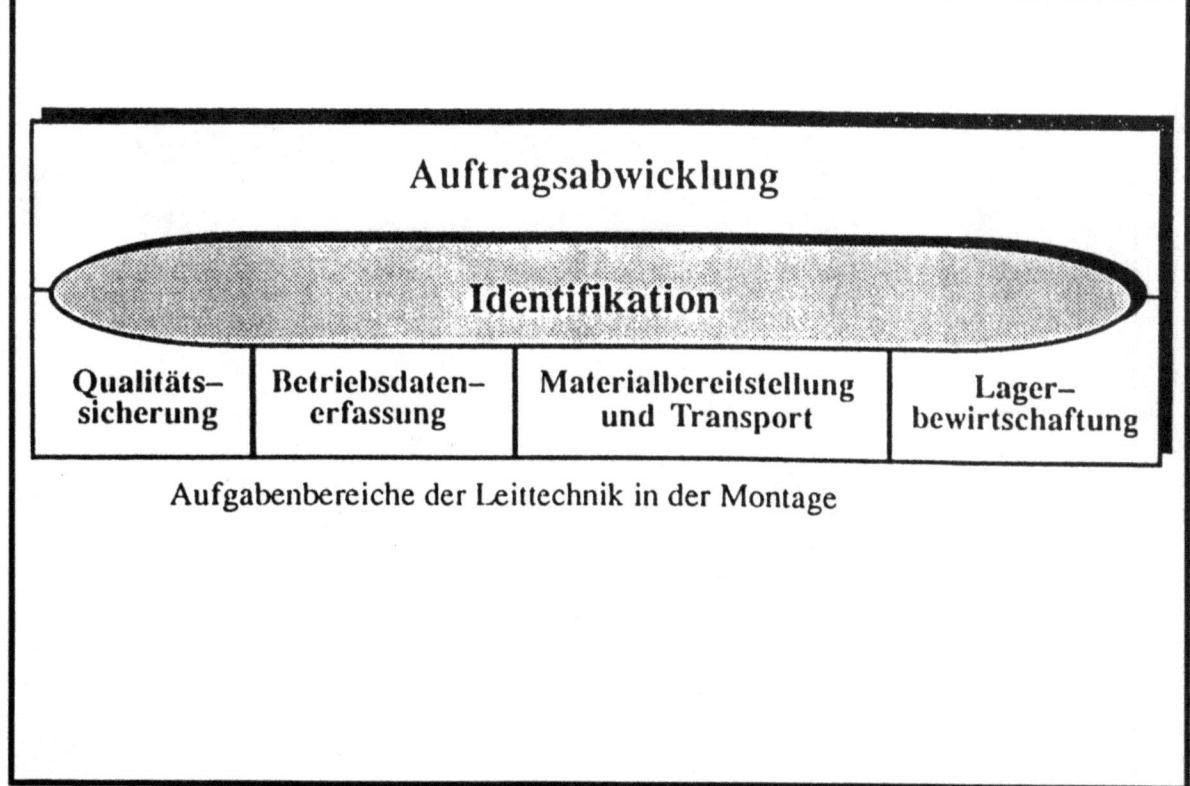

Bild 4

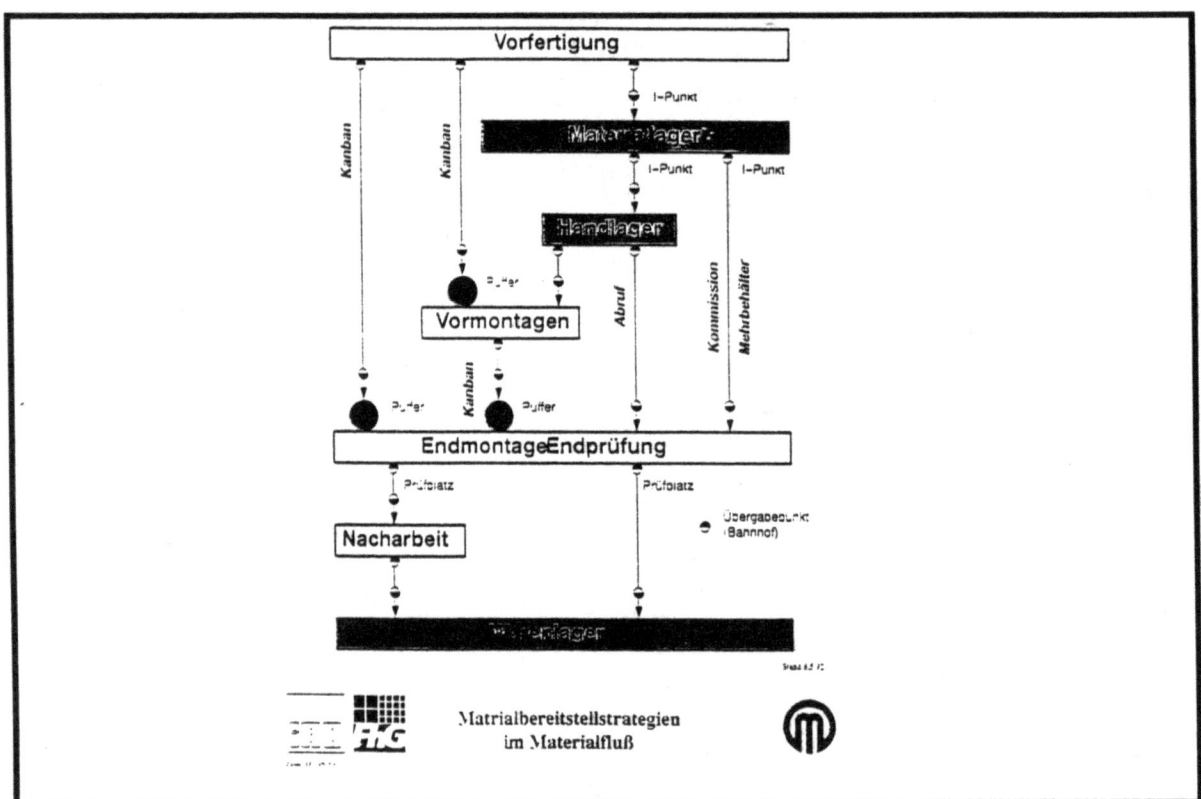

Bild 5

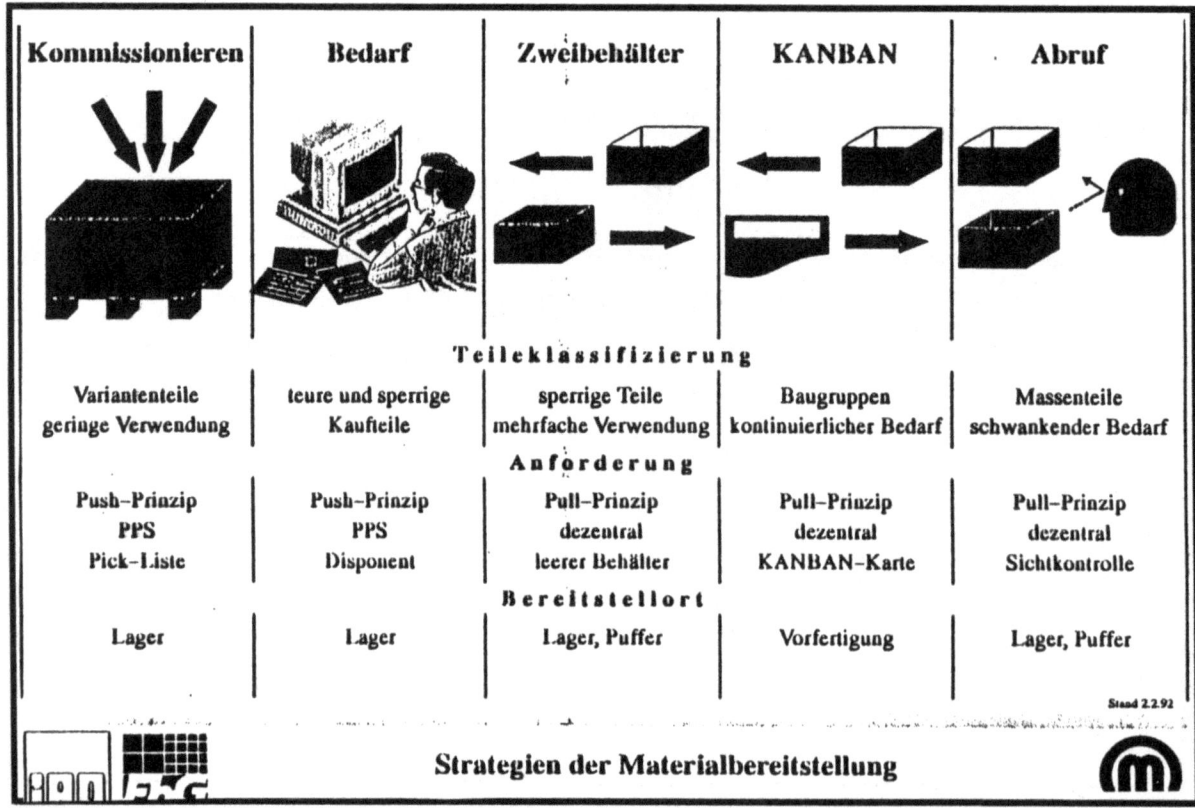

Bild 6

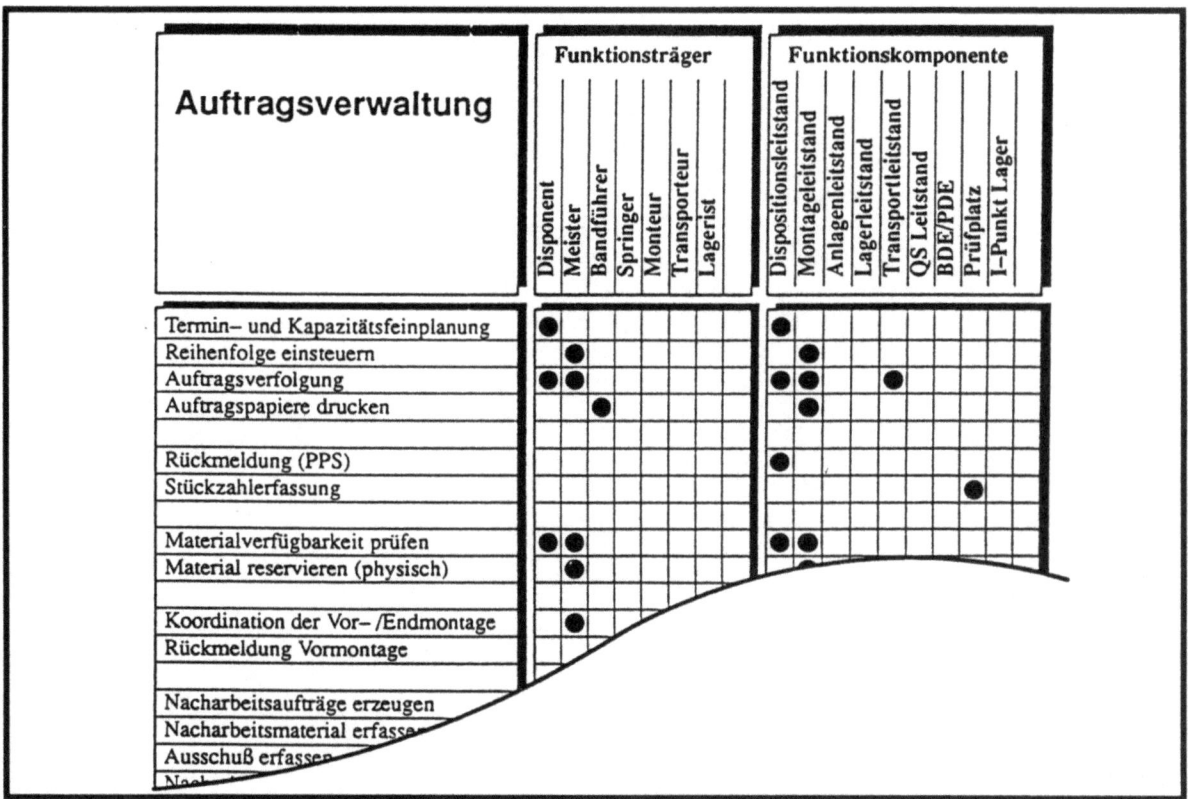
Bild 7

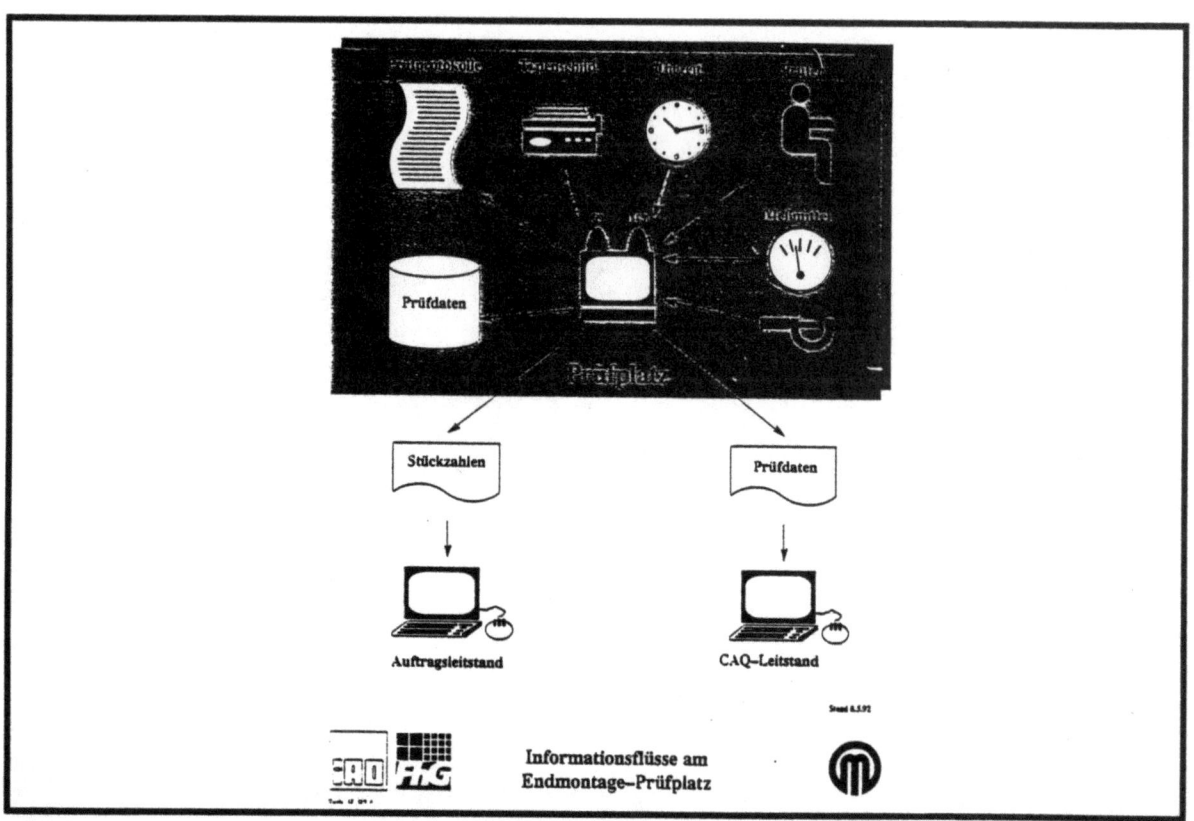
Bild 8

140

12. IAO-Arbeitstagung
Wege aus der Krise
Geschäftsprozeßoptimierung und
Informationslogistik

**Vorgangsbearbeitung
auf Mainframe und Unix**

Michael Werner

Leonberger Bausparkasse, Leonberg

Software Produktions Umgebung

o   Hardware: CPU   Comparex 9/930
                           Platten >200 Gigabytes
                           Terminals   900 (Farbe)

o   Betriebssystem: MVS/ESA
                           VTAM

o   TP-Monitor: CICS

o   DBMS: ADABAS

o   Textsystem: CON-NECT

o   Programmiersprachen: NATURAL
                           PL/1
                           COBOL
                           Assembler
                           ADABAS SQL

o   Dokumentation: PREDICT
                           EPOS

o   Vorgehensmodell: ISOTEC

Komponenten der Basissysteme

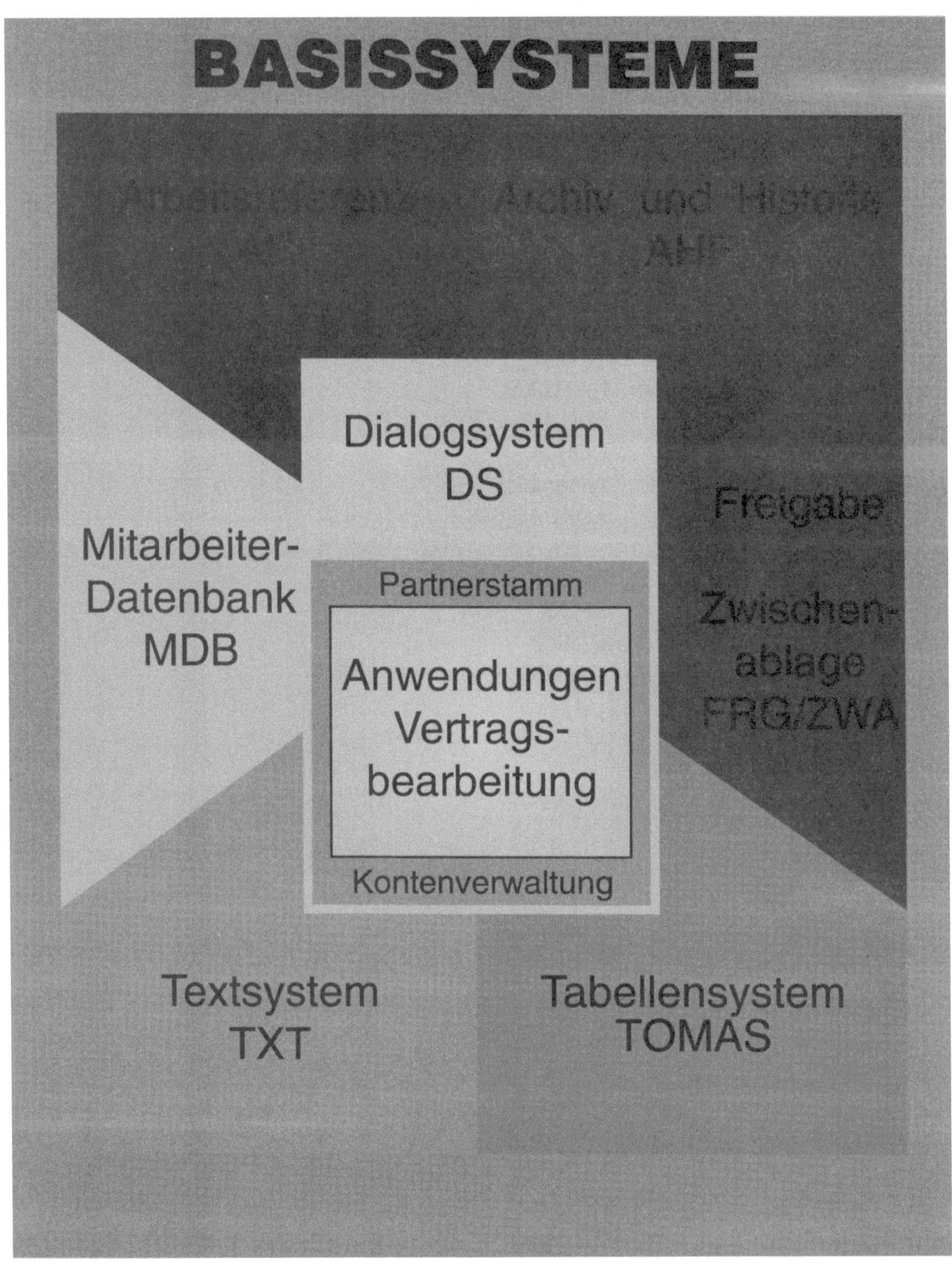

Einleitung

Ziel bei der Realisierung der neuen Anwendungssysteme war, den Sachbearbeiter bei der Bearbeitung eines Vorfalls, wie z.B. der Zusammenlegung von zwei Bausparverträgen, in allen Bearbeitungsstufen maschinell zu unterstützen. Die Basissysteme stellen die technische Grundlage für diese integrierte Sachbearbeitung dar, indem sie die immer wiederkehrenden Standardfunktionen unabhängig von den Anwendungen durch die einfache Einbindung in ein Vorfallsnetz direkt zur Verfügung stellen.

Die Basissysteme beginnen bei der Planung des persönlichen Arbeitsvorrats eines Sachbearbeiters in der Arbeitsreferenz und enden bei der Möglichkeit, durch den Vorfall erzeugte Briefe anzuschauen und sie nach der Freigabe mit den Daten zu archivieren.

Die Leonberger Basissysteme bestehen aus den Komponenten

o Dialogsystem
  - Menüsystem
  - Dialogsteuerung

o Zwischenablage

o Freigabe

o Referenzsystem
  - Arbeitsreferenz
  - Archivreferenz
  - Historienführung
  - Sperrkonzept

o Mitarbeiterdatenbank

o Tabellensystem

o Textsystem

die in einer ereignisorientierten Vorfallsbearbeitung, die Datenkonsistenz gewährleistet, zusammengefaßt sind.

Dialogsystem

Das Dialogsystem besteht aus

o einem Menüsystem,
o der Dialogsteuerung,

die in einer ereignisorientierten Vorfallsbearbeitung, die Datenkonsistenz gewährleistet, zusammengefaßt sind.

Das Dialogsystem ist anwendungsneutral und unterstützt die Fachabteilungen und die Anwendungsentwicklung in gleichem Maße. Es zeichnet sich durch hohen Benutzerkomfort aus.

Die durch das Dialogsystem geforderte Normierung und Standardisierung der DV-Anwendungen ergibt eine sichere und schnelle Anwendungsentwicklung und eine wesentlich vereinfachte Wartung dieser Anwendungen.

Durch die Bereitstellung von Objektrahmen, die Einbindung von Standardfunktionen und die einfache Anlage des Vorfalls-Netzes ist eine schnelle Entwicklung von Prototypen möglich, die zur Abstimmung mit der Fachabteilung herangezogen werden können.

Darüberhinaus enthält das Dialogsystem ein dynamisches Menüsystem, das Menüeinträge nur anzeigt, wenn ein Sachbearbeiter auch die Berechtigung zur Bearbeitung des Vorfalls hat.

Referenzsystem

Das Referenzsystem besteht aus

o der Arbeitsreferenz,
o der Archivreferenz,
o der Historienführung und
o dem Sperrkonzept,

die in die ereignisorientierte Vorfallsbearbeitung integriert sind.

Die Arbeitsreferenz steht jedem Sachbearbeiter zur Verfügung. Sie unterstützt ihn beim Planen und Terminieren seiner Arbeit. Vorfälle, die von einem zweiten Sachbearbeiter oder einem Vorgesetzten freigegeben werden müssen, können über die Arbeitsreferenz versendet werden.

Die Historienführung dient als Standardfunktion für alle fachlichen Bereiche zur Anzeige von Historiendaten. Über die Archivreferenz erfolgt die Verknüpfung aller vorfallsrelevanten Daten (z.B. Eingangspost und Ausgangsbrief).

Das Sperrkonzept verhindert eine Doppel- oder Mehrfachbearbeitung desselben Ordnungsbegriffes, wie z.B. einer Vertragsnummer. Beim Aufruf eines gesperrten Vertrages erfolgt die Information darüber, bei wem der Vertrag bearbeitet wird.

Mitarbeiterdatenbank

Die Mitarbeiterdatenbank enthält alle

o   Mitarbeiterprofile,
o   Berechtigungen,
o   Kompetenzen und
o   Bearbeitungszuordnungen

für die ereignisorientierte Vorfalls- und die Batch-Verarbeitung.

Die Online-Pflegefunktionen der Mitarbeiterdatenbank, die den Fachbereichen oder der Betriebsorganisation zur Verfügung stehen, machen Programmänderungen, z.B. bei Kompetenzänderung, überflüssig.

Tabellensystem

Die im Tabellensystem gespeicherten Schlüssel-, Kompetenz- oder Konditionstabellen werden zu Plausibilitätsprüfungen, standardisierten Hilfefunktionen oder zur Bearbeitungssteuerung herangezogen.

Durch die Speicherung der o.g. Daten im Tabellensystem ist die Unabhängigkeit der Anwendungen bei Änderungen in den Tabellenwerten gewährleistet.

Textsystem

Das Textsystem besteht aus

o   der Vorfallsbezogenen Briefschreibung,
o   der Allgemeinen Briefschreibung,
o   der Batch-Briefschreibung und
o   der Briefnachbearbeitung.

Das Textsystem bindet Funktionen des Bürokommunikationssystems CON-NECT und dessen Textverarbeitungs-Subsystems CON-FORM ein. Lediglich die Textorganisation arbeitet direkt im CON-NECT. Sie pflegt und verwaltet dort das hausweite Brief- und Textangebot. Die Anwender bewegen sich auf ihrer gewohnten Benutzeroberfläche.

Funktionsbeschreibungen

Dialogsystem DS

Menüsystem

Das Dialogsystem enthält ein dynamisches Menüsystem, das über Online-Pflegefunktionen eingerichtet und gewartet werden kann. In ihm kann jede Ablauf- und Aufbaustruktur abgebildet werden, da keine Einschränkung bei der Anlage und Verknüpfung von Menüs besteht. Durch eine Schnittstelle zur Mitarbeiterdatenbank, in der Berechtigungen und Kompetenzen hinterlegt sind, erhält der Anwender nur Menüpunkte angezeigt, für die er berechtigt ist.

Standardfunktionen

o Dynamische Menüanzeige abhängig von der Berechtigung des Anwenders. Es werden nur Menüpunkte oder Menüs angezeigt, für die der Anwender berechtigt ist.

o Benutzerführung durch Menüs

o Aufruf von Anwendungen über Menüs

o Direktaufruf von Anwendungen im Expertenmodus über
  - Synonyme,
  - Vorfalls-Namen oder
  - Menüpfade

o Einbindung und Aufruf von Anwendungen, die nicht mit den Basissystemen entwickelt worden sind, im einheitlichen hausweiten Menüsystem des Dialogsystems

o Online-Pflegefunktion für die Einrichtung und Wartung der Menüs

Dialogsteuerung

Ereignisorientierte Dialogsteuerung

Die Dialogsteuerung erfolgt ereignisorientiert. Die möglichen Dialogabläufe sind vom Anwendungsentwickler in Tabellen hinterlegt. Die Entwicklung von Anwendungen geschieht mit Hilfe von Rahmenobjekten, die um die Bearbeitungsfunktionen ergänzt werden. Alle Standardfunktionen des Systems werden durch die Dialogsteuerung zur Verfügung gestellt und können über Online-Pflegefunktionen bei der Festlegung des Netzwerkes, speziell für den gesamten Dialogablauf oder die einzelne Anwendung, aktiviert werden. Durch den Einsatz der Standardfunktionen und Rahmenobjekte erhält die Sachbearbeitung eine einheitliche Benutzeroberfläche und Benutzerführung.

Entlastung der Anwendungsentwicklung von Routineaufgaben

Die Dialogsteuerung entlastet die Anwendungsentwickler von Routineaufgaben. Das Dialogsystem stellt Rahmenobjekte für Programme und Masken zur Verfügung. Die Steuerung des Dialogablaufs, Benutzerfunktionen und einheitliche Maskenlayouts müssen nicht ständig neu programmiert werden. Die Anwendungen werden sicherer und weniger fehleranfällig. Die Programmwartung und die Einbindung neuer Programme in bestehende Anwendungen wird durch die Standardisierung der Programme einfacher. Der Anwendungsentwickler gewinnt somit Freiraum für seine wesentliche Aufgabe, die Umsetzung der fachlichen Verarbeitungsregeln.

Frühzeitiges Prototyping

Mit dem Dialogsystem kann schon frühzeitig, gemeinsam mit der Fachabteilung, ein Modell des zukünftigen Vorfalls und des Dialogablaufs erstellt werden, das dann später in der Realisierungsphase weiterentwickelt werden kann.
Mit Hilfe dieses Modells können Wünsche und Erwartungen des Fachbereichs abgeglichen und Mißverständnisse ausgeräumt werden. Die frühzeitige Einbeziehung der Fachabteilung in die Anwendungsentwicklung ist die Basis für die benutzergerechte Entwicklung von Anwendungen und stellt die Akzeptanz der zukünftigen Anwendung sicher.

Standardfunktionen

o Vorfallswiederholung
  Mittels Aufruf über eine Funktionstaste kann die bereits erfolgte Vorfallsbearbeitung wiederholt werden, wobei die vorgenommenen Eingaben automatisch eingesteuert werden. Wird eine Eingabe verändert oder hat sich in der Zwischenzeit die Datenbasis geändert, wird die Vorfallswiederholung abgebrochen und der Dialog läuft wieder als "Neudialog" weiter.

o Vorfallsanzeige
  Sie erfolgt wie die Vorfallswiederholung, nur kann keine Eingabe erfolgen. Die Eingabefelder werden bei der Vorfallsanzeige automatisch durch die Dialogsteuerung gesperrt.

o Unterbrechung des Dialogs
  Der Dialog kann jederzeit unterbrochen und zu einem anderen Zeitpunkt, z.B. auch am nächsten Tag, an derselben Stelle über die Arbeitsreferenz wieder aufgenommen werden.
  Ruft z.B. ein Kunde an und wünscht eine Auskunft, kann der Sachbearbeiter den Vorfall, den er momentan bearbeitet, unterbrechen und in einen anderen Vorfall umsteigen. Ist der Kundenwunsch befriedigt, kann der alte Vorfall an der Stelle der Unterbrechung weiterbearbeitet werden.

o Kontrollierter Abbruch des Dialogs
Der Sachbearbeiter kann den Dialog jederzeit abbrechen und ins Ausgangsmenü oder ins letzte Menü zurückkehren.

o Umstieg auf den zweiten logischen Bildschirm
Für Auskunfts- oder Bearbeitungsfunktionen steht ein zweiter logischer Bildschirm zur Verfügung. Durch eine in die Arbeitsreferenz integrierte Sperrfunktion wird verhindert, daß der gleiche Bearbeitungsvorfall ein zweites Mal aktiviert wird.

o Standardfunktionstasten
Die Funktionstasten 1 bis 13 sind in allen Anwendungen einheitlich mit den bei der Leonberger Bausparkasse AG gültigen Standardfunktionen belegt.

o Anwendungsspezifische Funktionstasten Die Funktionstasten 14 - 24 werden durch die Anwendungsentwickler mit anwendungsspezifischen Funktionen benutzergerecht belegt. Diese Funktionstastenbelegungen sind mit den anwendungsspezifischen Funktionen ständig in der letzten Maskenzeile angezeigt.

o Erläuterungen zur Funktionstastenbelegung
Der Benutzer kann sich die Belegung aller Funktionstasten samt Erläuterungen in einem Fenster anzeigen lassen.

o Kontrollierter Abbruch bei System- und Anwendungsfehlern
Programm- oder Systemfehler werden in allen Anwendungen mit einer einheitlichen zentral abgelegten Benutzerinformation behandelt. Die Fehler werden auf einem Drucker bei der für den Online-Betrieb zuständigen Stelle protokolliert, so daß sofort die notwendigen Maßnahmen zur Fehlerbereinigung ergriffen werden können.

Zwischenablage ZWA

Die Zwischenablage ist die Arbeitsdatei der Anwendungen. Alle Bildschirmeingaben, die während einer Vorfalls-Bearbeitung anfallen, werden in der Zwischenablage gesammelt. Erst bei Ende der Vorfalls-Bearbeitung, wenn der Vorfall durch die Freigabe-Funktion freigegeben wurde, werden die Benutzereingaben in den operationalen Bestand überführt. Da während der Bearbeitung eines Vorfalls keine Änderungen im operationalen Bestand durchgeführt werden, ist der Sachbearbeiter nicht mehr an einen starren Dialogablauf gebunden. Er kann den Vorfall wiederholen, unvollendet abbrechen, unterbrechen und zu einem anderen Zeitpunkt beenden oder an einen anderen Sachbearbeiter weiterreichen. Die Zwischenablage sorgt dafür, daß nur aktuelle Informationen in den operationalen Datenbestand gelangen und dieser somit konsistent bleibt.

Zwischenablage-Verwaltungsfunktion

Die Dialog-Anwendungen führen alle Zugriffe auf den Zwischenablage-Datenbestand selbständig durch, d.h. sie lesen und schreiben selber auf der Zwischenablage-Datenbasis. Sind die gewünschten Daten noch nicht im Zwischenablage-Datenbestand, so müssen die Anwendungen sie aus dem operationalen Bestand kopieren. Diese "Kopien" stehen dem Benutzer während des gesamten Dialogdurchlaufs zur Bearbeitung zur Verfügung. Am Ende der Vorfalls-Bearbeitung werden im Rahmen der Vorfalls-Freigabe alle im Zwischenablage-Bestand stehenden Daten durch die Zwischenablage-Verwaltungsfunktion in den operationalen Bestand überführt und im Zwischenablage-Bestand gelöscht. Beim Abbruch der Vorfalls-Bearbeitung und bei Anwendungsfehlern wird der Zwischenablage-Bestand bereinigt, indem alle zu diesem Vorfall dort abgelegten Daten gelöscht werden.

Freigabe FRG

Die Funktionsweise der Freigabe ist nur im Zusammenhang mit den Basissystemen Arbeitsreferenz, Mitarbeiterdatenbank, Archivreferenz, Zwischenablage und Historienführung zu verstehen.

Die wesentliche Aufgabe der Freigabe ist der Abschluß der Vorfallsbearbeitung durch den Sachbearbeiter und die Übertragung der Daten aus der Zwischenablage auf den operationalen Bestand.

Standardfunktionen

Die Freigabe ermöglicht dem Sachbearbeiter im Rahmen des Vorfallsabschlusses
o die Prüfung der zum Zeitpunkt der Freigabe vorliegenden Ergebnisse (Bearbeitungsdaten, Ausgangsbriefe),

o die Bestätigung der Richtigkeit der vorliegenden Ergebnisse durch die Freigabe des Vorfalls,

o die Weitergabe des Vorfalls an den Zweitfreigeber, falls der Sachbearbeiter aufgrund seiner Kompetenz für die endgültige Freigabe nicht berechtigt ist.

Folgen der Endfreigabe des Vorfalls sind

o die Änderung des operationalen Bestandes mit den Daten der Zwischenablage und Löschung der Zwischenablage,

o die Bestückung der Historienführung, falls erforderlich,

o die Statusänderung und evtl. die Modusänderung in der Arbeitsreferenz,

o die Bestückung der Archivreferenz und die Löschung des Arbeitsreferenzeintrags,

o Erstellung der Ausgangsbriefe, inkl. der Briefarchivierung.

Die Freigabe steuert diese Funktionen, während die Ausführung von Dienstfunktionen der anderen Basissysteme übernommen wird. Bei Abbrüchen - im Fehlerfall, durch Anwendungsprogramme oder den Anwender - werden keine Bestandsveränderungen durchgeführt und der Status des Vorfalls in der Arbeitsreferenz wird auf "geplant" zurückgesetzt.

Referenzsystem AR/AHF

Arbeitsreferenz AR

Die Arbeitsreferenz ist der persönliche Arbeitsvorrat des Sachbearbeiters. Jeder Sachbearbeiter kann, ausgehend von seiner Eingangspost oder maschinell eingestellten Vorfällen, seine Arbeit planen. Aus der Arbeitsreferenz heraus kann die Vorfallsbearbeitung aufgenommen werden, ein Arbeitsreferenz-Eintrag verschickt oder gelöscht werden. Während der Bearbeitung eines Vorfalls spiegelt sich in der Arbeitsreferenz der Vorfalls-Status der Bearbeitung wider.

Standardfunktionen

o Anlegen Arbeitsreferenz-Eintrag aus dem fachlichen Vorfall
  Der Initialisierungsvorgang wird zu Beginn eines jeden fachlichen Vorfalls ausgeführt. Er legt den Arbeitsreferenz-Eintrag für den aufgerufenen Vorfall an.

o Online Verwaltungsfunktionen der Arbeitsreferenz
  - Anlegen
  - Ändern
  - Löschen
  - Versenden
  - Erfassen Schriftstückdaten / Notizen etc.
  - Aufruf Vorfalls-Bearbeitung

o Verwaltungsschnittstelle für Anwendungsprogramme
  Die Verwaltungsschnittstelle ermöglicht den Anwendungsprogrammen alle späteren Zugriffe auf die Arbeitsreferenz
  - vom Lesen eines Arbeitsreferenz-Eintrags
  - über das Melden zusätzlicher Ordnungsbegriffe
  - bis hin zum Löschen des Arbeitsreferenz-Eintrags.

Archivreferenz AZ

Die Einträge der Arbeitsreferenz sind die Voraussetzung für die Archivierung der Vorfallsbearbeitungen. Bei der Freigabe des Vorfalls gehen die Daten aus der Arbeitsreferenz in die Archivreferenz über, in der sie über die Aktenauskunft jederzeit wieder anzeigbar sind. Die Archivierung des Vorfalls erfolgt abhängig von den an die Arbeitsreferenz gemeldeten Ordnungsbegriffen und kann so z.B. in der Vertrags- und Partneraktenauskunft erscheinen. Die Archivreferenz enthält Angaben darüber, welcher Vorfall wann und von wem bearbeitet wurde, was die Bearbeitung ausgelöst hat (Posteingang, Telefonat) und sie referenziert das Ergebnis dieser Bearbeitung (Postausgang, Bestandsveränderungen).

Standardfunktionen

o Bestückung Archivreferenz
   Die Bestückung der Archivreferenz wird als Standardfunktion von der Freigabe aufgerufen.

o Anzeigen Partneraktenauskunft
   Alle Vorfälle, mit denen Daten des Partners verändert wurden, sind mit allen Statusänderungen des Vorfalls und Angabe des Bearbeiters anzeigbar. Außerdem werden auch aktuelle Vorfälle, die im Status "geplant" oder "in Arbeit" sind, angezeigt.

o Anzeigen Vertragsaktenauskunft
   Analog zur Partneraktenauskunft werden hier alle Vorfälle, die Änderungen in Vertragsdaten betreffen, angezeigt.

o Funktionen, die aus der Aktenauskunft aufrufbar sind:
   - Zugriff auf das Briefarchiv zum Anzeigen / Drucken von Briefen
   - Zugriff auf das Mikrofilm / Mikrofiche-Archiv zur Reproanforderung
   - Auskünfte über weitere für den Sachbearbeiter wichtige Sachverhalte
     (z.B. Sperre, Vollmacht)

Historienführung HF

Die Historienführung dient der Protokollierung von Datenveränderungen im operationalen Bestand. In der Historie werden die Daten, die bei der Abwicklung von Vorfällen verändert wurden, mit dem Zustand "vor Veränderung" - "nach Veränderung" abgelegt. Die Historienführung ist als Standardfunktion in die Freigabe integriert.

Standardfunktionen

o Bestückung Historie
  Diese Funktion versorgt die Historie mit all denjenigen fachlichen Daten, die zum Zwecke der Nachprüfbarkeit und späteren Beauskunftung aufbewahrt werden müssen.
o Lesen Historie
  Diese Funktion ermöglicht es, die in der Historie abgelegten Daten in Anwendungsprogrammen auf zwei Arten auszuwerten:
  - Vorfallsbezogen:
    Zu welchen Datenbestandsveränderungen hat die Bearbeitung eines bestimmten Vorfalls geführt?
  - Stichtagsbezogen:
    Wie hat der Datenbestand zu einem bestimmten Zeitpunkt ausgesehen?

Sperrkonzept SP

Das Sperrkonzept stellt sicher, daß die Daten zu einem Ordnungsbegriff (Vertrag, Partner u.a.) nicht von mehreren Sachbearbeitern gleichzeitig bearbeitet werden können.

Datenveränderungen, die von Batch-Programmen zu einem gemeldeten Ordnungsbegriff vorgenommen werden, führen zu Asynchronitäten, die an die Arbeitsreferenz gemeldet werden und die die erneute Bearbeitung eines Vorfalls, der mit dem Ordnungsbegriff arbeitet, notwendig macht.

Standardfunktionen

o Sperren Ordnungsbegriff
  Standardisierte Schnittstelle für Anwendungsprogramme zum Melden des Ordnungsbegriffs. Gesperrte Ordnungsbegriffe werden über die Schnittstelle an das Anwendungsprogramm gemeldet.
o Setzen Asynchronitätskennzeichen
  Das Asynchronitätskennzeichen in der Arbeitsreferenz verhindert die Weiterbearbeitung des Vorfalls.

Mitarbeiterdatenbank MDB

Die Mitarbeiterdatenbank enthält in ihrem Leistungsumfang Berechtigungs- und Kompetenzprüfungen sowie die Ermittlung der Bearbeitungszuordnung aller Mitarbeiter. Sie stellt die Ergebnisse den fachlichen Anwendungen über standardisierte Funktionen zur Verfügung. Die fachlichen Anwendungen bleiben frei von zusätzlichen Prüfungen, weil die Information der Mitarbeiterdatenbank (z.B. "Kompetenz für Alleinfreigabe ausreichend") direkt für die weitere Vorfallsbearbeitung verwendet werden kann.

Die Mitarbeiterdatenbank umfaßt neben den Mitarbeiterprofilen aller Mitarbeiter auch zentral verwaltete Tabellen für Berechtigungen, Kompetenzen und Zuordnungen, welche im Tabellensystem TOMAS abgelegt sind.

Standardfunktionen

o Vorfallsberechtigung prüfen
Von der Mitarbeiterdatenbank wird geprüft, ob ein bestimmter Sachbearbeiter einen Vorfall aufrufen und bearbeiten darf. Jedem Mitarbeiter sind bis zu zwei Berechtigungsgruppen zugeordnet, in denen jeweils eine Untermenge aller Vorfälle enthalten ist.
Über den Aufruf der Mitarbeiterfallprüfung wird sichergestellt, daß nur bestimmte Mitarbeiter Fälle von Kollegen bearbeiten können.

o Freigabeberechtigung (Kompetenz) prüfen
Hier wird geprüft, ob ein Sachbearbeiter einen Bearbeitungsvorfall im Rahmen einer Allein-, Erst- oder Zweitfreigabe freigeben darf. Die Kompetenz ist abhängig von vorfallsspezifischen Parametern (z.B. Auszahlungsbetrag) sowie von Rang und Organisationseinheit des Freigebenden.

o Bei kritischen Vorfällen (z.B. Auszahlungen) ist der Aufruf einer Paßwortprüfung möglich. Die Freigabe des eigenen Falls wird hier durch die Mitarbeiterfallprüfung ausgeschlossen.

o Generelle Bearbeitungszuordnung ermitteln
Unter der Generellen Bearbeitungszuordnung ist die Ermittlung der regionalen Zuständigkeit eines Sachbearbeiters für Briefe oder für Informationen aus Batch-Programmen für den Sachbearbeiter zu verstehen. Die Zuordnung wird, wenn keine Sonderzuständigkeiten eingetragen sind, anhand eines Landkreisschlüssels sowie eines Teils des Partnernamens vorgenommen.

o Pflegefunktionen (Online) ausüben
Darunter ist die Pflege der im Zusammenhang mit der Mitarbeiterdatenbank bestehenden Daten zu verstehen. Dabei wird getrennt in die Vorfälle zur Pflege des Mitarbeiterprofiles (mit eigener Benutzeroberfläche) und in die Pflege der TOMAS-Tabellen.

Tabellen Organisations und Management System TOMAS TBS

Mit dem Einsatz des Tabellensystems TOMAS wird das Ziel verfolgt, alle in Tabellen abbildbaren Daten zentral in einem Medium zu verwalten.

Die Verwendung dieses Tabellensystems bietet Vorteile wie:

o zentrale Tabellenverwaltung
o einheitliche Benutzeroberfläche zur Erfassung und Pflege der Tabellen
o Vermeidung redundanter Tabellen
o Unabhängigkeit der Anwendungen von der Tabellenpflege
o Haltung mehrerer Versionen zu einer Tabelle

Bei der Leonberger Bausparkasse AG werden verschiedene Klassen von Tabellen in TOMAS hinterlegt

o Schlüsseltabellen
o Kompetenztabellen
o Konditionentabellen

Funktional wird das Tabellensystem unterteilt in die Anwendungsbereiche

o Tabellenverwaltung
  In der Tabellenverwaltung wird ein einheitliches, standardisiertes Pflegesystem zur Verfügung gestellt. Anwendungsspezifische Eingabeprüfungen können in Form von "user-exits" eingebunden werden.
  Außerdem werden Anwenderfunktionen zur Freigabe, zum Löschen, Sperren und Ausdrucken von Tabellen angeboten, für die jeweils eine Berechtigungsprüfung auf unterschiedlicher Ebene (Sachgebiet, Tabelle) angefordert werden kann.

o Tabellenverwendung
  Die Tabellenverwendung erlaubt den lesenden Zugriff auf Tabellendaten über eine einheitliche Benutzerschnittstelle.
  In der Benutzerschnittstelle werden folgende Funktionen zur Verfügung gestellt:
  • Lesen eines Tabellenelements (eine Tabellenzeile)
  • Lesen eines Tabellenbereichs (mehrere / alle Tabellenzeilen)
  • Lesen des Schlüsselbereichs eines Tabellenelements
  • Prüfen auf Vorhandensein eines Tabellenelements

Textsystem TXT

Vorfallsbezogene Briefschreibung

Die Brieferstellung ist in die vorfallsbezogene Sachbearbeitung integriert (Standard-Vorgang Briefschreibung). Daten, die im Laufe einer Bearbeitung anfallen, werden automatisch an die Briefschreibung weitergereicht und müssen nicht nochmals eingegeben werden. Das System steuert aufgrund des aktuellen Textes Anlagen und Standardwerte, wie z.B. Gebühren, bei. Im Standard-Vorgang Briefschreibung kann sich der Sachbearbeiter den(die) aus der Bearbeitung heraus entstandenen Brief(e) ansehen, um Bausteine oder individuellen Text ergänzen, Standard-Briefattribute, wie Versandweg, Durchschriften u.a., ändern.
Briefdruck und -archivierung werden mit der abschließenden Freigabe eines Vorfalls veranlaßt bzw. durchgeführt.

Standardfunktionen

o Bereitstellung Textangebot
  Das komplette Textangebot ist in einem "CON-NECT - Büro" abgelegt.

o Bereitstellung Briefprofile
  Pro Vorfall und Brief sind im Briefprofil die Bausteine und Anlagen definiert, aus denen dieser maximal bestehen kann. Dabei wird zwischen Standard-, maschinellen und wahlweisen Bausteinen bzw. Anlagen unterschieden.
  Die Briefprofile sind ebenfalls in einem "CON-NECT - Büro" abgelegt.

o Briefattribute
  In den Briefattributen werden, ebenfalls pro Vorfall und Brief, die Standard-Angaben für die Briefnachbearbeitung definiert (z.B. Versandweg, Archivierungsdauer, Onlinedruck).
  Die Briefattribute sind in einer TOMAS-Tabelle abgelegt.

o Textvariablendefinitionen
  Zu jeder Variablen sind alle für ihre Bedienung bzw. Prüfung notwendigen Daten, wie z.B. Format, Eingabemaske, Länge, Versorgungsprogramm, vermerkt.
  Diese Definitionen sind ebenfalls in einer TOMAS-Tabelle abgelegt.

o Formularkatalog
  Aus dem Formularkatalog verwendet das Textsystem Angaben wie z.B. die Formularnummer, Poststraßenfähigkeit.
  Diese Definitionen sind auch in einer TOMAS-Tabelle abgelegt.

Allgemeine Briefschreibung

Über den Vorfall "Allgemeine Briefschreibung" kann jeder beliebige Ausgangsbrief erstellt werden. Der Sachbearbeiter kann einen Brief entweder völlig frei eingeben (Freie Text-Eingabe - FTE), oder ihn aus dem im System verfügbaren Bausteinangebot heraus zusammenstellen. Enthält ein Textbaustein Variablen, wird der Anwender zur Eingabe derselben aufgefordert. Ist zu einer Variablen ein Versorgungsprogramm definiert, wird ihr Wert aus dem betreffenden Bestand gelesen und dem Anwender zur Bestätigung bzw. Änderung angezeigt.
Zusätzlich können unter diesem Vorfall Telefon-, Besuchs- oder Aktennotizen erstellt werden.

Batch-Briefschreibung

Die Batchbriefschreibung erfolgt analog zur Online-Briefschreibung. Die Schnittstelle zwischen einem Batchprogramm und der Briefschreibung bilden die sogenannten Briefanforderungssätze.

Briefnachbearbeitung

Der Ablauf der Briefnachbearbeitung ist so gestaltet, daß er auf Batch- und Online-Briefe gleichermaßen angewandt werden kann.

Standardfunktionen

o Druck,
o Verfilmung und
o Versandsteuerung.

Ablauf des fachlichen Vorfalls mit Basissystemen;

Aufruf des Vorfalls durch die Dialogsteuerung;

Die Dialogsteuerung prüft bei jedem Aufruf eines fachlichen Vorfalls durch den Sachbearbeiter mittels einer Funktion der Mitarbeiterdatenbank, ob der Sachbearbeiter die Berechtigung zur Vorfallsbearbeitung besitzt. Bei vorhandener Berechtigung erfolgt der Aufruf und der Ablauf des gewünschten Vorfalls anhand der in Tabellen abgelegten Netzstruktur. Handelt es sich um einen unterbrochenen Vorfall, wird der Unterbrechungspunkt wieder angesteuert.

Ablauf des fachlichen Vorfalls mit Basissystemen;

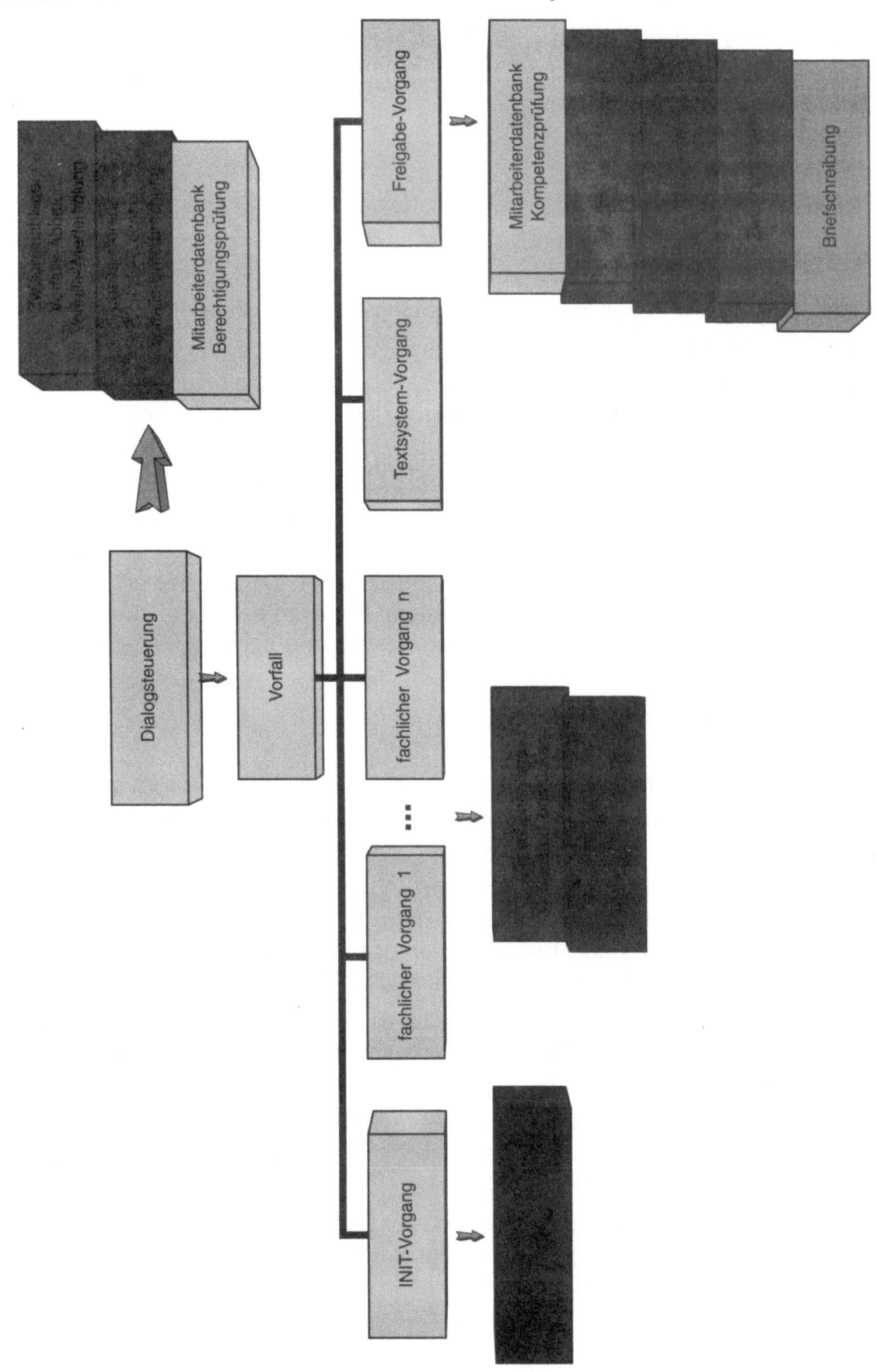

Vorfallsablauf

Jeder fachliche Vorfall läßt sich schematisch in folgende Vorgänge (siehe Schaubild) untergliedern, die ereignisorientiert durchlaufen werden:
o Initialisierungs-Vorgang
o fachliche Vorgänge
o Textsystem-Vorgang
o Freigabe-Vorgang

Initialisierungs-Vorgang

In jedem fachlichen Vorfall wird die Bearbeitung mit dem Initialisierungs-Vorgang begonnen. Die wesentlichen Aufgaben dieses Vorgangs sind

o den Vorfall in die Arbeitsreferenz des Sachbearbeiters einzutragen (Arbeitsreferenzeintrag), sofern dies noch nicht durch den Sachbearbeiter selbst geschehen ist,

o die Ordnungsbegriffe dieses Vorfalls hinsichtlich ihrer Sperrwirkung zu überprüfen, um eine Parallelbearbeitung von Vorfällen mit denselben Ordnungsbegriffen zu verhindern,

o die Steuerung des nächsten Verarbeitungsschrittes anhand des aktuellen Verarbeitungsstands des Vorfalls (Vorfallsstatus). Z.B. wird bei einem zur Freigabe anstehenden Vorfall nach dem Initialisierungsvorgang sofort in den Freigabe-Vorgang verzweigt.

Fachliche Vorgänge

Ein fachlicher Vorfall besitzt mindestens einen fachlichen Vorgang, in den die eigentliche (fachliche) Problemlösung eingebunden ist. Aber auch innerhalb der fachlichen Bearbeitung kommen Funktionen von Basissystemen zur Anwendung:

o Alle Daten, die eine Veränderung der originären Datenbestände verursachen, werden im Zwischenablage-Datenbestand bis zur Endfreigabe abgelegt. Die Versorgung der Zwischenablage-Dateien geschieht direkt unter Einhaltung einer vorgegebenen Zugriffslogik durch die fachlichen Programme.

o Zusätzlich ermittelte Ordnungsbegriffe, für die ebenfalls keine Parallelverarbeitung zulässig ist, werden mit Hilfe einer Arbeitsreferenzfunktion in den Arbeitsreferenzeintrag eingestellt.

o Hinweise für den Sachbearbeiter, die weitere Verarbeitungsschritte (neue Vorfälle) initiieren, werden durch eine weitere Arbeitsreferenzfunktion in die Arbeitsreferenz des Sachbearbeiters eingetragen.

o Der Aufruf der Mitarbeiterdatenbank, ob der Sachbearbeiter zur Bearbeitung eines bestimmten Ordnungsbegriffs berechtigt ist (Mitarbeiterfallprüfung), wird durch die fachlichen Programme vorgenommen.

Textsystem-Vorgang;

Im Anschluß an die fachlichen Vorgänge wird, sofern Ausgangsbriefe erstellt werden, der Textsystem-Vorgang durchlaufen. In ihm hat der Sachbearbeiter die Möglichkeit, Standardbriefe durch Zusatztexte zu ergänzen und sich diese im Ausgangsformat anzeigen zu lassen. Die verwendeten Textbausteine sind ebenfalls bis zur Endfreigabe des Vorfalls in einer Zwischenablage-Datei gespeichert.

Freigabe-Vorgang;

Die wesentliche Aufgabe der Freigabe ist der Abschluß der Vorfallsbearbeitung durch den Sachbearbeiter und die Übertragung der Daten aus der Zwischenablage in die Originärbestände.

Obwohl selbst Bestandteil der Basissysteme, muß die Freigabe zur Erfüllung ihrer Aufgabe Funktionen anderer Basissysteme nützen:

o Mittels einer Mitarbeiterdatenbankfunktion wird geprüft, ob der Sachbearbeiter zur Freigabe des Vorfalls berechtigt ist.

o Die vollzogene Freigabe (Statusänderung) oder die Erfordernis einer Zweitfreigabe (Modusänderung) führt zu einer Änderung des Arbeitsreferenzeintrags durch die Arbeitsreferenz.

o Über eine Arbeitsreferenzfunktion kann der Vorfall an einen anderen Sachbearbeiter zur Freigabe versandt werden.

o Bei erfolgter Endfreigabe

- sorgen Funktionen der Arbeitsreferenz und der Archiv- und Historienführung für die Archivierung des Arbeitsreferenzeintrags.
- müssen die Zwischenablage-Bestände entsorgt werden. Das Textsystem veranlaßt die Brieferstellung. Die Zwischenablage-Verwaltungsfunktion schreibt die Zwischenablage-Daten auf die Original-Bestände und übergibt sie zur Archivierung der Historienführung.

Bei Vorfallswechsel, Vorfallsabbruch oder Vorfallsunterbrechung werden über Standardfunktionen Zwischenablage-Bestände bereinigt bzw. Arbeitsreferenzeinträge geändert.

Begriffslexikon

Arbeitsreferenz
Unter der Arbeitsreferenz wird das Basis-DV-System verstanden, das alle Einzelvorfälle verwaltet, die noch nicht abschließend freigegeben sind.
Gleichzeitig bezeichnet Arbeitsreferenz die Dateien, die diese Einzelvorfälle enthalten.

Arbeitsreferenz-Eintrag
Ein Arbeitsreferenz-Eintrag ist ein konkreter Einzelvorfall im Arbeitsvorrat eines Mitarbeiters.

Arbeitsvorrat
Der Arbeitsvorrat eines Mitarbeiters bezeichnet alle Einzelvorfälle, deren Inhaber er ist. Auf den Arbeitsvorrat eines Mitarbeiters haben nur der Mitarbeiter selbst und seine Vorgesetzten Zugriff.

Einzelvorfall
Ein Einzelvorfall ist das konkrete Vorkommen einer Vorfallsausprägung (z.B.: die Adressänderung des Partners 123456789 vom 16.12.88).

Einzelvorfallsnummer
Die Einzelvorfallsnummer ist der Zugriffsschlüssel der Arbeitsreferenz.
Sie setzt sich zusammen aus der Vorfallsnummer des betroffenen Vorfalls, dem Zeitstempel des Vorfallsaufrufs und einer laufenden Nummer.

Einzelvorfallsstatus
Der Einzelvorfallsstatus bezeichnet die Verarbeitungsschritte, die der Einzelvorfall bereits durchlaufen hat.

Inhaber
Der Inhaber eines Arbeitsreferenz-Eintrags ist der Mitarbeiter, der den Einzelvorfall geplant oder ihn zur weiteren Bearbeitung erhalten hat.

Konsistenz
Mit Konsistenz wird die Vollständigkeit und Verträglichkeit hinsichtlich der Integritätsbeziehungen auf Informationsobjektebene und auf Datenelementsebene innerhalb eines Informationsobjekts bezeichnet.

Online-Vorfall
Unter einem Online-Vorfall wird ein Vorfall verstanden, der in der Vorfalls-Tabelle der Mitarbeiterdatenbank und in der Dialogsteuerung als Vorfall abgelegt ist.

Operationale Daten
Die operationalen Daten sind aktuelle fachliche Daten, die für den Geschäftszweck der Leonberger Bausparkasse AG zu halten sind.

Operationaler Bestand
Der operationale Bestand ist die Menge aller Dateien/Datenbanken, die operationale Daten enthalten.

Nicht operationale Daten
Nicht operationale Daten fallen im Rahmen der Vorfallsbearbeitung an z.B.: abgeleitete Daten, Textbausteinschlüssel, Systemdaten, etc. und werden nicht durch die Verwaltungsfunktion Zwischenablage abschließend bearbeitet, d.h. in den operationalen Bestand überführt.

Ordnungsbegriff
Jeder Ordnungsbegriff, der in einem Einzelvorfall bearbeitet wird, muß an die Arbeitsreferenz gemeldet werden. Damit ist er für weitere Bearbeitungen gesperrt.
Der Ordnungsbegriff besteht immer aus Kurzbezeichnung und eigentlichem Ordnungsbegriff. Die zur Zeit verwendeten Kurzbezeichnungen sind
- VTR Vertrag
- PTN Partner

Weitere, projektabhängige Kurzbezeichnungen (z.B. HSH Haushalt) können jederzeit von den Projekten gemeldet werden. Wichtig ist nur die Konsistenz der Bezeichnungen innerhalb des Projekts.

Sperrkonzept
Das Sperrkonzept stellt sicher, daß die Daten zu einem Ordnungsbegriff (Vertrag, Partner, u.a.) nicht von mehreren Sachbearbeitern gleichzeitig geändert werden.

Synchronität
Der Zustand der operationalen Daten auf Einzelvorfallsebene muß zum Zeitpunkt der Vorfallseröffnung (erstmalige Vorfallsbearbeitung) und zum Zeitpunkt des Vorfallabschlusses (Freigabe) identisch sein.

Vorfallsmodus
Der Vorfallsmodus ist in der Vorfalls-Tabelle der Mitarbeiterdatenbank hinterlegt. Er legt die notwendigen Bearbeitungsschritte eines Online-Vorfalls fest, insbesondere die Freigabe-Schritte. Aus dem Vorfallsmodus ergibt sich der Einzelvorfallsstatus, der die bereits durchlaufenen Bearbeitungsschritte kennzeichnet.
Der Vorfallsmodus kann im Rahmen der Freigabe - kompetenzabhängig - verändert werden.

Zwischenablage
Unter der "Zwischenablage" wird ein Basis-DV-System verstanden, das aus zwei Komponenten besteht:
1. der Zwischenablage-Verwaltungsfunktion und
2. der Zwischenablage-Datenbasis.

12. IAO-Arbeitstagung
Wege aus der Krise
Geschäftsprozeßoptimierung und
Informationslogistik

Lernende Organisation und Kundennutzenoptimierung

Hermann Klinger

Festo Didaktik KG, Esslingen

"Die Toleranzbreite für die positive Beurteilung des Kundennutzens durch den Kunden ist schmaler geworden."

Es ist sicher keine Erkenntnis unserer Tage, daß der Nutzen des Kunden am Produkt oder der Dienstleistung über Erfolg oder Mißerfolg einer Unternehmung entscheidet. Die wirtschaftliche Situation unserer Tage hat jedoch die Toleranzbreite verschmälert und die Messlatten für die Bewertung von Gut/Schlecht höher gesetzt. Genauer zu wissen, wie der Kunde den Nutzen einschätzt und wie dieser Kundennutzen zu realisieren ist, ist deshalb das Gebot der Stunde.

Traditionelle Methoden zur Erfassung des Kundennutzens wie direkte Kundenbefragungen, Marktuntersuchungen oder Anforderungslisten des Vertriebs liefern häufig unterschiedliche Facetten des Kundennutzens. Diese müssen bewertet und zu einem schlüssigen Bild zusammengebaut werden. Manchmal geben sie Auskunft über heutige oder zurückliegende Kundenbedürfnisse und nicht über zukünftige, wie sie dann von Entwicklung und Produktion verwirklicht werden könnten.

"Kundennutzenoptimierung heißt gleichzeitige Optimierung der unterschiedlichen Nutzenparameter."

Der Kundennutzen setzt sich aus verschiedenen Parametern zusammen. Nutzenparameter können sein
- Funktionalität
- Preis
- Qualität
- Zuverlässigkeit
- Innovationshöhe
- Termineinhaltung
- Liefertreue
- Lieferzeit
- Beratung und Schulung
- Service
- Reaktionsvermögen des Lieferanten
- Flexibilität.

Verschiedene Kunden und verschiedene Branchen gewichten diese Parameter unterschiedlich. Negative Abweichungen zwischen der Erwartung des Kunden und seiner späteren Beurteilung bei auch nur einem Parameter sind im allgemeinen nicht durch besonders gute Bewertung anderer zu kompensieren. Die Gesamtbewertung des Kundennutzens als Basis der Kaufentscheidung setzt sich "multiplikativ" aus den Einzelbewertungen zusammen, null mal nochsoviel gibt eben wieder nur null.

"Neuere Methoden zur Erfassung des Kundennutzens sind teamorientiert und ganzheitlich."

Neuere Methoden zur Erfassung der Kundenanforderngen wie QFD (Quality Function Deployment) oder des "House of Quality" setzen bei der Erarbeitung bewußt auf die enge Zusammenarbeit der unterschiedlichen klassischen Funktionsbereiche wie Vertrieb, Produktion, Entwicklung in Teams. Kritische Merkmale werden dabei systematisch über Korrelationen zwischen Qualitätsmerkmalen und Kundenanforderungen und die nachfolgende Rangbildung selektiert. Durch die bewußte Einbeziehung vieler Standpunkte im Team und die systemorientierte Auswertung, die die Vernetzung der Merkmale im ganzen berücksichtigt, kann die Trefferquote für den Kundennutzen wesentlich erhöht werden.

"Kundennutzenoptimierung auf Kosten des Lieferanten?"

Der erste Schritt zur Kundennutzenoptimierung ist die Erfassung des Kundennutzens und der Ausprägung seiner Parameter, der zweite ist die zielgerecht Realisierung der Anforderungen in Form eines Produktes oder einer Dienstleistung. Die Umsetzung der Parameter des Kundennutzens und ihrer Vernetzung erfordert, wie ihre Erfassung, die Beteiligung aller Funktionen der Wertschöpfungskette des Unternehmens. Es sollte daher organisatorisch leicht möglich sein, die Gruppen und Teams "kundennutzenoptimal" zusammenzustellen. Wesentliche Randbedingungen aus Sicht des Unternehmens wie Kosten, Ressourcennutzung, Durchlaufzeit, Deckungsbeiträge etc. müssen dabei zusätzlich berücksichtigt werden.

"Eine Lernende Organisation bietet die Voraussetzung für Kundennutzenoptimierung unter Berücksichtigung der Randbedingungen des Unternehmens."

Die wesentlichen Merkmale des Konzepts der "Lernenden Organisation" sind ihre ganzheitliche, systemische Grundkonzeption, die Einbeziehung der Lernfähigkeit des Einzelnen, die Ausrichtung an Teamarbeit und die dynamische Organisationsform. Eine "Lernende Organisation" bietet daher ein sehr gutes Umfeld für die Kundennutzenoptimierung. Im folgenden werden die Grundüberlegungen, die besonderen Merkmale und ein Konzept zur Überführung einer "klassischen" Organisation in eine "Lernende Organisation" beschrieben.

"Die Basis der westlichen Arbeitsorganisation ist die hohe Ausprägung der Fähigkeit zu analytischem Denken."

Die Erfolge der westlichen Wissenschaften des 19. Jahrhunderts beruhten im Gegensatz zum Ansatz des ganzheitlich/systemischen Denkens, der insbesondere in Asien weitverbreitet ist, auf analytischem Denken. Abläufe in der Natur wurden gedanklich und experimentell in überschaubare und meßbare Teile zerlegt. Die Grundannahme dabei ist, daß das Gesamtverhalten eines Vorgangs in der Natur aus dem Verständnis seiner Grundprozesse abzuleiten ist.

Diese erfolgreiche Idee wurde zu Beginn der Massenproduktion von Frederic Taylor auf die Organisation von Unternehmen und Arbeitsabläufen übertragen. Der Gesamtarbeitsumfang, z.B. die Montage eines Autos, wird dazu konsequent in genau vorgeplante Einzelschritte zerlegt. Zusätzlich zu logistischen Vereinfachungen, z.B. der Austauschbarkeit der Einzelteile, ist es so möglich, für viele Mitarbeiter die Qualifizierung zu senken, da nur kleine, leicht erlernbare Arbeitsschritte beherrscht werden müssen. Diese tayloristische Arbeitsorganisation läßt die Kreativitätspotentiale vieler Mitarbeiter ungenützt, die ganzheitliche Verantwortung der einzelnen Mitarbeiter wird als Störung bewertet und auf die kontinuierliche Verbesserung der Arbeitsprozesse der beteiligten Mitarbeiter selbst wird verzichtet. Die Organisation ist prinzipiell auf die Durchführung der einzelnen Arbeitsschritte durch jeweils einen Mitarbeiter ausgelegt, Gruppen- oder Teamarbeit findet nicht statt.

Die Produktivitätsnachteile dieser Form der Arbeitsorganisation gegenüber der ganzheitlich ausgerichteten japanischen Organisation liegen z.B. in der KFZ-Branche bei 20 bis 30%.

Diese Unterschiede treten gerade jetzt zutage, weil die Komplexität der Produkte und Prozesse im allgemeinen, speziell aber der Prozess der Kundennutzenoptimierung erheblich gestiegen ist. Genausowenig, wie es möglich ist, die Erklärung für menschliches Leben aus dem Verständnis physikalischer Grundgesetze abzuleiten, ist es möglich, z.B. komplexe Fertigungsabläufe oder gar die ganze Wertschöpfungskette mit allen Randbedingungen so vorzuplanen, daß Qualität, Zeit und Kosten und alle Nutzenparameter ein gemeinsames Optimum erreichen.

Doch nicht nur die strukturelle Komplexität hat zugenommen, auch die Änderungsgeschwindigkeit, die Dynamik, ist wesentlich angestiegen. Dies ist erkennbar etwa an der zunehmenden Verkürzung der Produktlebenszyklen oder den dramatischen Änderungen der Marktbedürfnisse, die durch Politik, Umwelt oder Änderung des Käuferverhaltens hervorgerufen werden, mit allen ihren Konsequenzen.

"Die Basis für die Weiterentwicklung der tayloristischen Organisation zur lernenden Organisation ist Systemdenken und Teamarbeit."

Für den Übergang von der tayloristischen Arbeitsorganisation zur Organisation, die erhöhte Komplexität bewältigen kann, ist zusätzlich zum analytischen Denken die Fähigkeit zu systemischem Denken notwendig. Systemisches Denken wird dabei als Denkweise bezeichnet, die es ermöglicht, komplexe Erscheinungen (Systeme) besser verstehen zu können. Insbesondere beinhaltet das Systemdenken:

- Begriffe zur Beschreibung komplexer Gesamtheiten und Zusammenhänge
- modellhafte Ansätze, um reale komplexe Erscheinungen zu veranschaulichen, ohne sie unzulässig vereinfachen zu müssen
- Ansätze, die das gesamtheitliche Denken unterstützen.

Die Annahme, daß zunehmende Komplexität nur durch grundsätzliche Veränderungen in der Arbeitsorganisation bewältigt werden kann, wird z.B. durch Untersuchungen im Bereich von Rechnerarchitekturen unterstützt. Wesentliche Fortschritte gelingen dort durch Vernetzung von vielen Einzelprozessoren zu parallel arbeitenden Computern. Die Vernetzung kann dynamisch auf die zu bewältigende Aufgabe eingestellt werden.

In der Arbeitsorganisation entspricht dies dem Übergang von der Arbeit von Einzelpersonen zum Arbeiten im Team. Teamarbeit bringt nicht nur den Vorteil mit sich, den Arbeitsaufwand in kürzerer Zeit bewältigen zu können, sondern sie bietet das notwendige Mehr an Chancen zur Bewältigung komplexerer Aufgaben, weil
- bei der Lösungssuche und der Realisierung Kenntnisse und Fachwissen von mehreren Personen eine bessere Gewähr für die vollständige Erfassung der Situation bieten,
- Kreativitätspotentiale mehrerer Personen gemeinsam aktiviert werden können,
- gleiches Problemverständnis auf breiterer Basis entsteht.

"Der Wettbewerbsvorteil der Zukunft liegt in der Integration des Systems Mensch - Technik - Organisation!"

Für das Management eines Unternehmens stellt sich permanent die Frage, durch welche Maßnahmen die Kosten gesenkt, die Termineinhaltung verbessert und die Qualität von Produkten und Dienstleistungen erhöht werden kann.

Noch vor wenigen Jahren war es üblich, Qualität durch Ausgangsprüfung und Korrektur am Endprodukt sicherzustellen.

Neuere Konzepte haben Fehlervermeidung anstelle von Fehlerkorrektur als eine Aufgabe für jeden Einzelnen zum Ziel. Voraussetzungen dafür sind höhere Qualifizierung und veränderte Einstellung der Mitarbeiter zum Unternehmen und zu ihrer Arbeit.

Der logische nächste Schritt ist, die Gesamtqualität des Produktes durch Vernetzung aller beteiligten Mitarbeiter in Teams sicherzustellen. Zusätzliche Voraussetzungen dafür sind die Kompetenzen des Einzelnen zur Teamarbeit. Am Beispiel Qualität wird deutlich, daß das Leistungsoptimum für Kosten, Termine und Qualität nur durch ganzheitliche Betrachtung der Abhängigkeiten der drei Größen Mensch, Technik und Organisation erreichbar ist. Konkrete Erfahrungen zeigen, daß so auch scheinbar widersprüchliche Ziele wie Erhöhung der Qualität und Senkung der Kosten machbar sind.

Die mittelbaren und unmittelbaren Auswirkungen der drei Größen Mensch, Technik und Organisation auf Qualität, Produktivität und andere Kenngrößen des Unternehmens und die Vernetzung der Größen untereinander legen es nahe, das Unternehmen als System mit den Elementen Mensch, Technik und Organisation zu betrachten.

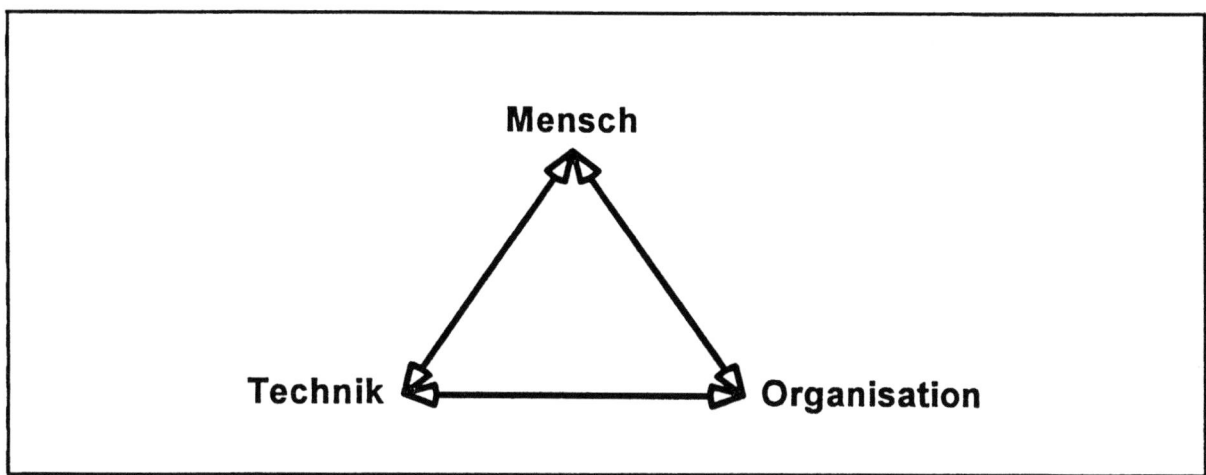

Bild 1: Das Unternehmen als System

Wesentlicher Einfluß auf das Gesamtverhalten eines Systems geht vom zeitlichen Verhalten seiner Elemente aus. Unterschiedliche Zeiträume für die Erkennbarkeit von Auswirkungen des Verhaltens seiner Elemente machen oft schon einfache Systeme undurchschaubar und führen zu Eingriffen, die zu völlig unbeabsichtigten Gesamtreaktionen führen. Das System Unternehmen ist sicher kein einfaches System, und viele Größen haben zudem völlig unterschiedliche Reaktionszeiten. So läßt sich zwar die Organisationsstruktur eines Unternehmens in Tagen formal umstellen und fehlende Qualifizierung einzelner Mitarbeiter in neuen Positionen in Wochen nachholen; die Veränderungen wirken jedoch zurück auf Wertvorstellungen und auf Beziehungen zwischen Mitarbeitern, die sich in vielen Jahren gebildet und gefestigt haben. Zeitkonstanten für Änderungen des Verhaltens liegen typischerweise im Bereich von Monaten. Wie ist unter diesen Umständen das Unternehmen durch das Management überhaupt gezielt beeinflußbar?

"Die Aufgabe systemischen Managements ist die optimale Gestaltung des Unternehmens für die Umsetzung der verfügbaren Unternehmensressourcen in Produkte/Dienstleistungen zur Optimierung des Kundennutzens."

Aus der Systemtheorie kann man als Empfehlung übernehmen, Subsysteme mit adaptivem Verhalten aufzubauen und zum Gesamtsystem in geeigneter Weise zu vernetzen. Systemisches Management bedeutet dann, nicht eine Folge dirigistische Eingriffe für durchzuführende Änderungen vorzunehmen, sondern die Strukturierung von Subsystemen (Gruppen, Teams, Taskforces) zu betreiben, die zu zielgerichtetem, selbstorganisiertem Handeln befähigt werden. Die Kunst des Managements besteht darin, Subsysteme so zu entwerfen und zu realisieren, daß sie in der Gesamtheit auch bei Veränderungen im Umfeld des Unternehmens das gewünschte Ergebnis liefern.

"Das Gestaltungsfeld systemischen Managements ist die systemische Vernetzung Mensch-Technik-Organisation."

Die Beschreibung des Unternehmens als System Mensch - Technik - Organisation läßt sich noch weiter differenzieren.
- So ist die Technik in einem Produktionsprozeß durch die vernetzten Größen Energiefluß, Materialfluß, Informationsfluß zu kennzeichnen.
- Der Einfluß der Qualifizierung auf die Arbeitsleistung eines Menschen ist unumstritten, doch Emotionen, Wertvorstellungen beeinflussen die Arbeitsleistung häufig mehr als angenommen.
- Die Organisation eines Unternehmens läßt sich einerseits durch die Organisationsstruktur beschreiben; die Wirksamkeit der Abläufe wird stark beeinflußt durch die Unternehmenskultur, durch die Art der Zusammenarbeit von Mitarbeitern untereinander, von Abteilungen und Gruppen. Im Sinne der tayloristischen Organisation wird die Organisationsstruktur als starr angenommen. Für den Erhalt der Wettbewerbsfähigkeit wird es jedoch immer wichtiger, Gesamtstrukturen oder Teile daraus leicht an die Marktbedürfnisse anpassen zu können. Nicht Starrheit ist in Zukunft gefragt, sondern die Bewältigung der Dynamik durch Dynamik.

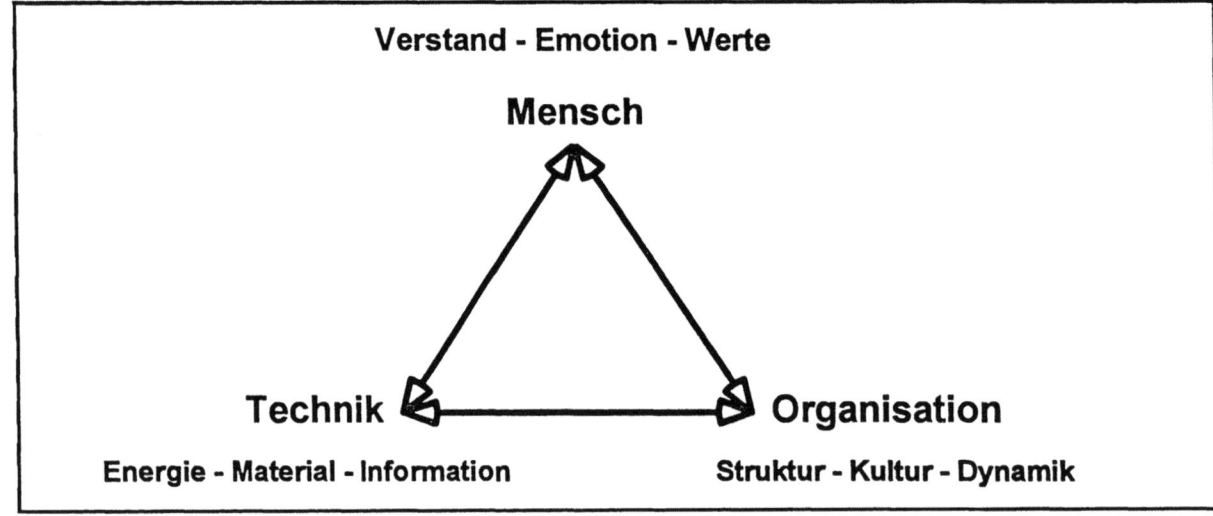

Bild 2: Das Gestaltungsfeld systemischen Managements

Systemisches Management eines Unternehmens ist demnach die optimale Abstimmung der 3 x 3 Einflußgrößen des Systems Mensch - Technik - Organisation. Wie oben dargelegt sind derartig komplexe Systeme nur durch Einbau von Adaptionsmechanismen zu führen.

"Lernfähige Systeme gestalten sich in ihrem Umfeld selbst."

Adaptive Systeme in der Technik können in einem gewissen Rahmen das Verhalten eines Gerätes oder Vorgangs trotz Veränderung der Einflußgrößen stabilisieren. Lernende Systeme in der Natur haben die Fähigkeit, dieses adaptive Verhalten unter Einwirkung einer weit komplexeren Umwelt zu zeigen. Darüber hinaus kann das Verhalten durch Lernprozesse auch grundsätzlich geändert werden, wenn das Umfeld sich ändert.

Eine Organisation von Menschen in einem Unternehmen ist einer ähnlich komplexen Umwelt ausgesetzt wie ein einzelner Mensch. Ist es dann nicht sinnvoll, die Fähigkeit zum Lernen, zur raschen Anpassung an die Umwelt als wichtigste Befähigung organisatorisch einzubauen?

Nach welchen Regeln entwirft man eine lernende Organisation?

"Das menschliche Gehirn ist das lernfähigste System, das die Natur hervorgebracht hat."

Das menschliche Gehirn ist das adaptivste System, das die Natur in seiner Geschichte hervorgebracht hat. Menschen sind unter extremen Bedingungen erstaunlich leistungsfähig, sie passen sich nicht nur an, sie gestalten sich in ihrer Umwelt selbst, sie lernen.

Kennzeichnend für den Aufbau des Gehirns ist die Steuerung des Informationsflusses. Je nach Inhalt der Information durchläuft diese grob gesprochen entweder einen starren, hierarchischen Entscheidungsprozeß oder sehr dynamisch Zonen, in denen Erfahrungswissen abgespeichert ist. Auf diese Weise ist es möglich, auf altes Wissen schnell zurückzugreifen und Erfahrungen zu kombinieren. Gleichzeitig können neue Informationselemente in vorhandene Strukturen eingebaut oder neue Strukturen (Vernetzungen) entwickelt werden. Diese neuen Strukturen ermöglichen neue Information aufzunehmen, neu zu verknüpfen - kurz, es findet lernen statt. Basis des Lernprozesses sind die Vorgänge des Erkennens, Kommunizierens und Verknüpfens, Strukturierens, Erkennens.

Eine lernende Organisation bildet diese Prozesse in seiner Organisation ab.

"Information und Wissen sind die Führungsgrößen der Gesellschaft des 20. Jahrhunderts."

Das Gehirn produziert neues Wissen, um das bestmögliche Verhalten des Menschen in seiner Umwelt sicherzustellen. Im Unterschied etwa zur hierarchischen Organisation des Militärs ist die Verfügbarkeit von Information und Wissen nicht mit Einschränkungen wie z.B. Rangstufen verknüpft. Außerdem fließt Information im Gehirn frei zwischen Bereichen mit unterschiedlichen Erfahrungen. Auf diese Weise wird die Hauptaufgabe, Wissen zu kreieren, nicht durch zusätzliche Belastungen wie z.B. die Ausübung von Macht und Einfluß erschwert.

Die Ausbildung der Fähigkeit, neues Wissen zu kreieren, wird nicht nur für Unternehmen, sondern für die Gesellschaft des 20. Jahrhunderts angesichts der vielfältigen komplexen Problemstellungen zur Überlebensfrage werden.

"Die Architektur des Gehirns und seine Vernetzung sind der Bauplan für die lernende Organisation."

Aus dem Bauplan des Gehirns werden folgende Strukturelemente auf die lernende Organisation übertragen:

Die **duale Entscheidungsstruktur** der lernenden Organisation setzt sich aus einer permanenten, vertikalen Organisationsstruktur zusammen, die aus der bestehenden Hierarchie heraus entwickelt werden kann und einer dynamischen, horizontalen Struktur aus Teams, Koordinatorengruppen, Projektteams. Zur Entwicklung der besten Problemlösungen und Entscheidungen wird intensive Kommunikation zwischen den ansonsten gleichwertigen Strukturen betrieben.

Die **Lernfähigkeit** des Gehirns äußert sich in der Organisation zum einen in der Betonung und Wertigkeit der Lernfähigkeit des Einzelnen (lebenslanges Lernen darf keine Worthülse sein), zum anderen in der Lernfähigkeit der Organisation. Diese zeigt sich in der Fähigkeit, durch die Bildung von geeigneten Gruppen, komplexe Problemstellungen bestmöglich aufzubereiten und Entscheidungen zu realisieren. Nach Durchführung der Aufgabenstellung lösen sich diese temporären Gruppen wieder auf, die Gruppenmitglieder nehmen die Erfahrungen mit in ihre permanenten Abteilungen und verbreitern so durch diese dynamische Vernetzung die Wissensbasis für die gesamte Organisation.

"Die fünf Hauptdisziplinen der lernenden Organisation sind
- **Systemdenken bei der Gestaltung von Produkten und Prozessen,**
- **kontinuierliches Lernen des Einzelnen und der Organisation,**
- **Beteiligung aller an der Gestaltung der Unternehmenszukunft,**
- **gemeinsame Entwicklung der Unternehmenskultur und**
- **Teamarbeit."**

Eine lernende Organisation setzt im Wettbewerb mit anderen Organisationsformen auf die immer bessere Beherrschung von fünf Befähigungen und Prozessen, nach P. Senge die fünf Hauptdisziplinen der lernenden Organisation genannt:

- Anwendung von Systemdenken bei der Gestaltung von Produkten / Dienstleistungen und Prozessen. Das Gestalten von Prozessen bezieht dabei Kunden (Kundennutzenoptimierung) genauso mit ein wie Zulieferer (Partnerschaften).

- Kontinuierliches Lernen des Einzelnen und der Organisation. Kontinuierliches Lernen bedeutet hier auch die Gestaltung kontinuierlicher Verbesserungsprozesse statt der Herbeiführung sprunghafter Veränderungen.

- Beteiligung aller an der Gestaltung der Unternehmenszukunft. Zur Erhöhung der Produktivität und Flexibilität des Unternehmens trägt wesentlich bei, wenn möglichst viele Mitarbeiter permanent an der Gestaltung der Unternehmenszukunft mitarbeiten. Dies betrifft dabei die Arbeitsorganisation ebenso wie die Einführung und Gestaltung von Produkten und Dienstleistungen. Durch die aktive Beteiligung der gesamten Organisation überlappen sich Planung und Durchführung, die positive Folge sind Reduzierung der Durchlaufzeiten, höhere Flexibilität, Erhöhung der Prozeßqualität durch Vermeidung von Kommunikationsfehlern und kostengerechtere Umsetzung der gemeinsamen Entscheidungen.

- Gemeinsame Entwicklung der Unternehmenskultur. Bei härter werdenden Wettbewerb wird die Gestaltung der Unternehmenskultur zum entscheidenden Wettbewerbsfaktor. Wie oben ausgeführt ist gute Kommunikation zwischen Personen, Gruppen und Abteilungen eine notwendige Voraussetzung für Lernprozesse. Die Realisierung dieser lernenden Organisation macht eine bewußte Steuerung von Verhaltensänderungen z.B. die Reduzierung von Abteilungsegoismen, Vorherrschaftsstreben Einzelner auf Kosten Anderer, Gewinner - Verliererverhalten, Taktieren und Intrigieren notwendig.

- Teamarbeit ist in einer lernenden Organisation das wesentliche Element zur Reduzierung der strukturellen und dynamischen Komplexität. Viele sogenannte Teams können diese Aufgabe nicht erfüllen, da ihnen das nötige Handwerkszeug zur Teamarbeit fehlt. Dies betrifft die Zusammensetzung der Teams, die Formulierung von Aufgaben, Verantwortung und Kompetenz, die Aufbereitung und Präsentation von Informationen, Kreativitätstechniken für die Arbeit im Team und Möglichkeiten der Konfliktlösung, Projektplanung und Umsetzung. Die Arbeitsweise von Teams in einer lernenden Organisation ist gekennzeichnet durch Selbstkontrolle vor Fremdkontrolle und Selbstorganisation vor Fremdorganisation.

"Die vier Grundpfeiler auf dem Weg zum Lernunternehmen sind
- **Vermittlung der Idee von Wissen und Lernen,**
- **Gestaltung der dualen Organisationsstruktur,**
- **Änderung von Verhalten und Menschenbild und**
- **Umsetzung der neuen Idee in die tägliche Praxis."**

Im Verständnis des permanenten Lernens wird ein Unternehmen nie am Ziel, lernende Organisation zu sein, ankommen. Es befindet sich immer auf dem Weg dorthin. Am Beginn dieses Weges steht die Konzentration auf vier Maßnahmenpakete, die die Grundpfeiler darstellen, auf die die lernende Organisation aufgebaut wird.

- Vermittlung der Idee von Wissen und Lernen
  Wie stark Ideen Menschen negativ und positiv beeinflussen können, zeigt der tägliche Blick in die Nachrichtensendungen. Die Idee des "gemeinsamen Lernens" ist stark genug, die notwendigen Änderungen von Einstellungen und Werten zu tragen.

- Gestaltung der dualen Organisationsstruktur
  Wie oben aufgeführt wird in einer lernenden Organisation die bestehende hierarchische Organisation um eine horizontale dynamische Struktur ergänzt. Der Übergang von der alten Struktur in die neue erfordert ein Ent-Lernen von Verhaltensweisen, die in vielen Jahren verinnerlicht wurden. Der Prozeß wird begleitet von Gefühlen des Verlustes an Macht und Prestige. Diese Gefühle geraten in Konflikt zu logischen Einsichten, der Ausgang dieses Konflikts bei ernsthaften Belastungsproben ist dabei durchaus offen.

- Änderung von Verhalten und Menschenbild
  Die notwendige Änderung des Verhaltens und des, das Verhalten steuernden Menschenbildes können einerseits lange Zeiträume erfordern, sind andererseits aber für die Wirksamkeit der lernenden Organisation von großer Bedeutung. So müssen z.B. schnell benutzte "Weisheiten" z.B. "Vertrauen ist gut, Kontrolle ist besser" umgedeutet werden zu "Selbstvertrauen ist gut, Selbstkontrolle ist besser".

- Umsetzung in die tägliche Praxis
  Die Einführung des Organisationskonzeptes der lernenden Organisation darf keine Schönwetterveranstaltung sein. Von Beginn an können durch dieses Konzept Verbesserungen in der Praxis erzielt werden, z.B. Zeiteinsparung durch bessere Gestaltung von Besprechungen, Verkürzung von Durchlaufzeiten durch Neugestaltung der Prozesse durch alle Beteiligten, Erhöhung der Qualität durch

Fehlervermeidung auf der Basis von Selbstkontrolle, Kundennutzenoptimierung durch Gestaltung von Produktteams. In allen Fällen, in denen die Konzepte der lernenden Organisation in die Praxis umgesetzt wurden, konnten gute bis sehr gute Ergebnisse erreicht werden.

Zusammenfassung

Trotz drängender Probleme und schwarzer Wolken am Konjunkturhimmel bleibt wahr, daß es für Kundennutzenoptimierung und auch für Unternehmensorganisation keine Patentrezepte gibt. Zu unterschiedlich sind Vorgeschichte, Produkte, Dienstleistungen, Märkte und Unternehmensstrategien.

Das Konzept der lernenden Organisation gibt eine Palette von Werkzeugen für systemisches Management und kontinuierliche Verbesserung des Kundennutzens an die Hand. Mit deren Hilfe kann auch das immer wieder beschworene Umdenken von Management und Mitarbeitern initiiert und in der Praxis realisiert werden. Auf diese Weise läßt sich kurzfristig die Wettbewerbsfähigkeit unternehmensspezifisch verbessern und langfristig absichern.

Literatur

Haberfellner
Systems Egineering, Verlag Industrielle Organisation Zürich, 1992

Womack
The Machine That Changed The World, Rawson Associates 1990

P. Senge
The Fifth Discipline, Doubleday New York 1990

12. IAO-Arbeitstagung
Wege aus der Krise
Geschäftsprozeßoptimierung und
Informationslogistik

TQM bei Motorola
Theorie und Praxis der Sechs Sigma
Philosophie - was kommt danach

Heinrich Wallechner
Motorola GmbH, Taunusstein

EINLEITUNG:

In einem weltweit tätigen Elektonik - Unternehmen wie Motorola spielt Total Quality Management eine herausragende Rolle. Durch gezielte Qualitätssicherung im gesamten Unternehmen konnte der Konzern eine führende Position in der mobilen Kommunikationstechnik, bei elektronischen Bauelementen, in der Computer- und Datenübertragungstechnik erreichen.

Qualitätssicherung bedeutet umfangreiches Wissen über alle Prozesse in einem Unternehmen. Aufgabe der Qualitätsicherung ist das "coaching" aller dieser Aktivitäten.

QUALITÄTSSICHERUNGS PHILOSOPHIE:

Motorolas Qualitätsphilosophie definiert als Nr. 1 Priorität:
Vollständige Erfüllung der Kundenwünsche.
"Kundenerwartungen erreichen und zu übertreffen" ist eine etwas genauer beschreibende Aussage dieser Priorität. Der Qualitäts Verbesserungsprozeß ist schwerpunktmäßig eine operative Aufgabe. Motorolas Hauptziele, die erreicht werden sollen, sind:
- Klassenbester zu sein, in Bezug auf
    unsere Mitarbeitern,
    die verwendete Technologie, unsere Fertigungsprozessen, unsere Produkten,
    Marketing und unsere Dienstleistungen
- Weltweit größerer Marktanteil
- Finanzielle Spitzenergebnisse.

Folgende Hauptinitiativen dienen dazu, diese Ziele zu realisieren:
   Sechs Sigma Qualität
   Verkürzung der Durchlaufzeiten
- eine führende Rolle in Produkt- und Produktionstechnologie
- partizipativer Führungsstil - firmenintern und mit Lieferanten und Kunden.

WIE ALLES BEGANN:

Motorola begann 1981 mit dem ersten Programm. Dieses Programm sollte in 5 Jahren eine 10 fache Verbesserung ermöglichen. 1985 wurde festgestellt, daß die Ziele nicht aggressiv genug waren und eine Vereinheitlichung der Meßmethoden notwendig ist.

1987 begann der Folgeschritt mit den herausfordernden Zielsetzungen:
- 100 fache Verbesserung in 4 Jahren
- Sechs Sigma im Jahre 1992.

Basis dafür war und ist ein einheitlich etabliertes Meßsystem in dem die Defekte pro Einheit (TDU) erfaßt werden. Diese Zielsetzungen sind nur dadurch zu erreichen. in dem alle Prozesse, und nicht nur die der Fertigung laufend verbessert werden.

SECHS SIGMA 1992- UND DANACH

Dieses Streben setzt sich auch nach 1992 weiter fort und bekommt mit der Festlegung von kundenbestimmten Meßkriterien eine neue Dimension.
- Die agressive Zielsetzung muß hier gemeinsam mit den verschiedenen Kundengruppen erarbeitet werden. Diese einmal deffinierten Ziele sind laufend den neuen Erwartungen der Kunden anzupassen.
- Prozesse, die Sechs Sigma (3,4 ppm) noch nicht erreicht haben müssen weiter optimiert werden um diesen Wert zu erreichen. Durch Verringerung der Mittelwertsteuung ist auch bei allen anderen Abläufen weiterhin eine Verbesserung um den Faktor 10 in zwei Jahren anzustreben.
- Durch diese Verbesserungern soll gleichzeitig auch eine Verringerung der Durchlaufzeiten um den Faktor 10 in 5 Jahren erreicht werden. Dabei sollen speziell nicht wertsteigernde Arbeitsgänge eliminiert und die Gesamt-Entwicklungszeiten reduziert werden.

QUALITÄT UND KUNDENZUFRIEDENHEIT:

Diese allgemeinen Grundsätze sind für jeden einleuchtend. Nur die Umsetzung für den eigenen Gebrauch macht oft Schwierigkeiten. An Hand einer Fertigung für elektronische Produkte sollte der Zusammenhang klarer erkennbar werden. Wie korreliert Kundenzufriedenheit mit den Fehlern im Fertigungsprozess:

Wenn sich der Kunde für ein Produkt entscheidet, da ihm die Produkteigenschaften zusagen und ein angemessenes Preis- Leistungsverhältnis besteht,kann er erwarten, daß:
- das Produkt zum bestätigten Termin geliefert wird
- das Produkt keinen Mangel bei Inbetriebnahme aufweist
- das Produkt keine hohe Anfangsausfallhäufigkeit zeigt
- das Produkt während des normalen Gebrauchs nicht außergewöhnlich oft ausfällt.

Diese vier genannten Punkte korrelieren sehr eng mit dem gesamten Fertigungsprozeß.
- Lieferzeiten
  Jeder auftretende Fehler benötigt Analyse-, Reparatur- und wiederholte Testzeit. Folglich ist die mittlere Durchlaufzeit proportional zu der Anzahl der Fehler im gesamten Fertigungsdurchlauf.
- Fehlerfreiheit bei der Lieferung
  Keine Test- und Inspektionsmethoden sind so effektiv, daß sie 100 % aller Fehler aufdecken. Fehler die der Kunde bei der Anlieferung bei Inbetriebnahme fesstellt, sind "nicht entdeckte" Fehler. Folglich sind Fehler, die der Kunde findet wenn er die Geräte in Betrieb nimmt, proportional zu allen Fehlern im gesamten Fertigungsprozeß.
- Anfangsausfallhäufigkeit
  Diese Ausfälle sind das Ergebnis von latenten Defekten. Latente Defekte sind Abnormitäten welche, ausgelöst durch den normalen Gebrauchsstreß, zu einem Ausfall führen. Folglich sind latente Defekte proportional zu allen Fehlern im gesamten Fertigungsprozeß.
- Zuverlässigkeit
  Je größer die Designsicherheit (tatsächliche gemessene hineinentwickelte Daten in Relation zu den vom Kunden benötigten Spezifikationen) desto geringer ist die Fehlerhäufigkeit. Deshalb wird ein voll elektronisches Produkt mit besten Design Toleranzen und innerhalb der Gerätespezifikationen betrieben nicht ausfallen.

Zusammengefaßt ergibt eine Reduzierung der Fehler pro Einheit:
- eine Reduzierung der Durchlaufzeiten - eine Reduzierung der Fehler bei Lieferung
- eine Reduzierung der Ausfallhäufikeit
- geringere Herstellkosten pro Geräteeinheit

und damit erhöhte Kundenzufriedenheit und Wirtschaftlichkeit.

SECHS SIGMA UND DIE FEHLER PRO EINHEIT ALS INTERNE MESSUNG DES VERBESSERUNGS - PROZESSES:

Die Prozeßfähigkeit wird, wie allgemein bekannt, als Verhältnis der Spezifikationsgrenzen zur Prozeß Streuung gerechnet. Motorola legt mit seiner Sechs Sigma Philosophie eine +/- 6 Sigma Standard Verteilung zu Grunde und erlaubt eine Streuung des Mittelwertes um +/- 1,5 Sigma (Siehe auch Sechs Sigma und danach). Der dadurch theoretisch vorhandene Restfehleranteil beträgt 3,4 ppm (parts per million). Dies ist faktisch mit Null Fehlern gleichzusetzen. In Abbildung 1 sind

die Zusammenhänge graphisch dargestellt. Um einen gemeinsamen Meßwert für die Qualität zu haben, muß diese Variable folgende Merkmale erfüllen:
- Unabhängigkeit vom Produkt,
- den gesamten Prozeß abdecken,
- eine Umrechnung zur Gesamtausbeute erlauben.

Der Wert "Gesamtfehler pro Einheit" (Total Defects per Unit = TDU) erfüllt diese Bedingungen. Wobei die Einheit: ein Gerät, eine Zeile Software Code, eine Bedienungsanleitung, ein Rezept, ein gesendetes Datenpaket, eine Stunde Arbeit oder auch nur ein Geldwert sein kann. Um aber alle Prozesse vergleichbar zu machen, ist ein weiterer Standardisierungsschritt notwendig. Jeder Prozeß hat eine sehr unterschiedliche Anzahl von Fehlermöglichkeiten, was sich am Unterschied zwischen einer einfachen bestückten Leiterplatte und einem gesamten Rechner leicht verständlich machen läßt.

Wenn wir nun den Wert der Gesamtfehler pro Einheit (TDU) durch die Anzahl der Fehlermöglichkeiten für diese Einheit teilen, bekommen wir einen ppm Wert. Dieser läßt sich in den Sigma Wert umrechnen.

Die Stufen des Sechs Sigma Prozesses, die jeder persönlich beeinflussen kann, sind:
1. Bestimmen Sie das Produkt, das Sie herstellen oder die Dienstleistung, die Sie erbringen.
2. Definieren Sie für Ihr Produkt oder Ihre Dienstleistung den Kunden (intern oder extern) und stellen Sie fest, was für ihn wichtig ist.
3. Bestimmen Sie den Bedarf, um Ihr Produkt herzustellen oder Ihre Dienstleistung zu erbringen, damit Ihr Kunde zufrieden ist.
4. Beschreiben Sie den Arbeitsablauf / Prozeß.
5. Prüfen Sie den Ablauf auf mögliche Fehler und schalten Sie unnütze Arbeitsschritte und Wartezeiten aus.
6. Ermitteln Sie Ihre aktuellen Qualitäts- und Durchlaufzeitenwerte und legen Sie Ihre Verbesserungsziele fest.

Wenn Sie diese oben aufgeführten Punkte auf ein herzustellendes Produkt anwenden, kann man genauer präzisieren:
- die physikalischen und funktionalen Forderungen des Kunden.
- die für jedes Produkt spezifischen Merkmale.
- Inwieweit ist jedes Einzelmerkmal von der Art des Teiles, dem Prozeß oder von beiden abhängig.
- die zulässige Toleranz eines jeden Merkmals.
- Falls nun der Cp Wert kleiner 2, verbessere Material, Produkt und Prozeß entsprechend den Anforderungen.

Sie sehen hier bereits, daß sämtliche Bereiche einer Organisation gefordert werden.

ANFORDERUNGEN AN EIN SECHS SIGMA QUALITÄTS - MANAGEMENT:

Um innerhalb dieses fokusierten TQM Systems das Streben nach Perfektion weiterzutreiben, sind Anforderungen zu erfüllen, die jeden einzelnen Mitarbeiter innerhalb der Firma betreffen:
Top-Down Verpflichtung und Mitwirkung auf allen Ebenen, durch beispielhaftes Verhalten und aktive Mitwirkung bei Audits.

Einheitliche vergleichbare Qualitäts Meß - Systeme, im Mikro wie im Makro Level schaffen.

Höchste visionäre Erwartungen setzen, durch Festlegen von Sigma Werten und sich mit den "Besten" vergleichen (Benchmarking).

Vermitteln der notwendigen Aus- und Weiterbildung für alle Mitarbeiterebenen.

Öffentliche Anerkennung guter Leistungen, wie z.B. durch Teamwettbewerbe, die die Erhöhung der Kundenzufriedenheit (interner und externer Kunden) zum Ziel haben.

MANAGEMENT DES QUALITÄTS - VERBESSERUNGS - PROZESSES:

Wie schon in den Anforderungen an den Sechs Sigma Prozeß aufgeführt, ist ein ständiges Beobachten des Verbesserungsprozesses (der Defekte pro Einheit) notwendig und muß auf allen Ebenen einer Organisation (Konzern überprüft Sektoren; Sektoren die Gruppen ; Gruppen die Produktlinien u.s.w.) erfolgen. Dies ist Chefsache und nicht delegierbar. Das gemeinsame Qualitätsmeßsystem ermöglicht die einfache Zusammenfassung aller Daten, der untersten bis zur obersten Erfassungsebene.

Als Gremien, die diesen Prozess weiterfördern und neue gemeinsame Zielsetzungern erarbeiten, etablierte Motorola :
- Corporate Quality Council
- Qualitäts Manager Versammlung
- Konzernweite Programme
- Qualitäts - System - Audits für alle Organisationseinheiten

PRAXISGERECHTE ANWENDUNGEN :

Zur Umsetzung der Zielvorgaben verwendet Motorola folgende Darstellungsformen:
- Road Maps
- Abteilungs Qualitätspläne
- Verbesserungs Aktionspläne

Dabei stellt die "Road Map" einen mehrjährigen Verbesserungsprozeß grafisch dar, um die Strategie zu verdeutlichen und erforderliche Resourcen, bzw Investitionen entsprechend planen zu können (Entscheidungshilfe).

Der Abteilungs Qualitätsplan hat eine jährliche Laufzeit und setzt die strategischen Aufgaben in taktische Einzelaktionen um.

Verbesserungs Aktionspläne werden zur Abarbeitung von erkannten Abweichungen und für kurzfristige Maßnahmen verwendet. In den Bildern 2 und 3 sind typische Verbesserungen bei Produkten (Defekte pro Geräteeinheit - TDU) und Durchlaufzeiten (Auftragsbearbeitungszeit innerhalb der Vertriebsorganisation - Distribution Order Cycle Time) über einen längeren Zeitraum dargestellt.

In Abbildung 4 wird eine Methode zur Voraussage eines Gesamtgeräteergebnisses durch Aufschlüsselung in Einzelprozeßschritte und den Vergleich mit Benchmarking Werten dargestellt.

Die Auflistung in Abbildung 5 zeigt Möglichkeiten von Qualitätsmessungen im gesamten Unternehmen auf, die von Motorola in Variationen weltweit verwendet werden.

Es ist jedoch extrem wichtig, daß die Kundenerwartungen mit den internen Messungen korrelieren. Ein ständiges Nachprüfen dieser Korrelation ist Aufgabe des Managements. Nur so kann vermieden werden, daß sich firmen-, abteilungs- oder personenbezogene Messungen entwickeln die nur der internen Zufriedenheit dienen und sich von der gesamtheitlichen Lösung, im Sinne von TQM, entfernen.

ZUSAMMENFASSUNG:

Das Streben nach Perfektion setzt den Willen zur laufenden Verbesserung voraus. Nur eine TOP-Down Verpflichtung und ein stetiger Audit Prozess führen ein Unternehmen weiter auf dem Weg Kundererwartungen zu erfüllen oder sogar zu übertreffen.

Hochgesteckte Ziele und eine Personalentwicklung, die den Mitarbeitern durch gezieltes Training die Werkzeuge für die notwendigen Verbesserungsprozesse in die Hand gibt, sind die Voraussetzunungen zum Gelingen.

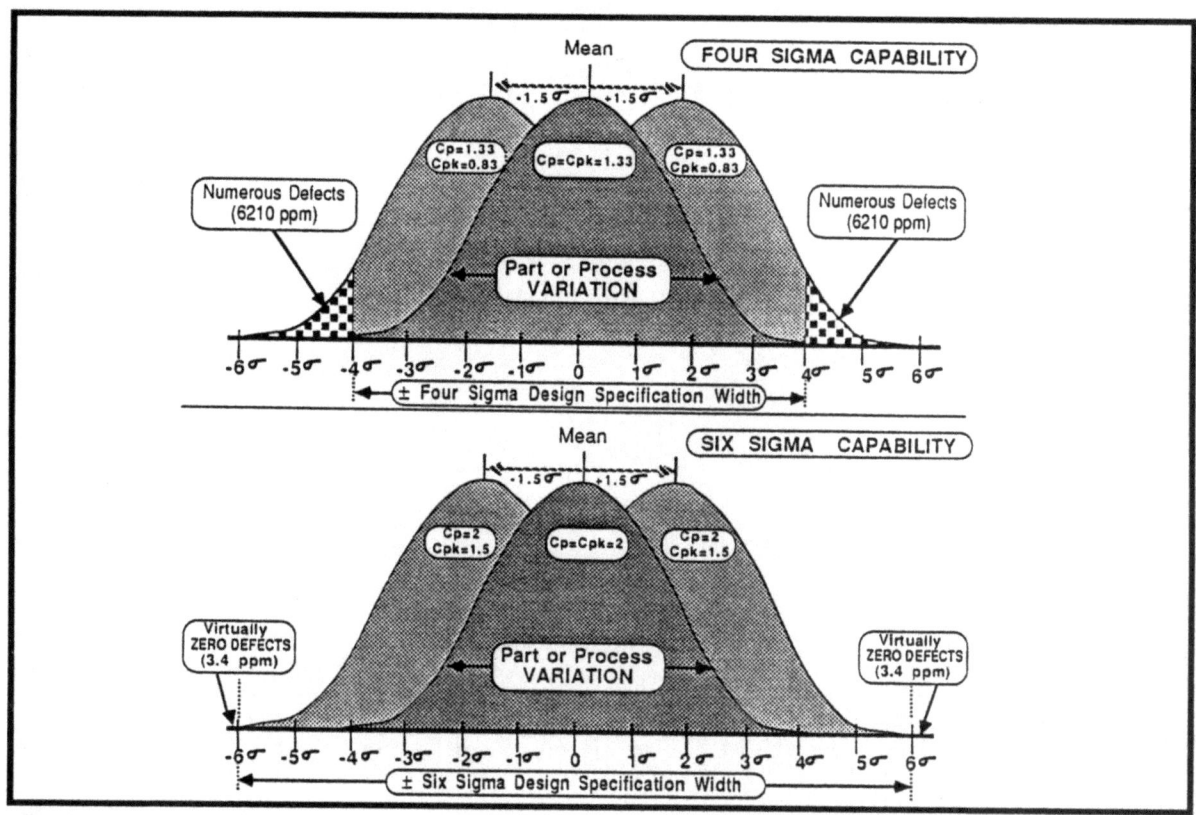

Bild 1

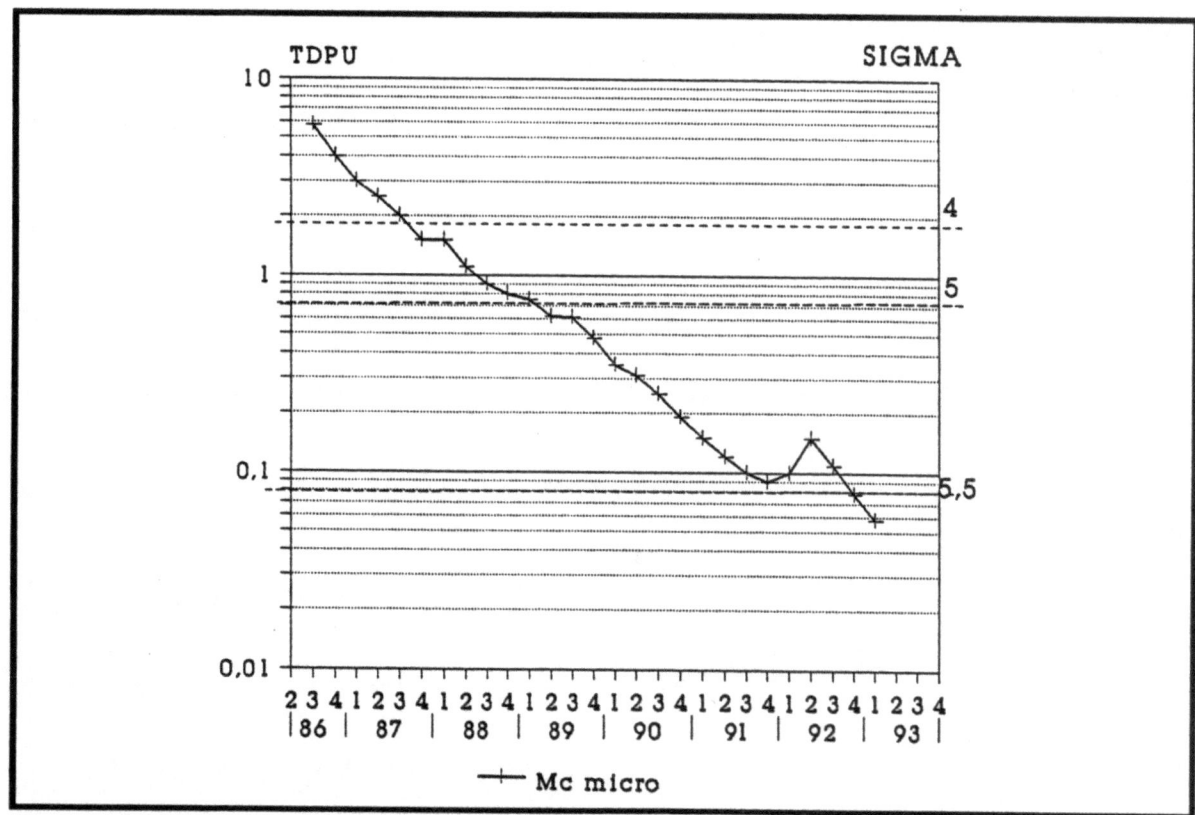

Bild 2 TDPU Development TAU Mc micro

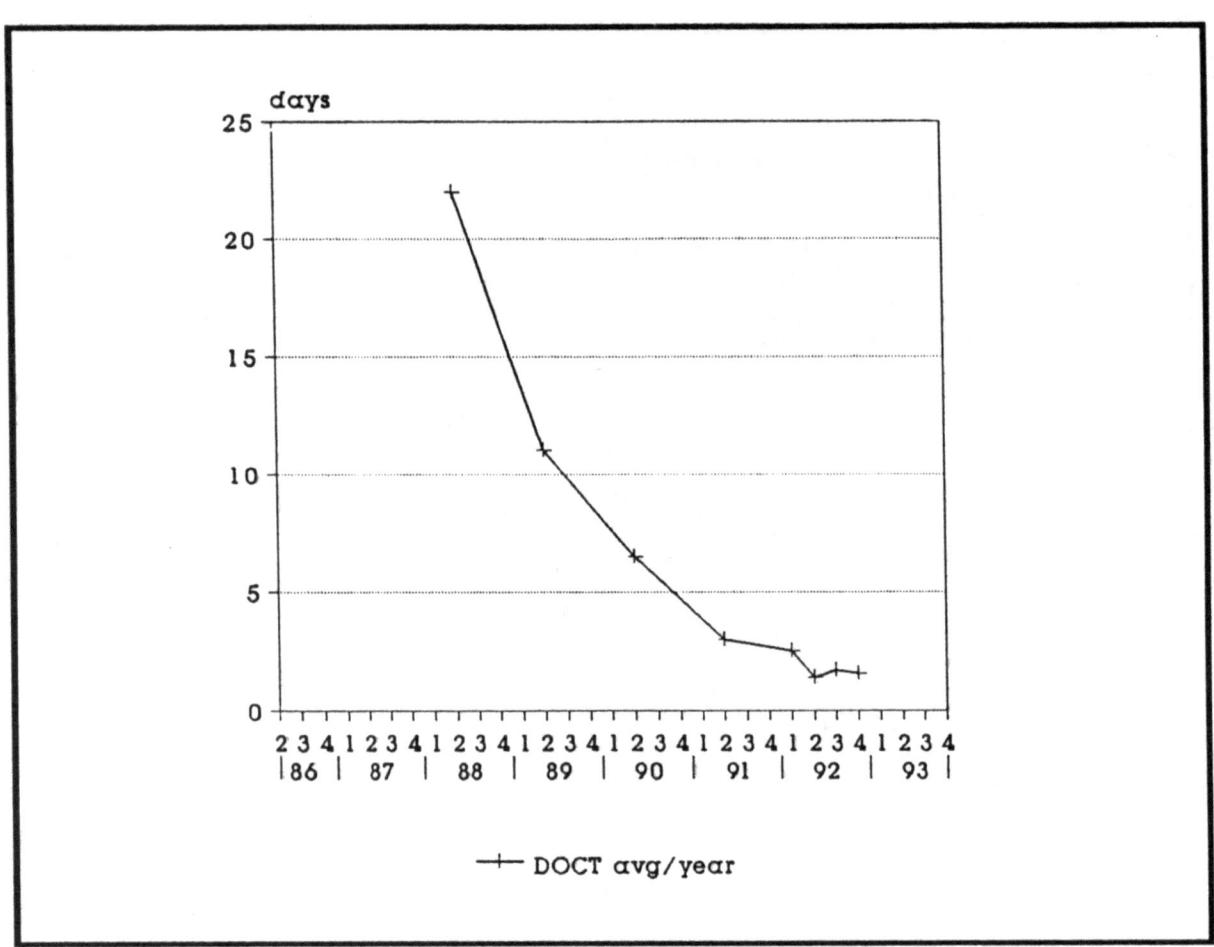

Bild 3 Distribution Order Cycle Time AREA D

MANUFACTURING OPERATIONS
BENCHMARKING
DPU FORECAST 1991

PROCESS/ PARTS	OPPORTU-NITIES	DEC 1990 DPU	Dez 91 ACTUAL DPU	Dez 91 ACTUAL PPM	BENCH MARK PPM	FACILITY	MACHINE	FORECAST DPU	FORECAST PPM
FUJI A/R (HANDLING)	200	0,003	0,002	10	35	BOYTON	HEPCO	0,003	15
CHIP PLACEMENT	595	0,009	0,002	3	12	TAU	CP3	0,006	10
HAND INSERTION	164	0,012	0,008	49	24	TAU	ROYONICS	0,008	49
WAVE SOLDERING	2120	0,06	0,017	8	4	ARAD	SEHO	0,039	18
LIFTED COMPONENTS	164	0,005	0,001	6				0,001	6
FE ASSEMBLY	204	0,002	0,003	15				0,002	10
PROCESS PROBLEMS		0	0,000					0,006	
BE ASSEMBLY	65	0	0,001	15				0,001	15
BE ADJUSTMENT	30	0,005	0,003	100				0,003	100
OTHERS		0	0,001					0,001	
CHIP COMPONENTS	595	0,007	0,008	13	3			0,002	3
CONV. COMPONENTS	364	0,069	0,018	49	30			0,026	68
BROKEN CHIPS	595	0,001	0,001	2	0			0,001	2
BROKEN CONV. COMP.	364	0,001	0,002	5	0			0,001	3
TOTAL	3270	0,174	0,067	20				0,1	31
GOAL 1991								0,035	11
SIGMA LEVEL		5,38	5,60					5,75	

Bild 4

12. IAO-Arbeitstagung
Wege aus der Krise
Geschäftsprozeßoptimierung und
Informationslogistik

Die Engineering Database (EDB) im Umfeld der ISO 9000

Martin Eigner

Eigner + Partner GmbH, Karlsruhe

1. Einleitung

Über computerunterstützt erstellte Informationen verfügt heute fast jedes Unternehmen. Je größer der Datenbestand ist, desto schwieriger wird es, den Überblick zu behalten. Dazu kommen Trends, den produktbezogenen Datenstand als Basis von Produkthaftungsregeln (EG-Richtlinie 85/374) und Qualitätsmanagement (ISO 9001) zu betrachten.

Wesentlich ist in jedem Fall, daß die zielgerichtete Bereitstellung von Informationen zukünftig über den Geschäftserfolg bestimmt wird. Denn nicht die Masse der Informationen ist entscheidend, es kommt darauf an, die richtigen Informationen dahin zu leiten, wo sie gebraucht werden.

Mit einer Engineering Database (EDB) kann man auf unkomplizierte Weise Informationen erfassen oder über sogenannte Erzeugersysteme, z. B. CAD, CAM und DTP, automatisch übernehmen, individuell aufbereiten, abrufen und weiterversenden. Dabei paßt sich eine EDB immer Ihrer betriebsspezifischen Ablauf- und Aufbauorganisation durch flexibles Customizing des Daten- und Prozeßmodells an.
Eine Engineering Database effizient eingesetzt:
- verbessert die organisatorischen Abläufe, z. B.Benummerung, Klassifikation, Benennung, Freigabe, Änderung, Verteilung.
- reduziert die Produktanlauf bzw. -durchlaufszeiten
- senkt die verursachten und festgelegten Kosten und
- unterstützt das Management bei der Umsetzung der ISO 9001 in Entwicklung und Konstruktion

2. Technische Funktionen einer EDB

Die EDB stellt die wesentlichen Komponenten zur Verwaltung und Organisation technischer Daten und Unterlagen sowie die Integrationsdrehscheibe zu den CIM-Komponenten:
- CAD   (Computer Aided Design),
- CAE   (Computer Aided Engineering),
- PPS   (Produktionsplanung und -steuerung),
- CAM   (Computer Aided Manufacturing),
- CAQ   (Computer Aided Quality Control),
- CAO   (Computer Aided Office Automation),
- PMS   (Projektmanagementsysteme)

dar.

Bei allen EDB-Systemen ist die Grundfunktionalität identisch: Einerseits das Speichern und Verwalten von Produktinformationen, wie zum Beispiel Zeichnungen,

3D-Modelle, NC-Programme und sonstige technische Dokumente sowie Produktstrukturen bzw. Konstruktionsstücklisten und Klassifikationsmerkmale.

Andererseits werden Prozeßinformationen als Grundlage einer DV-unterstützten Ablauforganisation abgelegt, z.B. für das Freigabe- und Änderungswesen, für das Verteilen von Dokumenten und das Versenden von Nachrichten (+ Workflowmanagement).

Typische Benutzer einer EDB sind Designer, Konstrukteure, Zeichner, Fertigungsplaner, Werkstattverantwortliche, d. h. Sachbearbeiter und Manager praktisch aller betrieblicher Bereiche. Eine EDB kann direkt mit anderen CIM-Komponenten, z. B. CAD, CAM, CAE, verknüpft sein oder auch manuell erzeugte Produktunterlagen verwalten, z.B. auch in Form digitalisierter Unterlagen.

Die Hardwareplattform für eine EDB variiert von der einzelnen oder vernetzten Workstation bei kleinen Anwendungen bis hin zu großen heterogenen Hardwarekonzepten, d. h. von einer Mischung von Zentralrechner und vernetzten Workstations, Personalcomputern und alphanumerischen Terminals verschiedener Hersteller.

Als Softwarebasis einer EDB werden derzeit relationale zukünftig objektorientierte Datenbanken eingesetzt.

Da es sich um eine relativ neue Softwareanwendung handelt, ist die Terminologie der EDB-Komponenten noch nicht gefestigt. Um eine einheitliche Sicht auf die EDB zu ermöglichen, wird im folgenden von fünf Hauptfunktionen ausgegangen:

Anwendungsfunktionen

- Verwaltung und Archivierung technischer Produktdaten (-> Technischer Teilestamm, Stückliste)
- Verwaltung von Projekten
- Verwaltung und Archivierung von technischen Dokumentenund Unterlagen
- Verwaltung von Artikelvarianten
- Such- und Selektionsfunktionen für Normteile, Normalien und betriebsinterne Standards (-> Gruppentechnik/ Sachmerkmalleiste nach DIN 4000/4001)
- Verwaltung von Entscheidungslogiken, z. B. zur Generierung von Angebots-, Auftrags- und Fertigungsunterlagen (-> Entscheidungstabellen)

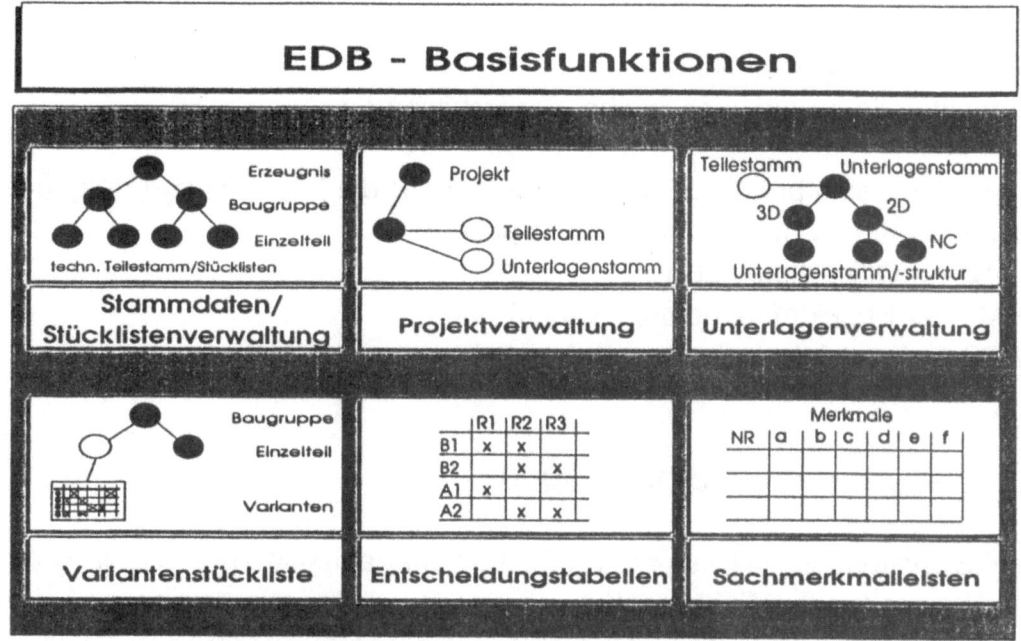

Bild 1: EDB - Basisfunktionen

Verwaltung und Organisation

- Freigabe-/Änderungswesen
- Versionsverwaltung/Konfiguration-, Workflow-/ordermanagement
- Datentransport/-verteilung, Mailing
- Dateiverwaltung in homogenen und heterogenen Netzen (Filehandling, Backup, Datensicherung)
- Systemkonfigurierung (Peripherie, Datenbank, Masken/Dialoge/Abläufe)

Zugriffskontrolle/Datenschutz

- Festlegung von Zugriffsrechten auf Daten und Funktionen
- Privilegienverwaltung und -kontrolle
- Verwaltung der Benutzer und Benutzergruppen
- Electronic vault/Electronic sign

Schnittstellen

- Datenbank
- Druck-/Plotterausgaben
- Produktdatenaustausch (VDA-FS, IGES, STEP)
- Integrationsfunktionen zu Erzeugersystemen (CAD, NC, DTP)

Graphische Visualisierung

- Darstellung von Pixel- und Vektorinformationen
- Scannen und Archivieren von manuell erstellten Unterlagen

- Rastereditieren (red lining)
- Schnittstelle zu digitaler Zeichnungsarchivierung

Zu beachten sind bei der Einführung einer EDB die Integration zu folgenden übergreifenden Komponenten eines CIM Konzeptes:
- CAO (-> Office Automation),
- PMS (-> Projektmanagementsystem) und
- PPS (->Produktionsplanung und -steuerung).

3. QS-Systeme und ISO 9000

Ein QS-System stellt die Aufbau- und Ablauforganisation eines Unternehmens für den übergreifenden Funktionsbereich der Qualitätssicherung dar. Aufgrund der Vielfältigkeit der Unternehmen gibt es kein "normiertes" QS-System. Die ISO 9000/EN 29000 definiert Modelle, an denen sich Vertragspartner bei der Ausgestaltung von QS-Systemen orientieren können.

Die ISO 9000 wird dann angewendet, wenn die Verträge zwischen zwei Parteien spezielle Leistungen hinsichtlich der Spezifikation und Konstruktion der Erzeugnisse verlangen, und die Technischen Daten der Produkte nur in Form von Leistungsanforderungen vorliegen, oder gar erst erarbeitet werden müssen.

Die Erfüllung der Anforderungen kann dann anschließend durch den Nachweis erbracht werden, daß der Lieferant die Normen für Konzeption, Konstruktion, Produktion, Installation und Service erfüllen kann.

Nur wenn die Qualitätssicherungssysteme und ihre Übereinstimmung mit ISO 9001, 9002 oder 9003 durch eine unabhängige, gutachterlich tätige Einrichtung bestätigt sind, können diese bei der Abgabe von Angeboten verwendet werden.

Die für die Entwicklungs- und Konstruktionsphasen relevante Norm ist die ISO 9001. Sie ist das Modell der Qualitätssicherungssysteme für die Phasen Spezifikation, Konstruktion, Produktion, Installation und Service.

In Zusammenhang mit einer EDB ist die Festlegung des Begriffes **Produktdokumentation** relevant:
"Die Technische Produktdokumentation ist die Gesamtheit des während der Lebensphase eines Erzeugnisses erstellten technischen Dokumente". (DIN 6789 T1).

Der Inhalt der ISO 9001 mit den für eine EDB relevanten Punkten ist Bild 2 zu entnehmen.

- Verantwortlichkeit der Unternehmensleistung
- Qualitäts-System
- Vertragsanalyse
- Kontrolle über Konstruktion
- **Kontrolle und Lenkung der Dokumentation (Absatz 4.5)**
- Einkauf, Beschaffung
- Zukaufteile
- **Produkt-Identifizierung und -Verfolgung (Absatz 4.8)**
- Prozeß-Kontrolle
- Endabnahme, Test
- Geräte zur Inspektion, Test, Messung
- Inspektions- und Test-Stati
- Kontrolle über nicht-konforme Produkte
- Handling, Lagerung, Verpackung, Auslieferung
- Interne Qualitätsprüfung
- Schulung, Ausbildung
- Service, Technischer Kundendienst
- Statistische Methoden

Bild 2: Inhalt der ISO 9001

Im folgenden werden die für die Umsetzung in einer EDB zutreffenden Absätze aufgeführt:

Genehmigung und Herausgabe von Dokumenten (ISO 9001, Absatz 4.5.1)

Der Lieferant muß Verfahren zur Lenkung aller Dokumente und ihrer Inhalte einführen und aufrechterhalten, die sich auf die Forderungen dieser internationalen Norm beziehen. Diese Dokumente müssen vor ihrer Herausgabe hinsichtlich ihrer Angemessenheit durch dazu befugtes Personal überprüft und genehmigt werden. Diese Lenkung muß sicherstellen, daß

- die zutreffenden Ausgaben der einschlägigen Dokumente an allen jenen Stellen verfügbar sind, wo Tätigkeiten ausgeführt werden, die für das wirksame Funktionieren des Qualitätssicherungssystems wesentlich sind;
- überholte Dokumente sofort an allen Stellen entfernt werden, an denen sie herausgegeben oder benutzt werden.

Änderungen/Modifikationen von Dokumenten (ISO 9001, Absatz 4.5.2)

Änderungen von Dokumenten müssen durch dieselben Funktionen/Stellen überprüft und genehmigt werden, welche die Überprüfung und Genehmigung der Erstausgaben ausgeführt haben, sofern nicht ausdrücklich anders festgelegt. Die benannten Stellen müssen Zugang zu allen einschlägigen Informationen haben, auf die ihre Überprüfung und Genehmigung zu gründen ist.

Identifikation Rückverfolgbarkeit der Produkte (ISO 9001, Absatz 4.8)

Wo es zweckmäßig ist, muß der Lieferant Verfahren zur eindeutigen Zuordnung des Produktes zu den zugehörigen Zeichnungen, Spezifikationen oder anderen Dokumenten während aller Phasen der Produktion, Lieferung und Montage einführen und aufrechterhalten.

4. Umsetzung der ISO 9000 auf die betrieblichen Rand bedingungen

Wie in Kapitel 3 dargestellt, handelt es sich bei der ISO 9000 um ein Modell, das den Rahmen eines betrieblichen QS-Systems absteckt. Das Ergebnis dieses Umsetzungsprozeßes ist ein betriebsspezifisches Qualitätshandbuch, das konkrete Maßnahmen und Abläufe beschreibt.

Die Umsetzung der ISO 9000 wird inzwischen durch eine Reihe von publizierten Aktivitätenlisten unterstützt. Bild 3 zeigt einen Ausschnitt für den Bereich der Dokumentation.

Aktivitäten zur Umsetzung der Forderungen aus ISO 9001			
\multicolumn{4}{|l|}{Bereich: Dokumentation}			
lfd. Nr.	Fragen	lfd. Nr.	Fragen
1	Ist die Überwachung aller Dokumente und Unterlagen, die sich auf die Forderungen dieser Norm beziehen, sichergestellt?	8	Werden die Dokumente vor ihrer Herausgabe durch dazu befugte Personen auf ihre Angemessenheit geprüft und freigegeben?
2	Ist ein umfassendes System für technische Dokumente schriftlich festgelegt?	9	Ist die Verantwortung für die Prüfung und Freigabe technischer Dokumente schriftlich festgelegt?
3	Ist ein Kennzeichnungssystem für technische Dokumente festgelegt?	10	Sind Kriterien für die Prüfung und Freigabe technischer Dokumente schriftlich festgelegt?
4	Gibt es eine schriftliche Festlegung für die Einstufung von technischen Dokumenten nach a) Verbindlichkeit b) Empfehlungscharakter c) Informationscharakter?	11	Ist die Verantwortung für das Einholen von Prüf- und Freigabebestätigungen durch Kunden geregelt?
5	Ist die Verantwortung für die Herausgabe von technischen Dokumenten schriftlich festgelegt?	12	Wird sichergestellt, daß gültige Ausgaben der zutreffenden Dokumente an allen Stellen zur Verfügung stehen, an denen Tätigkeiten ausgeführt werden, die für die Funktion des QS-Systems wesentlich sind?
6	Ist im QS-Handbuch oder in einer Verfahrensanweisung festgelegt, welche Tätigkeiten nach schriftlichen Dokumenten durchgeführt werden müssen?	13	Gibt es festgelegte Verteiler für technische Dokumente?
7	Ist sichergestellt, daß nur geprüfte und freigegebene Dokumente herausgegeben werden?	14	Werden alle betroffenen Stellen über den aktuellen Stand der gültigen technischen Dokumente informiert?

Bild 3: Aktivitäten zur Umsetzung der Forderungen aus ISO 9001
(Quelle: W.Pflicht, Vaillant)

Bei der Realisierung von konkreten Maßnahmen spielt die EDB eine wesentliche Rolle:

Zuordnung von Dokumenten zu Produktdaten

Grundlage jeder EDB ist die eindeutige Zuordnung von Dokumenten zu den Artikelstammdaten (Bild 4).

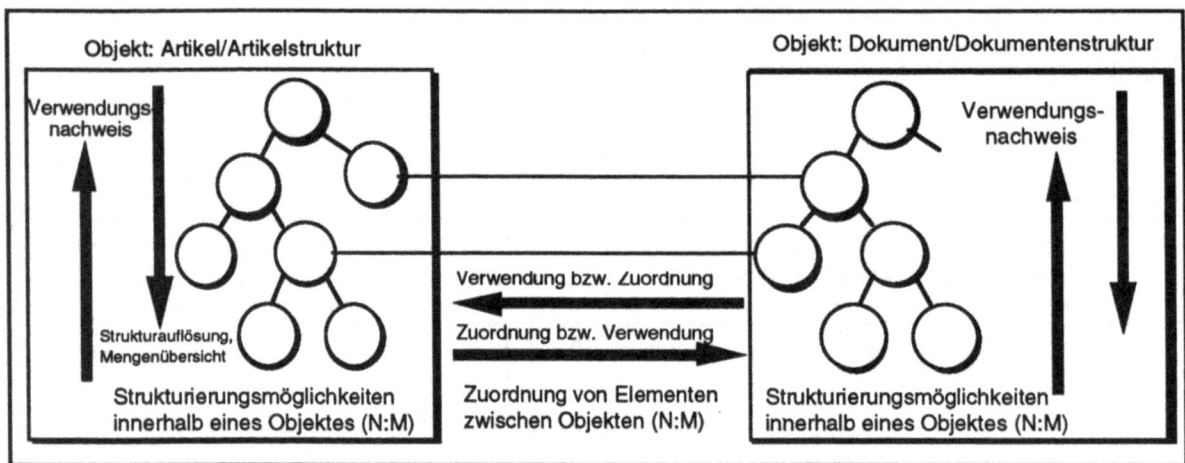

Bild 4:   Zuordnung Dokumente zu Produktdaten

Versions- und Konfigurationsmanagement

Eine EDB verwaltet entsprechend dem zeitlichen Ablauf alle Änderungszustände von Artikeln und Dokumenten (-> Versionen). Voraussetzung dafür ist die Abspeicherung von Gültigkeitszeiträumen. Über das Objekt Historie kann jederzeit der Lebenszyklus von Artikeln und Dokumenten mit Hinweis auf den Freigabe- und Änderungsanlaß zurück nachvollzogen werden.

Bei Eingabe eines Datums, kann eine EDB die zu diesem Zeitpunkt aktueller Zustände der Produktstrukturen, die Stammdaten mit den Dokumenten wieder rekonfigurieren (-> Konfigurationsmanagement).

Bild 5 zeigt am Beispiel einer einfachen Produktstruktur den Ablauf einer Änderung.

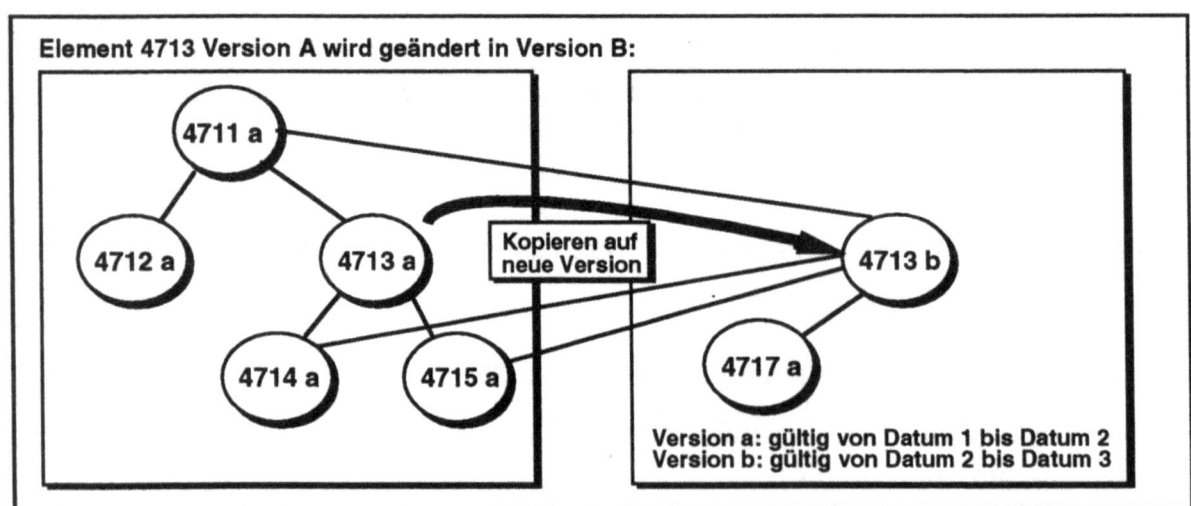

Bild 5:   Versions- und Konfigurationsmanagement

Unterstützung des Freigabe- und Änderungswesen

Die Abläufe des Freigabe- und Änderungswesens können einer EDB in Form von Zustands- und Übergangsdiagrammen hinterlegt werden (Bild 6). Den Zuständen und Übergängen sind Regeln und Aktionen, z. B. Auruf eines Verteilers, Absender einer Mail, zuzuordnen.

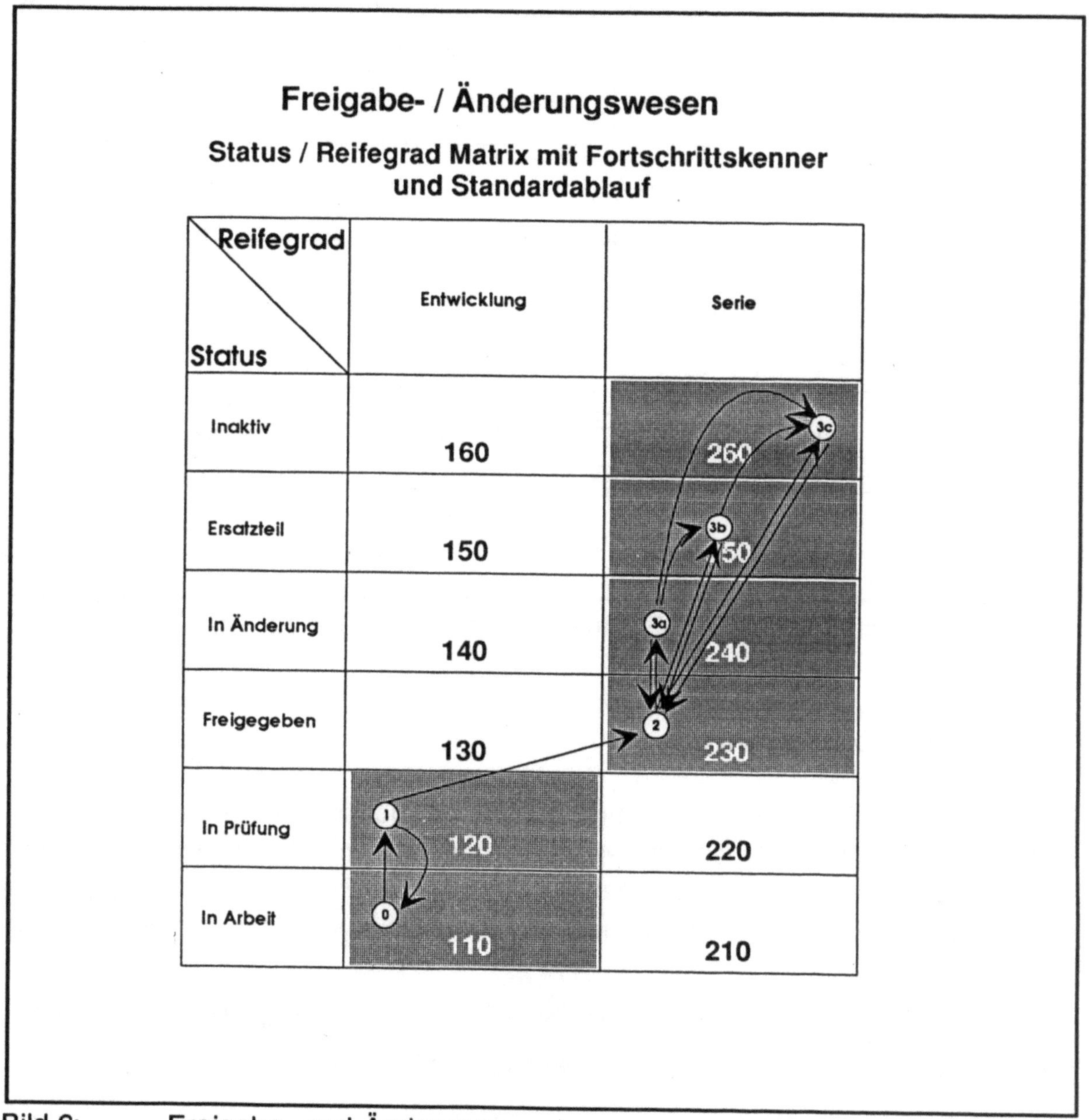

Freigabe- / Änderungswesen
Status / Reifegrad Matrix mit Fortschrittskenner und Standardablauf

Status \ Reifegrad	Entwicklung	Serie
Inaktiv	160	260 ... 3c
Ersatzteil	150	3b / 250
In Änderung	140	3a / 240
Freigegeben	130	2 / 230
In Prüfung	1 / 120	220
In Arbeit	0 / 110	210

Bild 6:   Freigabe- und Änderungswesen

Das Definieren von Abläufen mit Kombinationen beliebiger Aktionen und Regeln wird üblicherweise als Workflow bezeichnet.

Zugriffsschutz durch "Electronic Vault" und "Electronic Sign"

"Electronic Vault" - der elektronische Tresor - und "Electronic Sign" - die elektronische Unterschrift - sind sicherheitsrelevante Funktionen einer EDB. Eine freigegebene Zeichnung wird in den "Vault"-Bereich eingeladen (check-in) und kann nur mit den entsprechenden Sicherheitsregeln angefordert werden, z. B. Vorlage eines Änderungsscheins. Die elektronische Unterschrift bzw. das Abzeichnen kann nur nach Abprüfen der Zugriffsrechte durch die EDB vergeben werden.

Bild 7 zeigt die beiden Funktionen am Beispiel des Freigabewesens.

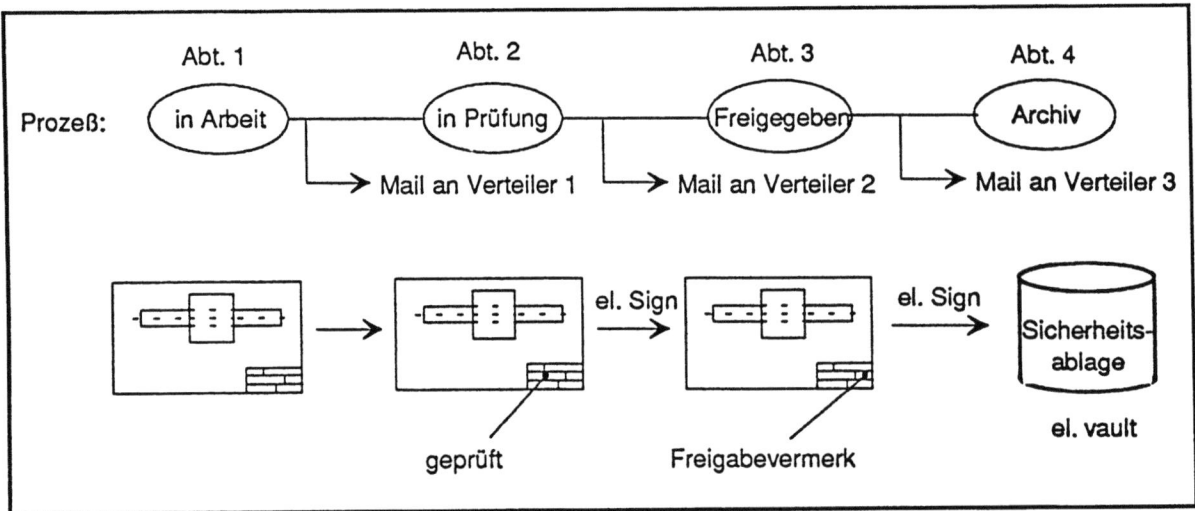

Bild 7: Electronic sign und Electronic vault am Beispiel der Produktfreigabe

5. Zusammenfassung

Die Engineering Database wurde mehr und mehr auch in Europa zu einer akzeptierten Technologie. Trotzdem ist gegenüber dem nordamerikanischen Markt - insbesondere aufgrund der frühzeitigen Umsetzung der Produkthaftungsregeln mit ihrer verschärften Dokumentensicherheit - ein Rückstand von ca. zwei Jahren festzustellen.

Die zunehmende Forderung nach Umsetzung der ISO 9000 in das Unternehmen wird den Trend zur Anwendung von EDB-Systemen verstärken.

12. IAO-Arbeitstagung
Wege aus der Krise
Geschäftsprozeßoptimierung und
Informationslogistik

Office Automation Trends
Groupware versus Workflow-Management

Harald B. Karcher

Managementberater, München

Organisatorische Aspekte

Die wirtschaftlichen Antriebskräfte sind neuerdings ja auch in Zentraleuropa etwas spärlicher geworden. Grund genug für Unternehmen und Behörden, einmal intensiver über Produktivitätsreserven nachzudenken. Und die sind sicher dort zu suchen, wo hohe Personal-Fixkosten auflaufen und bislang nur wenig automatisiert wurde. Derart unbehelligte Fettpolster findet man heute wohl kaum noch in computergesteuerten Fabriken, vielmehr aber in den von hoher Technologie allzu lange verschonten Bereichen der Management-, Büro- und Verwaltungs-Tätigkeiten.

Nun gibt es ja seit über zehn Jahren schon die sogenannte moderne Bürokommunikation, kurz BK: Sprich Textverarbeitung, Telefax, und ähnlich isolierte Teilansätze. Und wer da neuerdings behauptet, daß diese Basiswerkzeuge der BK, samt Tabellenkalkulation, Businessgrafik, Electronic Mail und elektronische Terminplanung, die Produktivität der Büroarbeit ursächlich nur verschlechtert habe, der unterstellt zumindest tausenden von deutschen Unternehmen und Behörden, abertausenden von EDV- und Organisations-Leitern, und Millionen von deutschen Managern und Mitarbeitern in den Fachabteilungen ein betriebs- und volkswirtschaftlich widersinniges, ja sogar selbstbestrafendes Verhalten. Mit solchen Negativparolen kann man nur vorübergehend Publicity, Beratungsaufträge oder Aufmerksamkeit erheischen.

Tatsache ist allerdings, daß die Produktivitätsreserven der Büroorganisation mit der sinnvollen Einführung der grundlegenden BK-Standard-Funktionen noch lange nicht ausgereizt sind. Grund: Die allermeisten Geschäftsdokumente liegen in den Betrieben noch fast ausschließlich in Form des hochtraditionellen, aber trägen Mediums Papier vor. Sie führen ein vergleichsweise lahmes Eigenleben außerhalb der elektronischen Informations- und Kommunikations-Systeme, sind in diese noch nicht einmal eingescannt, lassen sich deshalb nicht medienbruchfrei in schnellen, elektronischen Geschäftsprozessen weiterverarbeiten, auch nicht schnell elektronisch kommunizieren, schon gar nicht auf den berühmten Knopfdruck hin abrufen und eben auch nicht in die existierenden EDV-, Anwendungs- und Management-Informations-Systeme nahtlos integrieren. Und genau hier setzt die Produktivitäts-Aufgabe der 90er Jahre an: Sie heißt Imaging, Workflow Automation, Workgroup-Computing, Vorgangs-Bearbeitung, Geschäfts-Prozess-Optimierung.

Denn was nützt es, wenn in vielen Betrieben heute höchstens fünf Prozent aller Akten und Dokumente in Bürokommunikations-Systemen elektronisch erzeugt, bearbeitet und kommuniziert werden, die restlichen fünfundneunzig Prozent aber auf Papier in hausinternen Verteil-Systemen tagelang vor sich hingilben, in Kellerarchiven mehrtägige Such- und Zugriffszeiten verursachen, und immer genau dann eben nicht sofort komplette Vorgänge vor Augen oder am Bildschirm erscheinen, wenn der Kunde anruft oder andere Kollegen den schnellen Zugriff dringend bräuchten. Stattdessen wird im Zeitalter von Digitalfunk und High-Fidelity, von Spacelabs und Satellitenschüsseln, von Kabeln, ISDN und Fiber Optics, in unseren Büros nach uralten Mustern Transportiert, Kopiert, Kuvertiert, Adressiert, Frankiert, physisch Wiedervorgelegt, doppelt Erfasst und dreimal Abgetippt. Auch der späte Erfolg von Telefax hat diese papiergebundene Organisation nur vordergründig elektrifiziert, die alten Strukturen eingefroren, und sie nur marginal schneller werden lassen.

Ausgerechnet ein Ministerialrat einer großen "Behörde", Rainer Grell vom Innenministerium Baden-Württemberg, übt erfrischende Kritik an diesen Zuständen: Er schreibt im Januar 1993: "Diese Schwachstellen kosten allesamt Geld und Zeit. So mag die geistige und körperliche Herstellung eines Briefes - die eigentliche Wertschöpfung - vielleicht zwei Stunden betragen, während der gesamte Herstellungsprozeß durchaus bei einer Woche liegen kann. In der Privatwirtschaft beeinträchtigen diese Zeitverluste unmittelbar Umsatz und Gewinn und auf die Dauer auch die Marktposition. In der öffentlichen Verwaltung schlägt die verlorene Zeit allerdings meist nicht auf das eigene Konto durch, sondern auf das anderer Bürger oder Firmen. Wenn man bedenkt, daß in einigen Ämtern z.B. die Hälfte der Sachbearbeiter-Tätigkeit für die Dokumenten-Suche draufgeht, so wird deutlich, welches Rationalisierungspotential hier aktiviert werden kann."

Das Produktivitätsproblem der Wissens- und Büroarbeiter werden wir jedoch, so Grell, nur "dann in den Griff bekommen, wenn es endlich gelingt, die Bürokommunikation über die Dokumentenverwaltung zur integrierten Vorgangsbearbeitung weiterzuentwickeln. Dies gilt für Privatwirtschaft und öffentliche Verwaltung gleichermaßen".

Im Klartext: Gesamte Geschäftsprozesse und Aktenverläufe müssten organisatorisch überdacht, optimiert und dann auch komplett elektronisch abgebildet werden. Dazu muß unter anderem auch das eingehende "Papier" möglichst schon beim zentralen Posteingang gescannt, das heißt in ein elektronisch weitertransportierbares und möglichst auch weiter-verarbeitbares Dokument umgesetzt werden. Alle zugehörigen Dokumente sollten dann sinnvoll zu Vorgängen verknüpft und dem Büromitarbeiter als elektronische Akte zur weiteren Bearbeitung zugeführt werden.

Daß solche Imaging- und Workflow-Automation-Systeme in der Praxis bereits existieren und auch effizient funktionieren, das belegt als einer der prominentesten deutschen Anwender zum Beispiel Dr. Michael Renz, Mitglied des Vorstandes der Lebensversicherung der Deutschen Bank AG, in seinen zahlreichen Vorträgen aus eigener Anwender-Erfahrung. Ein paar Dutzend weitere deutsche Anwender können ebenfalls bereits von erfolgreichen Workflow- und Groupware-Anwendungen berichten.

Zusammenfassend dürfen die Basis-Features der klassischen Bürokommunikation wie Textverarbeitung, Electronic Mail, Tabellenkalkulation, Termin-Koordination, Dokumenten-Ablage usw. heute weitgehend als Standard in BK-Systemen gelten.

Der nächste Teil-Schritt der Informatisierung der Betriebe heißt deshalb Workflow Automation, Groupware-Computing, Dokumenten-Management und integrierte Vorangs-arbeitung. Er kennzeichnet die gerade erst beginnende konsequente Automaisierung zusammenhängender Arbeitsschritte und wird als wichtiges Mittel zur Steigerung der Produktivität in der Büroarbeit gesehen.

Erfolgs-kritisch dürfte in den nächsten Jahren damit insbesondere auch der Aspekt der nahtlosen Integration digital-optischer Archivierungs-Systeme in bestehende, klassische Multi-Vendor-EDV- und BK-Umgebungen werden.

Natürlich muß die effektive Anwendung dieser neuen Arbeits-, Kommunikations- und Verhaltensformen von Managern und Mitarbeitern erlernt und eingeübt werden. Für den Einzelnen ergeben sich zusätzliche, schnellere und flexiblere Möglichkeiten des Austausches von Informationen und das Gesamtunternehmen kann durch die fortchritlichen Kommunikationsnetze schneller und präziser auf die Wünsche seines Marktes, seiner Kunden und seiner Lieferanten reagieren. Und nur durch solche zentralen Vorteile im Kerngeschäft des Anwenders lassen sich die erheblichen Investitionen für Büro-, Informations- und Telekommunikations-Systeme überhaupt rechtfertigen.

Einige große Anwender haben die elektronische Vorgangs-Bearbeitung allerdings schon seit einigen Jahren gefordert. Allen voran die Anwender-Kooperation Bürokommunikation mit ihren Mitgliedern Allianz Versicherungs AG, BASF AG, Bausparkasse Wüstenrot, Daimler-Benz AG, Deutsche Bank AG, Deutsche Bundesbahn, Energieversorgung Schwaben AG, Innenministerium Baden-Württemberg, Rheinisch-Westfälische-Elektrizitätswerke AG, die Generaldirektion Telekom und die Dresdner Bank AG.

So konstatierte denn auch der Sprecher dieser Kooperation, Jürgen Späth von der Deutschen Bundesbahn, erst wieder im Mai 1993: "Die herkömmliche kommerzielle EDV konzentrierte sich bisher im wesentlichen auf die Lösung von einzelnen Fachaufgaben. Inzwischen hat sich jedoch die Zielsetzung von der isolierten Aufgabentrachtung hin zur prozeßorientierten Vorgangsbearbeitung gewandelt".

Die meisten großen EDV-Anbieter hat diese Nachricht erstaunlich lange nicht aus dem Lorbeerschlaf gerissen. Ein paar kleinere Pionieranbieter haben die Forderung nach prozeßorientiertem Workflow-Management jedoch frühzeitig ernst genommen und die ersten stabilen Systeme bei innovations-bereiten Groß-Anwendern installiert.

Wer auch künftig wettbewerbsfähig bleiben will - seien es nun IT-Anbieter oder IV-Anwender - wird die Verfahren und Potentiale des integrierten Vorgangs-Managements und der Optimierung seiner Geschäfts-Prozesse wohl nicht mehr lange ignorieren können.

Technologische Aspekte

Die Basis-Features der klassischen Bürokommunikation wie Textverarbeitung, Electronic Mail, Termin-Koordination, Tabellenkalkulation, Business-Grafik, usw. können heute weitgehend als Standard in BK-Systemen gelten. Der wohl wichtigste nächste Entwicklungs-Teil-Schritt heißt Workflow Automation, Dokumenten-Management und integrierte Vorgangs-Bearbeitung. Er kennzeichnet die gerade erst beginnende konsequente Automatisierung zusammenhängender Arbeitsschritte und wird als wichtiges Mittel zur Steigerung der Produktivität in der Büroarbeit gesehen.

Große Anwender haben die elektronische Vorgangs-Bearbeitung schon seit einigen Jahren gefordert. Ein paar kleinere Pionieranbieter haben diese Forderungen frühzeitig ernst genommen und die ersten stabilen Systeme bei einigen innovations-bereiten Groß-Anwendern installiert.

Inzwischen haben auch die EDV-General-Anbieter die strategische Bedeutung der Image- und Workflow-Processing Technologien für den weiteren Fortschritt der Bürokommunikation erkannt, die entsprechende Software und das Know-How eingekauft oder fieberhaft selbst entwickelt sowie weltweit Kompetenz-Zentren für die neuen Imaging- und Workflow-Verfahren gegründet. Erfolgs-kritisch dürfte in den nächsten Jahren damit insbesondere auch der Aspekt der nahtlosen Integration digital-optischer Archivierungs- und Workflow-Systeme in bestehende, klassische Multi-Vendor-EDV- und Multi-Plattform-BK-Umgebungen werden.

Die heutigen Anbieter innovativer Lösungen für optoelektronisches Dokumenten-Management und Integrierte Vorgangsbearbeitung kommen aus sehr unterschiedlichen Richtungen und haben damit unterschiedliche Stärken und Schwächen. Entsprechend ihrer Herkunft gruppiert der Autor die heutigen Imaging- und Workflow Anbieter in vier Schubladen: Erstens die digital-optischen Laser-Disk-Pioniere, zweitens die aufgeschreckten Mikrofilmer, drittens die lange erwarteten BK-Universal- und General-Anbieter und viertens die Software-Produzenten und System-Integrations-Häuser, die sich das Thema Vorgangs-Steuerung auf die Fahnen geschrieben haben.

Digital-Optische Laser-Disk-Pioniere

Anfang der 80er Jahre kamen die ersten digital-optischen Laserdisk- bzw. Bildplatten-Systeme mit vergleichsweise gigantischen Speicherkapazitäten auf den Markt. Die Weiterentwicklung hat bis zu den preiswerten CD-ROM-Laufwerken samt Speicher-Platten in der Größe einer Musik-CD geführt, die heute schon fast für jeden PC-Besitzer als Massenspeicher-Ausbau-Option erschwinglich sind.

In Europa hat sich Philips in den frühen 80er Jahren den Ruf eines Digital-Optical-Recording-Pioniers erworben und die Laser-Platten-Technologie als sogenanntes "Megadoc-System" frühzeitig zu Zwecken der papierlosen Archivierung sehr großer Akten- und Archivbestände vermarktet. Zu den bekanntesten Megadoc-Anwendungs-Projekten gehört das Presse-Archiv des Gruner & Jahr Verlages in Hamburg. Bei dieser Anwendung steht die massenhafte Archivierung von Presseausschnitten im Vordergrund, jedoch nicht die prozess-orientierte und arbeitsplatzübergreifende Vorgangs-Steuerung. Aufgrund der Firmengeschichte der PKI Philips Kommunikations Industrie AG hat Megadoc inzwischen im Produktportfolio von Digital Equipment (Darstellung siehe unten) eine neue Heimat gefunden.

In Kalifornien wurde, auch bereits 1982, die FileNet Corporation gegründet, um die erwarteten Segnungen der digital-optischen Glitzerscheiben an den Mann zu bringen. Schnell wurde den Firmengründern jedoch klar, daß riesige Laser-Platten-Juke-Boxen mit flinken Roboterarmen und gigantischen Speicherkapazitäten alleine noch keinen genügend großen Markt generieren konnten. Das Geschäft fing, laut Firmenchef Ted Smith, erst an zu florieren, als FileNet die geeignete Software namens "Workflo" (ohne "w" am Schluß) für die Archivierung, Indexierung und das schnelle Wiederfinden von Akten sowie für die papierlose Vorgangs-Steuerung entwickelt hatte und den Anwendern auch die dringend benötigte Dienstleistung "System-Integration" bieten konnte.

Inzwischen gilt FileNet bei Insidern als innovativer Pionier und Wegbereiter des sogenannten Schriftgut-Managements mit einigen hundert namentlich zugänglichen Referenz-Installationen, die besonders aus den "papierlastigen" Bereichen Banken, Finanzen und Versicherungen kommen: Zum Beispiel Citibank, Chase Manhattan, American Express, Diners Club, National Westminster oder die Sumitomobank in Japan. Auch im deutschen Sprachraum findet man, laut

Deutschland-Geschäftsführer Norbert Neumann, größere FileNet-Systeme z.B. bei der Lebensversicherungs-AG der Deutschen Bank Wiesbaden, bei der Colonia Versicherung AG Köln, bei R+V Versicherungen Wiesbaden, bei der Credit Suisse CS Life in Zürich, bei Allianz Stuttgart, VHV Hannover oder beim Kölner Gerling Konzern, aber auch bei anderen Branchen und Institutionen wie z.B. im Deutschen Bundestag Bonn, bei Boehringer Ingelheim, beim Bauer-Verlag Hamburg, bei Krupp Stahl in Essen bzw. Bochum oder beim Düsseldorfer Rechenzentrum für Kirche und Diakonie.

Weltweit verteilten sich per Ende April 1993 die seinerzeit über 650 FileNet-Installationen nach Branchen laut Neumann wie folgt: 18% Versicherungen, 17% Banken/ Finanzdienstleister, 16% Öffentliche Verwaltung, 15% Industrie, 11% Transport/ Kommunikation und 23% sonstige Branchen. Aus dieser empirischen Verteilung wird - nicht nur für FileNet, sondern wohl für den gesamten Markt - schon einigermaßen deutlich, wo es in den nächsten Jahren noch viel Akten-Papier durch papierarmes Imaging und durch geschäfts-prozess-unterstützendes Workflow Management zu ersetzen oder zu ergänzen gibt.

Bis vor kurzem hat sich FileNet übrigens nicht ganz ohne Grund den Vorwurf des proprietären System-Lieferanten mit einer eigenen Produktion von nicht ganz "offenen" Servern und Workstations gefallen lassen müssen. Inzwischen wird FileNet-Software für Imaging und Vorgangs-Steuerung aber auch auf die "offeneren" Plattformen von Mitbewerbern wie IBM, Microsoft, Unisys und Olivetti sowie auf die RISC-basierten Systemserien HP 3000 und HP 9000 von Hewlett-Packard portiert. Der ehemalige "Laser-Disk-Pionier" (diese Schublade dürfte FileNet ohnehin nicht gefallen) vollzieht also gerade eine Metamorphose in Richtung Softwarehaus und System-Integrator mit standardisierteren Komponenten für offenere Systemarchitekturen.

Aufgeschreckte Mikrofilmer

Da die Laserplatte ja größte Papierberge auf sehr kleiner Fläche verdichten kann, sah sich plötzlich der Mikrofilm in seiner Stellung als Akten-Kompressions-König bedroht. Gerade Kodak als weltweit etablierter Mikrofilm-Produzent für Banken, Versicherungen, Archive und Bibliotheken mußte die Laser-Platte als potentielle Gefahr für das Mikrofilm-Geschäft ernst nehmen und hat sich folgerichtig als Anbieter von digital-optischen Speichersystemen mit Produkten wie KIMS und ImageLink am Imaging- und Workflow-Markt beteiligt. Da die Installation derart komplexer Systeme beim Anwender vor Ort etwas ganz anderes als das bei Kodak traditionell reichlich vorhandene Kopier- und Mikrofilm-Vertriebs-Know-How erfordert, wurde vorübergehend eine Allianz mit dem Netzwerk- und Minicomputer-

Spezialisten Digital Equipment zum gemeinsamen Vertrieb von Imaging- und Workflow-Systemen eingegangen. Diese Ehe hat jedoch nicht lange gehalten.

OA-General-Anbieter

Eigentlich hätte man sich Systeme für das papierarme Dokumenten-Management und für die elektronische Steuerung von Geschäfts-Prozessen ja weder von einem Unterhaltungs-Elektroniker wie Philips, noch von einem südkalifornischen Nischeninnovator wie FileNet, noch von einem Mikrofilmer wie Kodak erhofft, sondern von den etablierten Anbietern unternehmensweiter Office Automation Konzeptionen: Von den DEC's, Wang's, IBM's, BULL's, HP's, SNI's und weiteren BK-Generalisten. Doch die hatten in den 80er Jahren offenbar auch ohne digital-optisches Workflow Management anderweitig noch ausreichend gut zu leben. Erst kürzlich begann sich diese Situation zu wandeln.

Inzwischen gibt es bei BULL ein IMAGEWorks für das Dokumenten-Management und FlowPATH für die Vorgangs-Steuerung. Der Autor hält diese Systeme zwar für bemerkenswert, jedoch sind sie noch so jung, daß eine BULL-Rednerin auf einem Office-Symposium gleich präventiv zugab, daß es per Mai 1993 für FlowPATH noch keinen einzigen realen Vorzeige-Kunden gab. Die Sprecherin befand sich damit zum Teil in bester Vaporware-Gesellschaft - auch wenn die anderen Redner nicht ganz so ehrlich zwischen fertigem Produkt-Anspruch und implementierter Anwendungs-Wirklichkeit unterschieden haben.

Bei DEC gibt es neben dem von PKI geerbten MEGADOC einen umfangreichen Bauchladen wie z.B. DECimage für VMS und ULTRIX, A-DOC für Archivierung & Retrieval, DECdoc (Vorgangssteuerung), TeamRoute (Vorgangssteuerung), EDCS II (Ablagen-Steuerung), TRIP (Partnerprodukt von PSI), CDA LiveLink & LinkWorks, D.A.R.T./A1 (Dokumenten-Management), und seit kurzem das objektorientierte OBJECTworks mit einer sehr hübschen Oberfläche.

Im Frühjahr 1993 hat DEC übrigens zusammen mit Software-Ley aus Pulheim bei Köln eine große Ausschreibung beim Europäischen Patentamt (München und Den Haag) gewonnen.

Bei HP gibt es neben dem workflow-verdächtigen NewWave Office auch AIMS (Advanced Image Management System) sowie eine weitere, seit längerem geplante und immer wieder verschobene Produkt-Ankündigung für die integrierte Vorgangs-Bearbeitung.

IBM liefert ihr IBM SAA ImagePlus für fast jede wichtige IBM-Rechner-Plattform: IBM SAA ImagePlus MVS/ESA für große Rechner, IBM SAA ImagePlus/400 für den Mittelstand, IBM SAA ImagePlus/2 für OS/2-LAN-Umgebungen und imageABLE AIX/6000 von Bluebird Systems für IBM's AIX/RISC-Plattformen.

Nach Auskunft eines zuständigen IBM Managers aus Hamburg vom 8. Juni 1993 sieht man sich selbst als Marktführer in der Welt mit über 1.000 ImagePlus-Installationen. Davon befinden sich - laut IBM-Auskunft - etwa 100 in Deutschland. Der größte Teil davon (73) sei übrigens auf der AS/400-Plattform installiert, die besonders als Mittelstands-Maschine gilt. Der Rest auf MVS (22) und auf der PS/2-Plattform.

Diese 100 Anwender-Namen wurden bis vor kurzem allerdings noch wie eine geheime Staatsangelegenheit gehütet. Zumindest waren bekannte Namen oder eine vollständige Referenz-Liste nicht auf Anhieb zu bekommen.

Doch neuerdings informiert auch IBM die interessierte Öffentlichkeit etwas offener. So seien die ersten ImagePlus-Versionen bereits seit Anfang 1991 in Deutschland ausgeliefert worden. Als Referenzkunden für ImagePlus MVS/ESA nennt IBM per Juni 1993 immerhin drei konkrete Namen: Provinzial Düsseldorf, Stadtsparkasse Köln und LVM Münster. Eine Anwendung auf ImagePlus/400 läuft übrigens auch bei Wüstenrot in Österreich.

Bei allem Respekt vor den zahlreichen IBM-Plattformen fragt sich natürlich, was derjenige tut, der nicht nur 100% IBM im Hause hat und Geschäfts-Vorgänge durchgehend über verschiedene Plattformen auch anderer EDV-Hersteller hinweg steuern möchte.

NCR hat ein DMS, sprich Dokumenten Management System, im Portfolio und Olivetti ein IBIsys-X-Workflow in neumodischer Client-Server-Architektur.

Bei Siemens Nixdorf findet der willige Käufer sowohl ARCIS für das Dokumenten-Management als auch WorkParty für die Vorgangs-Steuerung. Böse Mitbewerber-Zungen haben WorkParty bereits als eine sehr schöne Oberfläche bezeichnet, was nach Ansicht des Autors tatsächlich zutrifft, aber nicht bedeuten muß, daß hinter dieser Oberfläche nichts mehr weiter kommt. Ein zuständiger Manager der Bayerischen Landesbank hat WorkParty bereits im Einsatz und hat es auf einer Fachkonferenz im Mai 1993 als "vielversprechendes Produkt" bezeichnet.

Bei Unisys schließlich gibt es InfoImage FOLDER und bei Wang das WIIS (Wangs Integrated Image System), Wangs OPEN/Image (Familie auf PCs, UNIX und Wang VS), TEAMDOC (Archivierungskomponente), POVO (Workflowsystem für

Behörden) und BPM Business Process Management für die Workflow-Organisations-Beratung.

Software- und Systemhäuser

Die vierte und letzte Haupt-Herkunfts-Gruppe von Workflow-Lösungs-Anbietern sieht der Autor schließlich in der Spezies der Software- und Systemhäuser. So gibt es bei der aus diversen zusammengekauften Firmen erwachsenen Daimler-Tochter debis Systemhaus Produkte wie DocMaster, EPOCH-1 und OfficeMaster. Daneben wird die workflow-verdächtige Groupware Lotus Notes von der debis nicht nur intern eingesetzt, sondern auch nach extern vertrieben.

Bei der aus dem Anwender INA Wälzlager Herzogenaurach heraus entstanden COI gibt es ein Workflow-System namens COI/ODIN Businessflow Management System. Die IABG Industrie-Anlagen-Betriebs-Gesellschaft Ottobrunn hatte, als sie noch reichlich gut von Aufträgen des Bonner Verteidigungs-Ministeriums leben konnte, bereits ProMInanD auf der Basis eines ESPRIT-Projektes für die Vorgangs-Steuerung entwickelt. Mit dem neuerlichen Schrumpfen der Verteidigungs-Budgets hat man dieses Vorgangs-System aber auch zunehmend auf den nicht-militärischen Rest der Welt ausgerichtet.

Der mittelständische Freiburger Software-Produzent kühn & weyh hat auf Basis der Forderungen wichtiger Anwender zahlreiche Funktionen der Vorgangs-Steuerung in seine sogenannte Serie/M hineinentwickelt: Während sich die meisten etablierten BK-Hersteller bisher eher auf eine oder wenige (der zahlreichen) System-Plattformen konzentrier(t)en, oder für jede Plattform wieder eine andere und eigene Insel-Lösung gebastelt haben, stößt kühn & weyh genau in die umgekehrte Richtung: Ein gleichartiges BK- und Vorgangs-System auf allen wichtigen Welten und Plattformen (IBM-Welt, DEC-Welt, HP-Welt, UNIX-Welt, PC-Welt, etc.) mit der gleichen Funktionalität und unter der jeweils bevorzugten Bediener-Oberfläche anzustreben. Diesen Lösungs-Ansatz brauchen insbesondere große Anwender, die über einen gewachsenen, heterogenen "Rechner-Zoo" eine möglichst einheitliche Bürokommunikation "drüberlegen" wollen. Gerade dies aber haben sie von ihrem traditionellen (Hardware-) Lieferanten ja bisher meist eben gerade nicht erhalten, da dieser in der Tendenz eher seinen eigenen Hardware-Park auch noch durch proprietäre BK-Software zementiert und die Kundenbindung damit zusätzlich verstärkt hat.

Serie/M von kühn & weyh scheint in diesem Sinne eine der ganz wenigen, vorsätzlichen Ausnahmen von der ehemals mono-proprietären Würgegriff-Regel darzustellen und laut Auskunft von Dr. Bernd Abel, Geschäftsführer der Freiburger Software-Schmiede, eine ganze Reihe wichtiger Betriebssysteme wie IBM-MVS, VSE, DEC-VMS, SIEMENS-BS2000, TANDEM-Pathway, MS-DOS, OS/2, IDMS, MPE-XL sowie alle wichtigen UNIX-Varianten gleichermaßen mit BK- und Vorgangs-Funktionalität zu unterstützen.

Produktiv installierte Vorgangs-Steuerungs-Projekte von kühn & weyh gibt es z.B. bereits bei der Münchner Rückversicherung in der Konzernverwaltung in München oder beim schweizerischen Bundesamt für Flüchtlinge in Bern zur elektronischen Ablauf-Unterstützung von Asylentscheiden.

Last but not least soll laut weltweiter Jim-Manzi-Ankündigung vom März 1993 das unter dem Buzzword Groupware bekannt gewordene Software-System Lotus Notes ab Version 3.0 demnächst wohl auch Imaging und Workflow Management unterstützen: Im Prinzip stellt Lotus Notes, laut Michalk von der debis/discom, eine breite "Plattform zur Entwicklung von Groupware-Lösungen bereit, die auf der intelligenten Integration der folgenden vier Komponenten beruht: der effizienten Verarbeitung von gemischten Text/Grafik-Dokumenten, der Bereitstellung einer Datenbank-Komponente zur Verwaltung dieser Dokumente, einem Bereitstellungs-/Verteilmechanismus der Daten, der Datenbestände über einzelne Standorte hinweg automatisch identisch hält und einem integrierten Sicherheitskonzept, das die Sicherheit des Zugangs, der Authentizität der beteiligten Personen, der Daten beim Transport (LAN und WAN) und bei der Lagerung garantiert." Dabei bemißt Michalk das Integrationsvermögen einer solchen Architektur insbesondere auch an der Palette der unterstützten Systemumfelder und meint wörtlich "Lotus Notes bedient sich zur wirksamen Integration der gemischten Dokumente vollgraphischer Benutzeroberflächen wie DOS/Windows 3 und OS/2 Presentation Manager. Im LAN-Bereich werden alle wesentlichen Netzwerk-Betriebssysteme wie Novell, MS LAN Manager, IBM LAN Manager und in Kürze Banyan Vines unterstützt. Die Integration in Windows (bzw. OS/2 PM) beschränkt sich nicht nur auf Nutzung graphischer Dienste, auch Import- und Export-Funktionen, wie der dynamische Austausch von Daten und Objekten (DDE) oder Object Linking & Embedding (OLE) zwischen zwei Windows-Anwendungen wird voll unterstützt." Erste umfassende Anwendungs-Erfahrungen mit diesem Notes-Konzept liegen in USA bei Price Waterhouse und bei der Chase Manhattan Bank oder in Deutschland beim debis-Systemhaus der Daimler-Benz AG selbst vor. Renommierte Anwender von Imaging und Workflow Management unter Lotus Notes 3.0 indes sind dem Autor bis Redaktionsschluß noch nicht bekannt geworden.

Organisation vor Technik

Fast alle in diesem kurzen und keinesfalls vollständigen Überblicks-Beitrag genannten Systeme für Dokumenten-Management und Vorgangs-Steuerung sind erstens noch sehr jung und zweitens derart komplex und funktionsreich, daß sie nicht auf wenigen Druck-Seiten ausreichend gewürdigt oder gar detailliert verglichen werden könnten. Dafür gibt es neuerdings spezialisierte Workflow-Berater und dicke Marktstudien von verschiedenen Anbietern. Allen Systemen ist auch gemeinsam, daß sie nicht einfach von der Stange weg als festgeformtes Produkt wie ein PC oder ein Mikrofilm-Lesegerät gekauft werden können, sondern nur nach gründlichen Überlegungen organisatorischer Art prozessunterstützend und produktivitäts-fördernd eingeführt werden sollten.

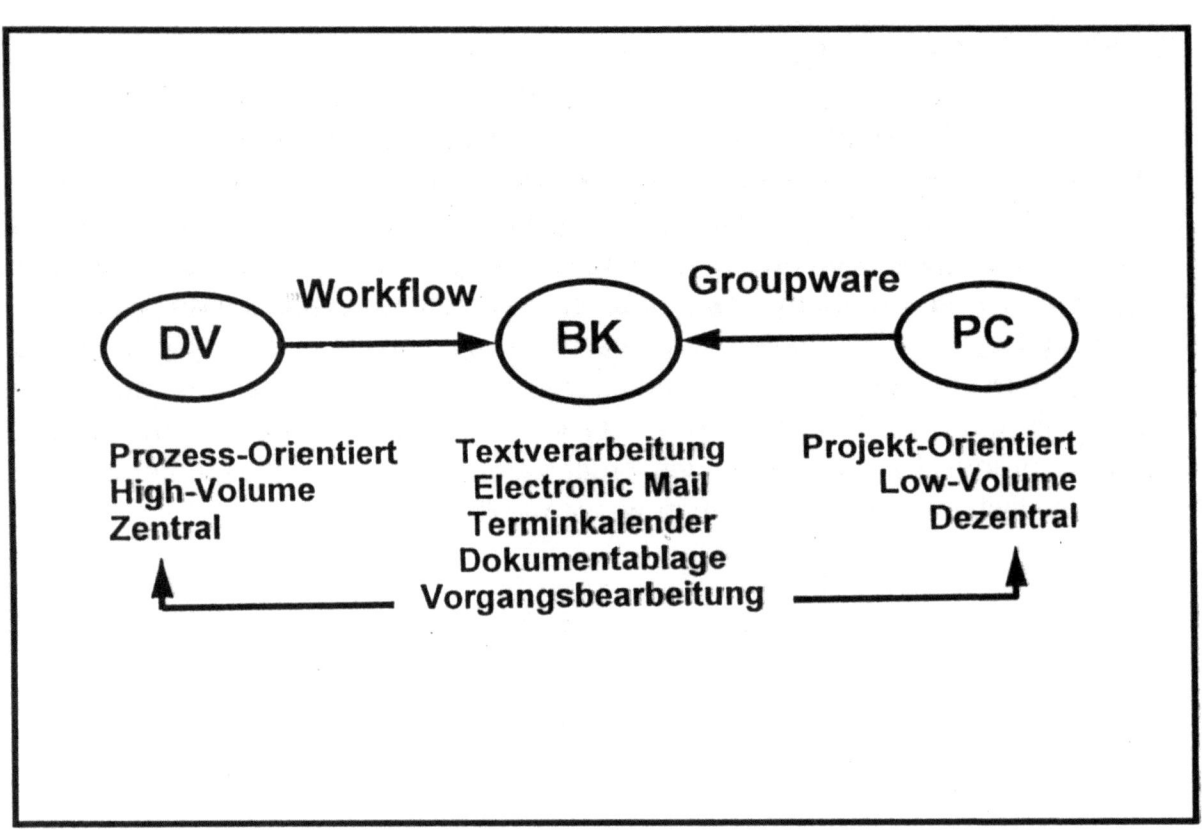

Bild 1 Workflow versus Groupware

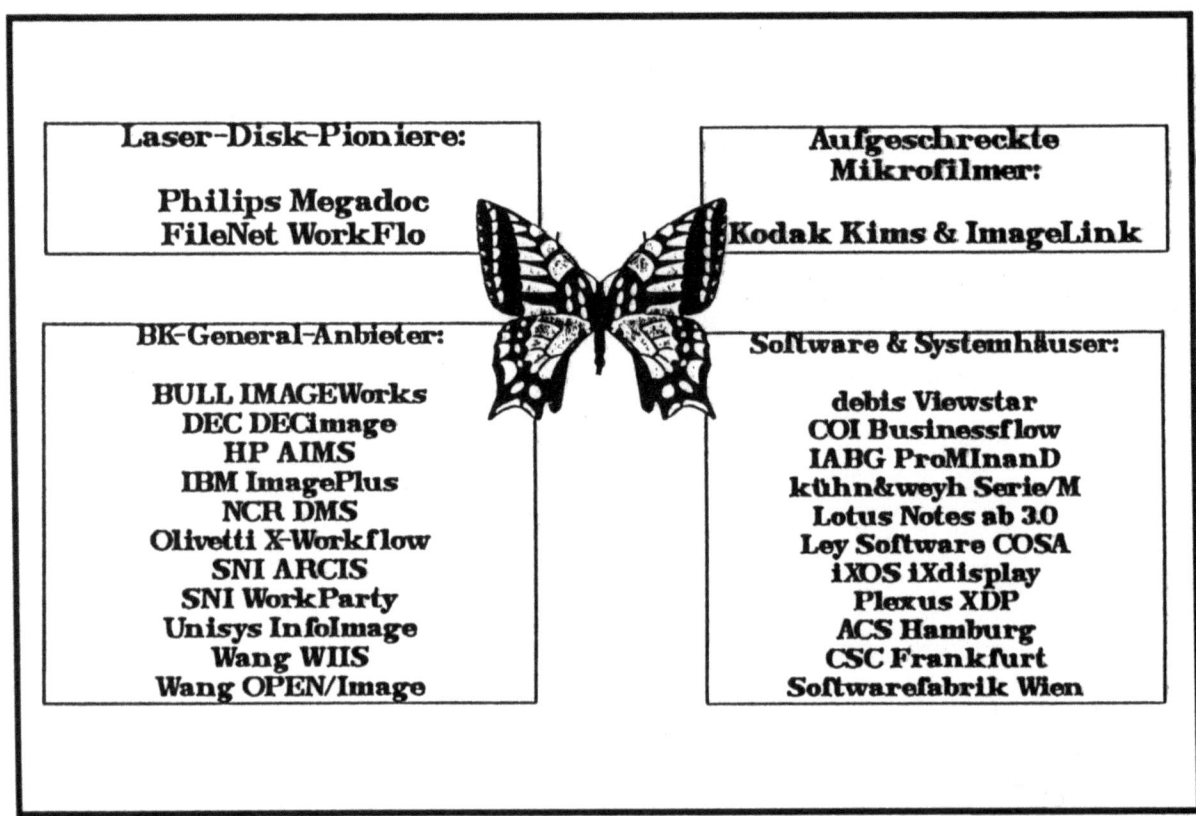

Bild 2 Herkunft der Imaging & Workflow-Anbieter

12. IAO-Arbeitstagung
Wege aus der Krise
Geschäftsprozeßoptimierung und
Informationslogistik

Innovations- und Wertschöpfungs kette wachsen zusammen

Hans-Peter Bochsler

Franke AG, Aarburg

Nachstehend wird versucht, in einer Kurzfassung einige Schwerpunkte der Konzeption und Realisierung eines qualitätssicherungsgestützten EDMS und einen möglichen Weg der Integration des gesamten Wertschöpfungsprozesses aufzuzeigen.

Die Firmen Gruppe umfaßt heute 29 juristisch selbständige Unternehmen, die in 12 verschiedenen Staaten domiziliert sind.

Im Jahre 1987 wurde die Gruppe und die daraus entstandenen Sparten neu strukturiert. Es entstanden die drei Haupt-Sparten, Spülentechnik (ST), Verpflegungs- und Getränketechnik (VGT), Contract Group (CG) und die beiden Nebensparten Finanzen und Produktionstechnik.

Das Ziel dieses Strukturierungsprozesses bei der Sparte VGT war, ausgehend vom Produkt-/Marktpreis und den Produktanforderungen als indizierende Größe, die gesamte Wertschöpfungskette der Produkte zu reorganisieren und auf die spezifischen Anforderungen des gegebenen Markt- und Wettbewerbumfeldes auszurichten. Konkret heißt das, daß der Leistungserstellungsprozess vom Markt aus entwickelt wird (Kunden- und Produktorientierung).

Die zunehmende Dynamisierung der Prozesse kann von statischen Organisationen nicht mehr bewältigt werden. Dies bedingt die Forderung nach einer zeitvariablen, dynamischen Organisation, in der der Wandel zum Prinzip wird.

Als Kriterien sind nicht mehr Funktionen und Organisationseinheiten gefragt, sondern in sich geschlossene Prozessregelkreise mit den noch notwendigsten Planungs- und Regelungsfunktionen. Die Erfüllung der eigenen Leistungsfähigkeit ist ausschließlich an den Kunden- und Produktanforderung zu messen in bezug auf ihre Marktleistung. Die Organisationsaufgabe erschöpft sich somit nicht darin, Funktionen zu optimieren, QS-System einzuführen, Rationalisierungs- und Zeitpotentiale zu erschließen, sondern der gesamte Wertschöpfungsprozess muß als dynamisch vernetztes System ganzheitlich betrachtet und kontinuierlich verbessert werden. Ziel ist eine weitgehende Entflechtung der Kapazitäten, welche durch bewußte Gliederung der Wertschöpfungskette nach Produkt und Technologie angestrebt wird.

Solche Ansätze bedingen, daß die Informationen in einem solch strukturierten Netzwerk so schnell als möglich anderen Organiosationseinheiten im Wertschöpfungsprozess zur Verfügung stehen. Voraussetzung für schnelle und sichere Informations-, Kommunikations- und Entscheidungswege mit hoher Transparenz, ist eine integrierte, prozessorientierte Organisation, die eine einfache/flache Struktur aufweist.

Die Rationalisierung einzelner Arbeitsgänge/Aufgabenbereiche und die damit marginalen Korrekturen in den bestehenden Ablauforganisationen genügen heute nicht mehr.

Gelingt es, bestehende Organisationen durch strukturierte Vernetzung in selbstregulierende Subsysteme (z.B. Gruppenarbeit) umzuformen, die untereinander eine reduzierte Anzahl von Verknüpfungen aufweisen und eine gute Verfolgbarkeit aller Aktivitäten ermöglicht, so erhöht sich die Reaktionszeit gewaltig. Zudem wird auch ein wesentlich verbesserter Erfahrungsaustausch erreicht, die Fehlerquellen reduziert und die Qualität aller Tätigkeiten gesteigert. Durch dieses vernetzte Produkt- und Prozess-Know-how erhöht sich die Fähigkeit, unter Berücksichtigung von Zeit-, Kosten- und Qualitätszielen, bedarfsgerechte Produkte zu entwickeln, denn das Kriterium für die Problemlösungskapazität liegt wesentlich in einem schnellen Zugriff auf korrekte Informationen/Daten. Gerade hier ist in unseren Unternehmen noch ein gewaltiges Kostensenkungspotential vorhanden.

Die Informatik wird sich kurzfristig an der gesamtheitlichen Sicht des Unternehmens orientieren müssen. Mit einer gesamtheitlichen Sichtweise ist eine, die Arbeitsabläufe verbindende und integrierende Sichtweise zu verstehen. Diese Denkweise erfordert neue Formen der Ablauforganisation. Der Taylorismus und das Inseldenken müssen überwunden werden. Dies gilt auch für die betriebswirtschaftliche Denkweise.

Die Datenhaltung in unseren technischen Unternehmensbereichen ist durch gewachsene Heterogenität mit einer enormen Schnittstellenproblematik gekennzeichnet. Die bisherige Entwicklung solcher Systeme führte dazu, daß in einzelnen Funktionsbereichen der Unternehmen, isoliert von vor- und nachgelagerten Bereichen, für einzelne Funktionen Rechnerunterstützung eingesetzt wurde. Im Laufe der Zeit setzte sich diese in immer mehr Einzellösungen durch (Text-, PPS-, CAD-, NC-Programmier- und Messdatenerfassungssysteme) (Bild 1).

Zur Überwindung der vielfältigen Problematik kann nur eine konsequente Zusammenführung der Daten geeignet sein. Die Wieder- und Weiterverwendbarkeit der einmal erzeugten Daten und Informationen unternehmensweit, kristallisiert sich als eindeutige Forderung heraus. Dazu muß die manuelle Aufbereitung und Übergabe von Daten und Informationen an den bisherigen Abteilung- bzw. Systemgrenzen durch eine direkte Verbindung der einzelnen Informationssysteme untereinander ersetzt werden. Dadurch wird ein schneller Zugriff auf alle aktuellen und vorallem konsistente, redundanzfreie Daten/Informationen für alle Unternehmensfunktionen möglich.

Konzepte dieser Art erfordern die integrierte Betrachtung und Nutzung von Informationen. Wichtig ist in diesem Zusammenhang das umfassende Wissen um den Werdegang eines Produktes, also die Information über die gesamte Wertschöpfungskette eines Produktes. DieVerfügbarkeit aller benötigten Daten zusammen mit ihrer Definition (Semantik) - in gewünschtem Aktualitätsgrad am gewünschten Ort zur Erzeugung der Information - ist hierfür eine Voraussetzung.

Das Prinzip der Integration der Wertschöpfungskette manifestiert sich dadurch, daß mit der Segmentierung Module aufgebaut werden, die für eine ganze Produktlinie, von der Entwicklung über die Konstruktion, die Arbeitsvorbereitung, die Logistik, die Produktion, demVertrieb bis zum Kundendienst zuständig sind. So rücken traditionell getrennt operierende Funktionen näher zusammen. Das Bindeglied bildet das gemeinsame Ziel in Form eines Kundenbedürfnisses, welches bestmöglich zu erfüllen ist.

1. Konzept des EDMS in der zentralen F+E der Sparte VGT

Um für den Aufbau des EDMS im Bereich der F+E einen Einblick zu erhalten sei nachstehend deren Aufgaben kurz dargestellt.

Die F+E entwickelt Serien Produkte mit Varianten, es sind jedoch auch kundenspezifische Einzellösungen möglich. Auch die Produktbetreuung liegt in ihrem Verantwortungsbereich. Die F+E ist im Produktentstehungsprozess verantwortlich für die Termine, Projekt-, Produktkosten (Herstellkosten), Produkt- und Prozesstechnologie, Fertigungsverfahren, Funktionalität, Produktstruktur, Qualität vom Einzelteil bis zum Endprodukt, Prüfungen/Approbationen, produkthaftungsrelevante Aspekte, das Design usw.

Um vorstehende Aufgaben erfüllen zu können, werden die Produkte im Sinne von Simultaneous-Engineering, integriert in das Qualitätssicherungs-System nach ISO 9001 und ISO 9000 Part 3 entwickelt.

Die Entwicklung erfolgt fertigungsstandortneutral d.h. es werden nicht nur die internen, sondern ebenso die externen Möglichkeiten geprüft, bzw. die möglichen Zulieferanten werden ab Beginn des Projektes in den Entwicklungsprozess integriert. Dieses Vorgehen bedingt eine strikte Kontrolle der Projekttermine wie auch der -kosten. Noch wichtiger ist jedoch die den Entwicklungs- und Konstruktionsprozess begleitende Produktkalkulation und der Qualitätssicherungsprozess.

Die im Konstruktonsprozess erstellten Dokumente wie, Zeichnungen, Stücklisten usw., die Daten/Informationen über die Produktstruktur, Klassifizierung, Stammdaten, zugewiesene Sachnummern (Dokumente, Einzelteile usw.), werden Produktions- und Prüfungsgerecht erstellt (reine Konstruktionsunterlagen entfallen). Die Produktion bzw. der Lieferant darf diese Dokumente und Daten nicht mehr ändern, sondern ist nur berechtigt, sie mit dispositiven Daten zu ergänzen. Die Daten und Informationen dürfen aus Gründen der Wirtschaftlichkeit, Sicherheit, der Konsistenz und Redundanzfreiheit nur einmal erzeugt und auf dem direkten Weg dem Benutzer zugeführt werden. Dadurch verringert sich das Transaktionsvolumen gewaltig, zudem kann auch die Verantwortung über die Daten/Informationen eindeutig zugeordnet werden. Diese komplexen Aufgaben können nach unserer Ueberzeugung und inzwischen gesammelten Erfahrungen, nur mit einem EDMS effizient gelöst werden. Denn der Ansatz eines möglichst flachen und schlanken Produktionsprozesses, zwingt auch die Datenaufbereitung und -verarbeitung zur Diät.

Um die vorstehenden Ansätze in ein Konzept zu überführen, wurde ein Informationsfluss- und Integrations-Netzwerk erstellt (Bild 2, 3).

Zuerst wurde abgegrenzt, wer welche Daten/Informationen erzeugt bzw. braucht (Bild 3), wer für diese verantwortlich ist (Struktur, Inhalt, Korrektheit, Pflege, Zuständigkeit bei Änderungen usw.).

Es zeigte sich sehr rasch, daß sich die Umsetzung vorstehender Ansätze, die Integration der Systeme und der Daten/Informationen nur mit einem technischen Informationssystem bzw. Engineering Data Management System (EDMS) realisieren läßt (Bild 4).

Die Forderungen die an ein technisches Informationssystem gestellt werden, sind klar eruierbar.

Es soll alle Informationen/Daten über das/die Produkt(e) enthalten.

Dies umfaßt produktdefinierende, fertigungstechnische, planerische, qualitätssichernde und organisatorische Informationen/Daten. Unterlagen die mit den Produkten verbunden sind, müssen ebenfalls in dieser Datenbank verwaltet werden.

Redundanzen, die dann auftreten, wenn gleiche Datenbestände in unterschiedlichen Datenstrukturen verschiedener CIM-Komponenten gespeichert werden, sollten weitgehenst vermieden werden.

Durch die konsequente Verfolgung dieser Strategie erreicht man eine erhebliche Reduzierung der Pflege- und Wartungskosten, bei gleichzeitiger Steigerung der Effizienz und Transparenz. Weiter wird von einem technischen Informationssystem gefordert, daß alle Stellen im Unternehmen Zugriff auf die Datenbestände haben und diese aufgabenbezogen auswerten können. Wenn die Infrastrukturen hierbei noch unterschiedlich sind, können technische Problem hinzukommen. Deshalb werden über Unternehmensgrenzen hinweg kaum je gemeinsame Datenbankstrukturen angestrebt.

Konvetionen über die betreffenden Daten bilden die Grundlage für Operationen über die Systemgrenzen hinaus.

Applikationen und Datenbanken können in der Praxis nicht nur via gemeinsamer Nutzung derselben physischen Datenbasis integriert werden. Vielmehr verstehen wir unter der Integration von Applikationen und Datenbanken sowohl

- die gemeisame Nutzung derselben (physisch zentralen oder verteilten) Daten durch unterschiedliche Applikationen einerseits, als auch
- den Austausch von Daten anderseits (innerhalb einer Gesellschaft, zwischen unterschiedlichen Werken oder Gesellschaften desselben Unternehmens oder zwischen unterschiedlichen Unternehmen).

Es muß auch bedacht werden, daß die heute installierten Systeme auch morgen noch funktionieren müssen. Sie müssen sogar mehr als nur störungsfrei zur Verfügung stehen, da sie in das EDMS-Konzept mit eigebunden werden, damit sich schlußendlich der Nutzen des Gesamtsystems wesentlich erhöht. Das EDMS muß dezentraleKonzepte unterstützen und für den Betrieb in den vorhandenen heterogenen HW- und Betriebsystemplattformen (DOS, Unix, OS 400, VMS usw.) und der Anwender-Applikationen, lauffähig oder portabel sein, es muß auch die Standard-Netzwerke unterstützen.

Es muß möglichst interaktiv und systemunterstützt den firmenspezifischen Bedürfnissen angepasst werden können. Die Benutzeroberfläche muß Fenstertechnik aufweisen und sowohl bei alpha wie graphischen Terminals einsetzbar und auch mehrsprachig anpassbar sein.

Es muß die Möglichkeiten der Funktionstastenbelegung, aufrufbare Hilfsfunktionen per Tastendruck, Mausunterstützung, Suchen und Filtern mit sep. Blick auf alle bzw. jeweils gewünschten Archive aufweisen.

Für Systemerweiterungen müssen Entwicklungswerkzeuge wie Maskengenerator, Programmierschnittstelle, Funktionsbibliotheken und eine Datenbankschnittstelle zur Verfügung stehen. Alle erstellten Dokumente und Daten müssen automatisch den Projekten, Aufträgen, Dokumenten usw. zugeordnet und direkt verknüpft werden.

Bei Änderungen und Korrekturen müssen die Bezüge erhalten bleiben bzw. vom System manuelle Anpassungen angefordert werden. Die Verfolgbarkeit, Zuständigkeit und Gültigkeit muß ersichtlich sein.

Daten, Informationen und Dokumente die aus rechtlichen Gründen (Bsp. Produktehaftung) erhalten bleiben müssen, sind jeglichem Zugriff zu entziehen und dürfen nicht gelöscht werden. Die Auslagerung ist erlaubt, jedoch nur mit einem Hinweis im System, wer die Verantwortung trägt und über den Standort.

Konfigurierbare Schnittstellen zu den marktgängigen CAD, NC-, PPS-Systemen usw. müssen fertig definiert vorhanden sein.

Updates müssen ohne grossen Aufwand durch eigenen Personal durchgeführt werden können, zudem müssen die Schnittstellen berücksichtigt bleiben, d.h. ohne großen Aufwand anpassbar sein. Dies gilt auch für Updates bei den Anwender-Applikationen.

Als Unterstützung muß jederzeit eine Hotline zum Hersteller bestehen.

1.1 Spezifische Forderung und Randbedingungen an das EDMS

- Relationale und strukturierte Datenbank.
- Modular ausbaubar (unternehmensweit und über alle Hierarchiestufen) von der einfachen Zeichnungsverwaltung bis hin zur Integration aller Daten/Informationen der gesamten Unternehmung.
- Unterteilbare Datenbank in Zentral-Archiv, zentrale und dezentrale Arbeits- und Normen-Archive.

- Das QS-System muß das leitende/führende organisatorische System aller Aktivitäten des EDMS sein.
- Benutzeroberflächen- statt Betriebssystemorientiert.
- Die Anwender-Applikationen müssen derart eingebunden werden, daß sie nicht mehr autark betrieben werden können.
- Integration und Verwaltung verschiedener herstellerunabhängiger 2D- u. 3D-CAD-Systeme.
- Darf nicht nur Metadaten-Verwaltungssystem sein, sondern muß auch Zusatzfunktionen zur Verfügung stellen, die die Standard-Applikationen nicht beinhalten (Bsp.QS-System als Basis aller Aktivitäten , autom. SLT-Generierung usw.)
- Verwaltung von Zeichnungen, Stücklisten, Teilestammdaten, Standard- und Normteile, Werkzeugen, Betriebsmitteln, Arbeits- und Prüfanweisungen, Texte Dokumente Unterlagen usw.
- Austauschbarkeit von Daten zwischen Programmen und Systemen.
- Die Redundanzfreiheit und Konsistenz der Daten muß weitgehenst gewährleistet sein.
- Verwaltung der Zugriffkontrolle, des Tätigkeitsnachweises und der Statusinformationen (Freigabe , Sperren, Verbotswesen usw.).
- Datensicherheitskonzept: gespiegeltes System zur Datensicherung kontrolliert durch EDMS (auch Daten der Anwendungs-Applikationen) mit einem autom. Sicherungsrythmus von 4 Std. Datenschutz duch Benutzer- und Zugriffskontrolle.
- Listen- und Tabellengenerator.
- Verwaltung und Klassifizierung konventioneller Datenbestände auf Papier, gescannten Zeichnungen und Dia`s mit Zuweisung der Suchnummern.
- Viewing-Funktionen.
- Freigabe und Kontrolle der Änderungszustände, sowie Versions- und Variantenmangement.
- Notizzettel (Merkzettel) zu allen Dokumenten.
- Referenzenliste für die Abhängigkeit anderer Dokumente zum aktuellen.
- Ueber alle Datenbanken und Archive müssen durch den Benutzer, frei konfigurierbar, Reports erstellt werden können.

1.2 Genereller Informationsinhalt der Archive

Qualitätssystem, Geometrie, Teilestamm, Technik, Produktstruktur, Bearbeitung, techn. Lieferbedingungen, Sachnummernsystem, Klassifizierungssystem, Normung , Freigabe- und Verbotswesen, Änderungswesen, Resonanzsystem, Informationsfluß, Unterlagenfluß und -verteilung, Verteilung von Daten und Informationen auf unterschiedlichen Ebenen, Sicherheitsmechanismen.

1.3 Aufteilung der Archive

In Office-, Qualitätssicherungs-, Zeichnungs-, Dia-/Pixelbilder-, Stücklisten-, Teilestamm-, Teileverwendungs-, Produktstruktur-, Norm-, Sach-/Klassifizierungnummern-, NC-, Elektro-, Report-, DTP-, Fertigungs-/Auftrags-, Sicherungs-, Datenaustausch-/Auslagerungs-Archiv.

1.4 Erstellung von technischen Daten/Unterlagen unter EDMS

Bei der Zeichnungserstellung muß das Einfügen des Schriftfeldes (das alle Informationen, die zur Verwaltung notwendig sind enthält) automatisch erfolgen. Beim Einfügen der Positionen in die Zeichnung, werden die Attribute (im Teilestamm-Archiv definiert) diesen automatisch angefügt.

Die Stücklistenerstellung muß sowohl als automatische Stücklistengenerierung direkt aus der CAD-Zeichnung, mit automatischem Einfügen des Stücklistenkopfes und der Stücklistendaten als auch manuell in der Zeichnung bzw. im Stücklistengenerator erfolgen können. Die Stücklisten müssen in der Form von Baukasten (Basis), Struktur oder Menge erstellt werden können.

Jeder Artikel (Einzelteil, Baugruppe oder Produkt) bzw. Position muß mit einem Dia-/Pixelbild abgelegt und jederzeit beim Aufruf des Artikels mit einer Funktionstaste angezeigt werden können (Viewing-Funktion).

Auch beim Erstellen der Stücklisten muß beim Einfügen einer jeden Position bzw. Artikels durch drücken einer Funktionstaste, das dazu gehörende Dia/Pixelbild angeschaut werden können.

Anweisungen, Vorschriften (Prüfung, Montage, Kontrolle usw.) und Tätigkeitslisten müssen direkt aus der CAD-Zeichnung heraus oder ausserhalb dieser erstellt werden können. Aus der Zeichnung heraus muß ohne diese zu verlassen (bleibt aktiv) direkt aus dem Anweisungs-/Vorschriften-Archiv die Vorlage für die zu erstellende Vorschrift geholt und pararell zur Zeichnung interaktiv bearbeitet werden können.
Diese Vorlage muß über die Sachnummer automatisch der Zeichnung, eventuellen anderen Dokumenten bzw. dem Projekt zugeordnet, und ebenfalls automatisch in das dazugehörende Projekt-/Produkt-Archiv usw. abgelegt werden.

Der Teileverwendungsnachweis muß über alle Stufen, Archive und Produkte gefahren werden können.

Der Zugriff auf die Produkte-, Einzelteil-, Stamm-, Struktur-, Produktions-, DTP-, Qualitätsdaten usw. durch die Organisationsmitglieder, muß direkt in das Zentralarchiv erfolgen können. Die Daten/Informationen dürfen gelesen, aber nicht verändert werden. Der Zugriff auf die übrigen Daten in den Archiven muß den dazu autorisierten Organisationsmitgliedern (Rechnungswesen, MIS, etc.) möglich sein.

Das System muß umfangreiche Funktionalitäten im Bereich des Freigabewesen und Änderungswesen bereitstellen.

Freigabewesen: Grundsätzlich arbeiten alle in sogenannten Arbeits-Archiven, diese Daten, Informationen und Dokumente sind mit einem Status versehen. Wenn der Status geprüft (durch den Supervisor) erteilt wurde, werden sie in das Zentral-Archiv ausgelagert und sind für die anderen Organisationsmitglieder im Wertschöpfungsprozess freigegeben, d.h. sie können gelesen aber nicht geändert werden.

Die Freigabe bzw. das Sperren im Zentral-Archiv, erfolgt durch den Supervisor der die Verantwortung für die Richtig- und Vollständigkeit trägt. Es muß jederzeit eindeutig feststellbar sein, wer, wann, welche Daten, Informationen/Dokumente erstellt, geprüft, freigegeben, gesperrt oder überarbeitet hat.

Änderungswesen: Daten, Informationen, Dokumente die geändert werden, müssen durch den Suppervisor gesperrt werden. Ab sofort dürfen die für den gesamten Wertschöpfungsprozess nicht mehr verfügbar (Zugriff gesperrt) sein. Jede Stelle muß durch ein Resonanz/Mailing-System informiert werden, wann was gesperrt wurde, wer der Verantwortliche/Bearbeitert ist. Die Aufträge die während einer Änderung an eine oder mehrere Stellen erteilt worden sind, müssen durch das Resonanzsystem überwacht und kontrolliert werden.

Die Freigabe erfolgt wiederum durch den Supervisor. Das Resonanzsystem informiert alle betroffenen Stellen automatisch über die erfolgte Freigabe.

1.5 Erstellen von administrativen Daten/Unterlagen unter EDMS

Das Bearbeiten und Erstellen erfolgt mit Standard-Applikationen (WinWord, Excel, Designer) die im EDMS eingebunden sind, oder EDMS-Funktionen wie Listengeneratoren etc. Dies sind:

Protokolle, Pflichtenhefte, Stunden-/Kostenkontrolle, freie Texte, allg. Listen, Briefe, Faxe, Angebote, Bestellungen, Auftragsbestätigungen, Rechnungseingang/-ausgang, Mahnungen, Budgetierung für Projekte und Produkte, Kalkulation für Projekte/Aufträge und Produkte, Projekt-/Auftragsmanagement, Terminplanung/-kontrolle, MIS (Management-Informationssystem), generieren von Listen, Vorlagen etc. für Anweisungen und Informationen usw.

2. Realisation des EDMS

Die Forderungen wurden den möglichen System-Lieferanten präsentiert, im Bewusstsein, daß eine solche komplexe Lösung wahrscheinlich noch nicht installiert wurde.

Bei der Evaluation zeigte sich sehr rasch, wer einerseits in der Lage war, ein Standardpaket anzubieten, mit dem einigermassen unsere Anforderungen abgedeckt wurden und anderseits bereit war, aber auch das dazu notwendige Know-how besaß, gemeinsam mit uns das System den Forderungen entsprechend weiter zu entwickeln.

Eine weitere Bedingung war, dass diese Lösung beim System-Lieferanten als Stanard weiter geführt, und damit bei allen zukünftigen Updates berücksichtigt wird.
Nach der Auswahlphase der verschiedensten Systeme (EDMS, DMS, TIS usw.), ist die Entscheidung relativ rasch und eindeutig zugunsten von QuaDRO/Compass gefallen. Es war das einzige uns bekannte System, dass alle unsere vorstehenden Forderungen erfüllte und zudem erst noch das Beste im Preis- Leistungsverhältnis.

QuaDRO/Compass stützt sich auf drei Säulen

- Dokumentenverwaltung/ -erstellung/ -kontrolle/ -prüfung
- Qualitätssicherung
- Managementinformationssystem (MIS)

Einige der entscheidenden Punkte für die Wahl von QuaDRO/Compass waren, die integrierte Qualitätssicherung, die Lauffähigkeit auf praktisch aller bei uns installierter Hard- und Betriebssoftware (Bild 1) sowie die Zusatzfunktionen und die Flexibilität in der Struktur.

Anfang 1992 wurde das Projekt freigegeben. Zuerst wurde das gesamte Konzept (Bild 3) gemeinsam mit dem System-Lieferanten erarbeitet. Dabei zeigte sich, und dies kann nicht genug betont werden, wie wichtig eine echte Teamarbeit zwischen System-Lieferant und Kunde bei der Konzeption und Einführung eines EDMS ist, egal welchen Umfangs bzw. welcher Ausbaustufe. Wir selbst wären nicht in der Lage gewesen das EDMS einzuführen, denn das dazu notwendige Know-How fehlte uns und wäre innert nützlicher Frist, von den Kosten gar nicht zu reden, nicht zu erarbeiten gewesen, geschweige denn die Möglichkeiten die ein solches System bietet überhaupt zu Nutzen. Ein System-Lieferant ist aber ebensowenig in der Lage, ein EDMS bei einem Kunden ohne dessen intensive Unterstützung und betriebsspezifischen Erfahrungen einzuführen.

Die Einführung des Systems sollte unbedingt stufenweise (Modular) erfolgen, indem zuerst der Ingenieurarbeitsplatz inkl. der Office-Bereich in der F+E installiert wird.

Es gibt drei mögliche Wege ein EDMS einzuführen:

a) Das EDMS, alle vorhandenen Daten, Informationen und Dokumente werden in einem Schub installiert. Im nachhinein wird dann sukzessive die Informations- und Ablaufstruktur aufgebaut und am Schluss noch das Qualitätssicherungssystem angehängt.
b) Das EDMS wird installiert, die vorhandenen Daten, Informationen und Dokumente werden modulweise (z.B. zuerst die Zeichnungsverwaltung) implementiert. Pararell dazu wird das Qualitätssicherungssystem aufgebaut und damit das integrierende Führungs- und Organisationssystem.
Dieser modulweise Aufbau wird laufend weiter geführt, bis die unternehmensweite Integration über alle Stufen reaslisiert ist. Der gesamte Aufbau unterliegt einem kontinuierlichen Änderungs- und Verbesserungsprozess im Sinne von Kaizen.
c) Zuerst wird eine Informations- und Ablaufstruktur festgelegt (Bild 3) und dann das EDMS installiert. Als nächstes wird dann das Qualitätssicherungssystem implementiert und somit das integrierende Führungs- und Organisationssystem. Ab hier wird Schritt für Schritt ein Modul nach dem anderen installiert, angefangen bei der Zeichnungsverwaltung. Pararell dazu läuft im Sinne von Kaizen ein kontinuierlicher Änderungs- und Verbesserungsprozess.

Es wurde beschlossen, in pragmatischer Weise vorzugehen, deshalb wurde Variante b) gewählt. Zuerst wurde strukturiert, d.h. die Verwaltung der vorhandenen Dokumente und Daten (Metadatenverwaltung) realisiert. Pararell zu diesem, erfolgte der Aufbau des QS-Systems nach ISO 9001 und 9000, Part 3 und der Organisation. Dazu mußte auch ein neues Sachnummern- und Klassifizierungssystem aufgebaut werden, da das bestehende nicht der QS-Norm entsprach.

In einem zweiten Schritt erfolgte dann die Umsetzung zu einem aktiven EDMS, in dem:
- die Applikationen (CAD, Text, DTP usw.) eingebunden wurden, d.h. diese Applikationen können nicht mehr als autarke Systeme benutzt werden, sondern nur noch über das EDMS. Damit war die Basis für eine weitgehende Datenkonsistenz und Redundanzfreiheit gegeben.
- Informationen im System eingebunden, erstellt, aufbereitet, gezielt verteilt, koordiniert und kontrolliert werden können.
- das QS-System nicht mehr nur integrierender Bestandteil, sondern die Basis des EDMS ist, womit die Organisation abgebildet, die Richtlinien und Vorschriften als Dokumente verwaltet und in den Prozess integriert sind. Damit ist auch die Verfolgbarkeit, die Zuständigkeit und Gültigkeit von Dokumenten etc. die im Zusammenhang mit Qualitätssicherung und Produkthaftung immer wieder auftreten, geregelt.

Uebersicht Hardware und Software einiger Firmen

	Hardware	VDT's	PC's	Software Fert./Handel	BDE	Finanz BRW	Personal Lohn	CAD
Aarburg	Unisys 80	112	220	Ind-80		Subas+Eig.	Eig. + Telco.	AutoCAD
Säckingen KT	Unisys 80	46	37	Ind-80		Subas+Multipl.	Super (Pai)	MicroCADAM
Säckingen CG	PC-Netz	1	50	EDVC	Axon	Subas	Super (Pai)	MicroCADAM
Ninove	Philips	9	4	Atlas (Phil.)		Atlas	EasyPay	MicroCADAM
Hard	Philips	28	5	Leis		Philips+DPW	DPW	
Peschiera	IBM AS/400	28	7	GPROS	Dating	Finenco	S.C.T	G.BV.G/Unigr.
Chambly	IBM/S36	15	5	Spezial		Spezial	Extern	
Helmond	Philips	22	7	Leis	Benzing	Finance (PHi)	Extern	
Belag	IBM AS/400	1	40	MAS90	Benzing	Philips	MAS90	
USA	Unisys A	60	69	BAMCS/EDVC	Data-Net	BAmcs	Extern	MicroCADAM
Frifri	Digital	16	3	Prodstar/Comfac		Tetra	Prodstar(PC)	
Carron	Data Gen.	28	14	Weir		Weir	Extern	
Kelly	IBM AS/400	11	3	JBA (Busin.400)		JBA	JBA	AutoCAD

Bild 1

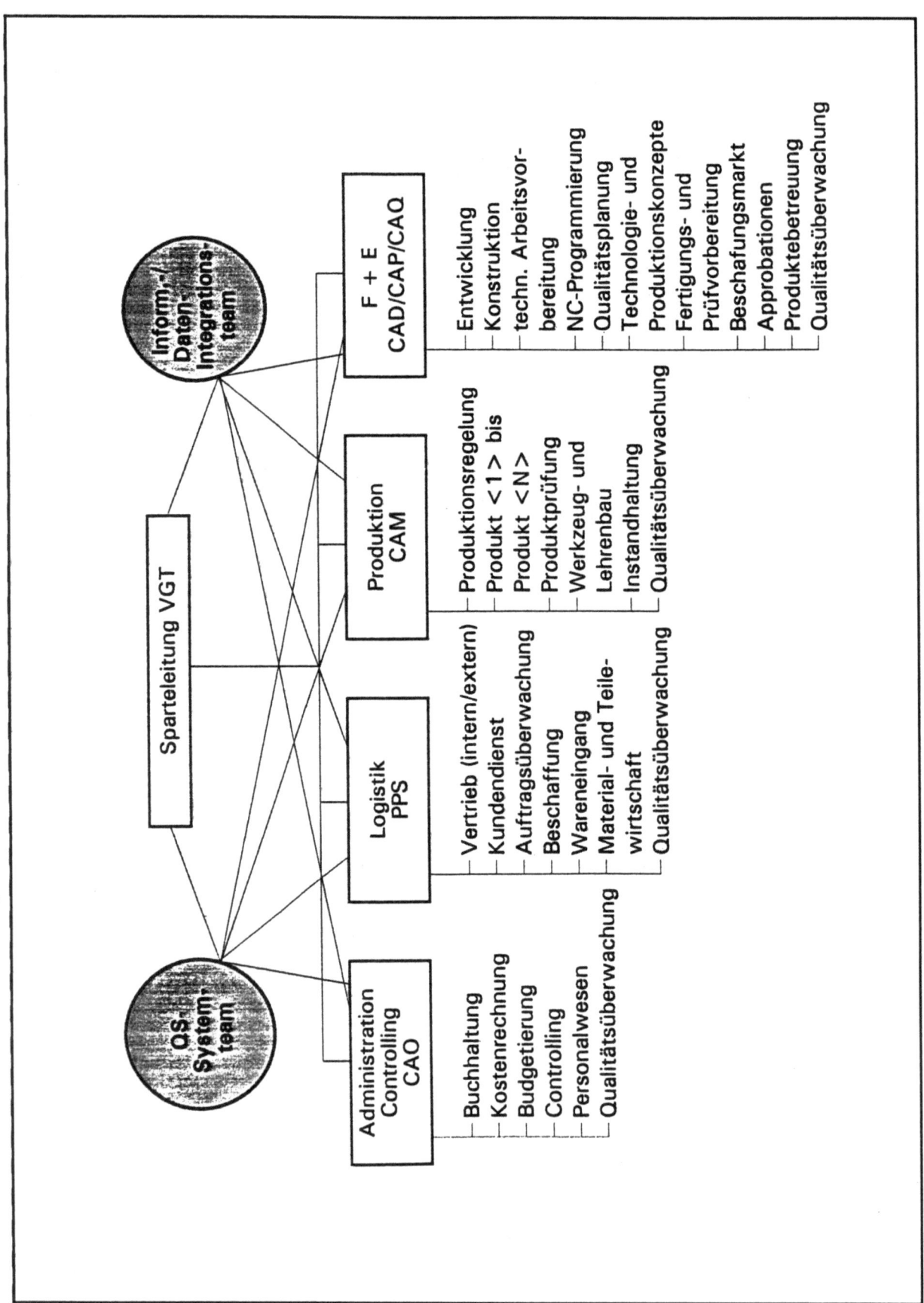

Bild 2

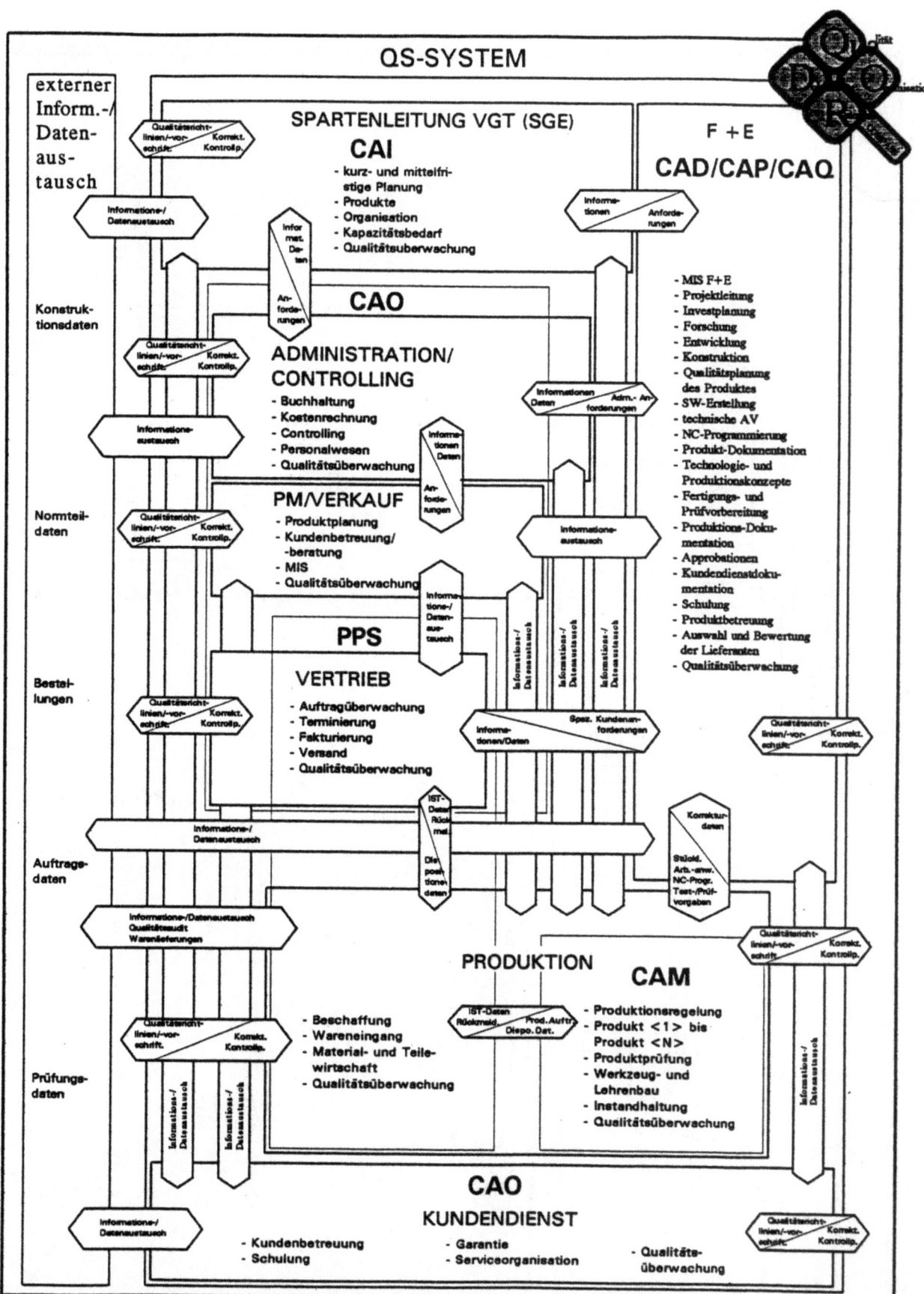

Bild 3: Integration des Informationsflusses

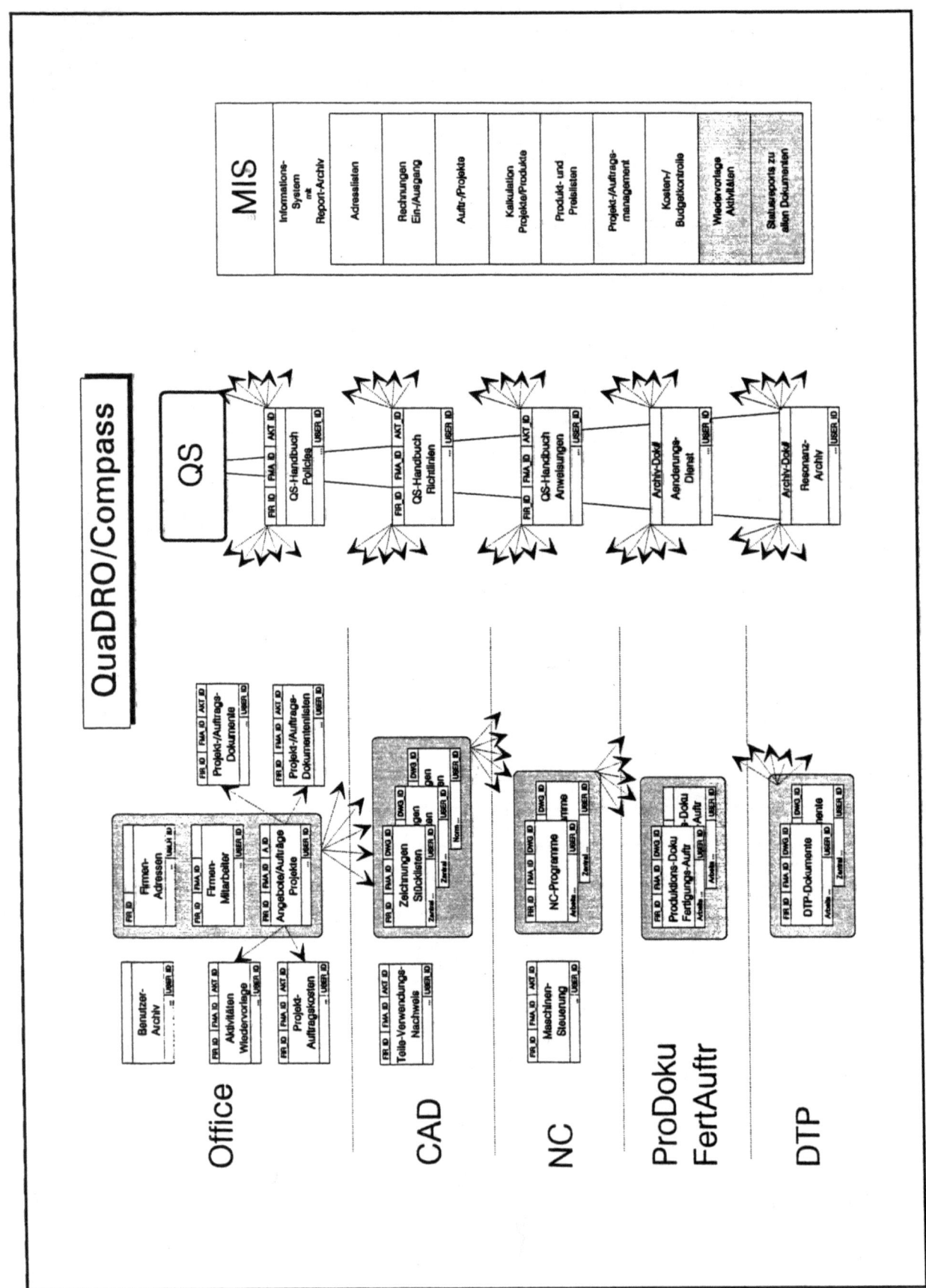

Bild 4

12. IAO-Arbeitstagung
Wege aus der Krise
Geschäftsprozeßoptimierung und
Informationslogistik

Engineering Data Management: Ein Ansatz für eine unternehmensweite Informationslogistik

Hendrik Knopper

Control Data GmbH, Hamburg

Zusammenfassung

Im ersten Teil des Vortrages wird die Motivation zur Einführung eines EDM-Systems aus den allgemeinen Unternehmenszielen *Kostenreduktion, Zeitersparnis und Qualitätsverbesserung* hergeleitet und begründet. Der zweite Abschnitt definiert ein durch die oben formulierten Anforderungen umrissenes Softwarewerkzeug in Form eines Pflichtenheftes. Die wesentlichen Funktionsmodule eines EDM-Systems werden nicht nur beschrieben, sondern an den im ersten Abschnitt genannten Anforderungen orientiert dargestellt. Der dritte Teil des Vortrages schließlich unternimmt den Versuch, die direkten Kostenvorteile bei Einführung eines EDM-Systemes, welches die oben umrissenen Funktionalitäten bietet, an einigen Beispielen aus der Praxis aufzuzeigen.

1.0 Motivation

1.1 Unternehmensziele

Die Unternehmensziele Kostenreduktion, Zeitersparnis und Qualitätsverbesserung in den Mittelpunkt eines solchen Vortrages zu stellen, ist zwar keineswegs neu, deswegen jedoch nicht weniger richtig und wichtig. Gerade in der heutigen Zeit müssen sich Investitionen genau an diesen Kriterien messen lassen. Das gegenwärtige Wirtschaftsgeschehen erfordert keine schrittweisen Verbesserungen im Sinne einer strukturellen Evolution, sondern die vielzitierten Quantensprünge in Effizienz und Effektivität sind tatsächlich dringend erforderlich, um die notwendigen dramatischen Schritte im oben genannten magischen Dreieck aus Kosten, Zeit und Qualität zu erreichen.

Konzepte wie Concurrent Engineering, Continous Improvement oder Lean Management weisen Wege in die gewünschte Richtung. In den folgenden Abschnitten sollen die Spitzen des magischen Dreiecks unter Berücksichtigung dieser Denkansätze auf Verbesserungspotentiale hin untersucht werden.

1.2 Potentiale

1.2.1 Zeitersparnis

Der "geldwerte Vorteil "eingesparter Zeit im Entwicklungszyklus ist evident. Nach einer Studie von McKinsey reduziert sich die Gesamtprofitabilität eines Produktes mit einer Lebensdauer von 5 Jahren um etwa 35% bei einer um nur 6 Monate verspäteten Markteinführung! Eine Untersuchung des Produktentwicklungszyklusses auf möglich Einsparungspotentiale liefert grundsätzlich 4 unterschiedliche Ansatzpunkte:

- Verkürzung der "Transportdauer" von Informationen und Dokumenten im Entwicklungsprozeß. Dies ist im Wesentlichen als EDV-technisches Problem durch den Einsatz entsprechender Softwarewerkzeuge in einem System vernetzter DV-Arbeitsplätze lösbar.
- Verringerung der "Liegezeit" von Informationen und Dokumenten im Entwicklungsprozeß. Nach einschlägigen Untersuchungen ist weniger als 10% der Lebenszeit eines Dokumentes sogenannte wertschöpfende Tätigkeit, den größten Teil seines Lebens verbringt ein Dokument, sei es nun ein elektronisches oder papierenes, mit "Liegezeit", d.h. es wartet auf Bearbeitung oder Transport. Dies ist im Wesentlichen eine Frage der Organisation von Entwicklungsprozessen und damit nicht primär eine Frage der eingesetzten DV-Werkzeuge, sondern der Unternehmensstrategie im Entwicklungsbereich. Concurrent Engineering und Teamarbeit bieten hier Ansatzpunkte.
- Verringerung der Anzahl der Bearbeitungsschritte im Entwicklungsprozeß. Genau wie oben ist auch dies ist im Wesentlichen eine Frage der Organisation von Entwicklungsprozessen und damit nicht primär eine Frage der eingesetzten DV-Werkzeuge.
- Verminderung der "nicht-wertschöpfenden" Nebentätigkeit im Entwicklungsprozeß. Nach einer Studie von Datamation verbringen CAD-Ingenieure bis zu 30% ihrer Arbeitszeit mit der Suche nach bereits erstellten Daten. Weitere DV-typische Nebentätigkeiten, die nichts mit der eigentlichen Ingenieursarbeit zu tun haben, verringern die Effektivität hochqualifizierter Mitarbeiter.

1.2.2 Kostenreduktion

Zur Reduktion der direkten Kosten im Entwicklungsprozeß bieten sich ebenfalls mehrere Ansatzpunkte. Neben der Verhinderung von Doppelarbeit durch eine verbesserte Kommunikation aller Beteiligten und die Verfügbarkeit der notwendigen Information am rechten Ort zur richtigen Zeit, ist es vorallem der Änderungsdienst, der nennenswerte Reduktionspotentiale bietet.

Gerade im Änderungsdienst lassen sich durch Einsatz geeigneter EDV-Werkzeuge im Bereich der Administration beträchtliche Einsparungen erzielen. (Siehe auch 3.2.2: Direkte Kosten des Änderungswesens). Die deutlichste Kostenreduktion läßt sich jedoch durch eine Verschiebung des Änderungszeitpunktes im Entwicklungsprozeß erreichen. Die Kosten für das Durchführen einer Änderung steigen in der Fertigungsphase gegebenenfalls auf das bis zu 10-fache der Kosten, die eine Änderung in der Konzeptionsphase gekostet hätte!

Weitere Kostenreduktionen sind durch den Einsatz von leistungsfähigen Hilfsmitteln zur Durchführung DV-technischer Administration realisierbar. Hierzu zählen neben der Verwaltung von Benutzern, Zugriffsrechten und Ressourcen auch

Aspekte wie Kommunikation über ein Netzwerk, der Transport und die Konvertierung von Daten sowie Hilfsmittel zum Drucken und Plotten an der gewünschten Stelle auf der geeigneten Hardware.

1.2.3 Qualitätsverbesserung

Aspekte der Produktqualität kommen bei einer Betrachtung von Entwicklungsprojekten aus dem Blickwinkel des Engineering Data Management vor allem an drei Stellen ins Spiel:

- *Wiederverwendung von Bauteilen:*

Wohlstrukturierte Informationen über bereits verfügbare Bauteile in einem EDM-System führen zwangsläufig zu einer häufigeren Wiederverwendung von Bauteilen. Aufgrund einer geringeren Teileanzahl können die einzelnen Bauteile bei gleichen Kosten von höherer Qualität sein. Dies führt wiederum zu einer höheren Qualität des Endproduktes.

Verbesserte Kommunikation aller am Entwicklungsprozeß Beteiligten führt durch konsequente Berücksichtigung aller für das Endprodukt relevanten Fragestellungen zu einem konsequenteren Produktdesign mit weniger Korrekturen. Auch dies kommt letztendlich der Produktqualität zu gute.

- *Kürzere Innovationszyklen:*

Kürzere Entwicklungszyklen führen innerhalb des gleichen Zeitraumes zu häufigeren Verbesserungen und Innovationen des Produktes und seiner Komponenten und damit zu einer höheren Qualität und einer besseren Anpassungen des Produktes an sich wandelnde Anforderungen des Marktes.

- *Konsistente Produkt- und Projektdokumentation:*

Gerade im Lichte der Anforderungen aus dem Umfeld der Produkthaftung und den Anforderungen der ISO 9000 ist bei der Beurteilung der Qualität eines Produktes die Dokumentation des Produktes und des zu seiner Entwicklung führenden Prozesses von entscheidender Bedeutung. Konsequente Implementation von Prüf- und Freigabeprozessen sowie kontinuierliche und zeitnahe Dokumentation der Entwicklungshistorie bzw. des jeweiligen Projektstatus tragen wesentlich zur Gesamtqualität des Produktes bei.

2.0 Systemdefinition

2.1 Ein EDM-Pflichtenheft

Der folgende Teil des Vortrages versucht, die wesentlichen Komponenten eines Systems, das die in den vorangegangenen Abschnitten definierten Anforderungen erfüllt, in Form eines Pflichtenheftes zu beschreiben. Ein solches System sollte aus vier Funktionsblöcken oder Modulen bestehen:

- Dokumentenverwaltung
- Produktstrukturmanager
- Prozeßmanager
- Werkzeuge und Hilfsmittel

All diese Module sollen unter einer einfach zu bedienenden grafischen Benutzeroberfläche zur Verfügung stehen, die weitgehend unabhängig von der darunterliegenden Hardware ist und vom Anwender keine - oder zumindest nur wenige - zusätzliche Eingaben verlangt.

2.1.1 Netzweite Dokumentenverwaltung

Dieses Modul, das gemeinhin als die Keimzelle der meisten kommerziellen EDM-Systeme gilt, umfaßt im Wesentlichen die Funktionalität des netzweiten Zugriffs auf Dokumente ohne Berücksichtigung ihrer physikalischen Lokation im Netz. Das Suchen nach Dokumenten erfolgt über benutzerdefinierbare Sachmerkmale und Attribute in der Sprache und Denkweise der Ingenieure, nicht der der Informatiker.

Neben der Definition und Kontrolle von Zugriffsrechten auf Dokumente und Hardwareressourcen erledigt dieses Modul auch den Transport und die gegebenenfalls erforderliche Konvertierung zwischen verschiedenen Systemwelten und Dateiformaten transparent für den Benutzer.

Das Modul Zeichnungsverwaltung muß die flexible Definition von Teams und Arbeitsgruppen ebenso wie die Einbindung geographisch entfernter Standorte oder Kooperationspartner unterstützen. Hierzu eignet sich besonders ein hierarchisch strukturierbares Netz von EDL-Arbeitsgruppen und -Servern, deren Struktur weitgehend unabhängig von der Topologie des darunterliegenden physikalischen DV-Netzes ist.

Die folgende Abbildung zeigt ein solches System aus EDL-Arbeitsgruppen.

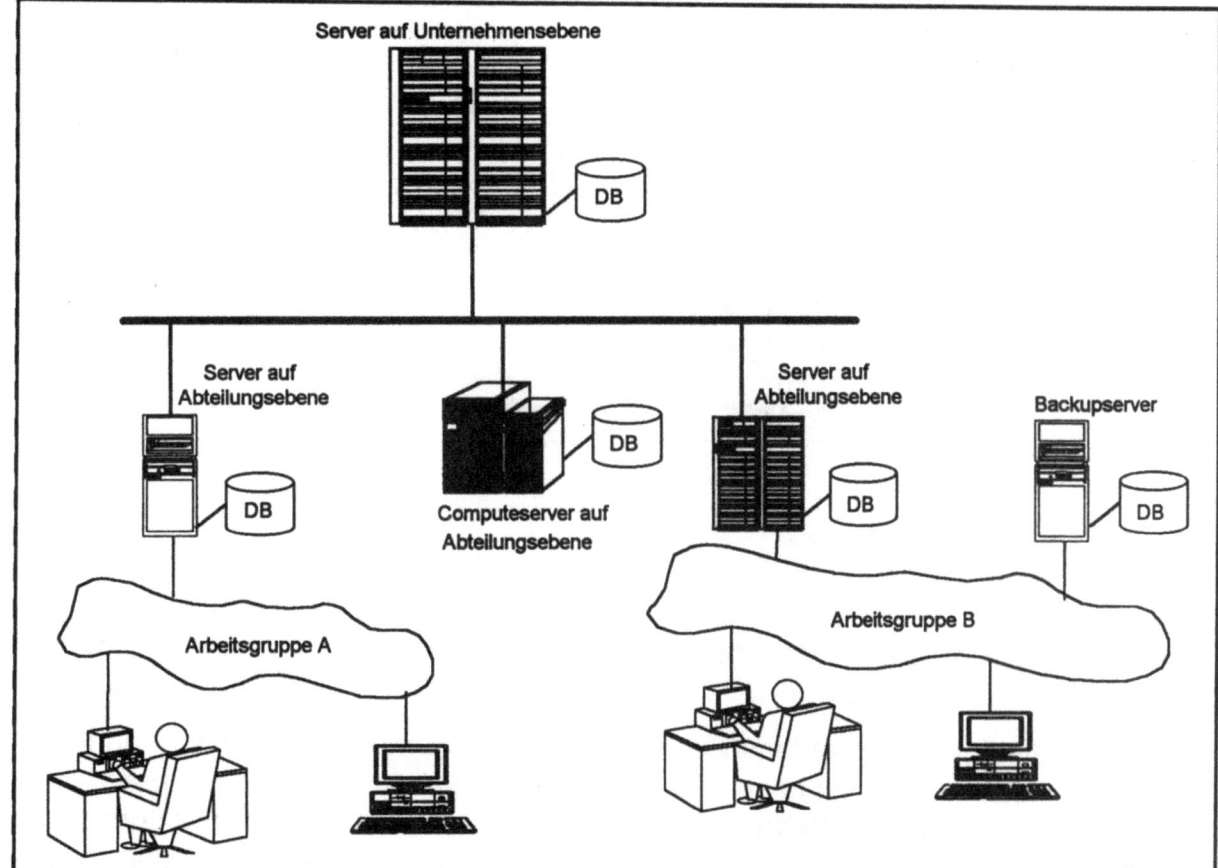

2.1.2 Produktstrukturmanagement

Sinnvollerweise sollte die Produktstruktur dort gepflegt werden, wo sie entsteht. Dem entwickelnden Ingenieur sollten direkt an seinem Arbeitsplatz jederzeit alle Informationen zur Produktstruktur zur Verfügung stehen. Hierzu zählen neben Stücklisten in unterschiedlichen VIEWS (Entwicklung, Fertigung, Einkauf, Montage, etc.) auch Teileverwendungsnachweise und Änderungshistorien.

Die Handhabung von Konfigurationen, einschließlich der sie beschreibenden Dokumentation in ihren Varianten und Versionen (Configuration Management) muß entwicklungsnah möglich sein.

Die folgende Abbildung zeigt den hiermit angerissenen Themenkreis.

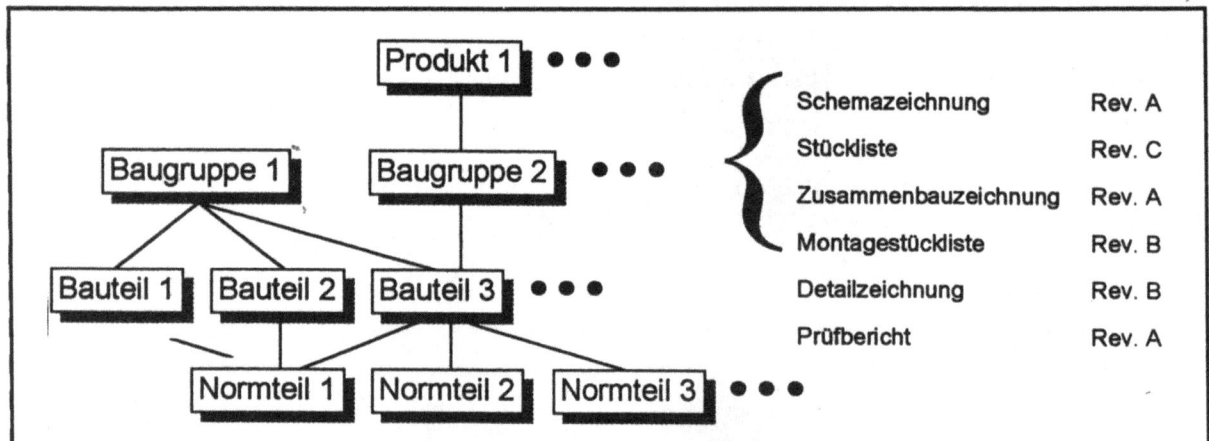

2.1.3 Prozeßmanagement

Neben der eher statischen Funktionalität von Dokumentenverwaltung und Produktstruktur ist die prozessuale Sicht auf die Produktentwicklung von entscheidender Bedeutung.

Die mit beliebigen Applikationen erstellten EDV-Dokumente sind eingebunden in Bearbeitungs- oder Prüfungsprozesse mit zahlreichen - gegenenenfalls auch parallel stattfindenden - Bearbeitungsschritten. Das EDM-System ermöglicht auf einfache Weise die Definition solcher Prozesse und steuert deren Ablauf automatisch. Das bedeutet, nach einem Bearbeitungsschritt werden die zu diesem Arbeitsschritt gehörenden Dokumente über das Netzwerk an den nächsten Bearbeiter weitergereicht und dieser davon benachrichtigt.

Weitere Nachrichten können an andere am Prozeß beteiligte Personen (z.B. Projektleiter) versendet werden. Dies ist insbesondere wichtig, wenn im Prozeßablauf Abweichungen vom geplanten Verlauf eintreten. Hierzu gehören zum Beispiel das Zurückweisen von Dokumenten durch einen Prüfer im Verlaufe eines Freigabe- oder Änderungsprozesses oder das Überschreiten von in der Prozeßdefinition vorgegebenen Bearbeitungszeiträumen.

Der Prozeßmanager eines EDM-Systems ist ein geeignetes Werkzeug zur Implementation moderner Bearbeitungsketten (Workflow) für Teamwork und Concurrent Engineering.

Die folgende Abbildung zeigt die grundsätzliche Funktionalität.

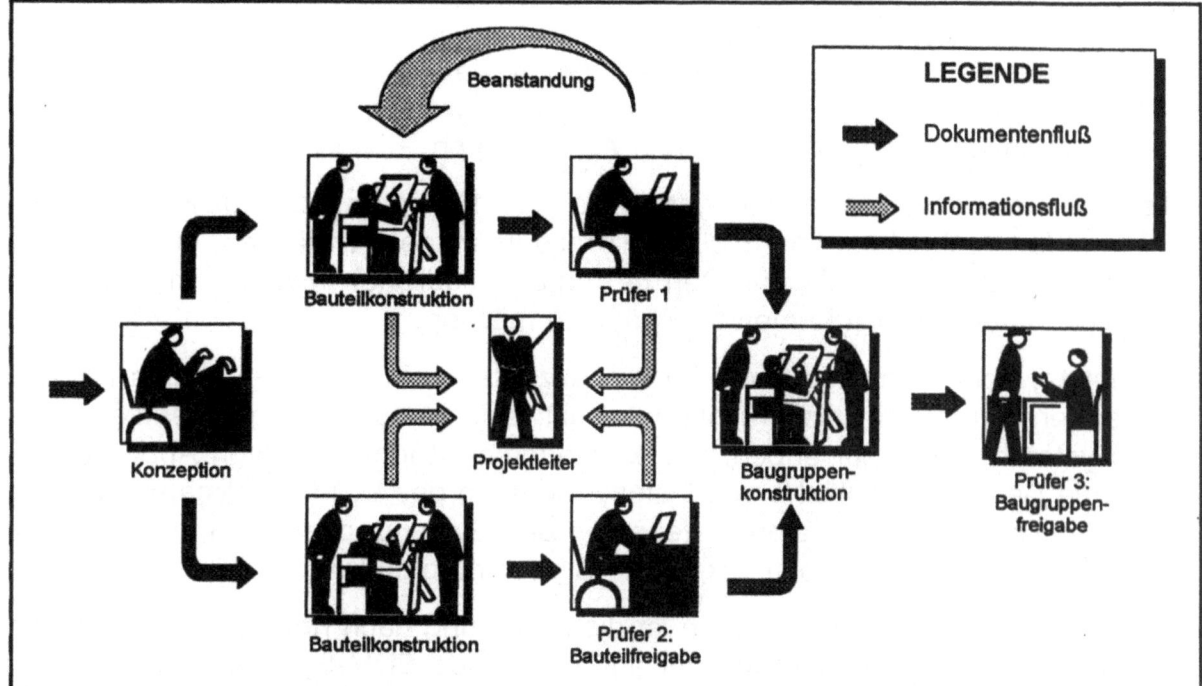

2.1.4 Werkzeuge und Hilfsmittel

Zur Verminderung der den Bearbeiter belastenden "nicht-wertschöpfenden" EDV-typischen Nebentätigkeiten werden einfach zu bedienende, weitgehend hardwareunabhängige Werkzeuge und Hilfsmittel in verschiedenen Bereichen benötigt:

- Adminstration

Zur Administration der in das EDM-System eingebundenen Mitarbeiter und Arbeitsgruppern sind effektive Werkzeuge erforderlich. Die Benutzerschnittstelle nicht nur des EDM-Systems selbst, sondern auch dieser administrativen Hilfsmittel soll invariant gegen das darunterliegende Betriebssystem bzw. die eingesetzte Hardware sein. Der Adminstrator eines EDM-Netzes benötigt einheitliche Werkzeuge zum Management von:
- Benutzern,
- Benutzergruppen,
- Workstations,
- Zuordnung von Servern zu Arbeitgruppen,
- Zugriffsrechte auf Dokumente,
- Rollen von Personen in Prozessen,
- Vergabe von Systemressourcen.

Weiterhin sollte das EDM-System die Definition regelbasierter Prozesse zu folgenden Fragestellungen ermöglichen:
- Netzwerkweites Plotten und Drucken,
- Datentransfer über beliebige Netzwerkprotokolle,
- Datenkonvertierung aus verschiedenen Systemwelten,
- Datenkonvertierung für verschieden Applikationen.

Darüberhinaus sollte das EDM-System einen immanenten Kommunikationsmechanismus für Nachrichten innerhalb des Prozeßmanagers umfassen, ohne daß die Anwender sich mit den Eigenheiten der unterschiedlichen Mailsysteme auf ihren jeweiligen Hardwareplattformen beschäftigen müssen.

Der letzte, aber nichtsdestotrotz für die Akzeptanz eines EDM-Systems bei den Anwendern außerordentlich wichtige Aspekt, sind leistungsfähige Werkzeuge für den Systembetreuer zur engen, d.h. komfortablen, Einbindung von Applikationen unter die Benutzeroberfläche und Datenverwaltung des EDM-Systems ebenso wie Schnittstellen zur funktionalen Erweiterung des Systems oder auch zur Definition kundenspezifischer Eingabemasken und Bildschirmformulare.

Insbesondere an diese Werkzeuge ist die Forderung nach höchstmöglicher Invarianz gegen Versionswechsel sowohl auf seiten des EDM-Systems wie auch auf seiten der eingebundenen Applikation zu stellen. Aus heutiger Sicht erfüllen objektorientierte Applikationsschnittstellen diese Anforderung am besten.

3.0 Nutzenanalyse

3.1 Die Rolle von EDM als Strukturierungswerkzeug

In den vorangegangenen Abschnitten wurden Anforderungen definiert und ein System beschrieben, das diese Anforderungen erfüllt. Wichtig bei der Analyse des Nutzens eines solchen Systems ist die Tatsache, daß es sich bei einem EDM-System um ein Werkzeug zur Implementation von modernen Bearbeitungsketten (Lean Developement, Concurrent Engineering, Continuous Improvement etc.) handelt. Die Einführung eines EDM-Systems kann niemals Selbstzweck sein, sondern muß im Rahmen eines generelleren Umdenkens, einer Umstrukturierung tradierter Prozeßketten gesehen werden. Amerikaner rechnen EDM-Systeme daher zu den "enabling technologies" oder um Laotse zu zitieren:"EDM ist der Weg, nicht das Ziel."

Richtig ist allerdings auch, daß Vorgehensweisen wie Concurrent Engineering oder Teamwork die im ersten Abschnitt beschriebenen Funktionalitäten zwingend voraussetzen. Dies gilt etwa im Bereich des netzweiten Zugriffs auf ständig aktuell gehaltene Produkt- und Projektdokumentation oder die Möglichkeit, Arbeitsgruppen flexibel zu definieren und Bearbeitungsprozesse als Standards zu implementieren. Es läßt sich also feststellen, Daß EDM-Systeme nicht als allgemein unterstützendes Werkzeug, sondern geradezu als Schlüsseltechnologie für den Bereich modernen Workflow-Managements angesehen werden müssen.

3.2 Versuch einer Quantifizierung des Nutzens

Bei der Betrachtung des Nutzen eines EDM-Systems lassen sich unterschiedliche Kategorien bilden, deren Analyse unterschiedliche Schwierigkeiten bereitet. Diese Kategorien sind im Wesentlichen:

1) Direkte Kosten
2) Verkürzung des Entwicklungszyklus (time to market)
3) Produktqualität
4) Produktivität

Die Punkte 2) bis 4) sind evident, auf ihre Relevanz im Rahmen der Beurteilung des Themas EDM wurde bereits eingegangen. Zur Begründung der unternehmerischen Entscheidung ein EDM-System einzuführen, spielt jedoch - neben den Auswirkungen im "time-to-market" - die Einschätzung des Effektes auf die direkten Kosten die entscheidende Rolle. Im Folgenden wird der Versuch unternommen, anhand von Beispielen, die die CIMdata Gruppe Mitte dieses Jahres aus eigenen Projekten veröffentlicht hat, den direkten Kosteneffekt aufzuzeigen.

3.2.1 Direkte Kosten im Projektverlauf

Die folgende Tabelle zeigt die Eckdaten der Kosten aus einem realen Projekt aufgeteilt nach den verschiedenen Qualifikationen der beteiligten Mitarbeiter:

Designkonzept	Manager	Admin.	Designer	Ingenieur	Konstrukt.	Summe
Aufwand (Mannjahr)	0,25	0,25	1	2	3	6,5
Kosten pro Mannjahr	200	60	125	100	70	
Anteil der Arbeitszeit im EDM-System						
Design Freigabeverwaltung	0%	30%	20%	10%	5%	
Änderungswesen	10%	30%	15%	15%	10%	
Prod. Struktur Management	20%	10%	10%	5%	0%	
Klassifikation	0%	0%	15%	10%	5%	
Projektmanagement	20%	15%	0%	0%	0%	
Summe:	50%	85%	60%	40%	20%	
Nachgewiesene Einsparungen mit EDM-System						
Personalkosten	50	15	125	200	210	600
Minderaufwand	24,0%	53,3%	39,2%	23,5%	12,9%	23,3%
Kostenreduktion (k$)	12	8	49	47	27	140

Der mittlere Block der Tabelle gibt Auskunft darüber, welcher Anteil der jeweiligen Projektarbeit der einzelnen Mitarbeiter im Vergleichsprojekt mit Hilfe oder unter Verwendung des EDM-Systems abgewickelt wurde. Der untere Bereich zeigt schließlich den Effekt auf die Personalkosten im Verlaufe des Projektes. Wie nicht anders zu vermuten, entsteht anteilig der deutlichste Einsparungseffekt im Bereich der Administration (53,3%) und des Designs (39,2%).

Bereits in der Designphase lassen sich durch Einsatz eines EDM-Systems mit entsprechender Umstrukturierung der tradierten Bearbeitungswege und Informationsflüsse bereits fast ein Viertel (23,8%) der Kosten einsparen. Die folgende Abbildung verdeutlicht die Daten der Tabelle noch einmal grafisch.

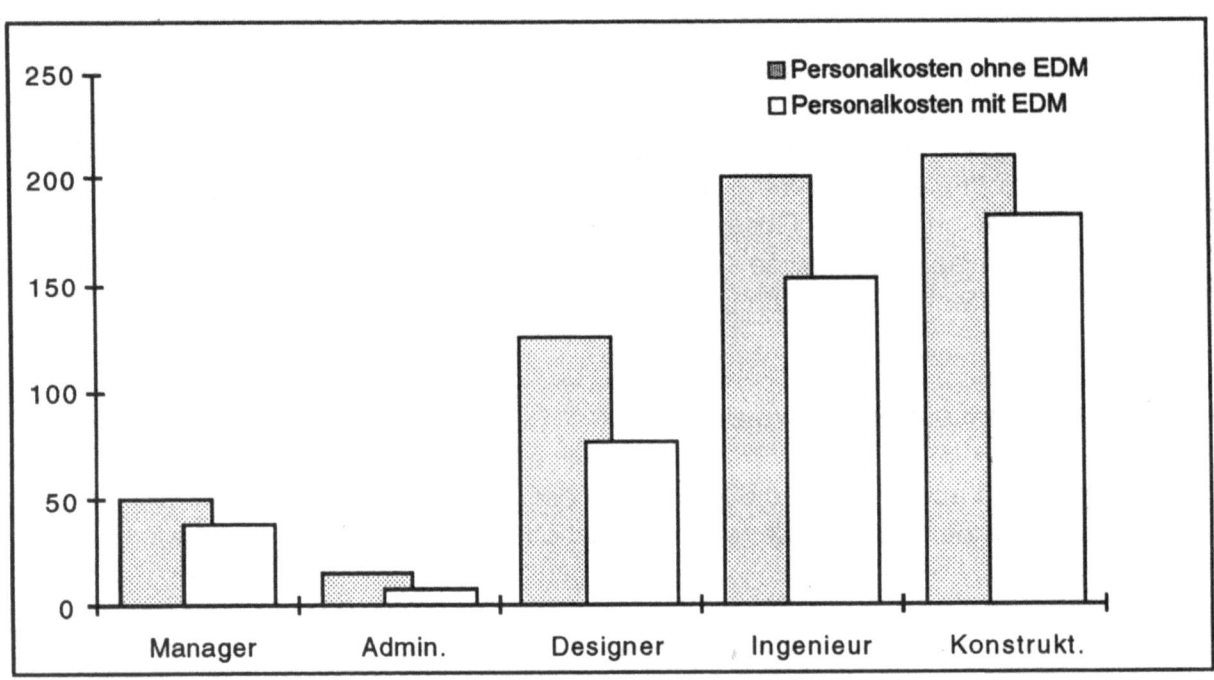

3.2.2 Direkte Kosten des Änderungswesens

Am deutlichsten lassen sich die direkten Kosteneffekte aber am Änderungswesen aufzeigen, denn gerade hier sind die positiven Auswirkungen eines EDM-Systems durch unmittelbare Verfügbarkeit aller produktrelevanten Informationen und Dokumente sowie die schnelle Übersicht über alle von einer Änderung betroffenen Bauteile oder Baugruppen am deutlichsten erkennbar.

Die umseitige Tabelle zeigt die Kosten für das Änderungswesen für eine Produktgruppe vor und nach einer entsprechenden Umstrukturierung und Einführung eines EDM-Systems.

Die Betrachtung des ersten Tabellenteils (Ohne EDM-System) zeigt zunächst folgendes: Wie nicht anders erwartet, steigen die Kosten für notwendige Änderungen auf dem Weg des Projektes von der Konzeptphase zur Fertigung dramatisch an: Während in diesem Fall eine Änderung des Konzeptes im Mittel 200 US-$ kostet, entstehen durch eine Änderung im Verlaufe der Fertigung bereits Kosten in Höhe von 17.000 US-$!

Zieht man ins Kalkül, daß von den 120 insgesamt erforderlichen Änderungen fast zwei Drittel (65%) erst in der Fertigungsvorbereitung oder später auftreten, zeigt sich das Einsparungspotential deutlich.

Ohne EDM-System							
Program Phase	Konzept	Design	Test	Fertigungs-vorbereitung	Testlauf Fertigung	Fertigung	Summe
%-Projektanteil	3,8%	7,7%	7,7%	10,3%	5,1%	65,4%	100,00%
Projektdauer (MM)	3	6	6	8	4	51	78
%-Änderungen	5%	10%	20%	30%	15%	20%	100%
Änderungsanzahl	6	12	24	36	18	24	120
Änderungsaufwand (MM)	0	0,2	1,6	3,6	4,2	0	9,6
Admin. Kosten ($)	0	1.000	1.250	1.500	2.000	2.000	
Änderungskosten ($)	200	500	1.000	3.000	7.000	15.000	
Kosten / Änderung ($)	200	1.500	2.250	4.500	9.000	17.000	
Gesamtkosten (k$)	1	18	54	162	162	408	805

Mit EDM-System							
Program Phase	Konzept	Design	Test	Fertigungs-vorbereitung	Testlauf Fertigung	Fertigung	Summe
%-Projektanteil	3,9%	8,1%	6,7%	6,8%	1,2%	73,4%	100,00%
Projektdauer (MM)	3,0	6,3	5,2	5,3	0,9	57,2	77,9
%-Änderungen	17%	43%	17%	13%	7%	1%	100%
Änderungsanzahl	12	30	12	9	5	1	69
Änderungsaufwand (MM)	0,1	0,5	0,8	0,9	1,2	0	3,5
Admin. Kosten ($)	0	400	500	600	800	800	
Änderungskosten ($)	200	500	1.000	3.000	7.000	15.000	
Kosten / Änderung ($)	200	900	1.500	3.600	7.800	15.800	
Gesamtkosten (k$)	2	27	18	32	39	16	135

Im zweiten Teil der Tabelle wird der "EDM-Effekt" deutlich. Nicht nur die Gesamtanzahl der erforderlichen Änderungen und die mit ihnen verbundenen Kosten sinken durch die verbesserte Kommunikation aller Beteiligten, sondern der Schwerpunkt des Änderungszeitpunktes konnte deutlich nach vorn, d.h. in den Bereich, in dem Änderungen deutlich preiswerter zu realisieren sind, verschoben werden. Die umseitige Grafik zeigt diesen Effekt deutlich. Die Mehrzahl der erforderlichen Änderungen fallen nun nicht mehr in der vergleichsweise teuren Arbeitsvorbereitung, sondern bereits in der Designphase an. Der Effekt auf die Kosten ist dramatisch.

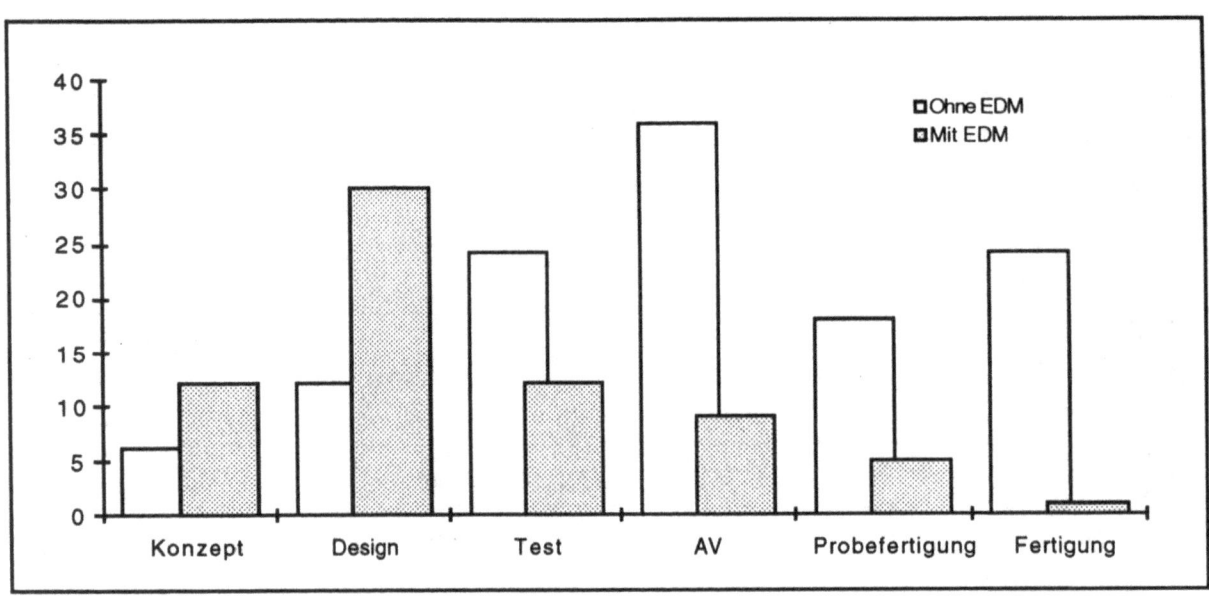

Bei Betrachtung der direkten Kosten des Änderungswesens zeigt sich diese dramatische Auswirkung, die vor allem in der grafischen Darstellung frappiert: Die Gesamtkosten für das Änderungswesen im Lebenszyklus des hier betrachteten Produktes konnten von 805.000 US-$ auf 135.000 US-$ reduziert werden. Dies entspricht einer Reduktion um 83,2 %!

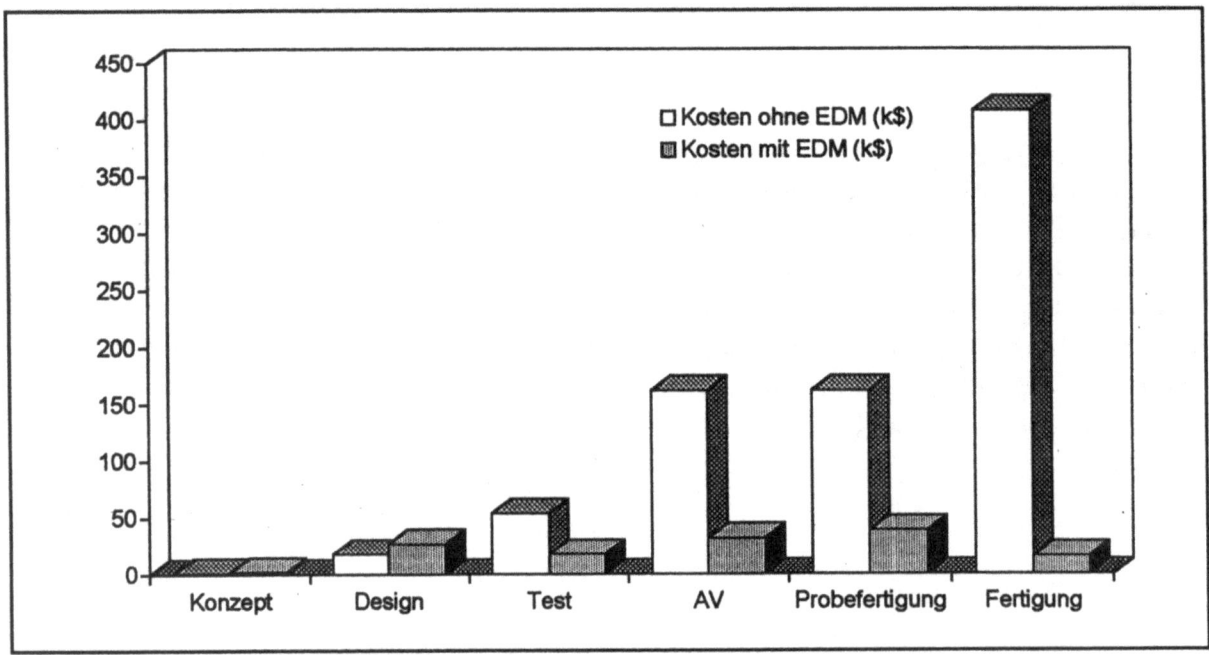

4.0 Schlußbetrachtung

Die Beispiele aus dem dritten Abschnitt dieses Vortrages belegen deutlich, daß bei einer Verbindung aus Umstrukturierung etablierter Bearbeitungsketten, dem Business Re-engineering, in Verbindung mit einem leistungsfähigen EDM-System die erforderlichen drastischen Verbesserungen an allen beteiligten Spitzen des eingangs erwähnten magischen Dreieck aus Kosten, Zeit und Qualität möglich sind.

Wichtig bei der Konzeption derartiger Re-Engineering Projekte ist jedoch ein sinnvoller Stufenplan, der es allen am Prozeß Beteiligten ermöglicht, den erforderlichen "kulturellen Wandel" mitzuvollziehen und mitzutragen. Denn trotz aller Funtionalität und Leistungsfähigkeit von EDV-Werkzeugen wie in diesem Fall EDM-Systemen, ist der Erfolg von Business Re-Engineering Projekten wie der Implementation von Concurrent Engineering in flexiblem Arbeitsgruppen untrennbar mit der positiven Aktzeptanz der beteiligten Mitarbeiter verbunden.

12. IAO-Arbeitstagung
Wege aus der Krise
Geschäftsprozeßoptimierung und
Informationslogistik

Langfristige Informatik-Leitplanung auf der Basis von Geschäftsprozessen

Manfred Meibom

Melitta Beratungs- und Verwaltungs GmbH &
Co.KG., Minden

1. Die Neuausrichtung der Informatik und die heute anzu treffende Informatik-Planung mit ihren Auswirkungen / Konsequenzen

1.1 Die Neuausrichtung der Informatik

Die sich in letzter Zeit neu entwickelten Unternehmensstrategien und die darauf zugeschnittenen Unternehmensstrukturen führten in den Unternehmen zu steigenden Anforderungen an Reaktionsfähigkeit und Effizienz. Einher damit ging der zunehmende Zwang, organisatorische Leistungsreserven im Unternehmen global zu erschließen.

Diese Neuausrichtung in den Unternehmen führt dazu, daß sich auch die Informatik-Struktur und -Abläufe neu ausrichten müssen. Häufig sind tiefe Einschnitte in der Informatikorganisation erforderlich. Diese Restrukturierung der Informatik war / ist in den Unternehmen zwingend erforderlich, um sich den komplexen Anforderungen der kommenden Jahre erfolgreich stellen zu können.

Eine erfolgreiche Restrukturierung der Informatikorganisation betrifft sowohl die strategische Informatik-Planung als auch deren operative Abwicklung.

1.2 Die Informatik-Planung

Die Informatik-Planung erfolgt heute noch in vielen Unternehmen völlig losgelöst von den üblicherweise eingeführten, unternehmensweiten Planungsprozessen wie Strategie-, Mittel- und Kurzfristplanung. Eine strategische, langfristig ausgerichtete Informatik-Planung als integrierter Bestandteil der strategischen Unternehmensplanung existiert nur in den seltensten Fällen. Die Informatik-Planung ist häufig ein Ergebnis kurzfristiger Sichten der Informatikverantwortlichen, der Fachbereiche und des Managements.

Die Informatik-Planung ist heute wie folgt charakterisiert:
- Kurzfristiger Planungshorizont, meist nur Budgetplanung und aktuelle Projektplanung aus Sicht der zentralen Informatik.
- Liegen Ansätze für mittel- bis langfristige Planungen vor, so gibt es sie in der Regel nur aus Sicht des Informatikbereiches.
- Informatikprojekte/-vorhaben entstehen in der Regel aus aktueller Bedarfssicht, durch die innovative Entwicklung der Informations- und Kommunikationstechnologie sowie durch Meinungsbilder von DV-nahen Herstellern, Medien, Konkurrenten, Märkten und Beratern. (Beispiele: Client Server, Down- bzw. Rightsizing, Out- bzw Insourcing usw.)
- Eine Fülle von Einflüssen bestimmen den Projekt-Push, ohne ausreichende, methodische Vorgehensweisen mit Beachtung aller strategischer Komponenten.

- Planungsvorgaben sind fachbereichs- bzw. abteilungsbezogen und konzentrieren sich auf operative Abläufe.
- Bereichs- und unternehmensübergreifende Sichten, d. h. eine Kopplung der Informatik mit den Geschäftsprozessen, scheitern an "Abteilungs-/Bereichsgrenzen".
- Ausprägung und Detaillierungsgrad der Informatik-Planungen einzelner Geschäftsbereiche sind unterschiedlich.
- Die Einbindung des Anwenders erfolgt häufig durch Einsammeln von "Wunschzetteln" seitens der Informatikabteilung.
- Eine klare und eindeutige Priorisierung der Informatikvorhaben ist nur selten gegeben. Häufig beeinflussen die Machtfaktoren ("der, wer am lautesten schreit") die Projektrei-henfolgen.
- Eine ausreichende Synchronisation von organisatorischen und systemtechnischen Maß-nahmen ist nicht gegeben.

1.3 Die Auswirkungen und Konsequenzen

Die Ergebnisse der Informatik-Planung sowie die Begründung für die erforderlichen Infor-matik-Ressourcen sind dem Management und den Führungskräften des Unternehmens nicht transparent und werden deshalb nicht mitgetragen.

⇒ Die unmittelbare Verknüpfung von Informatikvorhaben mit den mittel- bis langfristigen Zielen des Unternehmens bzw. vereinzelter Einzelgesellschaften fehlt.

Konsequenzen :
- Anders als bei sonstigen Investitionen (z. B. Erweiterung einer Produktionsanlage) identifiziert sich die Unternehmensleitung nicht mit dem entsprechenden Informatik-Ressourceneinsatz.
- Prioritäten werden primär von der Informatik selbst oder in direkter Absprache mit den betroffenen Organisationseinheiten gesetzt.
- Erst in letzter Zeit führen ausufernde Informatikbudgets bei gleichzeitigem Infragestellen von Effektivität und Effizienz der Informatik zum Tritt auf die Kostenbremse.

⇒ Informatikprojekte entstehen aus aktueller Bedarfssicht; eine parallele Ausschöpfung von sowohl organisatorischen als auch informationstechnischen Verbesserungspotentialen unterbleibt.

Konsequenzen:
- Erst nach bereits erfolgten, strukturellen Veränderungen wird die Informatik aufgefordert, neue Systeme bereitzustellen, bzw. Ad hoc-Projekte aus reiner Technologiesicht sowie unkontrolliertes Verändern von Prioritäten sind die Folge.

- Die Organisation des Geschäfts wird generell nicht in Frage gestellt, sondern wird durch den Ruf nach Systemen (immer häufiger aus den Fachbereichen selbst!) in ihrer historisch gewachsenen Arbeitsteiligkeit "elektrifiziert".
- Projekte werden mit den gerade freien (übrigen?) Fachbereichsmitarbeitern besetzt: hohes Qualitätsrisiko wird in Kauf genommen.
- Eine Ressourcenplanung für Informatik-interne Aktivitäten (z. B. Know-how-Aufbau für neue Systeme und Werkzeuge, interne Umstellungsprojekte) unterbleibt. Die Möglichkeiten der Ausschöpfung von technologischen Verbesserungspotentialen werden nicht wahrgenommen.

⇒ Eine strategische Ausrichtung der Informatikaktivitäten im Gesamtunternehmen unterbleibt.

Konsequenzen:
- Die Rolle der Informatik und ihre Bedeutung für das Geschäft sind nicht geklärt.
- Es besteht kein "Kunden-Lieferanten-Verhältnis" zwischen Informatik-Dienstleistern und den Geschäftseinheiten.
- Die zentrale Informatik verwaltet den Ressourcenmangel und die Bereiche entledigen sich ihrer Verantwortung für "ihr Werkzeug", indem sie die Informatiker gewähren lassen.
- Die "Make or Buy"-Frage versandet im emotionalen Gerangel ("bei uns läuft alles anders") oder wird mit der "Androhung" von Outsourcing zu pauschal und damit unqualifiziert betrachtet.

⇒ Die generelle Ausrichtung der Informatik-Planung an den unternehmensübergreifenden Geschäftsprozessen unterbleibt.

Konsequenzen:
- Ohne eine solche Kopplung wird die Informatik immer ein teures Eigenleben im Unternehmen führen.
- Die Informatikunterstützung richtet sich heute nach einzelnen Funktionen, Organisationseinheiten oder Standorten aus; eine Ausrichtung nach den Geschäftsprozessen innerhalb der Geschäftsfelder oder Geschäftseinheiten des Unternehmens ist "Nebensache".
- Die zwingend erforderlichen Planungs- und Steuerungsfunktionen der Geschäftsprozesse werden häufig durch PC-Insellösungen abgedeckt. Diese sind durch Systembrüche zu den operativen Anwendungssystemen gekennzeichnet.
- Die Informatik beeinträchtigt die jeweilige Reaktionsfähigkeit der Geschäftsfelder im Markt oftmals geradezu existenzgefährdend.

2. Der Handlungsbedarf hinsichtlich Integration der Informatik-Planung in den unternehmensweiten Planungsprozeß

2.1 Der Handlungsbedarf

Eine breite Informatikdurchdringung mit hohem Integrationsgrad ist heutzutage Fakt und Notwendigkeit. Heute und insbesondere zukünftig geht es darum, das Werkzeug Informatik zu beherrschen und optimal für das Unternehmen mit ihren individuellen Geschäftsprozessen einzusetzen.

- Informatik ist kein Allheilmittel, sondern nur eine der möglichen Stellschrauben, die Geschäftsabläufe zu verbessern, deshalb treten im Rahmen der Geschäftsprozeßoptimierung Fragen der **Organisation** in den Vordergrund.
- Die Struktur der Geschäftsabwicklung eines Geschäftsfeldes sollte nach Möglichkeit die Struktur der Informatik-Unterstützung bestimmen. Dadurch werden Geschäftseinheiten und -prozesse überschaubarer; organisatorische Regelungen und Abläufe werden einfa-cher.
- Die Schaffung kleiner, überschaubarer und ergebnisverantwortlicher Einzelgesellschaften ("schlanke und schlagkräftige Organisation") muß auch von der Informatik nachvollzogen werden; heute versorgen "Dinosaurier-Lösungen" flexible, am Markt agie-rende Einheiten mit Informatik.
- Die Angst, beim Einsatz von Standardsoftware würden unternehmensspezifische, marktrelevante Besonderheiten ignoriert, ist unbegründet (sonst würde heute schon ein Großteil der deutschen Industrie im Gleichtakt ihre Aufträge abwickeln).
- Die bislang verbreitete Perfektionierung des Informatikeinsatzes muß angesichts des gestiegenen Kostenbewußtseins aufgrund der wirtschaftlichen Stagnation durch **Angemessenheit** ersetzt werden, d. h. Restrukturierung der Informatik.

Forderung:
- Die Informatik muß primär als Werkzeug der Geschäftsabwicklung der einzelnen Einzelgesellschaften betrachtet werden. D. h. die Informatikunterstützung muß sich allein daran messen lassen, wie sie zur Zielerreichung, nämlich der Stärkung bzw. dem Erhalt der Wettbewerbsfähigkeit des Unternehmens am Markt beiträgt.
- Notwendige Voraussetzung ist es deshalb, daß die Ausschöpfung organisatorischer Potentiale und die Ausschöpfung von Informatikpotentialen unmittelbar miteinander ver-knüpft sind. Dies bedeutet, daß aus den strategischen Zielen des Unternehmens sowohl Organisations- als auch Informatikvorhaben abgeleitet werden müssen.

- Informatik-Planung ist unmittelbar mit den unternehmensweiten Planungsprozessen zu verknüpfen. Hierbei werden auch die Voraussetzungen für ein geeignetes Informatik-Controlling geschaffen.

2.2 Die Integration der Informatik-Planung in den unternehmens weiten Planungsprozeß

Voraussetzung für die Integration der Informatik-Planung in den unternehmensweiten Planungsprozeß ist, daß die Rolle der Informatik für das Unternehmen geklärt und in Form eines Leitbildes (Informatik-Grundsätze) jedem Beteiligten, ob als Anwender, als Dienstleister oder als Manager bekannt ist.

Die Informatik-Grundsätze beschreiben u. a.:
- Die Bedeutung der Informatik für den Unternehmenserfolg insgesamt (Unternehmensanspruch an die Informatik)
- Das Aufgabenverständnis zwischen Auftraggeber (Management), Dienstleister (Informa-tikabteilung) und Kunde (Anwender)
- Das unternehmensweite Rollenverständnis (Verhaltensmuster) für die Informatik insgesamt.

Damit sind Zielsetzung und Erfolg der Informatik unmittelbar mit der strategischen Ausrichtung des Unternehmens verknüpft. Die Informatik-Planung muß deshalb direkt mit dem unternehmensweiten Planungsprozeß gekoppelt sein.

Den Organisationsrahmen, der das zur Steuerung des Unternehmens/der Unternehmensgruppe erforderliche Mindestmaß an Übereinstimmung in den Planungsprozessen gewährleisten muß, stecken die Informatik-Grundsätze bzw. Leitlinien ab.

Die Schritte des unternehmensweiten Planungsprozesses und damit der Informatik-Planung orientieren sich an Struktur und Aufgabenteilung im Unternehmen. Das Beispiel einer Unternehmensgruppe ist im folgenden Bild dargestellt:

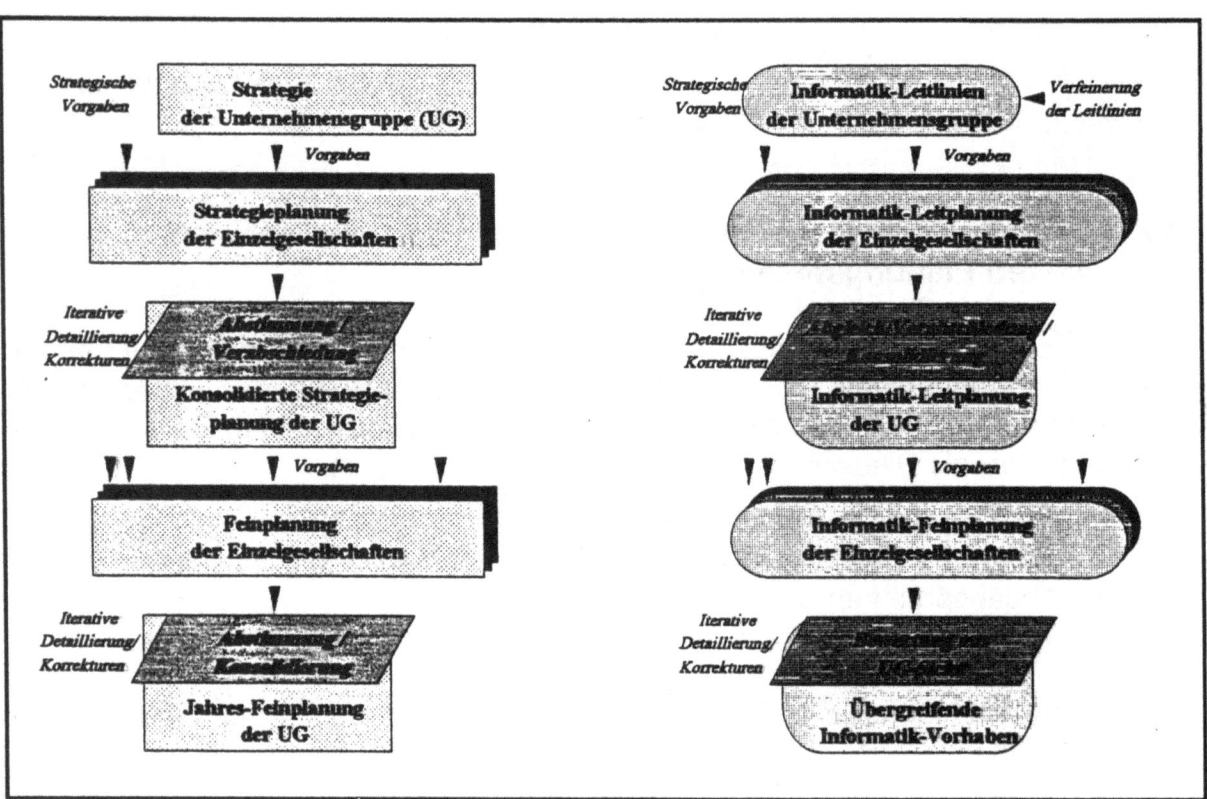

Langfristige Informatik-Leitplanung auf der Basis von Geschäftsprozessen

3. Ermittlung der Geschäftsprozesse als Grundlage für die Informatik-Leitplanung

Die methodische Grundlage für die Informatik-Leitplanung der Einzelgesellschaften bildet die Geschäftsprozeß-Betrachtung (z. B. nach Diebold).

Bei der Ermittlung der Geschäftsprozesse sind folgende Arbeitsschritte erforderlich:

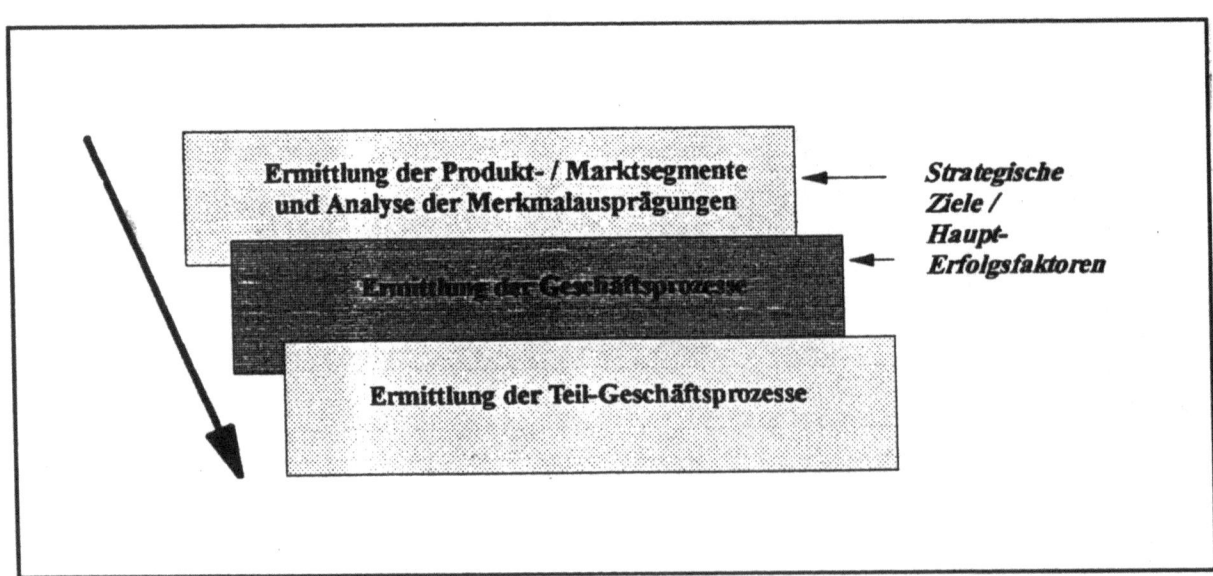

Eine schematische Darstellung der Methodik und Inhalte der Geschäftsprozeß-Betrachtung und deren Optimierung mit detaillierten Begriffsdefinitionen ist im folgenden Abschnitt enthalten.

Bei der Ermittlung und Spezifizierung der Geschäftsprozesse ist die zukünftige Ausrichtung des Unternehmens von überragender Bedeutung.
Die zukünftige Ausrichtung wird vor allem durch die strategischen Unternehmensziele und die Haupterfolgsfaktoren des Unternehmens vorgegeben. Diese sind üblicherweise Bestand-teil der Strategieplanung; andernfalls müssen sie im Vorfeld der Informatik-Leitplanung ermittelt und bewertet werden.

Auf der Grundlage der Ergebnisse dieser Ermittlungen und Analysen werden die Informatik-Potentiale ermittelt, bewertet und daraus der Informatik-Handlungsbedarf abgeleitet.

3.1 Ermittlung der Produkt- / Marktsegmente und Analyse der Merkmal ausprägungen

Die Geschäftsprozeßermittlung beginnt mit der Abgrenzung von homogenen Aktivitätengruppen. Diese Abgrenzung wird mit Hilfe von Merkmalausprägungen der Produkt-/Marktsegmente vorgenommen.

Die unterschiedlichen Ausprägungen der Merkmale:
- **Markt-Charakteristika** (Key-Accounts, Direktvertrieb, Kundenumsatz, usw.)
- **Produkt-Charakteristika** (Komplexität des Produktes)
- **Ressourcen-Charakteristika** (Fertigungsart, Fertigungsorganisation)

ergeben die Produkt-/Marktsegmente eines Unternehmens.

Die aktuellen und zukünftigen Produkt-/Marktsegmente der Einzelgesellschaften sind bekannt und üblicherweise in den längerfristigen Planungen enthalten. Sie sollten allerdings unter Berücksichtigung der strategischen Ziele und der zukünftigen Entwicklung auf ihre Vollständigkeit geprüft werden.

Bei der Ermittlung der Produkt-/Marktsegmente über die Merkmalcharakteristika/ Merkmalausprägungen kann die Systematik des folgenden Beispiels als ein Hilfswerkzeug dienen.

Merkmal	Merkmal-Charakteristika	Merkmal-Ausprägung
Produkt	Produkt-Standardisierung	- standardisierte Produkte
		- nicht standardisierte Produkte
	Produkt-Struktur	- geringteilige Produkte mit einfacher Struktur
		- mehrteilige Produkte mit komplexer Struktur
Markt	Markt-Struktur	- Retail
		- Direktabnehmer
		- Mischform
	Umsatz-Struktur	- Key-Accounts
		- viele Kleinabnehmer
		- Mischform
Ressourcen	Fertigungsart	- Einzelfertigung
		- Serienfertigung
	Fertigungs-Organisation	- Werkstatt-Fertigung
		- Fließ-Fertigung
	Auftragserteilung	- Produktion auf Bestellung
		- Produktion für den anonymen Markt
		- Mischform

Beispiel: Merkmalcharakteristika / Merkmalausprägungen

Produktgruppen	Markt Segmente	
	Retail	Direktvertrieb
Lebensmittel	90 %	10 %
Zubehör	10 %	90 %

Beispiel: Produkt- / Marktsegmente eines Unternehmens

3.2 Ermittlung der Geschäftsprozesse

Für alle ermittelten Produkt-/Marktsegmente müssen jetzt die für sie charakteristischen Geschäftsprozesse abgeleitet werden.

Ein Geschäftsprozeß umfaßt alle logischen Schritte
von der Auslösung eines Geschäftsereignisses
bis zum Zeitpunkt, zu dem der Empfänger der Leistung über sie verfügt
als zusammenhängende, nicht separierbare Aktivitätenfolge.

Nach der Definition von Diebold umfaßt ein Geschäftsprozeß die Prozeßkette als Verknüpfung der Funktionen, die im Unternehmen auszuführen sind, um eine definierte Leistung mit definierten Leistungsmerkmalen (z. B. Lieferzuverlässigkeit,

Reaktionsfähigkeit auf die Kundenanfragen, Qualität usw.) zu erbringen (z. B. beim Primär-Geschäftsprozeß Logistik alle Funktionen von der Beschaffung bis zur Ablieferung von Produkten und u. U. Installation/Inbetriebnahme beim Kunden) und die dazu erforderlichen Planungs- und Steuerungsfunktionen. Ein Geschäftsprozeß besteht damit immer aus einem Regelkreis.

Als **Primäre Geschäftsprozesse** definiert man dabei die Geschäftsprozesse, die auf die Realisierung der Marktleistung orientiert sind und das Kunden-/Lieferanten-Verhältnis wider-spiegeln. Die primären Geschäftsprozesse besitzen eine unternehmens- und produkt-/markt-segmentspezifische Ausprägung.

Daneben gibt es die **Sekundären Geschäftsprozesse**, die die Primärprozesse unterstützen und häufig einen übergreifenden, für Unternehmen einer Branche allgemeingültigen Charakter besitzen.

Bei den sekundären Geschäftsprozessen unterscheidet man zwischen
- Geschäftsprozessen zur Ressourcenbereitstellung
- Geschäftsprozessen zur Innovation.

Durch Zerlegung der Primärprozesse nach Leistungskategorien, die dem Kunden unterschiedlichen Nutzen schaffen, und der Sekundärprozesse nach Potentialen entsteht ein opera-tives Geschäftsprozeßmodell, das alle operativen Aufgaben des Unternehmens umfaßt. Die Sekundärprozesse setzen sich aus der Ressourcen-Bereitstellung und aus Innovationsprozes-sen zusammen. Das folgende Bild stellt diesen Zusammenhang dar:

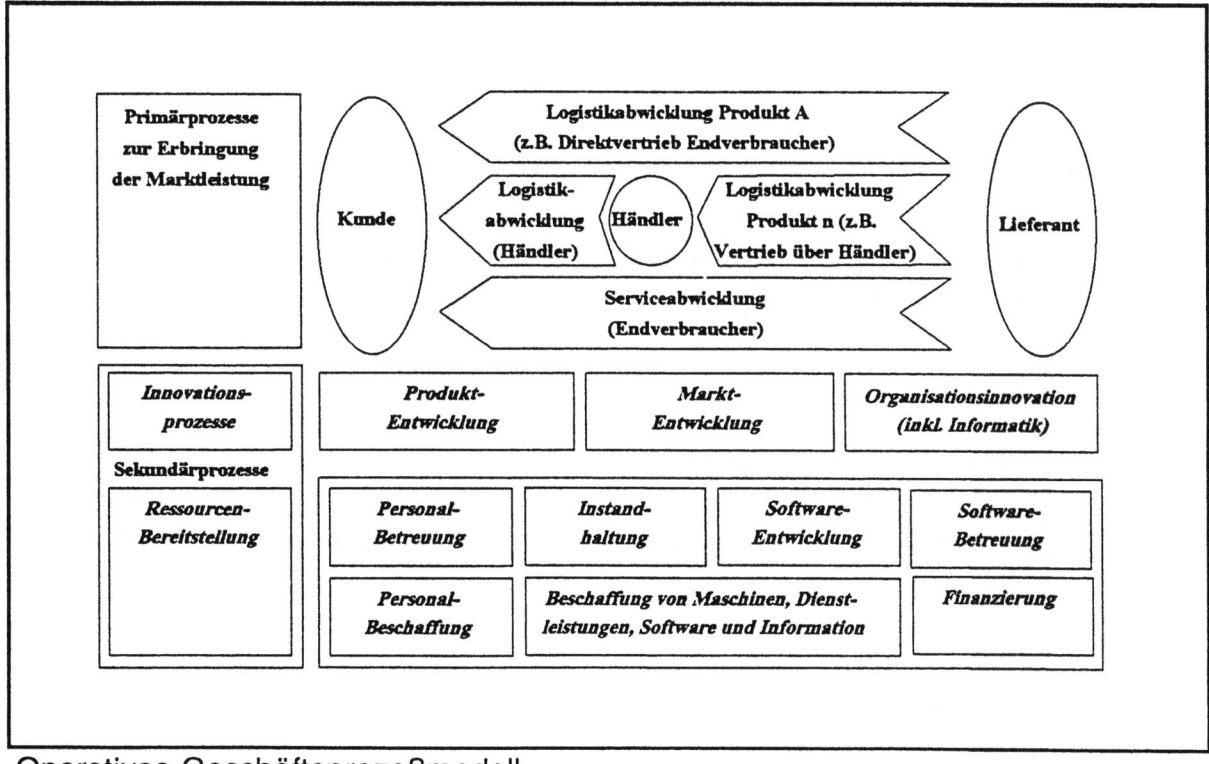

Operatives Geschäftsprozeßmodell

Bestimmte Geschäftsprozesse treten in analoger Form für mehrere Produkt-/Marksegmente auf, insbesondere Sekundärprozesse zur Ressourcen-Bereitstellung. Diese Geschäftsprozesse sollten identifiziert und können für die weitere Betrachtung zusammengefaßt werden.

3.3 Detaillierung der Geschäftsprozesse in Teilprozesse

Geschäftsprozesse umfassen in der Regel viele Einzelaktivitäten, die auch entsprechende Leistungen erbringen, die sog. **Teilprozesse.**

Für alle im vorherigen Schritt ermittelten Geschäftsprozesse ist eine Detaillierung in Teilprozesse erforderlich, weil die typische Ausprägung der Geschäftsabläufe in den Produkt-/ Marktsegmenten erst auf der Teilprozeßebene sichtbar ist.

Auf dieser Ebene erfolgt auch die anschließende Untersuchung der möglichen Informatik-Unterstützung.

Geschäftsprozeß	Teilprozesse	Leistungen
Vertriebs-Management	Vertriebsplanung und -Steuerung	Absatzplan
	Aquisition	Anfragen
	Angebotsbearbeitung	Angebote
	Angebotskalkulation	Angebotswert
	Angebotsverfolgung	Angebotsbestand
	Auftragsbearbeitung	Aufträge
	Auftragsverfolgung / Disposition	Auftragsbestand

Beispiel: Geschäftsprozeß "Vertriebs-Management"

4. Die Informatik-Leitplanung als mittel- bis langfristige Informatik-Planung

Informatik-Leitplanung

ist eine mittel- bis langfristige Informatik-Planung, die auf einem einheitlichen, sachlichen und methodischen Rahmen, den Strategien der Unternehmensgruppe und Einzelgesellschaften sowie den Informatik-Leitlinien basiert.

Die "Einflußfaktoren auf die Informatik-Leitplanung" vermittelt beispielhaft folgendes Bild:

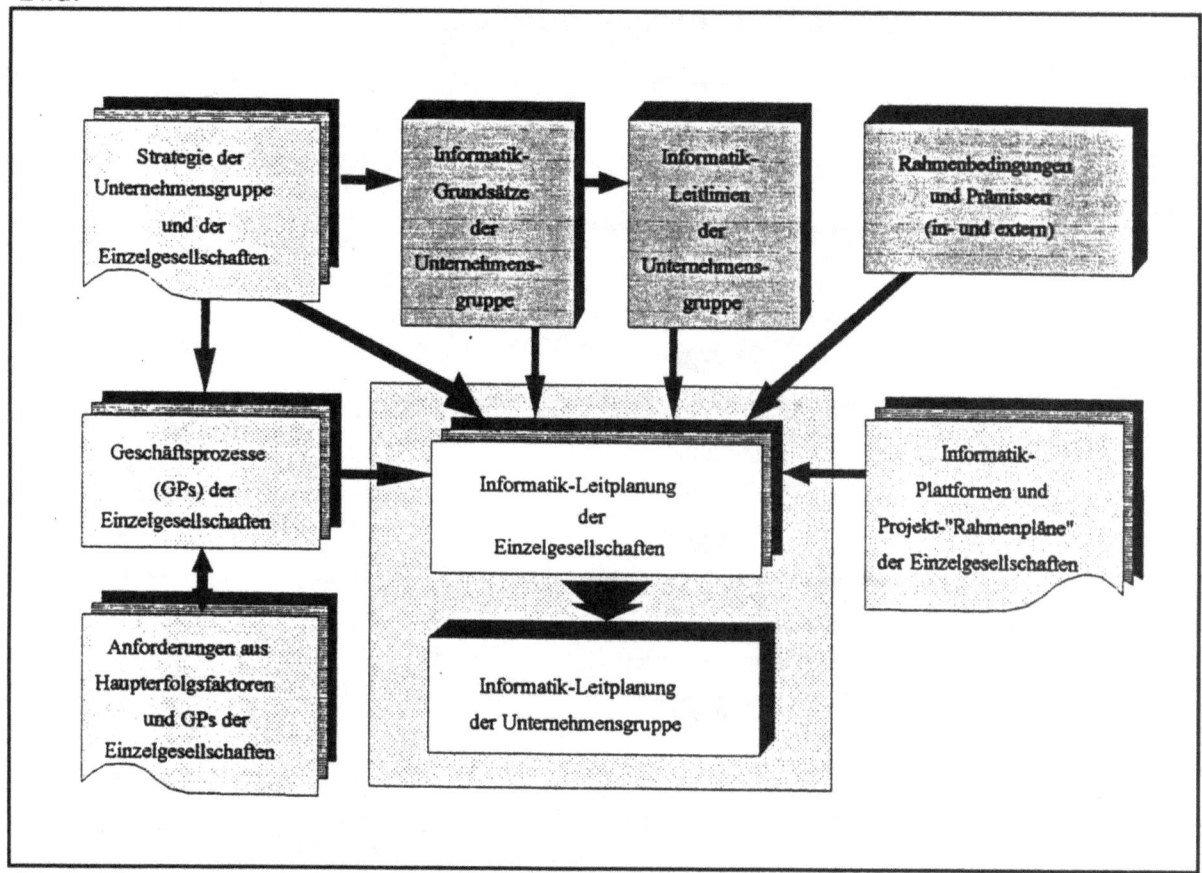

Einflußfaktoren auf die Informatik-Leitplanung

Die Informatik-Leitplanung orientiert sich in der Methodik und Vorgehensweise an der Geschäftsprozeß-Betrachtung. Die Geschäftsprozeßsicht erlaubt es, die Gesamtheit der Informatik-Potentiale eines Unternehmens geschäftsabhängig zu erfassen und zu beurteilen.

Aufgrund ihrer gesamtheitlichen Betrachtung und Bewertung der zukünftigen Geschäftsprozesse kann die Geschäftsprozeßsicht auch dann als Basis für die Informatik-Leitplanung dienen, wenn sie in den Einzelgesellschaften noch nicht praktisch gelebt wird.

Die Informatik-Leitplanung setzt sich aus folgenden Teilen zusammen:

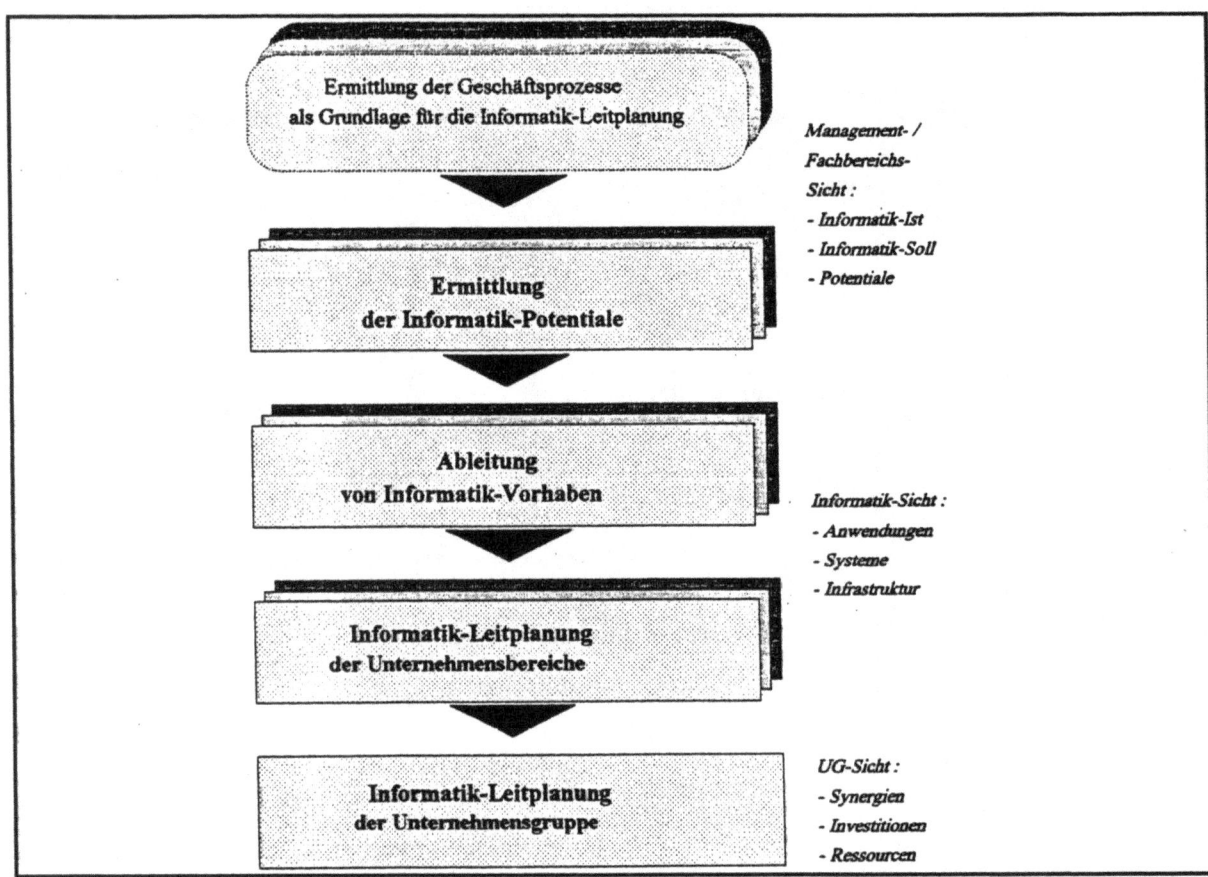

Der Ablauf der Informatik-Leitplanung ist im folgenden Bild grob skizziert:

Ablauf der Informatik-Leitplanung in den Einzelgesellschaften

4.1 Ermittlung der Informatik-Potentiale

Mit der Ermittlung und Analyse der Geschäftsprozesse wurden die Voraussetzungen für die Informatik-Leitplanung geschaffen.

Die eigentliche Informatik-Leitplanung beginnt mit der Ermittlung und Bewertung der erschließbaren Informatik-Potentiale und zwar auf Teilprozeßebene.

Die wesentlichen Schritte sind hier:

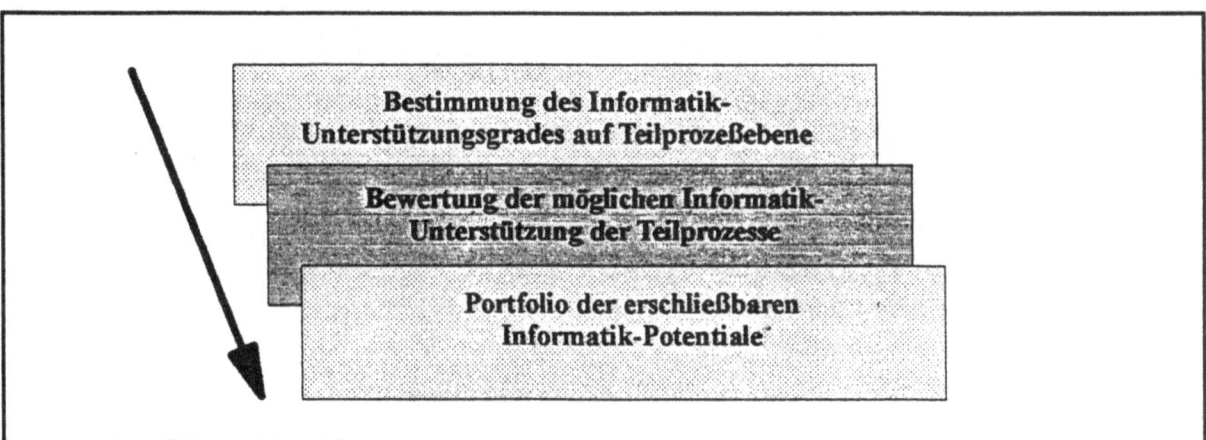

Aus den Ergebnissen der Ermittlung und Bewertung der erschließbaren Informatik-Potentiale werden im nächsten Schritt die Informatik-Vorhaben abgeleitet.

4.1.1 Bestimmung des Informatik-Unterstützungsgrades auf Teilprozeß ebene

Für alle ermittelten Teilprozesse wird der Informatik-Unterstützungsgrad eingeschätzt.

Bei dieser Einschätzung ist maßgeblich
- wie die Informatik die Geschäftsabläufe bereits unterstützt (IST)
- wie die Informatik die Geschäftsabläufe in der Zukunft unterstützen könnte (SOLL).

Dabei werden die Teilgeschäftsprozesse nicht isoliert, sondern in Beziehung mit anderen Teilgeschäftsprozessen und Geschäftsprozessen betrachtet.

Die o.g. Einschätzung ergibt für jeden Teilgeschäftsprozeß drei Schätzwerte:
- **den aktuellen Grad der Informatik-Unterstützung (IST)**
- **den zukünftig möglichen Grad der Informatik-Unterstützung (SOLL)**
- **das Potential der Informatik-Unterstützung**
  (= Differenz zwischen dem IST und dem SOLL).

Die Einschätzung der Informatik-Unterstützung auf der Teilprozeßebene wird durch die folgende Systematik erleichtert.

Informatik-Unterstützung	Ausprägung der Informatik-Unterstützung
Teilprozeß-bezogen	- *die Zielerreichung des Teilprozesses ist nur mit entsprechender Informatik-Unterstützung möglich* - *für die Zielerreichung des Teilprozesses ist Informatik-Unterstützung hilfreich*
Teilprozeß-übergreifend	- *Informatik-Daten/-Anwendungen aus anderen Teilprozessen bilden den Einstieg/Input für den Teilprozeß* - *Informatik-Daten/-Anwendungen aus dem Teilprozeß bilden den Einstieg/Input für andere Teilprozesse*
Prozeß-übergreifend	- *Informatik-Daten/-Anwendungen aus anderen Geschäftsprozessen bilden den Einstieg/Input für den Teilprozeß* - *Informatik-Daten/-Anwendungen aus dem Teilprozeß bilden den Einstieg/Input für andere Geschäftsprozesse*

Zur Beurteilung können auch weitere Kriterien herangezogen werden, wie
- Verfügbarkeit und Qualität der Daten
- Benutzerfreundlichkeit/Oberfläche
- direkte/benutzeradäquate Zugriffsmöglichkeiten
- flexible/benutzerorientierte Auswertungsmöglichkeiten

Für die weitere Betrachtung ist vor allem das Potential der Informatik-Unterstützung wichtig.

Es wird empfohlen, die erschließbaren Potentiale der Informatik-Unterstützung - entsprechend der Portfolio-Darstellung - nach folgender Systematik zu beurteilen:

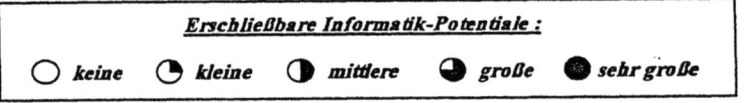

Erschließbare Informatik-Potentiale: ○ keine ◔ kleine ◑ mittlere ◕ große ● sehr große

Geschäftsprozeß	Teil-Geschäftsprozesse	Informatik-Unterstützungsgrad			Potential
		IST	SOLL	SOLL-Beschreibung	
Vertriebs-Management	*Vertriebs-Planung und -Steuerung*	◔	●	*Aktuelle / Flexible Auswertung von Vertriebs-Informationen*	◕
	Aquisition	○	◑	*Durchgängige AD-Unterstützung*	◑
	Angebotsbearbeitung	◔	◕		◑
	Angebotskalkulation	◔	◕		◔
	Angebotsverfolgung	◔	◕	*Integrierte Auftragsabwicklung*	◑
	Auftragsbearbeitung	◕	◕		○
	Auftragsverfolgung / Disposition	◑	●		◔

Beispiel: Geschäftsprozeß "Vertriebs-Management"

4.1.2 Bewertung der möglichen Informatik-Unterstützung der Teil prozesse

Für die Informatik-Leitplanung ist ausschlaggebend, welche strategischen und wirtschaftlichen Effekte die Erschließung der Informatik-Potentiale bringt.
Maßstab sind hier die bei der Erstellung des Geschäftsprozeß-Modells zugrundegelegten, strategischen Ziele und Haupterfolgsfaktoren.
Je präziser die strategischen Ziele und Haupterfolgsfaktoren - unter Zuhilfenahme von Zielgrößen - spezifiziert wurden, um so genauer kann die Einschätzung der strategischen und wirtschaftlichen Effekte vorgenommen werden.

Beispiel:

Kriterienkatalog zur Beurteilung der wirtschaftlichen / strategischen Effekte durch die Erschließung der Informatik-Potentiale

Wirtschaftliche Effekte	* *Effektive Kosteneinsparung z. B. durch Bestandssenkung* * *Ausbau der Ertragspotentiale* * *Sicherung von Erträgen* * *Indirekte Ertragssteigerung / Drittleistungen* * *Kapitalfreisetzung* * *Personaleinsparung* * *Ausweitung des Umsatzes*
Strategische Effekte	* *Verstärkung der Innovation / Produktdifferenzierung* * *Erweiterung des Produkt- / Leistungsspektrums* * *Ausweitung der Vertriebskanäle / Erschließung neuer Märkte* * *Qualitätsverbesserung / technologische Anpassung* * *Verbesserung des Produktimages / Umweltverträglichkeit* * *Bessere/schnellere Information über Kunden / Wettbewerb* * *Verbesserung der Organisation / erhöhte Transparenz* * *Verbesserung der Mitarbeitermotivation*

Beurteilt wird die Gesamtheit der erzielbaren, wirtschaftlichen und strategischen Effekte.

Es wird empfohlen, die Beurteilung dieser Effekte in einer einheitlichen Darstellungsform vorzunehmen.

4.1.3 Portfolio der erschließbaren Informatik-Potentiale

Eine Zusammenführung
- der erschließbaren Informatik-Potentiale
- der wirtschaftlichen und strategischen Effekte durch die Erschließung der Informatik-Potentiale

bildet die erste Ausgangsbasis für die Findung und Schwerpunktsetzung von zukünftigen Informatik-Vorhaben.

Die ermittelten und bewerteten erschließbaren Informatik-Potentiale werden graphisch in einem Portfolio dargestellt.

Die einzelnen Parameter im Portfolio sind:
- Erschließbare Informatik-Potentiale/Differenz zwischen der IST- und der SOLL-Informatik-Unterstützung
  (Füllgrad des Kreises)   aus 4.1.1
- Beurteilung der wirtschaftlichen/strategischen Effekte durch die Informatik-Unterstützung
  (Koordinaten)   aus 4.1.2

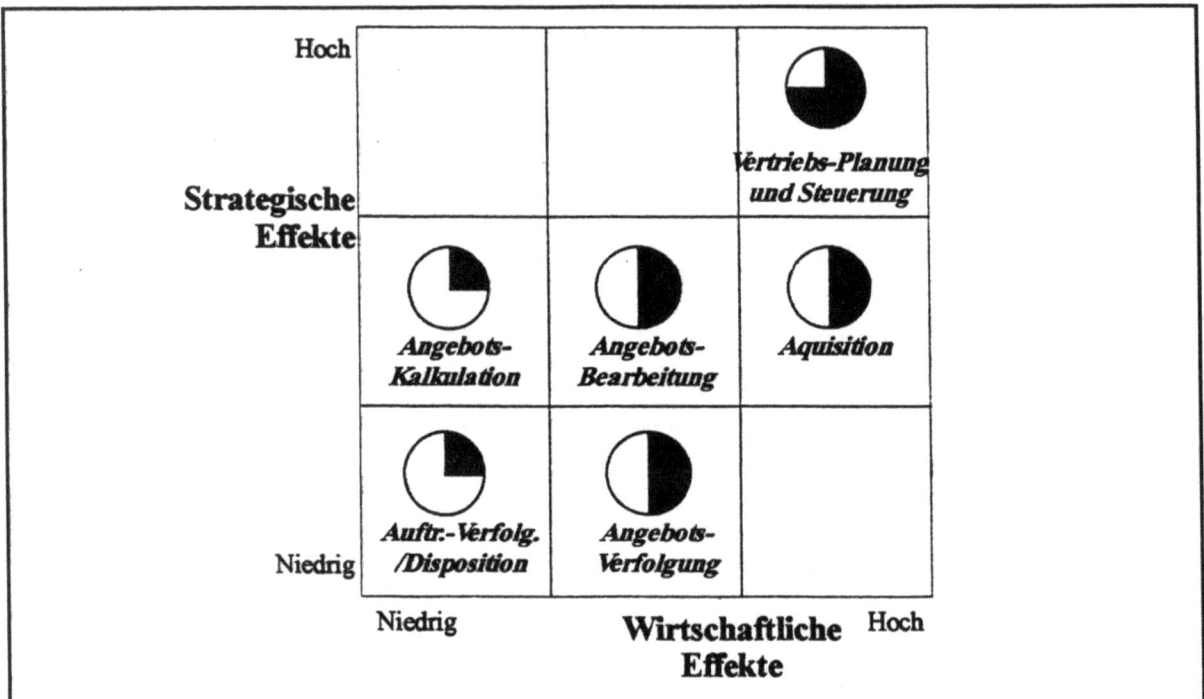

Beispiel: Geschäftsprozeß "Vertriebs-Management"

⇒ Danach hat der Teilprozeß "Vertriebs-Planung und -Steuerung" ein hohes, erschließbares Informatik-Potential. Sowohl die strategische als auch die wirtschaftliche Bedeutung der Informatik-Unterstützung dieses Geschäftsprozesses ist hoch. Für die anderen Teilprozesse sind die erschließbaren Potentiale entsprechend weniger ausgeprägt.

4.2 Ableitung von Informatik-Vorhaben

In den vorausgegangenen Schritten wurden die Teilgeschäftsprozesse und Geschäftsprozesse hinsichtlich der vorhandenen und der zukünftig möglichen Informatik-Unterstützung untersucht und bewertet. Diese reine Geschäftsprozeß-Sicht muß nun um die technologischen Aspekte ergänzt werden.

Erst die Kombination der beiden Sichten kann die Basis für die Ableitung und Priorisierung von Informatik-Vorhaben bilden.

Die Schritte zur Ableitung von zukünftigen Informatik-Vorhaben sind:

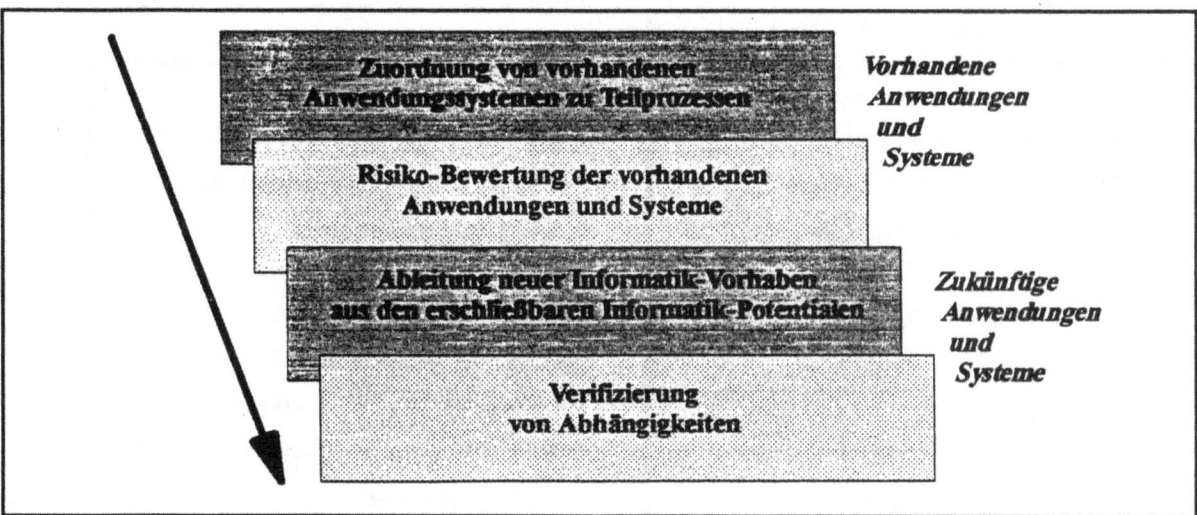

4.2.1 Zuordnung von vorhandenen Anwendungssystemen zu Teilprozessen

Zu allen ermittelten Teilgeschäfts-/Geschäftsprozessen werden nun die vorhandenen Anwendungen und Systeme zugeordnet.

In dieser Zuordnung sind folgende Aspekte zu berücksichtigen:
- Zuordnung von vorhandenen Anwendungssystemen zu Teilgeschäfts-/Geschäftsprozessen (incl. dezentrale Anwendungen)
- Zuordnung der in Implementierung/Konzeption befindlichen Anwendungssysteme zu Teilgeschäfts-/Geschäftsprozessen
- Zuordnung von laufenden Projekten zu Teilgeschäfts-/Geschäftsprozessen (konzeptionelle Projekte, genehmigte Informatik-Vorhaben)

4.2.2 Risikobewertung der vorhandenen Anwendungssysteme

Nach der Zuordnung von vorhandenen Anwendungen und Systemen zu Teilgeschäfts-/ Geschäftsprozessen wird deren Risikobewertung vorgenommen.

Für alle o.g. Anwendungen und Systeme werden
- das technologische Risiko
- das wirtschaftliche Risiko

geschätzt.

Bei der Risikobewertung kann folgende Aufstellung als Orientierungshilfe dienen:

Technologisches Risiko	Wirtschaftliches Risiko
• HW-/Systemhersteller existiert nicht mehr	Wirtschaftliche Folgen aufgrund der technologischen Risiken:
• Anwendungshersteller existiert nicht mehr	
• HW/Systeme werden nicht mehr gewartet	• = Existenzgefährdung für das Unternehmen
• Anwendungen werden nicht mehr gewartet	• = Existenzgefährdung für Unternehmensteile
• Keine Know-how-Träger vorhanden (für Individualsoftware)	• = Unausführbarkeit von Geschäftsprozessen
	• = Unausführbarkeit von Teilprozessen
• HW-/Netzwerk-Technologie veraltet	• = Unausführbarkeit von anderen Anwendungen
• System-/Datenhaltungstechnologie veraltet	• = Funktionsgefährdung für Geschäftsprozesse
• kein Backup-System verfügbar	• = Funktionsgefährdung für Teilprozesse
• Anwendungssystem veraltet	• = Manueller Mehraufwand
• Anwendungssystem nicht ausbaubar	• hoher/steigender Wartungsaufwand
• nur Batch-Anwendungssystem	• hohe/steigende lfd. Betriebskosten
• dezentrales "Stand-alone"-Anwendungssystem	• hohe/steigende Lizenzgebühren

Zur Beurteilung können auch weitere, unternehmensindividuelle Kriterien herangezogen werden.

Alle Teilprozesse, die von Anwendungen und Systemen mit hohem Risikopotential unterstützt werden, sind im Portfolio der erschließbaren Informatik-Potentiale besonders zu kennzeichnen.

4.2.3 Ableitung neuer Informatik-Vorhaben aus den erschließbaren Informatik-Potentialen

Das um die Risikobetrachtung ergänzte Portfolio der erschließbaren Informatik-Potentiale bildet die Basis für die Ableitung neuer Informatik-Vorhaben.

Anhand der Einschätzung der erschließbaren Informatik-Potentiale sowie deren Bewertung und der Risikopotentiale der vorhandenen Anwendungen und Systeme werden aus den ermittelten und bewerteten Teilprozessen **Informatik-Vorhaben** abgeleitet.

Für diese abgeleiteten Informatik-Vorhaben ist auch eine Realisierungsreihenfolge zu bestimmen. Diese wird Einzelgesellschaftsindividuell durch die strategischen Unternehmensziele und die Haupterfolgsfaktoren beeinflußt.

In den Fällen, in denen geringe Potentiale mit hohen Risiken verbunden sind, ist zusätzlich die Entscheidung
- Risiko-Minimierung
- Maximierung der Potentialerschließung

ausschlaggebend.

Zusätzlich zu Informatik-Vorhaben, die der Erschließung von Informatik-Potentialen dienen, müssen in den Informatik-Planungen Vorhaben berücksichtigt werden, die durch externe bzw. interne Zwänge vorgegeben werden, und zwar durch:
- gesetzliche Zwänge
  (z. B. Veränderungen im Steuerrecht, neue Postleitzahlen)
- organisatorische Zwänge
  (z. B. Organisationsveränderungen, Aquisition/Verkauf von Unternehmensteilen)
- Zwänge aus Geschäftsverbindungen
  (z. B. Datenaustausch mit Kunden/Lieferanten)
- technologische Zwänge
  (z. B. neues SW-Release)

Diese Vorhaben sind ebenfalls Einzelgesellschafts-individuell entsprechend ihrer Bedeutung zu priorisieren.

Teil-Geschäftsprozesse	Informatik-Potential	Effekte bei SOLL		Risiko bei IST	Informatik-Vorhaben
		Wirtschaftl.	Strategisch		
Vertriebs-Management					
Vertriebs-Planung und -Steuerung	◕	H	H	M	Vertriebs-Informations- und Steuerungs-System
Aquisition	◑	H	M	-	AD-Unterstützung
Angebotsbearbeitung	◑	M	M	N	⎫ Durchgängige
Angebotskalkulation	◔	H	M	N	⎬ Angebotsbearbeitung, Kalkulation und Verfolgung
Angebotsverfolgung	◑	M	N	N	⎭
Auftragsbearbeitung	○	-	-	N	⎫ Durchgängige Auftrags-
Auftragsverfolgung / Disposition	◔	N	N	H	⎬ bearbeitung und -Verfolgung

Beispiel: Geschäftsprozeß "Vertriebs-Management"

4.2.4 Verifizierung von Abhängigkeiten / Priorisierung der Informatik-Vorhaben

Bei der Planung von Informatik-Vorhaben müssen auch die gegenseitigen Beziehungen zwischen Anwendungen und Systemen berücksichtigt werden. Viele Anwendungen und Systeme bauen auf anderen Anwendungen und Systemen auf oder setzen diese voraus.

Bei der Verifizierung der Anwendungsabhängigkeiten sind zwei Abhängigkeitskategorien zu unterscheiden:
- **Muß-Abhängigkeit**
    d. h., die Voraussetzung für Lauffähigkeit einer Anwendung/eines Systems ist das Vorhandensein einer oder mehrerer anderer Anwendungen/Systeme. Muß-Abhängigkeit führt zu einer unmittelbaren Änderung der Prioritäten und ggf. zu neuen Informatik-Vorhaben.
In der Aufstellung der zukünftigen Informatik-Vorhaben sind die Voraussetzung schaffenden Anwendungen und Systeme vor die abhängigen Anwendungen und Systeme zu setzen.
- **Kann-Abhängigkeit**
    d. h., eine Anwendung/ein System kann mit einer oder mehreren anderen Anwendungen/Systemen mittel- oder unmittelbar verbunden werden.
    Kann-Abhängigkeit führt zu keiner unmittelbaren Änderung der Prioritäten bei den entsprechenden Informatik-Vorhaben.

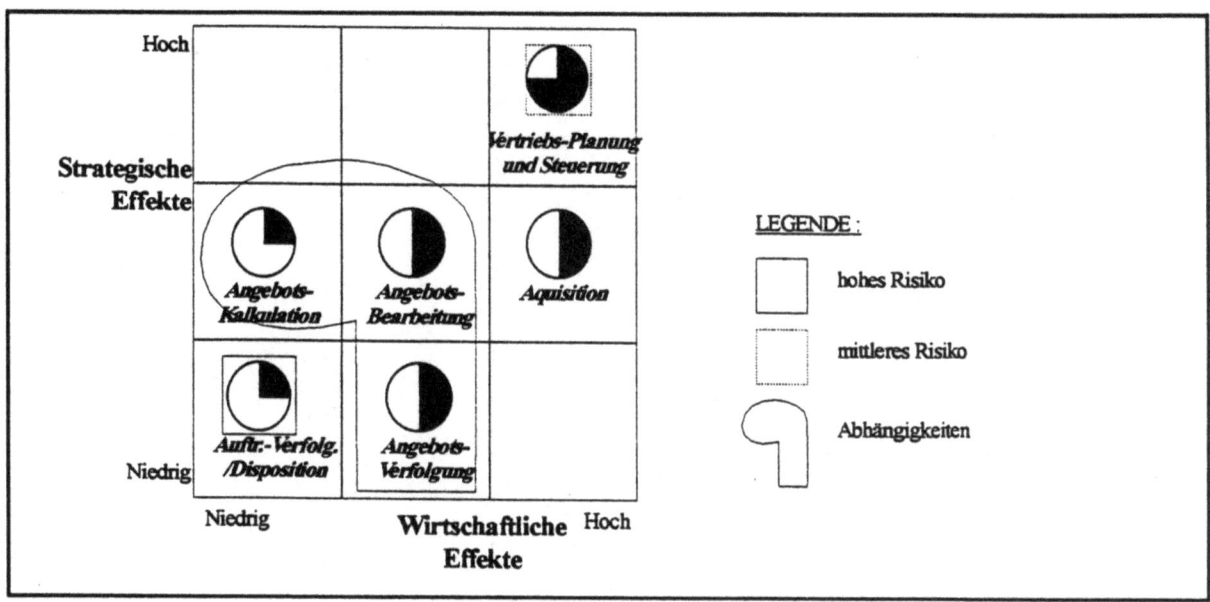

Beispiel: Geschäftsprozeß "Vertriebs-Management"

⇒ Danach sollen sämtliche Vorhaben zur Angebotsbearbeitung künftig durch integrierte Anwendungen, vorzugsweise durch ein einheitliches Software-Paket unterstützt werden.

Die Prioritäten ergeben sich aus der Positionierung im Portfolio, der Bündelung von Informatik-Vorhaben und der Berücksichtigung von Risiken.

Informatik-Vorhaben	Priorität
Vertriebs-Informations- und Steuerungs-System	*1.*
AD-Unterstützung	*2*
Durchgängige Angebotsbearbeitung, Kalkulation und Verfolgung	*4..*
Durchgängige Auftragsbearbeitung und -Verfolgung	*3*

In den Informatik-Planungen werden auch Vorhaben berücksichtigt, die durch externe bzw. interne Zwänge vorgegeben werden.
Für das Informatik-Vorhaben "Vertriebs-Informations- und Steuerungssysteme" ist ein relationales Datenbanksystem die Voraussetzung.
Die Einführung dieses Datenbanksystems muß deshalb in die Aufstellung der Informatik-Vorhaben aufgenommen werden und in der Priorität vor das Informatik-Vorhaben "Vertriebs-Informations- und Steuerungssysteme" gesetzt werden.

Informatik-Vorhaben	Priorität	Reihen-folge
Implementierung eines Relationalen Datenbanksystems	.	1 .
Vertriebs-Informations- und Steuerungs-System	1 .	2 .
AD-Unterstützung	2	3
Durchgängige Angebotsbearbeitung, Kalkulation und Verfolgung	4 . .	5 . .
Durchgängige Auftrags-bearbeitung und -Verfolgung	3	4

4.3 Informatik-Leitplanung der Einzelgesellschaften

In den vorausgegangenen Schritten wurden die zukünftigen Informatik-Vorhaben der Einzelgesellschaften identifiziert und bewertet.

Es gilt nun diese Informatik-Vorhaben formal zusammenzufassen, zu detaillieren und auf dieser Basis die benötigten Informatik-Ressourcen und -Kapazitäten zu planen.

Die Schritte zur Erstellung der Informatik-Leitplanung sind:

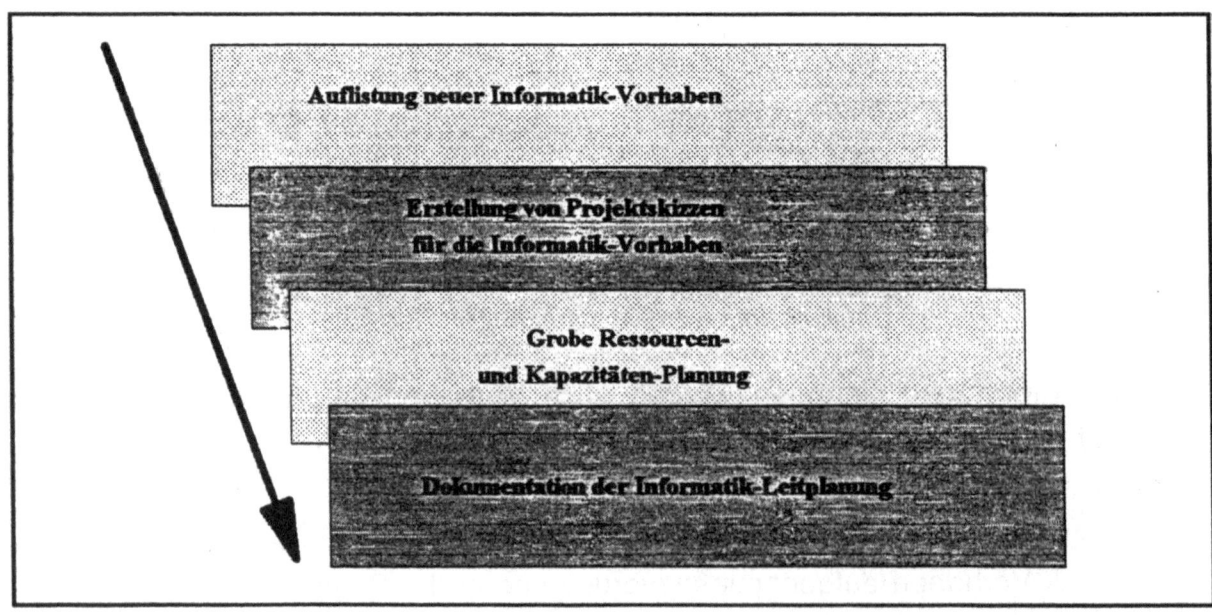

4.3.1 Auflistung neuer Informatik-Vorhaben

Auf der Basis der ermittelten und auf Vollständigkeit und Abhängigkeiten geprüften Informatik-Vorhaben kann jetzt deren Realisierungsreihenfolge festgelegt werden.

Diese Reihenfolge hat vorerst einen groben Charakter und teilt die Informatik-Vorhaben hinsichtlich ihres Realisierungszeitraumes in drei Klassen ein:
- kurzfristig
  (unmittelbare Vorgabe für die Informatik-Feinplanung)
- mittelfristig
  (kann ggf. eine Vorgabe für die Informatik-Feinplanung sein)
- langfristig
  (keine Relevanz für die Informatik-Feinplanung).

4.3.2 Erstellung von Projektskizzen für die Informatik-Vorhaben

Für alle kurz- und mittelfristigen Informatik-Vorhaben sind Projektskizzen zu erstellen.

Das Ziel dieser Projektskizzen ist es, frühzeitig Transparenz über wesentliche Inhalte und Umfang der Informatik-Vorhaben zu erlangen.
Sie sind ferner Basis für die sukzessive Verfeinerung der darauf aufbauenden Projektplanung.

Diese Projektskizzen sollten mindestens die folgenden Inhalte haben:
- Zielsetzung und Aufgabenstellung des Vorhabens
- Wesentliche Inhalte
- Betroffene Geschäftsprozesse
- Betroffene und beteiligte Organisationseinheiten
- Organisatorische Voraussetzungen und Konsequenzen
- Infrastrukturelle/technologische Voraussetzungen und Konsequenzen
- Erwarteter Nutzen
- Geschätzter Aufwand und Kosten.

4.3.3 Grobe Ressourcen- und Kapazitätenplanung

Anhand der Realisierungsreihenfolge der Informatik-Vorhaben und der Projektskizzen ist auch eine erste mittel- bis langfristige Schätzung der benötigten Informatik-Ressourcen und -Kapazitäten vorzunehmen, und zwar aufgeteilt nach:
- Anwendungsvorhaben
- Infrastrukturvorhaben.

Aufgrund der benötigten Anlauf-/Vorbereitungszeit sollten in der Informatik-Leitplanung mindestens folgende Ressourcen und Kapazitäten geplant werden:
- Investitionsvolumen
- Personal (Anzahl, Know-how)
- RZ-Ressourcen/Infrastruktur.

Die Planung dieser Ressourcen und Kapazitäten sollte dabei in zwei Detaillierungsstufen erfolgen:
- global, für den gesamten Planungszeitraum der Informatik-Leitplanung
- im jährlichen Zeitraster, für den gesamten Planungszeitraum der Informatik-Leitplanung.

4.3.4 Dokumentation der Informatik-Leitplanung

Das Dokument "Informatik-Leitplanung" enthält die Ergebnisse der bisher durchgeführten Planungsschritte. Es sind:
- das Portfolio der erschließbaren Informatik-Potentiale
- die Risikobewertung der vorhandenen Anwendungen und Systeme
- die Aufstellung aller hieraus abgeleiteten Informatik-Vorhaben/Einordnung in Realisie-rungsklassen/Projektskizzen
- grobe Ressourcen- und Kapazitätenplanung.

4.4 Informatik-Leitplanung der Unternehmensgruppe (UG)

Mit der Zusammenführung der Informatik-Leitplanung der Einzelgesellschaften zur Informatik-Leitplanung der UG werden folgende Ziele verfolgt:
- Transparenz-Schaffung über Informatik-Vorhaben in der UG und deren zeitliche Abfolge:
  - Anwendungen
  - Infrastrukturen
  - Ressourcen

- Identifikation von Synergiepotentialen:
  - Anwendungen/System-Infrastrukturen
    Übertragbarkeit der Lösung:
      Gleiche Teil-/Geschäftsprozesse betroffen?
      Vergleichbare System-/Anwendungsplattformen?
    Gemeinsame bzw. aufeinander abgestimmte Lösungen:
      Prüfung der Ausgangssituation
      Prüfung der zeitlichen Vorgaben
  - technologische Infrastrukturen
    Bündelung von Investitionsvorhaben (Rahmenverträge)
  - Know-how
    Know-how-Transfer/gezielte Know-how-Nutzung

- Abgleich der Informatik-Leitplanungen der Einzelgesellschaften mit übergreifenden UG-Zielen / ggf. Ableitung von Maßnahmen (z. B. Vorziehen/Verschieben von Investitionen, Make or Buy-Entscheidungen, Prioritätenveränderungen durch Berücksichtigung von Strukturveränderungen in der Gruppe)

- Prüfung der Konformität der Informatik-Leitplanung der Einzelgesellschaften mit den Informatik-Leitlinien der UG / ggf. Ableitung von Maßnahmen

- Ergänzung der Informatik-Leitplanung der Einzelgesellschaften um Informatik-Vorhaben der UG / ggf. Ableitung von Maßnahmen

Die einzelnen, auf die Einzelgesellschaften bezogenen Maßnahmen der Informatik-Leitplanung der UG werden mit den Einzelgesellschaften abgestimmt und führen ggf. zur Anpas-sung der Leitplanung einiger Einzelgesellschaften.

4.5 Realisierungsstrategie

Die Erstellung eines Geschäftsprozeß-Modells als Grundlage für die Informatik-Leitplanung der Einzelgesellschaften sollte im Vorfeld der Informatik-Leitplanung erfolgen, idealerweise in der Strategieplanung der Einzelgesellschaften (ggf. ist dieses Modell bereits in der Strategieplanung der Einzelgesellschaften enthalten).

Falls die Geschäftsprozeß-Sicht in den Einzelgesellschaften noch nicht bzw. nicht ausreichend bekannt ist, wird empfohlen, als Einleitung in die Informatik-Leitplanung einen Workshop zu diesem Thema durchzuführen.
Dabei ist zu betonen, daß die Ergebnisse der Geschäftsprozeßanalyse nicht nur die Basis für die Informatik-Leitplanung bilden, sondern auch den Einzelgesellschaften als Instrument zur besseren Ausschöpfung von Organisations-Potentialen im Sinne einer umfassenden Geschäftsprozeß-Optimierung dienen.

Das Vorschalten einer Informatik-Situationsanalyse mit Situationsbewertung und Aufzeigen des Handlungsbedarfs bietet sich dann an, wenn die Informatik-Leitplanung gezielt auf den aufgezeigten Handlungsbedarf ausgerichtet werden soll. Die Geschäftsprozeßbetrachtung erfolgt dann nur partiell für die vom Handlungsbedarf tangierten Geschäftsbereiche. Ein unternehmensweiter "Neuaufwurf", der mit relativ viel Aufwand verbunden ist, ist bei dieser Realisierungsstrategie nicht erforderlich.

Es wird empfohlen, die Informatik-Leitplanung - genauso wie die Strategie-Planung - für einen Zeitraum von 5 Jahren mit einem rollierenden Aktualisierungsrhythmus von 2 Jahren durchzuführen.
Da sie auf den Ergebnissen der Strategie-Planung aufbaut, sollte sich die Informatik-Leitplanung dieser unmittelbar anschließen.

Die Zuständigkeiten/Verantwortung für die Informatik-Planungen, Informatik-Leitplanung und Informatik-Jahresplanung sind im folgenden Bild dargestellt.

Es wird empfohlen, daß vor der breiten Einführung in der UG die Informatik-Leitplanung zuerst in einer Einzelgesellschaft pilotweise durchgeführt wird. In diesem Rahmen wird auch die endgültige Ausprägung der Informatik-Leitlinien erfolgen.

Bei der Auswahl des Pilotanwenders sind folgende Kriterien zu beachten:
- Unterstützung durch Geschäftsleitung und Management
- Positives Aufgreifen des Geschäftsprozeß-Ansatzes
- Überschaubare Produkt-/Marktsegmente
- Handlungsbedarf im Bereich der Informatik

Zuständigkeiten / Verantwortung für die Informatik-Planung

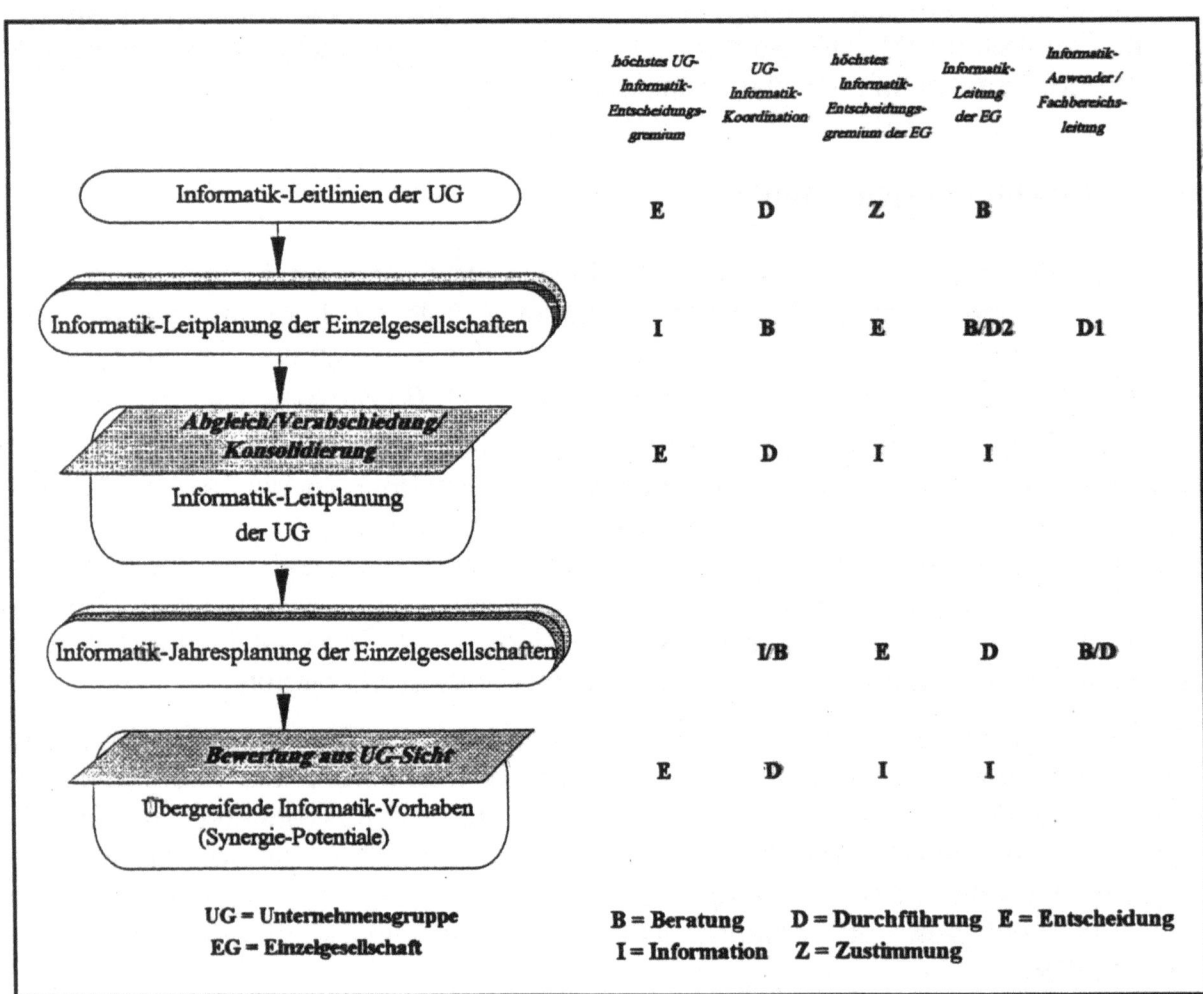

5. Vorteile, Rahmenbedingungen, Nutzenaspekte

Die Vorteile des zuvor skizzierten Vorgehens, die bei der erfolgreichen Umsetzung zu schaffenden Voraussetzungen sowie die sich ergebenen Nutzenaspekte sind in den folgenden drei Abschnitten zusammengefaßt:

5.1 Die Vorteile des Vorgehens

- Meßlatte ist immer das auf den Markt ausgerichtete Geschäft
- Zwang, an die Ausschöpfung organisatorischer Potentiale zu denken
- Verantwortung des Fachbereichsmanagements und der Unternehmensleitung
- Zwang zur übergreifenden Orientierung und Prioritätenfestlegung
- Frühe Konkretisierung der Vorhaben als Voraussetzung für ein effizientes Projektmanagement und ein fundiertes Projektgenehmigungsverfahren sowie ein wirksames Informatik-Controlling
- Top-Down-Ansatz und Möglichkeit der Durchführung auch auf sehr hohem Abstraktionsgrad erlaubt auch den "Erstentwurf" der Planung mit überschaubarem Aufwand
- Minimierung des Risikos von Fehlinvestitionen.

5.2 Die Rahmenbedingungen

- Hüten Sie sich vor Scheingenauigkeiten
  - zu hoher Detaillierungsgrad verstellt den Blick für das Wesentliche
  - je weniger Zeit zur übergreifenden Diskussion und Entscheidungsfindung, desto höher der Wunsch nach Algorithmisierung des Planungsverfahrens.
- Raffen Sie sich auf, den Initialaufwand in Form eines professionell durchgeführten Pilotprojektes zu leisten und überschaubar zu halten.
- Nutzen Sie den Einmalaufwand zur Erstellung der spezifischen Geschäftsprozeßmodelle, um Ihre Strategien zu verifizieren und organisatorische Verbesserungspotentiale abzuleiten.
- Verfeinern Sie Geschäftsprozeßmodelle und Planungsschritte bis ein "eingeschwungener" Zustand entsteht und Informatik-Planung zum Normalfall wird.
- Bauen Sie parallel ein Informatik-Controlling auf und nutzen Sie die Chance, zwischen zentralen Informatikstellen und Anwenderbereichen ein ordentliches Kunden-Lieferanten-Verhältnis zu etablieren.

5.3 Die Nutzenaspekte

⇒ Für die Unternehmensgruppe und die Einzelgesellschaften :
- Einheitliches/durchgängiges Informatik-Planungsinstrumentarium in der Unternehmensgruppe
- Instrument zur Priorisierung von Informatik-Projekten anhand der Unternehmensziele
- Einbindung der Informatik-Planung in die Planungsprozesse der Unternehmensgruppe
- Vergleichbarkeit der Informatik-Vorhaben und -Kosten in der Unternehmensgruppe
- Basis für Informatik-Steuerung und -Controlling

⇒ Für die Einzelgesellschaften :
- Verantwortliche Einbindung der Informatik-Nutzer und der Geschäftsleitung in die Planungsprozesse der Informatik
- Ausschöpfung von Synergien
- Basis für alle anderen operativen Informatik-Planungen

⇒ Für die Unternehmensgruppe :
- Transparenz über Informatik-Vorhaben und -Kosten in der Unternehmensgruppe
- Aufzeigen von Synergien
- Basis für technologische Informatik-Leitplanung

Literaturhinweise:

Kompetenz - Das Diebold Management Journal Nr. 21

- Wolfgang Dernbach
  "Warum Sie die Rezession für eine grundlegende Restrukturierung Ihrer Informatik nutzen sollten"

- Dr. Ludwig Weigand
  "Die Eckpfeiler einer integrierten, mit der Strategie konformen Informatik-Planung"

12. IAO-Arbeitstagung
Wege aus der Krise
Geschäftsprozeßoptimierung und Informationslogistik

Die Rollen von Informationstechnologie und Anwender bei der effizienten Umsetzung in die Praxis

Urs Schmid

Amdahl AG, Basel

Basisregeln des gesamten kompetitiven Umfelds. Sie beeinflußt die Funktionsweise eines Unternehmens, Arbeitsplätze, Management und ganze Aufbau- und Ablauforganisationen.

Dieser Einfluß dürfte in Zukunft eher noch zunehmen und das oberste Management muß laufend folgende Fragen adressieren:

- Ist klar, was mit dem Einsatz der Informationstechnologie erreicht werden soll ?
- Wer ist dafür verantwortlich, daß alles richtig läuft ?
- Welche Umstände sind für den Erfolg maßgebend ?
- Sind die bisher erzielten Resultate aus den Investitionen in die Informationstechnologie zufriedenstellend ?

Das Problem des richtigen Zeitpunkts

Damit ein Unternehmen am Markt erfolgreich ist, muß es seine Produkte zum richtigen Zeitpunkt lancieren und am Markt einführen. Der Produkt- und Innovationszyklus wird immer kürzer, das verfügbare Zeitfenster, in dem ein Produkt Wettbewerbsvorteile bringen kann, immer kleiner. Ohne Informatik-Unterstützung ist das beinahe nicht mehr möglich. Hier besteht aber ein Problem: Die traditionelle Applikationsentwicklung vermag mit dem Produktzyklus nicht mehr mitzuhalten. Die zur Produktunterstützung benötigten Applikationen kommen mit Verspätung und erfüllen oftmals die Anforderungen der Benutzer nicht oder nicht mehr. Die vom Unternehmen benötigten Informatiklösungen müssen jedoch dann bereitstehen, wenn diese von den Anforderungen her (Produkteinführung, Gesetzesänderungen, Änderung der Marktlage mit dem Bedarf nach neuen oder geänderten Programmen zur Entscheidungsunterstützung) benötigt werden:

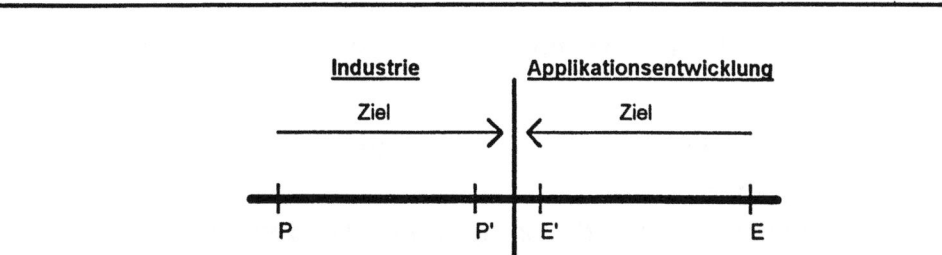

In der Industrie wird der Produktionszeitpunkt (P, P') möglichst bis zum Bedarfszeitpunkt hinausgezögert, um Lagerkosten für Material, Halb- und Fertigfabrikate zu sparen.
In der Applikationsentwicklung ist das Ziel umgekehrt: Der Einführungszeitpunkt einer Applikation (E, E') ist möglichst so vorzuverschieben, dass er mit dem Zeitpunkt übereinstimmt, an dem die Anwendung benötigt wird.

Die Informatik muß die Erreichung strategischerUnternehmensziele unterstützen und fördern, nicht hinauszögern oder sogar verhindern.

Der traditionelle Software-Entwicklungszyklus

In den 60er Jahren wurde Programmierung oft als neue und "mystische" Kunst angesehen. Hardware war extrem teuer; man richtete deshalb die Programmentwicklung auf Effizienz und Individualität aus. Die erstellten Programme mußten möglichst viel Funktionalität mit möglichst geringen Hardwareanforderungen erreichen. Das Resultat: Anwendungen, unstrukturiert und "wild" programmiert, die oftmals die gestellten Benutzeranforderungen nicht erfüllten und nur sehr schlecht wartbar waren.

Als Antwort darauf wurde Anfangs der 70er Jahre die Strukturierte Systementwicklung eingeführt. Diese teilt den Zyklus der Anwendungsentwicklung in Teilphasen auf:

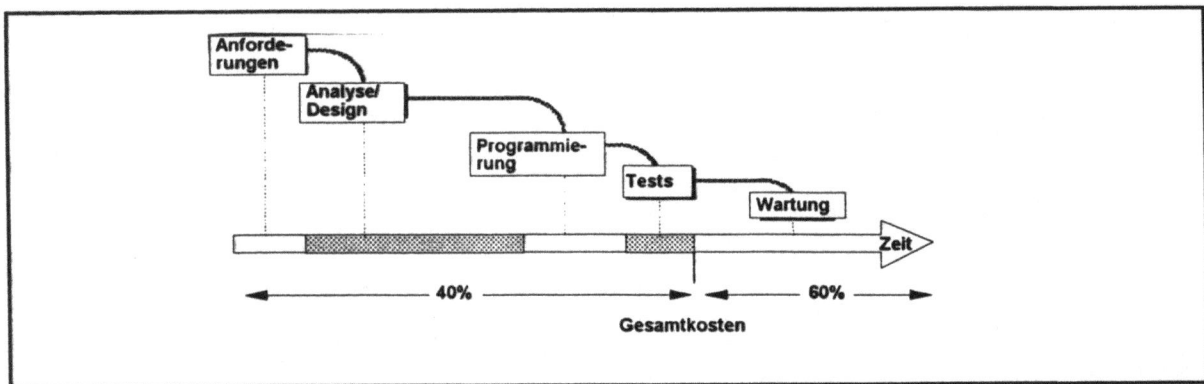

Die einzelnen Phasen folgen sequentiell aufeinander ("Wasserfall Modell"). Es wird vorausgesetzt, daß die Anforderungen (Benutzer, Unternehmen, Umwelt) an die Applikation in den Phasen Grobkonzept und Analyse vollständig definiert werden. Werden diese und auch die nachfolgenden Phasen korrekt vollzogen, so sollte auch die Anwendung korrekt sein und alle Anforderungen erfüllen.

Fatalerweise bestätigte sich diese Annahme nur in den wenigsten Fällen. Die Gründe für den Mißerfolg:

- Der Entwicklungszyklus dauert zu lange, so daß sich die Anforderungen in der Zwischenzeit geändert haben.
- Der ganze Entwicklungsprozeß geht davon aus, daß die Benutzer ihre Anforderungen und Bedürfnisse innerhalb der ersten Phase(n) vollständig definieren können.

Oft aber ist es für den Anwender schwierig, genau zu wissen, was er benötigt, ohne daß er bereits etwas vom Produkt gesehen hat. Um die weiteren Phasen durchführen zu können, wird dies jedoch vorausgesetzt. Daraus entsteht ein schwierig zu lösendes Problem: Anhand von Diagrammen und verbalen Beschreibungen muß der Auftraggeber (Abteilung, Benutzer) entscheiden, ob er mit den Spezifikationen einverstanden ist.

Bekommt er dann das "fertige" Produkt nach (allzu) langer Zeit zu sehen, ist die Reaktion oft bezeichnend: "Das habe ich mir aber anders vorgestellt", "Da fehlen ja Teile", "Damit kann man ja nicht arbeiten" und "Das hätte ich vor einem halben Jahr noch benötigt, heute hat sich das alles geändert" sind häufig gehörte Kommentare. Die Konsequenz? Die Wartungsphase dient in der Einführungsphase nur dazu, eventuell noch vorhandene Fehler auszubessern und vor allem geänderte Anforderungen nachzuvollziehen und zu implementieren:

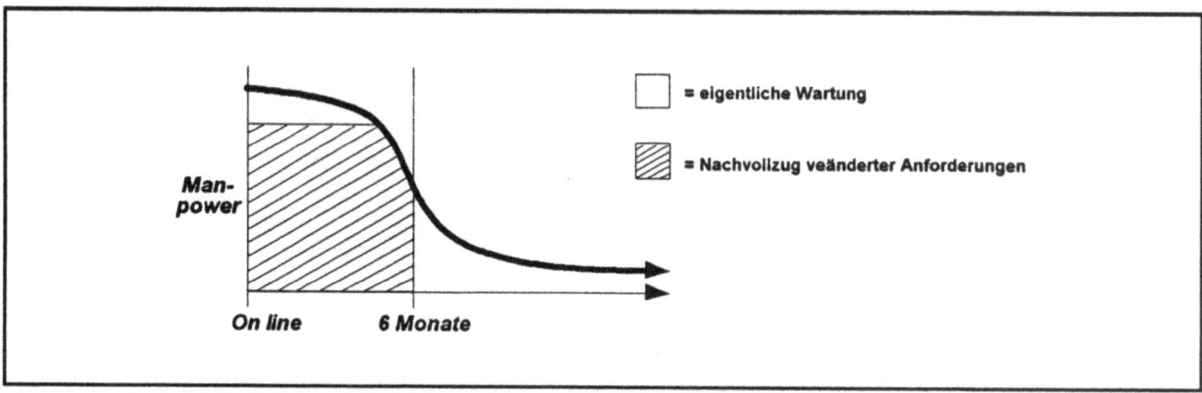

Bis die Applikation dann effektiv in Produktion gehen kann und vom Anwender auch benutzt wird, vergeht wieder Zeit. Die Anwendungen werden wartungsintensiver und wartungsunfreundlicher. Erweiterungen sind oftmals nur schwer realisierbar und kostspielig. Man tendiert dazu, sich mit Kompromissen abzufinden.

Die **Benutzer** sind unzufrieden, da die von ihnen benötigten Programme oft nicht mit der gewünschten Funktionalität und zu spät ausgeliefert werden. Markt- und produktbezogene Ergänzungen sind nur mit großem Aufwand realisierbar und verzögern oft die Markteinführung neuer Produkte und Dienstleistungen. Die Gefahr einer verminderten Wettbewerbsfähigkeit droht.

Der Entwicklungs-Rückstau wächst. Der größte Teil der **Entwickler** ist mit Wartungs- und Erweiterungsarbeiten an Applikationen beschäftigt, die über die Zeit zu historisch gewachsenen erratischen Blöcken wurden, und es bleiben zu wenig Zeit und Ressourcen für Neuentwicklungen.

Ein neuer Ansatz

Um Applikationsentwicklung effektiv zum Instrumentarium der Wettbewerbsfähigkeit zu machen, ist ein anderes Vorgehen nötig. Die Hauptforderungen, die es zu erfüllen gilt, sind:

- Schneller Entwicklungszyklus
- Einbeziehung der Endbenutzer
- Änderungs- und erweiterungsfreundliche Applikationen

Applikationserstellung mittels Evolutionärer Vorgehensweise erfüllt diese Forderungen und versetzt das Unternehmen, das diese Methode anwendet, in die Lage, den Applikationsrückstau abzubauen und Änderungen in den Anforderungen zur richtigen Zeit ("Just in Time") in den Applikationen zu berücksichtigen:

Traditionelle Methoden	Evolutionäre Entwicklung
Versuchen, Komplexität zu managen	Reduziert Komplexität
Reagieren auf Veränderungen	ist positioniert für Veränderungen

AMDAHL hat mit "Huron" eine Entwicklungsumgebung geschaffen, die konsequent für dieses Vorgehen konzipiert wurde. Die nachfolgenden Ausführungen beruhen auf den Erfahrungen mit diesem Produkt.

Schneller Entwicklungszyklus

Eine Umgebung für Evolutionäre Anwendungsentwicklung muß alle wesentlichen Funktionen im Lebenszyklus von Applikationen durch integrierte Systemkomponenten unterstützen:

Ein zentrales, aktives Repository (Entwicklungsdatenbank, in der sämtliche Informationen über Daten, Datendarstellung, Programme und Programmsysteme gespeichert werden) integriert Datenspeicher und Entwicklungsumgebung. Sämtliche Komponenten einer Anwendung, einschließlich der Daten- und Programmobjekte werden dort definiert. Eng integriert steht eine multifunktionale Workbench zur Verfügung. Diese stellt eine durchgehende Arbeitsplattform für die Datenbankdefinition und die Realisierung und Ausführung von Anwendungen dar. Die Workbench-Tools unterstützen die Erstellung von Bildschirm-, Listen- und Dialogablaufstrukturen, sowie die Programmierung und Ausführung der erforderlichen Transaktionen. Die Beschreibung der Anwendungen erfolgt in einer objektbasierten Regelsprache, die mit wenigen Verben auskommt und zu klaren Strukturen und wiederverwendbaren Regeln (Programmen) führt.

Ein weiterer Bestandteil ist ein eigenes, auf dem erweiterten relationalen Modell aufbauendes Datenbanksystem. Bestehende Datenbanken (z.B. DB2, IMS, IDMS in Mainframe-Umgebungen oder Oracle, in Unix-Umgebungen) können einfach integriert werden, um die bisherigen Softwareinvestitionen zu schützen.

Mit der Integration all dieser Funktionen entsteht ein einheitliches Softwaresystem, das sich nicht nur für Entwicklung und Test, sondern auch zur Ausführung von Anwendungen eignet. Dieses integrierte Konzept ist die Basis für deutliche Produktivitätssteigerungen und für eine Vereinfachung der Daten- und Programmverwaltung.

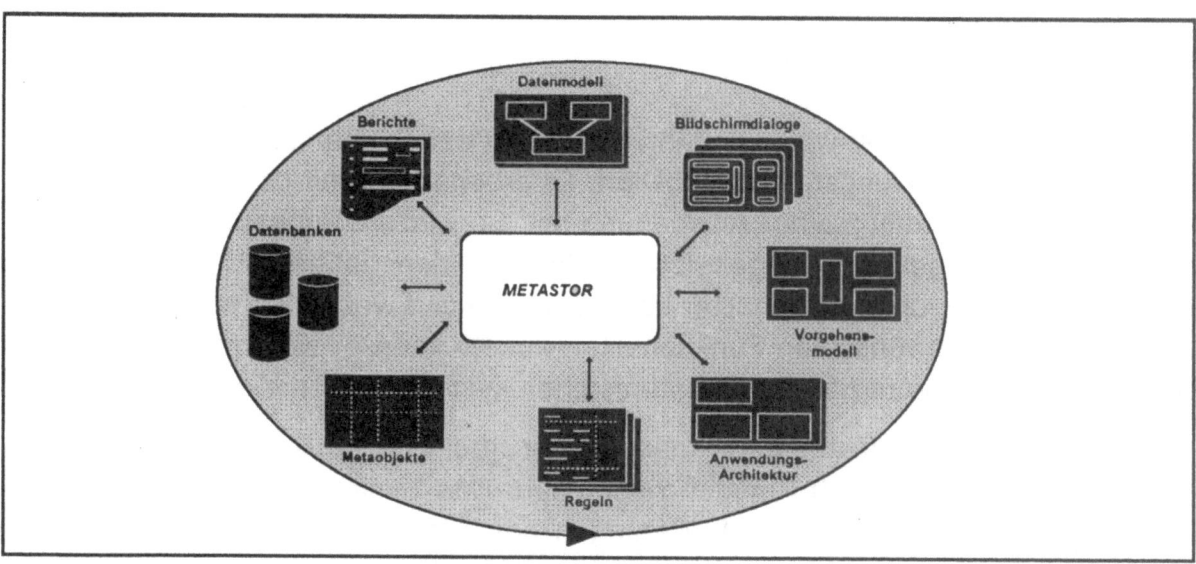

Eine sehr wichtige Rolle bei der Verkürzung des Entwicklungszyklus spielt die

Evolutionäre Vorgehensweise:

Zunächst wird ein Kernteil der Applikation erstellt und unter Produktionsbedingungen praktisch eingesetzt. Diese Grundlage dient der Feinabstimmung zwischen Entwickler und Benutzer. So kann eine in Entwicklung befindliche Anwendung in die Produktion übernommen werden, sobald sie erste Nutzeffekte verspricht, und nicht erst nach Abschluß der gesamten Entwicklungsphase. Aufbauend auf diesem Kern wird weiterentwickelt, wobei kontinuierlich an die evtl. wechselnden Benutzeranforderungen angepaßt werden kann.

Die in der traditionellen Anwendungsentwicklung ablaufenden Phasen werden in kurzen Folgen durchlaufen, wobei das Resultat des Vorläuferzyklus die Basis für den Nachfolger ist:

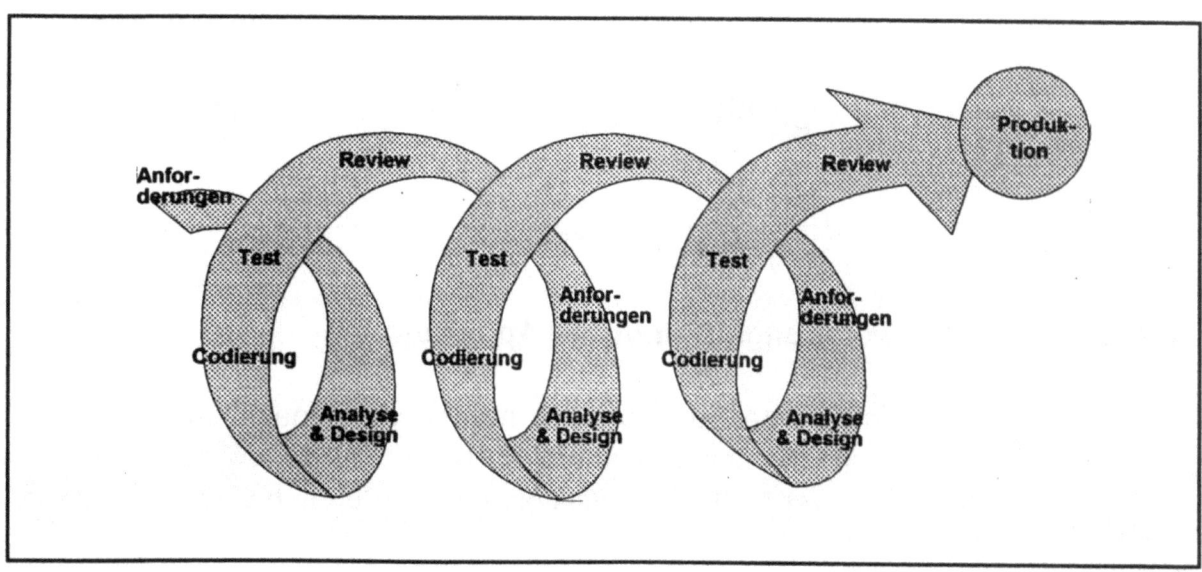

Einbezug der Endbenutzer

Bei der Evolutionären Anwendungsentwicklung ist der Endbenutzer unmittelbar als Mitglied des Entwicklungsteams involviert. Er arbeitet eng mit dem Entwickler zusammen und bestimmt "seine" Anwendung mit. So wird sichergestellt, daß die Benutzeranforderungen voll umgesetzt und laufend den neuesten Anforderungen angepaßt werden, und der Benutzer kommt schnell und wesentlich kostengünstiger zu der von ihm gewünschten Funktionalität. Zudem kann er sich mit der ausgearbeiteten Lösung identifizieren und es entstehen keine Akzeptanzprobleme.

Verglichen mit der Industrie kann man bei der traditionellen Vorgehensweise von einer seriellen (Fließband) Fertigung sprechen. Das Evolutionäre Prototyping mit den ihm inhärenten Gruppenanforderungen entspricht bei diesem Vergleich der Fertigung in autonomen Arbeitsgruppen:

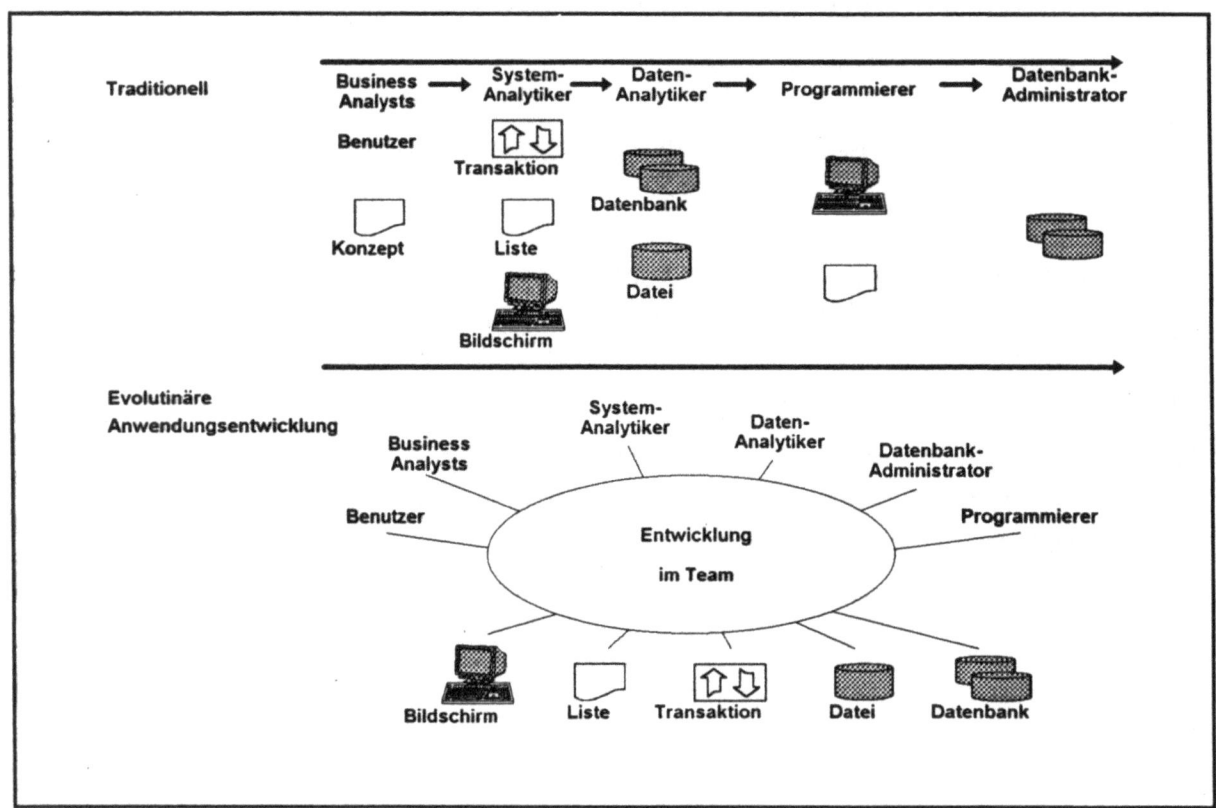

Änderungs- und erweiterungsfreundliche Applikationen

Die oben erwähnte integrierte Funktionalität muß Systemanalytikern, Programmierern, Datenbank- und Systemverwaltern und Benutzern gleichermaßen zur Verfügung stehen. Dies vermeidet Inkonsistenzen bei Schulung, Dokumentation und Mitarbeiterkenntnissen.

Die Regelsprache fördert die Erstellung generischer Regeln. Dadurch kann redundante Programmieraktivität abgebaut werden. Die Wiederverwendbarkeit von Programmen und Datenmodulen baut Zeit- und Kostenaufwand ab und verbessert die Systemqualität. Je mehr generische Regeln existieren, umso höher wird der Gewinn (Man kann sich, im Extremfall, eine Anwendung aus bestehenden Teilen "zusammenbauen").

Die Daten werden gekapselt und an einem allgemein zugänglichen, zentralen Platz gespeichert und definiert. Änderungen sind so nur an einer Stelle durchzuführen und werden für alle Programme sofort wirksam. Bei der Datendefinition können zur entsprechenden Tabelle Regeln hinterlegt werden. Auf diese Weise können allgemeine Routinen (z.B. Fremdschlüsselprüfung, referentielle Integrität, etc.) auf Datenebene definiert und automatisch aufgerufen werden, wenn ein Programm die entsprechenden Daten bearbeitet.

So gestaltete Systeme können sehr leicht an sich ändernde Bedingungen (Benutzeranforderungen, Gesetzesänderungen, neue zu unterstützende Produkte, etc.) angepaßt werden. Wartung und Erweiterung werden nicht mehr zur lästigen Pflicht, sondern gehören integriert zum Lebenszyklus. Zudem entfallen Anforderungsbezogene Wartungsarbeiten bei Einführung der Applikation weitestgehend:

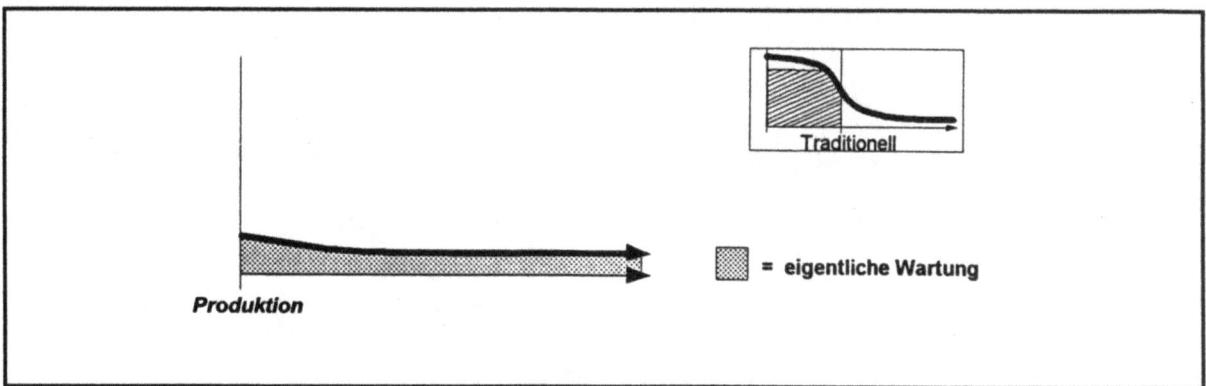

Der Weg zur neuen Vorgehensweise

Wie schön wäre es doch, einfach so eine Entwicklungsumgebung zu kaufen, sie zu installieren und alle Probleme wären gelöst.

Dem ist jedoch (leider) nicht so, denn: "Ein Tool allein macht noch keinen Sommer". Das Gesamtumfeld muß stimmen, was mit folgender Gleichung ausgedrückt werden kann:

$$\textbf{A}\text{pplikation} = \textbf{T}\text{ool} + \textbf{O}\text{rganisation} + \textbf{M}\text{ethode}$$

$$\textbf{(ATOM)}$$

Tool

Auf die Applikationsentwicklungs- und Ausführungsumgebung HURON wird nicht mehr weiter eingegangen, da sie bereits in den vorhergehenden Abschnitten ausführlich erklärt wurde.

Organisation

Ein kritischer Faktor für die Einführung der Evolutionären Anwendungsentwicklung ist die Organisation. Die Endbenutzer wurden bisher zu wenig in die Projektarbeit integriert. Sie waren bei der Anforderungserstellung dabei, bei der Abnahme der Spezifikationen und dann wieder bei den Tests und in der Produktion.

Dies ist hier nicht mehr der Fall. Die Benutzerabteilung, die ja am meisten daran interessiert ist, daß die bestellte Applikation ihren Anforderungen entspricht, nimmt über den gesamten Lebenszyklus hinweg an der Entwicklung teil. Auch die Projektleitung muß dort angesiedelt sein.

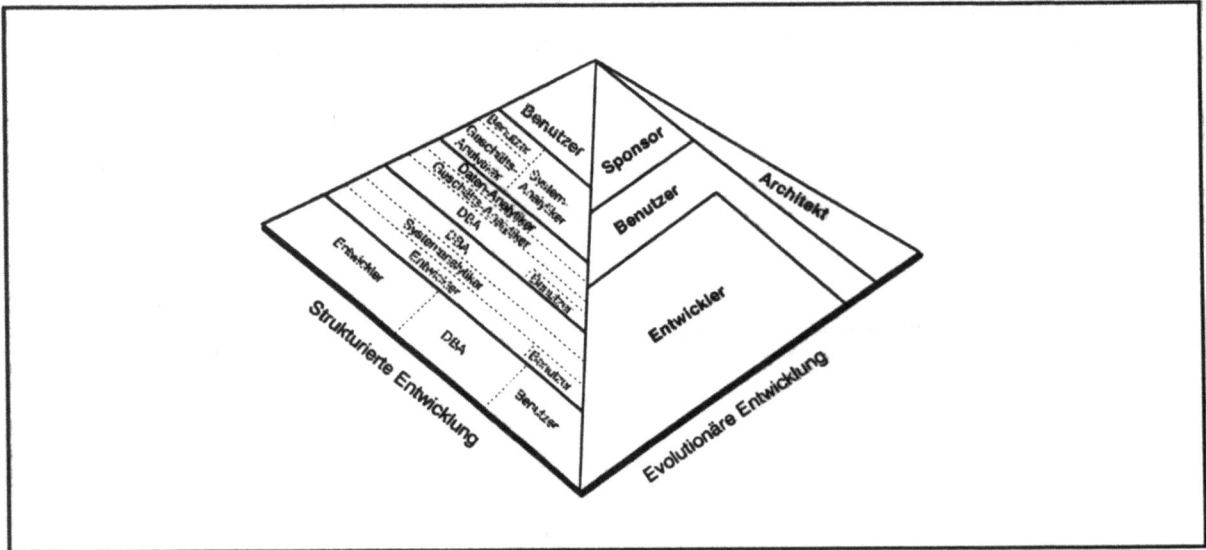

Es ist allerdings kaum möglich, daß ein Endbenutzer zum Vollzeitmitglied des Projektteams wird, denn er sollte ja auch seinen eigentlichen Aufgaben nachgehen können, damit auch die notwendige Praxis nicht verlorengeht. Wenn ein Benutzer ohne Probleme während des gesamten Projekts seinem angestammten Arbeitsplatz fernbleiben könnte, dann wäre er die falsche Person, denn normalerweise läßt man die Spitzenkräfte nicht so einfach für längere Zeit weg. Profunde Kenntnisse des zur Entwicklung anstehenden Geschäftsumfelds werden jedoch vorausgesetzt, um ein erfolgreiches Projekt garantieren zu können. Eine Daumenregel geht von 40 - 50% Beteiligung aus.

Eine Schlüsselrolle kommt dem Sponsor zu. Dieser ist in der Regel möglichst hoch im Management desjenigen Geschäftsbereichs anzusiedeln, für den das Projekt durchgeführt wird. Er trägt durch seine Unterstützung maßgeblich dazu bei, daß das Umfeld und die Kultur stimmen und das Projekt so zum Erfolg wird.

Der Rahmen dazu kann mit folgendem Netz gezeigt werden:

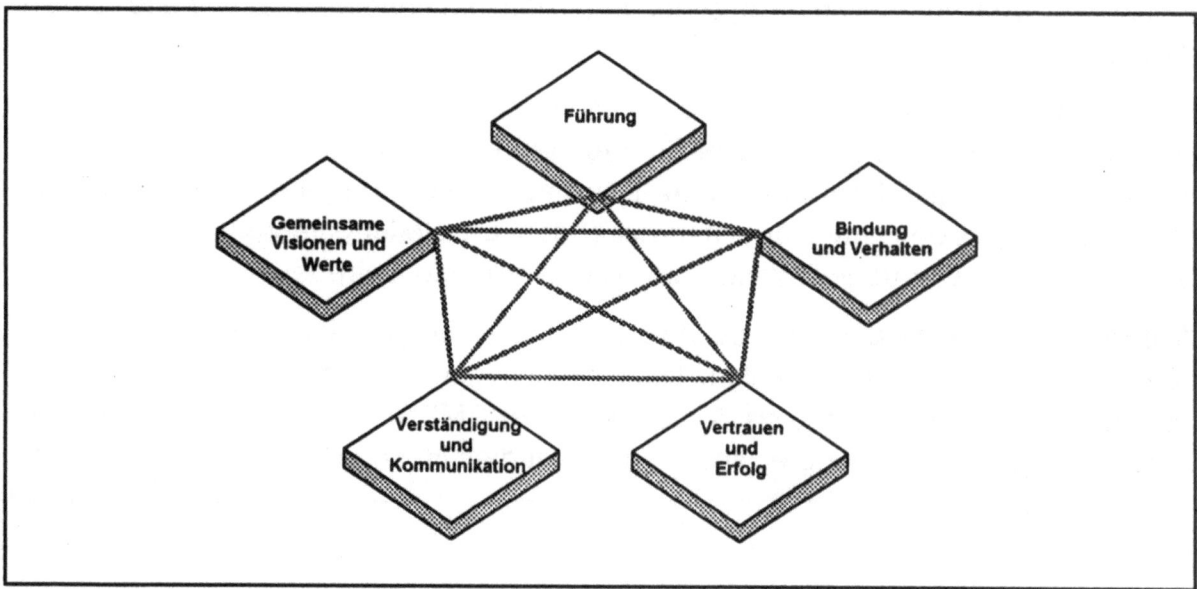

Methode

Die bei der Vorstellung von HURON gezeigte Entwicklungsspirale sieht im Detail wie folgt aus:

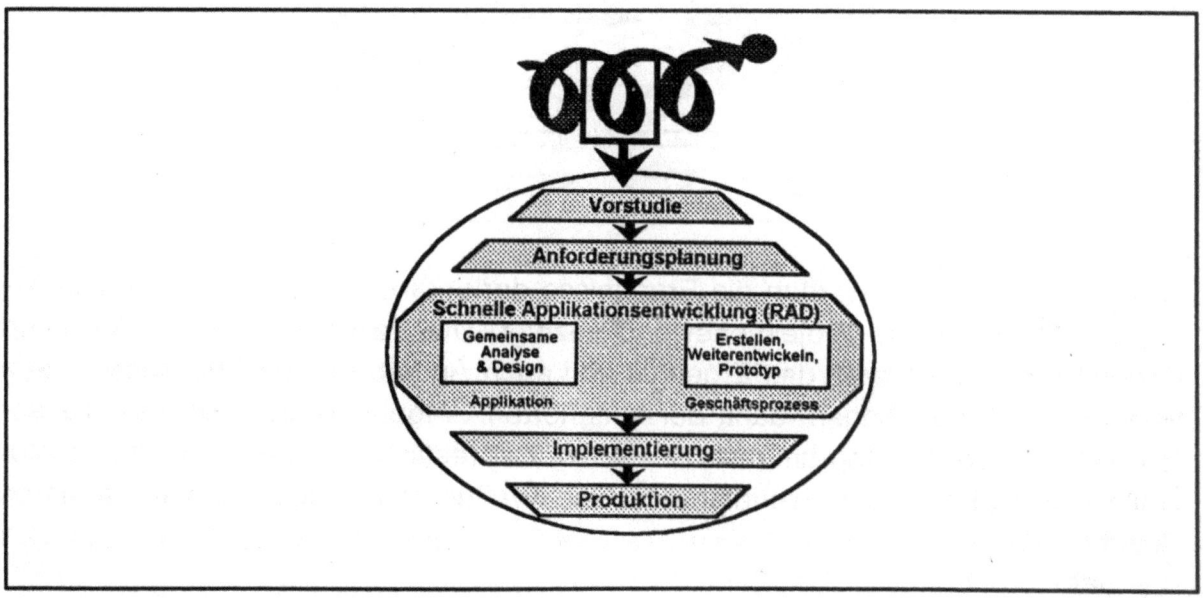

Bei Vorstudie und Anforderungsplanung ist darauf zu achten, daß Techniken verwendet werden, die auch für den beteiligten Endbenutzer verständlich sind. Die heute meist verwendeten Darstellungstechniken mit Entity-Relationship- und Datenflußdiagrammen eignen sich dazu nur beschränkt.

Zur Erarbeitung und zur Darstellung eignet sich zum Beispiel eine Methode wie SIM/X des IAO vorzüglich. Sie bietet auch die notwendige maschinelle Unterstützung.

Auch objektorientierte Techniken, die zunehmend aufkommen, können sehr gut eingesetzt werden, wie als Beispiel Erfahrungen in einem Großprojekt im Gesundheitswesen in England gezeigt haben. Dort haben die Ärzte einen großen Teil der Anforderungen selbst mit der entsprechenden Darstellungstechnik eingebracht. Der Projektleiter war überwiegend nur noch Mentor und Betreuer.

Während der Entwicklung ist es nötig, daß die Endbenutzer laufend auf dem neuesten Stand gehalten werden. Dazu dienen gemeinsame Analyse- und Entwurfssitzungen ("Joint Analysis & Design"). Bei AMDAHL, das HURON weltweit firmenintern zur Entwicklung einsetzt, geschieht dies im sogenannten "Raum 504":

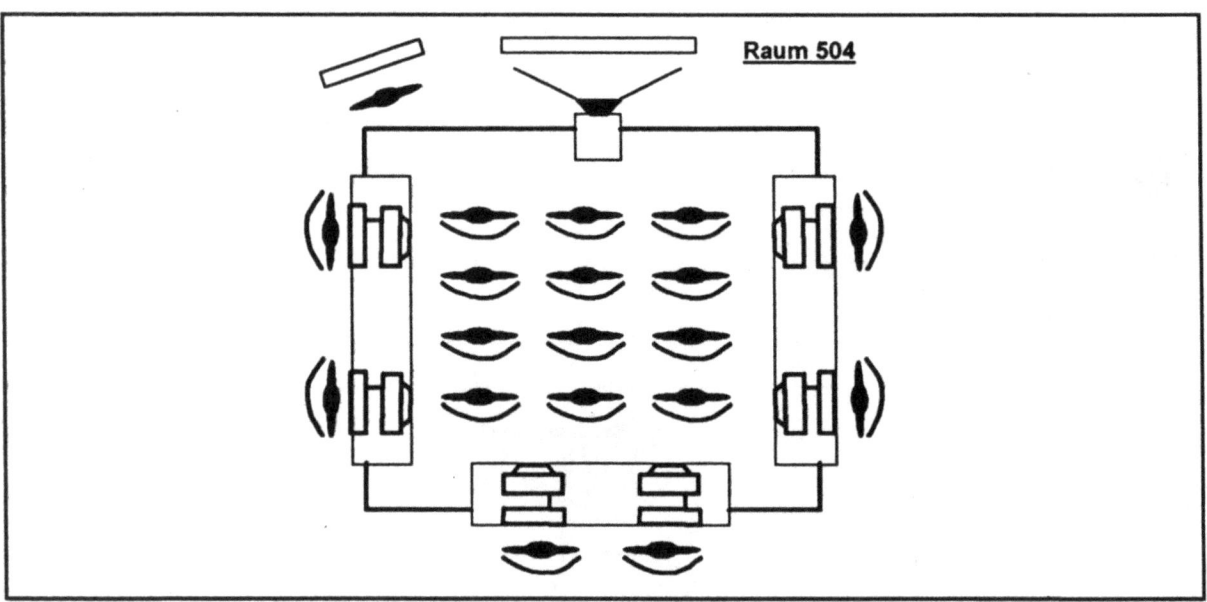

Während der Sitzung werden die Ergebnisse der vorangegangenen Entwicklungsperiode life auf einer Projektionswand gezeigt. Die Teilnehmer (Entwickler und Endbenutzer) diskutieren das Ergebnis und auch Änderungs- und Verbesserungsvorschläge. Diese können, dank der integrierten Umgebung, zu beinahe 80% sofort während der Sitzung umgesetzt werden. Die restlichen ca. 20% werden protokolliert und dienen als Grundlage für die Weiterentwicklung bis zur nächsten Sitzung.

So wird garantiert, daß die Entwicklung nicht am Benutzer vorbeiläuft und eventuell geänderte Anforderungen sofort nachvollzogen werden können. Der Endbenutzer sieht sein Produkt wachsen und kann sich damit identifizieren.

Fazit

Anwendungen, die mit dieser (neuen) Vorgehensweise realisiert wurden zeigen, daß die Erwartungen erfüllt werden. Entwickler und Benutzer können sich mit den Applikationen identifizieren und Änderungen sind nicht mehr ein Schreckgespenst, sondern ein ganz normaler Vorgang.

Der Wechsel von der traditionellen Vorgehensweise zur Evolutionären Anwendungsentwicklung erfordert allerdings ein Umdenken. Ist der Übergang geschafft, dies zeigen Kommentare von Anwendern, möchte niemand mehr zum alten System zurück, zumal die Vorteile auch in Zahlen ausgedrückt werden können:

Industriebereich	Produktivitätssteigerung
Universität	5-10 fach
Fabrikation	2-3 fach
Ladenkette	5-7 fach typisch, Spanne 2 - 15
Finanzinstitut	3-5 fach, bis zu 10 für einige Applikationen
Behörde	4-5 fach
Amdahl	4 fach

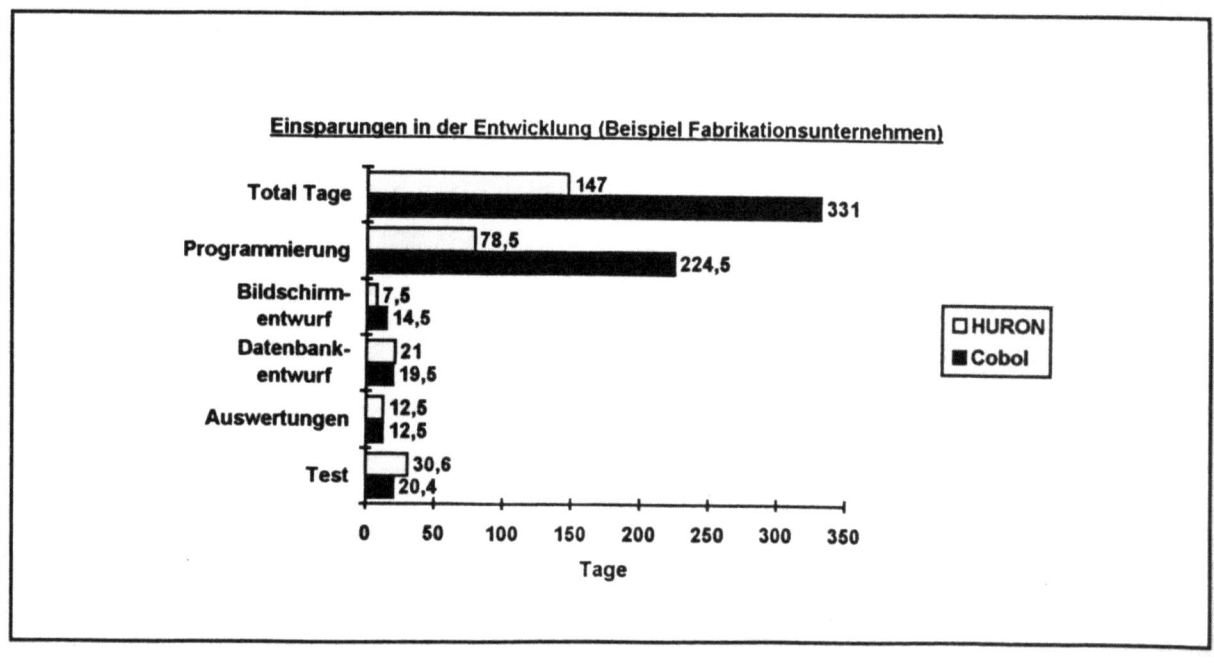

Die wechselnden Anforderungen des Marktes können zum geforderten Zeitpunkt somit auch durch die Informationstechnologie unterstützt werden.

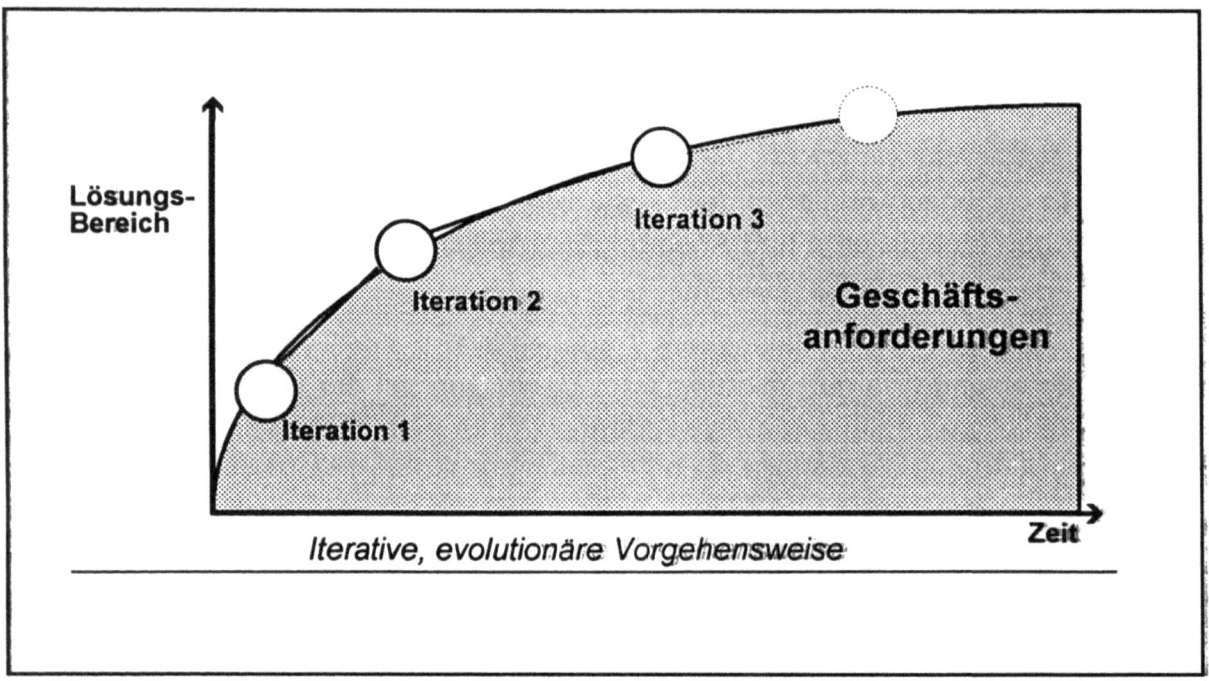

12. IAO-Arbeitstagung
Wege aus der Krise
Geschäftsprozeßoptimierung
und Informationslogistik

PAO - ein Organisations- und Kommunikationsmittel für die Produktinnovation und Auftragsabwicklung

Johannes Dünnwald

AEG Mobile Communication GmbH, Ulm

Zusammenfassung

Die Produkt-Ablauf-Organisation PAO ist ein situativ flexibel gestaltbares Organisationsmittel für die "time-to-market"-orientierte Produktinnovation wie auch die Auftragsabwicklung von Telekommunikationsprodukten. Eine auf dem Phasenmodell PAO basierende Informationslogistik unterstützt mit dem Dokumentations- und Konfigurationssystem DOKOS das Product-life-cycle und das Product-Information Management, insbesondere auch im Hinblick auf Qualitätsanforderungen nach ISO 9000.

Im Vordergrund dieses Beitrages steht die Konzeptionierung der Produkt-Ablauf-Organisation und Informationslogistik sowie deren schrittweise und partizipative Implementierung im Unternehmen.

1 Generelle Anforderungen

Die Globalisierung der Märkte und die Verschärfung des Wettbewerbs erzwingen eine zunehmende Marktorientierung der Unternehmen. Dieser Wandel von der Angebots- hin zur Nachfrageorientie-rung am Markt - bekannte Leitbilder dazu sind Lean Management, Total Quality Management, u.a. - betrifft das gesamte Unternehmen und ist heute mit aufbauorganisatorischen Korrekturen allein kaum zu bewältigen. Insbesondere technologiebasierte Unternehmen haben sich hier mit Themen, wie Technologie- und Marktstrategien, Kernkompetenzen, Produkt- und Projektmanagement, Simultaneous Engineering, u.a. auseinanderzusetzen. Die Definition komplexer Innovationsstrategien im Unternehmen zielt demzufolge sowohl auf notwendige Produkt- und Prozeßinnovationen als auch die Organisations- und Personalentwicklung.

Die neuerliche Betrachtung von Geschäftsprozessen steht dabei im Gegensatz zu traditionellen Rationalisierungsmustern der Leistungsdifferenzierung und Auslastungsmaximierung. Die hochgradige Arbeitsteilung einhergehend mit einer Vielzahl von Schnittstellen in der Wertschöpfungskette steht von daher im Zentrum heutiger Reorganisations- bzw. Rationalisierungsvorhaben von Unternehmen zum Erhalt ihrer Innovationsfähigkeit und Flexibilität am Markt. Es geht um die Optimierung von Durchlaufzeiten und Beständen, Herstellkosten und Qualitätszielen sowie die Kundennähe und Termintreue - weitgehend anerkannte CIM-Ziele. Systeme der Informationslogistik zur Steuerung der Geschäftsprozesse, zur Beherrschung von Produkt- und Projektkomplexität wie auch zur Verbesserung der Kommunikationseffizienz gewinnen an Bedeutung.

Die AEG Mobile Communication hat diese veränderten Marktanforderungen rechtzeitig erkannt. Wenngleich dieser Beitrag die Organisationsentwicklung in den Mittelpunkt stellt, so sei aber betont, daß die erforderlichen Anpassungen hinsichtlich der Produktpolitik und Produktionstechnik wie auch der Personalentwicklung vergleichbar engagiert verfolgt werden.

2 Das Unternehmen AMC

Die AEG Mobile Communication ist ein Unternehmen der Telekommunikationsbranche; es beherrscht das breite Spektrum der modernen Mobil-Kommunikation. Im Bereich der "öffentlichen Endgeräte" bieten die schnurlosen Telefone, die "Handhelds" und die Autotelefone für das C- und D-(GSM-)Netz höchste Leistungsfähigkeit. Die Vertriebspartner sind hier der Fachhandel, große Distributoren und Erstausrüster.

Für die Lösung komplexer kommunikationstechnischer Aufgabenstellungen im Bereich des "nicht-öffentlichen Mobilfunks" verfügt die AEG Mobile Commmunication über die dafür erforderlichen Technologien, wie Durchwahltechnik Funk-Draht, Gleichwellenfunk, Funkvermittlungstechnik, Bündelfunk-Technik und Datenfunk.

Zu den Kunden zählen Energieversorgungsunternehmen, Fluggesellschaften, Flughafenverwaltungen, Großindustrie, Öffentlicher Personennahverkehr, Sicherheitsbehörden und Staatsbahnen.

Die AEG Mobile Communication GmbH gehört zum Konzern der Matra Communication S.A. Paris, in der Matra-Hachette Gruppe. Sie erwirtschaftete im Jahr 1992 mit 1400 Mitarbeitern einen Umsatz von 370 Mio. DM. Der Geschäftssitz der AMC ist Ulm mit dem Produktionsstandort Berlin und Vertriebsniederlassungen in Deutschland sowie qualifizierten Vertretungsgesellschaften im Ausland.

3 Ausgangssituation und Vorgehensweise

Das Unternehmen AMC hat im Laufe der Jahre mehrere Umstrukturierungen, Führungswechsel und diverse externe Berater erfahren. Defizite, wie lange Durchlaufzeiten generischer Produktentwicklungen wie auch kundenspezifischer Auftragsabwicklungen oder ein nur selektiv standardisiertes Produktspektrum, waren offensichtlich. Die Ursache dafür bildeten ausgeprägt informelle Organisationsstrukturen und Abläufe, eigeninitiative technologieorientierte Fachabteilungen und ein Produktmanagement bzw. Marketing ohne ausreichende Einbindung in die Wertschöpfungskette des Unternehmens.

Zur Formulierung einer neuen markt- und technologieorientierten Innovationspolitik waren generelle Leitbilder auf dem Hintergrund der spezifischen Unternehmenssituation abzuwägen /Wolfrum; Hinterhuber/. Die besten Erfolgsaussichten für die

Neugestaltung der Organisation waren von einem kontinuierlichen partizipativen Verbesserungsprozeß zu erwarten /Imai/.

Aus der Entwicklung heraus zielten erste Aktivitäten auf konkrete Schwachstellen im Projektmanagement und in der Fertigungsüberleitung von Entwicklungsvorhaben. Die anfängliche Aufgabenstellung

"Strukturierung der Abläufe in der Entwicklung im Umfeld der angrenzenden Bereiche"

mit dem generellen Ziel:
Mit High-Tech Produkten früher als der Wettbewerb zu geplanten Leistungen, Terminen und Kosten am Markt (zu) sein".

führte zu einer Projektdefinition mit folgenden Hauptansatzpunkten:
- systematisches Innovationsmanagement,
- Forcierung der Methoden des Simultaneous Engineering,
- effizientes F&E-Controlling,
- optimierte Durchlaufzeiten bei der Produktentwicklung,
- systematischer Einsatz von EDV-gestützten Arbeitstechniken.

Aufgrund der mehrfachen Erfahrungen mit externen Beratern aber insbesondere auch um Brüche im Tagesgeschäft zu minimieren konnte die Geschäftsleitung für einen internen Projektauftrag ohne externe Unternehmensberatung gewonnen werden. Anlaß dazu gab die aus den bisherigen Erfahrungen heraus bestätigte These:

"Es besteht kaum ein Mangel an innovativen Ideen, sondern an deren Optimierung und Realisierung."

Man verständigte sich auf einen Projekt-Koordinator und ein Kernteam, bestehend aus je einem Vertreter der Fachabteilungen. Überkommene Genehmigungsprozeduren und Kommunikationsrituale standen zur Disposition; innovative Ideen waren gefragt.

Zunächst sollten die bereichsübergreifenden Aufgaben und Abläufe der Geschäftsprozesse
- generische Produktinnovation und
- Abwicklung kundenspezifischer Systemaufträge

in iterativen Zyklen und schrittweiser Verfeinerung bearbeitet werden:
    1. Schritt: Festschreibung der IST-Abläufe der Produktinnovation,
    2. Schritt: Erarbeitung eines integrierten SOLL-Konzeptes für beide Geschäftsprozesse,
    3. Schritt: Erarbeitung von Organisations-Anweisungen für einzelne Teilprozesse.

3.1 Der erste Schritt

Im ersten Schritt stand die verbindliche Definition der übergreifenden IST-Abläufe für die generische Produktinnovation im Vordergrund. Damit konnte erreicht werden, daß sich die Mitarbeiter hinsichtlich ihres Wissensstandes über bestehende Aufgaben, Zuständigkeiten und Abläufe in einem gemeinsamen Bild bzw. Ablaufmodell wiederfinden. Die Motivation für notwendig erkannte Veränderungen (zweiter Schritt) ausgehend von dieser verbindlichen und anerkannten Plattform war erwartungsgemäß groß.

Die Analyse des IST-Standes der Organisation bemühte sich um das Verstehen spezifischer Geschäftsprozesse abgeleitet aus historischen Festlegungen und Begründungen. Zunächst galt es, verschüttetes Wissen um ehemals funktionierende organisatorische Regelungen zu heben und wo sinnvoll zu reaktivieren. Neben zahlreichen (offenen) Interviews mit insbesondere auch älteren Know-how Trägern erwiesen sich individuelle Arbeitshandbücher, formelle Organisationsanweisungen und informelle Aufzeichnungen, Werknormen oder Benutzerhandbücher der DV-Applikationen, als wertvolle Informationsquellen.

Organisatorische Regelungen wesentlicher interfunktionaler Teilprozesse, beispielsweise Genehmigungsprozeduren, das Änderungs- oder Qualitätswesen, waren zwar im Detail aber auf einem veralteten Stand beschrieben. Sie wurden dementsprechend unscharf bzw. informell praktiziert. Wesentliche Funktionen der Marktorientierung wie auch einer produkt-bezogenenen Organisation waren unzureichend ausgeprägt. Die mangelnde Datendurchgängigkeit der EDV erschwerte bislang die Schwachstellenanalyse der Gesamtorganisation.

Notwendige aufbauorganisatorische Verbesserungen wurden umgehend bereits in diesem Schritt durch die Geschäftsleitung veranlaßt. Dies hatte Konsequenzen sowohl im Vorfeld der Entwicklung als auch an der Schnittstelle Entwicklung zu Produktion und Vertrieb:
- Aufbau einer gegenüber dem Vertrieb eigenständigen Funktion für Marketing & Produktmanagement,
- Hervorhebung der "Industrialisierung" (elektrische / mechanische Konstruktion, Dokumentation) gegenüber der Entwicklung zur Verbesserung der fertigungsorientierten Produktgestaltung und Fertigungsüberleitung,
- Einführung von Methoden des Product-life-cycle Managements,
- Standardisierung des Projektmanagements für die Entwicklung & Industrialisierung,
- Standardisierung des F&E-Controllings,
- Definition von Produktbetreuern in der Industrialisierung zur Steuerung des Änderungs- und Qualitätswesens.

Die Organisationsrichtlinie "Produkt-Ablauf-Organisation" (PAO) faßte diesen IST-Stand der übergreifenden Geschäftsprozesse für die Produktinnovation und die Auftragsabwicklung einschließlich der Korrekturen nach iterativer Abstimmung im Projektteam verbindlich zusammen. Die Kurzfassung skizzierte in graphischer Darstellung die relevanten Teilprozesse. Bisherige, zum Teil veraltete aber formal geltende OG-Anweisungen und Formblätter wurden in der erläuternden Langfassung der PAO lediglich als "Checklisten" zitiert.

In eintägigen Schulungen für ausgesuchte Mitarbeitergruppen wurde das Projekt dargestellt und die Richtlinie wie auch ihre Verbindlichkeit erläutert. Das offensichtliche Interesse an geregelten und einfacheren Abläufen bestätigte die geplante Vorgehensweise. Die Ablösung der das bisherige Geschäft stabilisierenden Personenbeziehungen durch rationellere Regelungen bzw. generelle Standards fand Akzeptanz hinsichtlich der wirtschaftlichen Chance für das Gesamtunternehmen.

3.2 Der zweite Schritt

Im Vordergrund des zweiten Schrittes stand die vertiefende Analyse der neudefinierten IST-Situation, das Aufbrechen traditionell optimierter Teil-Prozesse und die Neu-Definition (SOLL-Konzept) übergreifender Geschäftsprozesse der Produktinnovation und Auftragsabwicklung zu einem Gesamtoptimum.

Die funktionale Gliederung des Unternehmens erschwerte in der Vergangenheit die Erfüllung neuer Marktanforderungen, wie beispielsweise Durchlaufzeiten oder Termintreue. Bemühungen um den organisatorischen Wandel konzentrierten sich vor allem auf kostensparende Maßnahmen (Funktionsanalyse, Aktivierung der Leistungsreserven) innerhalb der einzelnen Linienfunktionen.

Einzelne Arbeitsprozesse in der übergreifenden Wertschöpfungskette waren meist individuell abhängig und insbesondere sequentiell organisiert (Eimer-Ketten Prinzip). Die Realisierung terminkritischer Entwicklungsvorhaben oder Kundenaufträge führte auf die Dauer zu redundanten Ressourcen in einer zunehmend informellen Organisationsstruktur (all-in-one Prinzip). Die Aufgaben der Qualitätssicherung beschränkten sich vorrangig auf die Qualitätsprüfung (end-of-pipe Prinzip). Über generelle Zielsetzungen, Aufgaben, Zuständigkeiten oder Begriffe existierten demzufolge oft unterschiedliche Interpretationen.

Unter der Prämisse intern intakter Linienfunktionen zielte demzufolge die weitere Projektarbeit auf die Verbesserung der Informations- und Kommunikationsbeziehungen zwischen den Linienfunktionen. Ansatzpunkte dazu waren:
- Definition einer Matrixorganisation für Produkt-, Projekt- und Linienfunktionen,
- Festlegung eines Phasenmodells für den Produkt-Lebens-Zyklus,

- einheitliche Definition von relevanten Begriffen, Aufgaben und Zuständigkeiten,
- Intensivierung der Konzeptionsphase,
- Phasenüberlappung durch frühzeitige Verzahnung abhängiger Funktionen.

Diese time-to-market orientierte Reorganisation der Abläufe basierte auf Methoden des Produkt- und Projekt-Managements, des Simultaneous Engineering und des Qualitymanagements. Wesentliche Veränderungen der Entscheidungs- bzw. Genehmigungsprozeduren resultierten aus einer konsequenten Verzichtsanalyse.

Die Geschäftsleitung verpflichtete sich und die erste Führungsebene nach eingehender Erläuterung und Diskussion auf einem Tagesseminar zur Umsetzung. Die neue Organisationsrichtlinie "Produkt-Ablauf-Organisation" (PAO) definierte das SOLL-Konzept der übergreifenden Geschäftsprozesse. In eintägigen Schulungen für ausgesuchte Mitarbeitergruppen wurden wiederum die Ziele und Ergebnisse des Projektes vermittelt. Das Projekt wurde entlastet und die Bearbeitung des dritten Schrittes in die Linienverantwortung der Organisationsabteilung überführt.

3.3 Der dritte Schritt

Der dritte Schritt galt der Anpassung und Vereinfachung bisheriger OG-Anweisungen für Teilprozesse im Rahmen des übergeordneten optimierten Produkt-Lebens-Zyklus. Neue Regelungen und Formulare zielten insbesondere auf die Steuerung der generischen Produktinnovation und die Angebotsabwicklung an den Phasenübergängen der PAO:
- Definition des Produkt- und Projektmanagements,
- Einführung von Geschäftsplänen für das Produkt-Lebens-Zyklus Management,
- Freigabeprozedur für eine integrierte Konzeptionsphase,
- Freigabe von Produktkonzept und Produktentwicklung,
- Freigabe der Bearbeitung und Abgabe von Angeboten.

Dies hatte auch Konsequenzen für die Aufbauorganisation. Abgeleitet aus der neudefinierten Produkt-Ablauf-Organisation konnten notwendige Korrekturen der Auftragsabwicklung im Systemvertrieb, insbesondere in Ergänzung zur Intensivierung des Marketings & Produktmanagements (vergleiche erster Schritt), realisiert werden. Begünstigend wirkte dabei die parallel stattfindende Divisionalisierung des Unternehmens. Aktualisierte Funktionsbeschreibungen für die Linienfunktionen einerseits und die geschäftsprozeß-bezogenen Aufgaben aus der PAO andererseits bildeten so eine Klammerfunktion zur Stabilisierung der Organisation.

3.4 Ein weiterer Schritt

Die Umsetzung kritischer Teilprozesse der PAO bestimmte diesen zusätzlichen Schritt. Dazu wurde insbesondere für das Zusammenspiel von Produktmanagement und Auftragsabwicklung, wie auch zur Bündelung von gleichartigen Aufgaben in einer Ressource (Abbau von Redundanz) ein Maßnahmenkatalog "Auftragsmanagement" erstellt.

Unterteilt in die Problemkreise:
- Produktmanagement,
- Anfrage- und Angebotsbearbeitung,
- Auftragssteuerung,
- Planung und Disposition,
- Materialbeschaffung,
- Endmontage und Integration,
- Dokumentation und Konfiguration,
- DV-Unterstützung,
- Personalentwicklung

waren darin einzelne Maßnahmen, zuständige Personen und Fertigstellungstermine aufgeführt. Begleitet durch ein Kernteam und eine Koordinator wurde so im Auftrag der Geschäftsleitung ein kontinuierlicher Verbesserungsprozeß angestoßen und erst später in die Verantwortung der Linienfunktionen übergeleitet.

Die Verbesserungen im Systemvertrieb zielten auf ein separates Logistikzentrum "Technik" für das Auftragsmanagement (Angebotsbearbeitung und Auftragssteuerung) in Anlehnung an generelle Innovationsstrategien der flexiblen Spezialisierung /Piore u. Sabel/.

Vom Standardgeschäft abweichende spezifische System- und Exportaufträge werden hier in sog. Logistikgruppen für unterschiedliche Geschäftsfelder bzw. Produktgruppen von der Kundenanfrage bis zur Betriebsübergabe gesteuert. Die PAO beschreibt diesen innovativen Fall der spezifischen Auftragsabwicklung. Entscheidungen insbesondere zur Steuerung der Angebotsbearbeitung werden in Meetings und geregelten Freigabeprozeduren getroffen.

Der unkritische Fall standardisierter Auftragsabwicklung läuft nicht über das Logistikzentrum sondern in regulärer Verantwortung der Linienfunktionen. Entscheidungen sind über Wertgrenzen, i.R. interner Vollmachten, geregelt.

Die temporäre Einsetzung eines Promotors im Produktmanagement durch die Geschäftsleitung beschleunigte den Lernprozeß hinsichtlich neuer Aufgaben, Zuständigkeiten und Abläufe in definierten Pilotprojekten wie auch beispielhaften Situationen. Im Sinne eines methodischen und technischen Controllings hat der

Promotor, eingebunden in die Wertschöpfungskette, die Verantwortung für die Stabilisierung und dauerhafte Effizienz der Neuorganisation. Ergänzende Schulungen sorgen für das Basiswissen bei allen Beteiligten.

4.0 Die Produkt-Ablauf-Organisation PAO

Die PAO ist ein wesentliches organisatorisches Arbeitsmittel für das Management. Sie dient der Aufgabenplanung und Steuerung des Produkt-Lebens-Zyklus nach Marktanforderungen. In einem Phasenmodell sind die Geschäftsprozesse der generischen Produktinnovation und Auftragsabwicklung aus der unternehmerischen Perspektive des Produkt- und Projektmanagements dargestellt. Die Festlegungen der PAO dienen zur Gewährleistung der
- notwendigen Arbeitsschritte,
- Zuordnung von Verantwortung und Mitwirkung zu jedem Arbeitsschritt,
- rechtzeitigen und sachgerechten Kooperation der beteiligten Bereiche,
- formellen Genehmigungen,
- für den Arbeitsfortschritt notwendigen Entscheidungen,
- simultanen Aufgabenbearbeitung.

4.1 Das Phasenmodell

Die PAO beschreibt die Einzelaufgaben und Zuständigkeiten der Linienfunktionen, die übergreifenden Abstimmungsprozesse und die Meilensteine der generischen Produktinnovation in den Phasen des Produkt-Lebens-Zyklus:
- Definition,
- Konzeption,
- Entwicklung & Industrialisierung,
- Produktion & Vertrieb,
- Betrieb,
- Abschluß;

Eingebunden in den übergeordneten Produkt-Lebens-Zyklus der PAO ist die Auftragsabwicklung von kundenspezifischen System-Projektierungen mit den Phasen:
- Akquisition,
- Realisierung,
- Montage & Inbetriebnahme.

In Bild 1 ist das Phasenmodell der PAO skizziert; die Phasen sind aus Gründen kausaler Logik zunächst abgegrenzt. Bild 2 und Bild 4 verdeutlicht die wesentlichen Aufgabenblöcke und Zuständigkeiten. Die überlappenden Phasen der terminlich optimierten Geschäftsprozesse sind in Bild 3 und Bild 5 erkennbar. Die Einzelaufgaben innerhalb der Phasen sind bereits teilweise in den vorgenannten Bildern zitiert, jedoch in der Kurzfassung sehr viel umfassender benannt (Bild 6). Die Langfassung der PAO, hier nicht dargestellt, vertieft mit weiteren Erläuterungen in Form von Checklisten jede einzelne Aufgabe aus der Kurzfassung.

4.2 Die Methodik der PAO

Der Aufbau und die Gliederung der Ablauforganisation PAO entspricht dem Maximalfall einer kompletten Produktinnovation bzw. Auftragsabwicklung mit allen relevanten innovativen Aufgaben; unkritische Routineaufgaben der Linienfunktionen sind zwar generell angesprochen aber in der PAO nicht detailliert beschrieben. Je nach Produkt-, Projekt- bzw. Auftragssituation ist die PAO i. S. eines "roten Fadens" situativ flexibel anpaßbar. Abweichungen innerhalb der PAO-Phasen und zwischen den PAO-Meilensteinen sind im Rahmen projektspezifischer Festlegungen mit den zuständigen Linienfunktionen abzustimmen und zu kommunizieren. Iterationen von Abläufen und Aufgaben innerhalb von Phasen und über Phasengrenzen hinweg sind nicht dargestellt, können aber vorkommen und sind ebenfalls abzustimmen.

Die PAO ist unter dem Aspekt der Akzeptanz und Handhabbarkeit für unterschiedliche Funktionsträger, wie Geschäftsleitung, Produktmanager, Projektleiter oder Mitarbeiter, unterschiedlich differenziert aufbereitet:
- Poster mit den überlappenden Phasen und den wichtigsten Aufgaben und Meilensteinen,
- Kurzfassung im Pocketformat ("roter Faden"),
- Langfassung als Stichwortsammlung zu den Aufgaben der Kurzfassung,
- verbindliche OG-Anweisungen, wie im dritten Schritt benannt.

Entgegen sonst üblichen Ablaufdiagrammen (Ablaufpläne, Vorgangsketten, etc.) ist die PAO in der Kurz- wie auch der Langfassung als Checkliste ausgestaltet, sie ist damit ein flexibel nutzbares Organisationsmittel für das Produkt- und Projektmanagement, eine Orientierungshilfe zum unternehmerisch verantwortlichen Gebrauch.

4.3 PAO und Qualitätsmanagement

Die PAO basiert auf den Anforderungen an ein Qualitätsmanagement nach ISO 9000; aufgrund ihrer Orientierung auf Produkt-Lebens-Zyklen, Marktanforderungen und Kundenbedarfe ordnet sie sich in grundsätzliche Leitbilder des Total Quality Managements ein. Die PAO und das Qualitätssicherungs-Handbuch sind damit sich ergänzende Arbeitsmittel für das Produkt- und Qualitätsmanagement. Die Regelung einzelner Teilprozesse findet ihre Fortsetzung in detaillierten Organisationsanweisungen, Verfahrens- /Arbeitsanweisungen oder internen Normen.

Ausgehend von der Qualitätsnorm ISO 9001 integriert die PAO alle wesentlichen Elemente eines Qualitätssicherungssystems und stellt sie in den Gesamtzusammenhang des Produkt-Lebens-Zyklus. Beispielsweise ist die Vertragsprüfung Teil der Auftragsabwicklung und die Designlenkung in den Phasen der Produktinnovation detailliert. Ebenso ist die Lenkung von Dokumenten auf Grundlage der PAO übergreifend geregelt; sie stellt die Anforderungen an eine rationelle DV-gestützte Informationslogistik für das Product-Information-Management. Die weiteren Elemente der Qualitätsnorm sind vollständig in die entsprechenden Teilprozesse der PAO integriert.

5 Informationslogistik

Über den Anspruch einer reinen Ablauforganisation hinaus ist die PAO ein Kommunikationsmittel des Unternehmens; als gemeinsamer Kommunikationscode bzw. -kanal präzisiert sie die Kommunikationsbeziehungen zwischen Produkt-, Projekt- und Linienfunktionen. Infolge einheitlich und verbindlich definierter Begriffe, Aufgaben und Entscheidungsprozeduren verbessert sie die Informationslenkung und Entscheidungsfindung in den Geschäftsprozessen. Der Einsatz geeigneter DV-Tools auf dem Hintergrund der PAO kann wesentlich zur Erhöhung der I+K-Produktivität im Unternehmen beitragen.

Informationslogistik ist das Management der Informations- und Kommunikationsprozesse. Die Kombination von PAO und DV definiert eine Produktbezogene Informationslogistik, deren Effizienz maßgeblich zum Markterfolg eines Unternehmens beiträgt.

Rationalisierungspotentiale sind beispielsweise:
- Reduzierung der Zeiten für die Suche und Bereitstellung von Dokumenten, Unterlagen etc.,
- Einhaltung der Terminziele bei Entwicklungsvorhaben oder Kundenaufträgen,
- Entlastung der Führungskräfte von Zuständigkeitsklärungen,

- besserer Wissensstand bezüglich organisatorischer Zusammenhänge und Standards,
- Selbststeuerung von Projektteams unter klaren Rahmenvorgaben,
- verbesserte Entscheidungsvorlagen,
- Steuerbarkeit von Produktinnovationen durch proaktives Projektmanagement,
- Beherrschung von Produkt- und Projektkomplexität,
- Reduktion von Ungewißheit bei internen und externen Zusagen/Auskünften.

Diese Überlegungen führten bereits parallel zum PAO-Projekt zur Konzeptionierung von DOKOS. DOKOS ist ein Dokumentations- und Konfigurationssystem basierend auf einer relationalen Datenbank für das Product-Information-Management. DOKOS baut auf dem Phasenmodell der PAO auf (Bild 7).

5.1 Dokumentenmanagement

Mit der Existenzenverwaltung von Dokumenten können Durchlaufzeiten bei der Dokumentensuche wie auch der Bereitstellung von Unterlagen, beispielsweise für Entscheidungen, erheblich reduziert werden. Anhand der Existenz von Dokumenten lassen sich eindeutige Aussagen über den Produktstatus bzw. den Projektfortschritt treffen. Standardisierte Dokumentenpläne, analog zu den Einzelaufgaben und Entscheidungen der PAO, unterstützen bereits die systematische Produktplanung und Auftragsprojektierung. Terminierte Dokumentenpläne für spezifische Vorhaben ermöglichen die Kontrolle des Projektfortschrittes im Rahmen des Produkt- und Auftragscontrollings.

Im ersten Schritt von DOKOS wird die Existenzenverwaltung und das Änderungswesen relevanter Dokumente des Produkt- und Projektmanagements aus den spezifischen Anwendungsfällen der PAO in DOKOS realisiert. Marktanalysen, Geschäftspläne, Lastenhefte, Pflichtenhefte, Anträge u.a. sind leichter auffindbar und in verschiedenen Versionen identifizierbar. Mit zusätzlichen Document summary Informationen wird das Projektcontrolling unterstützt. Standardmethoden des Projektmanagements und des Projekt-Controllings in der Entwicklung & Industrialisierung wie auch im Vertrieb sind in der Datenstruktur von DOKOS abgebildet.

Die Anforderungen der Informationslenkung in der Definitions- und Konzeptionsphase wie auch für Designprozesse zur Unterstützung des technologiebasierten (Investitionsgüter-) Marketings und Produktmanagements werden mit marktgängigen EDM-Systemen (Engineering Data Management) noch nicht ausreichend unterstützt. Sie bieten jedoch ausgereifte Standardlösungen für die Produktdatenverwaltung. Ihr Nutzen für die Produktbezogene Unterlagenverwaltung, beispielsweise von Zeichnungen, Stücklisten, Arbeitsplänen, u.a., sowie die Steuerung des

Änderungswesens ist unbestritten. Die Datendurchgängigkeit integrierter EDM-Standardlösungen erschließt erhebliche Rationalisierungspotentiale.

5.2 Konfigurationsmanagement

In weiteren Schritten soll die Komponentenverwaltung der Produkte mit ihren technischen Spezifikationen aus unterschiedlichen isolierten DV-Applikationen (Informationsinseln) zusammengefaßt und in DOKOS implementiert werden. Diese Daten stehen dann in einem integrierten System in der Relation von ursprünglichen Spezifikationen, beschreibenden Dokumenten und lieferbaren Komponenten (Entity-Relationship-Modell); sie bilden die Basis für das Expertensystem DOKOS zur spezifischen Konfiguration und Parametrisierung von Kundenaufträgen.

Der wirtschaftliche Nutzen solcher DV-Applikationen der Informationslogistik realisiert sich über das Zusammenspiel mit Produktprogramm, bestehend aus standardisierten Komponenten bzw. Modulen (generischer Baukasten), Produktstrategie und Marketing & Produktmanagement.

6 Akzeptanz und Wirtschaftlichkeit

Bei der Umsetzung der PAO bestätigte sich das partizipative und schrittweise Vorgehen. In intensiven Schulungen ausgesuchter Personengruppen konnte der Gebrauch und Nutzen der PAO vermittelt werden. Unter dem Aspekt der Marktorientierung und Wettbewerbsfähigkeit des Unternehmens fand die Betonung des Marketings und des Produkt-Lebens-Zyklus Managements wie auch die frühzeitige Einbindung von Produktion, Vertrieb, Technischem Dienst und Kundendienst in die Produktentstehung die erforderliche Akzeptanz. Das Interesse an standardisierten Abläufen war in der Produktion und dem Produktmanagement erwartungsgemäß größer als in der Entwicklung oder dem Vertrieb /Wolfrum/.

Generelle Konfliktpotentiale an den Schnittstellen von Marketing und Entwicklung wie auch von der Entwicklung zu Produktion und Vertrieb, wie sie aus wissenschaftlichen Studien des Technologiemanagements bekannt sind, lassen sich jedoch anhand der PAO in konkreten Einzelfragen sachlich regulieren. Traditionelle Ansätze dieser Schnittstellenregulation, die insbesondere auf formalen Methoden der Aufbauorganisation beruhen, verstärken dagegen eher die Abgrenzungstendenz an den Schnittstellen der Linienfunktionen und nicht selten mit dem Ergebnis erheblicher Durchlaufzeiten.

Die Entscheidung für einen kontinuierlichen intern organisierten Verbesserungsprozeß war letztlich ausschlaggebend für den Umsetzungserfolg der PAO. Die Einbindung eines Koordinators und späteren Promotors beschleunigte die notwendigen Lernprozesse bei allen Beteiligten. Die kapazitive Belastung der Linienfunktionen durch das Projekt PAO war vergleichbar der bei Einschaltung externer Berater. Wenngleich die Umsetzung auf einer längeren Zeitachse stattfand konnten damit doch erhebliche externe Kosten eingespart werden. Es sei jedoch angemerkt, daß Auslöseimpulse wie auch das beharrliche Vorantreiben grundsätzlicher oder strategischer Neuerungen in der Regel von spezifischen Personenkonstellationen im Unternehmen geprägt sind bzw. davon abhängen.

Erste Erfolge der PAO-Anwendung bestätigten schon bald den hohen Nutzen einer effizienten Organisation. Die extrem zeitkritische Neuentwicklung des D-Netz-Mobiltelefons der AMC konnte termingerecht zur Hannover-Messe 1993 realisiert werden.

Literatur

Hinterhuber, Hans H.:
Strategische Unternehmensführung
de Gruyter Verlag, Berlin/New York 1984

Imai, Masaaki:
Kaizen - Der Schlüssel zum Erfolg der Japaner im Wettbewerb
Ullstein Verlag, Frankfurt/Berlin 1993

Piore, Michael J. und Sabel, Charles F.:
Das Ende der Massenproduktion - Studie über die Requalifizierung der Arbeit und die Rückkehr der Ökonomie in die Gesellschaft
Wagenbach Verlag, Berlin 1985

Wolfrum, Bernd:
Strategisches Technologiemanagement
Gabler Verlag, Wiesbaden 1991

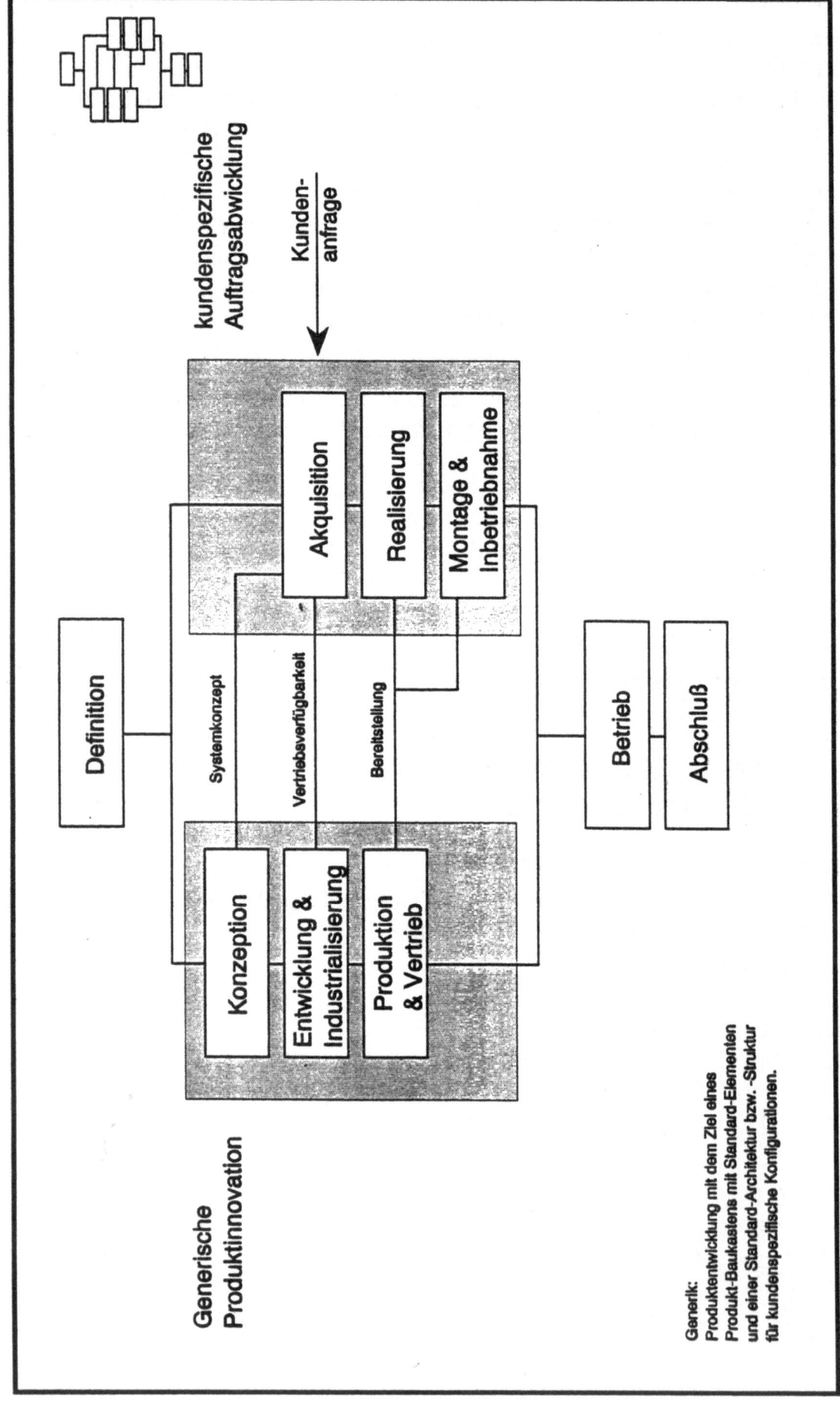

Bild 1 Phasenmodell der Produkt-Ablauf-Organisation PAO

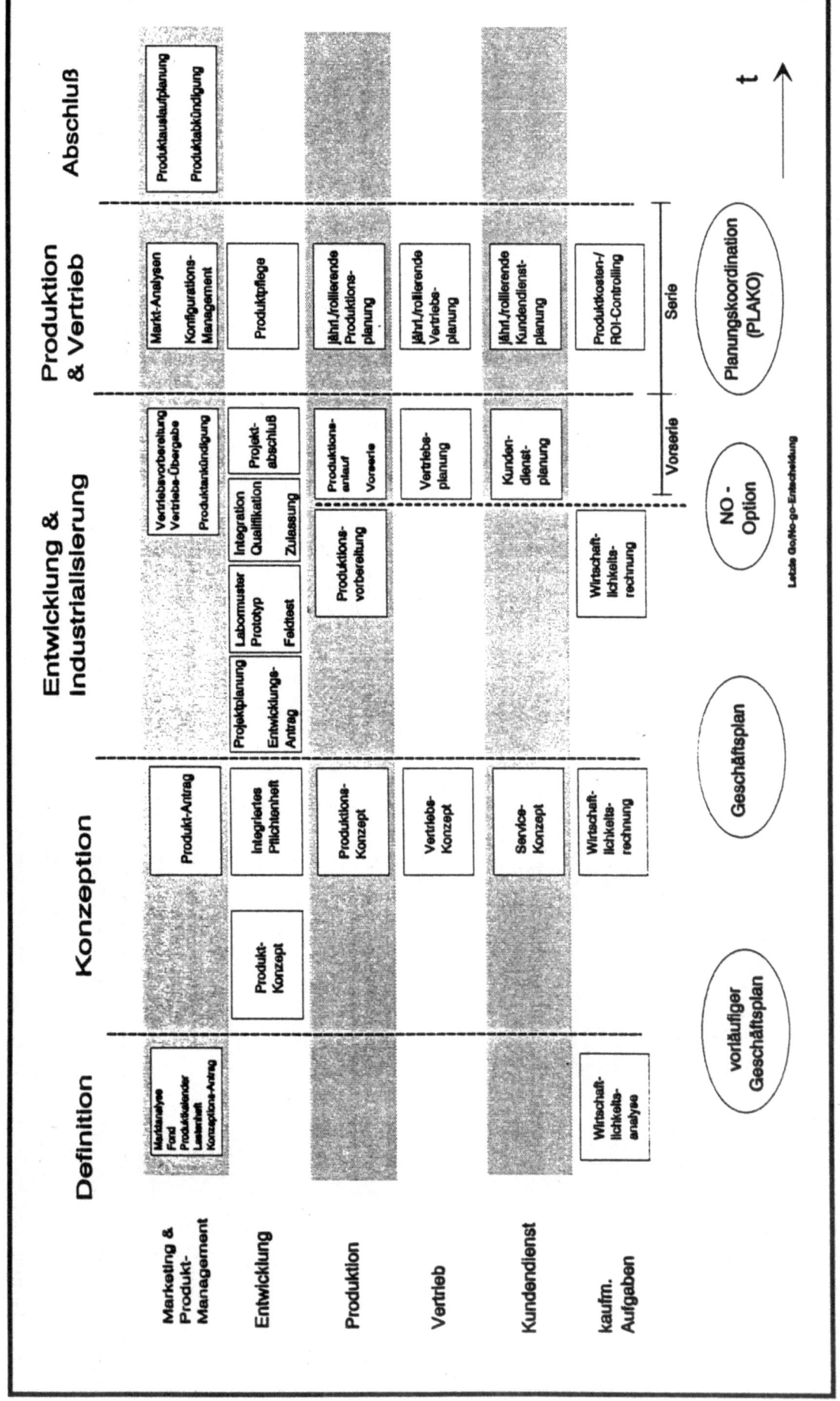

Bild 2 Produkt-Lebens-Zyklus der generischen Produktinnovation

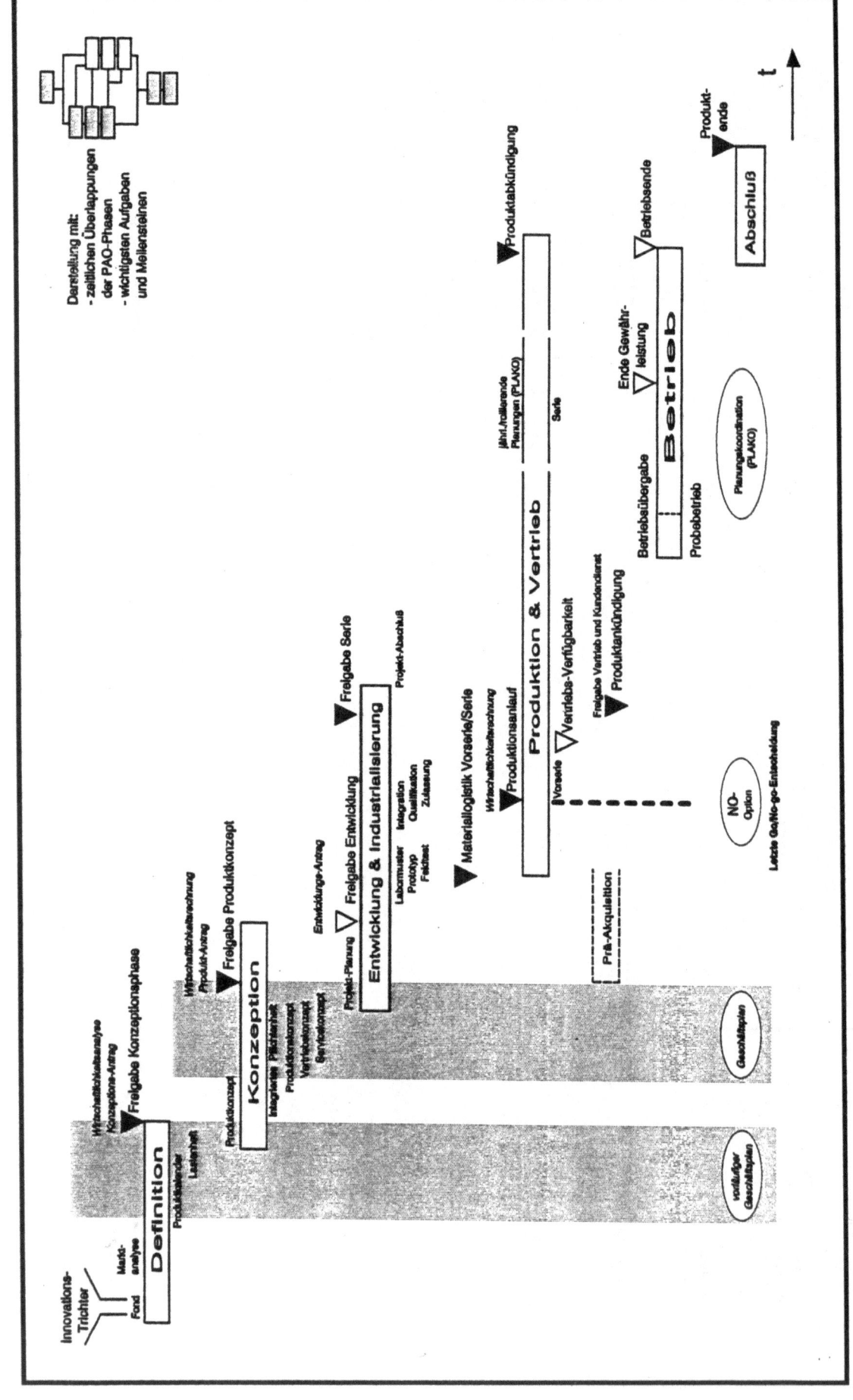

Bild 3 Simultaneous Engineering der generischen Produktinnovation

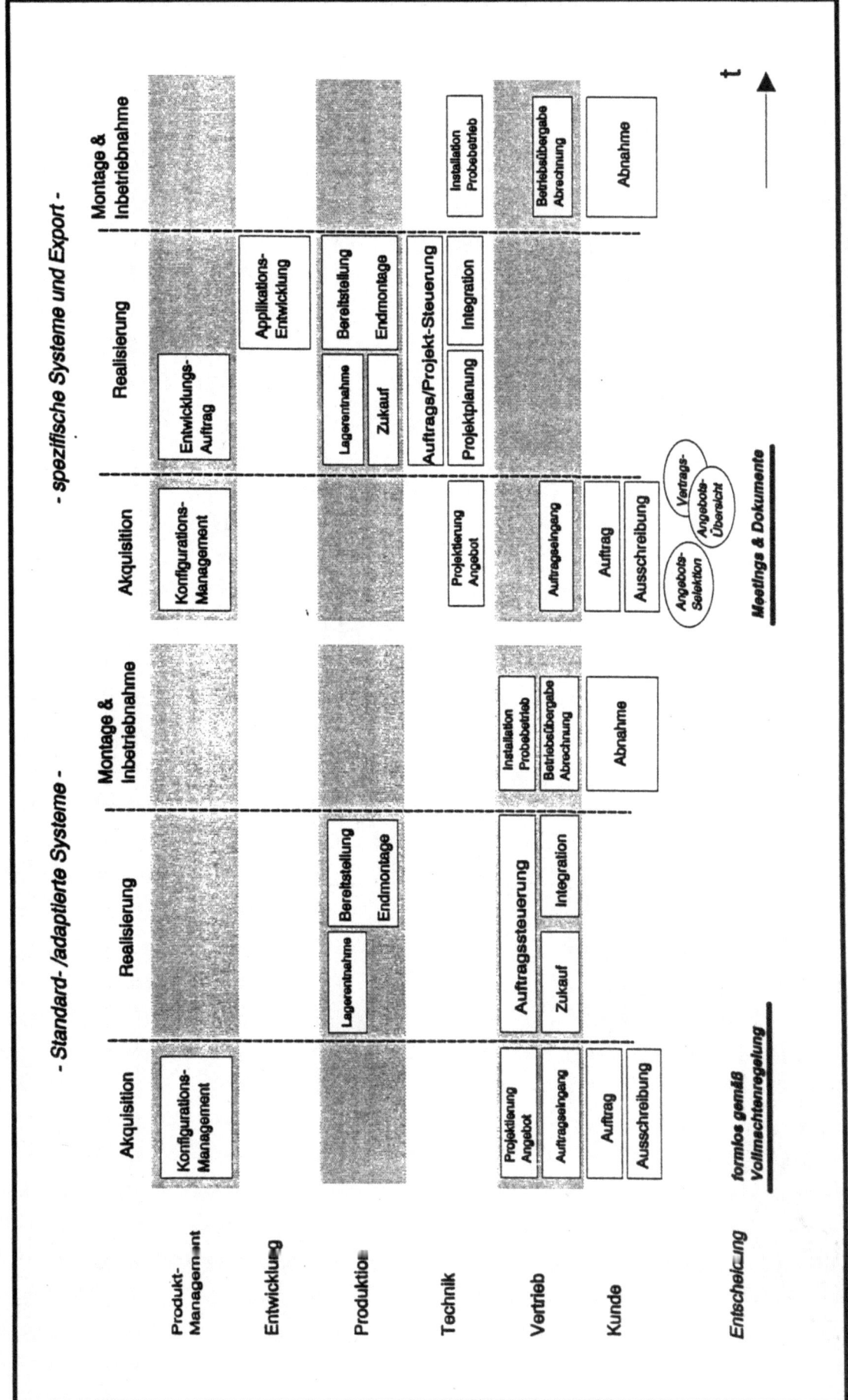

Bild 4 Auftragsabwicklung Systeme

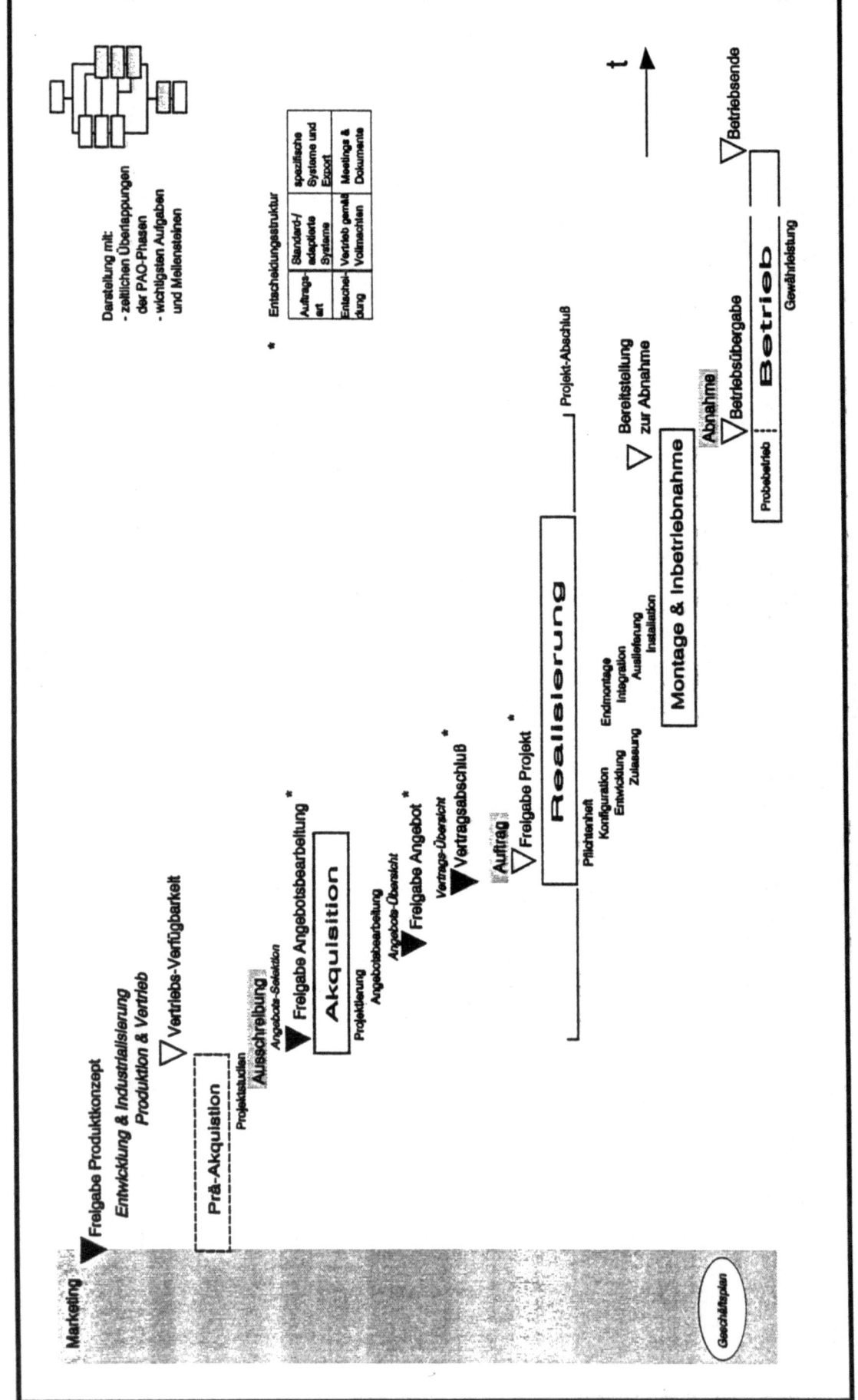

Bild 5 Simultaneous Engineering der Auftagsabwicklung Systeme

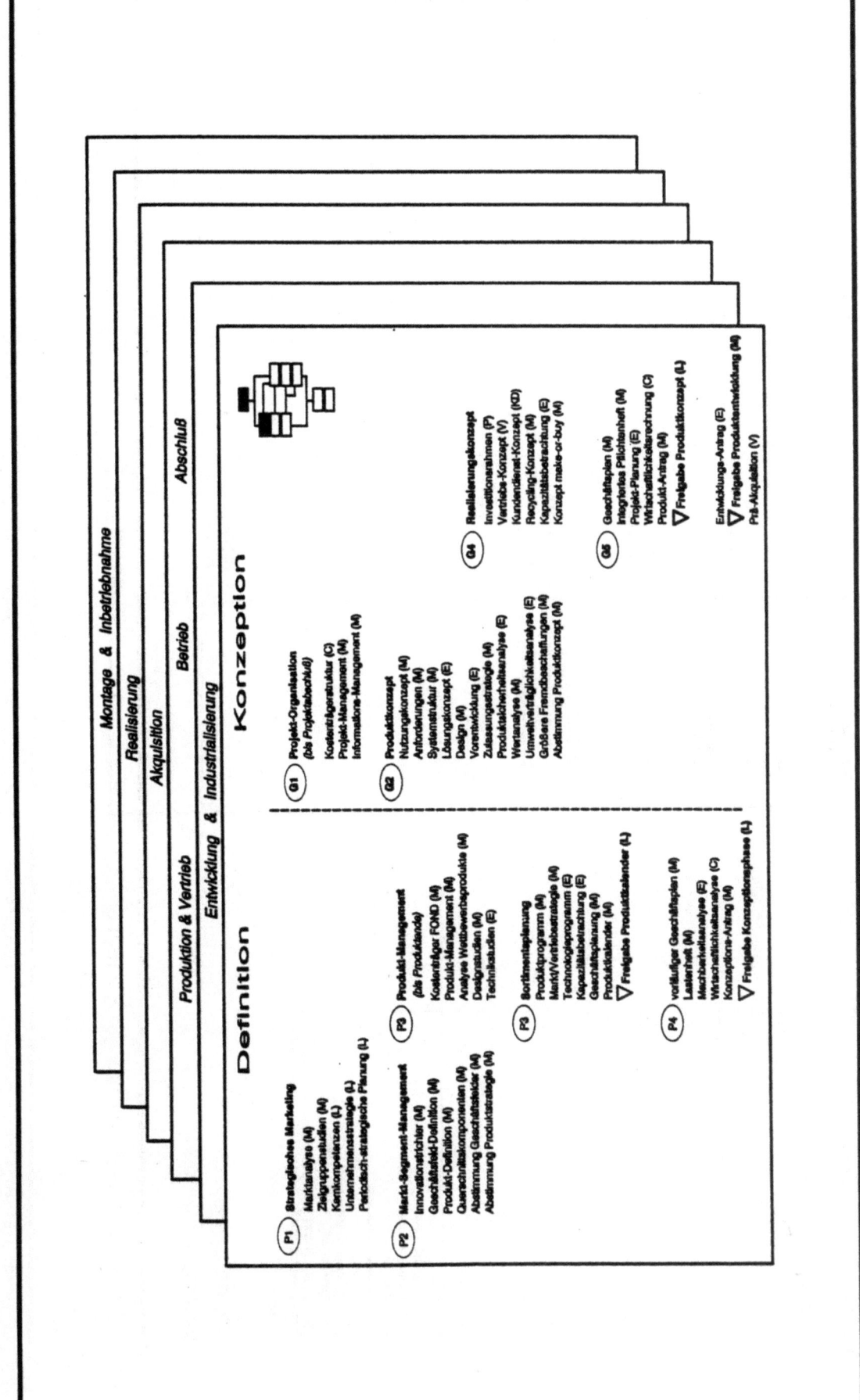

Bild 6 Kurzfassung der Produkt-Ablauf-Organisation PAO

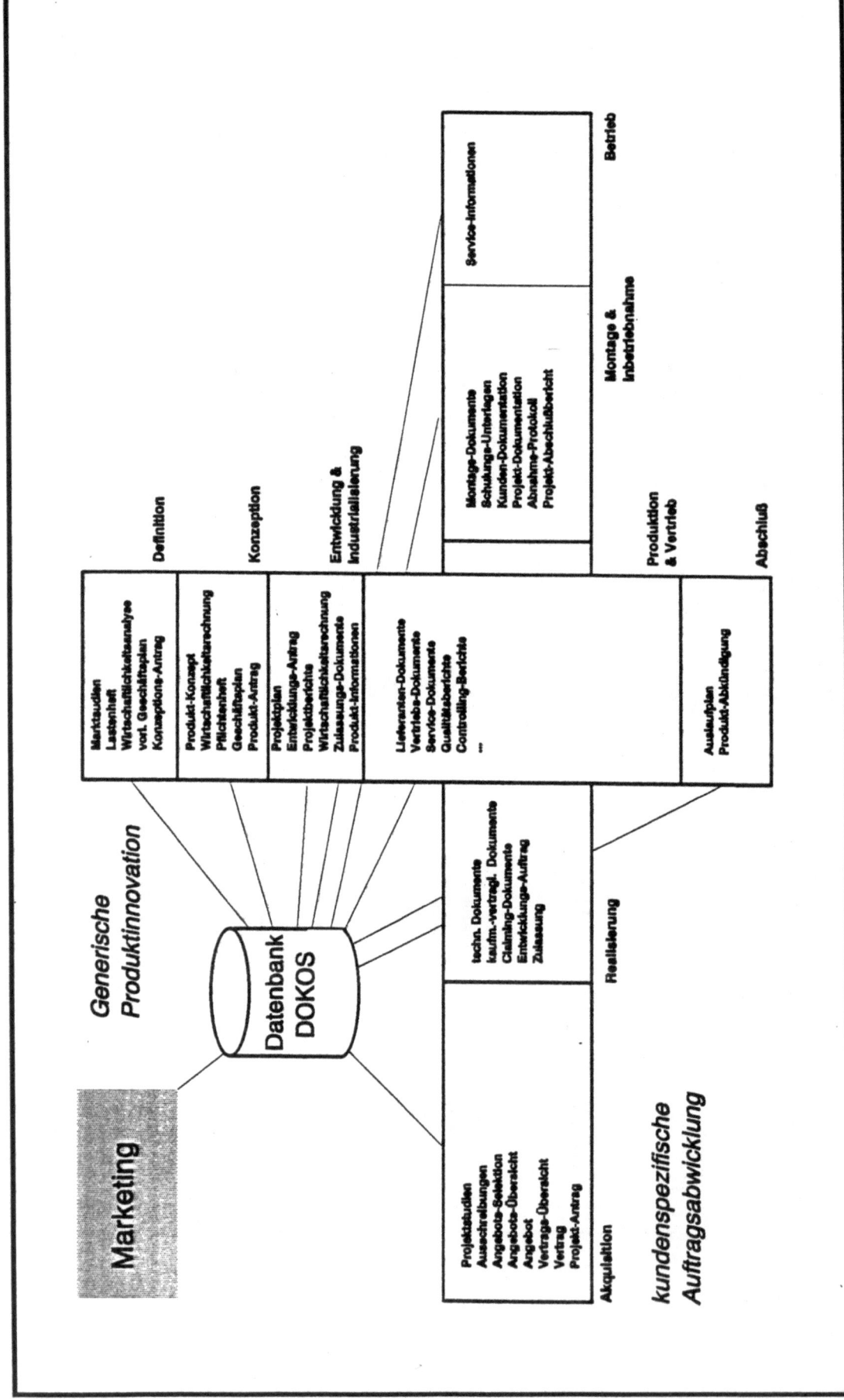

Bild 7 Informationslogistik mit dem Dokumentations- und Konfigurationssystem DOKOS

12. IAO-Arbeitstagung
Wege aus der Krise
Geschäftsprozeßoptimierung und
Informationslogistik

Product Information Management - die strategische Entscheidung der 90er Jahre

Achim Deboeser
Sherpa Corporation, München

Eigentlich hat man sich den Ein- und Siegeszug der Computertechnik in der Unternehmensorganisation anders vorgestellt. Ein Knopfdruck, ein Befehl und schon präsentiert der Monitor die gewünschte Information.

Die Realität sieht jedoch anders aus. In den Speichern der Informationssysteme schlummern derart gewaltige Mengen von Daten und Informationen, daß es bereits spezieller Lösungen für das Prozeß- und Datenmanagement bedarf, um die gewünschte Information zur richtigen Zeit im richtigen Format am richtigen Ort zu haben.

Haben wir denn nicht bereits in den vergangenen Jahren erhebliche Investitionen in die DV.-Ausstattung der Entwicklung, Arbeitsvorbereitung und Fertigung gesteckt? Haben wir nicht bereits vor Jahren erhebliche Summen in teure Produktionsplanungs- und Steuerungssysteme, in Mechanische und Elektronische CAD-Systeme, in Softwareentwicklungs-Tools, Test- und Simulationswerkzeuge sowie Desktop Publishing Systeme investiert?

Realität ist, daß wir uns mit Einsatz dieser modernen und leistungsfähigen DV-Lösungen teure Informationsinseln in der Entwicklung und Fertigung zugelegt haben. Die explosionsartige Vermehrung digitaler Daten aus diesen High-Tech-Lösungen führte uns realistisch betrachtet in ein "digitales Chaos", dem wir mit den heutigen Informations-Management-Methoden nicht mehr gewachsen sind.

Können wir uns dies noch länger erlauben? Die rezessive Entwicklung der jüngsten Vergangenheit und das damit schwieriger werdende wirtschaftliche Umfeld erfordert nun, mehr denn je, die Ausschöpfung aller Rationalisierungspotentiale.

In den vergangenen Jahren haben sich eine Reihe führender Unternehmen im In- und Ausland für die Einführung von Product Information Management (PIM) Systemen entschieden und können heute bereits erheblichen Nutzen aus dieser Technologie ziehen.

Für die meisten dieser Unternehmen war und ist die Erhaltung bzw. der Ausbau der Wettbewerbsvorteile durch Verkürzung der Produktanlaufzeiten, Verbesserung der Reaktionsfähigkeit und Qualität bei geringeren Kosten das übergeordnete Ziel dieser Investition.

Ziel des heutigen Vortrages, ist es Ihnen Product Information Management (PIM) als Schlüsseltechnologie zur Umsetzung strategischer Initiativen zur Verbesserung der Wettbewerbsfähigkeit durch Verkürzung der Produktanlaufzeiten, Reduzierung von Kosten und Steigerung der Produktqualität vorzustellen.

Des weiteren werden wir das Nutzenpotential integrierter Lösungen zur abteilungsübergreifenden, unternehmensweiten Steuerung von Abläufen und Prozessen und des Managements ganzheitlicher Produkt- & Dokumentationsstrukturen in dezentralen Organisations- und heterogenen Systemlandschaften näher beleuchten.

Aber nicht alle Ansätze, Versuche und Implementationen waren von Erfolg gekrönt. Wir wollen uns deshalb in einem weiteren Abschnitt mit den Voraussetzungen, Erfolgskriterien und der Entscheidungsfindung näher auseinandersetzen.

Nicht alle der sogenannten EDM, PDM, TIS-Systeme werden dem Anspruch von Product Information Management gerecht. Einige der heute auf dem Markt erhältlichen Product Information Management (PIM) Systeme aber sind den Kinderschuhen entwachsen und stellen heute bewährte und praxiserprobte Lösungen

- für abteilungs- und standortübergreifendes, unternehmensweites
- Management ganzheitlicher Produkt- und Dokumentstrukturen
- Management der Prozesse der Aufbau- und Ablauforganisation
- über den gesamten Lebenszyklus Ihrer Produkte und Lösungen

dar und sind als integrierte Gesamtlösung von enormer Bedeutung für die Wettbewerbsfähigkeit und Profitabilität von Fertigungsunternehmen.

Product Information Management (PIM) Systeme ermöglichen damit die Ausschöpfung erheblicher Optimierungsreserven und bieten wertvolle Unterstützung bei Reorganisations- und Restrukturierungsmaßnahmen.

Product Information Management ist eine strategische Entscheidung - die strategische Entscheidung der 90er Jahre

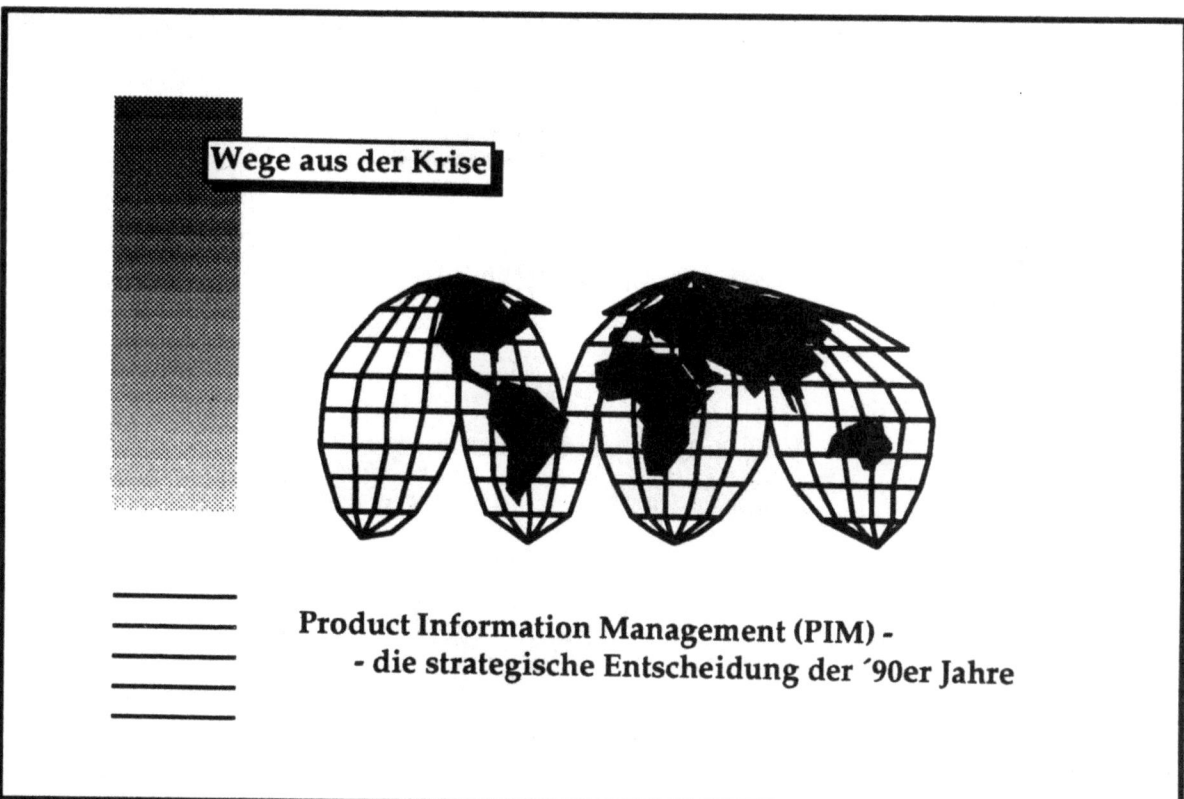

Bild 1

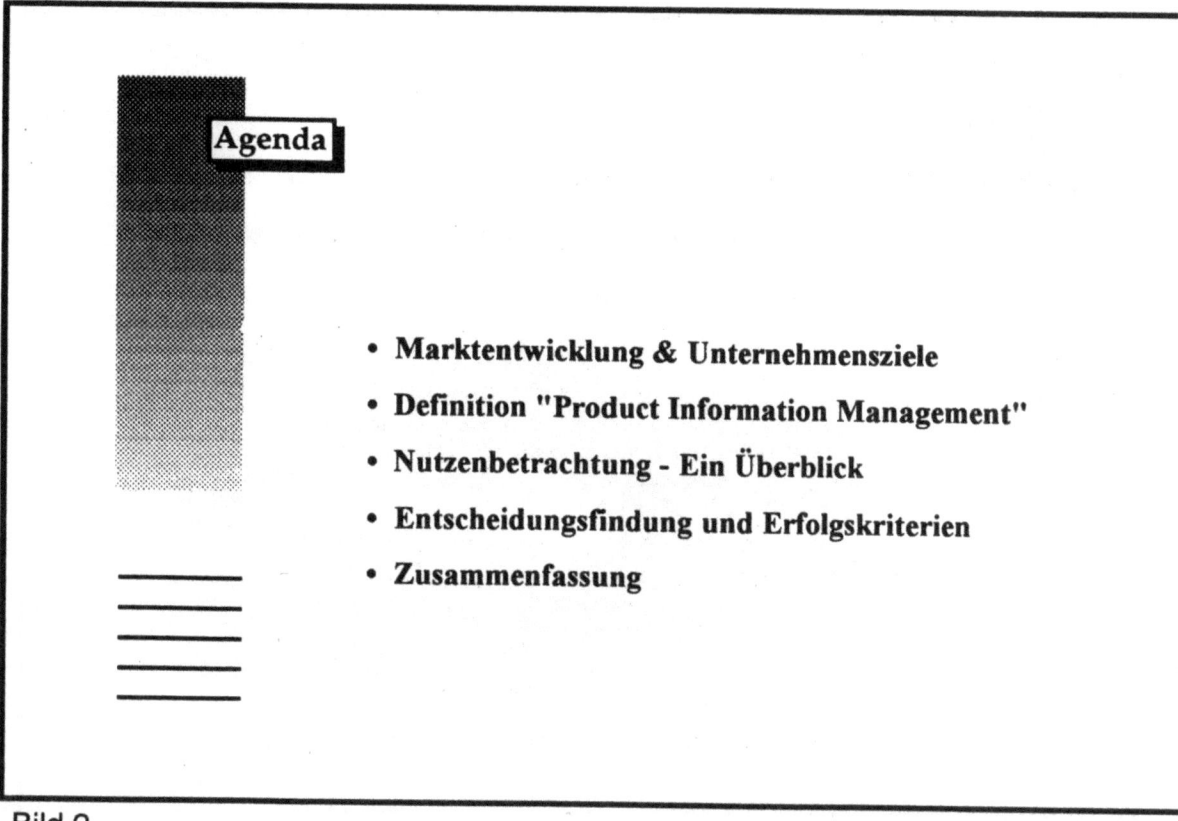

Bild 2

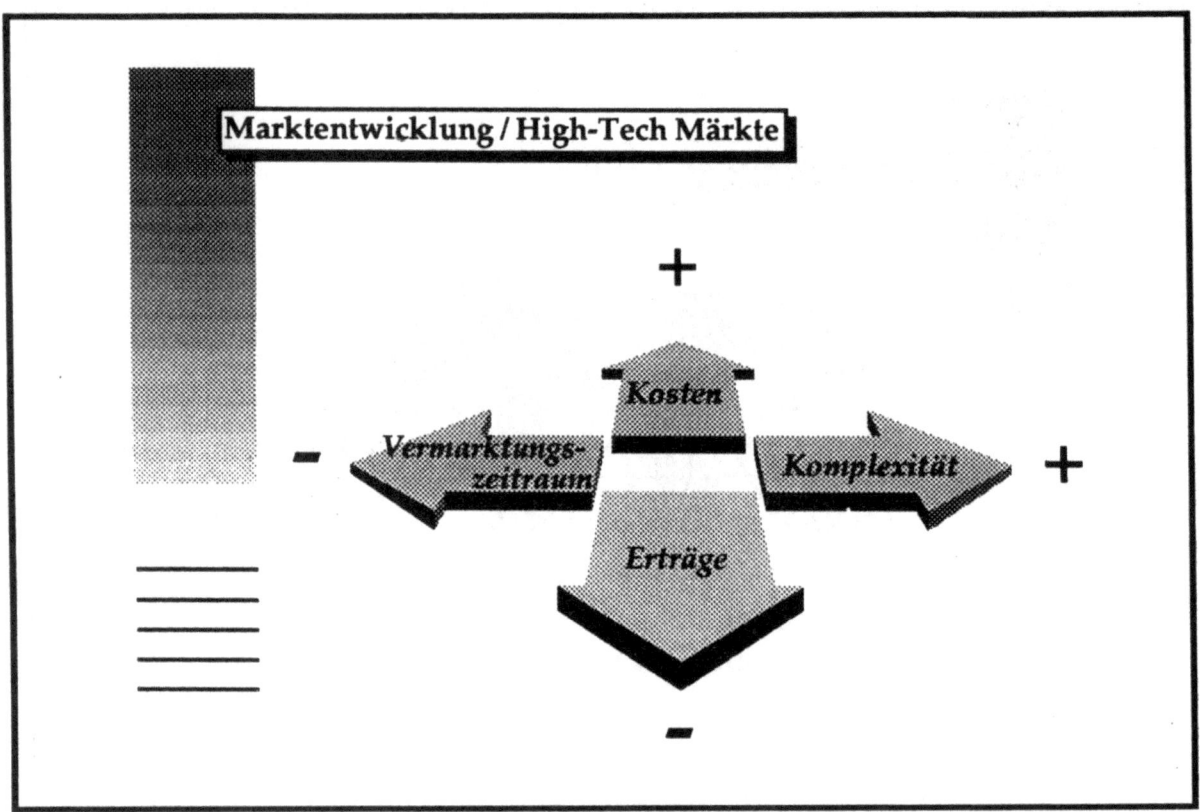
Bild 3

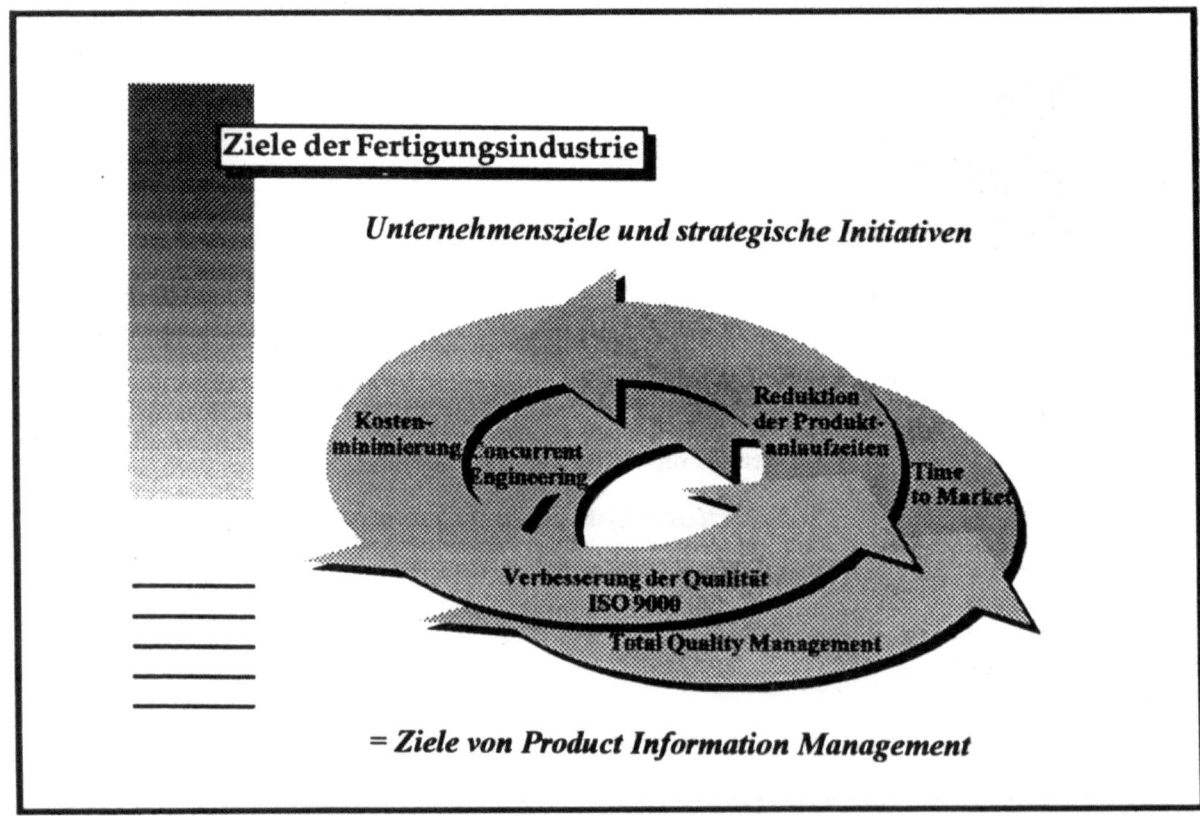
Bild 4

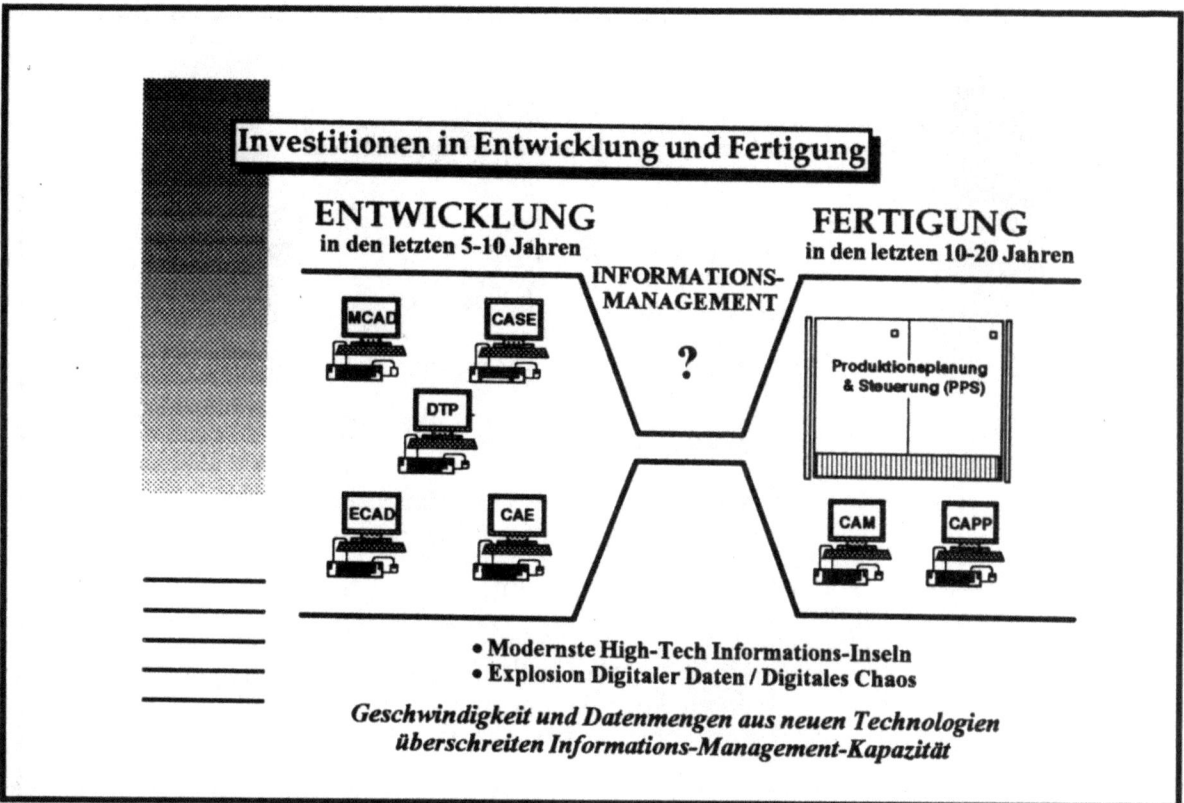

Bild 5

Aktuelle Methoden

- Produkte werden heute mit den verschiedensten Werkzeugen wie ECAD/MCAD/CASE /CAE - Systemen bzw. manuell entwickelt
  - ☞ begrenzte Fähigkeit zentraler Datenverwaltung
  - ☞ Inkompatibilitäts Aspekte

- Papierbasierende Kommunikations-, Genehmigungs-, Verteilungs- und Archivierungsverfahren
  - ☞ langsam, sequentiell und arbeitsintensiv

- Manuell geführte Stücklisten- und Konfigurations-Register
  - ☞ oft ungenau und veraltet

- Intensive Datenwiedereingabe
  - ☞ redundant, ungenau, fehlerhaft

- Papierbasierendes Änderungs-Management und Mitteilungswesen
  - ☞ Trägheit bei zeitkritischen Änderungen

Bild 6

Ziele von Product Information Management

- **Gewährleistung der Datenintegrität**
  - Management aller Produktinformationen, ungeachtet von Quelle, Ort oder Format.
- **Verbesserung der Transparenz**
  - Produktinformation leicht auffindbar und zugreifbar.
  - Effiziente, gemeinsame Nutzung von Informationen im gesamten Unternehmen
- **Förderung der Rechtzeitigkeit**
  - Effizienter Einsatz von CAD/CAM/CAE-Werkzeugen zur Optimierung der Entwicklungs-/Fertigungsprozesse.

Bild 7

Product Information Management

- Produkt-Daten "Tresor" (Electronic Vault)
- Integration mit betriebswirtschaftlicher DV
- Aktive Relation zwischen integrierten Dokumenten, Daten und Informationen.
- "Wissens-Basis" über alle Aktivitäten & Daten
- Aktives Prozeß Management (Echtzeit)
- Ereignisgesteuerte Koordination und Kommunikation

⟹ Integrität · Transparenz · Rechtzeitigkeit

Bild 8

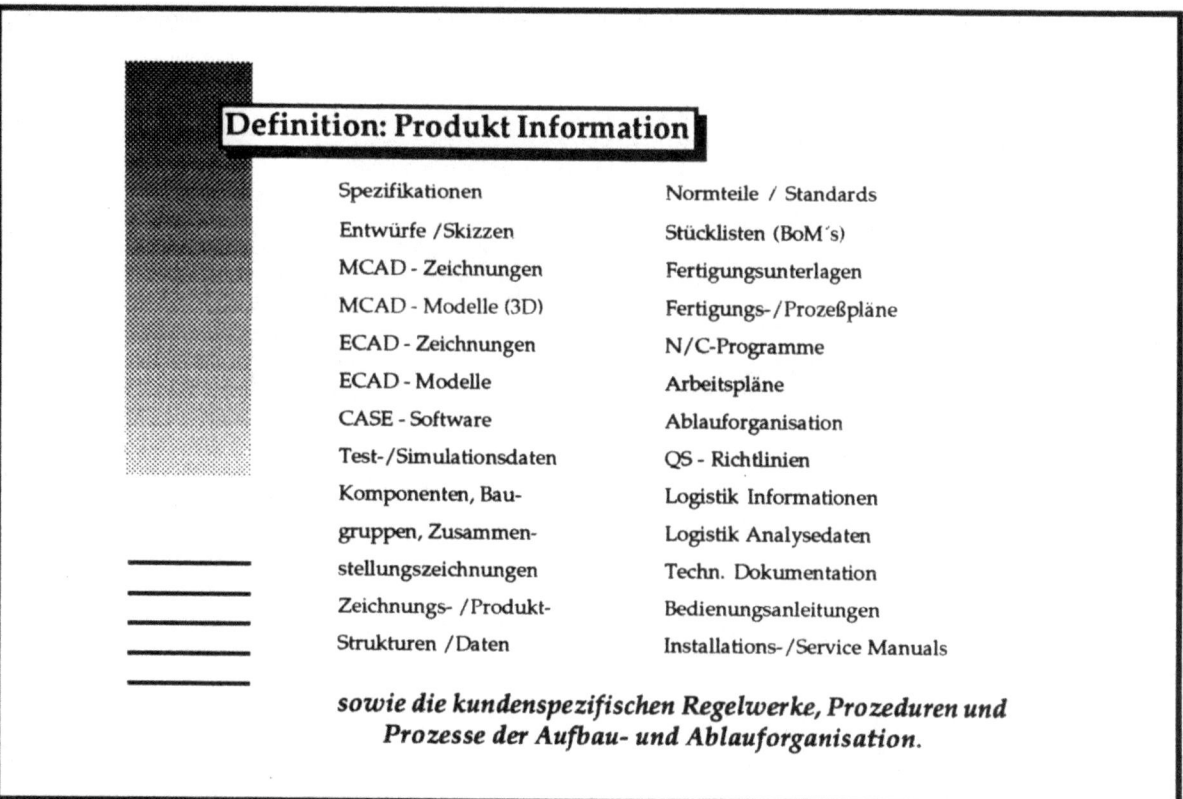

Bild 9

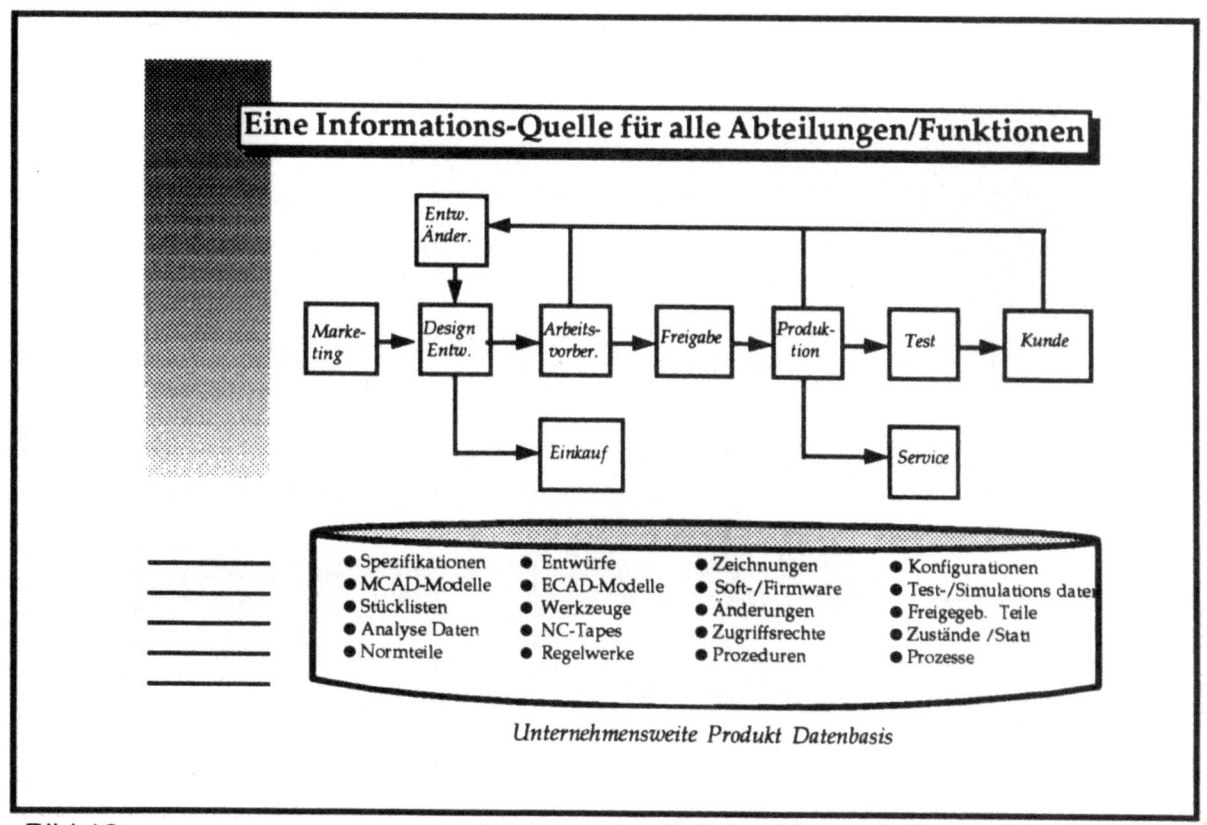

Bild 10

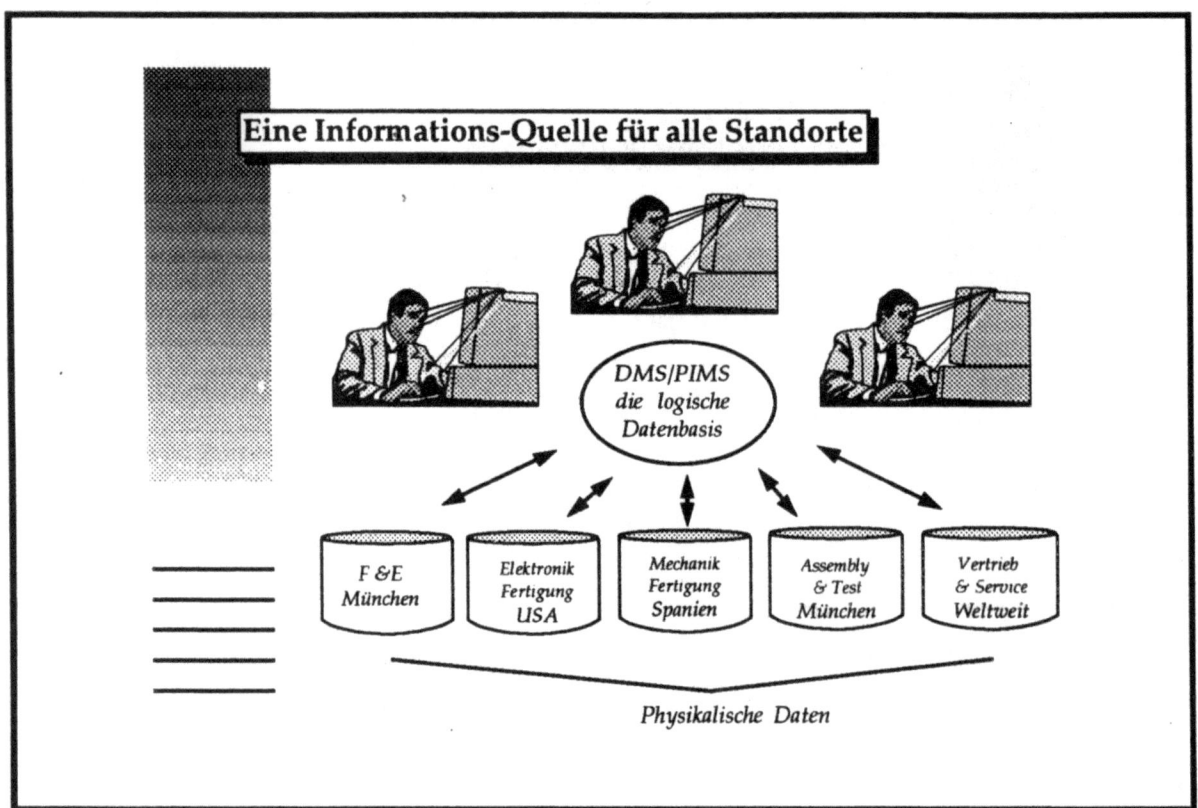

Bild 11

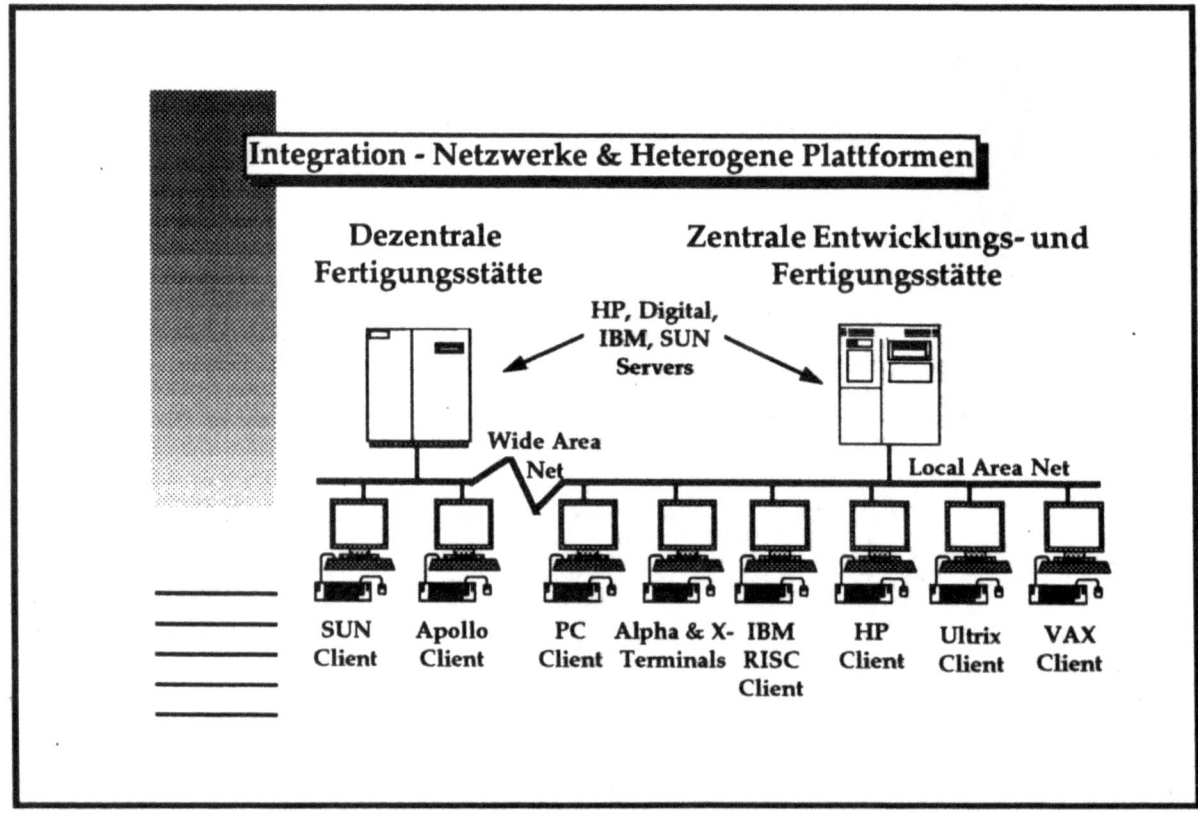

Bild 12

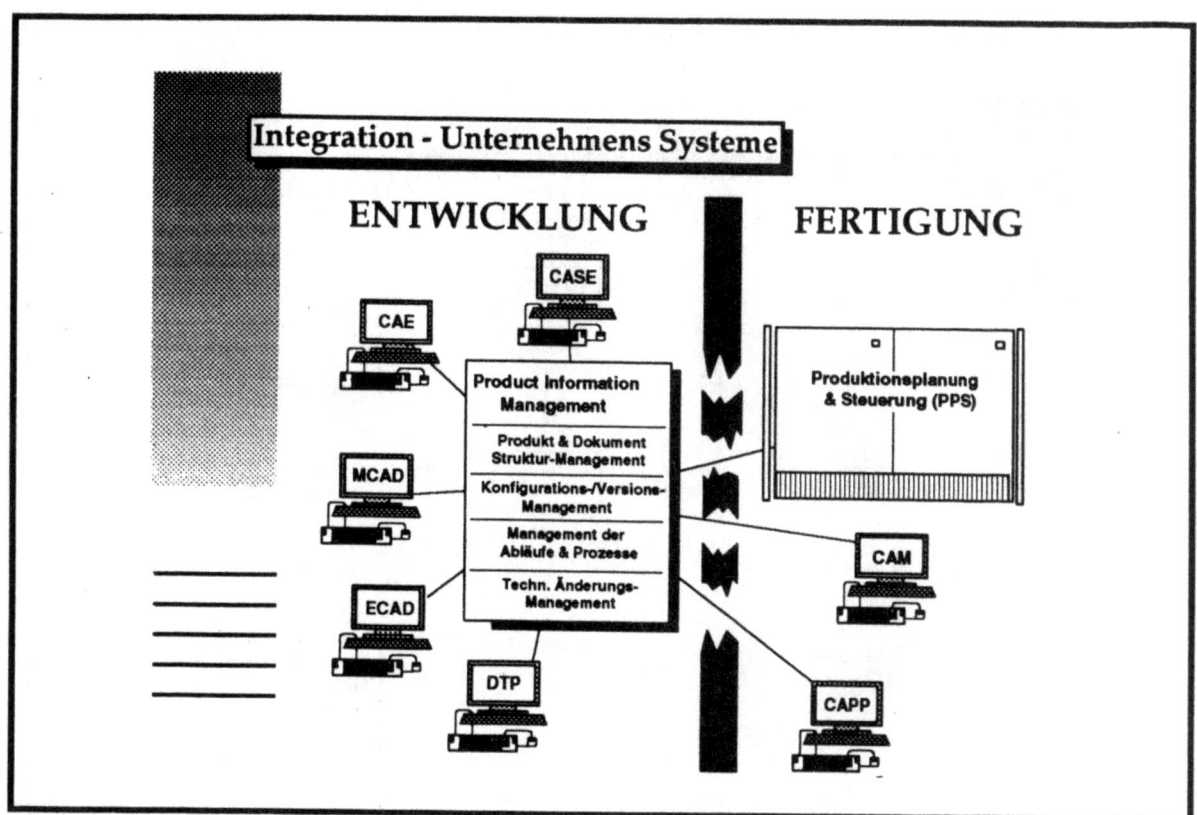

Bild 13

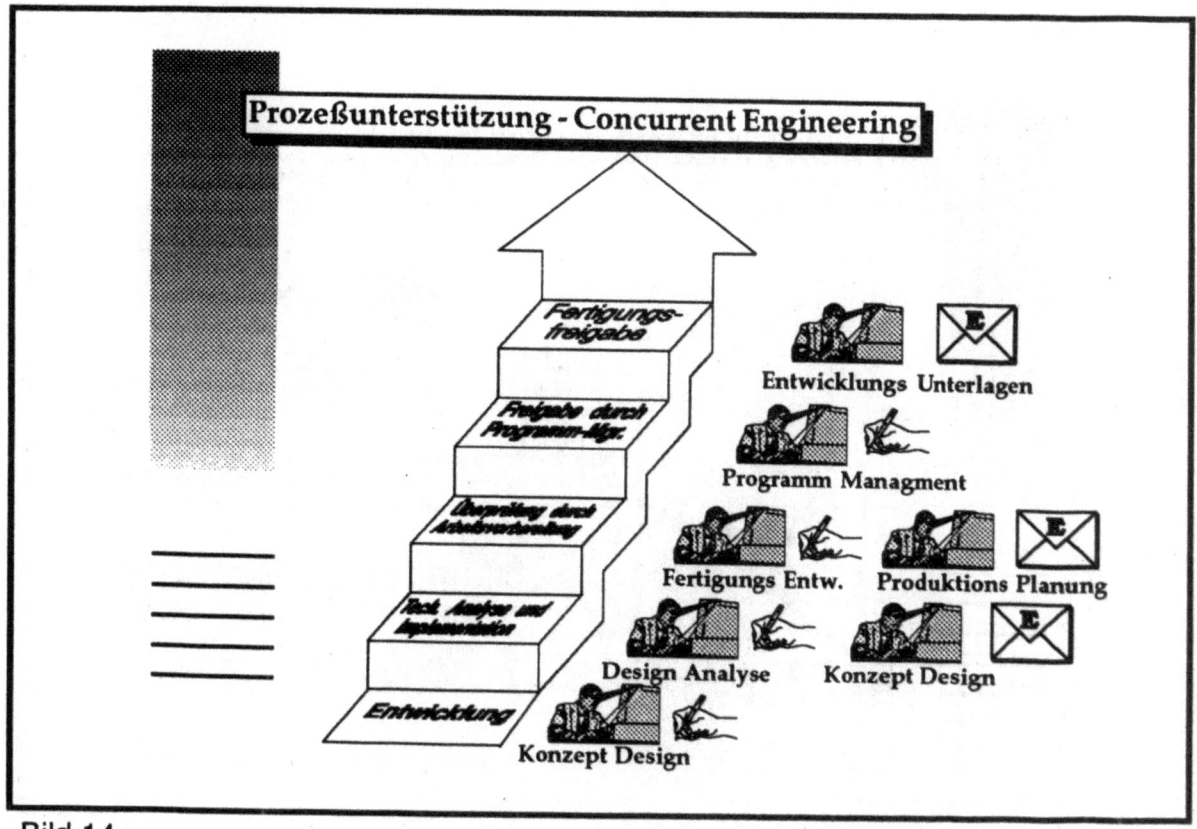

Bild 14

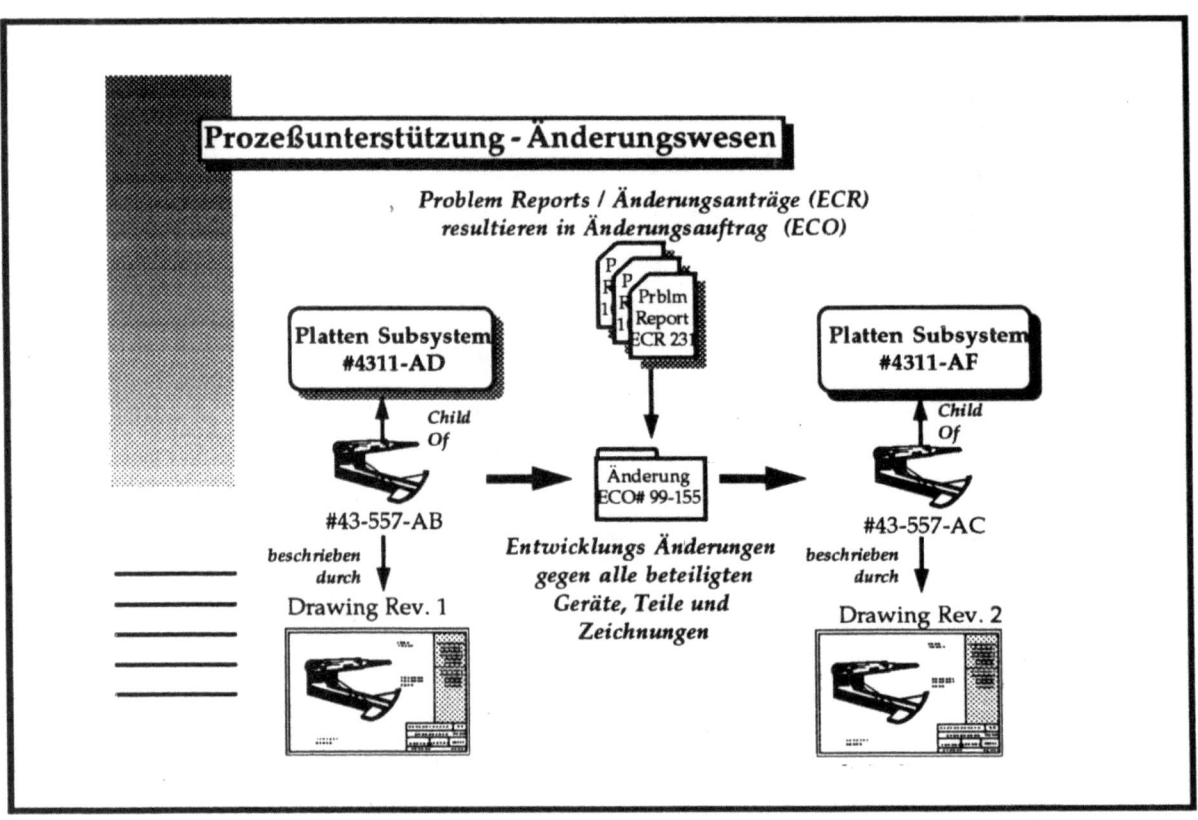

Bild 15

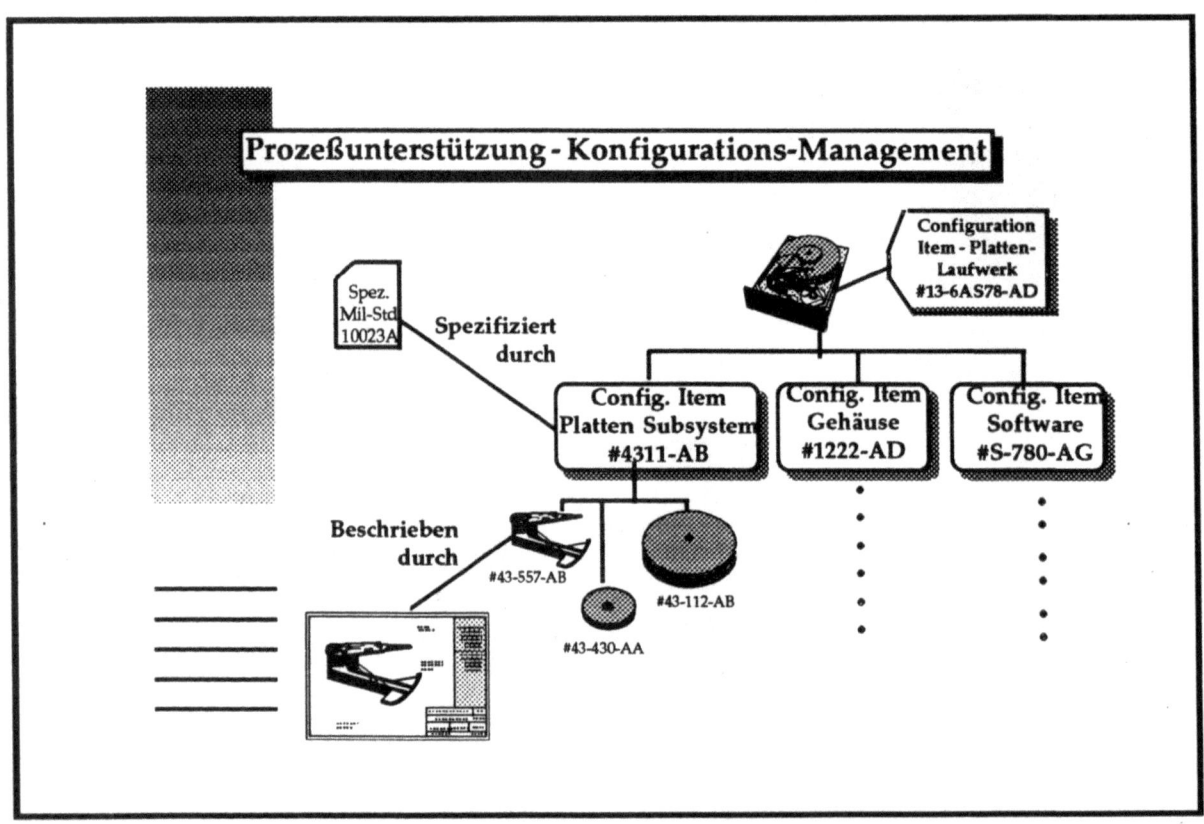

Bild 16

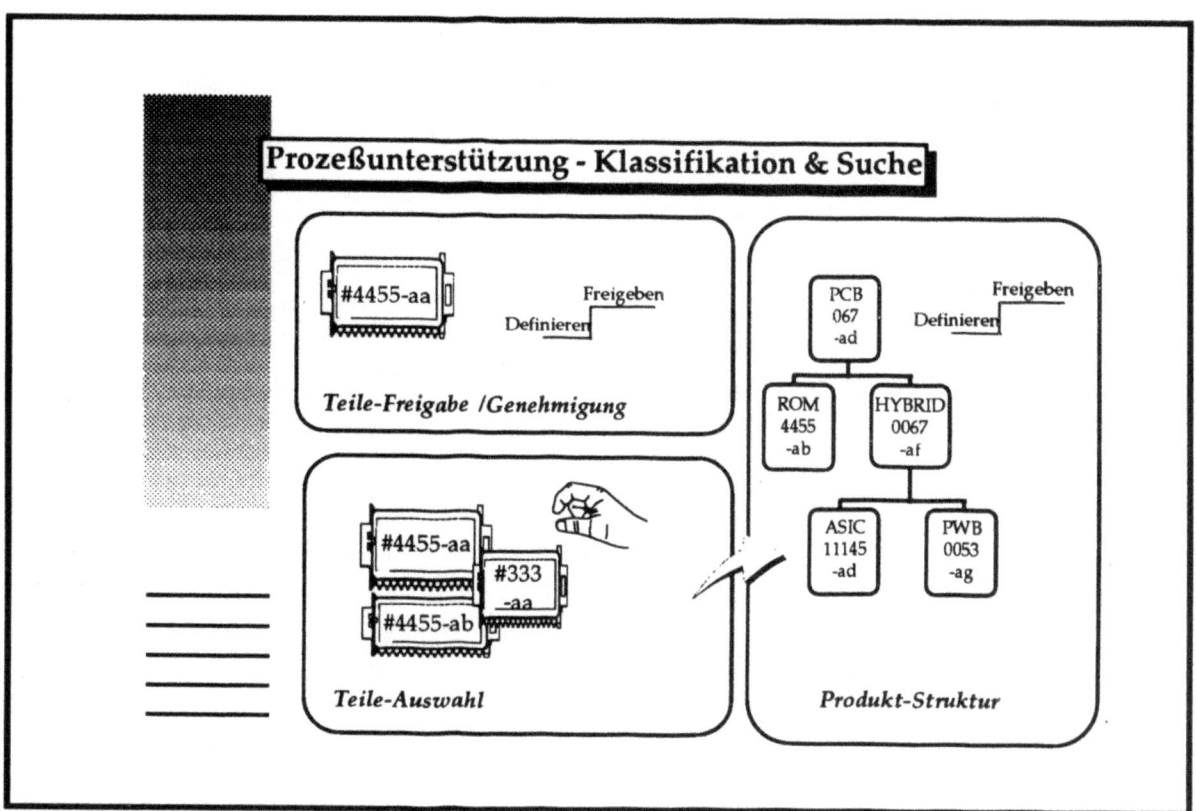

Bild 17

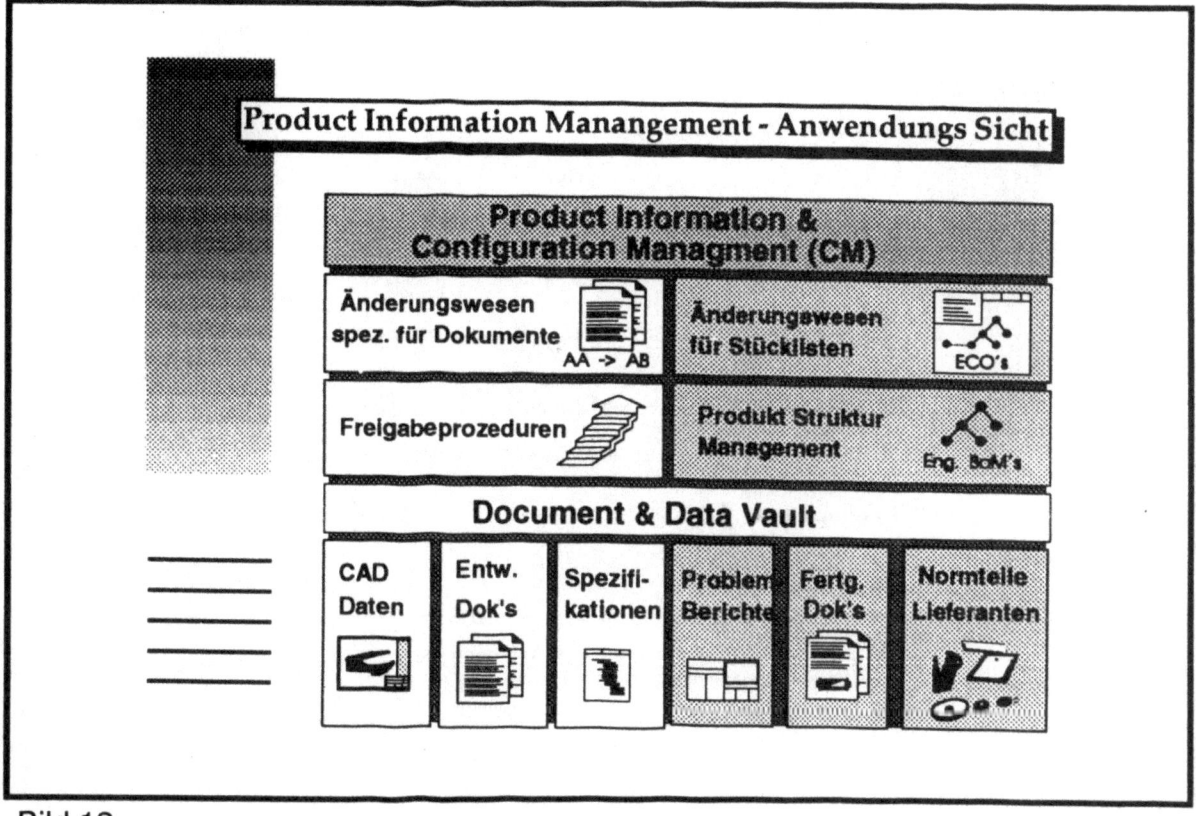

Bild 18

Relevante Faktoren

- **Kosten der Qualität**
  Ausschuß, Nacharbeiten, Garantieansprüche

- **Administrative, nicht produktive Tätigkeiten**
  Personal- und Verwaltungskosten, die nicht zur Verbesserung von Qualität, Funktionalität, Termineinhaltung und Kosten führen

- **Real zu erwartende Ertragssteigerungen**
  Umsatz- und Ertragszuwachs durch verbesserte Qualität (ISO9000), frühere Markteinführung (Time to Market) sowie Kostenreduktion durch Standardisierung und Wiederverwendung von Teilen, Baugruppen und Strukturen.

Bild 19

PIM - Nutzenbeispiele

Kategorie	ohne PIM	mit PIM	Veränderung
Durchlaufzeit von Änderungsaufträgen	61,5 Tage	10,25 Tage	83 %
Kosten pro Änderungsauftrag	DM 6.300	DM 2.250	64 %
Änderungsaufträge zur Fehlerbehebung	60/Monat	< 5/Monat	92 %
Entwicklungszeit	38 Monate	24 Monate	37 %
Durchlaufzeit von Kundenaufträgen	9 Wochen	3 Wochen	67 %
Materialverfügbarkeit zum Plantermin	55 %	85 %	35 %

Die vorgenannten Ergebnisse sind Durchschnittswerte bei folgenden Unternehmen: Exabyte, Micropolis, Smith Industries, Bose, Schlumberger, Rockwell, GPT Ltd. u.v.m.

Alle vorgenannten Firmen haben Sherpa DMS/PIMS implementiert.

Bild 20

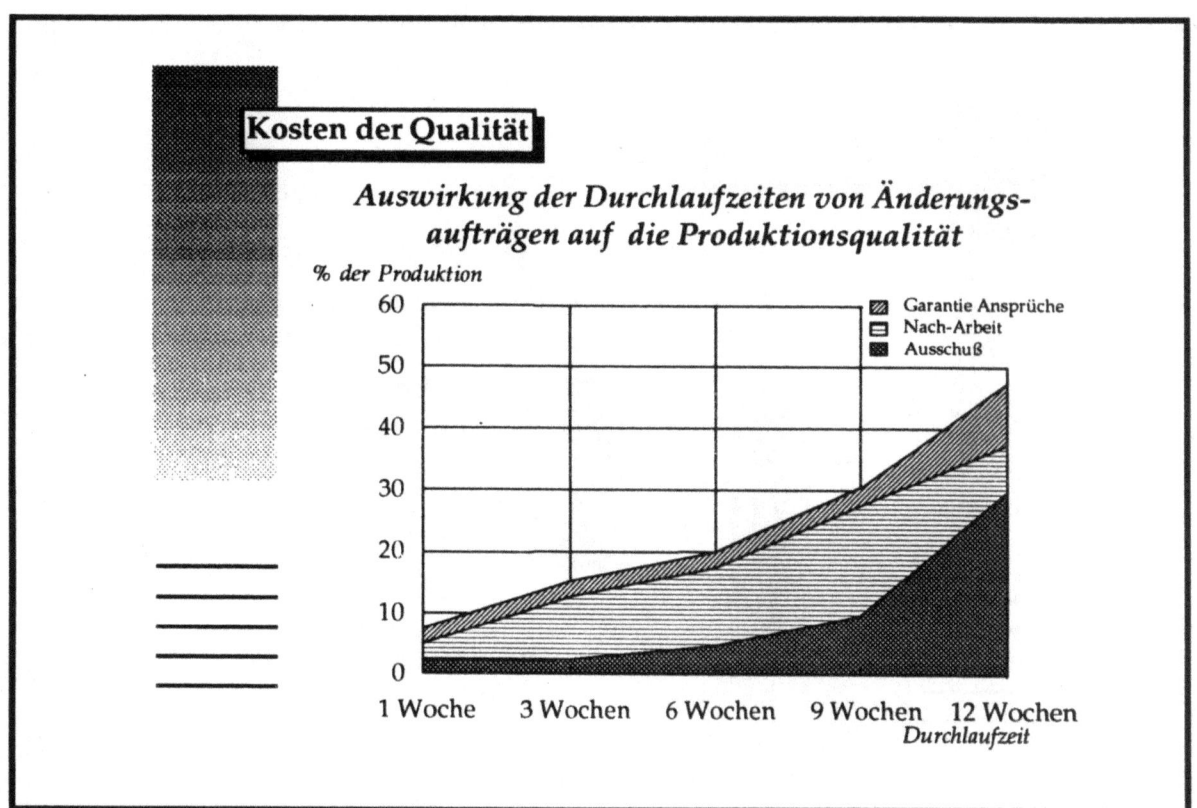

Bild 21

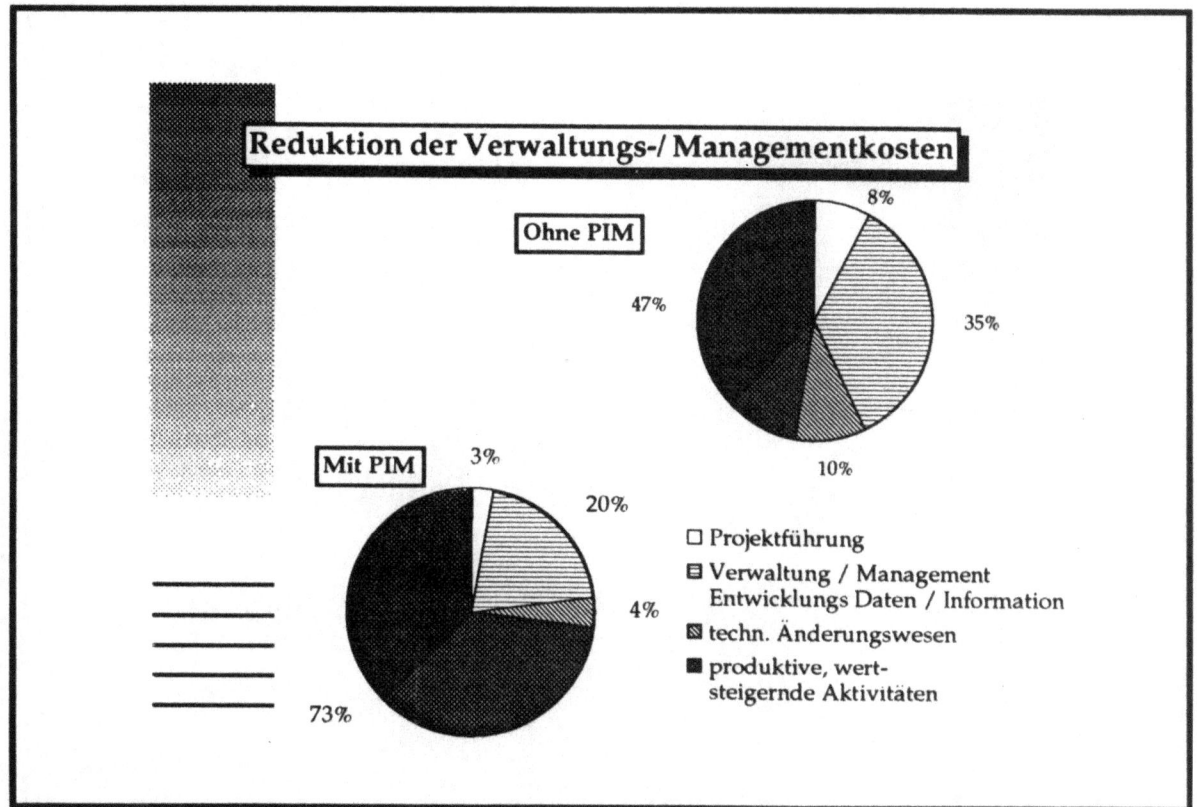

Bild 22

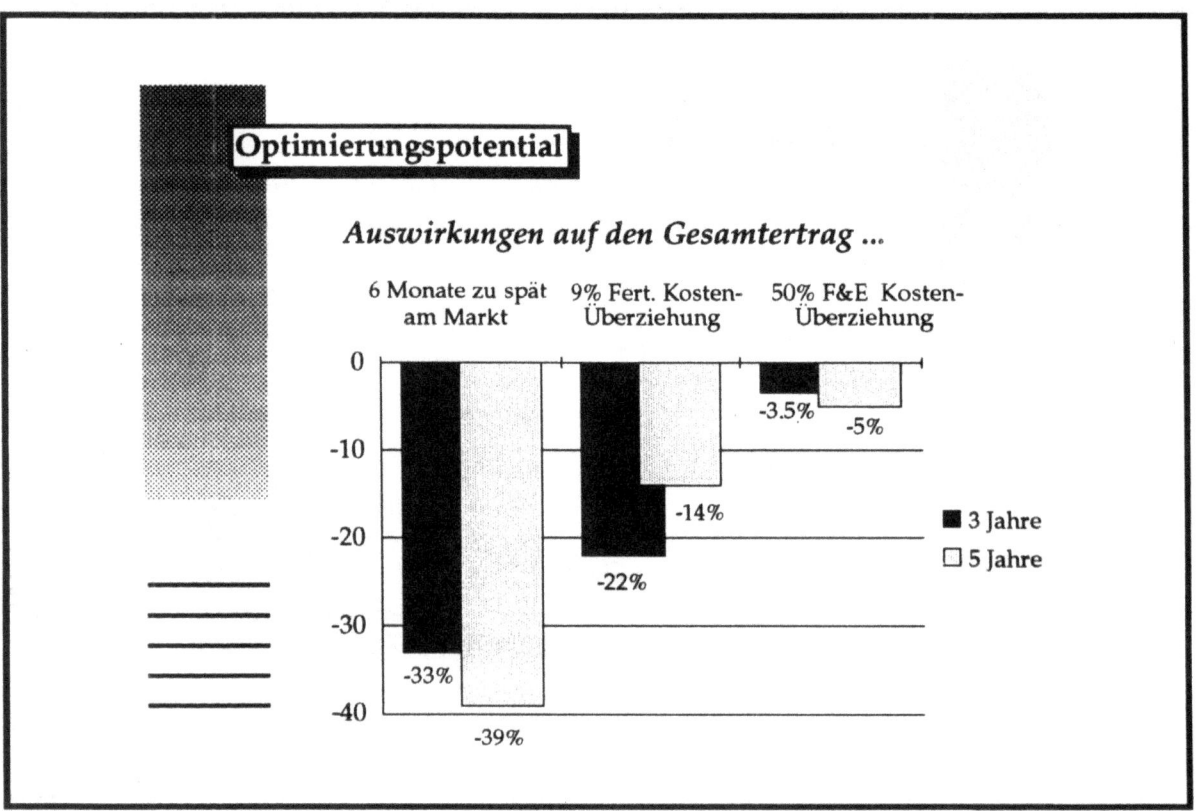

Bild 23

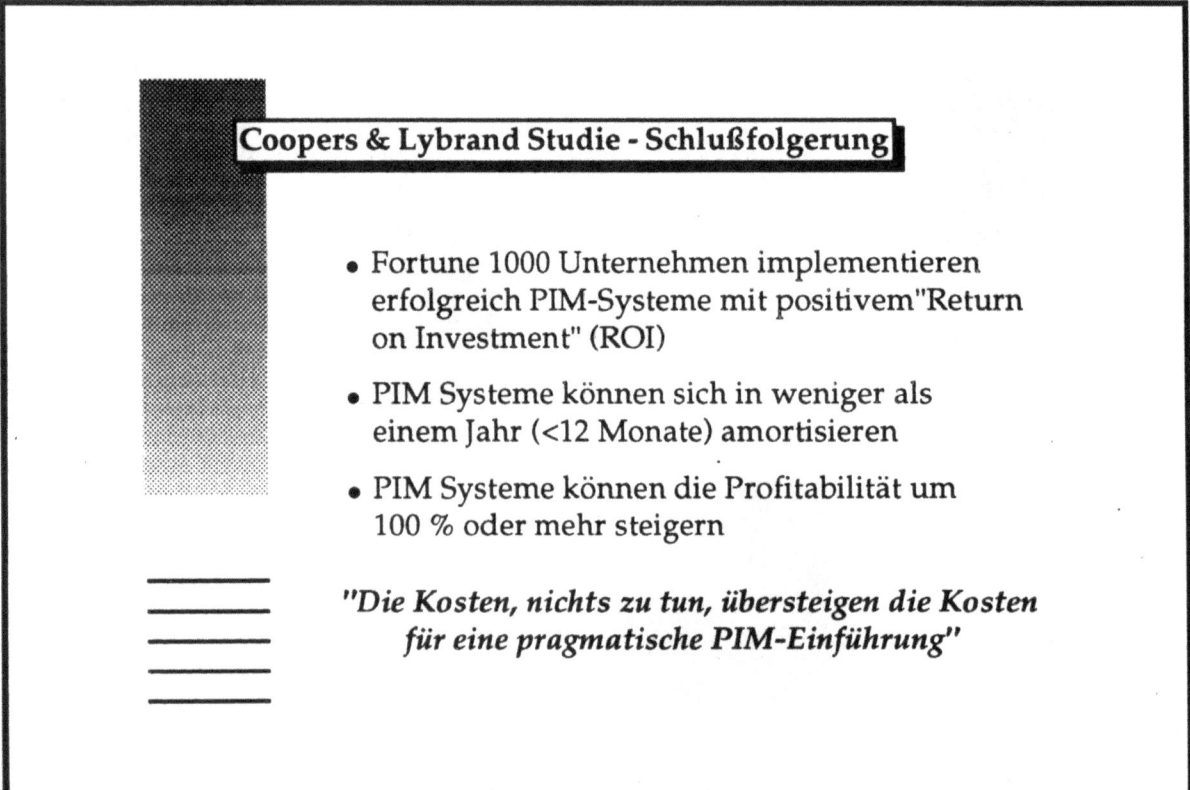

Bild 24

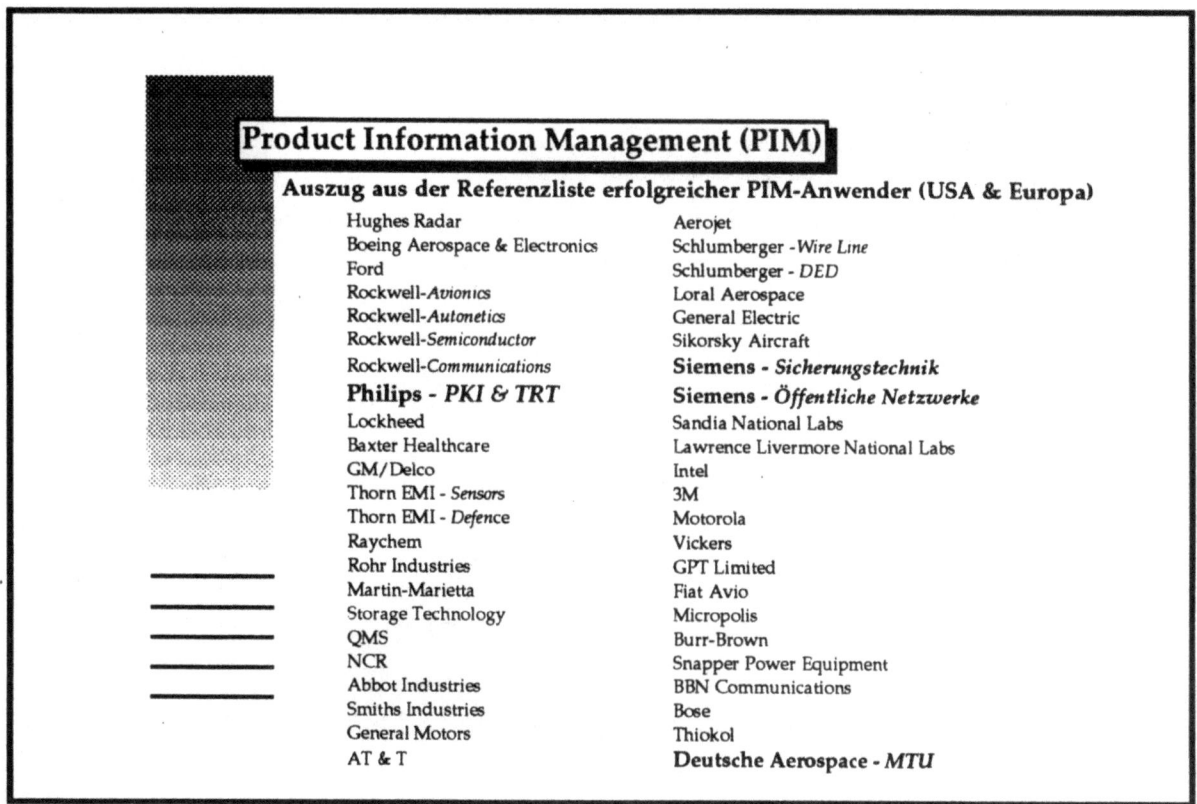

Bild 25

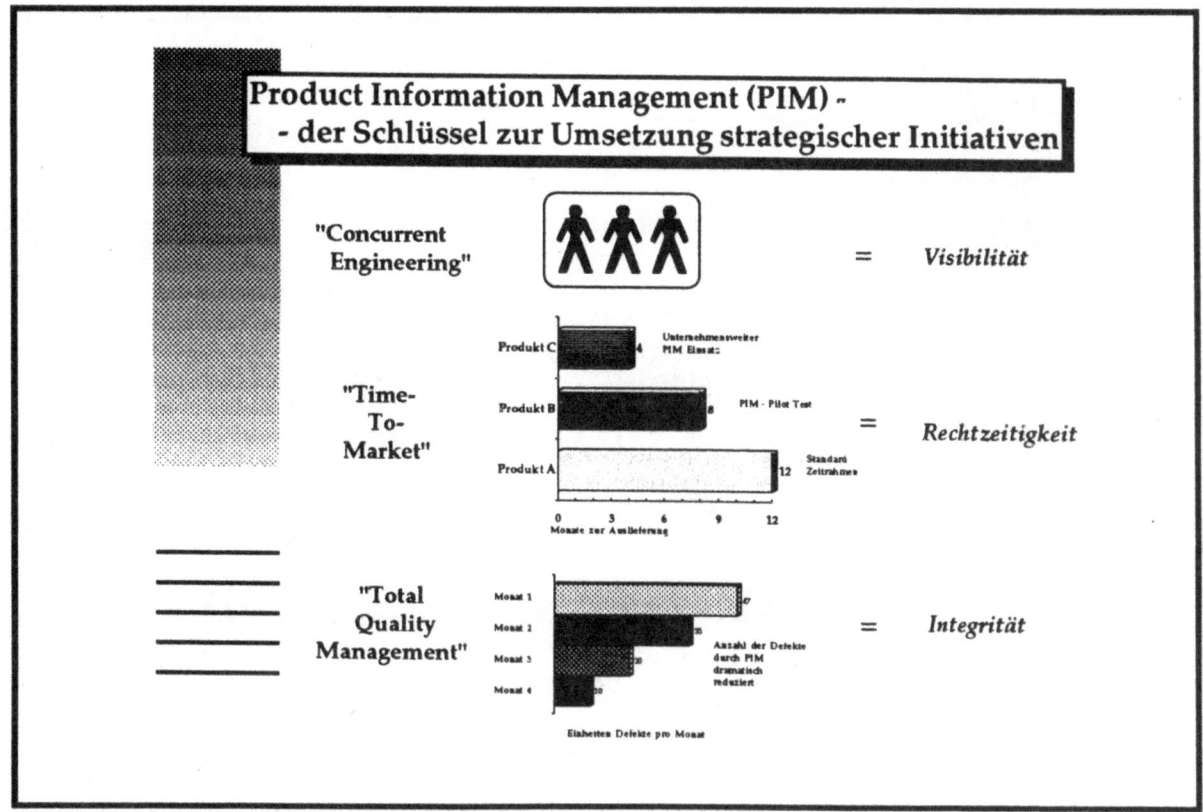

Bild 26

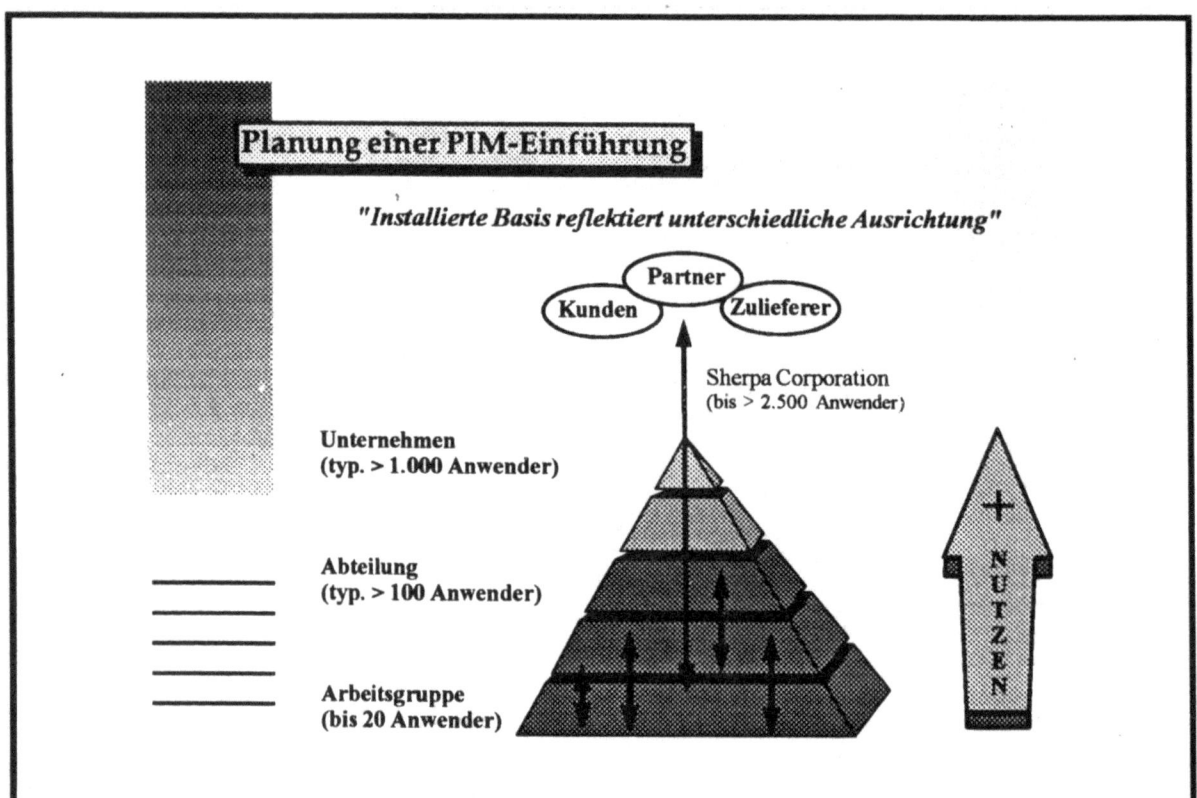

Bild 27

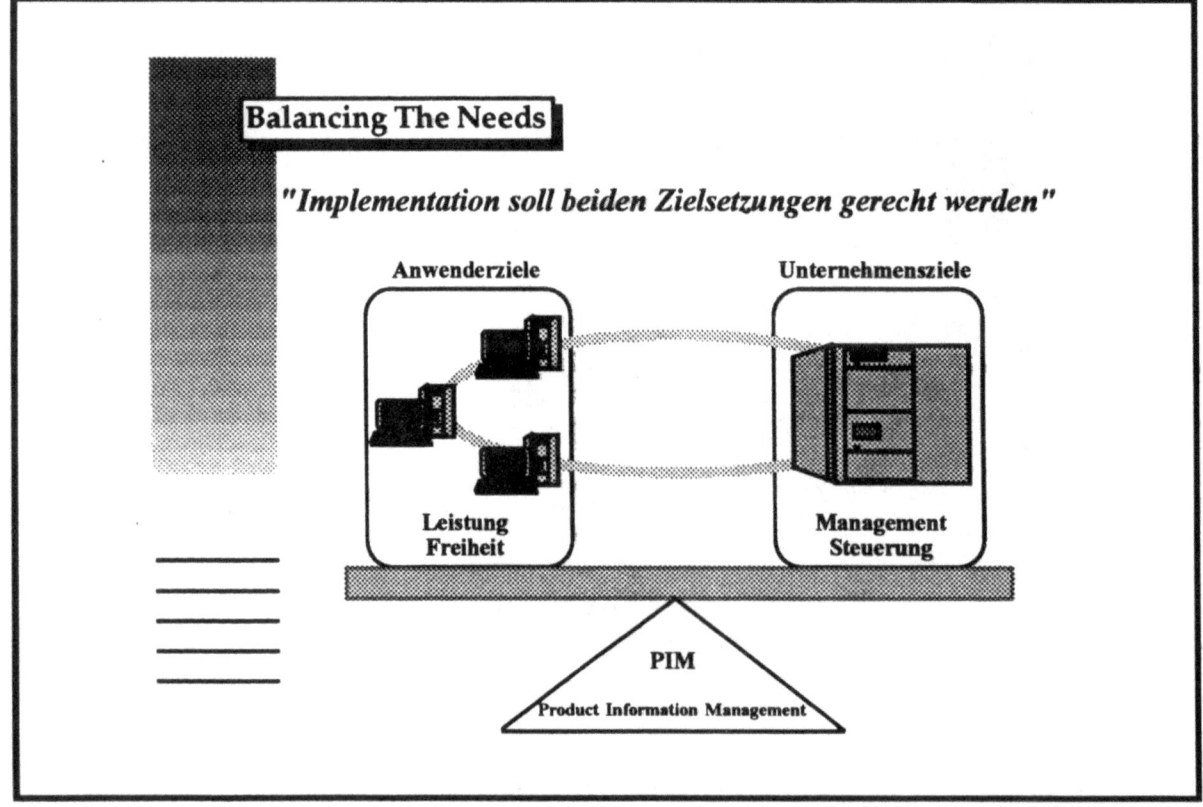

Bild 28

Definition der Erfolgsfaktoren

"Klare Zielsetzungen sind Voraussetzung für Erfolg"

- **Entscheidung welche Ziele Sie erreichen wollen**
  Was sind die Projektziele / Nutzenargumente ?

- **Wie soll Nutzen gemessen und bewertet werden**
  Objektive statt subjektive Kriterien

- **Wie soll der Nutzenfortschritt gemessen werden**
  Festlegung kurz-, mittel und langfristiger Ziele

- **Bewertung gegenüber Unternehmenszielen**
  Vereinbarung von realistischen Erfolgskriterien

Bild 29

Organisatorische Hemmnisse

"Die Fähigkeit Prozesse und Strukturen anzupassen ist entscheidend"

- **Limitierender Faktor einer erfolgreichen Implementation ist nicht die PIM-Technologie, es ist vielmehr die Fähigkeit der Menschen Prozesse anzupassen.**

- **Eine PIM-Implementation sollte somit in Stufen erfolgen, so daß die Unternehmens-Organisation folgen kann.**

Bild 30

Management Commitment

"Der Schlüssel zum Erfolg"

- PIM ist ein unternehmensweites Projekt über nahezu alle Anwendungen, Abteilungen, Bereiche und Standorte

- Ein "Management-Sponsor" auf Geschäftsleitungsebene wird erforderlich - mehrere sinnvoll

- Ziele, Budgets und Verantwortung können sich ändern

- Ein dediziertes PIM-Projekt-Team wird erforderlich

- Nutzenvorteile werden für das Unternehmen erreicht, nicht nur für einzelne Abteilungen

Bild 31

Auswahlkriterien

Funktionalität
- "Fertige"-Lösungen" aus Applikations-Bibliothek
- Offenheit für individuelle Anpassungen/Ergänzungen

Flexibilität
- Konfigurierbarkeit nach individuellen Anforderungen
- Unterstützung aller führenden technischen Hardware-Plattformen und Netzwerke (LAN/WAN)
- Offen für Integration individueller CAX-, DTP-, PPS-Tools

Bewährte, praxiserprobte Lösungen
- Eignung in großen, verteilten, heterogenen Umgebungen
- Nachweisbare Erfolge und Produktivitätssteigerungen

Geringste "Cost of Ownership"
- Schnellstmögliche Implementation und leichte Adaptierbarkeit zukünftiger Anforderungen
- Skaliebare Architektur

Präsenz des Anbieters
- Lokale Unterstützung und Know How

Bild 32

Zusammenfassung

- **Der PIM-Markt wächst rapide**
  CIMdata: Software & Consulting 1992: $125 Millionen auf 1996 : $ 750 Millionen
- **Führende Unternehmen setzten PIM produktiv ein**
- **Lösungen unterscheiden sich in Art und Ausrichtung**
- **Ganzheitliche Ansätze erbringen besten Nutzen**
- **Management Unterstützung ist erforderlich**
- **Erfolg = Produkt + Know How + Organisation**

Bild 33

PIM Marktanteile

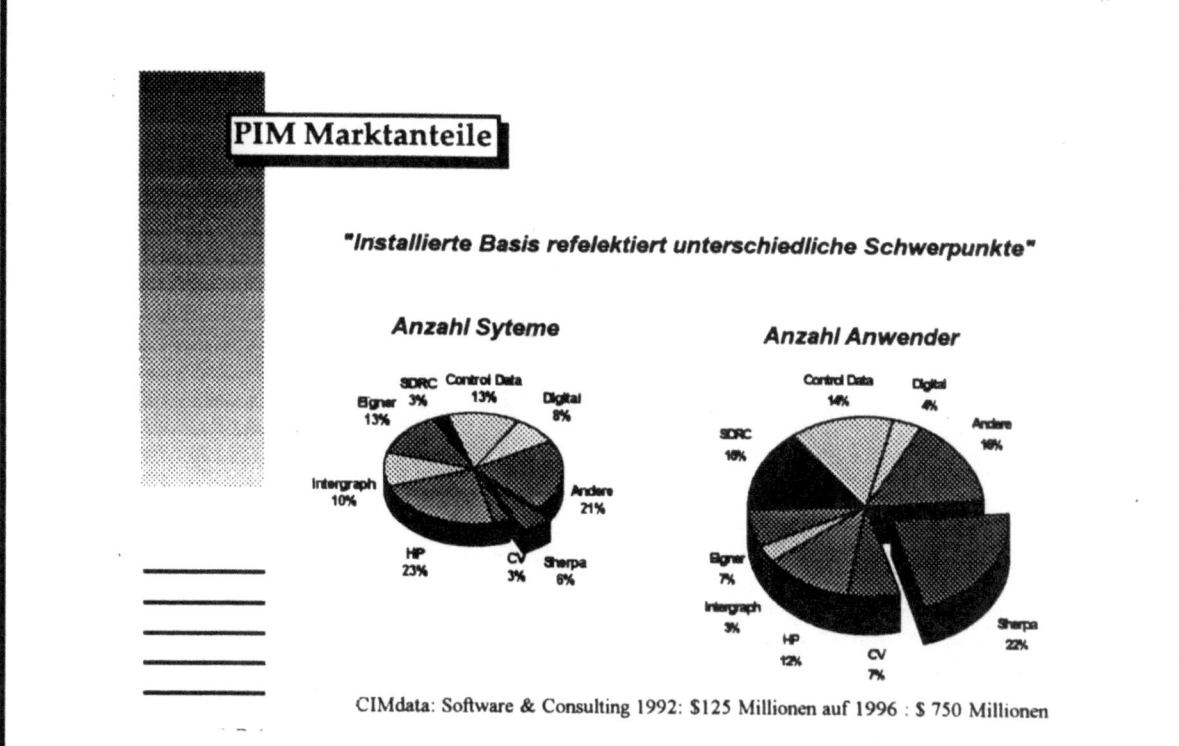

"Installierte Basis refelektiert unterschiedliche Schwerpunkte"

CIMdata: Software & Consulting 1992: $125 Millionen auf 1996 : $ 750 Millionen

Bild 34

Product Information Management (PIM)

ist abteilungsübergreifendes, unternehmensweites ...

- Management ganzheitlicher Produkt- und Dokumentstrukturen,
- Management der Prozesse der Aufbau- & Ablauforganisation,
- über den gesamten Produkt-Lebenszyklus

und ist als **integrierte Gesamtlösung** von enormer Bedeutung für die Wettbewerbsfähigkeit und Profitabilität der Fertigungsindustrie.

Product Information Management ist eine strategische Entscheidung
- die strategische Entscheidung der '90er Jahre

Bild 35

12. IAO-Arbeitstagung
Wege aus der Krise
Geschäftsprozeßoptimierung und
Informationslogistik

Wege zur Effizienz- und Qualitätssteigerung im Engineering des Großanlagenbaus

Peter Dück und H. Holland

ABB Informatik GmbH, Mannheim

Einführung

Simultaneous Engineering hat dank moderner teamorientierter Organisationsformen und insbesondere dank moderner Informationstechnologie und -logistik in vielen Entwicklungs- und Konstruktionsbereichen erfolgreich Einzug gefunden. Noch viel stärker als die Serienfertigung, wo der Ablauf Konstruktion, Arbeitsvorbereitung Materialbeschaffung, Fertigung und Montage in verschiedene zeitliche Phasen gegliedert werden kann, ist der Anlagenbau auf Methoden des Simultaneous Engineering angewiesen. Das liegt zum einen daran, daß bei der gesamten Erzeugnisrealisierung das Engineering eine zentrale Rolle spielt, zum anderen aber daran, daß mit Auftragseingang die einzelnen Phasen des oben zitierten Ablaufs annähernd gleichzeitig gestartet werden müssen, um in akzeptabler Zeit die Anlage erstellen zu können.

Leider läßt sich feststellen, daß sehr viele moderne Hilfsmittel, Werkzeuge und Systeme der Informationslogistik aus Anforderungen der Serienfertigung heraus entstanden sind. Die Bedürfnisse des Anlagenbau werden meist nur unzureichend abgedeckt, so daß umfangreiche Anpassungen nötig sind. Speziell der Großanlagenbau sieht sich in dieser Problematik. Die Anlagenerstellung findet dort im Rahmen von Großprojekten statt, die hohe Anforderungen an die Prozeßflexibilität und damit an die Rekonfigurierbarkeit von Informationssystemen stellen. Die verfügbaren Informationen und damit die Planungssicherheit ist bei Auftragserteilung relativ gering und nimmt erst mit dem Fertigungsfortschritt zu. Man ist in starkem Maß auf den betrieblichen Erfahrungsschatz angewiesen und damit auf Informationen aus bereits abgewickelten oder gleichzeitig ablaufenden Projekten. Sehr unterschiedliche Entwicklungs- und Konstruktionsbereiche müssen eng integriert werden, und zwar bereits in vorläufigen Planungszuständen. Bei den so gegebenen Unbestimmtheiten und der damit notwendigen Flexibilität werden hohe Anforderungen an das Qualitätsmanagement gestellt, da wenig Chancen zur Qualitätsoptimierung des erstellten Produkts gegeben sind.

Das sind alles Problemstellungen, die von "klassischen" Informationssystemen sowohl im logistischen Bereich als auch im Engineering-Bereich nur unzureichend gelöst werden. In diesem Artikel wird erläutert, wie verschiedene CAD-Tools und ein Engineering Data Management System so integriert und modifiziert wurden, daß damit modernes Simultaneous Engineering möglich wird und bedeutende Effizienz und Qualitätssteigerungen erreicht werden können.

Simultaneous Engineering im Kraftwerksbau

Allgemeine Problemstellung

Ein Kraftwerk ist eine hochkomplexe Anlage zur Stromerzeugung, bei der von der Planung und Konstruktion bis zur Ausführung die Engineering-Bereiche Verfahrenstechnik, Bautechnik, Elektrotechnik und Leittechnik miteinander verzahnt sind.

Innerhalb dieser Bereiche wiederum müssen verschiedene Tätigkeiten eng bezüglich ihrer Informationen und Abläufe integriert werden. Die Aktivitäten müssen vielfach zeitlich parallel oder stark überlappend sowie immer wieder synchronisiert ablaufen. Die Verantwortlichkeiten sind weit gefächert, so daß streng geregelte Abläufe und eine klar definierte Informationsstruktur unabdingbar sind. Eine spezielle Schwierigkeit des Großanlagenbaus ist es, daß über weite Teile mit vorläufigen Planungszuständen gearbeitet werden muß. Oft sind zwar die technischen Anforderungen bekannt, die Festlegungen, wie diese Anforderungen erfüllt werden, erfolgen meist aber sehr spät im Planungs- und Konstruktionsprozeß.

Im Kraftwerksbau sind die Engineering-Bereiche häufig von den Fertigungs- und Montagebereichen organisatorisch stark abgegrenzt - was oft allein durch die Größe solcher Organisationseinheiten bedingt ist - und räumlich (welt-)weit verteilt. Sehr viele Zulieferbetriebe, und bei ABB auch rechtlich unabhängige ABB-Gesellschaften, arbeiten an einem Kraftwerk. Die Kooperationsstrukturen sind von Projekt zu Projekt sehr unterschiedlich. Unter solchen Randbedingungen führen Planungsänderungen, die eher häufig als selten sind, dazu, daß sehr viel Nahtstellen mit einheitlichen Informationen und gleichen Planungszuständen versorgt werden müssen.

Die Integration darf im Kraftwerksbau sich nicht nur auf den Rahmen des aktuellen Abwicklungsprojekts beschränken. Ganz wesentlich ist die Verfügbarkeit von Informationen aus gleichartigen Projekten, die bereits abgeschlossen sind oder die zur Zeit noch abgewickelt werden. Durch das Einbinden von Erfahrungswerten kann die Planungssicherheit wesentlich erhöht werden und damit die Ausführungszeit verkürzt und insbesondere die Ausführungsqualität verbessert werden.

Die Integration solch komplexer Enginering-Prozesse ist nur mit den Mitteln moderner Informationslogistik zu lösen. Zudem ist diese Aufgabe nur schrittweise zu bewältigen. Im Herbst 1992 wurde mit der ABB Informatik GmbH ein Gemeinschaftsprojekt gestartet, in einem ersten Schritt die gesamte verfahrenstechnische Planung und Konstruktion eines Kraftwerks mittels eines einheitlichen Informationssystems im Sinne des Simultaneous Engineering zu integrieren. Das Projekt hatte die Zielsetzung, die Entwicklungszeit deutlich zu senken, aber auch die Qualität der Ausführung zu verbessern.

Verfahrenstechnisches Engineering

Der verfahrenstechnische Teil eines Kraftwerks ist eine Anlage aus unterschiedlichsten Komponenten, die über ein Zuleitungsnetz miteinander verbunden sind. Bei der Planung und Konstruktion einer solchen Anlage müssen insbesondere die vier Engineering-Aktivitäten
- schematechnische Planung,
- verfahrenstechnische Auslegung,
- gerätetechnische Auslegung und Bauteilauswahl,
- räumliche Anordnungsplanung

sehr eng zusammenspielen.

Die Schematechnik legt in einem zweidimensionalen Blockschaltbild fest, welche Art von Komponenten, z.B. Kessel, Ventile, Pumpen, in der Anlage benötigt werden und wie sie miteinander verbunden sind. Dabei spielen Attribute, wie Geräteart, Antriebsart, Meßgrößen, Nennweiten, Innendurchmesser usw. eine Rolle. Bei der verfahrenstechnischen Auslegung werden den Komponenten Prozeßdaten zugewiesen, wie das durchlaufende Medium (Gas, Wasser, Dampf usw.), der Massen- oder Volumenfluß, Druck, Temperatur, Geschwindigkeit. Die Gerätetechnik arbeitet weitere projektspezifische Bedingungen ein, sucht in Katalogen und Bauteilbibliotheken reale Bauteile heraus, die die Anforderungen erfüllen, und ordnet sie den Komponenten zu. Die Anordnungsplanung hat die schwierige Aufgabe, die realen Bauteile räumlich so anzuordnen, daß sie ihre Funktion wahrnehmen können, in der Anordnung montiert werden können und daß die Bedienungselemente auch entsprechend zugänglich sind.

Es ist sofort klar, daß verschiedenen Engineering-Tätigkeiten in sehr engen Wechselwirkungen zueinander stehen, und daß die Gesamtaufgabe weder sequentiell noch absolut parallel gelöst werden kann, sondern nur in iterativen Schritten. Je länger dabei die einzelnen Stellen voneinander unabhängig an Teilaufgaben arbeiten, desto schwieriger wird es, die Teillösungen gegenseitig anzupassen, und um so mehr Iterationsschritte sind erforderlich. Eine erhebliche Zeitverkürzung ist also dadurch zu erreichen, daß alle Stellen simultan am jeweils aktuellen Planungszustand arbeiten können, insbesondere wenn dabei Planungsdaten über einen längeren Zeitraum nur vorläufiger Natur sein dürfen und erst später fixiert werden müssen.

Integration des verfahrenstechnischen Engineering

Bei der Integration aller Planungsprozesse des verfahrenstechnischen Engineering eines Kraftwerks müssen die zum Teil sehr unterschiedlichen Engineering-Tools (2D-Schemakonstruktion, 3D-Anlagenplanung, etc.) miteinander gekoppelt werden. Die komplexe Vielfalt von Datenschnittstellen kann nur mittels einer gemeinsamen Datenbasis vermieden werden, auf die alle Stellen zugreifen können. Dabei muß die Datenbasis alle oben geschilderten Aspekte abdecken können. Um simultanes Arbeiten zu unterstützen, sollte diese Ankopplung interaktiv und quasi realtime sein, damit Änderungen durch eine Stelle sofort in der Datenbank mitgeführt werden können und bei allen anderen Stellen verfügbar sind. Wo solche unmittelbaren Kopplungen zeitlich nicht möglich sind, oder wo Zuordnungen nicht eindeutig sind, wie dies häufiger an 2D/3D-Schnittstellen der Fall ist, muß über periodische Konsistenzprüfungen der jeweilige Abgleich stattfinden.

Neben den anlagenspezifischen und damit produktbezogenen Daten gibt es eine Reihe weiterer Projektinformationen über den Kunden, die Umgebungsbedingungen, Projekttermine, Kosten usw., die alle in die Integration mit einbezogen sein müssen. Darüber hinaus ist speziell für die gerätetechnische Auslegung und Komponentenauswahl die Verbindung zu anderen projektunabhängigen Informationen, wie Lieferantenkatalogen, Materialdaten, Standardmodule, aber auch zu Referenzprojekten erforderlich. Im Gesamtrahmen der Anlagenerstellung müssen Schnittstellen zur Projektabwicklung, Fertigung, Logistik und Materialwirtschaft existieren.

Dem gesamten System muß eine leistungsfähige Dokumentenverwaltung unterlegt ein, das in Ergänzung der Vorgänge, die über die Engineering-Datenbasis abgewickelt werden, alle entstehenden und benötigten Dokumente aufnimmt, verfügbar macht und die entsprechenden Freigabemechanismen und Arbeitsflüsse steuern kann. Dabei ist speziell die Erfüllung der ISO-9000-Richtlinien wichtig, die neben anderem einen lückenlosen Nachweis der Dokumenten- und Produkthistorie fordern. Diese Fähigkeiten gewinnen auch nach dem Produkthaftungsgesetz immer mehr an Bedeutung.

Alles in allem sind das Aufgaben, die von einem typischen EDM (Engineering Data Management) System erfüllt werden können. Allerdings sind dazu tiefergreifende Erweiterungen notwendig, bedingt durch die oben geschilderten Spezifika.

Realisierung des verfahrenstechnischen Teils

Im folgenden wird die Realisierung eines integrierten Systems zur Anlagenplanung bei der ABB Kraftwerke AG näher erläutert. Als EDM-System, auf dessen Basis die Implementierung stattfand, wurde das System CADIM/EDB von Eigner & Partner ausgewählt. Auf die verschiedenen Kriterien soll hier nicht näher eingegangen werden. Wichtig war aber unter anderem, daß dieses System eine Erweiterung des unterlegten Datenmodells erlaubt hat, um die spezifischen Eigenschaften der Anlagenplanung im Kraftwerksbereich abzubilden.

Die Produktstruktur

KKS-Komponenten

Wichtige Voraussetzung zur Implementierung eines EDM-Systems ist eine geeignete Strukturierung des Produkts, in diesem Fall der verfahrenstechnischen Anlage eines Kraftwerks. Hierbei ist sehr gute Vorarbeit geleistet durch das sogenannte **Kraftwerk-Kennzeichnungs-System**, kurz **KKS** genannt. Dabei handelt es sich um ein hierarchisches Schlüsselsystem, das einerseits klassifizierend die verschiedenen Funktionsstufen und Aggregate einer solchen Anlage beschreibt, andererseits einzelne Komponenten auch jeweils identifizierbar macht. Die hierarchisch oberste Gliederungsstufe des KKS ist der Kraftwerkblock. Es erwies sich bei der Realisierung des EDM-Systems als zweckmäßig darüber noch das Projekt als Gliederungsaspekt hinzuzufügen.

KKS-Branches

Das KKS erlaubt es ferner, Funktionsgruppen logisch zu sogenannten "Branches" zusammenzufassen, die als Sequenz von KKS-Komponenten plus weiterer Bauteile (Rohre, Flansche, Stutzen, etc.) verstanden werden können. Anhand von

KKS-Komponenten und KKS-Branches läßt sich eine Kraftwerksanlage verfahrenstechnisch vollständig beschreiben und damit die Produktstruktur festlegen, und zwar anhand der Vorgabedaten. Dies ermöglicht den frühen Start der Planung und Konstruktion, lange bevor alle Bauteilzuordnungen stattgefunden haben.

Die Engineering-Datenbank

Datenbankerweiterungen

Die Engineering-Datenbank als Herzstück des EDM-Systems muß die Produktstruktur abbilden können. Das Datenmodell des gewählten EDM-Systems CADIM/EDB kennt als wesentliche Entitäten das PROJEKT, den ARTIKEL und das DOKUMENT. Dieses aus der Produktentwicklung eines Serienprodukts abgeleitete Modell muß um die wesentlichen Entitäten KOMPONENTE und BRANCH erweitert werden, um für die Anlagenplanung geeignet zu sein. Abbildung 1 zeigt schematisch das erweiterte Entity-Relationship-Model der Anlagenplanungs-Datenbank.

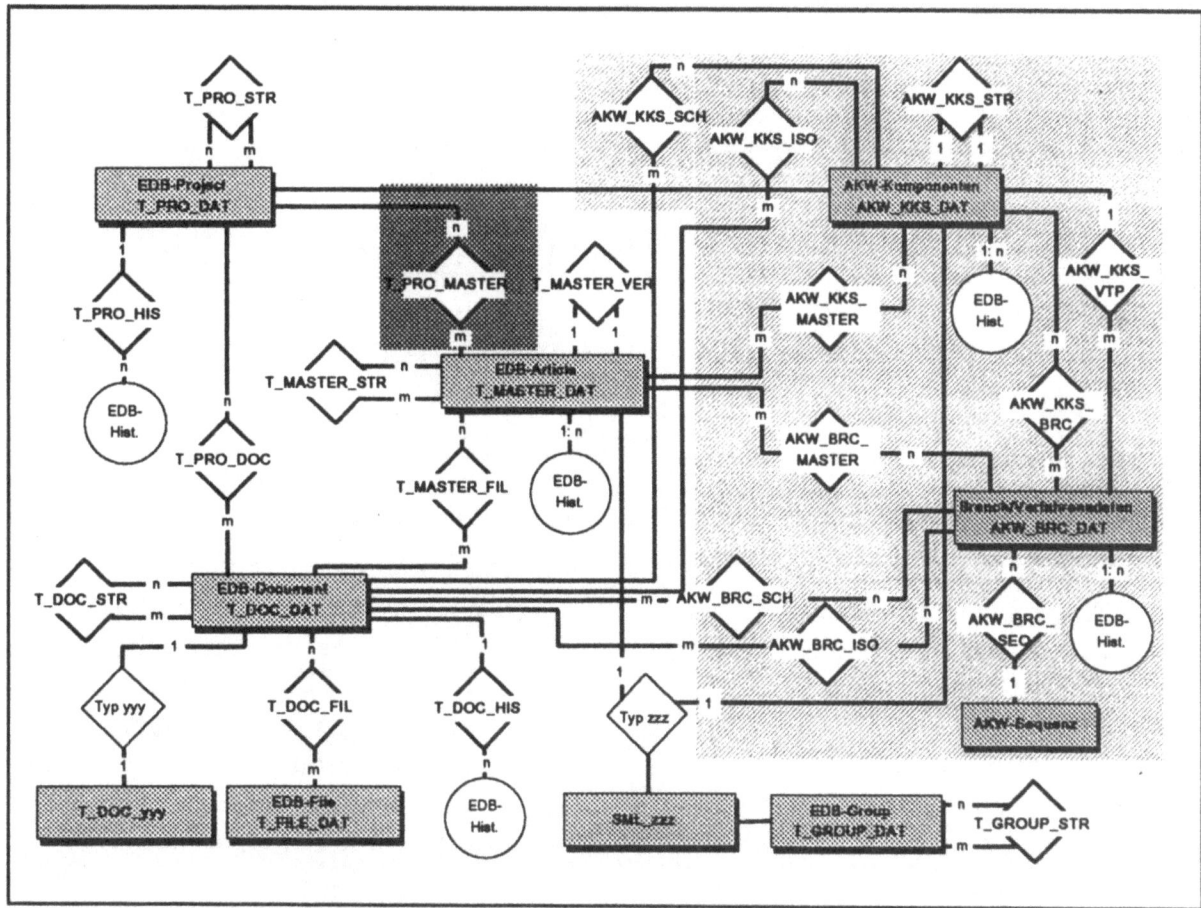

Abbildung 1: Erweitertes Entity-Relationship-Model des Anlagen-Engineering. Die grau hinterlegte Fläche markiert die Erweiterungen, die dem Datenmodell von CADIM/EDB hinzugefügt wurden. Die dunkler hinterlegte Fläche deutet an, welche Teile entfallen.

Speicherungsstruktur

In den Abbildungen 2 und 3 sind die Speicherungsstrukturen einer KKS-Komponente und eines KKS-Branch dargestellt. Daran läßt sich ablesen, in welcher Beziehung die verschiedenen Daten der Schematechnik, Verfahrenstechnik, Geräteplanung und der Anordnungsplanung zueinander stehen. Mit diesem Verständnis kann anhand von Abbildung 4, wo das Datenmodell des Anlagen-Enginering dargestellt ist, die Integration der verschiedenen Engineering-Aktivitäten nachvollzogen werden. Die nächsten Abschnitte gehen näher darauf ein.

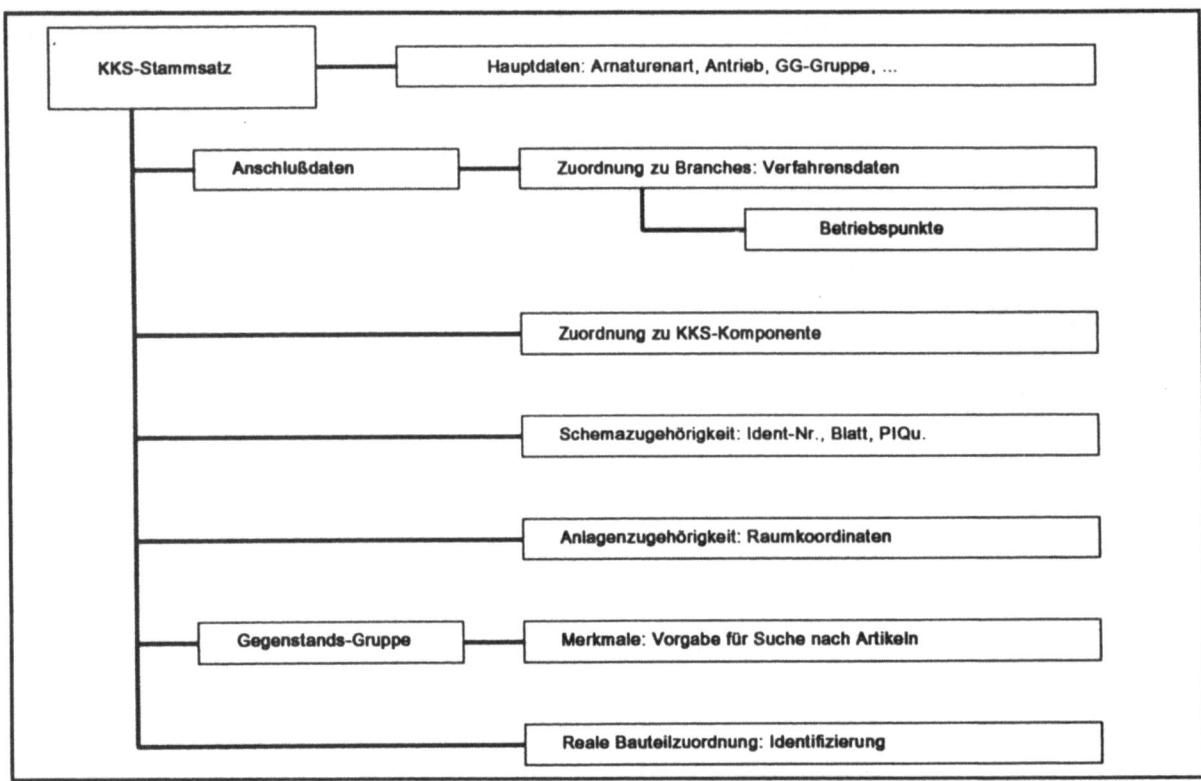

Abbildung 2: Speicherungsstruktur einer KKS-Komponente

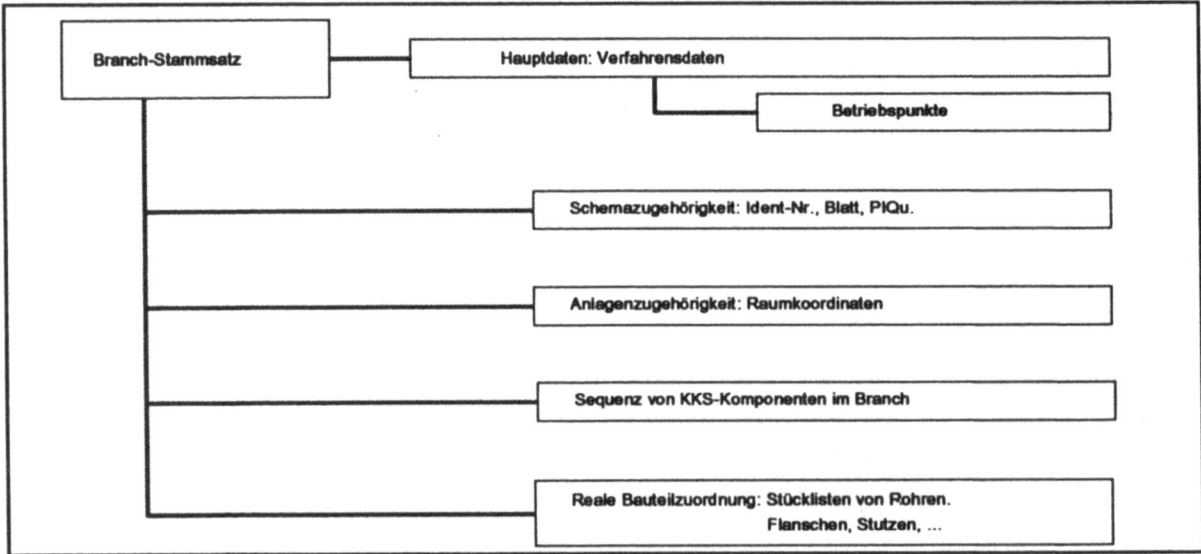

Abbildung 3: Speicherungsstruktur eines BRANCH

Ankopplung der Engineering-Tools

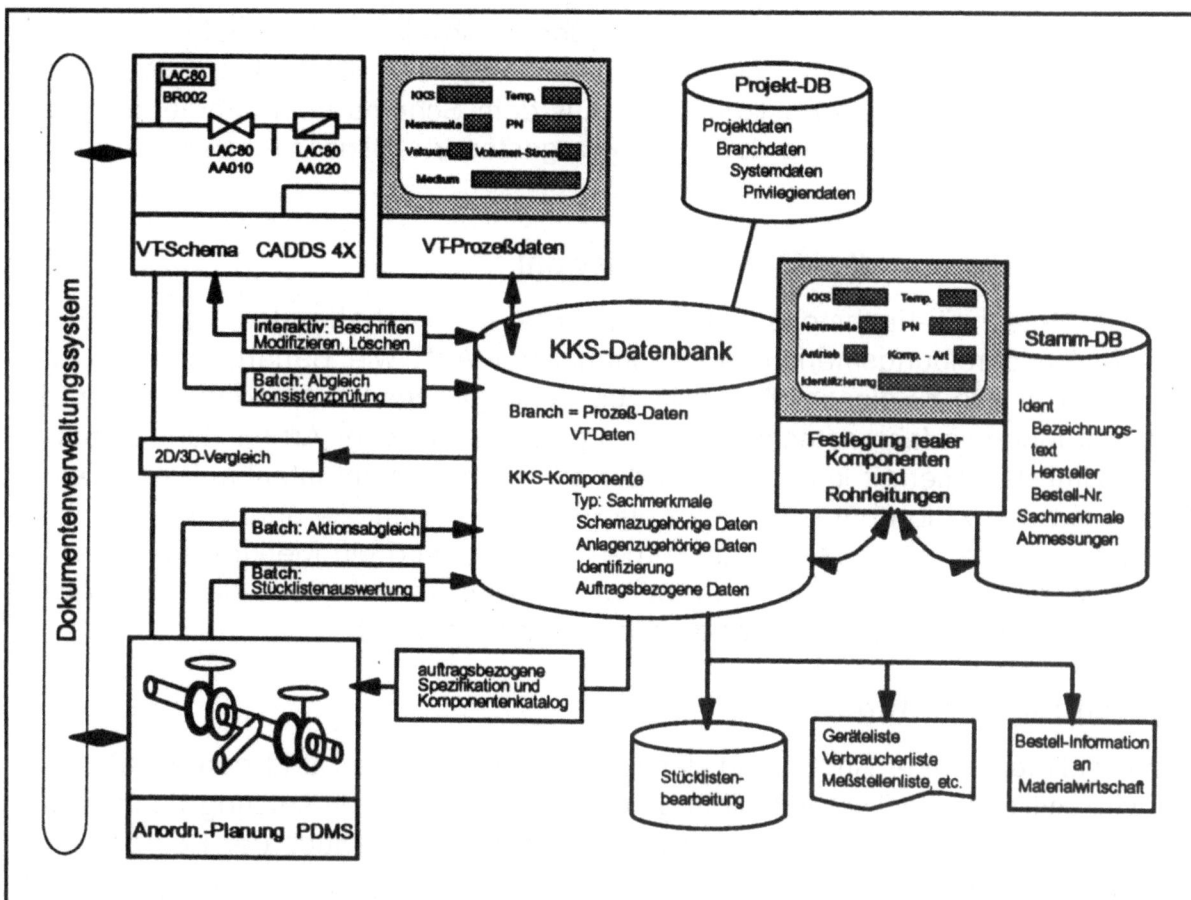

Abbildung 4: Blockdiagramm des Anlagen-Engineering. Die verschiedenen Engineering-Aktivitäten Schematechnik, Verfahrenstechnik, Gerätetechnik (Komponentenfestlegung) und Anordnungsplanung sind über die gemeinsame KKS-Datenbank gekoppelt

Schema- und Verfahrenstechnik

Die Schematechnik ist mit dem 2D-CAD-Tool von CADDS 4X realisiert. An dieser Stelle entstehen neben der 2D-Zeichnung des Schemas Einträge in einer Prozeßdatenbank, wo nach Projekt und Branches gegliedert die verfahrenstechnischen Daten abgelegt werden. Ziel der Integration an dieser Stelle war es, in einer CAD-Sitzung alle Informationen über bisher eingegebene Daten, ähnliche Daten in anderen Branches und die Daten anderer parallel arbeitender Benutzer verfügbar zu haben. Gleichzeitig sollten sofort nach Festlegung die eigenen Daten in gleicher Weise den anderen Benutzern zur Verfügung stehen.

Erreicht wurde dies durch eine on-line Kopplung mittels einer neuen Benutzerschnittstelle, die EDB-Zugriffe und CADDS-Dantenbankbefehle verwendet. Über diese Schnittstelle werden die Funktionen "Beschriften", Modifizieren" und "Löschen" des CAD-Tools sofort interaktiv in der KKS-Datenbank umgesetzt. Daneben ist es natürlich auch möglich, komplette Schemata in die Datenbank zu laden. Es ist auf diesem Weg auch möglich, den Abgleich mit Schemadaten in der Datenbank und eine Konsistenzprüfung durchzuführen, die zu einem Update der Datenbank und zu einer Liste führt, die noch schematechnisch verarbeitet werden muß. Die verfahrenstechnische Auslegung der aus dem Schema übernommenen Branches und Komponenten wird durch formulargesteuerte Bildschirm-Eingabe in der Datenbank abgelegt.

Gerätetechnik und Komponentenauswahl

Die Gerätetechnik-Fachstelle definiert für die zu beschaffenden Komponenten weitere Beschreibungsmerkmale "mechanischer Art", wie Bauart, Antrieb, Ausführung usw. Die zu diesem Zeitpunkt zusammengetragenen Merkmale stellen die Anforderungen verfahrenstechnischer und gerätetechnischer Art für den speziellen Einsatzfall dar. Hiermit können entweder aus einer Stammdatenbank nach einer Suche mit den Anforderungskriterien die geeigneten Bauteile angezeigt und dann eines davon interaktiv ausgewählt werden, oder es wird ein Merkmalsformular für eine Lieferantenanfrage erstellt. In jedem Fall wird abschließend das zu verwendende Bauteil mit der KKS-kodierten Komponente verknüpft.

Anordnungsplanung

Die dreidimensionale Anordnung der Anlagenkomponenten und deren Zuleitungen wird mit dem 3D-Tool PDMS abgewickelt. Bei dieser Umsetzung des verfahrenstechnischen (2D)-Schemas wird von einem Katalog verfügbarer Komponenten ausgegangen. Aus der Datenbank wird dafür jeweils der neueste Stand auftragsbezogener Spezifikationen und des entsprechenden Komponentenkatalogs geladen. Auf dieser Basis erfolgt in CAD-Sitzungen die Anordnungsplanung, die zu einer Stückliste der verplanten Teile mit ihren Koordinaten führt und als Update in die Datenbank zurückgespeist wird. Eine interaktive Anbindung an die Schematechnik über die Datenbank ließ sich hier nicht zweckmäßig erzielen.

Um trotzdem die Interaktion mit der Schemaplanung sicherzustellen, wurde ein Interface von PDMS (DesignManager) genutzt um während einer PDMS-Sitzung in einem separaten Window den aktuellen Stand der Schematechnik zu verfolgen und in einer Navigatorfunktion Veränderungen in beiden Darstellungen aufzuzeigen. Eine Konsistenzprüfung führt zu Vergleichslisten, die dann jeweils noch abzuarbeiten sind.

Regelung der Arbeitsabläufe

Das weitgehend interaktive Arbeiten auf einer gemeinsamen Datenbasis mit über weite Strecken vorläufigen Planungszuständen erfordert klar geregelte Zuständigkeiten und Abläufe. Es erfordert aber auch die Erweiterung der üblichen Freigabemechanismen.

Projektbezogene Datenspeicherung

Die Abwicklung im Anlagenbau erfolgt projektbezogen, so daß zunächst alle Festlegungen und Arbeitsabläufe einem Projekt zugeordnet werden. Damit aber Informationen aus anderen Projekten verfügbar sind, werden alle Projekte in einer gemeinsamen logischen Datenbank gehalten. Dabei gibt es geregelte Lesezugriffe auf alle benötigten Informationen und Zugriffe zum Kopieren von Komponenten, Branches und Teilsystemen. Allerdings wird natürlich der Schreibzugriff auf ein - aus Sicht des jeweiligen Benutzers - nicht aktuelles Projekt ausgeschlossen. Neben der projektspezifischen Speicherung ist auch die projektunabhängige Ablage von sogenannten "Teilschaltungen" und "Modulen" möglich.

Zuständigkeit und Informationsfluß

Im Zusammenspiel der verschiedenen Engineering-Tätigkeiten sind verschiedene Stellen definiert, die an Teilaufgaben arbeiten und die untereinander sequentielle Abläufe einzuhalten haben, damit z.B. Freigabemechanismen geregelt stattfinden können. Dabei ist jede Stelle für bestimmte Daten bezüglich "Schreiben" und "Löschen" zuständig. Alle Stellen hingegen können die Daten lesen, um Ihre Arbeiten und Ergebnisse dem Gesamtfortschritt simultan anzupassen.

Die Arbeitsabläufe werden zusätzlich durch einen Informationsfluß unterstützt, der über ein Meldesystem Änderungswünsche und Zusatzbedingungen kommuniziert. Alle Meldungen werden dabei an KKS-Komponenten geknüpft. Sie werden zeitlich unbegrenzt solange beim Empfänger angezeigt, bis sie quittiert werden. Nach dem Quittieren werden alle Meldungen datiert in einem Logbuch abgelegt. Es ist also nicht möglich, daß Meldungen ignoriert werden und damit aus dem System verschwinden.

Verbindlichkeit und Freigabe

Das simultane Arbeiten an einer komplexen Anlage anhand von vielfach vorläufigen Planungszuständen erfordert ein ausgeklügeltes System von Verbindlichkeiten und Freigabemechanismen. Zunächst ist die Freigabe von Komponenten hierarchisch gegliedert. Sie kann einzeln, nach Branches oder nach Dokumenten erfolgen, wobei ein Dokument einen größeren Teilbereich der Anlage repräsentiert.

Die Verbindlichkeit eines Planungszustandes oder einer Konstruktion durchläuft folgende Stufen:

- **"noch nicht bearbeitet"**,
- **"in Bearbeitung"**, d.h. vorläufig,
- **"wahrscheinlich"**,
- **"freigegeben"** (einzeln, strangweise),
- **"Dokument freigegeben"**,
- **"vollständig bearbeitet"**.

Es soll hier nicht auf die Einzelheiten dieser Freigabekette eingegangen werden. Wichtig ist in diesem Zusammenhang, daß vor einer Freigabe Änderungen ohne Folgewirkungen bleiben, solange nachfolgende Stellen noch nicht damit gearbeitet haben. Damit wird dem einzelnen Konstrukteur die Möglichkeit geboten, Modifikationen vorzunehmen, ohne in jedem Fall sofort in die Kommunikation mit anderen Stellen eintreten zu müssen. Hat eine nachfolgende Stelle bereits mit der Bearbeitung begonnen, wird eine nachträgliche Modifikation immer ins Meldesystem aufgenommen.

Nach der Freigabe kann eine Komponente nur über einen Eintrag im Historienlogbuch modifiziert werden.

Gültigkeit und Historie

Freigegebene Komponenten, Branches oder Dokumente repräsentieren die jeweils gültige Version. Modifikationen sind damit einem Änderungszyklus unterworfen. Dabei wird die bisher gültige Version mit ihrem Gültigkeitszeitraum gespeichert und ein neuer Freigabezyklus gestartet. Vollständige Löschungen sind dabei überhaupt nicht mehr möglich. Zu löschende Komponenten können lediglich mit dem Status "ungültig" versehen werden und sind damit in zwar in der Konstruktion gelöscht aber nicht in der Historie.

Die Speicherung der gültigen Versionen erfolgt jeweils "historiensicher" auf Speichermedien der WORM-Technologie (**W**rite **O**nce **R**ead **M**any Times).

Anmerkungen zum Realisierungsprojekt

Beim Start des Projekts wurde es als ziemlich unmöglich angesehen, die realisierbaren Anforderungen und das Design des Gesamtsystems in einem normalen Phasenprozeß vor der Auswahl des Applikationssssystems und seiner Implementierung vollständig zu entwickeln. Dazu waren die Kenntnisse über die Fähigkeiten von EDM-Systemen, die Möglichkeiten diese zu erweitern und mit den bereits existierenden CAD-Systemen in der geeigneten Weise zu koppeln, zu wenig ausgeprägt. Man entschloß sich daher durch Prototyping schrittweise die Anforderungen zu erarbeiten und die Möglichkeiten zur Umsetzung zu erproben.

Bis Oktober 92 erfolgte in einem Vorprojekt anhand allgemeiner Kriterien die Auswahl des EDM-Systems. Dabei standen die Erfahrung des Anbieters im EDM-Bereich und seine Bereitschaft sich bei Problemstellungen des Interfacing und der Erweiterung mitzubeteiligen stärker im Vordergrund als die Funktionalität des Systems.

In einer ersten Phase wurden bis Februar 93 die wesentlichen Datenstrukturen und die Grundfunktionalität festgelegt und teilweise als Prototyp implementiert. Dazu war es auch notwendig, das Interface zwischen CADDS und CADIM/EDB zu entwickeln. Anhand des Prototypen wurde gleichzeitig ein detailliertes Pflichtenheft erarbeitet, das unter anderem die Komponententypen und ihre Sachmerkmale festlegt und die weiteren Kopplungen, z.B. zu PDMS genau beschreibt. Die Umsetzung dieses Pflichtenhefts ist gegenwärtig in Arbeit. Diese zweite Phase des Projekts wird bis Ende dieses Jahres abgeschlossen sein. Im Endausbau wird das System etwa 8-10 Arbeitsplätze in der Schematechnik (CADDS-Workstations), etwa 30-40 Arbeitsplätze in der Anordnungsplanung (PDMS-Workstations) und etwa 100 PC-Arbeitsplätze für die übrigen Tätigkeiten umfassen.

Die bisher realisierten Teile befinden sich bereits in einer Pilotproduktion. Obwohl noch keine detaillierten, meßbaren Ergebnisse vorliegen, ist schon jetzt abzusehen, daß das Projekt die Erwartungen in Bezug auf Zeitverkürzung und Qualitätsverbesserung leicht erfüllen wird. Ein Zeitgewinn wird in der Regel durch die Möglichkeit des simultanen Arbeitens erwartet, während eine Qualitätsverbesserung aus dem Arbeiten auf einer gemeinsamen Datenbasis und damit einheitlichen, genau bekannten Informationsständen gewonnen werden sollte. Das ist im vorliegenden Fall auch bereits deutlich zu sehen. Es stellt sich aber zusätzlich heraus, daß die einheitliche Datenbasis das Identifizieren und Auffinden der jeweils gültigen Planungsunterlagen erheblich verkürzt und damit wesentlich die Entwicklungszeit. Eine Qualitätsverbesserung der Resultate wird zusätzlich dadurch erreicht, daß schon in frühen Planungsstadien über den gleichzeitigen Zugriff aller Beteiligten auf die Informationen Fehlentwicklungen und Korrekturen vermieden werden können.

Die enge Kooperation zwischen den Anwendern des Systems bei der ABB Kraftwerke AG und Systemspezialisten der ABB Informatik GmbH erwies sich als besonders fruchtbar. Letztere brachten sehr viel Erfahrung aus dem CAD-Bereich, des dort erforderlichen Interfacing und der dort vorhandenen Programmiermöglichkeiten mit. Sie hatten aber auch Erfahrung in der Dokumentenverwaltung und in der Gestaltung von Work Flows und Freigabemechanismen. Im Zusammenspiel mit den Anwendern konnten damit die Datenstrukturierungen und Arbeitsabläufe genau auf die Erfordernisse eines Simultaneous Engineering abgestimmt werden. In dem Projekt arbeiteten im Mittel etwa zwei Mitarbeiter der "Kraftwerke" und vier Mitarbeiter der "Informatik" mit, so daß der sich Gesamtaufwand bei Ende der zweiten Phase grob geschätzt auf ca. 9 Mannjahre belaufen wird.

Das Projekts löst nicht nur die spezifische Problemstellung der ABB Kraftwerk AG. Es ist dabei auch ein konfigurierbares und leicht anpaßbares Softwaresystem auf Basis von CADIM/EDB entstanden, das unter dem Namen SECAD (**S**imultaneous **E**ngineering by **C**oncurrent **A**ccess to **D**ata) für ähnliche Problemstellungen zunächst bei anderen ABB-Gesellschaften eingesetzt werden soll, z.B. beim Turbinenbau zur Planung und Konstruktion des anlagentechnischen Teils einer Turbineninstallation. Es darüber hinaus vorgesehen den ABB-Kunden und -Lieferanten im Bereich Anlagenbau das Paket SECAD für ihre Aufgabenstellungen anzubieten.

Zusammenfassung und Ausblick

Bei der ABB Kraftwerke AG wurde in Zusammenarbeit mit der ABB Informatik GmbH auf Basis eines käuflichen EDM-Systems das Simultaneous Engineering in der Planung und Konstruktion des verfahrenstechnischen Teils eines Kraftwerks realisiert. Dabei mußte das Datenmodell des EDM-Systems, das wie die meisten Systeme dieser Art für die Entwicklung von Serienprodukten ausgelegt ist, um wesentliche Entitäten des Anlagenbaus erweitert werden.

Die verschiedenen Engineering-Bereiche können mithilfe dieses Systems interaktiv über eine gemeinsame Datenbasis gekoppelt zusammenarbeiten. Dort wo eine interaktive Arbeitsweise nicht möglich ist, sorgen Konsistenzprüfungen für die notwendige Synchronisation. Diese wird zudem durch gestufte Verbindlichkeiten und damit verbundene Freigabemechanismen unterstützt. Der simultane Arbeitsstil auf einer gemeinsamen Datenbasis verkürzt nicht nur wesentlich die Entwicklungszeiten sondern verbessert deutlich die Qualität der Resultate. Das System erfüllt die Anforderungen der Qualitätsrichtlinien nach ISO 9000 und des Produkthaftungsgesetzes.

Während dieses Projekt zunächst die vertikale Integration verschiedener Engineering-Tätigkeiten zum Hauptziel hatte, ist bereits daran gedacht, auf dieser Basis die horizontale Integration entlang der zeitlichen Abwicklung eines Kraftwerkprojekts voranzutreiben. Damit ist zunächst an die Kopplung zur Stücklistenbearbeitung und damit zu Fertigung und Montage, zur Anlagendokumentation und Materialwirtschaft, aber auch die direkte Anbindung an die Informationsbanken der Unterlieferanten gemeint. Einen wesentlichen Fortschritt erhofft man aber sich davon, Erfahrungen und Informationen aus laufenden und abgeschlossenen Projekten unmittelbar der Angebotsbearbeitung möglicher künftiger Projektaufträge zur Verfügung zu stellen. Zu diesem speziellen Themenkreis läuft gegenwärtig eine Kooperation zwischen dem IAO und der ABB Informatik GmbH an.

12. IAO-Arbeitstagung
Wege aus der Krise
Geschäftsprozeßoptimierung und Informationslogistik

Prozeßorientierte Produktdokumentation für Nutzfahrzeuge - Prinzip, Umsetzung und strategische Bedeutung

Eckart Seybold

Mercedes-Benz AG, Stuttgart

1. Einleitung

Was ist "Dokumentation?"

- Dokumentationen sind die gespeicherten Informationen, die zwischen Beteiligten ausgetauscht werden. Die Informationen entstehen, werden geändert, freigegeben, verwaltet und archiviert.
- Gespeicherte Informationen sind wiederfindbar in Berichten, Spezifikationen, Plänen und Zeichnungen, also in Unterlagen. Ebenso stehen sie als Daten in Datenbanken, auf Mikrofilmen und in Bildplatten zur Verfügung.
- Dokumentation stellt die Kommunikation zwischen den beteiligten Personen/Bereichen im gesamten Prozeß sicher. Sie ist die gemeinsame verständliche Sprache für das zu schaffende Produkt.
- Kommunikation, d. h. Informationsaustausch, erfolgt mündlich und schriftlich, zeitgleich oder zeitverschieden, am selben Ort oder zwischen entfernten Orten, zwischen zwei oder vielen Personen.
- Dokumentations-Management stellt sicher, daß die an der Unterlagenerzeugung beteiligten Stellen termingerecht und mit zeitzumutbarem Suchaufwand die aktuellen Unterlagen sich selbst und den Nutzern in einer durchgängigen und verständlichen Form bereitstellen können. So gesehen sind Unterlagen "Produkte", deren Entstehung und Verwendung geplant, ggf. qualitätsgesichert werden müssen, die aber auch geordnet, gekennzeichnet, registriert, verteilt und abgelegt sein wollen.

2. Die Erzeugnis-Dokumentation der MBAG

Die Technische Dokumentation - "Erzeugnis-Dokumentation" - stellt in Bild, Wort und Zahl alle für die Konstruktion, Produktion und den Vertrieb erforderlichen technischen Merkmale der von der Mercedes-Benz AG gefertigten Erzeugnisse dar.

Die Dokumentation für die weltweit produzierten Nutzfahrzeuge - 1992 ca. 290 000 FZ ist kostengünstig und sachlich richtig sicherzustellen.

Im Nutzfahrzeugbereich sind z. Z. dokumentiert:

4 500	Fahrzeug-Baumuster
3.200	Aggregat-Baumuster
120 000	Sonderausführungen
1,8 Mio	Teile
800 000	Zeichnungen
60 Gigabyte	Datenbestand CAD

Jeden Tag werden neu dokumentiert und sind zu bearbeiten:

300	Freigaben neuer Teile
2 000	Konstruktionsänderungen vorhandener Teile

Das gesamte derzeit zu händelnde Dokumentationsvolumen beläuft sich auf ca. 10 Mio Dokumente.

Aufgrund der Markterfordernisse werden sich diese Zahlen in Zukunft drastisch erhöhen. Bereits heute zeigt sich im Nutzfahrzeugbereich ein Wandel von der Serienfertigung in eine stark kundenauftragsorientierte Fertigung, die deshalb auch auf zunehmend auftragsorientierte Informationssysteme zugreifen muß (Abb. 1).

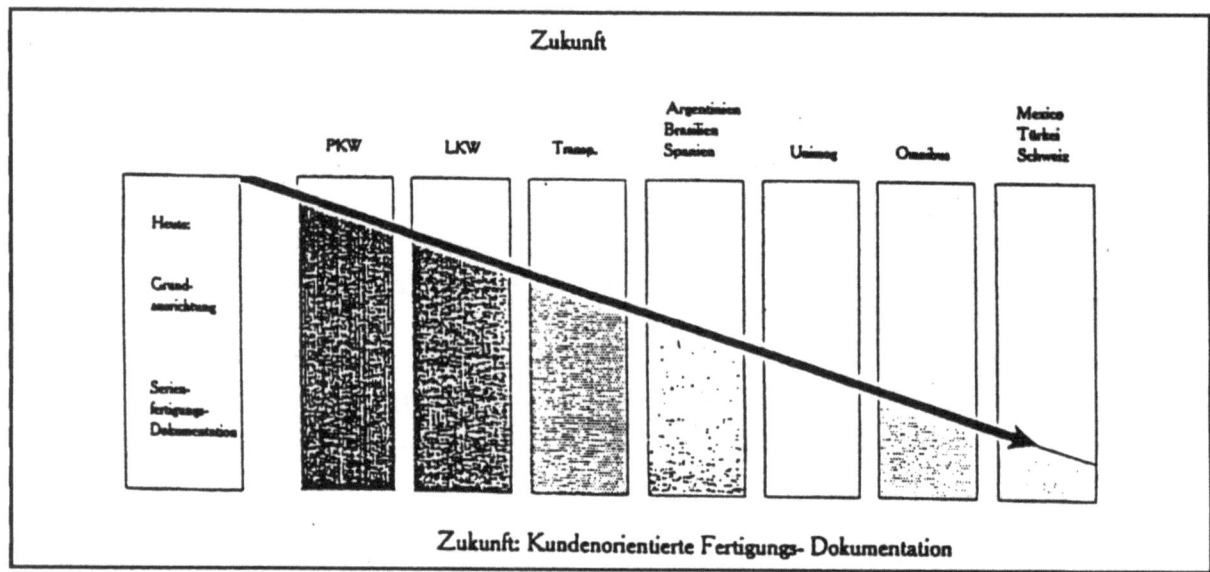

Abb.1: Wandel Serienfertigung in kundenauftragsorientierte Fertigung

Weiterhin wird es erforderlich werden, die Durchlaufzeiten der Erzeugnisdaten - von ihrer Festlegung durch den Konstrukteur bis hin zum Bearbeitungsabschluß in den Produktionsfreigaben der Werke - auf ein Minimum zu reduzieren, damit neue oder geänderte Erzeugnisse schnell in die Produktion einfließen können. Hierzu wird es notwendig, sämtliche Erzeugnisdaten rechnergerecht aufzubereiten und den Informationsfluß z. B. über Datenfernübertragungen einzurichten. Die Maßnahmen zum Anlauf neuer Produkte werden durch frühzeitig zur Verfügung stehende Daten unterstützt und die Reaktionszeiten auf veränderte Marktsituationen verringert.

Aufgabe der Erzeugnisdokumentation

Aufgabe der Erzeugnisdokumentation ist es, die im Konstruktionsprozeß entstandenen Daten bzw. getroffenen Festlegungen über die Erzeugnisse:

- Fahrzeuge
- Aggregate
- Fertigteile

funktionsorientiert zu dokumentieren und die sich anschließenden Bereiche bzw. Systeme der

- Produktion
- Materialwirtschaft
- Betriebswirtschaft
- Vertrieb

mit diesen Daten versorgen.

3. Warum eine "Neue Erzeugnisdokumentation?"

Im folgenden wird dargestellt, unter welchen Bedingungen und Prämissen die "Neue Erzeugnisdokumentation" für den Nutzfahrzeugbereich der Mercedes-Benz AG entstanden ist.

Probleme - Handlungsbedarf - Vorgehen

Probleme:

Die heutige Dokumentationslandschaft ist geprägt durch eine heterogene Systemlandschaft mit vielen Systeminseln, einer Vielzahl von Schnittstellen und durch die Verwendung von Papier- und EDV-Dokumentationselementen.

Den Anforderungen der Produkt- und Systemwelt wurde die Dokumentation mit ihren verwendeten Elementen und Systemen bis weit in die 70er Jahre gerecht. Die vorgenommenen Modifikationen reichten aus, um die zunehmenden Produktanforderungen abzudecken. Dies ändert sich Mitte der 80er Jahre. Drei Hauptpunkte sind hier vor allem zu nennen:
- Die zunehmende technische Komplexität der Produkte mit einer parallel einhergehenden Internationalisierung.
- Die Wandlung vom "Verkäufermarkt" zum "Käufermarkt" (Abb. 2).
- Die Internationalisierung und Standortausweitung.

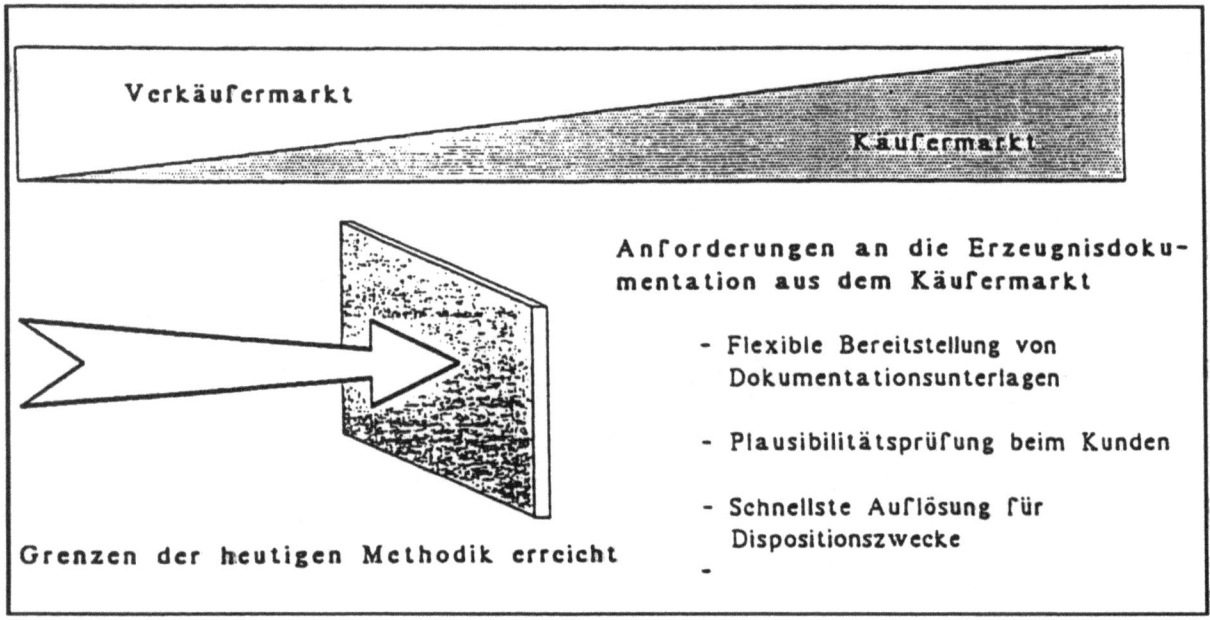

Abb.2

Probleme für die heutige Dokumentation (Abb.3 und 4)

- Starke Zunahme der Produktion und der Varianten
- Hohe Komplexität der Produkte
- Ausweitung der Typenvielfalt
- Internationalisierung / neue Standorte
- Redundante Datenhaltung
- Keine durchgängige maschinelle Verarbeitung
- Hoher manueller Aufwand
- Lange Laufzeiten
- Bereichsspezifische Abläufe und Ersatzorganisationen
- Veränderung des Käuferverhaltens / der Umwelt

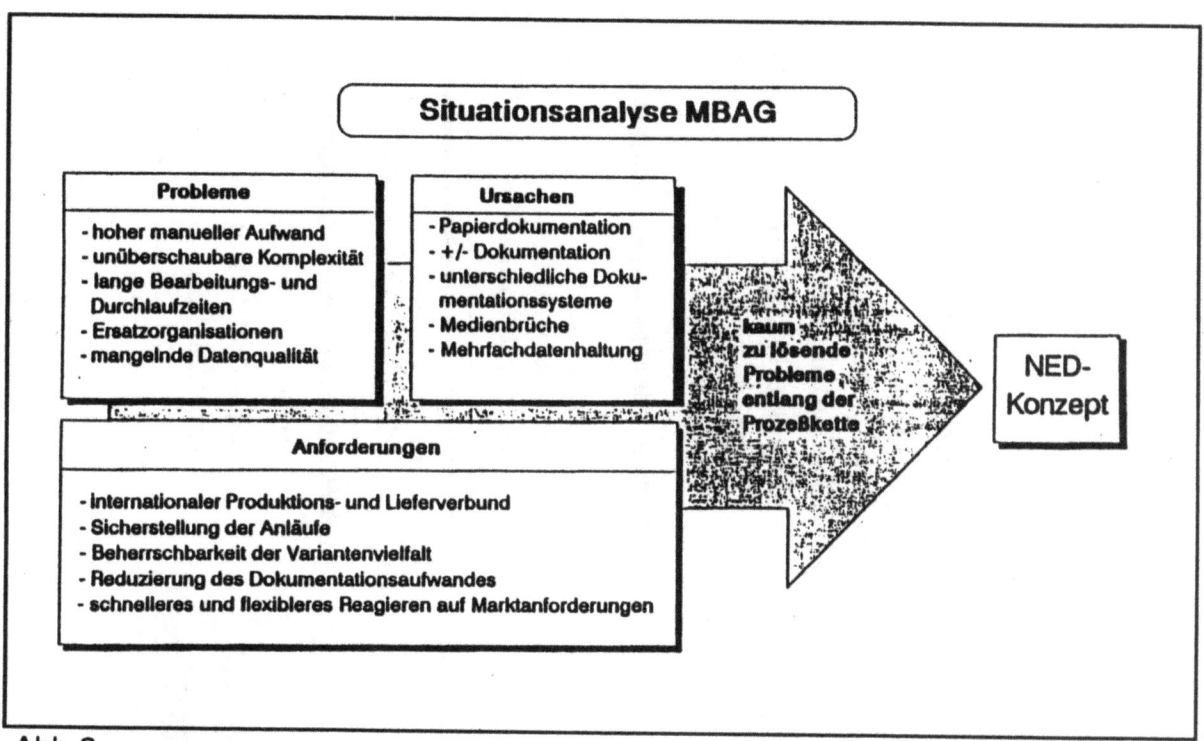

Abb.3

Handlungsbedarf

Aufgrund dieser Analysen erfolgte der Beschluß des Vorstandes, ein Projektteam mit der Darstellung einer Neuen Erzeugnisdokumentation (im folgenden "NED" genannt) für den gesamten NFZ-Bereich zu beauftragen. **Das Projektziel orientiert sich an den Unternehmensgrundsätzen**

- Flexible Nutzung der in- und ausländischen Produktionskapazitäten
- Erschließung und Nutzung internationaler Materialressourcen
- Volumenanbieter in neuen und erschlossenen Märkten
- Hohe marktbezogene Produktflexibilität
- Verkürzung der Produktentwicklungs- und Fertigungszeiten
- Sicherung und Ausbau des Qualtitäts- und Technologievorsprungs
- Verbesserung der Kostensituation
- durchgängige Prozesse in allen Bereichen

Ziel

Steigerung der Wettbewerbsfähigkeit und Verbesserung der Ertragssituation

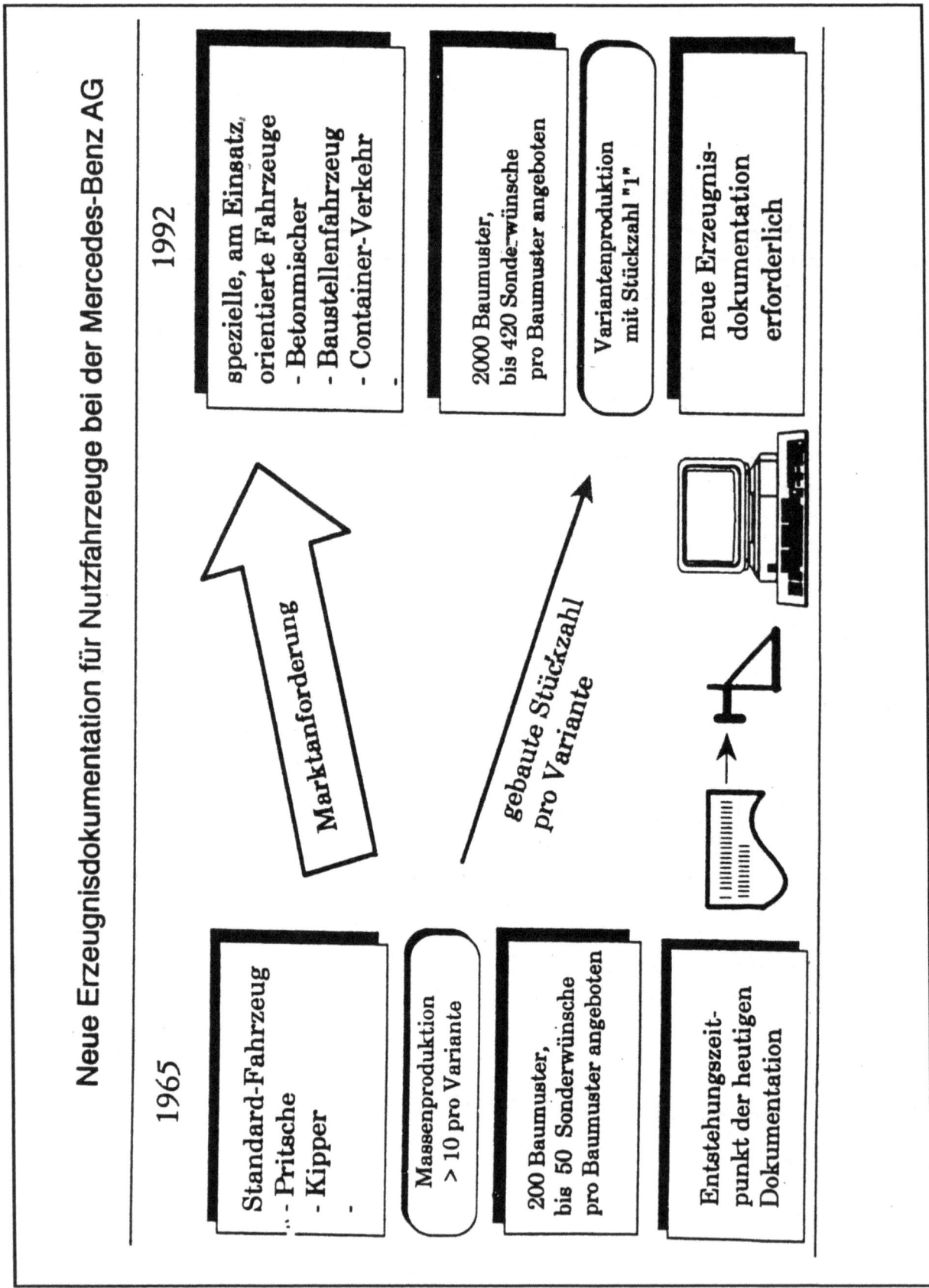

Abb.4

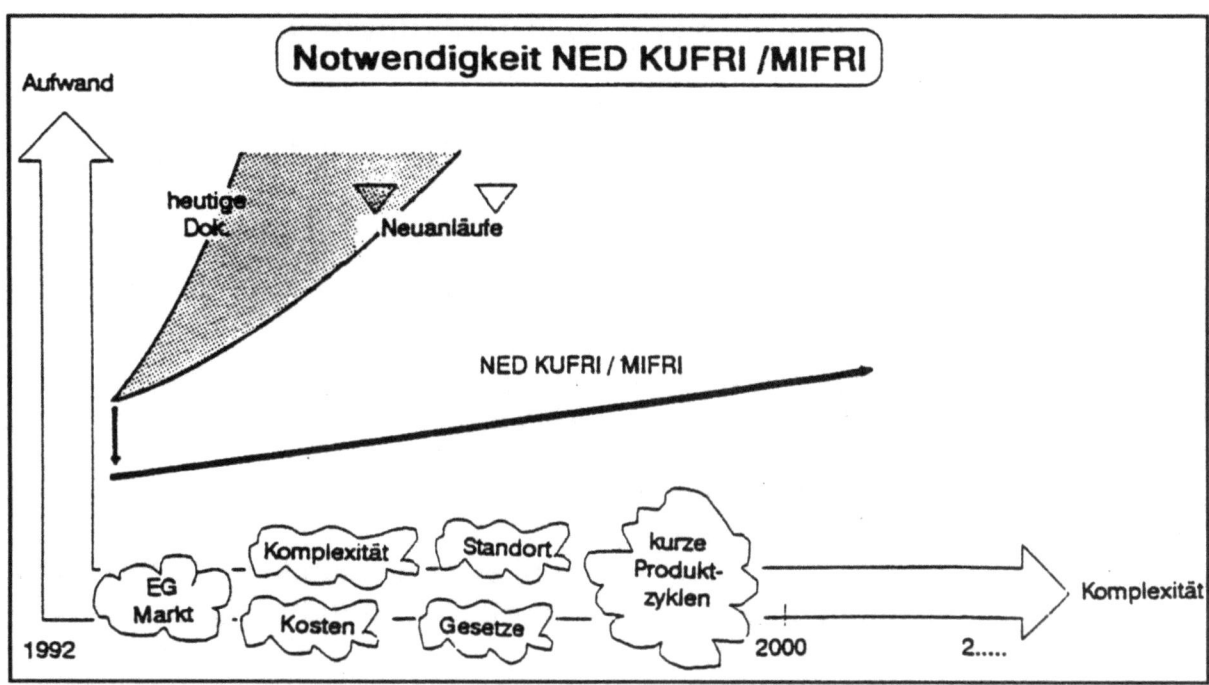

Abb.5

Vorgehen:
Entscheidender Punkt für den Projekterfolg war die direkte Einbindung des Projekts in das Gesamt-Logistik-Konzept des Unternehmens und die Möglichkeit, Projektergebnisse direkt den Entscheidungsträgern vortragen zu können.

Folgendes Vorgehen wurde aufgrund des sehr engen Terminrahmens gewählt:
- Projektleitung aus dem Entwicklungs-Dokumentationsbereich
- Einrichtung eines Projektmanagements zur Sicherstellung des Projektablaufes, zur Projektverfolgung und zur Darstellung einer Kosten-Nutzen-Transparenz
- Bildung eines Teams aus kompetenten Mitgliedern aus allen tangierten Bereichen
- Hinzuziehen eines externen Beraters (Fraunhofer Institut IAO)
- Analyse und Bewertung alternativer Dokumentationsformen im Wettbewerbermarkt
- Analyse der Prozeßkette am Beispiel eines Montagewerkes
- Analyse der für die Dokumentation relevanten Systemwelt
- Darstellung einer durchgängigen Erzeugnisdokumentation für zukünftige Produkte
- Fokussierung der Projektarbeit auf den Produktionszeitraum bis zur Jahrtausendwende
- Für strategisch langfristige Überlegungen Erarbeitung eines Prototyps gemeinsam mit IAO auf der Basis eines objektorientierten Ansatzes

4. Lösungsansatz für eine Neue Erzeugnisdokumentation "NED"

Grundanforderung an eine Erzeugnisdokumentation ist die Beantwortung der Fragen:

Was? Wo? Warum? Wann? (Abb. 7)

Was ist "NED"?

- Basis ist eine durchgängige prozeßorientierte Betrachtung
- Die Neue Erzeugnisdokumentation bildet die Produkte entlang der Prozeßkette nach eindeutigen logischen Regeln und festgelegten organisatorischen Abläufen maschinell in einer durchgängigen Systemwelt ab.
- Grundlage ist die Dokumentation des Entwicklungsbereiches (Abb. 6), die anwenderorientiert additiv ergänzt wird.
- NED bildet die Produkte in positiver Form ab. **Zur Kommunikation zwischen allen Prozeßbeteiligten wird eine einheitliche durchgängige "Sprache", der "Code", verwendet.**

Der Anspruch der Erzeugnisdokumentation

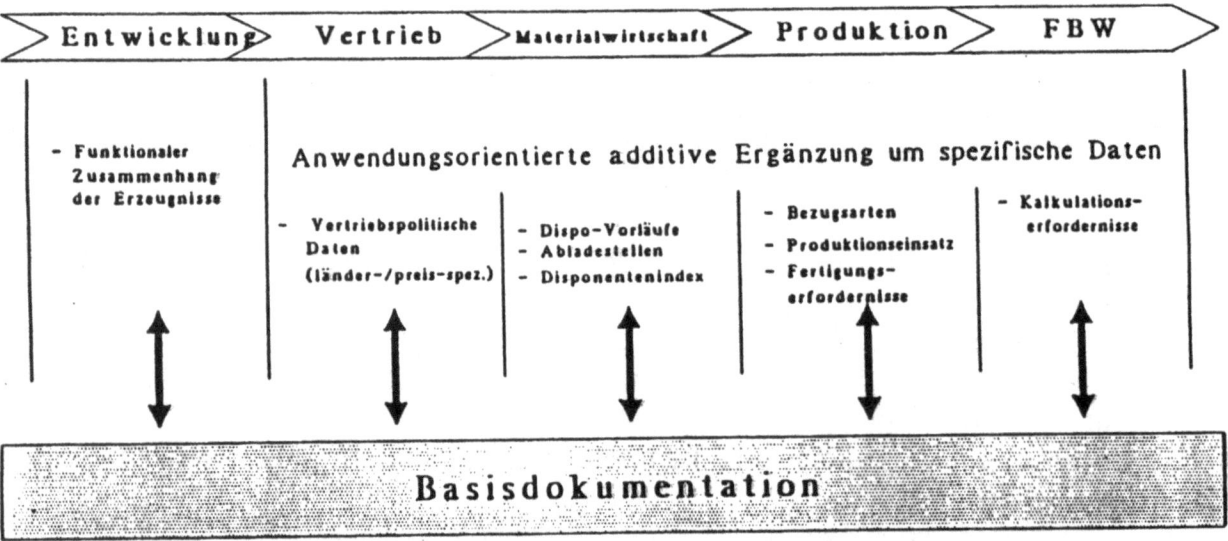

Abb.6: Dokumentation der Erzeugnisse

4.1 Hauptbausteine NED

Trotz der Komplexität und der Vielschichtigkeit des Projektes läßt sich das Prinzip sehr einfach durch diese Elemente beschreiben (Abb. 8):

- Positiv-Darstellung der Produkte, Rasterung, SU-Hierarchie
- Der CODE als einheitliche "Sprache", Bindeglied für die Prozeßkette
- Maschinelle Systemdurchgängigkeit der Dokumentation und ihre Versorgung
- Sicherstellung der Baubarkeit vor Produktionsbeginn

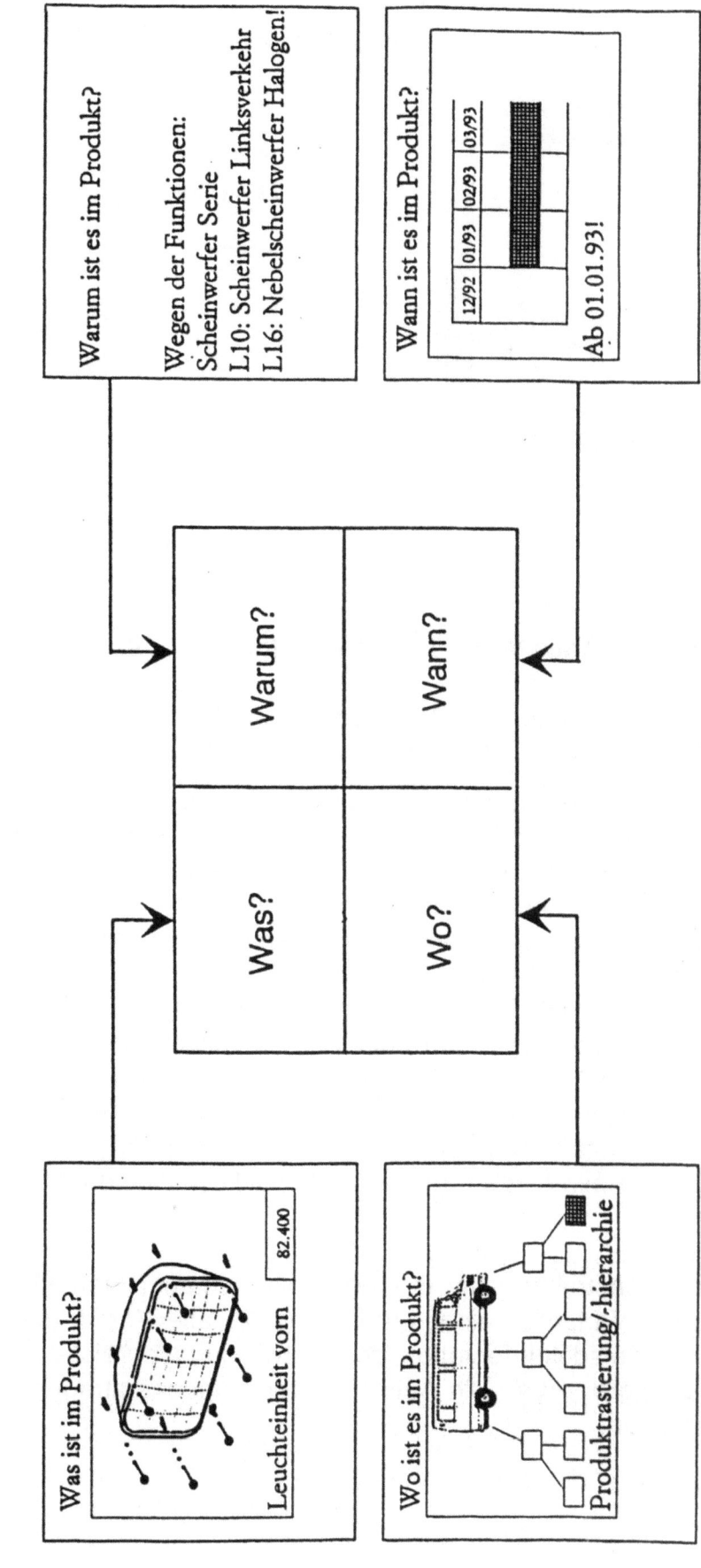

Abb. 7

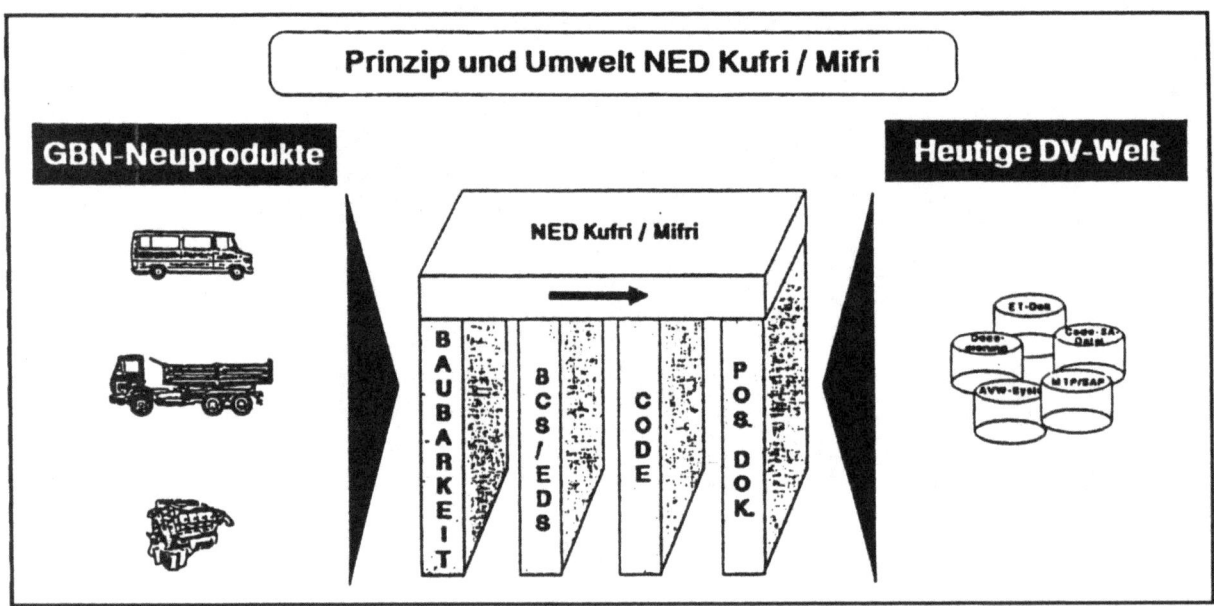

Abb.8

1. Positiv-Darstellung der Produkte (Abb. 9)

Die heutige Darstellung der Produkte in "Grundumfänge" und "Sonderwünsche", die sog. plus/minus-Dokumentation wird verlassen.

- Über das Gesamt-Fahrzeug wird ein Raster gelegt (Abb. 10 und 11)
- Dabei Abbildung aller Umfänge in kleinen positiven Bausteinen, wobei in der Dokumentation kein Unterschied zwischen Serie und Sonderwunsch besteht.
- Diese Komponenten entsprechen funktional zusammengehörende Teile, ZBs, Zulieferumfänge (Scheinwerfer, Bremszylinder, Lenkung usw.)
- Der tatsächliche Fertigungsablauf eines NFZ wird in einer hierarchischen Abbildung, der "SU-Hierarchie", dargestellt (Abb. 12 und 13)
- Die Aussage, ob Serie oder Sonderwunsch, wird erst in der Zuordnung zum Fahrzeug hinterlegt. Der Wunsch des Kunden wird als "Code" beschrieben, nach der Boole'schen Algebra verknüpft und ist maschinell auswertbar.
- Das "Raster", also das Gliederungsprinzip, ist produkt- und fabrikneutral. Es kann für alle NFZ-Produkte und Produktionsstandorte verwendet werden.

Vorteil:
Der Konstrukteur hat in einer Dokumentation den Überblick über alle technischen Varianten einer Funktion (z. B. alle Vorderfedern). Die Strukturen der Erzeugnisdokumentation des Entwicklungsbereiches sind ohne weitere Umsetzung direkt für die Auflösung von Kundenaufträgen verwendbar und werden reduziert.

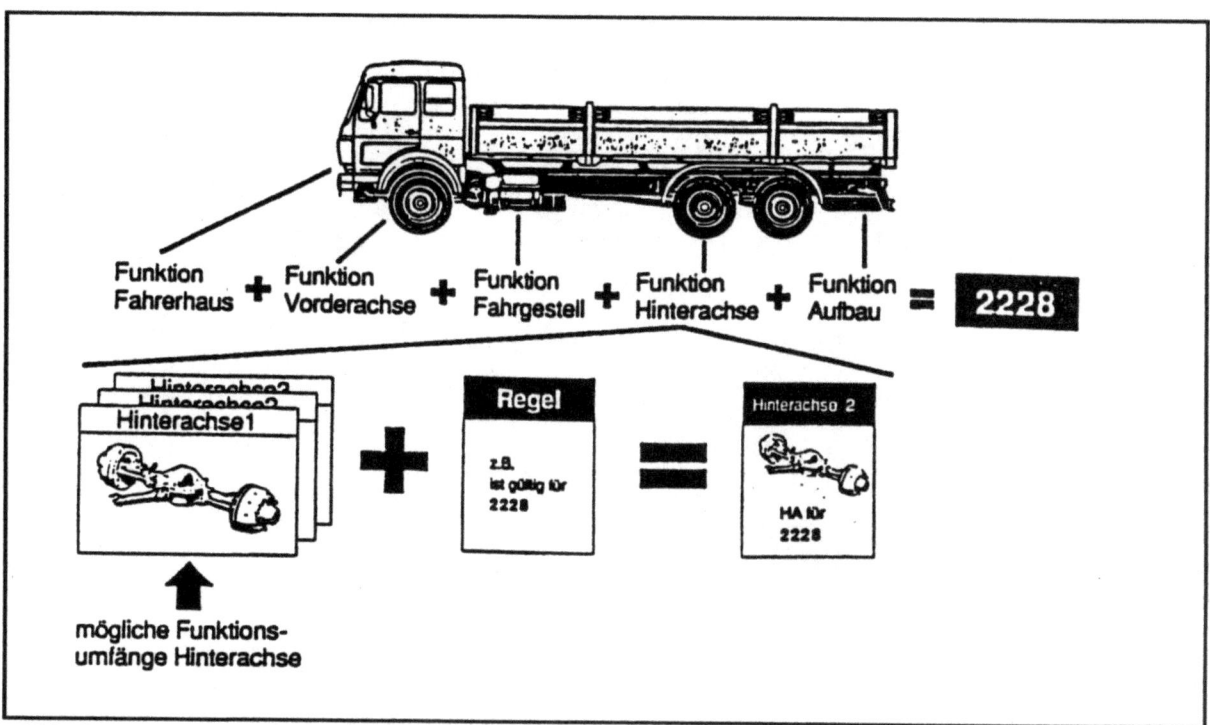

Abb.9

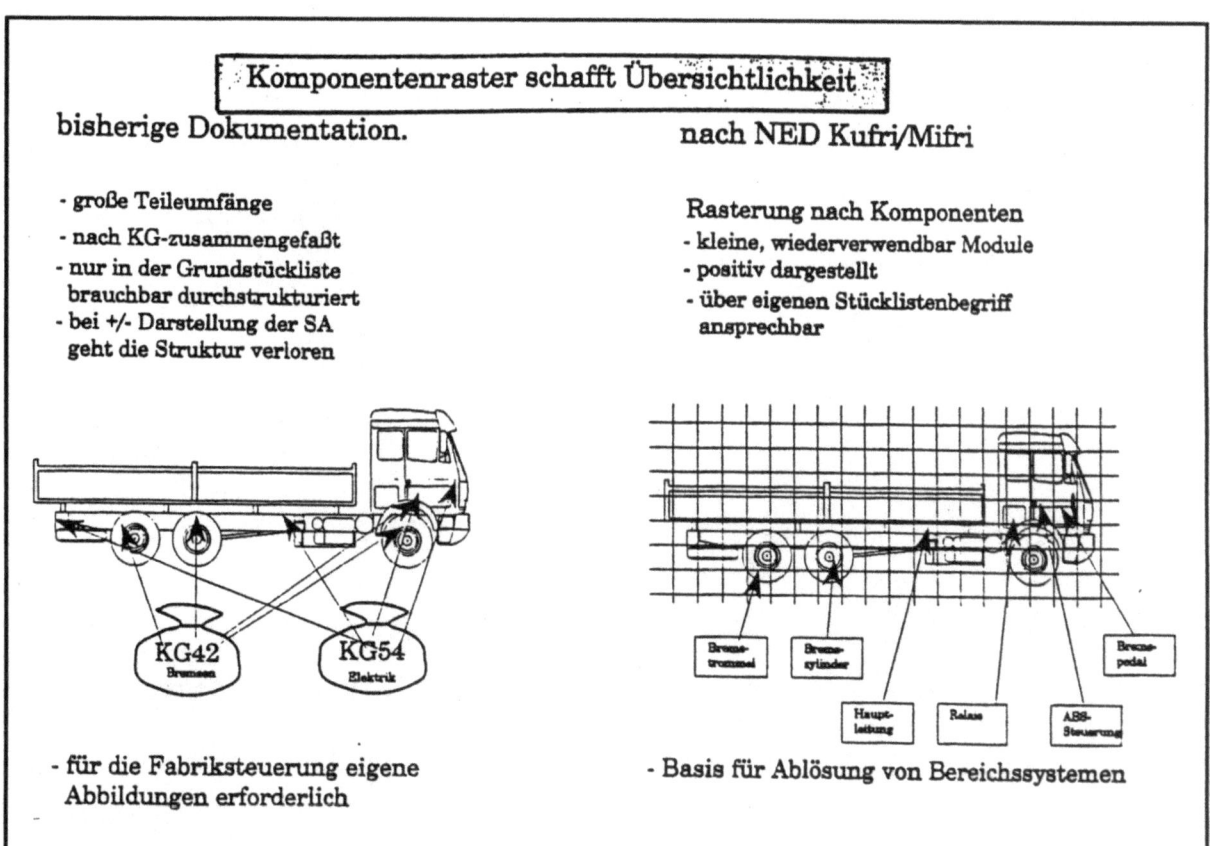

Abb.10

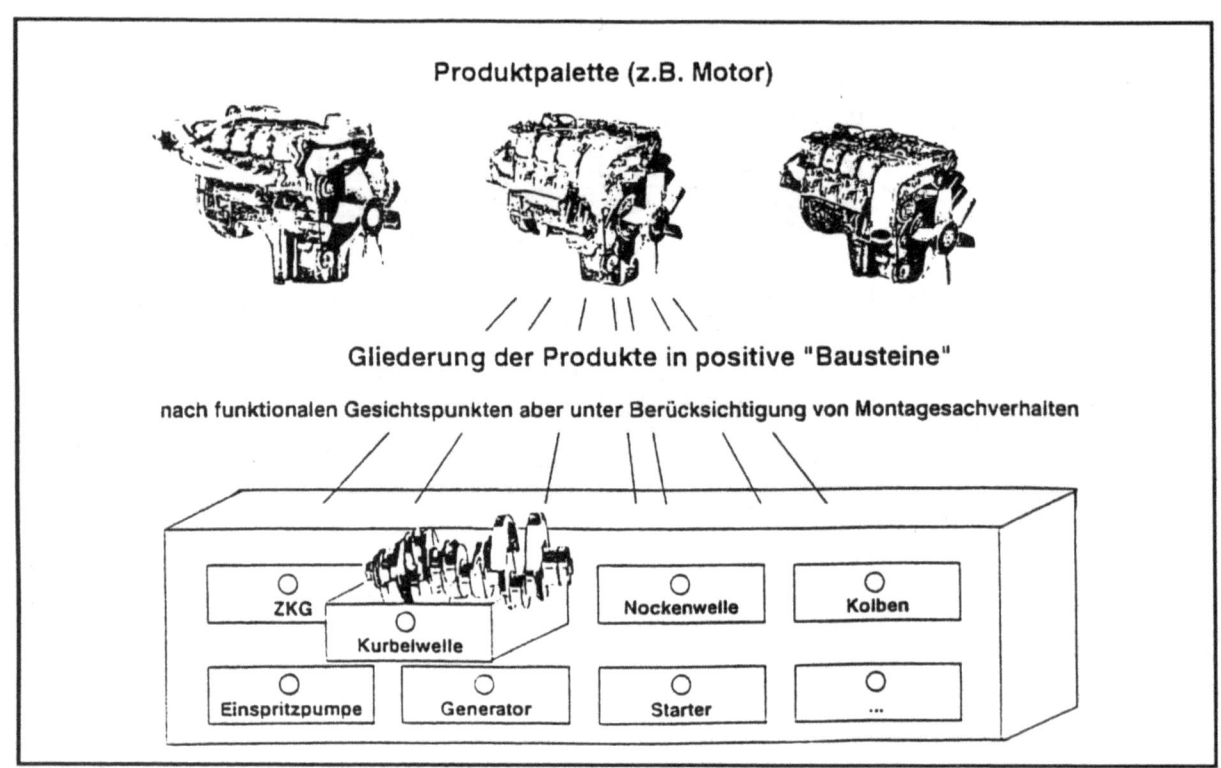

Abb.11: Produktraster in NED

Abb.12: SU-Hierarchie im BCS (vereinfachte Darstellung)

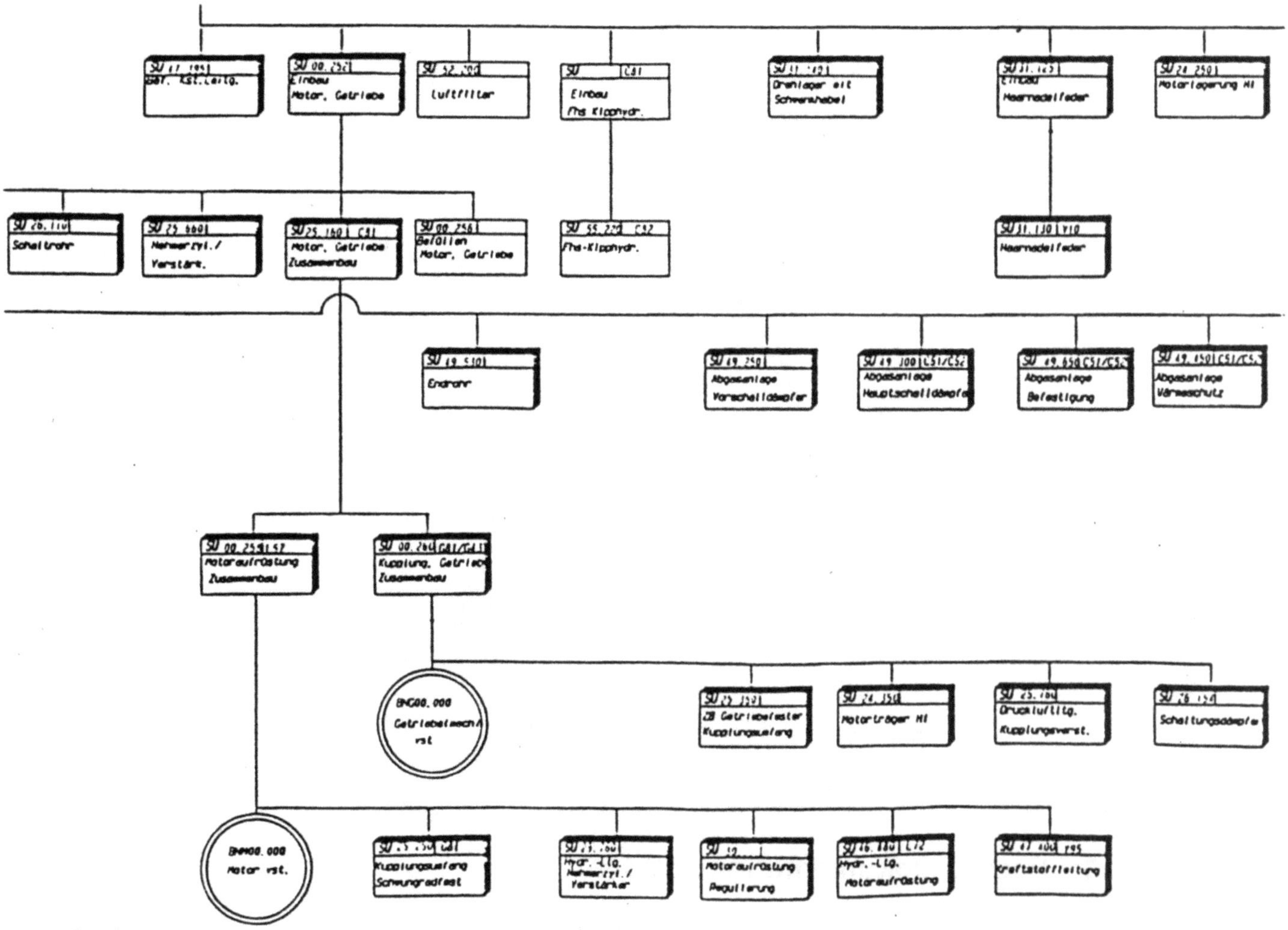

Abb.13: Echtbeispiel einer Produkthierarchie

Gliederung der Produkte in Plus/Minus- und Positiv-Darstellung

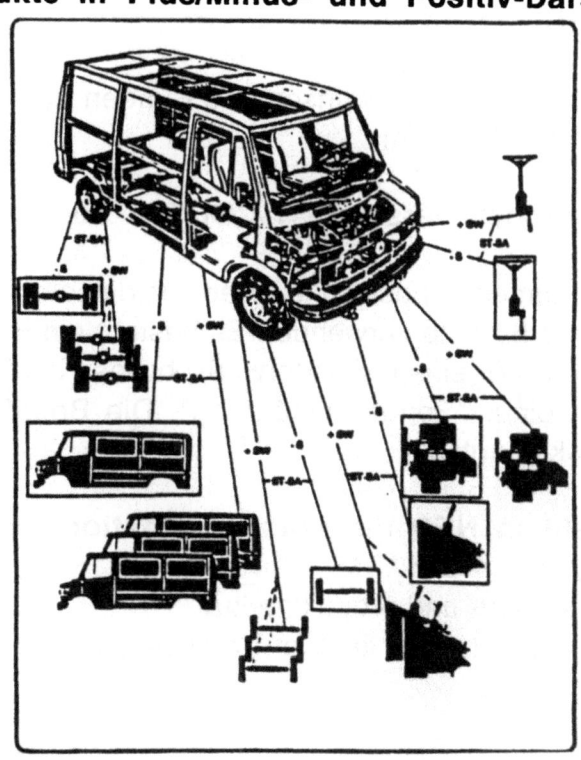

Abb.14: +/- Dokumentation

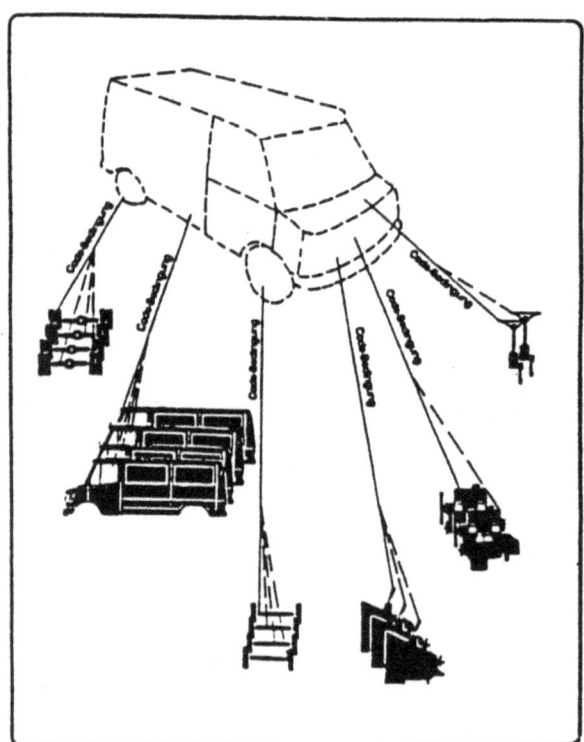

Abb.15: Positiv-Dokumentation BCS

2. Der CODE als einheitliche "Sprache"; Bindeglied für die Prozeßkette (Abb. 16)

Der Code beschreibt den Sonderwunsch des Kunden anstelle eines Langtextes in allgemein verbindlicher Kurzform.

Beispiel: Vorderachse verstärkt = CODE A 50

In der heutigen Dokumentationswelt werden für dieselben technischen Sachverhalte unterschiedliche Begriffe verwendet. Es besteht ein Bruch in der Prozeßkette. Der Verkäufer spricht bei einem Sonderwunsch des Kunden von einem "CODE", der Entwickler von einer "Sonderausführung". Die Begriffe sind in unterschiedlichen Systemen dokumentiert.

- **Der CODE stellt in NED die Klammerfunktion für alle Produkte und Bereiche dar.**
- Er ist sprach-, standort- und produktneutral
- Er ist maschinell verarbeitbar und ist Voraussetzung für eine prozessorientierte Dokumentation.

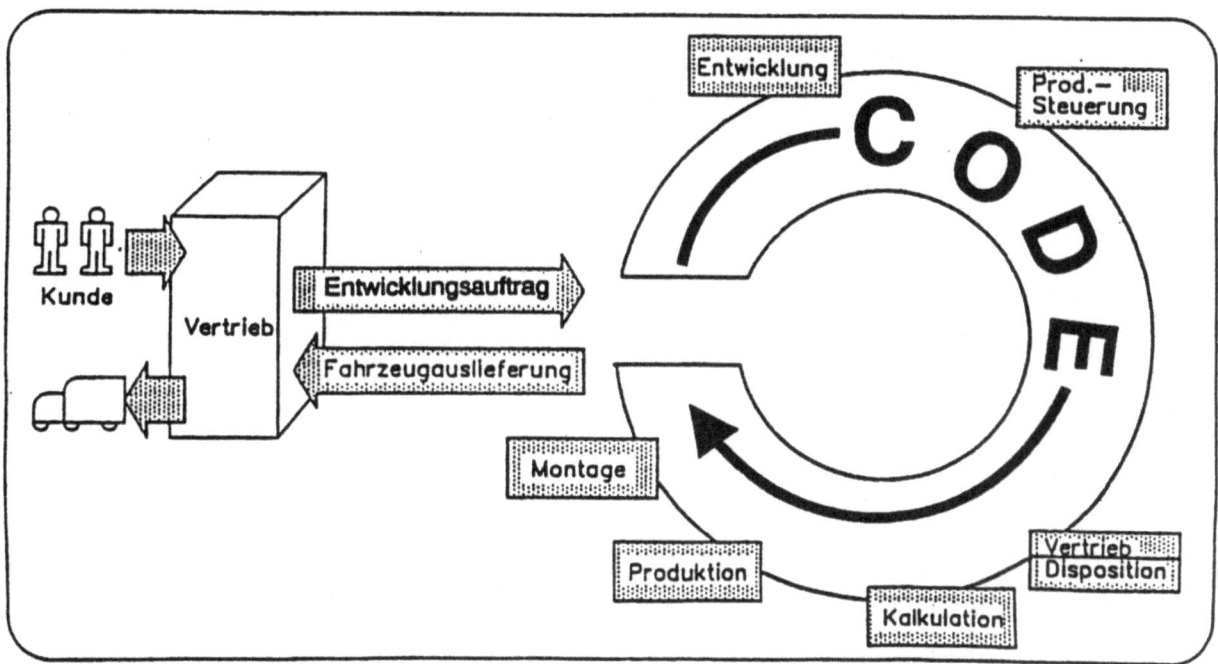

Abb.16: Der Code als Klammer für die Prozeßkette

3. Maschinelle Systemdurchgängigkeit der Dokumentation und ihre Versorgung

Die Abbildung eines Nutzfahrzeuges erfolgt heute in zwei voneinander unabhängigen Dokumentationsmedien. Die Teile-, ZB- und Stücklisten-Dokumentation erfolgt in einem DV-gestützten **"Erzeugnisdokumentationssystem EDS"**, der sog. "niederen -Erzeugnis-dokumentation"; die Aggregate- und Fahrzeugebene, die sog. **"höhere Erzeugnis-dokumentation"** wird manuell in Papierform abgebildet.

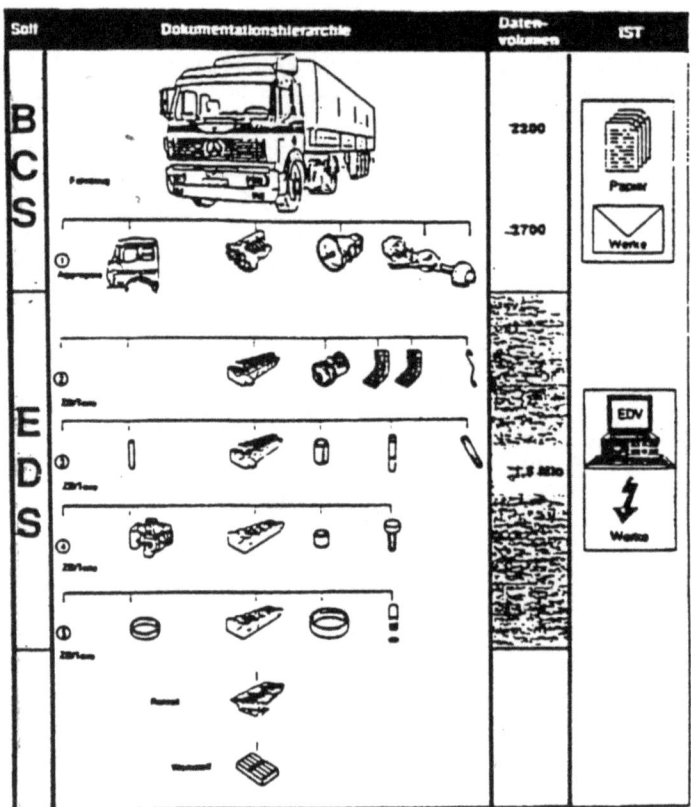

Abb.17: Erzeugnisstruktur eines NFZ

Eine logische und maschinell verarbeitbare Beziehung vom Fahrzeug über die Stückliste zum Teil besteht derzeit nicht. Um diese notwendige Beziehung herzustellen und in die maschinelle Versorgung der Folgesysteme sicherzustellen, wurde das System

"Baumuster-CODE-Stückliste" (BCS)

geschaffen. Es wird mit dem System EDS verknüpft und stellt die Versorgung der Dokumentations-Elemente sicher.

Drei Hauptmerkmale kennzeichnen die Systeme EDS und BCS

- Logische Abbildung der Beziehung Fahrzeug-Stückliste-Teil
- Maschinelle Versorgung der Folgesysteme
- Darstellung der technischen Baubarkeit (s. auch Baubarkeit)

Inhalt des EDS-BCS

- Das System **EDS-BCS** ist ein EDV-unterstütztes Informationssystem, das im **Entwicklungsbereich** für Aufgaben der Fahrzeug-Dokumentation zum Einsatz kommt. Das EDS-BCS dokumentiert den vollständigen Lebenslauf der konstruktiven Weiterentwicklung und informiert die Folgebereiche über vorgenommene Änderungen. Die Daten sind für die gesamte MB AG verbindlich.

- Der **"CODE"** (Bezeichnung für den Sonderwunsch des Kunden) wird vollwertiger Bestandteil der Dokumentation und gewährleistet deren Durchgängigkeit in allen Bereichen der MB AG.

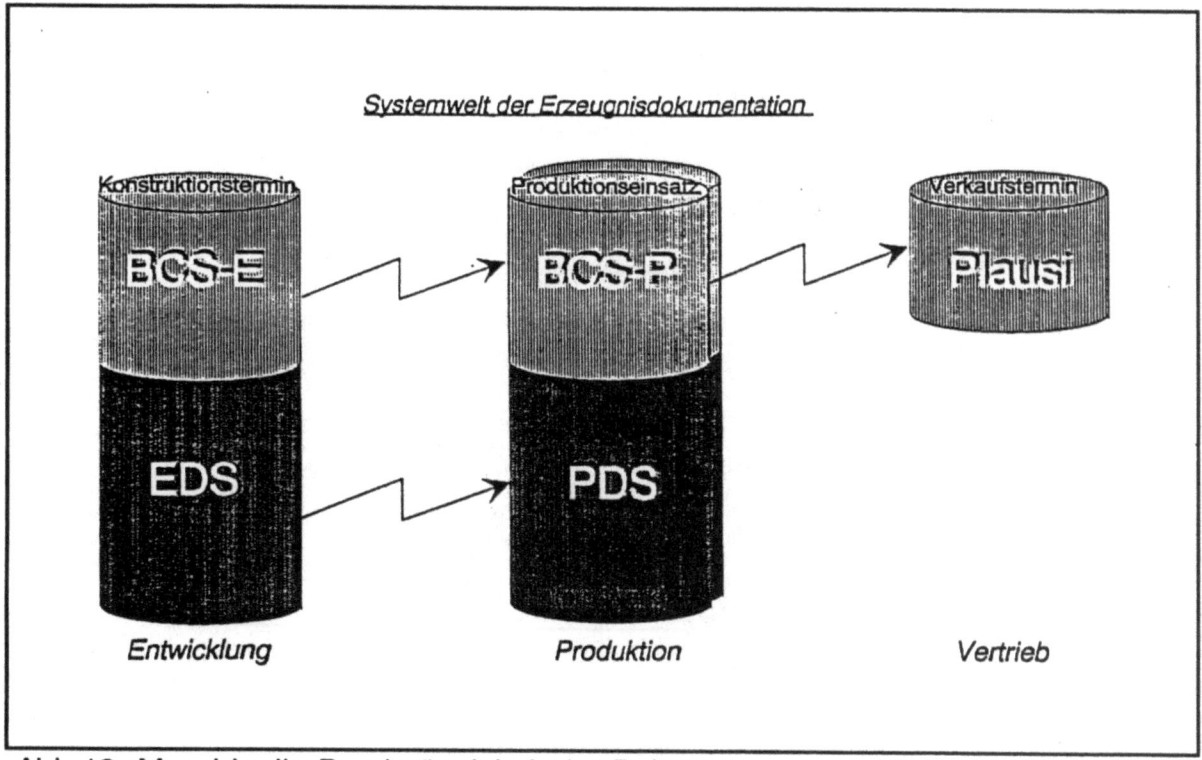

Abb.18: Maschinelle Durchgängigkeit der Dokumentation

- Die beiden Systeme **EDS** und **BCS** ergeben die Basis-Dokumentation für alle Anwender der Prozeßkette (Abb. 18).
- Im System EDS sind Erzeugnisstrukturen zwischen Teilen und Stücklisten abgebildet. Dieses EDV-unterstützte System liefert Stücklistenbegriffe, deren Verwendung in Baumustern durch BCS dokumentiert wird.

4. Sicherstellung der Baubarkeit vor Produktionsbeginn

Die Dokumentation und Prüfung der "Baubarkeit" eines Fahrzeugs vor Produktionsbeginn ist die zwingende Voraussetzung für eine wirtschaftliche und termingerechte Herstellung unserer Produkte. **Die Baubarkeit wird im Rahmen NED methodisch, systemseitig und organisatorisch sichergestellt.**

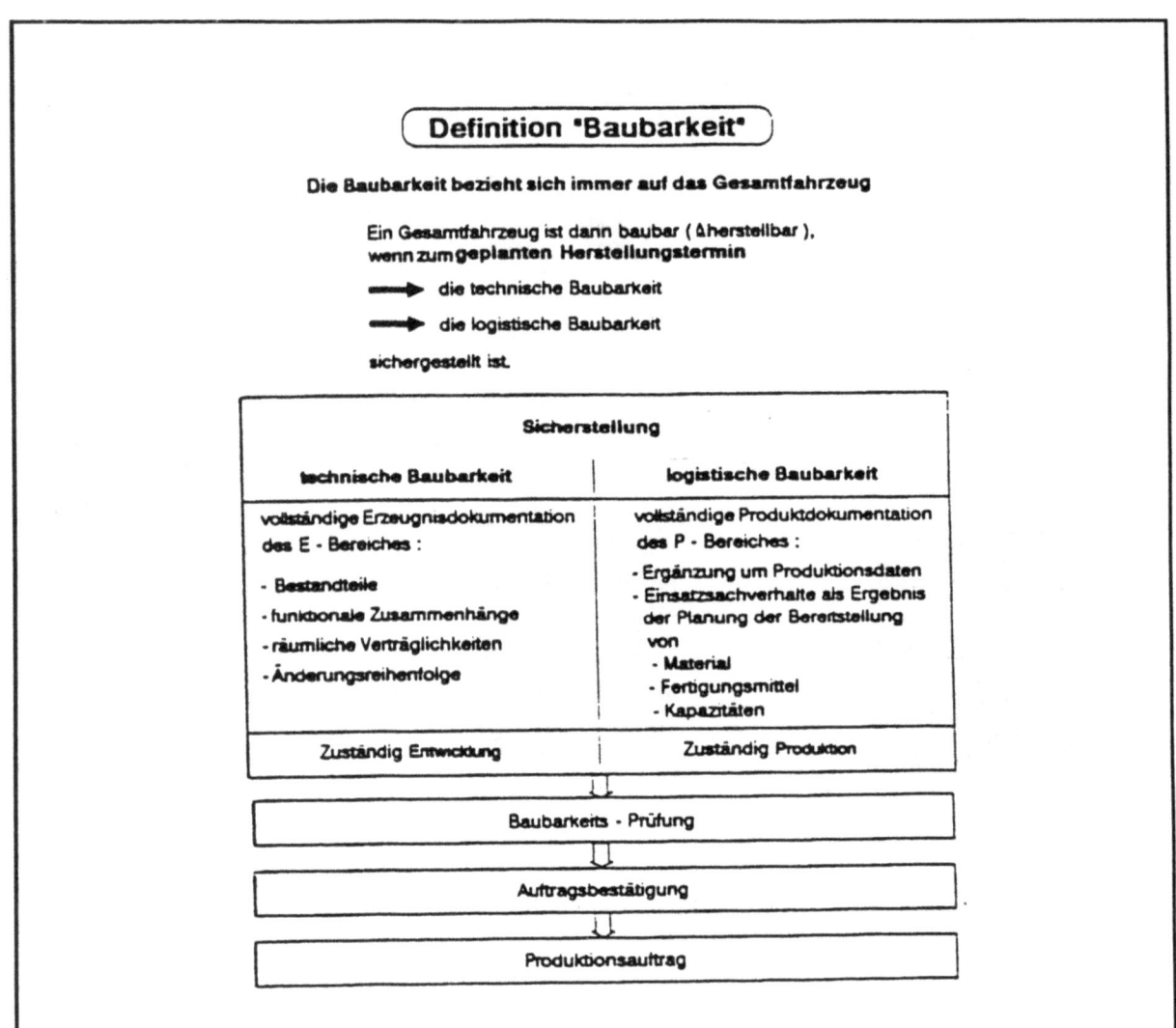

Abb.19: ZBV / Baubarkeit

Grundsätze der Baubarkeit

- Ein Kundenauftrag wird nach Sicherstellung der Baubarkeit durch den Entwicklungsbereich durch den Entwicklungsbereich dem Kunden bestätigt und in den Produktionsprozeß eingesteuert
- Die Baubarkeit bezieht sich immer auf das Gesamtobjekt (Fahrzeug, Aggregat, Motor)
- **Die Baubarkeit besteht aus einer technischen und einer logischen Komponente** (Abb. 19)
- Die Baubarkeit stellt die logische Aussage über baubare und nicht baubare CODE-Kombinationen dar. Für den Dialog Kunde/Verkäufer werden in einer Datenbank die in verschiedenen Bereichen gewonnenen Erkenntnisse (der Baubarkeit) hinterlegt

Die Sicherstellung der technischen Baubarkeit besteht im wesentlichen aus drei Elementen (s. Abb. 19b):

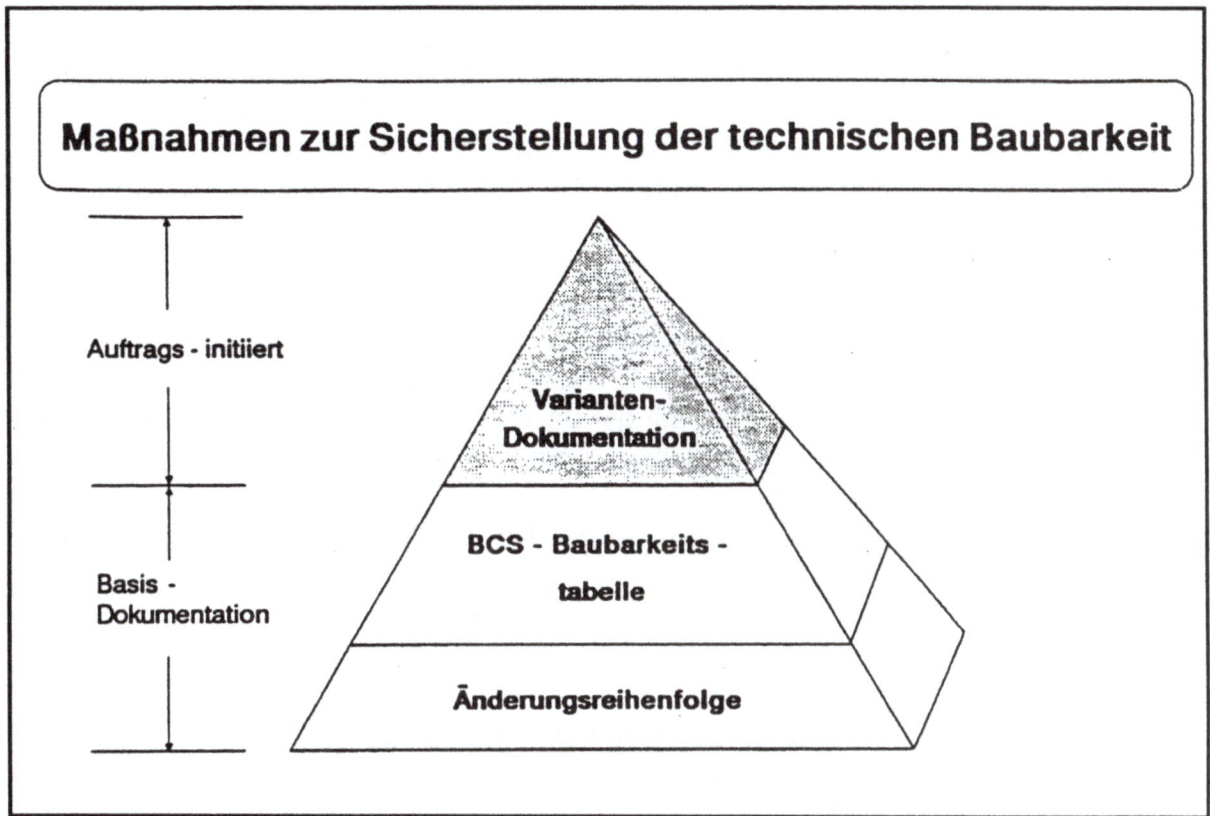

Abb.19b

1. Änderungsreihenfolge:

Die Änderungen werden in der Prozeßkette so erstellt und gesteuert, daß sich ein den Produktionsbelangen und -abläufen entsprechender Bauzustand ergibt. Der Entwickler stellt diese Reihenfolge sicher.

2. BCS-Baubarkeitstabelle

Im System EDS/BCS wird die Beziehung

      Sonderwunsch zum Fahrzeug (CODE zum Baumuster)

und von

      Sonderwunsch miteinander (CODE-CODE-Beziehung)

nach einem logischen Regelwerk in einer Baubarkeitstabelle abgebildet. Diese Tabelle ist die Grundlage für die einheitliche Baubarkeitsprüfung. Sie wird im Entwicklungsbereich erstellt.

3. Varianten-Dokumentation (s. Abb. 20)

- Produkte mit einem hohen Komplexitätsgrad, die in einer Vielzahl von Varianten produziert werden, lassen sich aufgrund der Kombinatorik nicht mit wirtschaftlich vertretbarem Aufwand vor Auftragsvergabe in der Dokumentationswelt abbilden.
- Eine Variantenbildung erfolgt deshalb erst im konkreten Auftragsfall. Für neugebildete Varianten muß die Baubarkeit vom Entwicklungsbereich sichergestellt werden.
- Eine "Variante" besteht aus der Kombination von Stücklisten, die logisch funktional zusammengehören.
- Die Stücklisten werden so gebildet, daß sie ohne Veränderung zu "Varianten" zusammengeführt werden können. Dies bedeutet, daß neben der auftragsneutralen Dokumentation (Entwicklungs- und Produkt-Dokumentation) dem Anwender eine auftragsbezogene Dokumentation zur Verfügung steht, in der die tatsächlich baubaren Varianten im Sinne des Käuferwunsches abgebildet sind. **Diese "Varianten"-Dokumen-tation ist systemseitig in die NED-Welt integriert.**

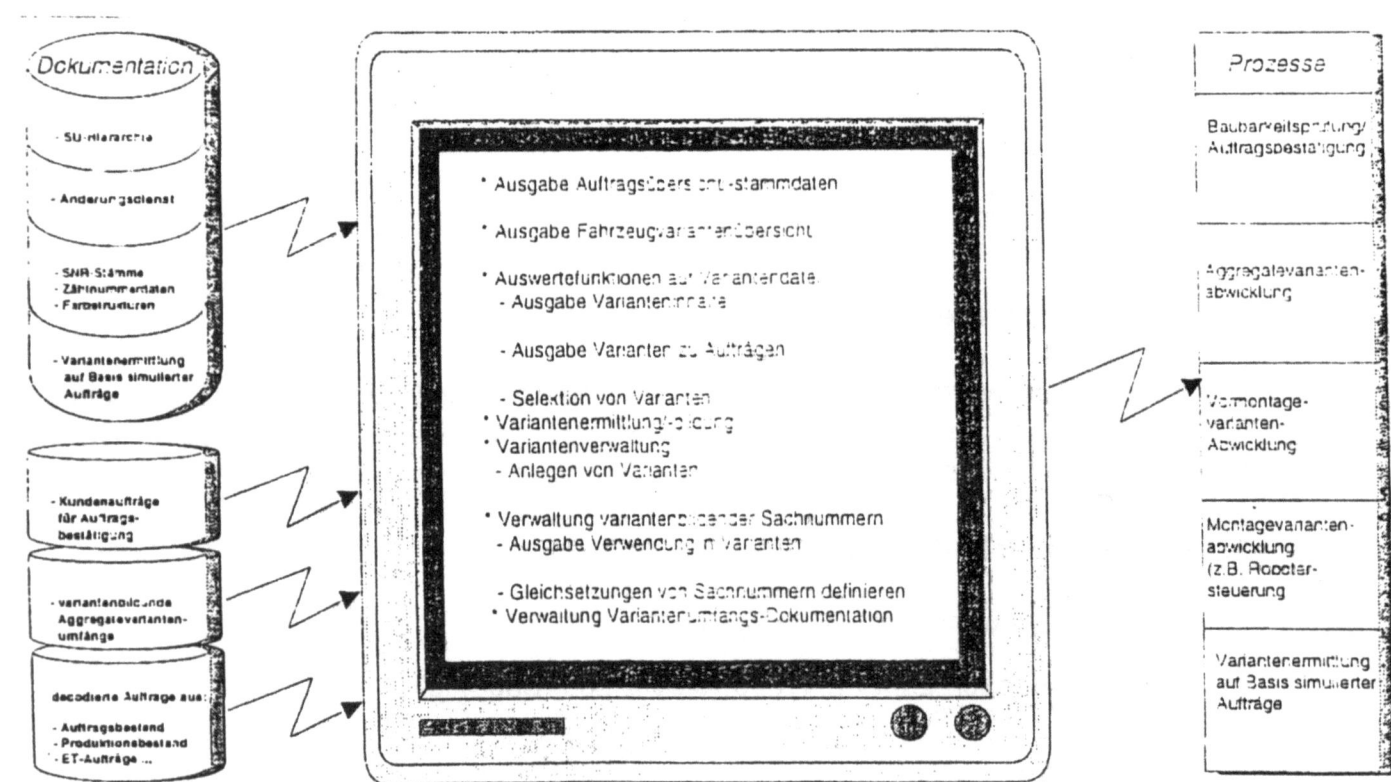

Abb.20: VBS-Funktionsumfang

Der Ablauf und die organisatorische Einbindung der Baubarkeitsprüfung ist in den Abbildungen 21 und 22 dargestellt.

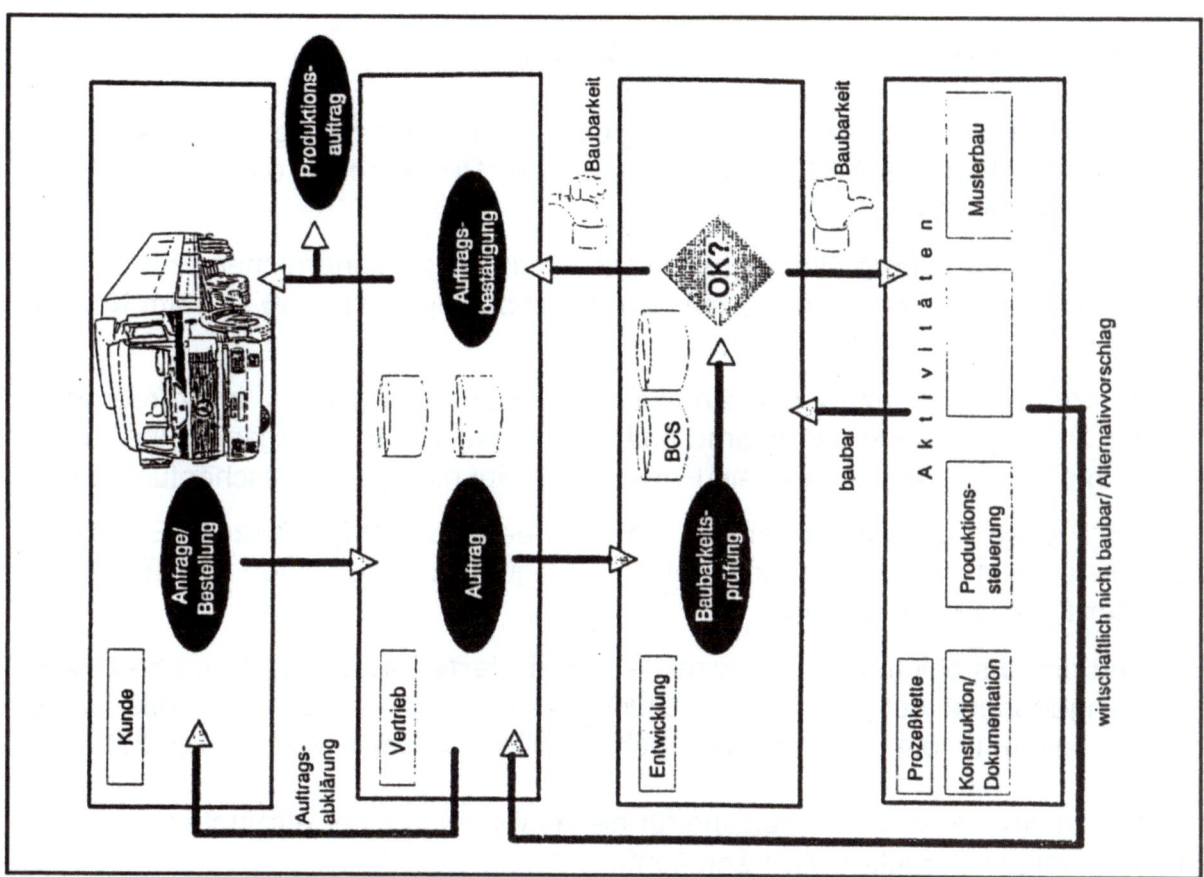

Abb.21: Ablauf Baubarkeitsprüfung mit VBS

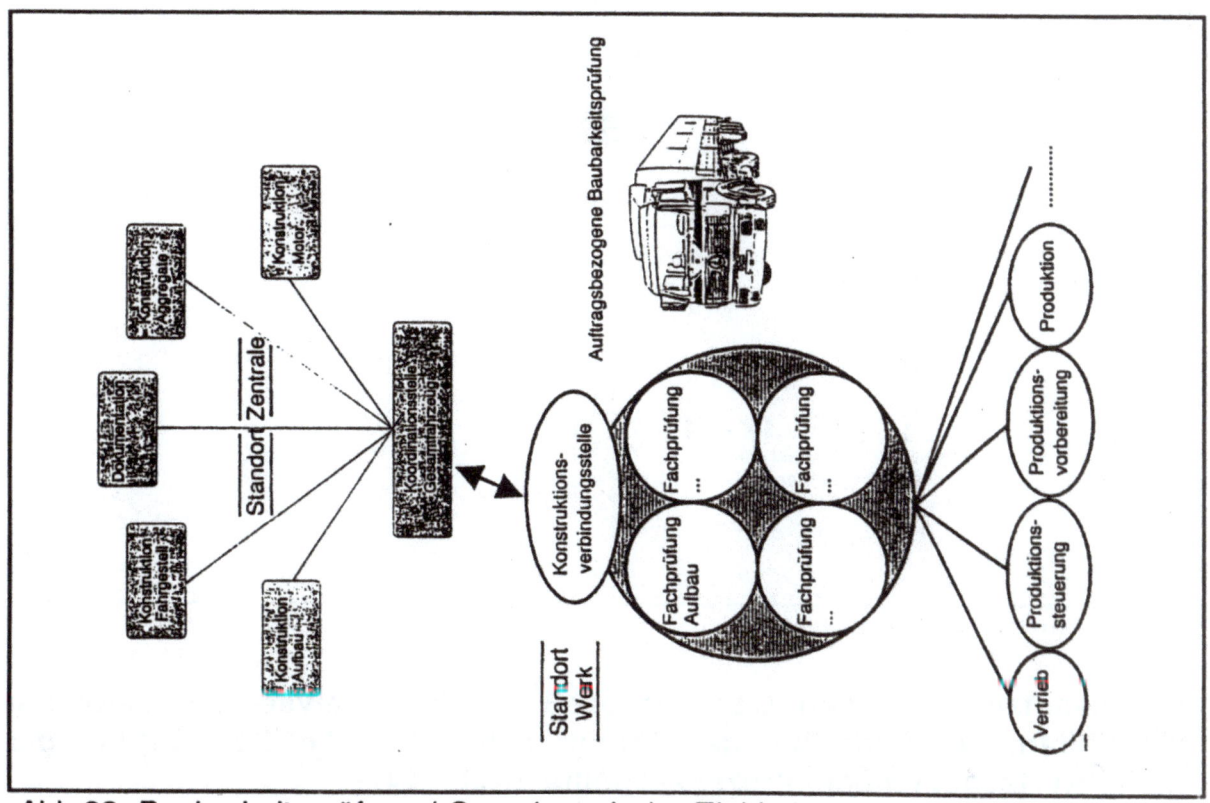

Abb.22: Baubarkeitsprüfung / Organisatorische Einbindung

5. Prozessorientierung in der MBAG

Ziel im Unternehmen ist es, durch eine ganzheitliche Betrachtung und Optimierung aller an der Wertschschöpfungskette beteiligten Prozesse zu einen neuen Verständnis zu gelangen.

Ziel muß es sein, übergreifende, weltweite Prozesse zu beherrschen und zu optimieren. Diese Prozesse, ja die gesamte Wertschöpfungskette muß sich am Kunden ausrichten.

- Ein Prozeß hat immer einen eindeutigen **Kundenbezug.** D. h. im Vordergrund des Prozesses steht der externe oder interne Kunde. Ein Vorgang ohne Kunde ist in unserem Verständnis kein Prozeß und trägt nicht zur Wertschöpfung bei.

- Ein Prozeß hat weiterhin immer einen eindeutigen **Objektbezug.** Er bezieht sich auf einen Kundenauftrag, einen Fertigungsauftrag, einen Konstruktions- oder Entwicklungsauftrag.

- Und drittens beinhaltet ein Prozeß eine **definierte Leistung**, d. h. alle zusammengehörigen Aufgaben zur Erfüllung des oben genannten Auftrages, wobei Ziel sein muß, die entsprechende Schnittstellen zu mimimieren. (Abb. 23)

Dieser Ansatz ist die Voraussetzung für die Realisierung einer effizienten, durchgängigen Produkt-Dokumentation.

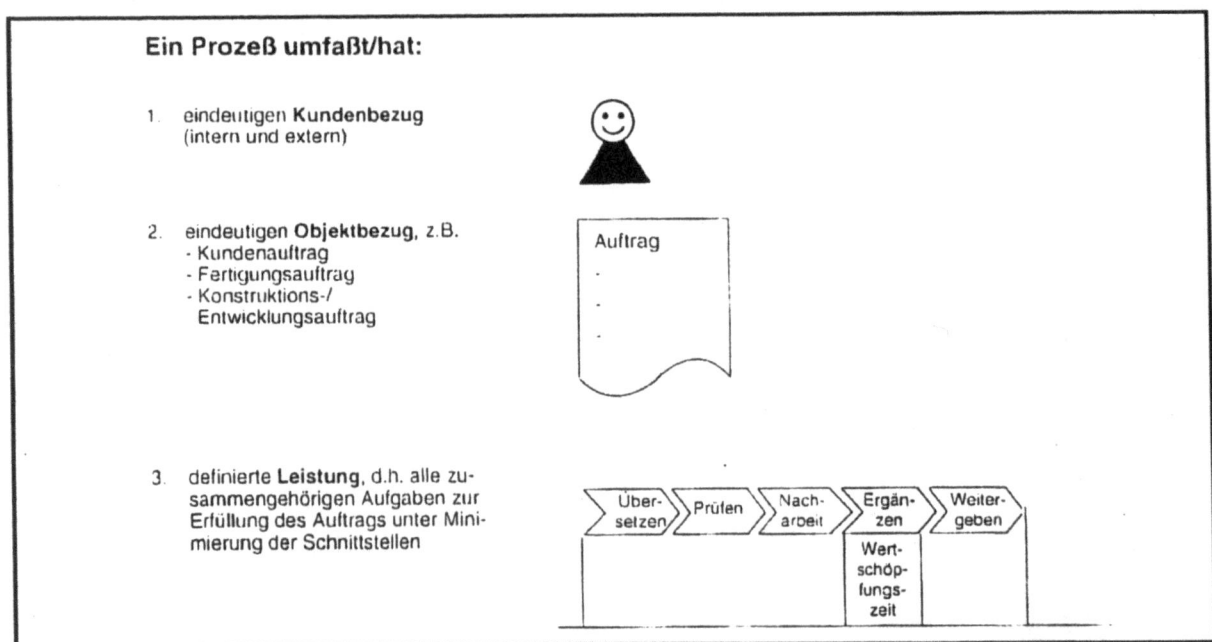

Abb.23: Prozßdefinition

Voraussetzung für den Gesamtprozeß ist die Analyse der Bereichsaktivitäten, der Definition der Schnittstellen und die Betrachtung der nicht wertschöpfenden Prozessschnitte (Abb. 24).

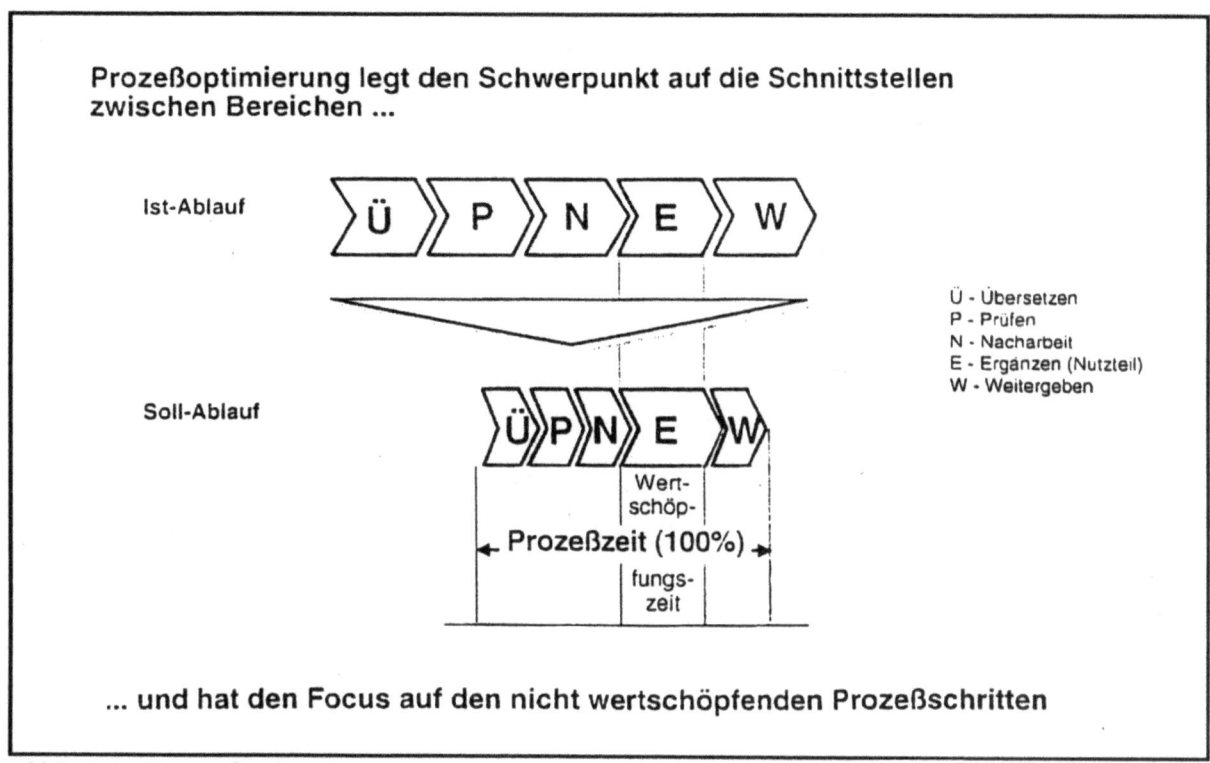

Abb.24: Prozeßorientierung

Die bisher häufig geübte Praxis der Teiloptimierung von Prozessen, die für den Bereich durchaus positive Aspekte hat, bringt für den Gesamtprozess nur marginale Vorteile. Am Beispiel einer bereichsspezifischen CAD-Lösung wird dies deutlich (Abb.25).

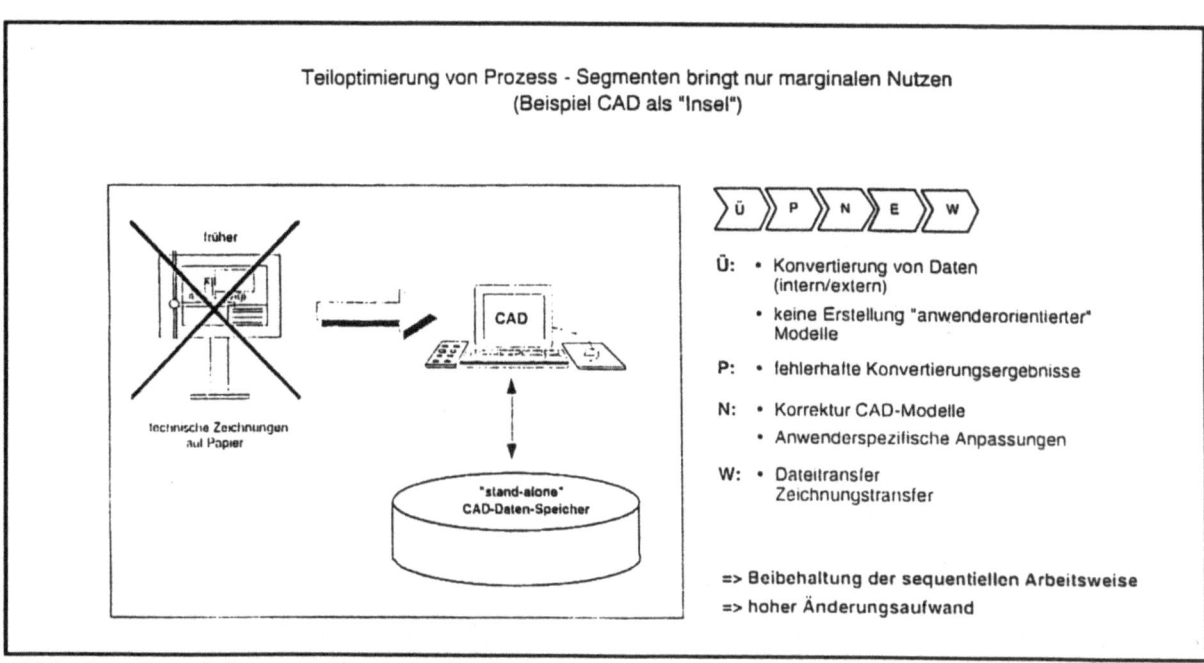

Abb.25: Bereichsspezifischer CAD-Einsatz

Erst die systemseitige Verknüpfung aller wertschöpfenden Funktionen CAD/Dok.,- Prüfwesen...) ergänzt durch organisatorische Maßnahmen ergibt eine entscheidende Verbesserung (Abb. 26).

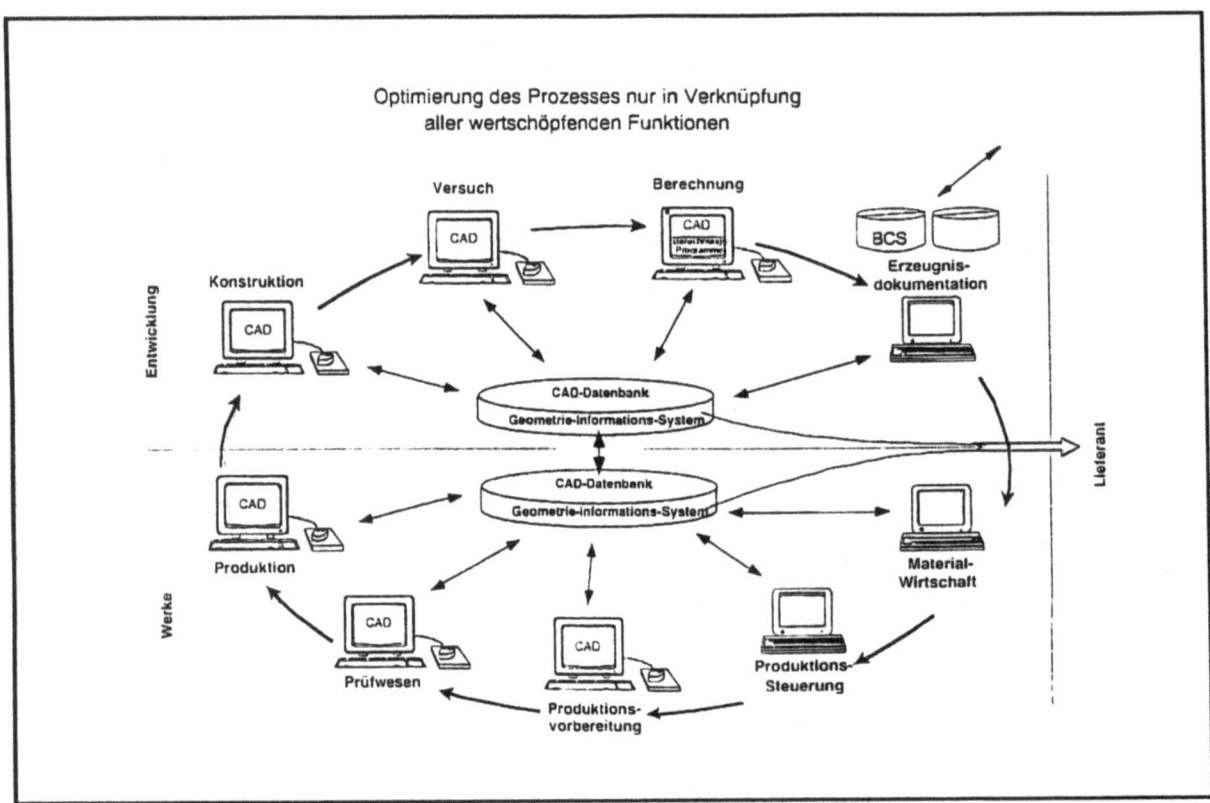

Abb.26: Geometrie- und Dokumentationsprozesskette

Die Einbettung der Erzeugnisdokumentation in der Prozeßkette

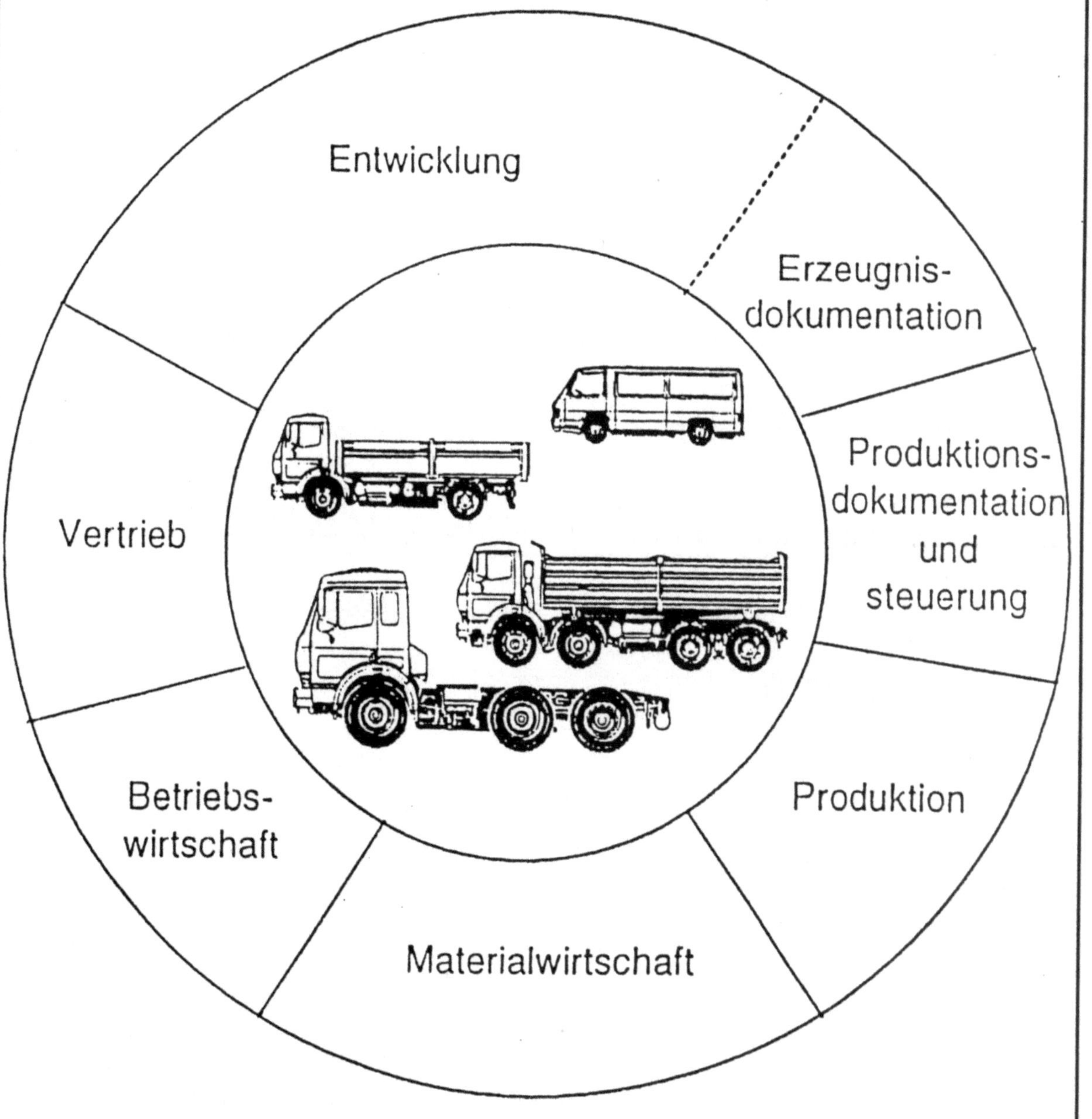

- Entwicklung
- Erzeugnis-dokumentation
- Produktions-dokumentation und steuerung
- Produktion
- Materialwirtschaft
- Betriebs-wirtschaft
- Vertrieb

Abb.29

5.1 Prozeßorientierung des Prozesses

Die Erzeugnisdokumentation ist integraler Bestandteil der Prozeßkette (Abb. 29). Die bisherige Dokumentationswelt ist gekennzeichnet durch fehlende Durchgängigkeit und Medienbrüche (Abb. 27).

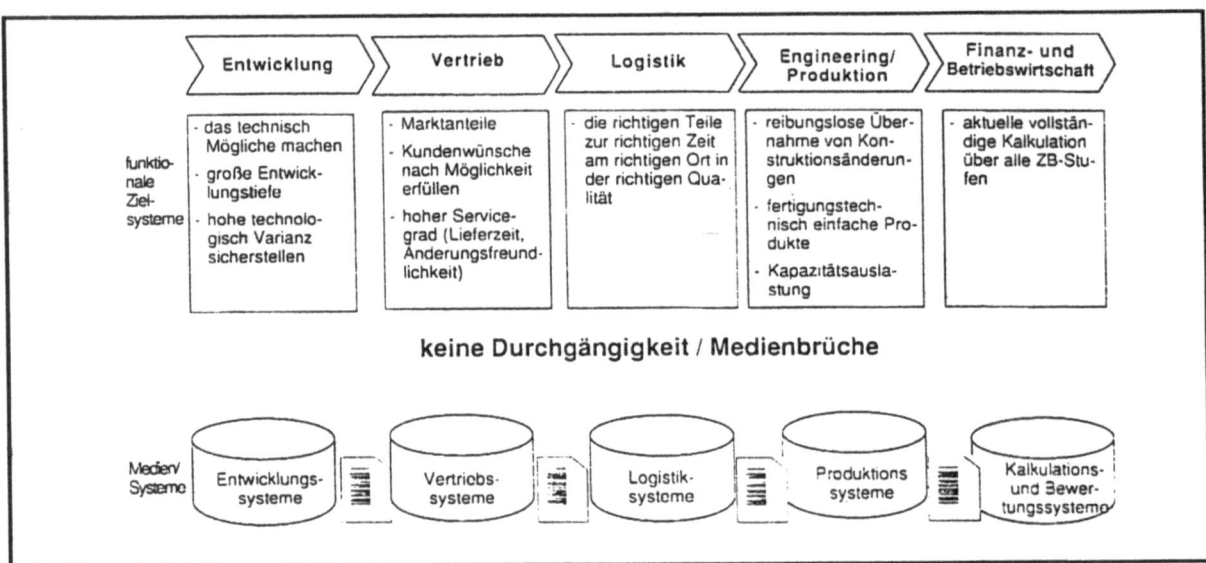

Abb.27: Dokumentationsprozeß - Funktionale Vielfalt in der Dokumentation

Ein erheblicher Aufwand in allen Bereichen entsteht durch Prüf- Wiederhol- und Abstimmungsprozesse, die nicht der Wertschöpfung dienen.(Abb. 28).

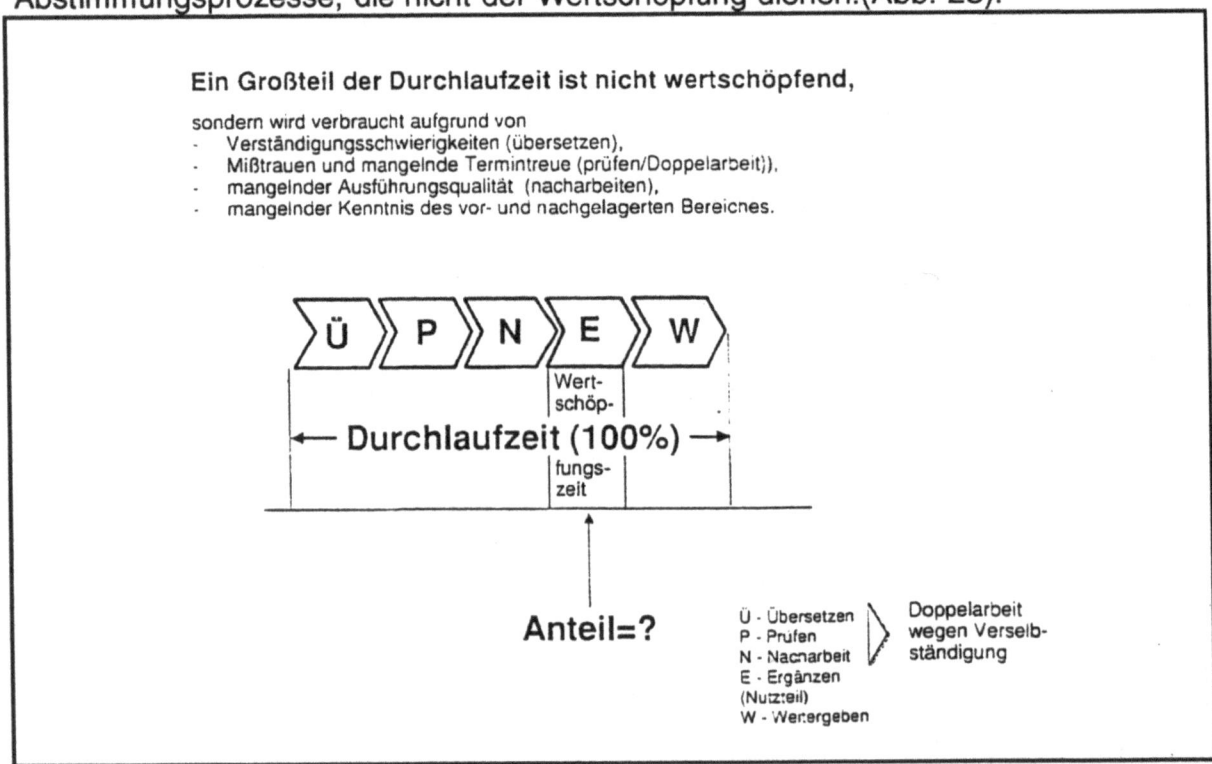

Abb.28: Dokumentationsprozeß - Ist Ablauf

Hauptpunkte für die Neue Erzeugnisdokumentation sind (Abb. 30).:

- Funktionale Ziele am Gesamtprozeß orientiert
- Kunde-Kunde-Beziehung (auch intern)
- Durchgängige Systemwelt
- Klare organisatorische Regeln

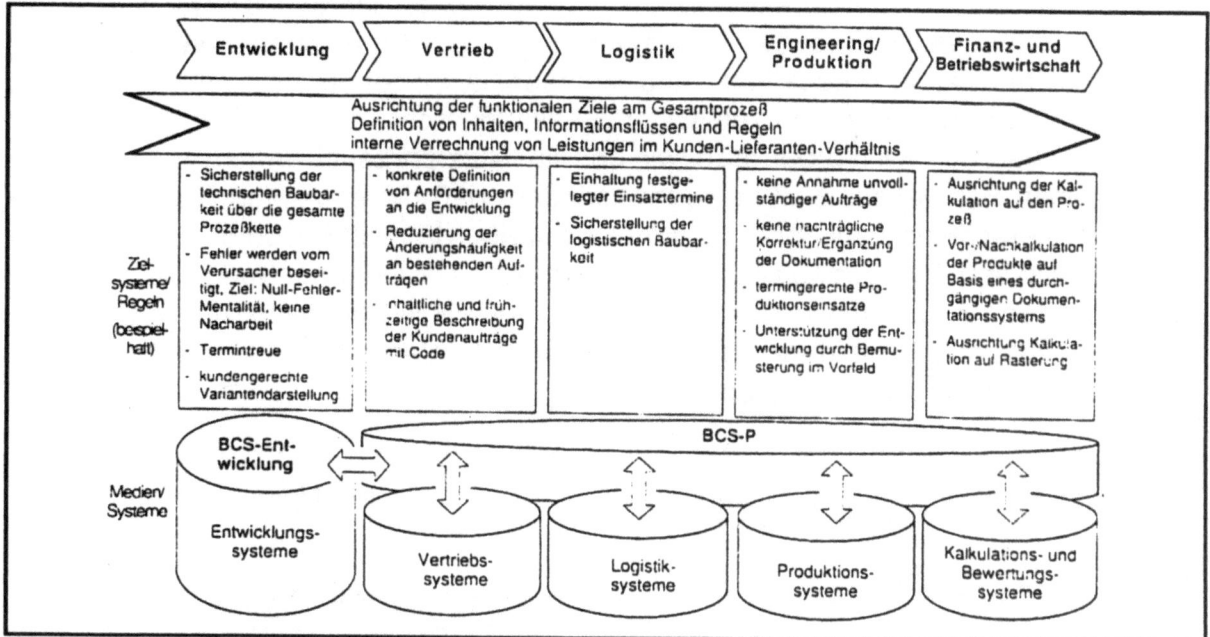

Ab.30: Dokumentationsprozeß - Soll-Ablauf

Ein wesentlicher Teil der Projektarbeit konzentriert sich auf den Abbau der genannten Hemmnisse (Abb. 31).

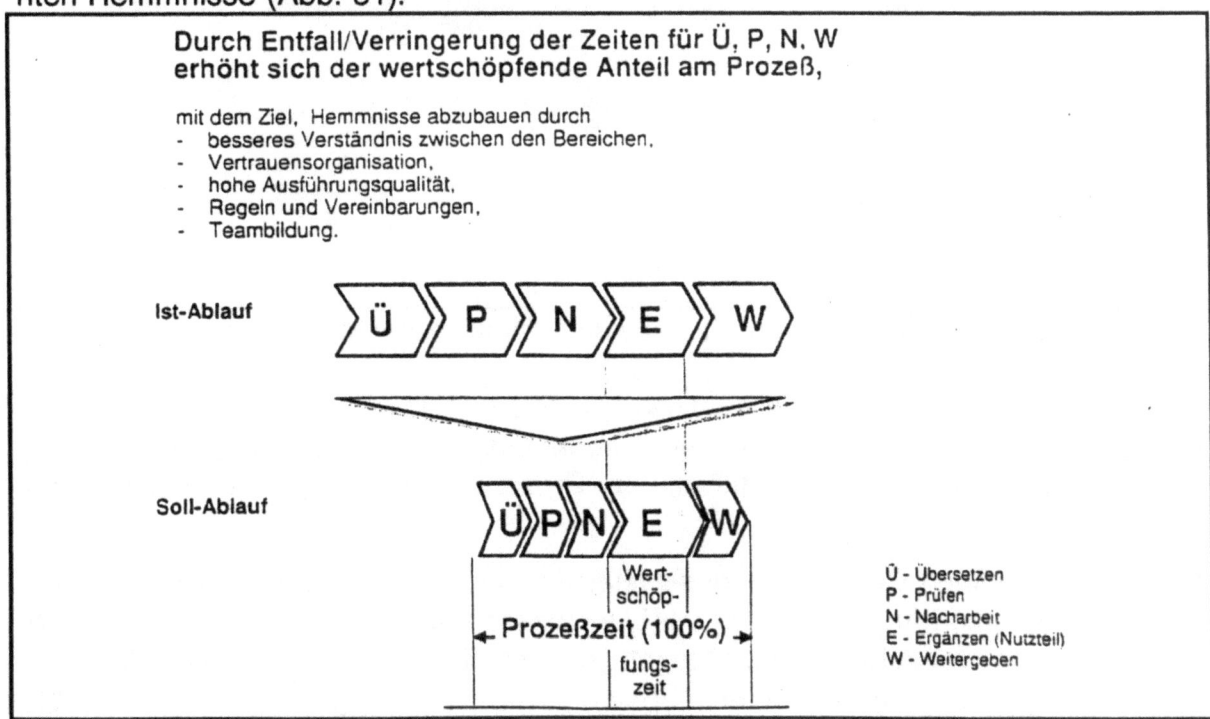

Abb.31: Dokumentationsprozeß - Soll Ablauf

5.2 Internationalisierung des Dokumentationsprozesses am Beispiel Spanien

Der Internationalisierungsprozeß im Automobilsektor hat in den 80iger Jahren eine enorme Dynamik erfahren. Der internationale Produktions- und Lieferverbund ist zumindest für den Mercedes-Benz-NFZ-Sektor schon lange Realität. Der NFZ-Bereich ist ein weltweit tätiges Unternehmen mit elf Produktionsstätten im Inland und mehr als vierzig Produktions- und Montagestandorten in aller Welt. Produziert werden Fahrzeuge mit einem zulässigen Gesamtgewicht von 2 bis fas 40 t .(s. Abb. 32). Zu beachten ist hierbei, daß wir uns im Nutzfahrzeugbereich nicht in einer homogenen Fabriklandschaft bewegen, sondern daß die einzelnen Standorte sehr große Unterschiede bzgl. ihrer Organisationsreife, der Fabriktypologie und er länderspezifischen Rahmenbedingungen aufweisen. Zur Beherrschung der weltweiten Prozesse ist über diese Standorte und alle Bereiche hinweg eine Orientierung an gemeinsamen Leitlinien und Standards mit integrierten Informations- und Entscheidungsabläufen erforderlich.

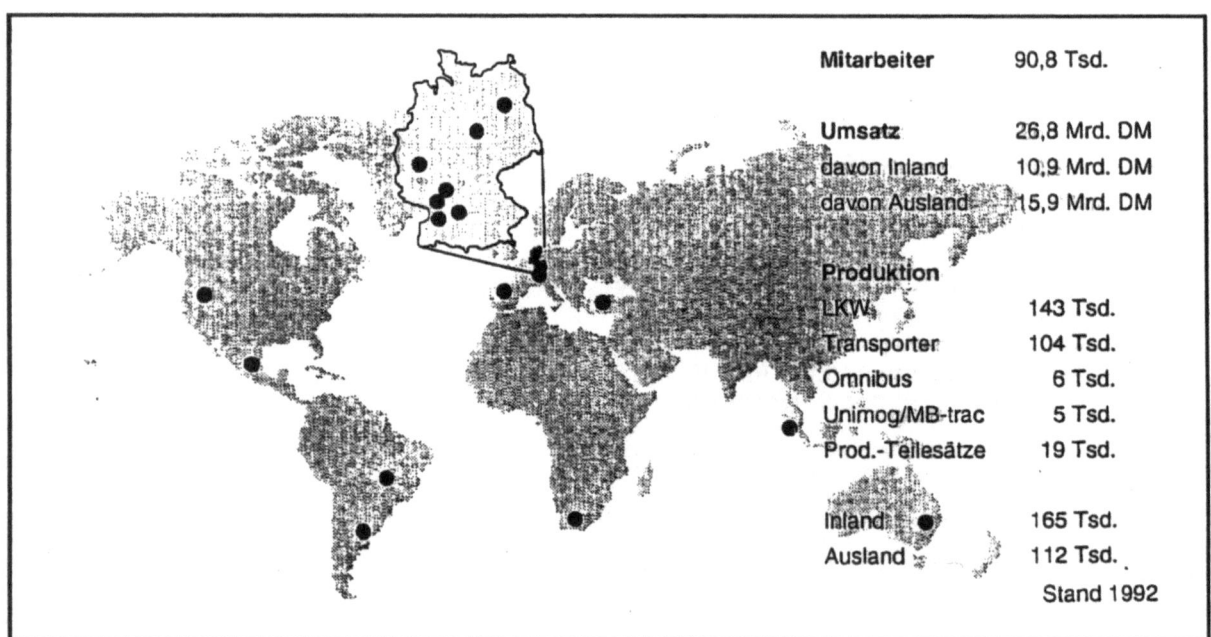

Abb.32: GBN-Standorte Inland und Ausland (Mehrheitsbeteiligungen)

Eine wesentliche Rolle bei dieser Art der Produktentwicklung und der Produktdarstellung kommt der Neuen Erzeugnisdokumentation zu. Sie stellt die Klammer und die einheitliche "Sprache" für alle am Prozeß beteiltigten Funktionen dar (Abb. 33).

Die angewendeten Dokumentations-Prinzipien sind in enger Abstimmung mit den Schwesterwerken im Rahmen des NED-Prozesses entstanden. Die stark anwenderorientierte Gestaltung dieser Regeln erlaubt die flexible Berücksichtigung von produkt- und standortorientierten Aspekten (wie Rasterung, Produktionshierachie usw).

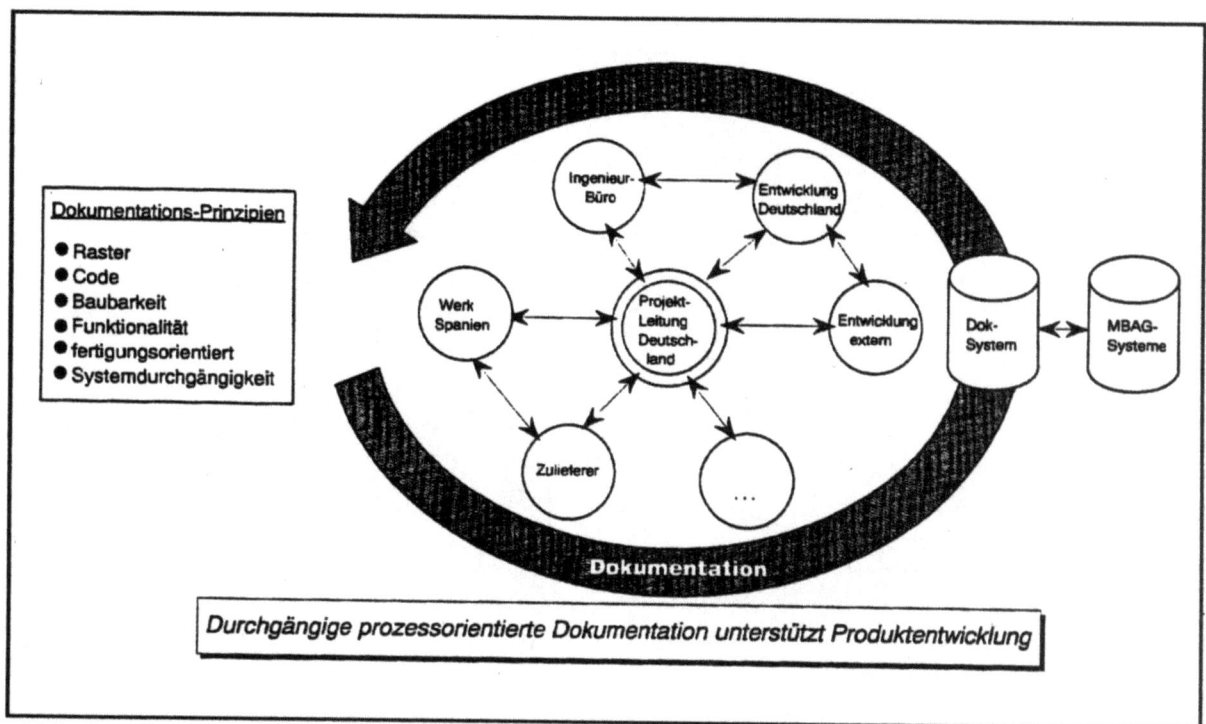

Abb.33: Prozessorientierte Produktentwicklung am Beispiel Spanien

Diese prozeß- und projektorientierte Vorgehensweise wird derzeit am Standort Spanien realisiert. Die Entwicklung selbst wird von einem sehr effizienten Projekt-Management von Deutschland unter Einbeziehung in- und externen Entwicklungs-Know-hows gesteuert; der Produktionsprozeß erfolgt am Standort Spanien mit Unterstützung der Schwesterwerke (Abb. 34).

Der Standort ist systemseitig in die MBAG-Welt voll integriert. Dies gilt im besonderen Maße für die Dokumentationssysteme. Das Problem der Kommunikation wurde durch einen intensiven Austausch von Mitarbeitern minimiert. Schulungsmaßnahmen vor Ort werden in der Regel in spanisch durchgeführt; dies führt zu einer hohen Aktzeptanz. Ein ständiger Austausch zwischen den Experten aus Düsseldorf, Spanien und Stuttgart stellt die Einhaltung.prozessorientierter und standortübergreifender Regeln sicher. Das Einführungsteam ist das NED-Gesamtprojekt integriert.

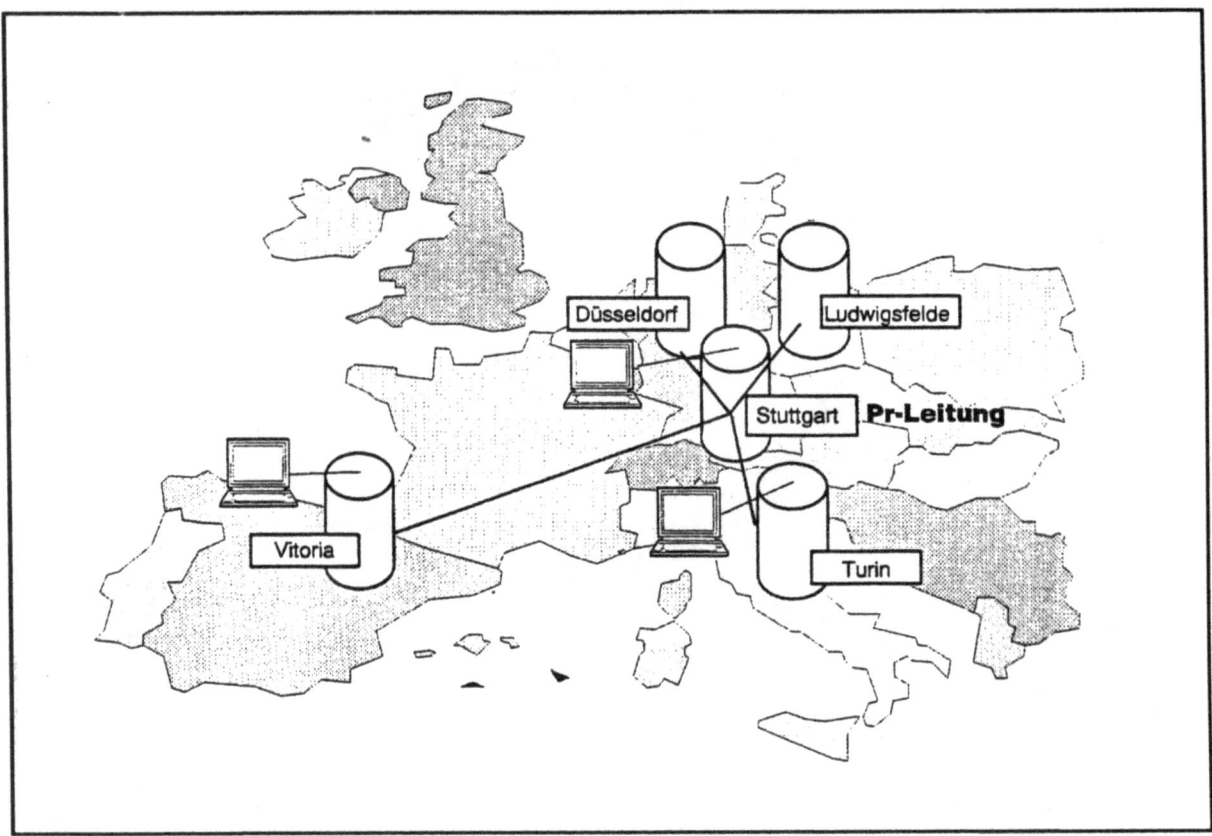

Abb.34: Internationalisierung des Dokumentationss und Produktprozesses

Voraussetzung für die Realisierung, Weiterentwicklung und Steuerung des Verbundes ist :
- Transparenz über die weltweiten Prozeßketten (Abb. 35)
- Beherrschung der Prozesses-Kettenmanagements (Abb. 36)

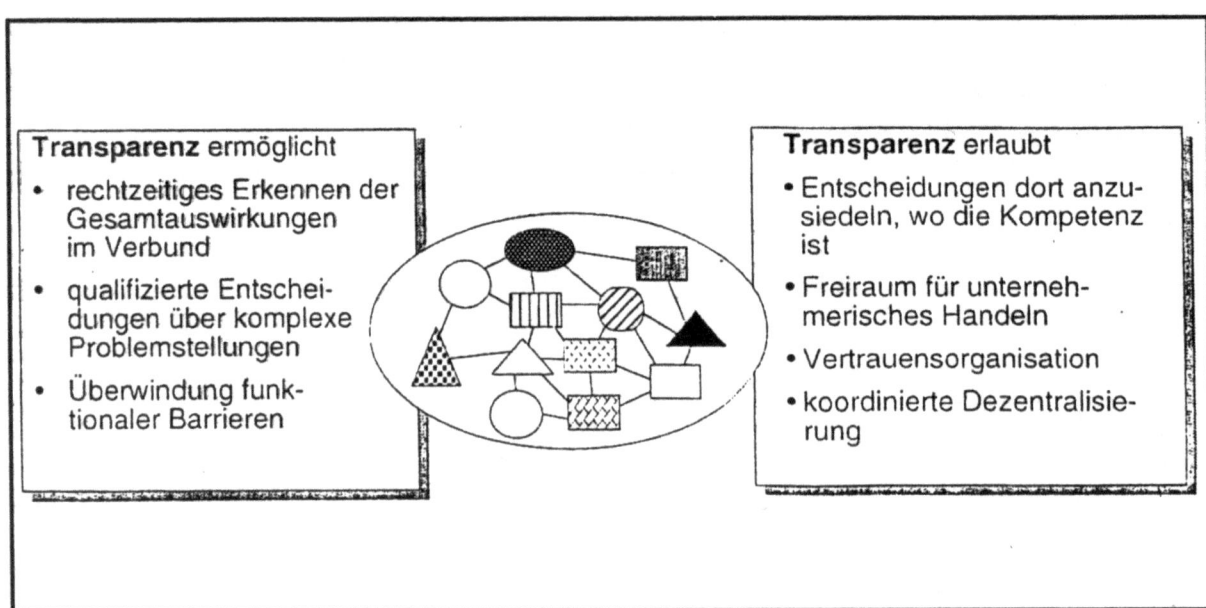

Abb.35: Prozesse schaffen Transparenz

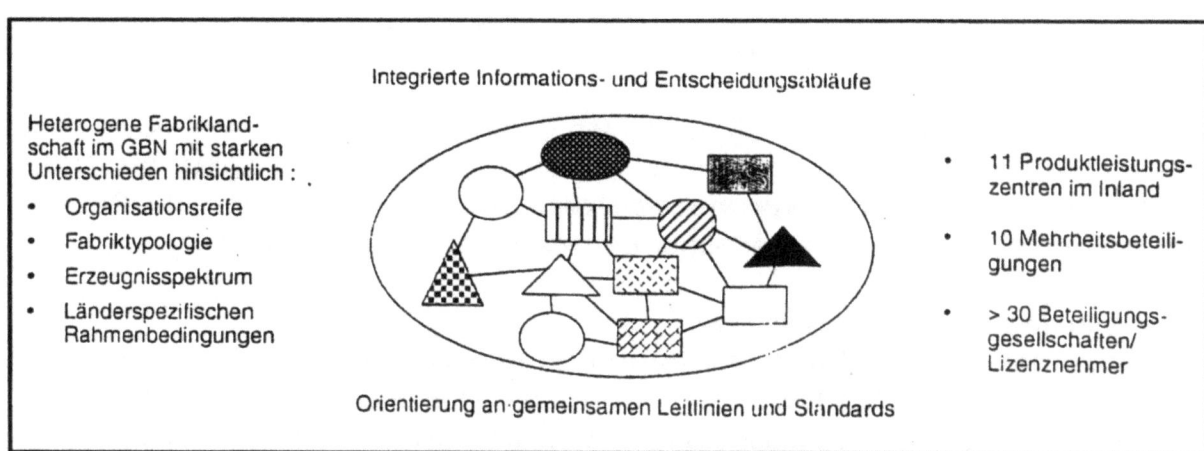

Abb.36: Starke Globalisierung und Internationalisierung des GBN

Beherrschung der Abläufe eines weltweit vernetzten Dokumentations- und Wertschöpfungsprozesses erforderlich !

6. Organisatorische Voraussetzungen

NED ist neben den dokumentations- und systemspezifischen Sachfragen in hohem Maße eine organisatorische Herausforderung. Die notwendigen Änderungen in der Ablauforganisation, Wanderbewegungen von Kapazitäten und Funktionen usw. setzen Veränderungsprozesse mit erheblicher mentaler Dimension in Gang.

Der in den vorherigen Abschnitten mehrfach genannte Prozessansatz ist unabdingbare Voraussetzung für die erfolgreiche Einführung eines solchen Projektes.

Die wichtigsten Punkte sind:
- **Die Maßnahmen sind standort- und ressortübergreifend**
- **prozessorientierte Verantwortung**
- **Verantwortung dort, wo sie "praktiziert" werden kann**
- **neue Formen der Zusammenarbeit nicht sequentiell, sondern im Team**
- **eindeutige Schnittstellendefinition**
- **Schaffung und Leben von praktikablen Regeln und Ablauf**
- **Darstellung der notwendigen Funktionen und Wanderungsbilanzen**

Für die Analyse und Umsetzung dieser Maßnahmen wurde ein bereichsübergreifendes Team aus allen tangierten Bereichen gebildet.

Die Umsetzung erfolgt mit Unterstützung der obersten Führungsebene mit höchster Priorität.

6.1 Veränderung in der Prozeßkette

Auf der Grundlage der in Kap. 6 genannten Grundsätze ergeben sich gravierende Veränderungen in allen Bereichen. **Ziel aller Anstrengungen muß die Befriedigung des Kundenwunsches sein.** Dies setzt in hohem Maße eine neue Form der Zusammenarbeit,-über Bereichsgrenzen hinweg, voraus.

Hier exemplarisch einige Beispiele:
- **Dokumentations-Prozeß Konstruktion-Produktion** (Abb. 37 und 38)
  Das sequentielle Arbeiten von Konstruktion, Dokumentation, Produktionsvorbereitung usw.,wird verlassen. Die heterogene Systemwelt wird verknüpft; die Abläufe bereichs-übergreifend organisiert und gestrafft. Die Konstruktion erzeugt Daten, die in den nach-folgenden Bereichen ergänzt und nicht mehr "übersetzt" werden. Dazu ist im Ent-wicklungsbereich verstärkt die Kenntnis des Produktionsprozesses erforderlich.

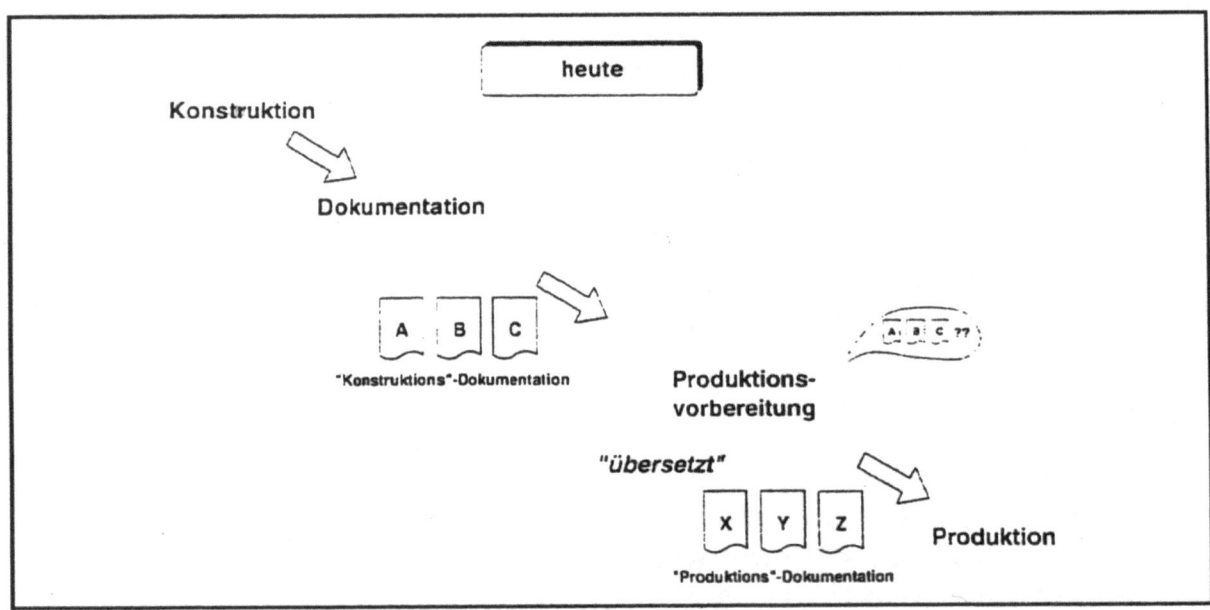

Abb.37: Prozesskette (Ausschnitt)

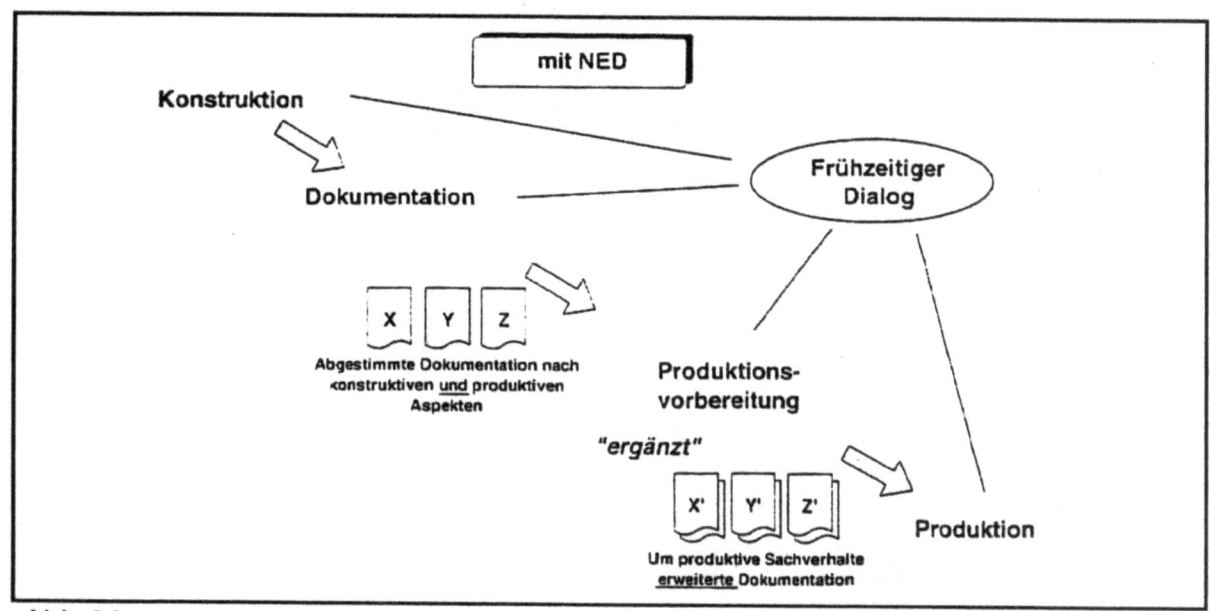

Abb.38

Abbildung des Produktionsprozesses in der Entwicklungs-Dokumentation

Die funktionale Sicht des Konstrukteurs und die fertigungsablauforientierte Betrachtung der Produktion wurden verknüpft und der Produktionshierachie entsprechend abgebildet. Dieser Prozeß beginnt bereits beim Start einer Produktentwicklung (Abb. 39 u. 40).

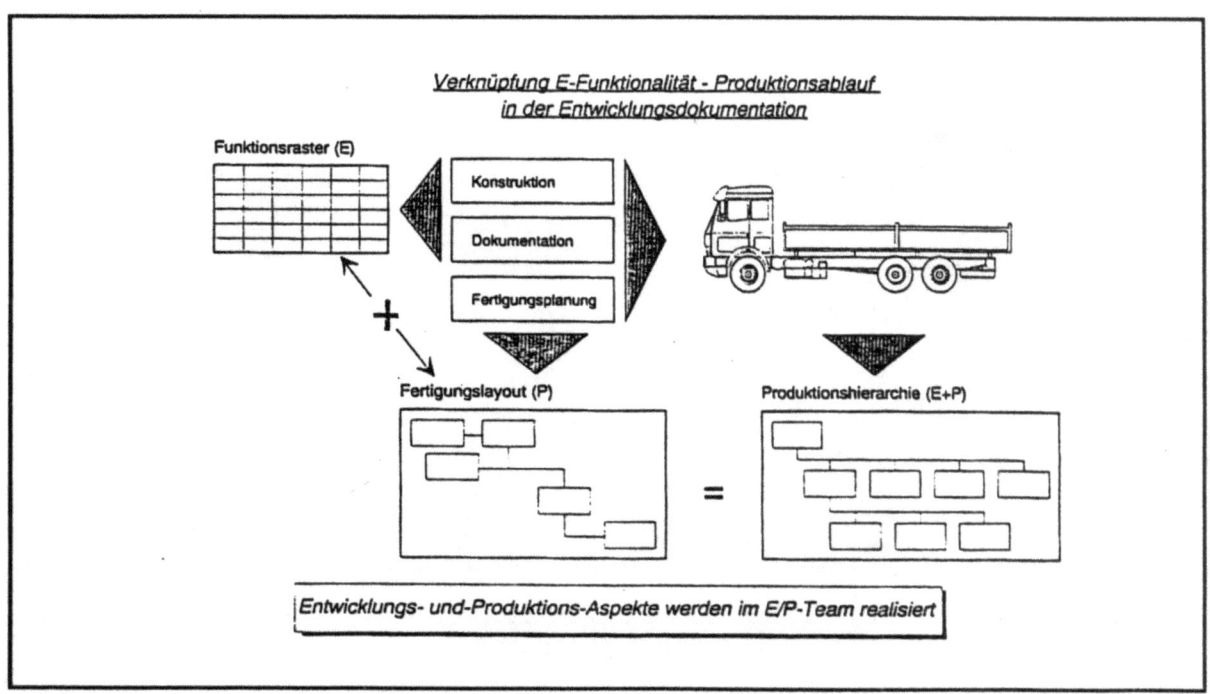

Abb.39

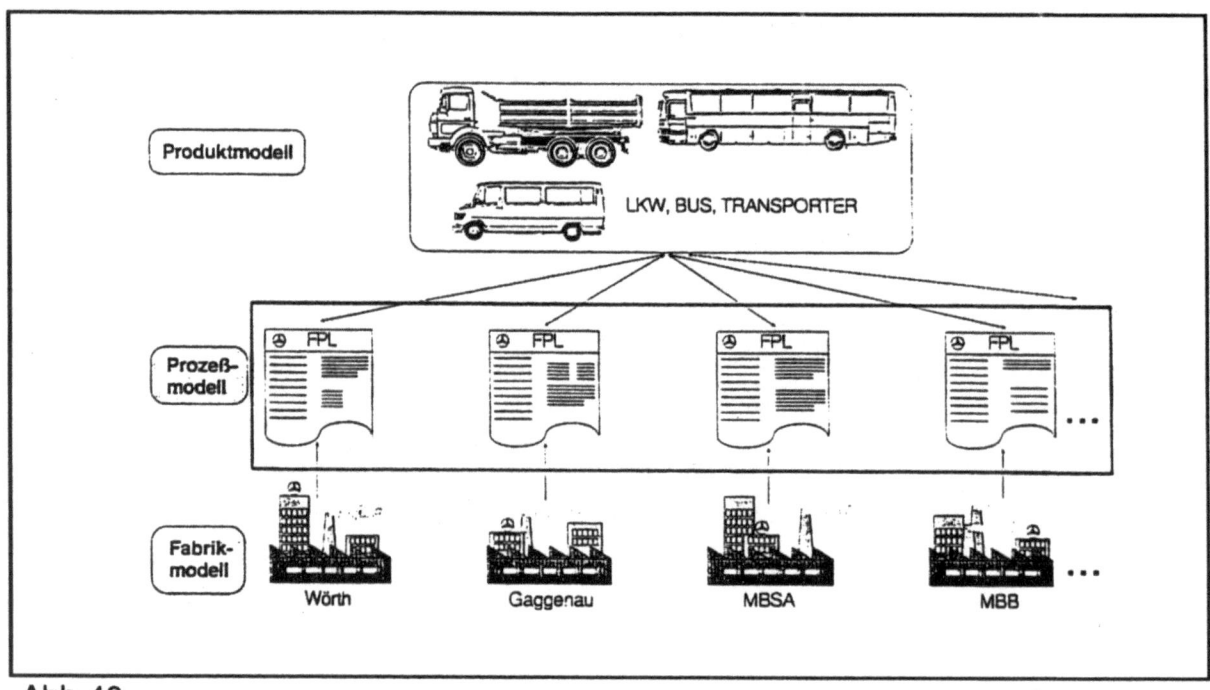

Abb. 40

Bereichsübergreifende Koordination von Änderungsvorgängen

Unbeschadet seiner funktionalen Zuordnung stellt der federführende Konstrukteur den Gesamtumfang einer Änderung sicher (Abb. 41).

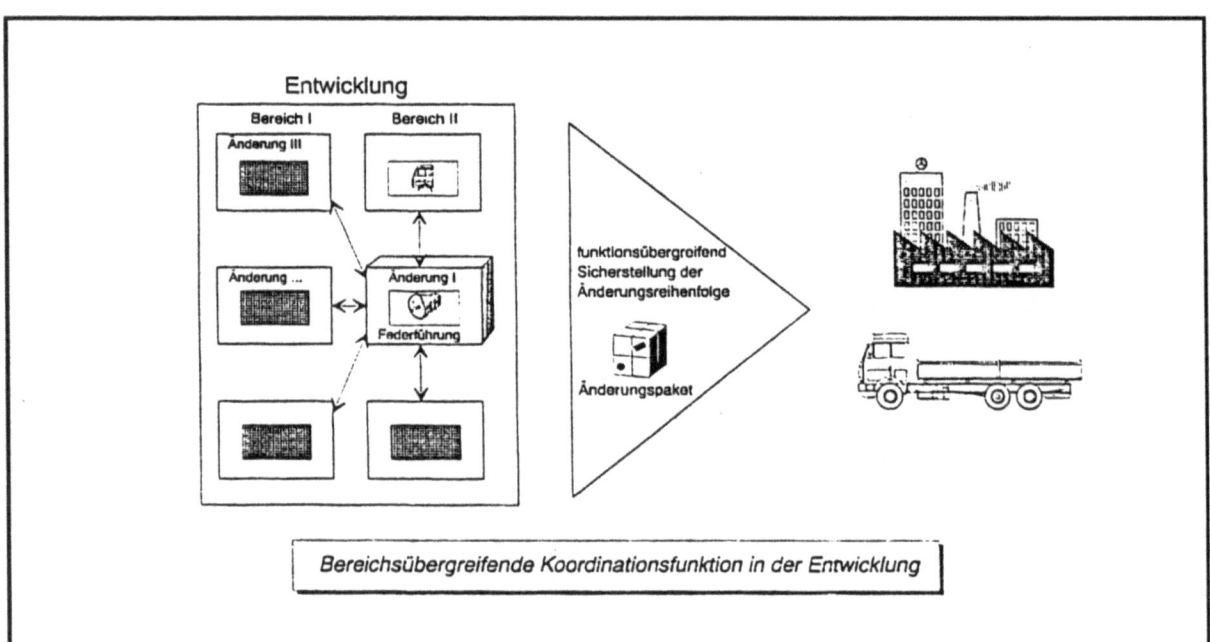

Abb. 41: Koordination von Konstruktionsänderungen

Auftragsbezogene Baubarkeitsprüfung

Die Entwicklung stellt vor Bestätigung an den Kunden die Baubarkeit des Fahrzeuges sicher. Der Prüfer ist im Sinne Kundennähe am Produktionsstandort angesiedelt (Abb. 42)

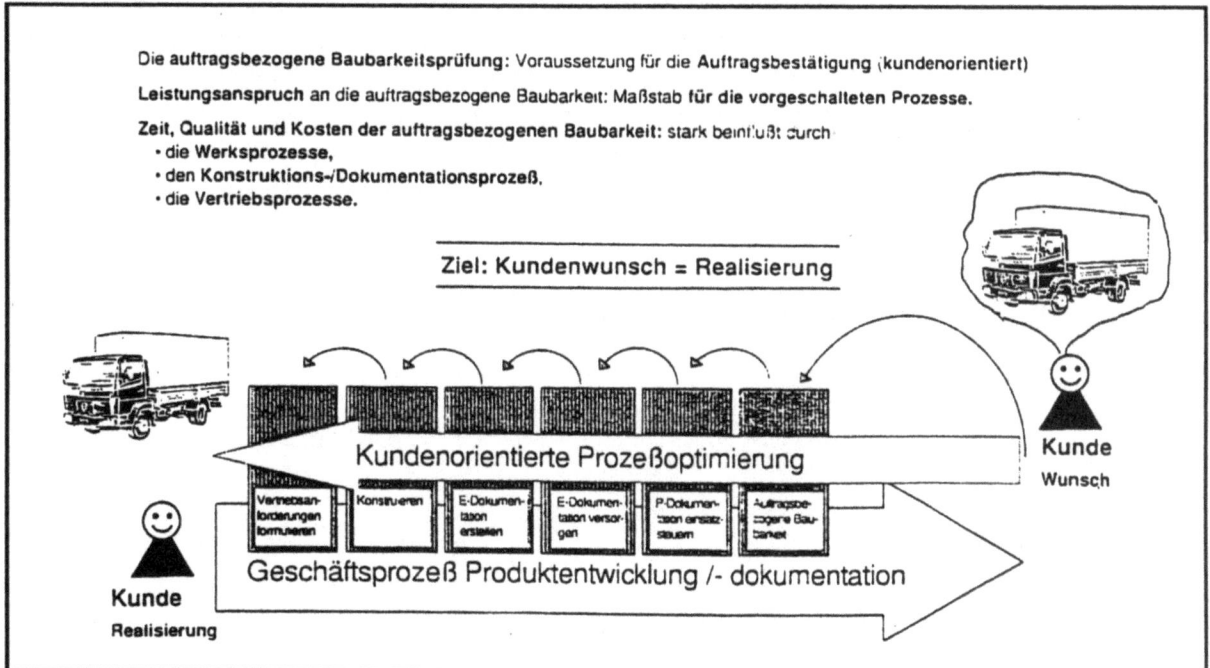

Abb.42: Anforderungen auftragsbezogener Baubarkeit

7. Stand der Einführung, Probleme, Risiken

- **Das Projekt "Neue Erzeugnisdokumentation" ist beschlossen; es wird seit April 1991 im Nutzfahrzeugbereich der Mercedes-Benz AG eingeführt. Der Realisierungs-zeitraum beträgt vier Jahre.**
- Ein entscheidender Baustein zur Realisierung stellt die inhaltliche und terminliche Modifikation der DV-Landschaft dar. Die im Gesamtkonzern vorhandenen Wirksysteme erfordern erhebliche Anpassungs-Kapazitäten und Know-how aus allen Bereichen, um diese Modifiktationen zu realisieren. Die Anpassung der Systemwelt erfolgt unter aktiver Einbeziehung der späteren Anwender gemeinsam mit unserer Tochter "Debis". Der Abschluß der wesentlichen Meilensteine ist Ende 93.
- Die beschriebenen Prozess- und Organisationsmaßnahmen sind definiert, die Umsetzung erfolgt gemeinsam mit dem Fach- und Organisationsbereich.
- Um die standort- und bereichsspezifischen Belange mit einzubeziehen und die Implementierung sicherzustellen, sind für die Werke und tangierten Bereiche Teams gebildet worden. Sie bestehen aus Experten aus den einzelnen Fach-

bereichen und begleiten den Prozeß über die gesamte Einführungsphase. Die Teams sind der Projektleitung zugeordnet.
- Ein Projekt dieser Größenordnung und Komplexität löst naturgemäß bei den tangierten Bereichen und Anwendern Befürchtungen, Skepsis, teils auch Ablehnung aus. Die Aktzeptanz der Anwender für NED ist deshalb von größter Bedeutung. Sie sind deshalb zu einem sehr frühen Zeitpunkt in die Projektaktivitäten eingebunden worden. Dieses Einbinden, verknüpft mit einem Schulungsprogramm auf breiter Basis, wird verstärkt in der Realisierungsphase praktiziert. Das Umsetzen kann nur mit dem Anwender erfolgen.
- Die Entscheidungswege und Arbeitsschritte sind gestrafft und minimiert worden. Die Verantwortung wird dorthin delegiert, wo sie auch wahrgenommen werden kann.
- Zur praxisgerechten Umsetzung des gesamten Dokumentationsprozesses sind in allen Bereichen Verhaltensänderungen erforderlich (Abb. 43).

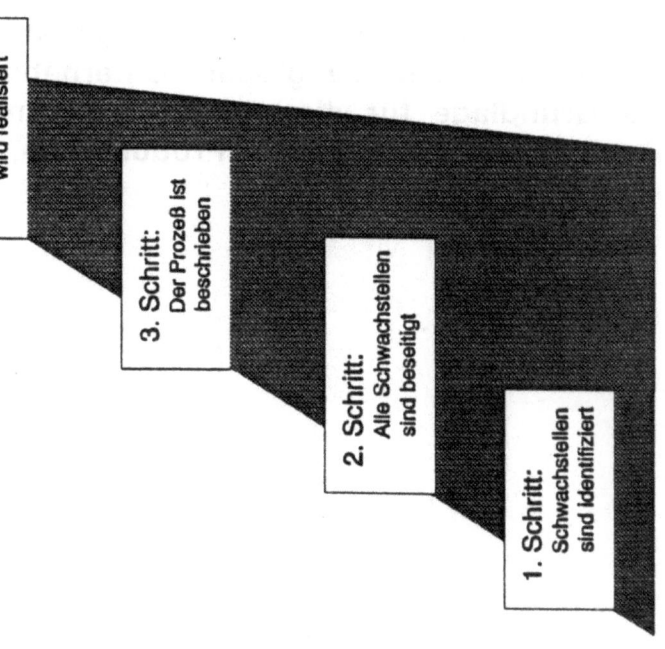
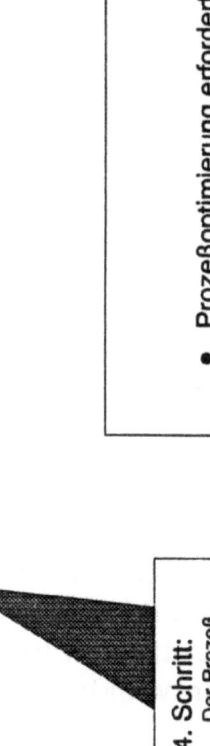

Abb. 43

Das Verhandensein einer für den Anwender stabilen und benutzerfreundlichen Systemlandschaft ist unabdingbar für die beschriebene Dokumentationswelt.

Um das Risiko zu minimieren werden in einer sehr ausführlichen Testphase bestehende Produkte in das neue Dokumentationssystem umgestellt und in den integrierten Systemketten intensiv getestet.

Auch nach Einführung der Neuen Erzeugnisdokumentation werden die heute angewendeten Dokumentationen für Altprodukte über einen langen Zeitraum noch eingesetzt. Dies setzt voraus, daß diese Dokumentationselemente parallel zu NED in den Wirksystemen verarbeitbar sind. Diese Parallelität wird ebenfalls bei der Anpassung der Systemwelt realisiert.

NED wird den Mercedes-Benz-Nutzfahrzeugbereich weit ins nächste Jahrzehnt begleiten.Veränderungen der DV-Welt, der Produktentwicklung, des logistischen Umfeldes, der Gesetzgebung usw. muß NED im Sinne einer evolutionären Weiterentwicklung gerecht werden.

Hauptpunkte einer evolutionären Weiterentwicklung werden sein:

- Integration Geometrie und Dokumentation
- Integration der Systemwelt
- Verstärkte Berücksichtigung der Schnittstelle Hersteller-Zulieferer
- Neue anwenderfreundliche Oberflächen
- Dialogführung der Dokumentations-Nutzer
- Weltweite KommunikationsbeziehungenNeue DV-Lösungen

Dokumentation wird immer stärker ein strategisches Instrument zur Steuerung für zukünftige globale Unternehmensüberlegungen. Sie bildet die Grundlage für die notwendige.Kommunikation.in einer immer komplexeren, arbeitsteiligeren Produktions-, Entwicklungs- und Distributionswelt.

12. IAO-Arbeitstagung
Wege aus der Krise
Geschäftsprozeßoptimierung und
Informationslogistik

Geschäftsprozesse - von der Analyse zur Gestaltung

Dieter Schieferle

Digital Equipment GmbH, Stuttgart

1 Leistungsspektrum

Als Computerhersteller operiert das Unternehmen Digital Equipment seit Jahrzehnten in einem äußerst dynamischen Umfeld. Marktveränderungen und technologischer Wandel erfordern ständige Anpassungen und Neuausrichtung.

Es war die Philosophie des Firmengründers Ken Olsen, diese Aufgabe den für ihre Bereiche zuständigen Managementteams selbstverantwortlich zu übertragen. Das überdurchschnittliche Wachstum und die steigende Komplexität der Abläufe führte Ende der 70-er Jahre zum Aufbau einer unterstützenden Beratergruppe, die durch selbstentwickelte Methoden Veränderungs- und Entscheidungsprozesse begleitete, unterstützte und beschleunigte. Änderungsprozesse wurden ausschließlich auf Veranlassung verantwortlicher Führungskräfte anhand konkreter Aufgaben und Problemstellungen initiiert. Die Auftraggeber nahmen auch immer persönlich aktiv am Planungs- und Implementierungsprozeß teil.

Die Berater boten "Hilfe zur Selbsthilfe" oder engagierten geeignete Fachexperten, wenn für Teilaufgaben nicht ausreichendes Know how im Betrieb verfügbar war. So war sichergestellt, daß Änderungsprozesse das bereits vorhandene Know how, bestehende Rahmenbedingungen und Beschränkungen, aber auch neue Ideen und Anforderungen der Beteiligten miteinbezogen. Der Übergang von der IST-Situation zum SOLL-Zustand wurde dadurch nahtlos vollzogen und von allen Betroffenen mitgetragen.

Anfang der 80-er Jahre unterstützten diese internen "Unternehmensberater" erstmals auch Digital-Kunden bei komplexen Managementaufgaben und Veränderungsprozessen. Hieraus entwickelte sich ein eigenständiger Geschäftsbereich, die "Digital Unternehmensberatung", die Digital-intern und für Kunden Veränderungen plant und implementiert. Dabei wurden stets die bei Digital entwickelten Vorgehensweisen, Methoden und Werkzeuge eingesetzt.

2 Der ganzheitliche Ansatz bei der Unternehmensoptimierung

Der Digital-Ansatz geht davon aus, daß bei Unternehmensveränderungen stets sechs Gesichtspunkte berücksichtigt werden müssen. Dies sind:

1. Die Definition der Unternehmensziele, der Unternehmensvision und dazu einzusetzender Strategien
2. Das Redesign der Organisation in Aufbau und Abläufen
3. Die Einführung neuer oder die Verbesserung bestehender Werkzeuge und Methoden

4. Die Anpassung an neue Kundenbedürfnisse und die Neugestaltung der Kundenorientierung
5. Die Weiterentwicklung der Mitarbeiterkompetenzen und der Erhalt der Motivation
6. Die Einführung geeigneter Führungsstrukturen und des Führungsstils.

Aus Erfahrung weiß man, daß die Veränderung eines jeden dieser Faktoren Auswirkungen auf alle anderen hat. Die Optimierung des Unternehmens setzt daher zwingend voraus, daß alle Gesichtspunkte gleichberechtigt in der Unternehmensplanung berücksichtigt werden. Hierbei kann es gelegentlich unterschiedliche Dringlichkeiten geben. Das kann jedoch nur die Reihenfolge der Themen beeinflussen, nicht jedoch die Notwendigkeit, sich alle Faktoren zu betrachten.

Die ausgesprochen komplexen Zusammenhänge und gegenseitigen Wirkungen der Einflußfaktoren aufeinander macht häufig ein mehrfaches iteratives Durchlaufen der Planungs- und Implementierungsschritte notwendig.

Der umfangreichen Themen und Wissensgebiete wegen wird die ganzheitliche Beratung bei Digital stets von einem Beraterteam durchgeführt. Dieses Kernteam besteht aus Consultants, deren Fachkompetenzen sich ergänzen und teilweise überlappen.

Ein typisches Kernteam besteht aus drei Beratern mit den folgenden Kompetenzkombinationen:

Berater 1: Visions-, Ziel- und Strategiefindung
Organisations- und Geschäftsprozeßdesign
Werkzeuge und Methoden

Berater 2: Werkzeuge und Methoden
Kundenorientierung
Mitarbeiterentwicklung und
Kompetenzbildung

Berater 3: Mitarbeiterentwicklung und Kompetenzbildung
Führungsstrukturen und Führungsstil
Visions-, Ziel- und Strategiefindung

Der Berater hat Veränderungen zu gestalten, indem er mittels geeigneter Methoden Prozesse initiiert und moderiert, bei Bedarf Fachkompetenz durch kompetente Wissensträger einbringt und die Implementierung überwacht. Hierfür verfügt er über

ein Repertoire von Prozeßmethoden und ein Netzwerk von Fachspezialisten. Fachexperten können sein:
- Digital-Mitarbeiter
- Mitarbeiter des Kunden
- Know how-Träger anderer Digital-Kunden
- Forschungsinstitute
- Andere Unternehmen.

3 Die Optimierung der Geschäftsprozesse

Innerhalb der ganzheitlichen Unternehmensoptimierung nimmt die Gestaltung der Geschäftsprozesse eine wesentliche Rolle ein. Ziel ist es, die Prozesse optimal aufeinander abzustimmen, Schnittstellen zu definieren und Informationsflüsse zu verbessern. Dabei wird stets darauf geachtet, daß die Geschäftsprozesse in ihrem Ablauf den Geschäftszielen dienen.

Deshalb ist Ausgangspunkt für den Entwurf von Aufbau- und Ablauforganisation immer der Unternehmensauftrag. Gleiches gilt für die Einführung von Informationssystemen und DV-technischer Infrastruktur. Auch diese können nur zum Ziel haben, durch Unterstützung der Unternehmensprozesse die Unternehmensziele zu erreichen.

3.1 Generischer Ablauf eines Organisationsdesigns

In der Regel gestaltet sich die Veränderung von Geschäftsprozessen nach folgendem Schema:

1. Strategieentwicklung
2. Grobdesign der Zielvision der Organisation
3. Analyse der wesentlichen Arbeitsabläufe
4. Überarbeitung der wichtigsten Arbeitsabläufe
5. Vorgaben an die Informationstechnik
6. Coaching/Unterstützung bei der Einführung

3.2 Informationsflüsse als Bindeglied

Der Übergang von der geschäftsorientierten zur technologieorientierten Betrachtungsweise erfolgt in der Ebene der Informationsflüsse. Topdown sind mit der Beschreibung der Informationsflüsse alle wesentlichen Forderungen zur Realisierung der Unternehmensziele an Aufbau- und Ablauforganisation festgelegt. Wie diese Informationsflüsse realisiert werden, ist nun eine Frage der einsetzbaren bzw. der bereits vorhandenen technologischen Möglichkeiten.

Der Abgleich zwischen dem Wünschenswerten, den Unternehmenszielen, und dem Möglichen, den einsetzbaren technologischen Mitteln erfolgt hier.

Da im Normalfall Änderungen der Geschäftsprozesse jedoch nicht topdown auf der grünen Wiese stattfinden, sondern gegebene Rahmenbedingungen berücksichtigen müssen, insbesondere, was DV-Systeme und Infrastruktur betrifft, kann auch in einem Bottom up-Prozeß festgestellt werden, welche Informationsflüsse und Aufgabenstellungen mit der gegebenen DV-Situation nicht unterstützt werden bzw. welche Modifikationen notwendig wären, um die definierten Geschäftsziele zu erreichen. Dies erleichtert eventuell notwendige Investitionsentscheidungen oder verschafft Klarheit über bestehende Schwierigkeiten.

3.3 Problembereiche

Planer und Designer von Geschäftsprozessen und DV-Systemen dürfen nicht übersehen, daß selbst die effizientesten Abläufe nicht zum Erfolg führen, wenn nicht gleichzeitig die Probleme außerhalb der reinen Geschäftsabläufe mit berücksichtigt werden.

Im Sinne ganzheitlicher Unternehmensoptimierung müssen daher auch die folgenden Schwierigkeiten behoben werden:

- Unterschiedliche Erwartungen von Mitarbeitern und Führungskräften
- Unklare Zielsetzungen und Meßkriterien
- Orientierung an individuellen Sichtweisen
- Fehlender Überblick über die Geschäftsprozesse und deren zusammenhängenden Sinn
- Falsche und unabgestimmte Technologie
- Fehlende Mitarbeiterentwicklung
- Inadäquater Führungsstil
- Mangelnder Kundenbezug
- Technologieeuphorie
- Unfähigkeit zur Teambildung

Die Identifizierung und Aufdeckung solcher Problembereiche gehört ebenfalls zum Aufgabenbereich des Geschäftsprozeßdesigners. Die Behebung der Probleme kann dann von den Beratungspartnern unter Hinzuziehung geeigneter Fachleute geschehen. Erst durch gemeinsame Anstrengungen kann der Teilbereich Geschäftsprozeß-Redesign seine volle Wirksamkeit entwickeln.

4 Vorgehensweise

Die Realisierung von Geschäftsprozeßänderungen erfolgt in vier Phasen:

Planung: Die Notwendigkeit von Veränderungen erkennen und bereit sein, diese durchzuführen. Erkennen, welche neuen Aufgaben mit den vorhandenen Mitteln nicht oder nur ungenügend erfüllt werden können. Ziele definieren, Zukunftsszenarien entwerfen und bewerten, Problemfelder aufdecken, Lösungsmöglichkeiten und Strategien auswählen.

Design: Die angestrebte Lösung in all ihren Komponenten beschreiben. Ausgewählte Lösungswege in Strategien, Vorgehensweisen und Maßnahmen übersetzen. Aufgaben verteilen, zeitliche Abfolgen festlegen, Verantwortungen vereinbaren. Projektplan erstellen.

Implementierung: Änderungen entsprechend Projektplan durchführen, Abläufe verändern, Mitarbeiter ausbilden, IV-Systeme einführen usw.

Betrieb: Veränderte Organisation betreiben, durch ständige Verbesserungen optimieren. Leistungsfähigkeit entsprechend vorher definierter Meßkriterien überprüfen und bei Bedarf erneut Veränderungen anregen.

Die Aufgabe des Beraters ist es, gemeinsam mit dem Auftraggeber möglichst rasch die vier oben beschriebenen Phasen zu durchlaufen.

Hierzu wird zu Beginn eine Situationsanalyse durchgeführt und der Veränderungsbedarf bzw. das Verbesserungspotential in den Bereichen

- Geschäftszweck
- Mitarbeiter
- Technologie

festgestellt.

Für die so entstandenen Aufgabenbereiche entscheidet das Projektteam, bestehend aus Auftraggeber und Berater, über deren Reihenfolge, und beruft Projektmanager, die den Verlauf ihrer Einzelprojekte planen und überwachen.

Für den Geschäftsprozeßdesigner ergibt sich aus dieser Analyse nun die Aufgabe, die inhaltlichen Themen:

- Geschäftsziele
- Geschäftsprozesse
- Informationsflüsse
- Informationssysteme
- Technologische Infrastruktur

in den Realisierungsphasen:

- Planung
- Design
- Implementierung
- Betrieb

mit konkreten Maßnahmen zu planen und durchzuführen.

Im folgenden werden Beispiel für die Vorgehensweise in den verschiedenen Phasen und einige dabei verwendete Methoden und Werkzeuge vorgestellt.

4.1 Strategiefindung

Wie alle Beratungsmethoden bei Digital ist auch die Strategiefindung so konzipiert, daß sie sowohl für Gesamtunternehmen als auch für Teilbereiche, Abteilungen und Unterfunktionen mit eigener Verantwortlichkeit anwendbar ist.

Bevorzugte Methode zur Zielfindung und Strategieauswahl ist EVD (Enterprise Vision Design).

Als Ergebnis von EVD ergibt sich ein Strategieportfolio, welches für verschiedene Szenarien die erreichbaren Ziele beschreibt und geeignete Vorgehensweise aufzeigt. Hieraus können Maßnahmen und weitere Aktionen abgeleitet werden. Während eines zwei- bis dreitägigen Workshops erarbeiten die EVD-Teilnehmer in sechs Einzelschritten ihre gemeinsame Zukunftsvision und den Weg dorthin:

1. Schritt: Auftrag, Ziel und Vision des Unternehmens

Für das Unternehmen oder strategische Geschäftseinheit werden folgende Fragen diskutiert:

- Wer hat legitime Forderungen an das Unternehmen?
- Welcher Unternehmensauftrag und welches Unternehmensziel ergeben sich daraus?
- Welche räumlichen Grenzen und zeitlichen Horizonte gelten für die Unternehmensplanung?
- Welche quantitativen Aussagen können gemacht werden bezüglich Umsatz, Mitarbeiterzahl, Marktanteile usw. in der Zukunft?
- Welcher "Leitspruch" drückt kurz und prägnant den Unternehmensauftrag aus?

2. Schritt: Visionärer SOLL-Zustand

Die Arbeitsgruppe entwickelt nach den Vorgaben aus dem 1. Schritt Vorstellungen eines visionären SOLL-Zustandes: Wie soll das Unternehmen zukünftig aussehen und welche Einflußfaktoren sind auf dem Weg dorthin zu berücksichtigen? Interne Faktoren sind z.B. Vorgaben aus übergeordneten Funktionen, Finanzmittel, Unternehmenskultur, derzeitige Unternehmenstruktur, Mitarbeiter und deren Kompetenzen usw.

Externe Einflußfaktoren können sein: Die Marktentwicklung, Technologieentwicklung, politische Einflüsse, Wertewandel in der Gesellschaft, der Arbeitsmarkt. Kritische Erfolgsfaktoren und Beschränkungen, Chancen und Bedrohungen werden festgehalten. Zunächst wird von einer positiven Entwicklung aller Faktoren ausgegangen.

3. Schritt: Der relative IST-Zustand

Nun wird der gegenwärtige Zustand des Unternehmens erfaßt und in Frage gestellt: Was macht die Zukunft positiv, fehlt aber heute noch? Wo sind wir heute gut, wo schlecht, wo überhaupt nicht präsent? Stärken, Mängel und Schwächen werden im Vergleich zum Zukunftsszenario herausgearbeitet.

4. Schritt: Der Differenzfilter und die Bewertungskriterien

Wo müssen Veränderungen herbeigeführt werden, was muß verbessert werden? Dies ergibt sich aus den Ergebnissen von Schritt 2 und 3 und wird im "Differenzfilter" zusammengefaßt. Die Ergebnisse aus Schritt 1, die Erwartungshaltungen an das Unternehmen werden umformuliert zu Bewertungskriterien für die später zu entwickelnden Umsetzungsstrategien

5. Schritt: Strategische Ideen und deren Bewertung

Es geht hier darum, strategische Ideen zu entwickeln, um das Unternehmen erfolgreich in die Zukunft zu führen. Dabei ist vom Moderator darauf zu achten, daß nicht kurzfristig angelegte taktische Maßnahmen, sondern langfristige strategische Ideen zustandekommen.

Häufig ist es an dieser Stelle notwendig, Experten miteinzubeziehen, um die Auswahl an Möglichkeiten zu erweitern.

Die strategischen Ideen werden den Bewertungskriterien gegenübergestellt, woraus sich eine Rangfolge der Strategien ergibt. Die Auswahl anzuwendender Strategien erfolgt nach dieser Bewertung und danach, ob sie gemeinsam in der Lage sind, alle kritischen Erfolgsfaktoren zu erfüllen. Die endgültige Entscheidung erfolgt jedoch erst im nächsten Schritt, indem Aufwand und Umsetzungszeit untersucht werden.

6. Schritt: Strategische Szenarien

In einem Aufwand-/Zeit-Diagramm werden die ausgewählten Strategien dargestellt. Verschiedene Alternativen können so betrachtet werden und Kombinationen aus verschiedenen Strategien entstehen. Welche der möglichen Vorgehensweisen gewählt wird, entscheidet sich in der Regel an der Frage, ob geringerer Aufwand oder raschere Realisierung die Priorität erhalten.

Das so entstandene Strategieportfolio gilt wegen der Vorgabe in Schritt 2 für die positive Entwicklung der Randbedingungen.

Als weiterer Schritt kann jetzt überlegt werden, was geschehen soll, wenn sich die Entwicklung weniger positiv gestaltet. Zeit- und Aufwandsabschätzungen für diese weniger positiven Szenarien entstehen dabei. Gleichfalls werden Meilensteine für die Überprüfung der Unternehmenssituation vereinbart, um sich danach auf die neuen Umstände durch Modifikation der ursprünglichen Strategien einstellen zu können.

Am Ende des Strategieworkshops existiert ein Plan mit Aktionen, die zur Realisierung der vereinbarten Strategien dient. Je nach Thematik werden diese Aktionen von den dafür verantwortlichen Beratern weiterverfolgt.

Ein Teil der Aktionen betrifft dabei auch die Neugestaltung der Geschäftsprozesse und wird in der Organisationsberatung weiterverfolgt.

4.2 Organisationsdesign

Voraussetzung für eine Organisationsberatung ist das Vorhandensein der Unternehmensziele, entweder durch einen vorausgegangenen Strategieworkshop oder durch anderweitige Vorgaben der Unternehmensführung.

In mehreren Schritten, je nach gewünschtem Detaillierungsgrad, werden Aufbau- und Ablauforganisation sowie Informationsflüsse entwickelt.

Schwierigkeiten bereiten dabei häufig die unterschiedlichen Fachjargons und Begriffsverständnisse der beteiligten Fachvertreter. Um dieses Problem zu mildern, haben die Digital-Berater eine Methode entwickelt, die auf allgemeinverständliche Symbole, die jedem bekannt sind, zurückgreift.

TOP-Mapping (TOP = Technology and operational Performance, Mapping = Erstellen von Landkarten) benutzt hierfür Symbole und Begriffe aus der Landkartentechnik. Inseln symbolisieren Unternehmenseinheiten, Häuser auf den Inseln funktionelle Untereinheiten. Brücken und Straßen bedeuten Kommunikationswege, wobei deren Gestaltung die Qualität der Informationskanäle repräsentiert: Autobahn = schneller Informationskanal (z.B. DV-Netz), normale Straße = mittelschneller Informationskanal (z.B. Telex, Telefon etc.) und gewundene Paßstraße = umständlicher Informationskanal (z.B. Briefpost).

Landkarten haben außerdem den Vorteil der unterschiedlichen Maßstäbe und der unterschiedlichen Anwendungen, z.B. als Straßenkarte, Flugkarte, Wirtschaftskarte, geologische Karte usw. Durch zusätzliche Symbole aus der Straßenverkehrswelt wie z.B. Straßenschilder, Wälder, Sümpfe usw. kann auch die Qualität der Informationsinhalte gekennzeichnet werden. Weitere Symbole weisen auf Problemursachen und Wirkungen hin und zeigen potentielle Lösungen auf.

TOP-Mapping wird in Gruppen von maximal vier Mitgliedern in zweitägigen Arbeitssitzungen durchgeführt und läuft in den folgenden Schritten ab:

1. Vorstellung der Ziele für die zu untersuchende Organisationseinheit
2. Auswahl je eines typischen Geschäftsvorfalles für die Arbeitsgruppen
3. Darstellung des IST-Zustandes der Aufbauorganisation
4. Darstellung der Informationsflüsse, deren Mängel und Auswirkungen auf die Unternehmensziele

5. Entwicklung eines SOLL-Konzeptes für Aufbau- und Ablauforganisation und Informationsflüsse
6. DV-technische Unterstützungsmöglichkeiten durch Informationssysteme und Infrastruktur
7. Maßnahmenkatalog

4.3 Prozeßkettendesign

An TOP-Mapping schließt üblicherweise das detaillierte Prozeßkettendesign an. Hierfür wird RAMS (Requirements Analysis for Management Systems) verwendet.

Die im TOP-Mapping entworfene Organisation wird verfeinert. Am Ende entstehen:

- Arbeitsplatzbeschreibungen
- DV-Kostenhefte
- Unternehmensdatenmodelle
- Auswahl von DV-Werkzeugen und Methoden

Sowohl TOP-Mapping als auch RAMS decken den Änderungsbedarf auf und dienen somit als Informationsquelle für die anderen Änderungsprojekte, z.B. in den Bereichen Personalentwicklung, Führungsstrukturen und Kundenorientierung.

Zwei wesentliche Schritte von RAMS bestehen in der Auswahl der zu untersuchenden Prozesse in einer Diagonalmatrix und der detaillierten Beschreibung deren Einzelfunktionen und des dabei entstehenden Informationsbedarfs.

Schritt 1: Diagonalmatrix

Auf einer Fläche werden von links oben nach rechts unten in einer Diagonale Karten fixiert, die Prozesse einer SGE (Strategische Geschäftseinheit) darstellen. Danach werden Informations- und Materialflüsse innerhalb der Prozesse und nach außen gehende und von außen kommende eingetragen. Dies geschieht, indem vom abgehenden Prozeß horizontal nach links oder rechts (im Uhrzeigersinn) genau über oder unter dem oder den abnehmenden Prozessen die Art der Information oder des Material vermerkt wird.

Somit entsteht ein Gesamtüberblick über die Kommunikationsstruktur der SGE. Hier besteht nun die Möglichkeit bestimmte Bereiche herauszugreifen, die im weiteren Verlauf der Untersuchung näher untersucht werden sollen.

Schritt 2: Input - Prozeß - Output (IPO)

Jeder der oben ausgewählten Prozesse wird nun in seinen Einzelheiten dargestellt und beschrieben. Dazu wird erfaßt:

- Bezeichnung für den Prozeß
- Verantwortlichkeiten

Einzelfunktion mit jeweils:

- Eingangsinformationen, deren Quelle und Übertragungsmedium
- Ausgangsinformation, deren Empfänger und Übertragungsmedium

Sind alle Prozesse so beschrieben, kann in einem Abgleich festgestellt werden, ob die Informationsflüsse vollständig und konsistent sind, ob Übertragungsmedien übereinstimmen und ob sie verbessert werden können. Für die Einzelfunktionen kann entschieden werden mittels welcher Werkzeuge sie realisiert werden sollen (z.B. händisch, DV-technisch usw.), und welche Lösungsmethoden sich anbieten.

In verfeinernden Schritten könnte dem folgend jeder Einzelprozeß mittels RAMS intern untersucht werden, indem die internen Funktionen ähnlich betrachtet und dargestellt werden wie vorher die Prozesse (Diagonalmatrix, IPO). Letztendlich ließen sich bei entsprechendem Detaillierungsgrad

- Arbeitsplatzbeschreibungen
- Anforderungen an die DV
- Datenmodell

ableiten und realisieren.

Auf diese Weise ist ein roter Faden von der Unternehmenszielsetzung bis hin zu Arbeitsplätzen, DV-Systemen und Datenmodellen vorhanden und somit sichergestellt, daß das Ganze und seine Einzelteile aufeinander abgestimmt sind.

5 Die Methodik

Alle Digital Methoden basieren auf konsens- und teamorientierten Arbeitstechniken. Der Auftraggeber nimmt stets aktiv am Veränderungsprozeß teil. Berater moderieren Workshops und Planspiele, fassen die Arbeitsergebnisse zusammen und sind für den Gesamtablauf verantwortlich.

Die Visualisierung von Situationen, Problemen und potentiellen Lösungen führt zum gemeinsamen Verständnis aller Beteiligten.

Die Rolle des Digital Beraters endet nicht nach der Planungs- und Änderungsphase, sondern erstreckt sich auch auf die Implementierungsphase. Nach Einführung der Änderungen bleibt der Berater von Digital als "Coach" dabei, bis das Unternehmen die gesteckten Ziele erreicht hat. Die Beratungsdauer hängt im wesentlichen vom thematischen Umfang und vom Detaillierungsgrad der gewünschten Ergebnisse ab. Man rechnet jedoch durchschnittlich inklusive Vorbereitung und Dokumentationserstellung für

einen Strategieworkshop EVD	5 Tage
einen TOP-Mapping-Workshop	6 Tage
RAMS-Workshops	6 Tage je funktionaler Einheit
Personalentwicklung und Coaching	30 Tage
(ohne Ausbildungs- und Trainingszeiten)	+ 2 Tage pro Teilnehmer

Der genaue Aufwand kann aber erst nach genauer Untersuchung der Aufgabenstellungen angegeben werden.

6 Zusammenfassung

Die Digital Unternehmensentwicklung hat sich seit ihrer Entstehung über Jahre hinweg ständig weiterentwickelt, neue Wege und Methoden gefunden, blieb aber ihrer ursprünglichen Zielsetzung treu:

- Hilfe zur Selbsthilfe
- Unternehmensoptimierung anhand konkreter Aufgabenstellungen
- Ganzheitliche Unternehmensbetrachtung
- Konsens bei allen Beteiligten

Von Auftraggebern wird besonders geschätzt: Alle Betroffenen sind involviert und begleiten aktiv den Lösungsprozeß. Daraus ergibt sich:

- sie können den Lösungsprozeß mitgestalten
- sie können ihre eigene Meinung und ihre Forderungen miteinbringen
- sie lernen dabei
- sie verstehen die Probleme anderer besser
- sie können die Ergebnisse nachvollziehen und akzeptieren
- sie wissen, wie sie die Lösungen implementieren können

Lösungen werden schnell erarbeitet durch:

- moderierte Workshops
- Visualisierungstechniken
- allgemeinverständliche Darstellungen

Der Lösungsprozeß kann flexibel gestaltet werden. Abwandlungen können eingebaut werden, wenn:

- neue Erkenntnisse sichtbar werden
- die Rahmenbedingungen sich verändern
- zusätzliche Aufgabenstellungen entstehen
- Wissenlücken zu füllen sind
- sich die Vorgaben verändern

Digitals Beratung auf einen Nenner gebracht bedeutet:

- Prozeßberatung, Wissensvermittlung und Coaching!
- Lösungen gemeinsam finden und gemeinsam realisieren.

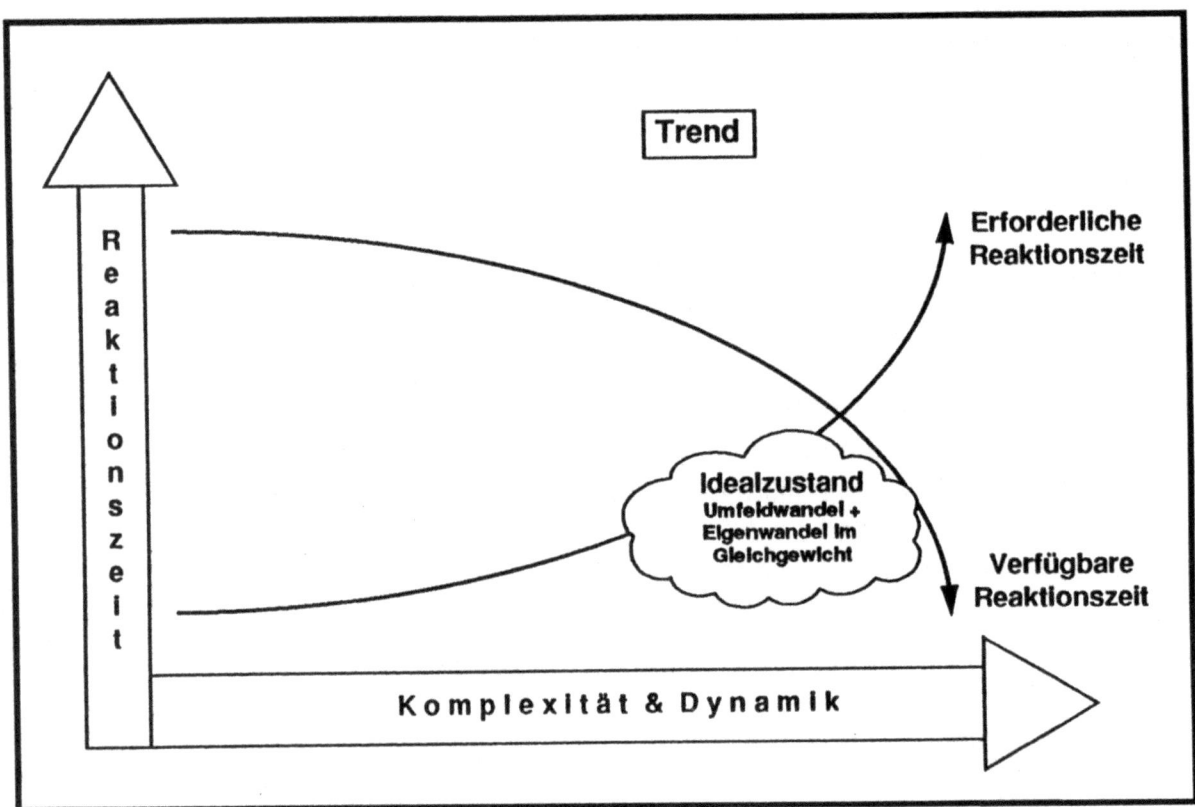

Bild 1 Die Zeit und ihre Verfügbarkeit

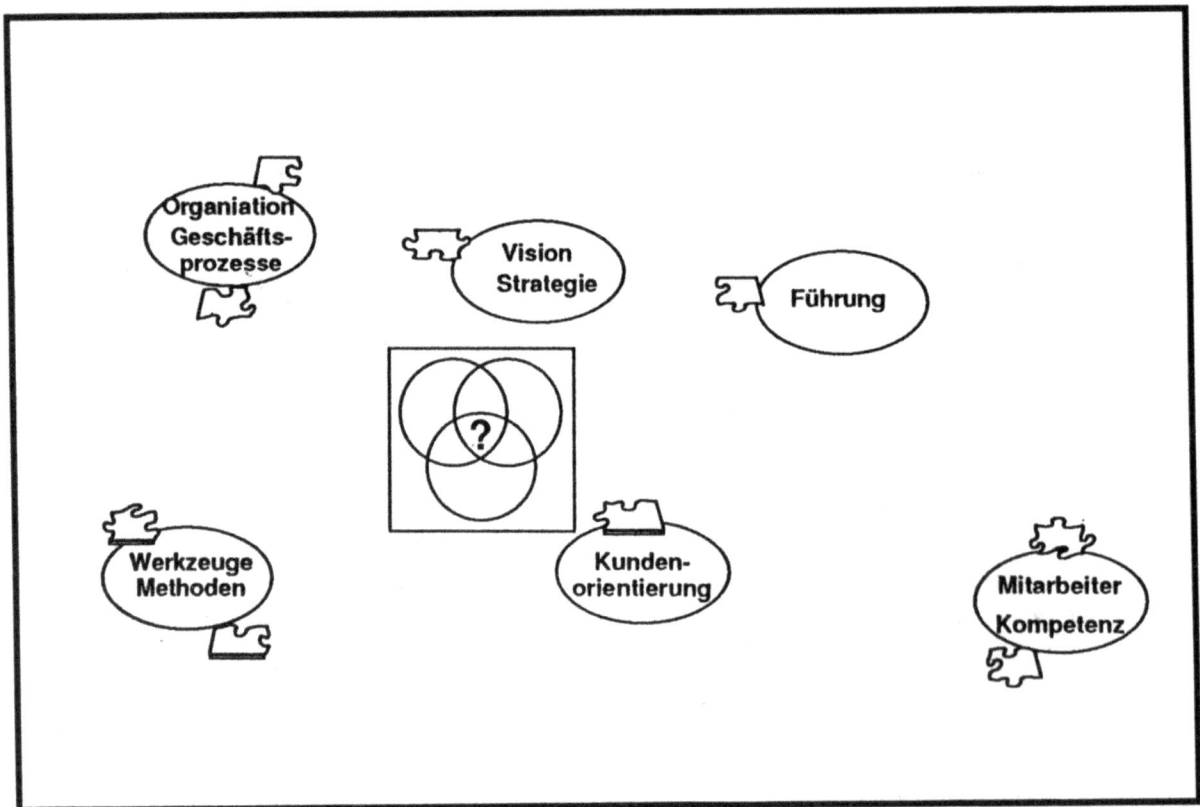

Bild 2 Ganzheitlicher Ansatz ?

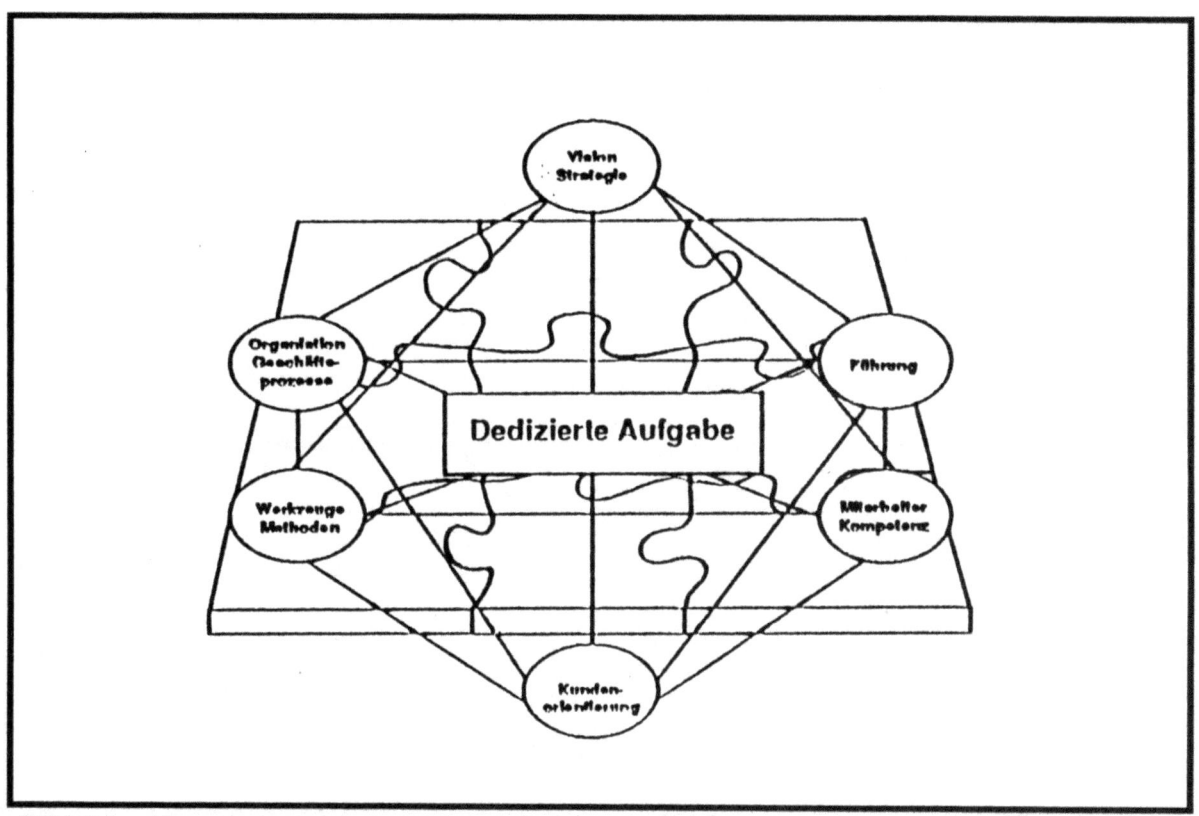

Bild 3 Im Zentrum steht eine klar definierte Aufgabe

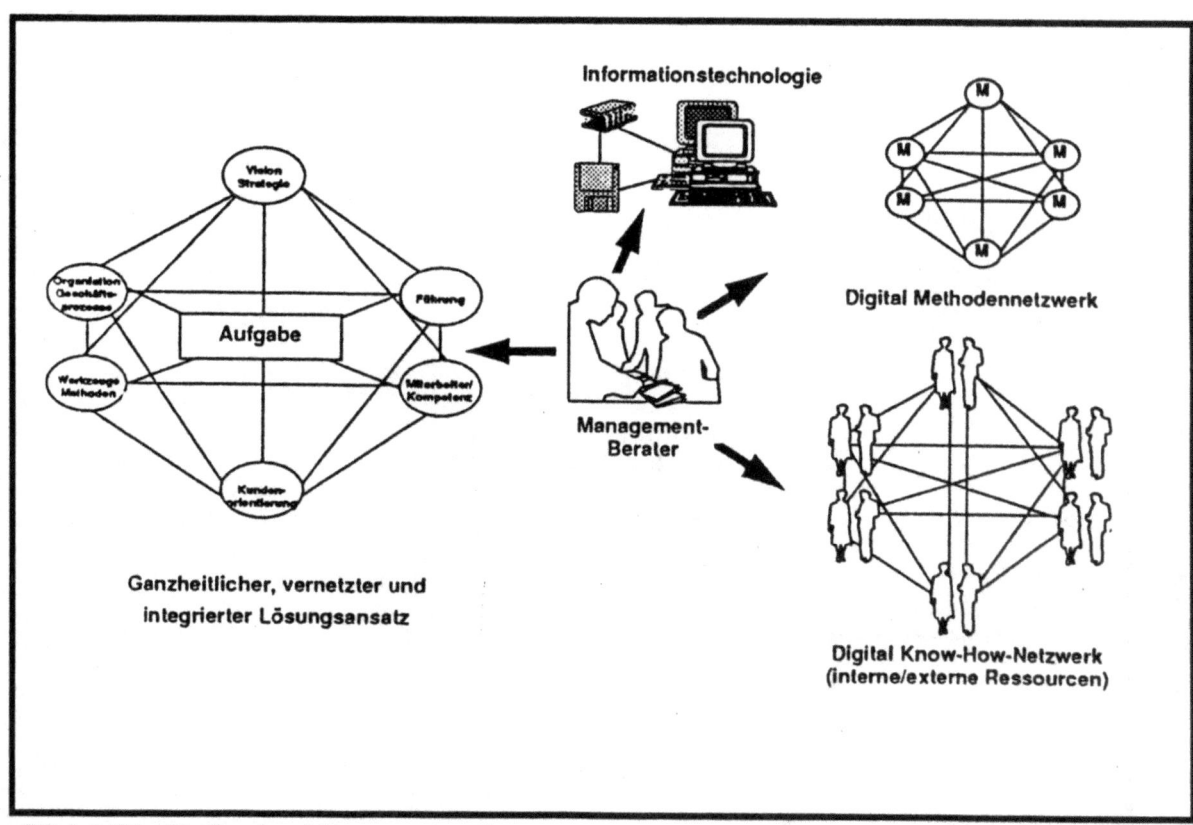

Bild 4 Die Rolle der Managementberater

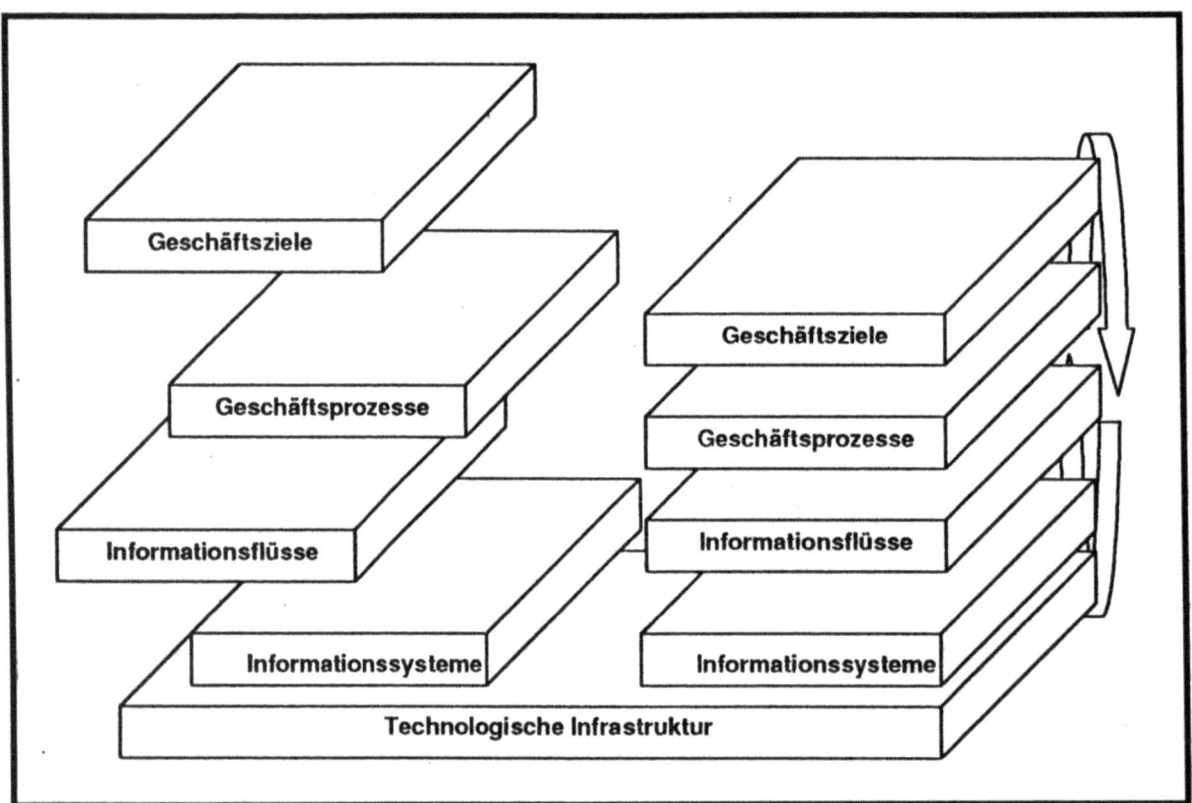

Bild 5 Unterehmensrealität und -modell

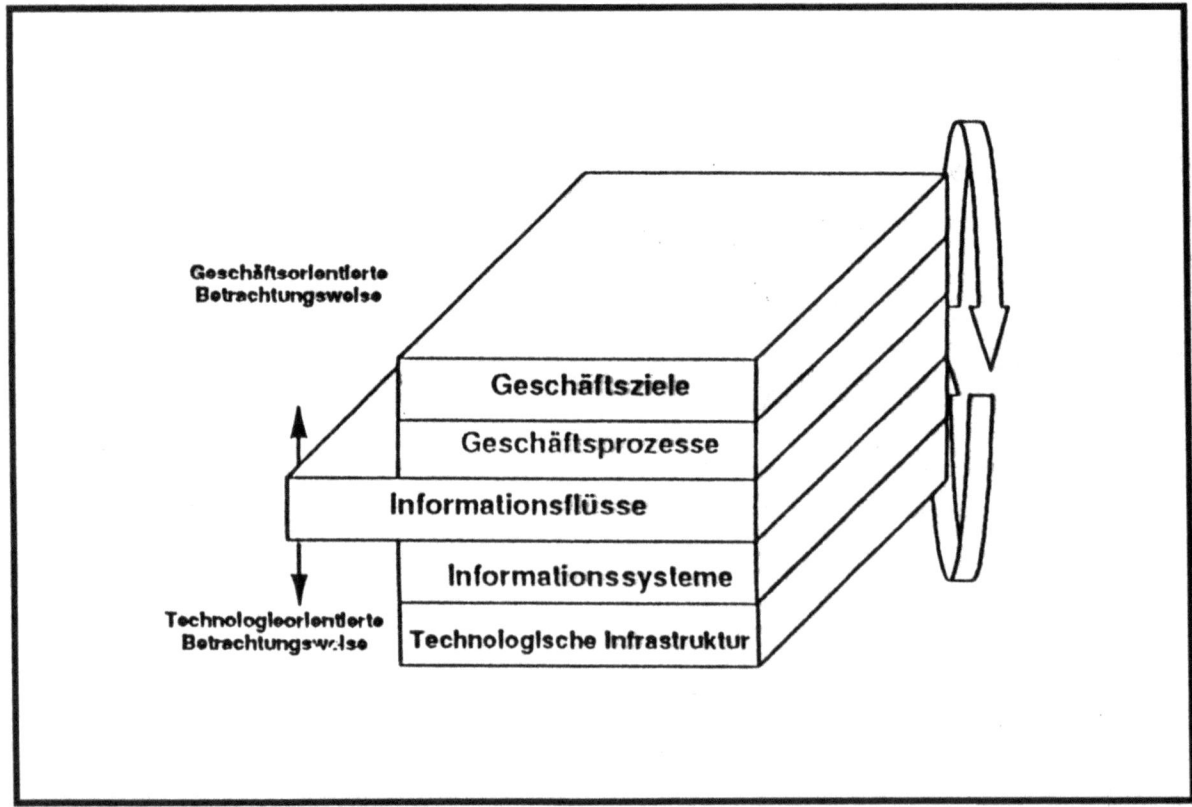

Bild 6 Die schlanke Organisation

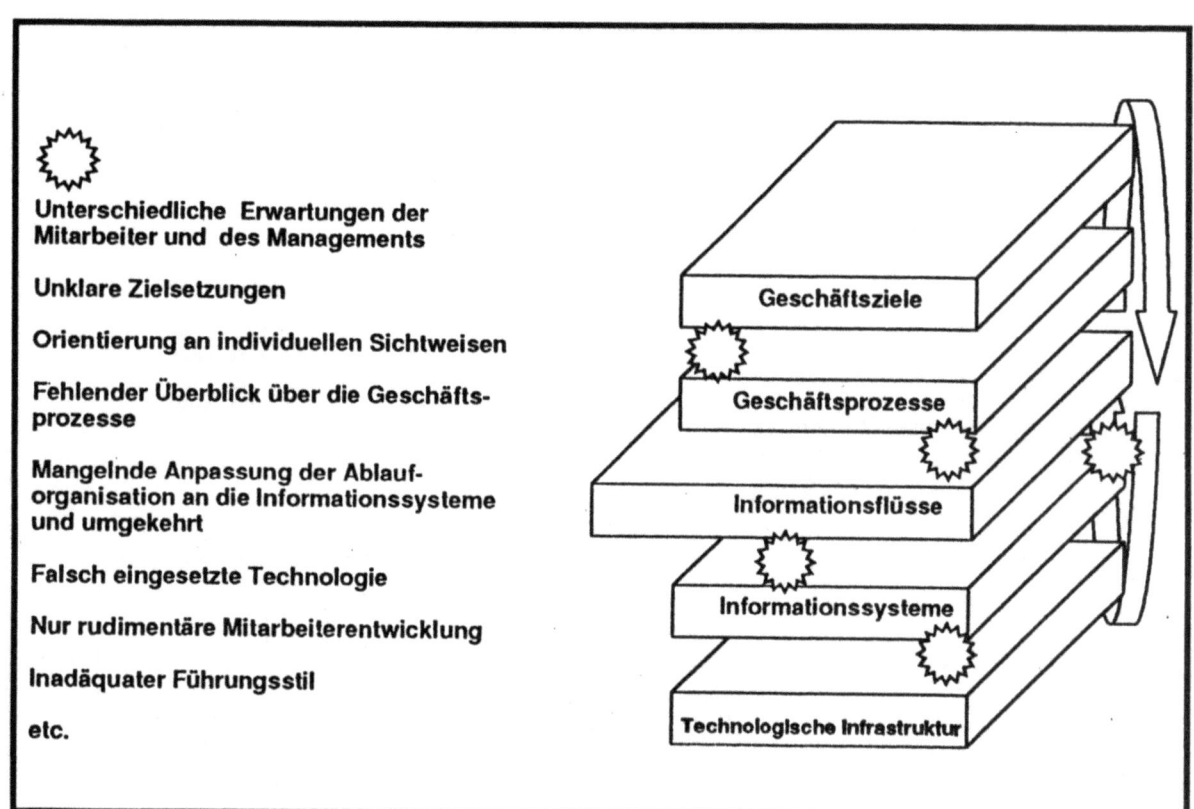

Bild 7 Problembereiche

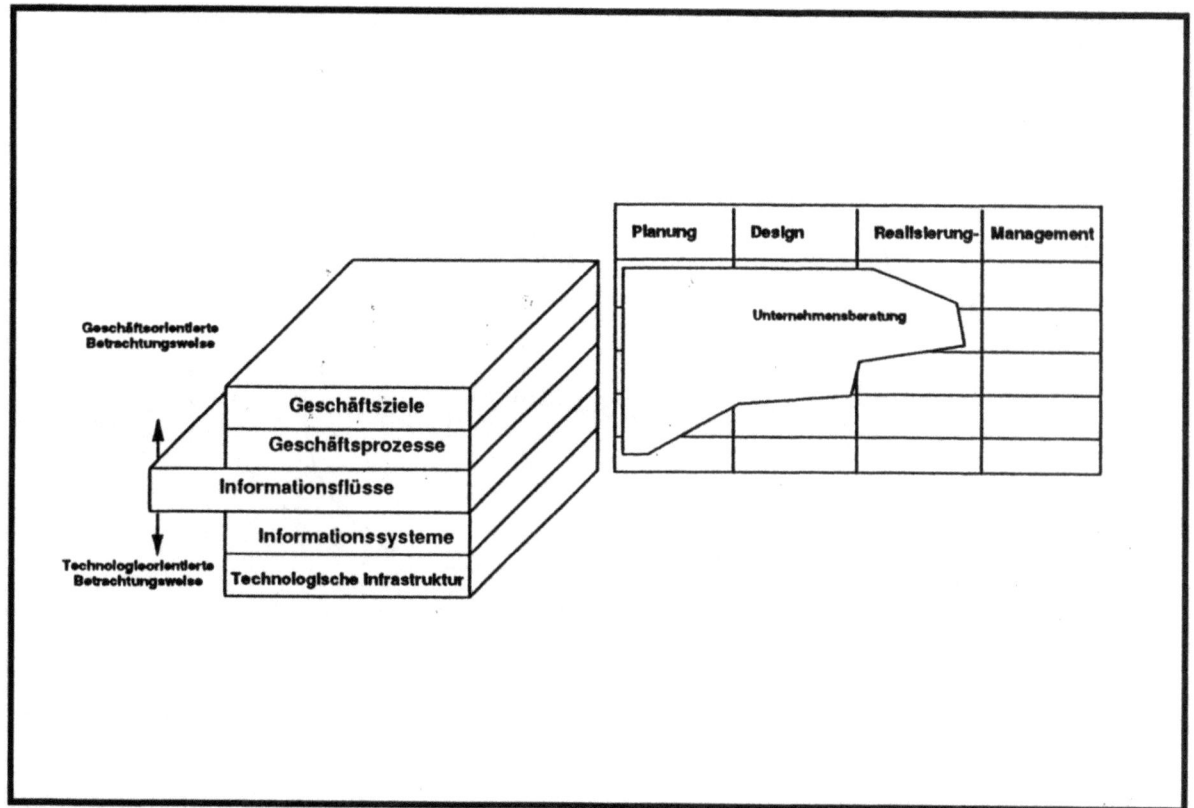

Bild 8 Positionierung des Leistungsspektrums

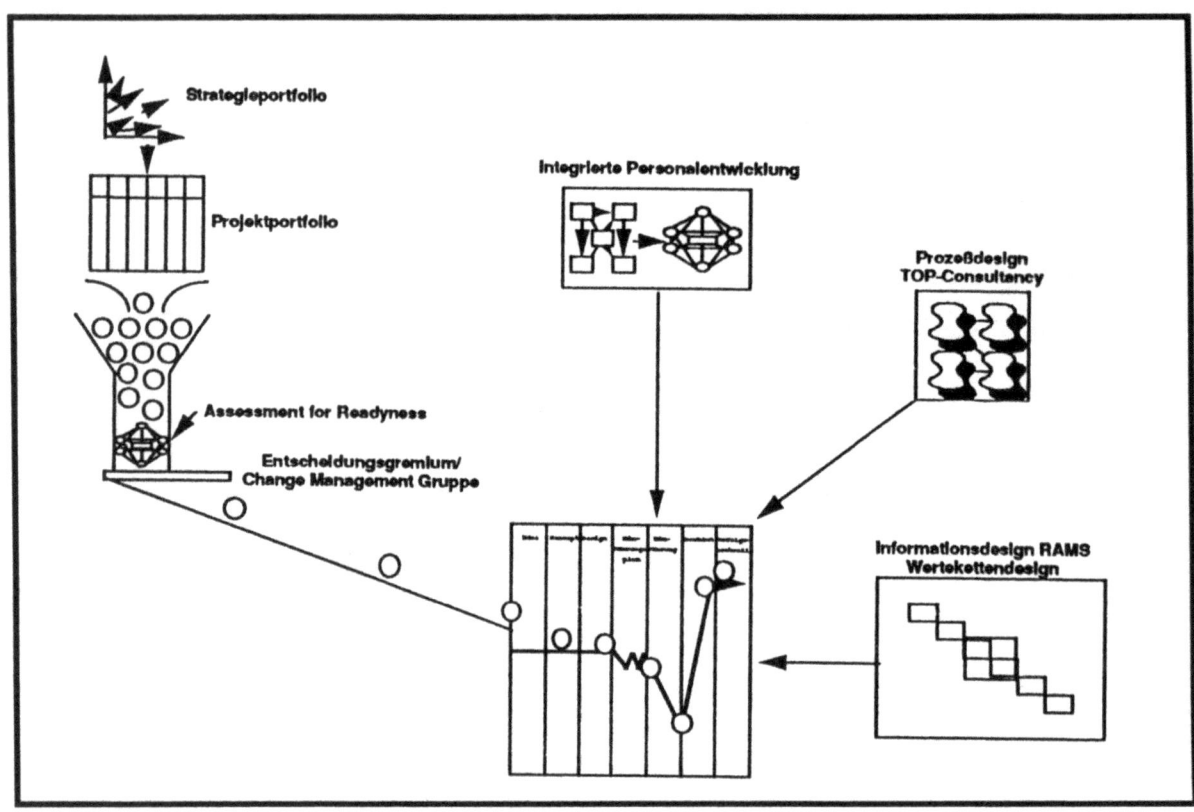

Bild 9 Vorgehensweise Enterprise Change Design - ECD

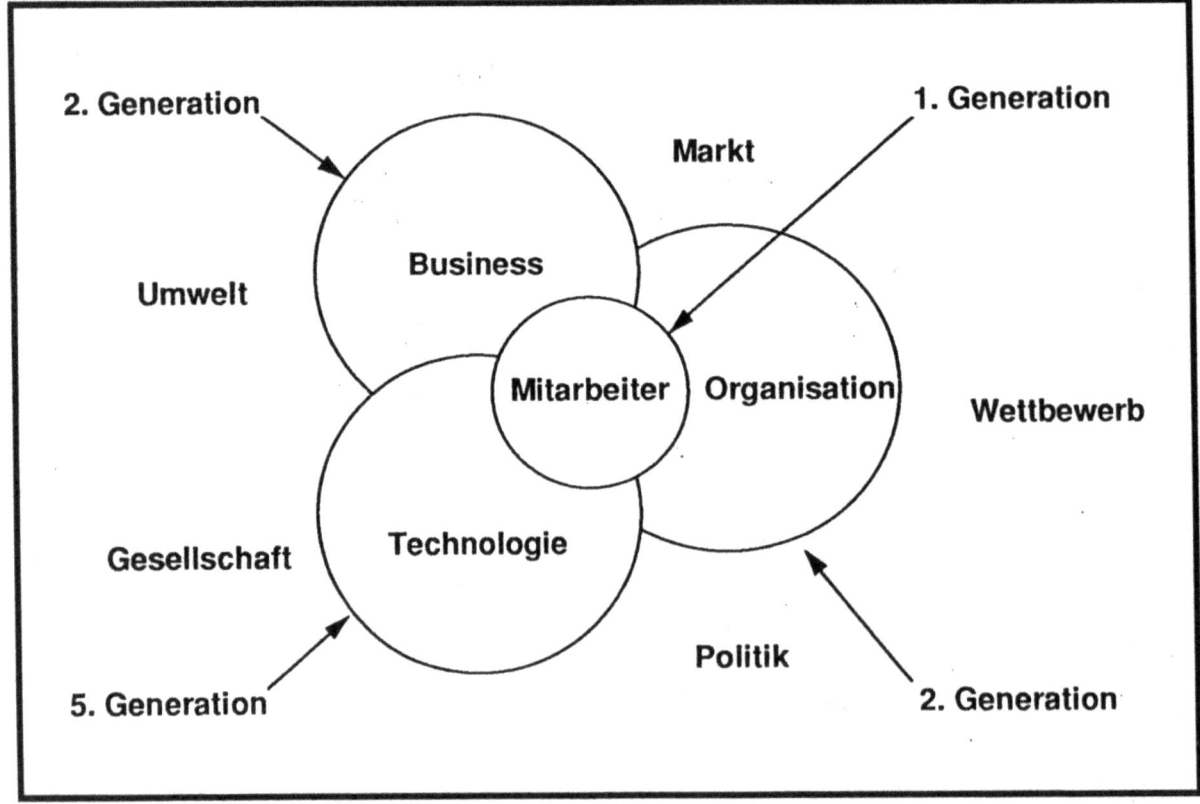

Bild 10 Das Unternehmen im Spannungsfeld von Technik, Markt und Gesellschaft

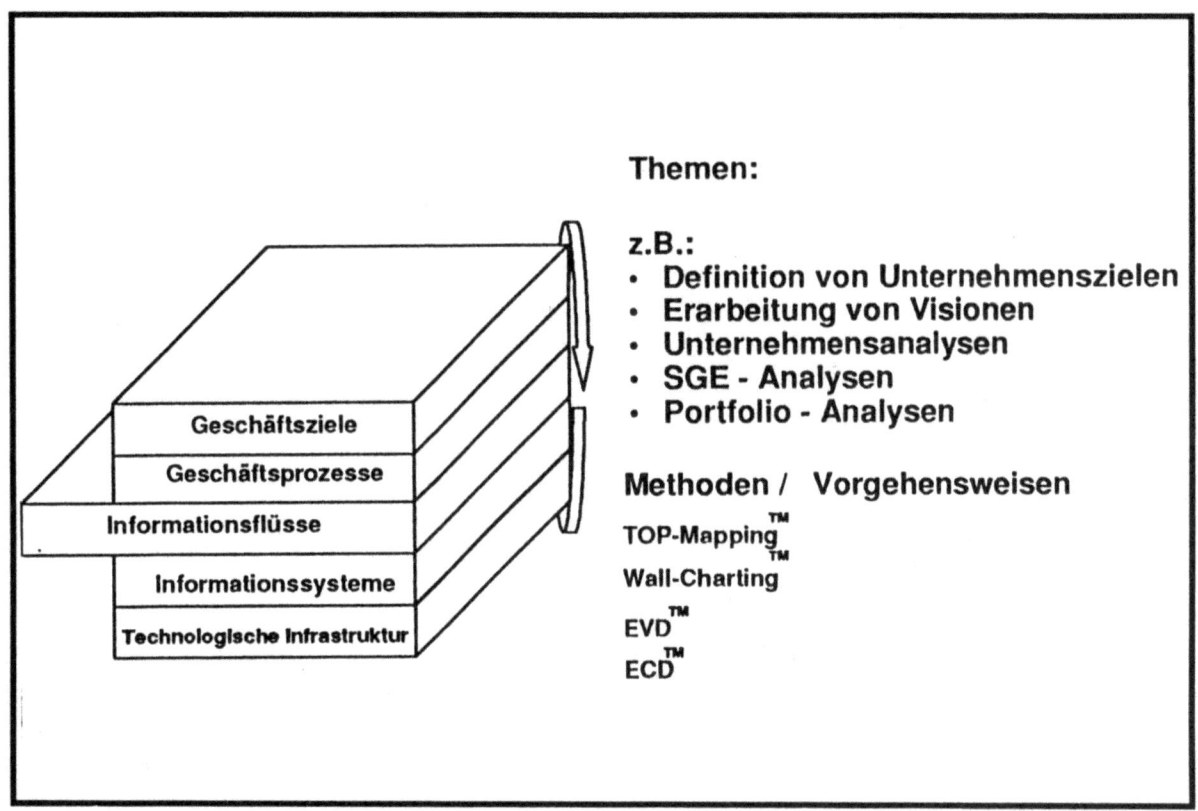

Bild 11 Beratungsportfolio: Strategieberatung

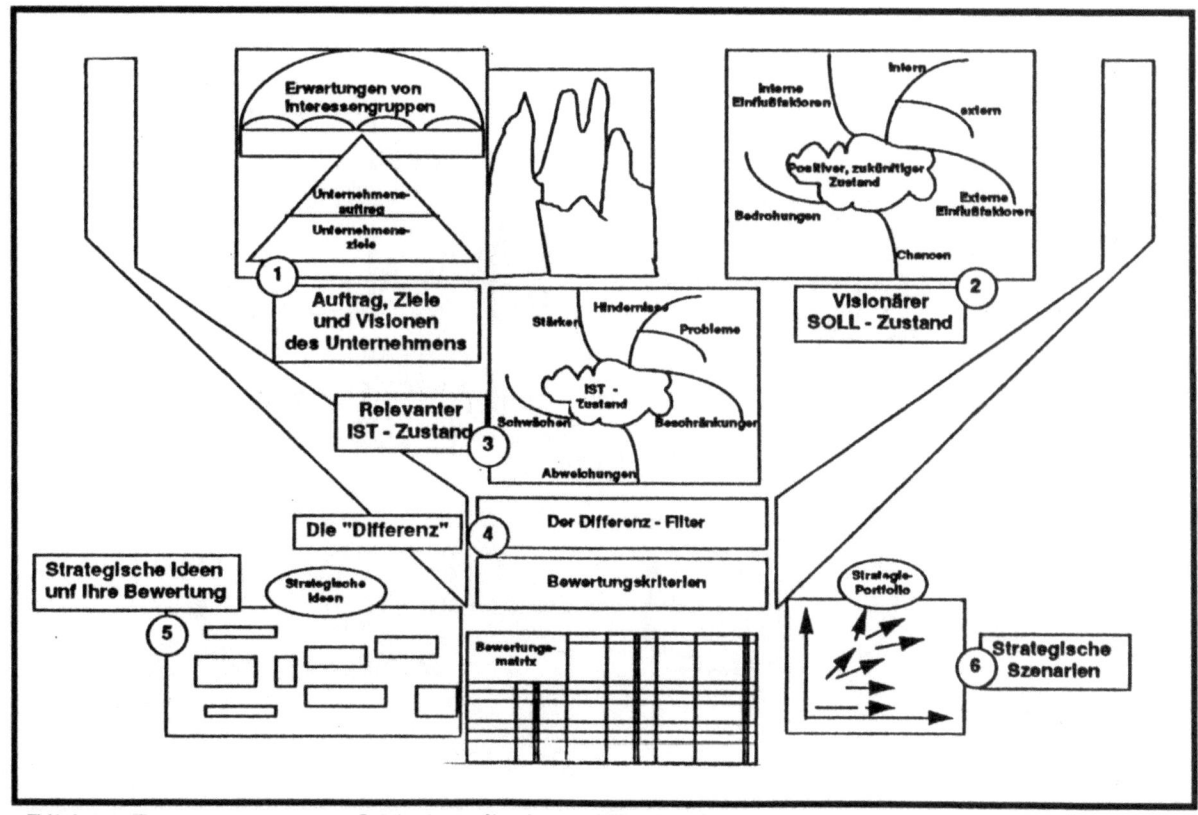

Bild 12 Beratungsprozeß Visionsfindung (EVD ™)

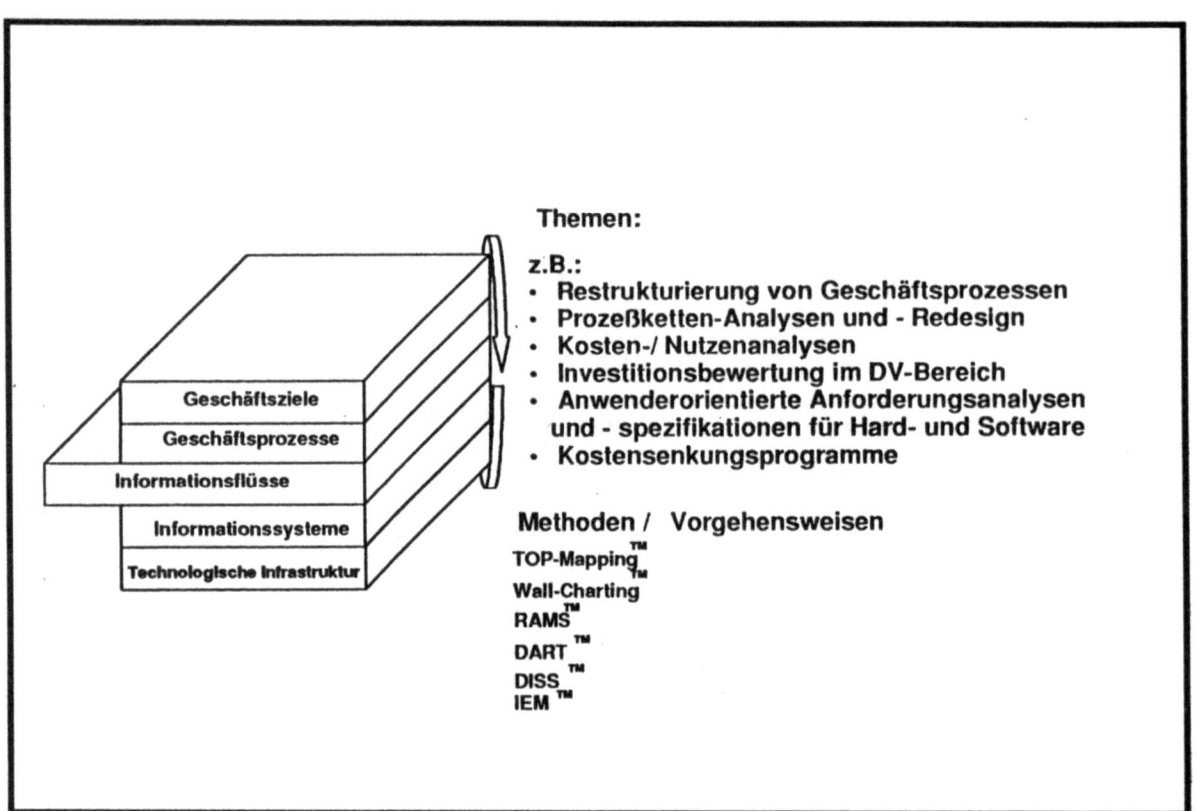

Bild 13 Beratungsportfolio: Organisationsberatung

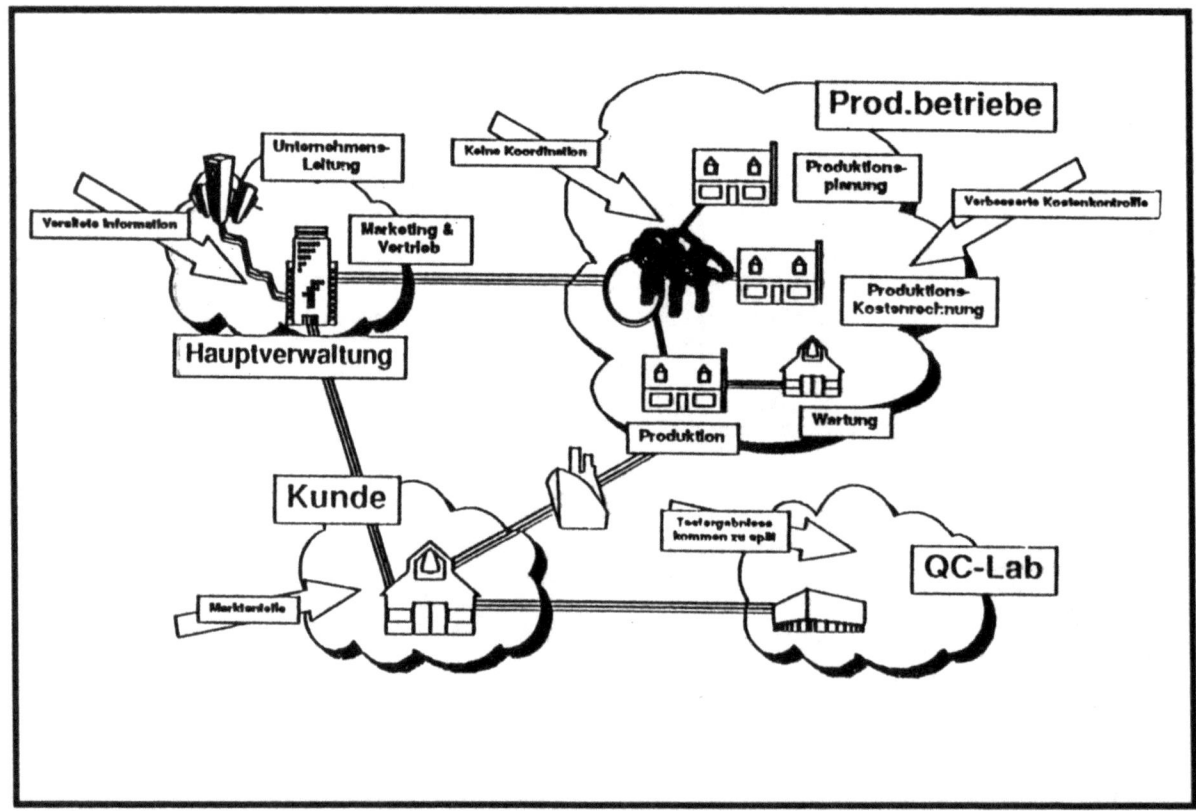

Bild 14 Design der Geschäftsprozesse

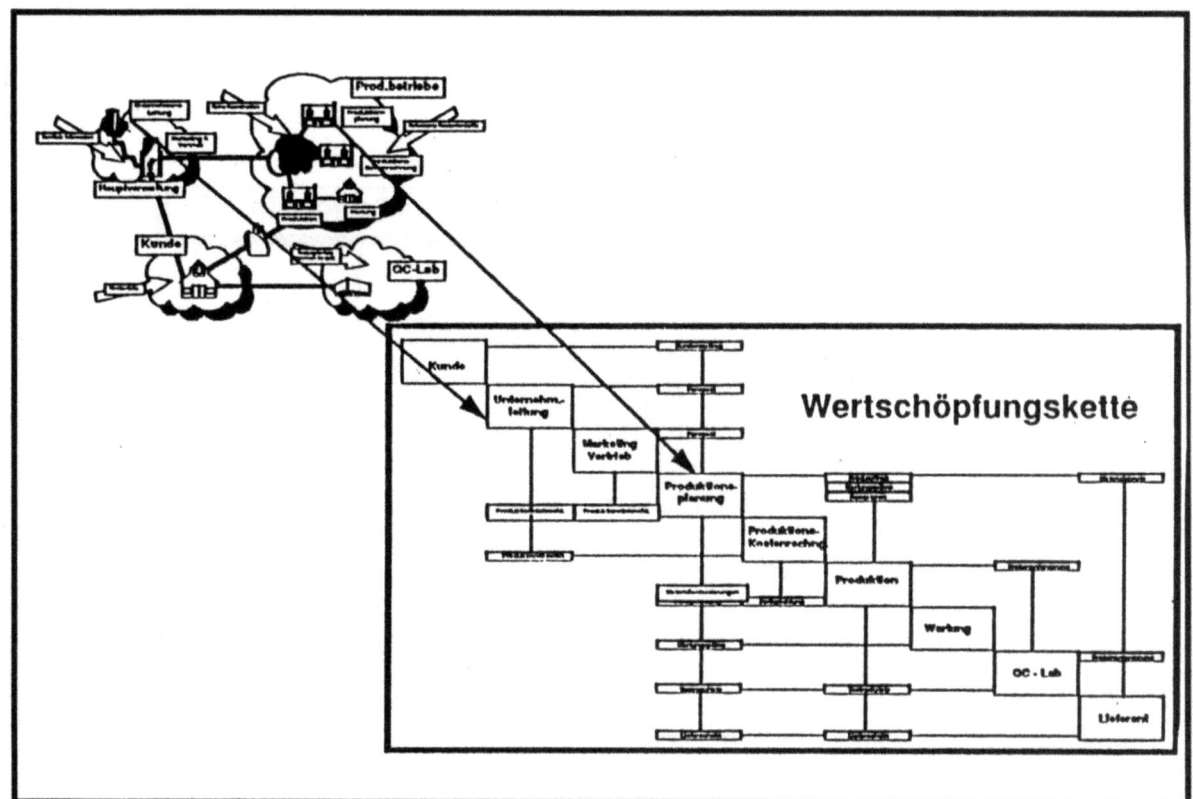

Bild 15 Beratungsprozeß; IST-Analyse der Wertekette

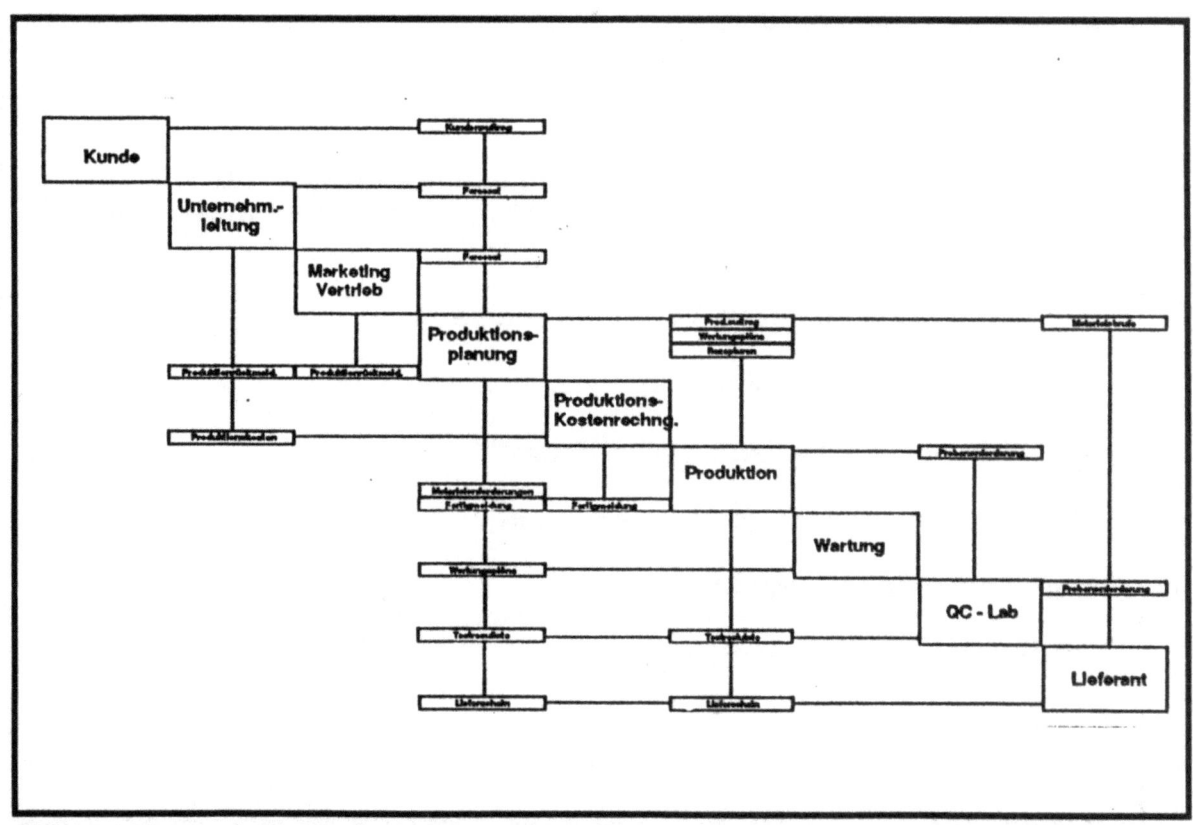

Bild 16 Entwurf der Wertschöpfungskette / 1

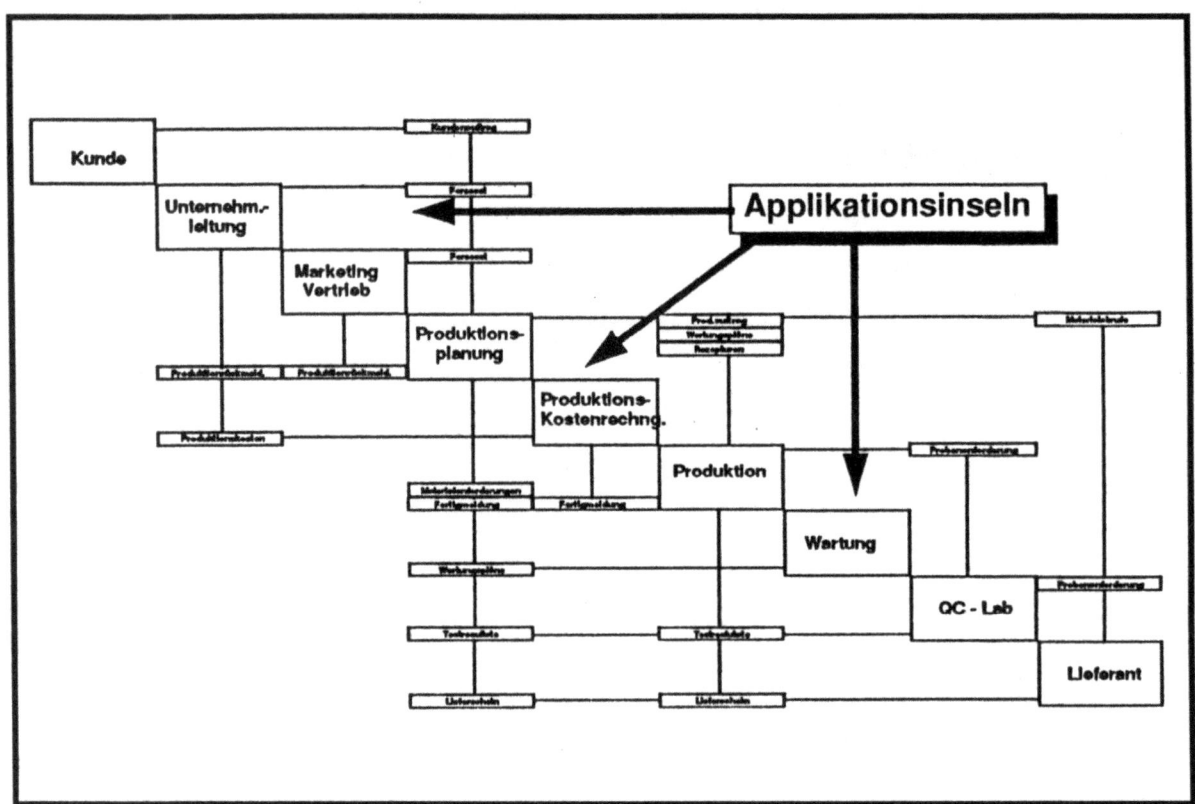

Bild 17 Entwurf der Wertschöpfungskette / 2

- Durchgängige, ganzheitliche Beratung von der Planung bis zur Realisierung und von der Unternehmensvision bis zum Einsatz der DV-Technologie

- Kosten- und zeitsparende Vorgehensweise

- Transparente Ergebnisfindung

- Einbindung aller relevanten Mitarbeiter

- Gemeinsames Erarbeiten der Lösungen

- Konsensorientierte Methoden

- Prozeßorientierte Vorgehensweise

Bild 18 Warum Unternehmensberatung

12. IAO-Arbeitstagung
Wege aus der Krise
Geschäftsprozeßoptimierung und
Informationslogistik

Auswirkungen der integrierten Vorgangsbearbeitung auf die Software Entwicklung bei Banken

Alfred Goll

Dresdner Bank AG, Frankfurt am Main

1. Einleitung

Um die zumeist arbeitsintensiven Vorgänge im Kreditgewerbe mit der geforderten Schnelligkeit und Zuverlässigkeit wirtschaftlich abwickeln zu können, wurden von den Banken neue Technologien zur Sicherung der Wirtschaftlichkeit und der Wettbewerbsfähigkeit seit jeher frühzeitig aufgegriffen.

Die seit einigen Jahren zu beobachtende Veränderung des Marktes, die Entstehung neuer Produkte, Anforderungen der Kunden und der Nutzer, gesetzliche Änderungen usw. erfordern eine immer höhere Flexibilität und immer kürzere Bereitstellungszeiten bei zunehmender Komplexität der Abläufe. Diese Aufgabe ist mit den herkömmlichen, transaktionsorientierten Anwendungssystemen nur unbefriedigend zu lösen. Ansätze für funktionale Verbesserungen bei der Sachbearbeitung und für eine Verkürzung der Entwicklungszeiten werden daher mit großem Interesse verfolgt.

Da sich die von den verschiedenen Herstellern verfolgten Konzepte z.T. stark in ihrer Ausrichtung, in ihrer Leistungsfähigkeit und in ihren Auswirkungen auf die Vorgangsunterstützung und die Vorgangsmodellierung unterscheiden, ist es erforderlich, die Mindestanforderungen an ein Vorgangsunterstützung genau zu definieren, um die erhofften Auswirkungen auf die Anwendungsentwicklung zu erzielen.

2. Anforderungen, Definitionen

Aus den o. g. Anforderungen an Wirtschaftlichkeit, Flexibilität usw. bei zunehmender Komplexität ergeben sich u. a. folgende Zielsetzungen für die integrierte Vorgangsbearbeitung:
- durchgängige, medienbruchfreie Unterstützung von Geschäftsvorfällen
- schnelle Reaktion auf neue Produktanforderungen
- Verkürzung der Entwicklungszeiten

Die durchgängige, medienbruchfreie Unterstützung bedeutet hierbei, daß die Vorgangsbearbeitung sachgebietsübergreifend erfolgt und Werkzeuge und Funktionen der Bürokommunikation und der Individuellen Informationsverarbeitung einbezogen werden; einmal erfaßte Daten sind für alle weiteren Bearbeitungsschritte innerhalb des Vorgangs verfügbar.

Darüber hinaus muß der Ablauf beschrieben sein und vom System unterstützt werden.

Die für eine schnelle Reaktion auf neue Produktanforderungen notwendige Verkürzung der Entwicklungszeit erreicht man, indem Standardfunktionen eingesetzt und die Voraussetzungen geschaffen werden, daß die Nutzer stärker in den Entwicklungsprozeß einbezogen werden können.

Eine Untersuchung von Geschäftsvorfällen im Bankenbereich ergibt, daß eine Reihe von betriebswirtschaftlichen und technischen Funktionen ab einem bestimmten Detaillierungsgrad verallgemeinert und als elementare Funktionen standardisiert werden können.

Standardisierbare Funktionen sind z. B.
- Kontoeröffnung,
- Vertragsbeendigung,
- Vertragsunterbrechung,
- Schreiben von Briefen, Verträgen, Ausfüllen von Formularen
- Aufträge an andere Stellen,
- Vorgangsunterbrechung,
- Zeitüberwachung / Wiedervorlage u. a. m.

Nach dieser Abstraktion ist ein Vorgang ein in sich zusammenhängender Ablauf, der aus einer Folge von definierten Teilvorgängen oder/und Funktionen zusammengesetzt ist, die nacheinander, parallel, wiederholt oder abhängig von Bedingungen oder Ereignissen ausgeführt werden müssen (s. Bild 1).

Umfang und Laufzeit eines Vorgangs bestimmen sich nach organisatorischen Gesichtspunkten unter Berücksichtigung systemtechnischer Randbedingungen. Unterbrechungen und Weiterleitungen müssen möglich sein.

Die Teilvorgänge und Funktionen setzen sich aus einer oder mehreren Einzelschritten (Elementarfunktionen) zusammen.

Elementarfunktionen werden bei der Ausführung der Teilvorgänge und Funktionen aufgerufen. Elementarfunktionen sind aus betriebswirtschaftlicher Sicht nicht weiter aufzuteilen. Sie sollen möglichst allgemeingültig definiert sein, damit sie grundsätzlich für alle Funktionen und Teilvorgänge verfügbar sind.

Zur Ausführung von Funktionen, Teilvorgängen oder Elementarfunktionen können auch Anwendungssysteme oder Werkzeuge der Bürokommunikation bzw. der Individuellen Informationsverarbeitung einbezogen werden.

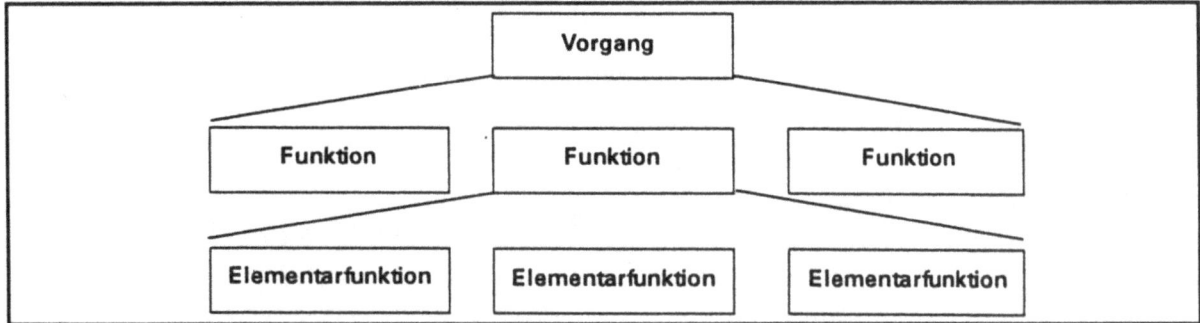

Bild 1: Abstrakte Struktur eines Vorgangs

Die Regeln für den Ablauf, d. h. die Verknüpfung der Teilvorgänge, Funktionen und Elementarfunktionen werden nach ablauforganisatorischen Gesichtspunkten definiert:
- Durchzuführende Teilvorgänge und Einzelschritte
- Abhängigkeit der Einzelschritte untereinander
- bearbeitende Stellen
- erforderliche Kompetenzen
- zu berücksichtigende Ereignisse
- Zeitrahmen für die Bearbeitung

3. Grundelemente der Vorgangsbearbeitung

Unter der Prämisse, daß
- die zu lösenden Abläufe strukturierbar sind,
- der Ablauf vom Sachbearbeiter innerhalb vorgegebener Grenzen geändert werden können soll (Ausnahmebehandlung) und
- Daten, Programme, Ablaufbeschreibung und Vorgangssteuerung getrennt verwaltet werden

ergibt sich folgendes Modell für ein Vorgangsbearbeitungssystem:

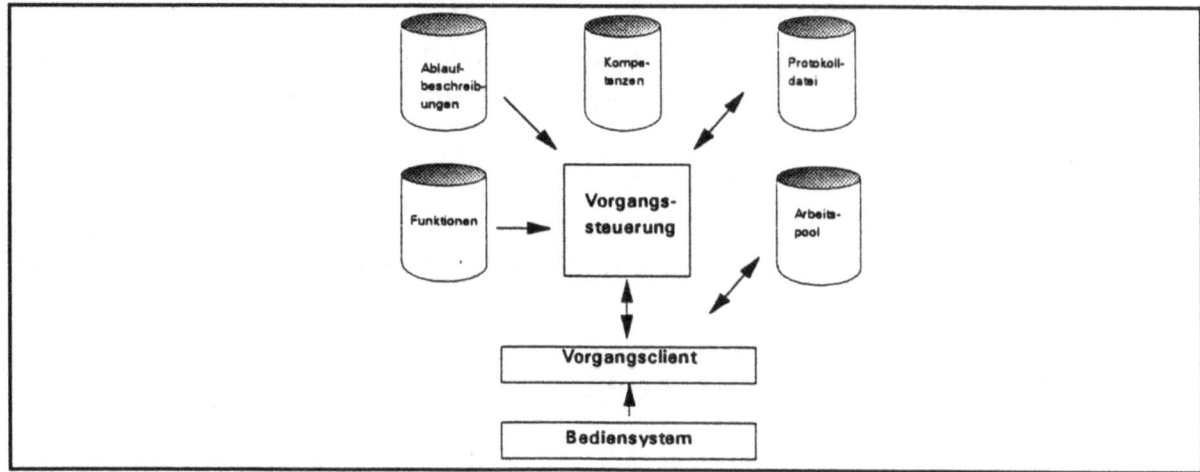

Bild 2: Modell für Vorgangsbearbeitung

Elementarfunktionen
Die Elementarfunktionen bilden die Bibliothek der standardisierten Programme, die im Rahmen von Vorgängen eingebunden werden können.

Ablaufbeschreibungen
Die Ablaufbeschreibungen enthalten die Regeln (Abhängigkeiten, Bedingungen, Ereignisse, notwendige Kompetenzen usw.) für die Verknüpfung der Elementarfunktionen und Teilvorgänge.

Vorgangssteuerung
Aufgabe der Vorgangssteuerung ist es, die Ablaufbeschreibungen zu interpretieren und entsprechend den definierten Regeln die Funktionen, Teilvorgänge und Elementarfunktionen zum Ablauf zu bringen.

Neben der Ausführung der vorgegebenen Abläufe muß es auch möglich sein, auf unerwartete Ereignisse angemessen zu reagieren, d.h. daß der Bearbeiter im Rahmen definierter Freiräume die Reihenfolge auszuführender Funktionen ändern, und Funktionen oder Teilvorgänge auslassen oder hinzufügen können muß.

Vorgangsverwaltung
Alle einen konkreten Vorgang beschreibenden Informationen müssen bis zum Abschluß gemeinsam verwaltet werden, damit sie
- orts-, zeit- und personen-unabhängig bearbeitet,
- jederzeit vom Bearbeiter oder von hierzu befugten Instanzen nachvollzogen und
- vom Bearbeiter zurückgesetzt werden können (backtracking), z. B. um Fehleingaben zu korrigieren.

Hierzu zählen
- statische Informationen (Vorgang, Ablaufbeschreibung, Version usw.)
- dynamische Informationen (Bearbeitungsstatus, eingetretene Ereignisse, Zwischenergebnisse, Daten usw.)
- Verwaltung der Arbeitspools (Eintrag von Vorgängen, Weiterleitung usw.)
  Terminmanagement (Zeitüberwachung, Wiedervorlage mit Zeit- und
- Zielvorgabe)
- funktionale Zuordnung der Kompetenzen

Darüber hinaus soll die Vorgangsverwaltung Informationen zur Verfügung stellen über
- den Bearbeitungsstand,
- benutzerspezifisch zugeordnete Funktionen,
- bereits ausgeführte Funktionen,
- noch zu absolvierende Funktionen

- Funktionen, die an anderer Stelle erledigt wurden/werden
- die eine Funktion einschließenden Elementarfunktionen,
- den Ablauf (schrittweise Nachvollziehbarkeit) usw.

Kompetenzverzeichnis
Das Kompetenzverzeichnis regelt die Zuständigkeiten und Kompetenzen für die Ausführung von Tätigkeiten und den Zugriff auf Daten und Programme. Die Adressierung von Bearbeitern erfolgt vorzugsweise über organisatorische Funktionen und Kompetenzen.

Arbeitspool
In den Arbeitspools liegen alle Vorgänge, die nicht abgeschlossen sind, d.h. Vorgänge,
- die neu in das System eingetreten sind und noch nicht bearbeitet wurden,
- deren Bearbeitung unterbrochen wurde,
- die von einem anderen Sachbearbeiter abgegeben wurden,
- für die ein Zeitlimit definiert wurde (z.B. Zeitüberschreitung, Wiedervorlage),
- die von einer Batch-Kette o.ä. erzeugt wurden u.a.m.

Jedem Bearbeiter ist ein Arbeitspool zugeordnet, in dem er die von ihm durchzuführenden Funktionen vorfindet. Die offenen Vorgänge müssen auch den Vertretern, Vorgesetzten o.ä. zugänglich sein.

4. Versionsführung

Um bei der Vorgangsbearbeitung eindeutige, reproduzierbare Ergebnisse zu erzielen, müssen alle den Vorgang beschreibenden Elemente, d.h. Objekt, Subjekt, Attribute, Daten und Funktionen eindeutig definiert sein.

Die Versionen aller einen Vorgang definierenden Elemente müssen über die gesamte Lebensdauer mitgeführt werden und verfügbar sein. Änderungen einer dieser Komponenten bewirken neue Versionen für alle Vorgänge, in denen diese Komponenten wirksam sind.
Diese Abhängigkeit erfordert eine Versionsführung für Produkte insgesamt incl. aller sie beschreibenden Elemente, sowie eine Referenzierung dieser Komponenten untereinander.

5. Sicherheitsfunktionen

Da die Vorgangsbearbeitung arbeitsteilig über mehrere Sitzungen, Stellen und Systeme stattfinden und Bestandsveränderungen zur Folge haben kann, sind durchgängige Berechtigungsverfahren, Sicherung der Integrität der Abläufe und Daten, sowie die Nachvollziehbarkeit aller Funktionen unter Berücksichtigung von Datenschutzanforderungen unbedingt erforderlich.

Um Fehler beim Ablauf zu verhindern, ist für einen gesicherten Wiederanlauf abgebrochener Sitzungen zu sorgen. Bestandsverändernde Transaktionen müssen gesichert sein, um ggf. mindestens die Rücksetzung der Vorgänge auf konsistente Zustände zu ermöglichen.

6. Auswirkungen auf die Anwendungsentwicklung, Nutzen

Integrierte Vorgangsbearbeitung erfordert und bewirkt nach dieser Definition Veränderungen bei der Anwendungsarchitektur und im Prozeß der Anwendungsentwicklung.

Trennung von Funktionen und Abläufen
Bei der Realisierung von Vorgängen erfolgt eine Trennung zwischen der Entwicklung von (elementaren) Funktionen und der Definition von Abläufen.

Entwicklung von Elementarfunktionen
Um Elementarfunktionen sachgebietsübergreifend in unterschiedlichen Abläufen anwenden zu können, müssen die Funktionen und Schnittstellen standardisiert werden. Dies kann z. B. im Rahmen einer Modellierung der im Unternehmen benötigten Funktionen erfolgen.

Die EDV-technische Ausprägung der Elementarfunktionen sind Programme, die nach den jeweils geltenden Regeln der Anwendungsentwicklung erstellt oder von Herstellern bezogen werden.

Einzubeziehende Funktionen von Werkzeugen der Bürokommunikation und der Individuellen Informationsverarbeitung müssen an die definierten Standards angepaßt werden.

Definition von Abläufen
Bei der Definition der Abläufe kann auf vorgefertigte elementare Funktionen zurückgegriffen werden, so daß bei dieser Tätigkeit anwendungsfremde Formalismen weniger beachtet werden müssen. Das ermöglicht die stärkere

Einbeziehung der Fachabteilungen und damit die direktere Umsetzung von Anforderungen des Marktes.

Die Tätigkeit der Sachbearbeiter wird kundennäher, da sie sich stärker an den tatsächlichen Abläufen orientiert.

Vorgangsmodellierung

Die Definition der einem Vorgang zugrunde liegenden Regeln erfordert Sprachmittel, welche die Beschreibung von Vorgängen ermöglichen:
- den Ablauf,
- die Abhängigkeit der Funktionen, Teilvorgänge und Elementarfunktionen,
- die Ereignisse (Ergebnisse von Prüfungen, Returncodes, Zeitablauf, manuelle Eingaben usw.).
- die erforderlichen Kompetenzen u. a. m.

Die Entwicklungsumgebung erfordert ein umfassendes Verzeichnis der bestehenden bzw. definierten Elementarfunktionen, Teilvorgänge, Funktionen und Vorgänge.

Kompetenzverzeichnis

Ein Verzeichnis mit organisatorischen Funktionen, Kompetenzen und Zuständigkeiten der Mitarbeiter, hierarchische Einordnung, Vertretung usw., das als Grundlage für die Zuordnung von Vorgängen und Teilvorgängen dienen kann, muß unternehmensweit definiert werden.

Aufwand und Dauer

Durch die Verwendung vorhandener standardisierter Funktionen verkürzen sich Entwicklungsdauer und - Aufwand, sofern
- die Funktionen modelliert und standardisiert werden und
- Werkzeuge der Bürokommunikation und der Individuellen Datenverarbeitung einbezogen werden.

Eine weitere Verbesserung bei der Entwicklung wird erzielt durch
- stärkere Verlagerung der Vorgangsentwicklung zum Nutzer und
- problemnahe Definition der Abläufe.

Für den Bearbeiter und für das Unternehmen führt die vorgangsorientierte Arbeitsweise zu
- effizienterer Vorgangsbearbeitung und
- stärkerer Kundenorientierung

und damit zu der angestrebten Verbesserung der Produkt- und Dienstleistungsqualität.

Literatur:

[1] Anforderungen an integrierte Bürokommunikation, 2. Aufl. (1991); Anwenderkooperation Bürokommunikation (Hrsg.), S. 10, 11, 31 - 42

[2] VDI-Berichte: Erfolgreicher mit Bürokommunikation in Industrie und Dienstleistung. VDI-Verlag, Düsseldorf 1991, S. 191 - 296

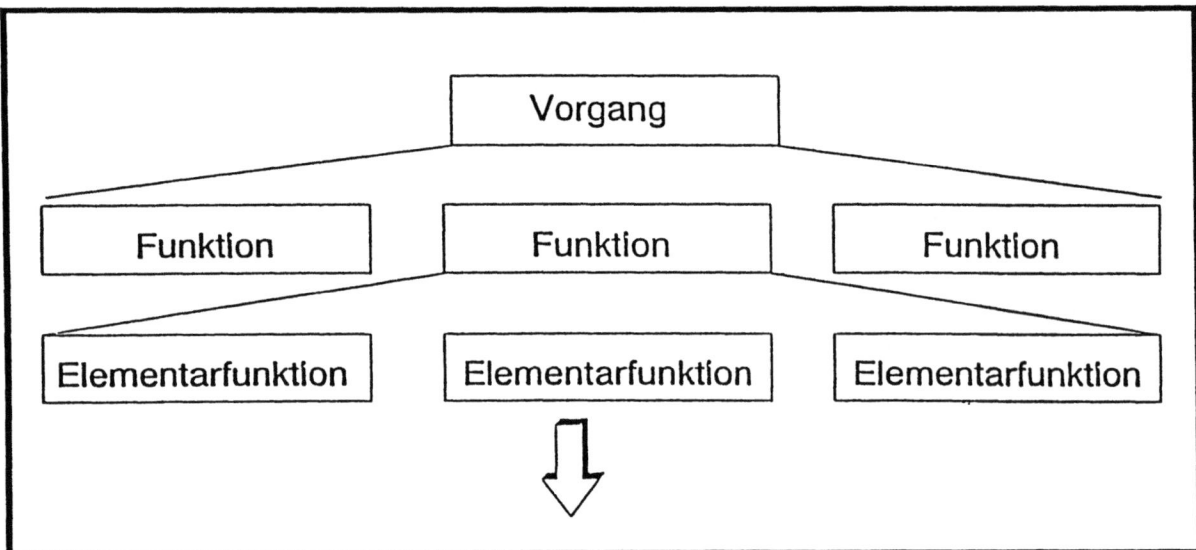

Bild 1 Abstrakte Struktur eines Vorgangs

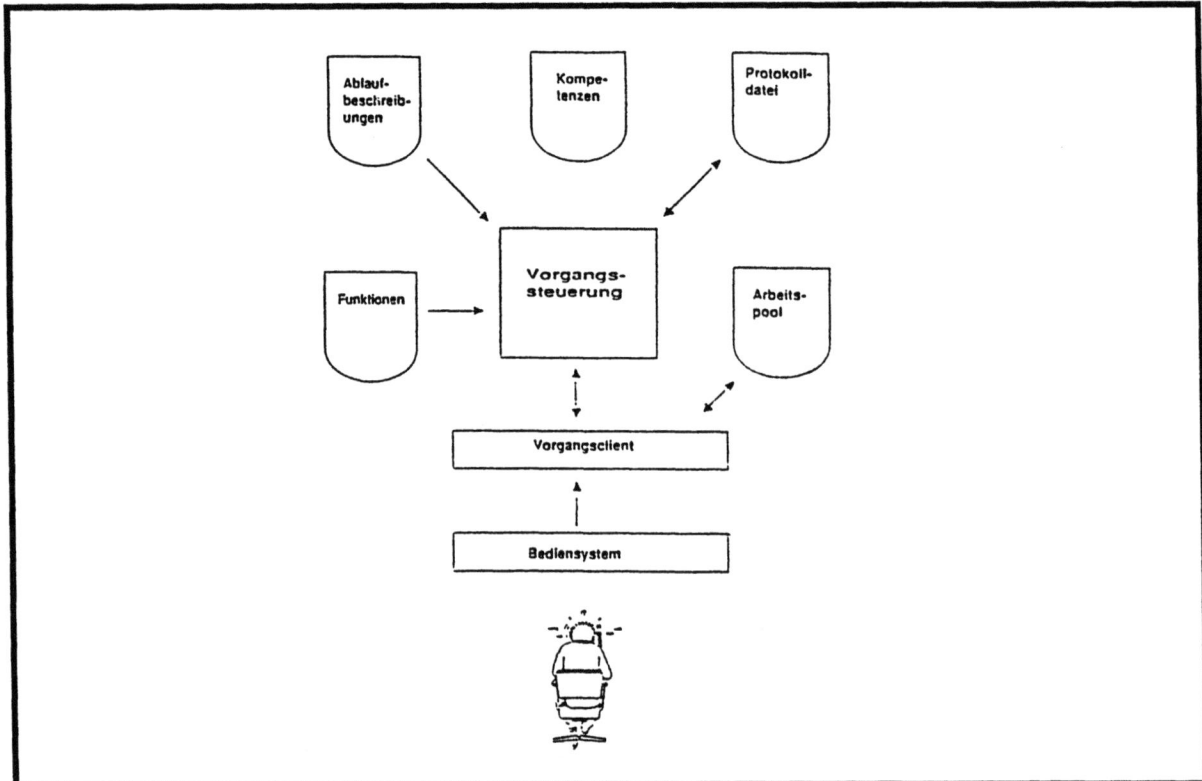

Bild 2 Modell für Vorgangsbearbeitung

12. IAO-Arbeitstagung
Wege aus der Krise
Geschäftsprozeßoptimierung und
Informationslogistik

Geschäftsprozesse
und Standardsoftware

Ein Praxisbericht aus dem Bereich der Finanzbuchhaltung

Heinz Bandur

Mercedes-Benz AG, Stuttgart

1. Geschäftsprozesse und Prozeßketten im Bürobereich.

In den kaufmännischen Abteilungen größerer Unternehmen laufen heute täglich Prozesse ab, die ohne eine maschinelle Unterstützung durch PC's, Workstations oder Großrechner entweder viel mehr Personal erforderten oder in ihrem Umfang und in ihrer Komplexität reduziert werden müßten.

Typische Prozesse oder Prozeßketten im kaufmännischen Bereich sind:

- Lohn- und Gehaltsabrechnung
- Materialeinkauf
- Auftragsabwicklung
- Ein- und Verkaufsabrechnung
- Finanzbuchhaltung
- Zahlungsverkehr
- Betriebswirtschaftliche Ergebnisrechnungen

Die Entstehung von Prozeßketten läßt sich bis in die Zeit der Hollerith-Maschinen mit der Lochkarte als Erfassungsdokument und Speichermedium zurückverfolgen. Mit dem Einzug der Elektronik wurden daraus Insellösungen mit selbsterstellter Software, die nur auf die Prozesse des Anwenders ausgerichtet waren.

Unser heutiges Thema "Geschäftsprozesse und Standardsoftware" soll am Beispiel der Daimler-Benz- bzw. Mercedes-Benz-Buchhaltung beleuchtet werden, die Teil verschiedener Geschäftsprozeßketten ist (vgl. Abbildung 1).

2. Individualsoftware und Unternehmensstruktur

Um den Entscheidungsprozeß für die Ablösung der eigenerstellten Software durch eine standardisierte Fremdsoftware nachvollziehen zu können, muß das Szenario zum Zeitpunkt der Erstellung dieser Programme betrachtet werden.

Als vor über 20 Jahren der Auftrag für die Entwicklung eines an die Unternehmens struktur angepaßten Systems erteilt wurde, gab es auf dem Sektor der Standardsoftware neben den sogenannten Dienstprogrammen (Utilities) - seinerzeit Sortier-, Duplizier- und Mischprogramme - nur wenig Standardisiertes, wie beispielsweise Datenbanksoftware. Verständlich, daß bei der ersten Installation der neuen Finanzbuchhaltung Datenbanksoftware aus dem technischen Bereich der Stücklistenverwaltung verwendet werden mußte.

Wegen der hohen Betriebskosten der Hardware war es allerdings unwirtschaftlich einmal fehlerhaft eingespeicherte Daten wieder auszutauschen. Deshalb war die Datenprüfung im Vorfeld einer Datenbank oberstes Gebot, wozu wiederum eigenentwickelte Sotware benötigt wurde. Diese Buchhaltung mit dem Datenbanksystem BOMP (Bill of material processor) konnte erst Mitte der 70-iger Jahre durch eine Eigenentwicklung ersetzt werden.

Wie ein Blick auf die Struktur dieses alten Systems (Abbildung 2) erkennen läßt, entstanden aufgrund ihrer datenmäßigen Verflechtung mit anderen Geschäftsprozessen individuelle Erfassungssysteme und damit ein Maßanzug für das Unternehmen. Der Aufwand für die Wartung und Weiterentwicklung der einzelnen Komponenten stieg aber im Laufe der Zeit so stark an, daß für Neuentwicklungen immer weniger Kapazität zur Verfügung stand. Zugleich erzwangen Veränderungen in und um das Unternehmen eine Neuordnung der Aufgabenstruktur.

3. Redesign oder Standardsoftware ("Make or buy")?

Vor etwa 5 Jahren lagen für das eigenentwickelte System mit etwa 300 EDV-Programmen Modifikationswünsche im Umfang von zweistelligen Millionenbeträgen vor. Auslöser für diese aufwendigen Erweiterungen waren teils bei der Konzeption noch nicht bekannte Forderungen und teils umweltbedingte Veränderungen (Abbildung 3). Zudem war das System noch nicht modular aufgebaut.

Weil der Gesetzgeber zunehmend kurzfristigere Änderungen verabschiedete, trafen die Wünsche nach einheitlichen Datenstrukturen mit der Verlagerung aller Programmentscheidungen in vom Fachbereich steuerbare Tabellen zusammen. Vor der Entscheidung für ein Redesign, d. h. für die Entwicklung eines neuen Finanzbuchhaltungssystems war zu prüfen, welche der am Markt verfügbaren Standardsoftwaresysteme einen großen Teil der Forderungen (Abbildung 3) erfüllen konnten und in welchem Umfang die Nutzung von Standardpaketen Kostenvorteile erbringt.

4. Auswahl und Analyse der angebotenen Standardsoftware

Da das grobe Anforderungsprofil bereits vorlag, wurde die Auswahl geeigneter Software-Pakete fast eine Routineangelegenheit. Hilfreich bei dieser Auswahl war ein 1986 in zweiter Auflage erschienenes Buch von Professor Horváth über Standardsoftware für das Rechnungswesen. Das inzwischen gebildete Analyse-Team ermittelte damit bei einer Vorauswahl 23 für den Einsatz auf Großrechnern geeignete Softwaresysteme. Mit Hilfe von sechs K.O.-Kriterien wie Lauffähigkeit auf IBM-Anlagen, Real-time- und Batch-Verarbeitung, Verfügbarkeit eines Berichtsgenerators, Einsatz mit vorhandenen DB-/DC- Systemen und Mindestanzahl von 50 realisierten Installationen bei einer Systemhausgröße von mindestens 50 Mitarbeitern wurden die Systeme ausgeschieden, die bestimmten Essentials nicht genügten oder von denen vermutet wurde, daß sie ein Sicherheitsrisiko darstellten.

Wie die Abbildung 4 zeigt, folgte darauf eine Grobanalyse anhand eines fachspezifischen Kriterienkatalogs, die die Zahl der noch im Rennen liegenden Anbieter auf sechs reduzierte. Aus diesen wurde eine Rangfolge gebildet. Parallel dazu entstand ein Pflichtenheft, anhand dessen die drei erstplazierten Anbieter einer Feinanalyse unterzogen werden konnten. Nachdem ermittelt worden war, welche Forderungen nicht, nur zum Teil oder nur mit Modifikationen erfüllt werden konnten, kamen zwei Anbieter in die engere Wahl, ADV-ORGA und SAP in Walldorf. Aufgrund übergreifender Aspekte wie Verträglichkeit mit anderen Projekten, Ratiopotential und Anwenderpool fiel die Entscheidung auf die Software der Firma SAP.

Bevor eine Miet- oder Kaufentscheidung für Standard-Pakete gefällt werden sollte, ist jedoch ein Abwägen der Vor- und Nachteile des Einsatzes von Standardsoftware unabdingbar (Abbildung 5).

Besondere Bedeutung erhält die auf der Abbildung 4 erwähnte Performance- oder Laufzeituntersuchung wenn man einen Blick auf das zu bewältigende Volumen wirft, das aus Kontostamm- und Buchungsbelegdaten besteht (Abbildung 6). Hier ist bei jeder Standardsoftware doppelte Aufmerksamkeit erforderlich.

Besuche bei anderen Großanwendern und Gutachten unabhängiger Sachverständiger schützen nicht vor Überraschungen, weil die jeweilige Umwelt nicht identisch ist.

5. Kauf oder Miete

Nachdem die "Make or buy"-Entscheidung getroffen war (Einsparung rd. 60%), war der wichtigste Punkt vor der Entscheidung über die Anschaffung der Software die Klärung der Frage, wie offen gebliebene Wünsche erfüllt werden können, ohne die Gewährleistung des Herstellers zu verlieren. Entscheidend dabei war die Bereitschaft des Herstellers, mit eigenen Mitarbeitern Datensatzerweiterungen vorzunehmen und Hilfestellungen bei der Modifizierung der Auswertungen zu leisten, allerdings gegen Entgelt. Zusätzlich besteht die Möglichkeit, mit Hilfe eines Berichtsprozessors eigene Auswertungen zu kreieren. Um das Ausmaß der Modifikationen an den Schnittstellen der zuliefernden Systeme für die Wirtschaftlichkeitsrechnung zuverlässig beurteilen zu können, wurde die Software für 6 Monate testweise angemietet.

Zu diesem Zeitpunkt stand bereits fest, daß ihr Einsatz durch die beschlossene Ausgründung der Mercedes-Benz AG sogleich bei zwei Mandanten erfolgen würde. Nachdem Umfang und Kosten der Anpassung bekannt waren, stand fest, daß nur ein Kauf in Frage kam. Zusammen mit einer Reihe von Zusatzkomponenten (Anlagenbuchhaltung, erweiterte Bankabwicklung und Finanzdisposition) kam es Anfang 1990 zum Kaufabschluß, und nach Anpassung im Herbst des gleichen Jahres zur Einführung bei der Daimler-Benz AG. Wegen des nicht unbeträchtlichen Anpassungsaufwands der vielen Schnittstellen war jedoch eine Aktivierung als immaterielles Wirtschaftsgut nicht möglich, da mehr als ein Drittel des Kaufpreises für Modifikationen erforderlich war.

6. Anpassung der Geschäftsprozesse an die Standardsoftware

Einerseits bietet Standardsoftware Funktionen an, die in keinem Pflichtenheft stehen, andererseits bleiben weiterhin Wünsche nicht erfüllt. Die mit der Einführung bei der Daimler-Benz AG gewonnenen Erfahrungen wirkten sich positiv bei der stufenweise Veränderung der umfangreichen Schnittstellen in der Mercedes-Benz AG mit ihrem riesigen Datenvolumen aus. Abbildung 7 zeigt die neue Systemstruktur der Finanzbuchhaltung mit der Standardsoftware SAP/RF2 und läßt erkennen, daß wegen der notwendigen Schulung aller Betroffenen, eine einstufige Einführung zum Risiko werden kann. Die erste Umstellungsstufe zeigte bereits, daß durch organisatorische und technische Anpassungen deutliche Produktivitätssteigerungen erreicht werden konnten, die in keiner Wirtschaftlichkeitrechnung erschienen. Leider ist eine Anpassung der Arbeitsabläufe vor Einführung der Software nicht praktikabel. Diese Anpassungen sollten aber unbedingt nach der Konsolidierungsphase durchgeführt werden um den größtmöglichen Nutzen aus der Anwendung von Standardsoftware zu ziehen.

7. Wirtschaftlichkeitsbetrachtung

Unterschiedliche Leistungsumfänge des alten und neuen Systems sowie die zum Vergleich erforderliche fiktive Aufstockung der Funktionen des alten Systems erschweren objektive Gegenüberstellungen. Obwohl die Kosten des geplanten Releasewechsels unerwartet hoch waren, zeigte die bei Halbzeit des Projektes erstellte Wirtschaftlichkeitsrechnung weiterhin eine Amortisationszeit von zwei Jahren, weil im Bereich der Lieferantenbuchhaltung nach der Installation der neuen Software größere Personaleinsparungen realisiert werden konnten, als bei Erstellung der ersten Wirtschaftlichkeitsrechnung erwartet wurden. Weitere Produktivitätszuwächse durch die Anpassung der Arbeitsabläufe sind dabei noch nicht berücksichtigt.

Die Erwartungen der Anwender, in Zukunft mit geringem Wartungsaufwand (10% des Kaufpreises) an der Weiterentwicklung eines Softwaresystems teilzunehmen, sind in hohem Maße vom Umfang der unternehmensspezifischen Modifikationen abhängig. Bisher haben allerdings nur einige kleinere Unternehmen die unmodifizierte Standardsoftware eingesetzt, die Mehrzahl der Anwender hat Modifikationen vorgenommen. Unternehmen, denen an einer schnellen Einführung, sofortiger Betriebssicherheit und niedrigen Kosten gelegen ist, haben jedoch keine andere Wahl als Standardsoftware möglichst unverändert einzuführen und auf Eigenentwicklungen oder Modifikationen weitgehend zu verzichten.

8. Resümee und Ausblick.

Die Überleitung einer so großen Buchhaltung von der Individual- zur Standardsoftware läßt sich nicht in einem "Big Bang" realisieren. Von insgesamt vier Stufen haben wir z. Z. drei ohne größere Probleme hinter uns gebracht. Vor der letzten und größten Etappe muß vor dem Jahresende noch ein Releasewechsel von Release 4.3 auf 5.0 C durchgeführt werden, der wegen umfangreicher Änderungen sehr viel Kapazität bindet.

Der mangels Detailwissen zu niedrig kalkulierte Aufwand für diesen Releasewechsel ist die Ursache dafür, daß die Planungswerte aus Kosten und Einsparungen insgesamt nur eingehalten aber nicht übertroffen werden können. Rückblickend gesehen ist die Entscheidung, Standardsoftware eines potenten Herstellers zu verwenden, richtig gewesen. Dies gilt im verstärkten Maße besonders dann, wenn eigene Kapazitäten nicht ausreichen. Heute ist Standardsoftware auf allen Gebieten einsetzbar, wie die Angebotspalette der Firma SAP und die anderer Softwarehäuser zeigt.

Wenn dann im Mai oder Juni nächten Jahres die letzte Umstellungsstufe hinter uns liegt, beginnen anschließend die Vorarbeiten für den Anschluß eines R 3-Satellitensystems, von dem der Finanzbereich weitere Kosteneinsparungen erwartet.

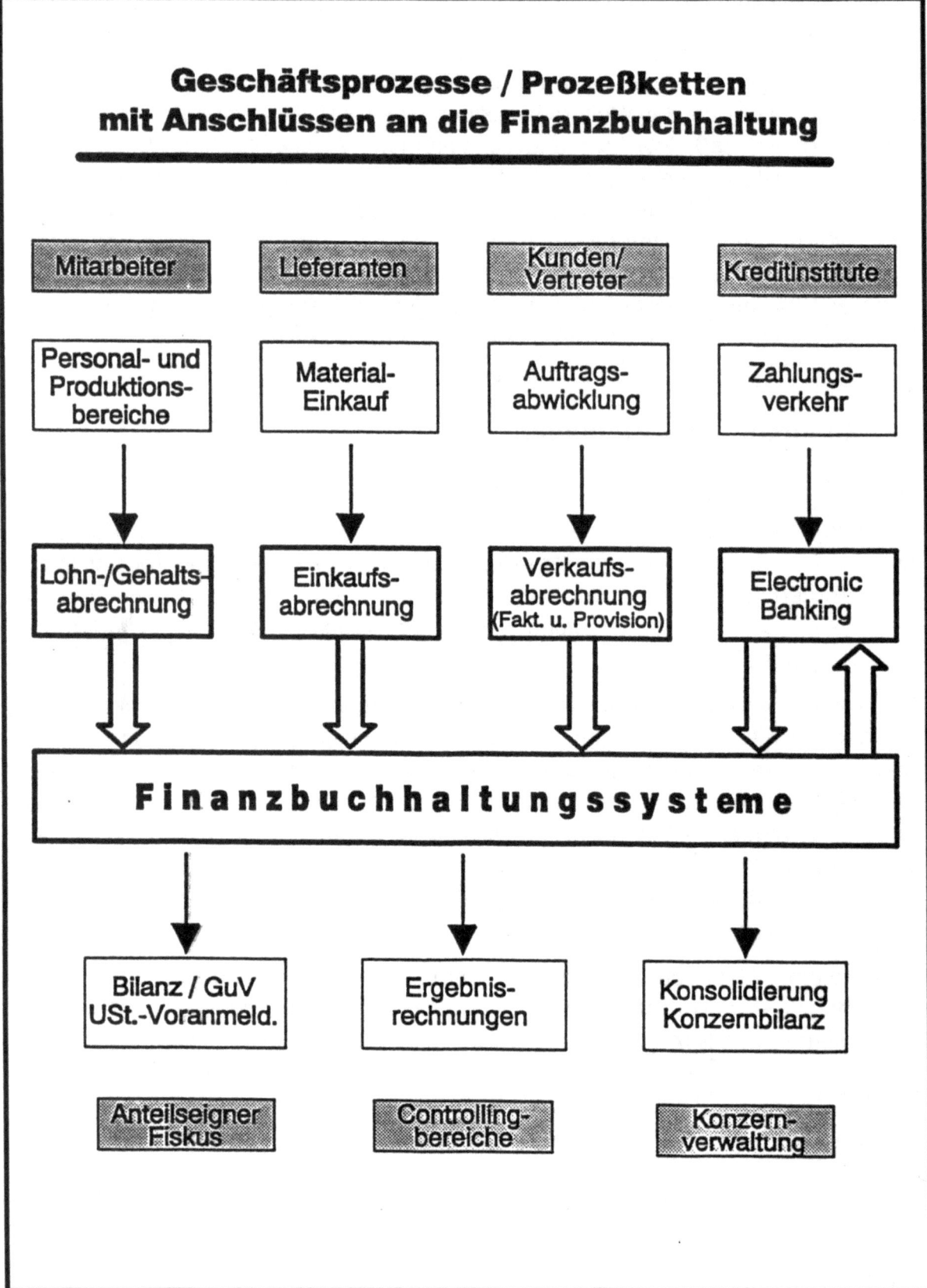

Abbildung 1

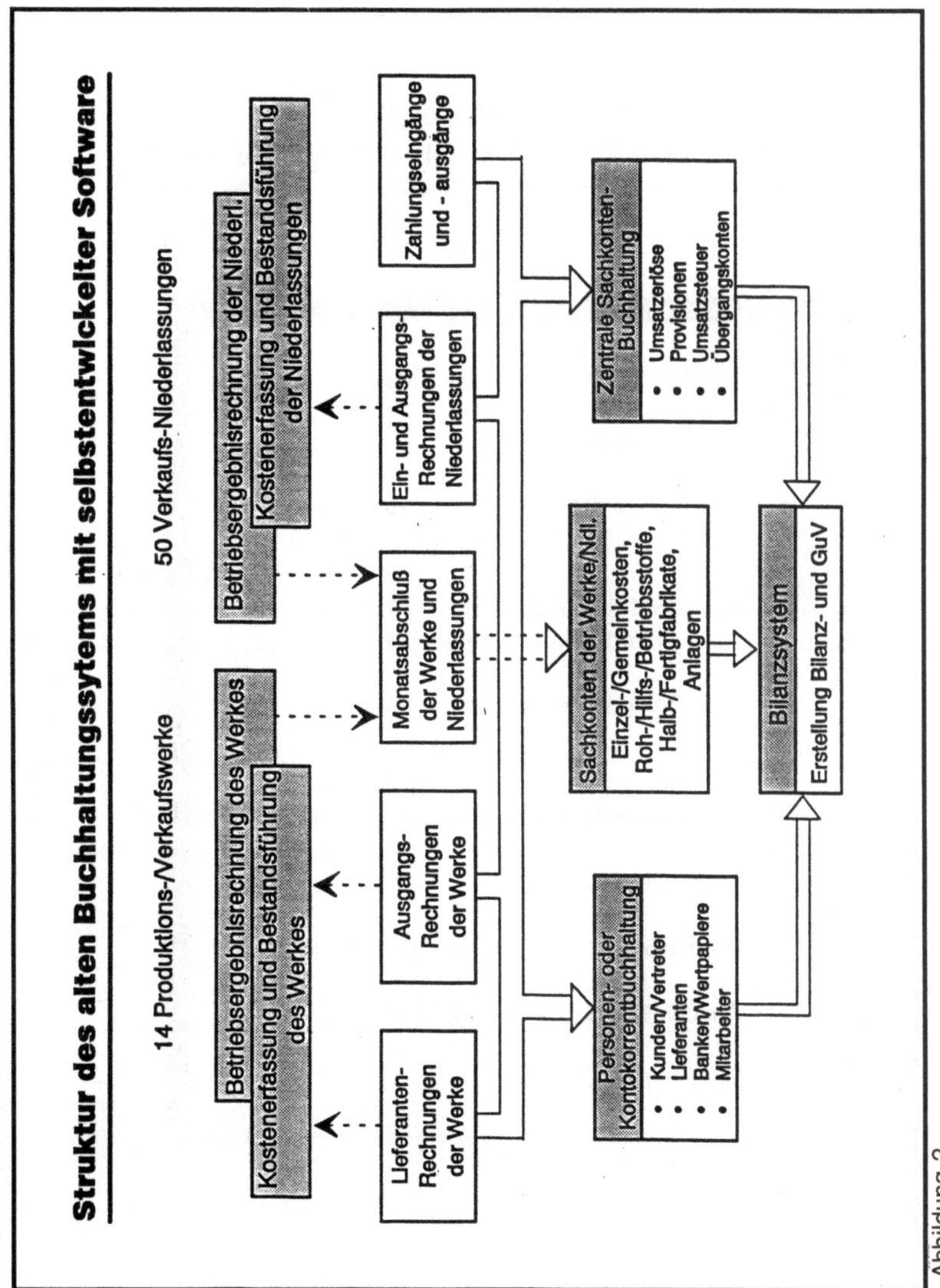
Abbildung 2

Zusätzliche Anforderungen an die neue Finanzbuchhaltungs-Software

- On-line und Batch-Verarbeitung

- Einheitliche Datenstruktur

- Einheitliche Erfassung der Umsatz- und Vorsteuer ohne Umbuchungserfordernis

- Fremdwährungs-Buchungen (Ermittlung von Kursdifferenzen, Stichtagsbewertung)

- Kein Beleg ohne Fälligkeitsangabe

- Verlagerung aller Programmentscheidungen in Tabellen (Steuerung durch Parameter)

- Mandanten-Fähigkeit

- Parallele Buchungsmöglichkeit in 3 Perioden

- Anschlußmöglichkeiten für DFÜ/DTA

- Speicherbuchführung

Abbildung 3

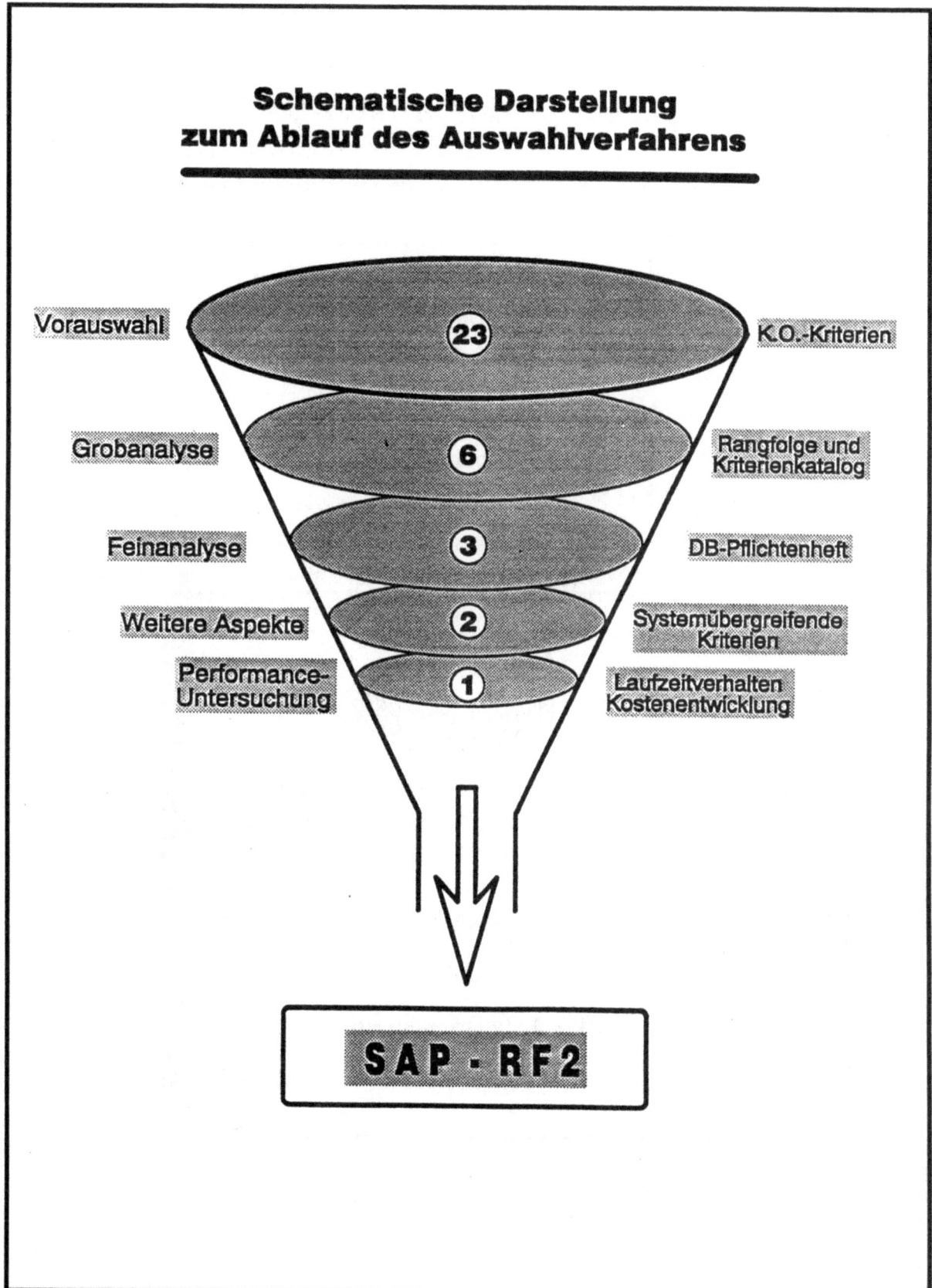

Abbildung 4

Vor- und Nachteile des Einsatzes von Standard-Software

Vorteile

- Übernahme des Fachwissens des Herstellers
- Frühere Verfügbarkeint durch Wegfall von Systementwicklung -programmierung
- Höhere Betriebssicherheit/Fehlerfreiheit
- Erhebliche Kosteneinsparung bei Systemerstellung und Wartung
- Kostengünstige Teilnahme an der Weiterentwicklung durch den Hersteller (Zukunftssicherheit)

Nachteile

- Laufzeiten/Speicherbedarf nicht beeinflußbar
- Bindung an bestimmte DB/DC-Systeme
- Verfahrensdokumentation nach Hersteller-Norm
- Anpassung der Arbeitsabläufe an die Softwarestruktur
- Nutzungsbeschränkungen

Abbildung 5

Mengengerüst der Mercedes - Benz Finanzbuchhaltung

	Konten	Belege
Kreditoren	ca. 70.000	ca. 4.000.000 / Jahr 333.000 / Monat 16.000 / Tag
Debitoren	ca. 700.000	ca. 8.000.000 / Jahr 666.000 / Monat 32.000 / Tag
Finanzen	ca. 500	ca. 300.000 / Jahr 25.000 / Monat 1.200 / Tag
Bilanzen	ca. 5.000	ca. 20.000 / Jahr
	ca. 775.500	**ca. 12,3 Mio. / Jahr**

Abbildung 6

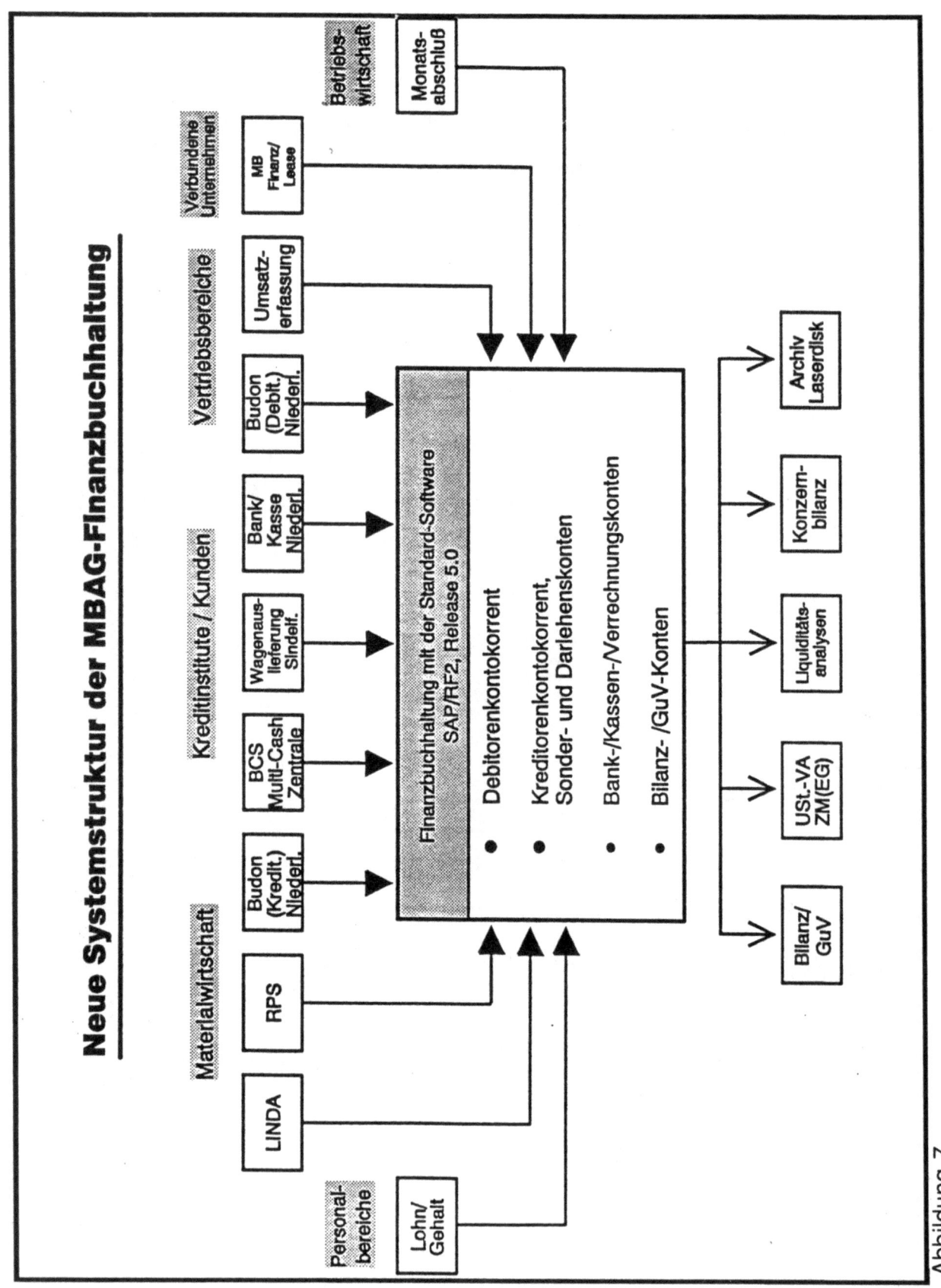
Abbildung 7

12. IAO-Arbeitstagung
Wege aus der Krise
Geschäftsprozeßoptimierung und Informationslogistik

Optimierung von Geschäftsprozessen bei Einsatz von Standardsoftware

Reinhard Brombacher

Gesellschaft für integrierte Datenverarbeitungssysteme mbH, Saarbrücken

1. Ausgangsituation

Im Hinblick auf die Optimierung von Geschäftsprozessen und den Einsatz von Standardsoftware, läßt sich die relevante Ausgangssituation durch die folgenden drei Aspekte beschreiben (vgl. Abb. 1):

1. **gesamtwirtschaftliche Rahmenbedingungen;**
2. **interne Unternehmensstrukturen;**
3. **Qualität der EDV-Landschaft.**

Die **gesamtwirtschaftlichen Rahmenbedingungen** sind in der Bundesrepublik Deutschland derzeit durch folgende Merkmale gekennzeichnet:

- konjunkturelle und strukturelle Abschwächung bzw. Rückgänge in der wirtschaftlichen Entwicklung;
- Verlust von Produktmärkten, wie z.B. in der Elektronik- und Photoindustrie;
- Zusammenbrüche geographischer Märkte, wie z.B. osteuropäische Teilmärkte;
- wirtschaftliche Stagnation in wichtigen Schwellenländern, wie z.B. in Brasilien oder in Mexiko;
- verstärkte Konkurrenz durch Eintritt neuer Konkurrenten, wie z.B. aus dem ostasiatischen Raum;
- Verringerung bzw. Verlust von Know How- und Technologievorsprung;
- volkswirtschaftlich ungünstige Kostenstruktur und
- sinkende Realeinkommen.

Insgesamt müssen die volkswirtschaftlichen Rahmenbedingungen somit als ungünstig angesehen werden.

Die **internen Unternehmensstrukturen** sind in einem starken Maße durch eine funktionsorientierte Aufbauorganisation geprägt. Dieses tayloristische Organisationsprinzip hat insbesondere bei mittleren und größeren Unternehmen die folgenden negativen Auswirkungen:

- schwerfällige und langsame Reaktion auf Kundenwünsche und neue Marktanforderungen;
- lange Durchlaufzeiten in der Produktentwicklung, im Vertrieb und in der Produktion;
- geringe Flexibilität bei geänderten Bedingungen;
- hohe Lagerbestände;
- ungünstige Kostenstruktur, insbesondere bedingt durch hohe Gemeinkosten;
- unzureichende Wirtschaftlichkeit und
- resultierend aus den o.g. Punkten eine mittel- bis langfristig unzureichende Wettbewerbsfähigkeit.

Besonders deutlich geworden sind diese Auswirkungen in jüngster Zeit in der Automobilindustrie.

Die Kritik an der bestehenden Situation äußert sich bspw. durch folgende Schlagworte:

- "Geschäftsprozeßoptimierung", "Business Reengineering" und "Lean Management" oder
- "Dezentralisierung" bzw. "Center- oder Segmentbildung".

Die Situation im **EDV-Bereich** ist durch folgende Merkmale gekennzeichnet:

- viele Inselsysteme, die durch aufwendige Schnittstellen miteinander verbunden werden;
- hoher Wartungs- und Pflegeaufwand;
- geringer Anteil neuer Entwicklungen bzw. funktionaler Erweiterungen;
- unzureichende Unterstützung der fachlichen Anforderungen, insbesondere fehlt die durchgängige Unterstützung der Geschäftsprozesse sowie
- unzufriedene Anwender und unzufriedenes fachseitiges Management.

Neben Maßnahmen, die auf ein Downsizing bzw. Rightsizing der DV-Landschaft hinzielen oder ein Outsourcing einzelner DV-Aktivitäten vorsehen, versucht man durch einen verstärkten Einsatz integrierter Standardsoftware die o.g. Probleme zu lösen.
Damit die oben aufgeführten Schlagworte jedoch in erfolgreiche Maßnahmen münden, bedarf es einer sorgfältigen Planung und Umsetzung dieser neuen Strategien.

Aufgrund der gegebenen Fragestellung wird im Rahmen dieses Beitrages auf den optimalen Einsatz von Standardsoftware im Hinblick auf eine durchgängige Unterstützung unternehmensindividueller Geschäftsprozesse eingegangen.

2. Optimierung von Geschäftsprozessen

2.1. Grundbegriffe

Zielsetzung des Einsatzes von Standardsoftware muß die durchgängige Unterstützung der unternehmensindividuellen Geschäftsprozesse im Hinblick auf die Erreichung der Unternehmensziele sein.

Die Grundstruktur eines Geschäftsprozesses ist in Abbildung 2 dargestellt.

Ein Geschäftsprozeß umfaßt mehrere Funktionen bzw. Teilprozesse, zwischen denen inhaltlich-logische Zusammenhänge bestehen. Der inhaltlich-logische Zusammenhang wird durch eine Verknüpfung über Ereignisse bzw. Ergebnisse hergestellt. Einzelne Funktionen bzw. Teilprozesse werden durch Ereignisse ausgelöst. Die Erledigung bzw. Durchführung einzelner Funktionen bzw. Teilprozesse führt zu Ergebnissen, die für die nachfolgende Funktion wiederum auslösende Ereignisse darstellen.

Im Rahmen der Aufgabenerledigung werden Informationen über das relevante Umfeld benötigt und erzeugt.

Darüber hinaus ist für die Durchführung einer Aufgabe ein Aufgabenträger, d. h. ein Mitarbeiter- oder eine Organisationseinheit zuständig.

Die relevanten Datenobjekte eines Unternehmens, ihre interne Struktur sowie die Beziehung zwischen den Datenobjekten werden im Datenmodell beschrieben (vgl. Abb. 3).

Der Zusammenhang zwischen den Organisationseinheiten, also die Aufbauorganisation mit ihren fachlichen und disziplinarischen Über- und Unterordnungen sowie die Zusammengehörigkeit von Organisationseinheiten wird im Organisationsmodell definiert (vgl. Abb. 3).

Der hierarchische Zusammenhang von Funktionen wird mit Hilfe von Funktionshierarchiediagrammen im Funktionenmodell dargestellt (vgl. Abb. 3).

Das gesamte Informationsmodell eines Unternehmens beinhaltet vielfältige Verknüpfungen zwischen den Elementen der Daten-, Funktions- und Organisationssicht. Die Verknüpfungen geben beispielsweise an, welcher Aufgabenträger für welche Funktion zuständig ist oder welche Daten für die Durchführung einer Funktion benötigt werden.

Für das weitere Verständnis ist es wichtig zu verstehen, daß das **Informationsmodell eines Unternehmens** eine fachliche Beschreibung der relevanten Daten, der durchzuführenden Funktionen und Prozesse, der zuständigen Organisationseinheiten sowie der zwischen diesen Elementen bestehenden Beziehungen ist. Im Hinblick auf eine mögliche DV-Unterstützung stellt dieses Informationsmodell die fachlichen Anforderungen dar (vgl. Abb. 4).

Im **Informationsmodell einer Standardsoftware** werden auf fachlicher Ebene die funktionalen Möglichkeiten der Standardsoftware transparent gemacht (vgl. Abb. 4).

Zielsetzung des Einsatzes von Standardsoftware muß es sein, eine möglichst große Übereinstimmung zwischen diesen beiden Informationsmodellen zu erreichen, d.h. die fachlichen Anforderungen einer Unternehmung sollen durch die Standardsoftware, selbstverständlich unter Berücksichtigung des Wirtschaftlichkeitsprinzips, möglichst weitgehend erfüllt werden.

2.2. Zielsetzungen und Maßnahmen

Bevor eine Standardsoftware eingeführt wird, sollten die Geschäftsprozesse und die dafür erforderlichen Daten- und Organisationsstrukturen optimiert werden.

Diese Vorgehensweise hat den Vorteil, daß in zweifacher Hinsicht Nutzenpotentiale realisiert werden können:
1. Einerseits lassen sich Nutzenpotentiale durch Straffung der organisatorsichen Abläufe realisieren;
2. Andererseits werden durch eine DV-Unterstützung der definierten optimalen Geschäftsprozesse weitere Effizienzsteigerungen erzielt.

Eine DV-mäßige Unterstützung nicht-effizienter Geschäftsprozesse verschenkt viele Nutzenpotentiale und verschlechtert teilweise sogar die Situation gegenüber nicht DV-gestützten Abläufen.

Folgende Unternehmenszielsetzungen werden durch die Geschäftsprozeßoptimierung erreicht (vgl. Abb. 5):
- Verkürzung der Durchlaufzeiten;
- Verbesserung der Reaktionsmöglichkeiten;
- höhere Flexibilität;
- bessere Qualität;
- effizientere Ressourcenverwendung;
- geringere Kosten;
- höhere Erlöse;
- verbesserte Wirtschaftlichkeit und höherer Gewinn sowie
- verbesserte Wettbewerbsfähigkeit.

Diese übergeordneten Zielsetzungen werden durch folgende Maßnahmen der Geschäftsprozeßmodellierung erreicht (vgl. Abb. 6):
- **Vereinfachung der Geschäftsprozesse:**
  Die Vereinfachung der Geschäftsprozesse erfolgt durch Konzentration auf das Kerngeschäft, d.h. mengenmäßig unwichtige Ausnahmen werden außer acht gelassen; unnötige Bearbeitungen können entfallen, optimale Bearbeitungsfolgen werden definiert; die Geschäftsvorfälle werden unter Beachtung der relevanten Segmentierungskriterien, z.B. Kundentypen, Produktklassen etc. standardisiert bzw. typisiert.

- **Parallelisierung von Teilprozessen** (vgl. Abb. 7):
  Um die Gesamtdurchlaufzeit eines Geschäftsprozesses zu minimieren, sollten Teilprozesse, soweit es die inhaltlich-logische Abhängigkeit zuläßt, parallel durchgeführt werden.

- **Funktionsintegration** (vgl. Abb. 8):
  Im Sinne einer ganzheitlichen Bearbeitung und im Hinblick auf den Wegfall unnötiger Liegezeiten, Informationsübertragungszeiten und Einarbeitungszeiten und damit einer Verkürzung von Durchlaufzeiten sollten direkt aufeinanderfolgende Funktionen durch einen Aufgabenträger, d.h. eine Organisationseinheit bzw. Person durchgeführt werden.

  Durch eine Funktionsintegration kann überdies eine große Anzahl von Informationsübertragungs- und Abstimmungsvorgängen entfallen, was ebenfalls zu einer erheblichen Verkürzung von Durchlaufzeiten und geringerem Personalbedarf führt.

- **Eindeutige Definition von Zuständigkeiten und Verantwortlichkeiten** (vgl. Abb. 8):
Sie dient zur Vermeidung unnötiger Doppelarbeiten und unnötiger Fehler und hierdurch zur Vermeidung unnötiger Schleifen und Nachbearbeitungen mit den positiven Auswirkungen auf Ressourcenbedarf und Durchlaufzeiten.

- **Abteilungs- und unternehmensübergreifende Geschäftsprozeßoptimierung:**
Die Straffung der Abläufe über Abteilungs- und Unternehmensgrenzen hinweg ist eine der zentralen Ansatzpunkte der Optimierung; sie bietet die besten Rationalisierungs- und Nutzenpotentiale.

- **Definition kurzer Regelkreise** (vgl. Abb. 9):
Im Zusammenhang mit der Funktionsintegration sind im Hinblick auf schnelle Reaktionsmöglichkeiten und kurze Durchlaufzeiten möglichst kurze, d.h. abteilungsinterne Regelkreise zu definieren.

- **Optimale Segmentbildung und optimaler Zentralisierungs-/ Dezentralisierungsgrad:**
Die Abkehr vom Taylorismus und die o.g. Funktionsintegration sowie die Vereinfachung von Geschäftsprozessen durch Standardisierung und Typisierung erfordert eine entsprechende Segmentbildung innerhalb Vertrieb, Produktion, Produktentwicklung etc. Bei der Segmentbildung ist zu beachten, daß im Hinblick auf eine Optimierung unterschiedliche Kriterien relevant sind. Im Vertrieb sind beispielsweise Kunden- und Produktmerkmale relevant, in der Produktion produkt- und fertigungstechnische Merkmale, in der Entwicklung Funktionen bzw. Funktionsmerkmale der Produkte. Neben einer optimalen Definition der Segmente muß durch die ablaufbezogene Geschäftsprozeßoptimierung auch eine Verknüpfung der Segmente vorgenommen werden.

  Im Zusammenhang mit der Segmentbildung wird auch der Zentralisierungs- bzw. Dezentralisierungsgrad im Unternehmen festgelegt.

Erste Erfahrungen zeigen, daß durch eine ganzheitliche Betrachtung der Geschäftsprozesse und deren Optimierung die erwarteten Rationalisierungspotentiale erreicht werden können.

3. Einsatz von Standardsoftware

3.1. Grundsätzliche Einsatzmöglichkeiten

Bei der Einführung von Standardsoftware lassen sich zwei grundsätzliche Anpassungsalternativen unterscheiden.

Bei der ersten Alternative wird versucht, die unternehmensspezifischen Anforderungen durch **Anpassung der Standardsoftware** vollständig zu realisieren. Vielfach wurde jedoch versucht die bestehenden Ist-Abläufe zu unterstützen und nicht die optimierten Geschäftsprozesse.

Die Auswirkungen dieser Vorgehensweise sind bekannt:
- umständliche DV-mäßige Abwicklung historisch entstandener Abläufe;
- hohe DV-mäßige Anpassungsaufwendungen;
- keine Releasefähigkeit und im Falle der Releaseumstellung hohe Umstellungskosten;
- paufgrund unzureichender Dokumentation der Anpassungen fehlende Transparenz sowohl bezüglich der durchgeführten Anpassungen als auch des Einsatzes der Standardsoftware mit den bekannten Folgen.

Aufgrund dieser Probleme wird heute verstärkt die zweite Alternative verfolgt, die allerdings auch mit Nachteilen behaftet sein kann, wie nachfolgend aufgezeigt wird. Diese zweite Alternative ist durch **Anpassung der unternehmensspezifischen Anforderungen** an die Möglichkeiten der Standardsoftware gekennzeichnet. Durch Veränderung der Aufbau- und Ablauforganisation und den dafür erforderlichen Datenstrukturen, also durch Anpassung der Geschäftsprozesse, soll die Standardsoftware ohne programmtechnische Anpassungen eingesetzt werden.

Die Vorteile der Alternative 2 sind spiegelbildlich zu den Nachteilen von Alternative 1 zu sehen.

Die erforderlichen Anpassungen des Unternehmens an die Standardsoftware, können aber zum Verlust bestimmter Stärken und Wettbewerbsvorteile einer Unternehmung führen und müssen deshalb als möglicher Nachteil der Alternative 2 gesehen werden.

Dieses Argument gewinnt vor allem dann an Gewicht, wenn man sich vor Augen führt, daß optimale unternehmensspezifische Geschäftsprozesse i.d.R. individuell zu gestalten sind.

Diese individuell optimale Gestaltung von Geschäftsprozessen und ihrer DV-Unterstützung umfaßt folgende Aspekte:
- individuelle Festlegung, welche Funktionen bzw. Teilprozesse DV-gestützt durchgeführt werden sollen;
- in welcher Reihenfolge sie durchgeführt werden sollen;
- wer für die Durchführung einzelner Funktionen bzw. Teilprozesse zuständig ist;
- wie Funktionen im Hinblick auf eine optimale Funktionsintegration zusammengefaßt bzw. gebündelt werden sollen;
- wie Teilprozesse in optimaler Weise miteinander verknüpft werden;
- auf welcher Organisationsebene, z.B. auf Firmen- oder Werksebene eine Funktion durchgeführt werden soll;

- wie Segmente bzw. Teilsegmente gebildet und wie sie miteinander verknüpft werden;
- an welchen Punkten im Prozeß Rückkoppelungen erforderlich sind, also wie Regelkreise zu definieren sind;
- wie das Zusammenspiel mit Kunden bzw. Lieferanten erfolgen soll und
- wie die interne Struktur von Datenobjekten (z.B. eines Kunden- oder Fertigungsauftrages) definiert ist und welche Beziehungen zwischen Datenobjekten bestehen (z.B. zwischen Arbeitsplänen und Fertigungsaufträgen oder zwischen Kunden und Kundenaufträgen).

3.2. Anforderungen an Standardsoftware

Die vorherigen Ausführungen verdeutlichen, daß optimale Geschäftsprozesse im Hinblick auf ein einzelnes Unternehmen individuell zu gestalten sind. Aufgrund des Produkt- und Kundenspektrums, der eingesetzten Fertigungstechnologien, der Qualifikation der Mitarbeiter, etc. muß jedes Unternehmen sein individuelles Optimum bzgl. Struktur sowie Aufbau- und Ablauforganisation finden, das sich aufgrund geänderter Rahmenbedingungen im Zeitverlauf selbstverständlich verändern wird.

Die Tatsache, daß sich der optimale Ablauf von Geschäftsprozessen innerhalb eines Unternehmens im Zeitverlauf verändert und daß die Abläufe und die dafür erforderlichen Strukturen für einzelne Unternehmen unterschiedlich sind, erfordert eine **hohe Anpassungsfähigkeit der Standardsoftware**, soll sie die unternehmensindividuell optimalen Geschäftsprozesse in bester Weise unterstützen.

Die erforderlichen Anpassungen der Standardsoftware dürfen jedoch keine Änderungen von Programmcode erforderlich machen, sondern müssen sich durch Tabelleneinstellungen und -einträge realisieren lassen. Die Standardsoftware muß also in hohem Maße **konfigurierbar** sein.

Die Konfigurierbarkeit des Systems muß dabei folgende Aspekte betreffen:
- Auswahl/Verwendung von Funktionen/Teilfunktionen;
- Ablauffolge von Funktionen/Teilprozessen, also Definition der Geschäftsprozesse;
- Zuständigkeit für Funktionen;
- Zusammenfassung/Bündelung von Funktionen bzgl. Zuständigkeit (Funktionsintegration);
- Verknüpfung von Teilprozessen;
- Segmentbildung und Koordination der Segmente;
- Zentralisierungs-/Dezentralisierungsgrad von Funktionen;
- Anbindung von Kunden und Lieferanten;
- Datenstrukturen, objektintern und objektextern;
- Organisationsstrukturen/Aufbauorganisation;

- Benutzeroberfläche, insbesondere Maskengestaltung und -aufbau sowie verwendete Begrifflichkeit.

Für eine geeignete Unterstützung unternehmensspezifisch optimaler Geschäftsprozesse sollte die einzusetzende Standardsoftware eine hohe Konfigurierbarkeit im Hinblick auf die o.g. Aspekte aufweisen.

Einige Softwareprodukte weisen im Hinblick auf einige Merkmale bereits sehr gute Ansätze auf, z.B. im Hinblick auf die Struktur von Datenobjekten. Insgesamt ist der Konfigurationsgrad derzeit jedoch eher als unzureichend anzusehen (vgl. Abb. 10). Dies zeigt sich insbesondere in der Tatsache, daß eine Einführung programmtechnisch nicht angepaßter Standardsoftware starke aufbau- und ablauforganisatorische Änderungen, u.U. abweichend vom unternehmensspezifischen Optimum, erforderlich macht.

4. Prozeßorientierte Einführung von Standardsoftware

4.1. Vorgehensweise

Eine prozeßorientierte Einführung von Standardsoftware umfaßt alle Aktivitäten, die erforderlich sind, um die Geschäftsprozesse mit Hilfe der Standardsoftware in der Weise durchgängig zu unterstützen, daß die strategischen, taktischen und operativen Unternehmensziele erreicht werden.

Die Geschäftsprozesse müssen dazu derart durch DV-Systeme unterstützt werden, daß die erforderliche Kundennähe, Reaktionsgeschwindigkeit, Lieferfähigkeit, Qualität etc. unter Berücksichtigung der dafür erforderlichen Kosten in optimaler Weise erreicht werden.

Damit die Projektziele einer prozeßorientierten Softwareeinführung erreicht werden, müssen somit zunächst die Geschäftsprozesse über Abteilungs- und Unternehmensgrenzen hinweg im Hinblick auf die Unternehmensziele optimiert und danach durch (einen u. U. modulübergreifenden) Einsatz von (eventuell funktionsorientiert entwickelter) Standardsoftware unterstützt werden.

Für die Erreichung der Projektziele bietet sich eine dreiphasige Vorgehensweise an (vgl. Abb. 11).

Phase 1: Bestandsaufnahme durchführen:

In dieser Phase werden die Unternehmensziele erhoben bzw. definiert; es werden die vorhandenen betriebswirtschaftlichen Konzepte sowie die bestehende Ablauf- und Aufbauorganisation mit den definierten Zuständigkeiten und bestehenden Datenstrukturen erhoben und dokumentiert. Die Betrachtung erfolgt im wesentlichen ablauforientiert mit Hilfe der Vorgangskettenanalyse (vgl. Abb. 13).

Durch Analyse der Abläufe oder der Einbeziehung der Organisations-, Daten- und Ressourcen- bzw. DV-Sicht lassen sich funktional/organisatorische, datenmäßige und DV-mäßige Schwachstellen erkennen (vgl. Abb.12) und entsprechende Verbesserungs- und Nutzenpotentiale aufzeigen und damit der erforderliche Handlungsbedarf für Phase 2 ableiten.

Phase 2: Standardsoftware-orientiertes Sollkonzept erstellen:

In dieser Phase werden die fachlichen Anforderungen definiert. Soweit erforderlich werden in einem ersten Schritt die grundsätzlichen betriebswirtschaftlichen Konzepte festgelegt, die für das Unternehmen optimal sind, z. B. welche Kostenrechnungsverfahren oder welche Fertigungssteuerungsprinzipien (beispielsweise KANBAN, belastungsorientierte Auftragsfreigabe, klassische Fertigungssteuerungsprinzipien) eingesetzt werden sollen.

Danach werden unter Berücksichtigung der festgelegten betriebswirtschaftlichen Konzepte, der Ist-Situation, der erkannten Schwachstellen und der Verbesserungspotentiale sowie unter Beachtung der Unternehmensziele die Geschäftsprozesse bzw. die Ablauforganisation optimiert (vgl. Abschnitt 2.2.) und damit die funktionalen, prozessualen, datenmäßigen und organisatorischen Anforderungen festgelegt.

Wurde aus strategischen Überlegungen heraus die Entscheidung für eine bestimmte Standardsoftware gefällt, z. B. für die Standardsoftware der SAP AG, sollten die betriebswirtschaftlichen Konzepte, die Geschäftsprozesse und die erforderlichen Strukturen mit dem Ziel einer effizienten Projektarbeit möglichst schon im Hinblick auf die zukünftig einzusetzende Standardsoftware definiert werden. Eine Definition im Hinblick auf die einzusetzende Standardsoftware sollte aus folgenden Gründen vorgenommen werden:
- Die heute verfügbare Software ist nicht vollkommen frei konfigurierbar, sondern nur bei bestimmten Aspekten und in gewissen Grenzen (vgl. Abbildung 10).
- Die Standardsoftware sieht für bestimmte Geschäftsprozesse jeweils bestimmte Abwicklungsarten vor, die genutzt werden können.

Steht die zukünftig einzusetzende Anwendungssoftware noch nicht fest, so ist in Phase 2 zunächst ein softwareneutrales, hinsichtlich des Unternehmens optimales Informationsmodell zu erstellen. Im Sinne einer qualifizierten Softwareauswahl ist dieses Informationsmodell, das die fachlichen Anforderungen in strukturierter Form enthält, mit den Möglichkeiten in Frage kommender Anwendungssoftware abzugleichen. Idealtypisch werden die Möglichkeiten der Anwendungssoftware auch in Informationsmodellen dokumentiert. Die funktionale Beurteilung der verschiedenen Standardsoftwareprodukte erfolgt durch Abgleich der Informationsmodelle.

In einem weiteren Schritt werden unter Berücksichtigung der Unternehmensziele, der fachlichen Anforderungen, der Möglichkeiten in Frage kommender Anwendungssoftware sowie der fachlich-inhaltlichen Zusammenhänge und den daraus resultierenden Schnittstellen der **IV-Bebauungsplan** und der **Einführungs-** bzw. **Migrationsplan** definiert.

Im IV-Bebauungsplan wird definiert, welche Funktionen bzw. Geschäftsprozesse (einschließlich der dafür erforderlichen Datenstrukturen) durch welche Anwendungssysteme unterstützt werden sollen. Im Einführungs- bzw. Migrationsplan wird festgelegt, welche Anwendungssysteme in welcher Reihenfolge und zu welchen Zeitpunkten für die Unterstützung welcher Funktionalbereiche bzw. Geschäftsprozesse für welche organisatorischen Bezugsbereiche (z. B. Werke oder Geschäftseinheiten) eingeführt werden sollen.

Den Schnittstellen, die durch unterschiedliche Einführungs- bzw. Migrationspläne bedingt werden, ist besondere Aufmerksamkeit zu schenken, da sie erhebliche zeitliche sowie personelle und damit kostenmäßige Aufwendungen verursachen.

Phase 3: Standardsoftware-basiertes Sollkonzept erstellen:

In Phase 3 werden die unternehmensspezifischen Geschäftsprozesse sowie die erforderlichen Organisations- und Datenstrukturen im Hinblick auf die Strukturen bzw. Möglichkeiten der Standardsoftware definiert (vgl. Brombacher 1993).

Unter Berücksichtigung angebotener Transaktionen unter Steuerungs- bzw. Parametrisierungsmöglichkeiten der eingesetzten Standardsoftware wird definiert, welche fachliche Funktion durch welche Transaktion unterstützt wird, wer dafür zuständig ist und in welcher Reihenfolge die Funktionen durchgeführt werden (vgl. Abb. 13).

In diesem Zusammenhang werden auch die benötigten und zu bearbeitenden Datenobjekte, ihre interne Struktur sowie die zwischen ihnen bestehenden Beziehungen durch Anpassung des Standardsoftware-Datenmodells definiert.

Parallel zu dieser fachlichen, konzeptionellen Arbeit wird der unternehmensspezifische Prototyp eingerichtet um sicherzustellen, daß das erarbeitete fachliche Konzept DV-technisch 1:1 umgesetzt wird.

Eine Einbettung der drei beschriebenen Phasen in den gesamten Einführungsprozeß ist Abbildung 11 zu entnehmen.

4.2. Erforderliche Komponenten

Die Einführung einer integrierten Standardsoftware stellt eine Aufgabe hoher Komplexität dar. Diese hohe Komplexität ergibt sich aus der hohen Anzahl unterschiedlicher Arten von Elementen und der Vielzahl von Elementen innerhalb einer Art, aber auch aus deren Verknüpfung sowohl innerhalb einer Art als auch zwischen den Arten.

Folgende Elemente bedingen u.a. die hohe Komplexität:

- **Unterschiedliche DV-Anwendungssysteme:**
  Manche der DV-Anwendungssysteme sollen abgelöst werden, andere sollen weiterhin im Einsatz bleiben; Module der Standardsoftware sollen neu eingeführt werden; vorhandene Schnittstellen entfallen, neue müssen entwickelt werden.
- Unterschiedliche DV-technische Plattformen:
  Durch neue technische Entwicklungen sind unterschiedliche Rechnertypen, Datenbanksysteme, Programmiersprachen, Systementwicklungsumgebungen, Netzwerke etc. im Einsatz.
- **Unterschiedliche Dokumentation der DV-Anwendungssysteme:**
  Für manche Systeme gibt es keine oder nur rudimentäre Beschreibungen; gibt es Beschreibungen, liegen sie oftmals in unstrukturierter oder zumindest in unterschiedlicher Form vor; i.d.R. weisen die Anwendungssysteme eine unzureichende Transparenz auf.
- **Unterschiedliche Beschreibung der fachlichen Anforderungen:**
  Die Ausführungen bzgl. der Anwendungssysteme gelten auch für die Beschreibungen der fachlichen Anforderungen.
- **Vielzahl unterschiedlicher Projektbeteiligter:**
  Aufgrund der Komplexität der Aufgabe sind an der Einführung Mitarbeiter der Fachseite und der DV-Seite, interne und externe Systemspezialisten, desweiteren Berater sowie Sachbearbeiter und Manager beteiligt. Die Personen besitzen unterschiedliche fachliche Kenntnisse und analytische Fähigkeiten. Weiterhin haben sie aufgrund ihrer Ausbildung, ihres Know hows und ihres Tätigkeitsfeldes unterschiedliche Sichten und Wahrnehmungen der Realität. Auch verfolgen sie aufgrund eigener Interessen teilweise konfliktäre Ziele. Kosten- und Zeidruck erschweren desweiteren eine systematische Problemlösung.

Diese Rahmenbedingungen und die daraus resultierende Komplexität erfordern für eine effiziente und erfolgreiche Einführung von Standardsoftware folgende Komponenten:
- **Standardisierte Methode und Vorgehensweise:**
  Die einzusetzende Methode sollte die folgende Merkmale aufweisen:
  ganzheitlich: Die Elemente der Daten-, Funktions-/Prozeß-, Organisations- und DV-Sicht müssen abbildbar sein (vgl. Abb. 15).
  integriert: Die relevanten Zusammenhänge zwischen den o.g. Sichten und den verschiedenen Detaillierungsstufen müssen abgebildet werden können. Auch Zusammenhänge zwischen Teilmodellen, die den gleichen Realitätsausschnitt beschreiben, müssen aufeinander abbildbar sein (z.B. die Produktdefinition in unterschiedlichen Anwendungssystemen).
  hierarchisch: Da Projektvorgaben und Projektergebnisse auf verschiedenen Detaillierungsstufen zu definieren sind, muß die Methode hierarchisch und durchgängig über verschiedene Detaillierungsstufen sein.

prozeßorientiert: Da für eine Unternehmung die optimale Gestaltung ihrer Geschäftsprozesse und deren DV-mäßige Unterstützung einen der wichtigsten kritischen Erfolgsfaktoren darstellt, muß die eingesetzte Methode die Analyse, Optimierung und Darstellung der dynamischen Aspekte der Geschäftsprozesse unterstützen, d.h. sie muß prozeßorientiert sein.

graphikorientiert: Um die Vielzahl der relvanten Objekte (Daten, Funktionen, DV-Systeme etc.) in einfacher, übersichtlicher und leichtverständlicher Form den verschiedenen Projektbeteiligten zu repräsentieren, muß die Methode eine graphische Beschreibungssprache für die Objekte und deren Verknüpfungen besitzen.

Die genannten Anforderungen werden bspw. durch die ARIS-Methode unterstützt (Brombacher/Bungert 1993; Scheer 1991; Scheer 1993).

- **Werkzeuge**
  Da im Rahmen der Softwareeinführung eine große Anzahl von Teilmodellen (Daten-, Funktions-, Prozeßmodelle etc.) erstellt, detailliert, abgeändert und zusammengeführt werden müssen, ist ein Werkzeugeinsatz, der die Anforderungen der o. g. Methode durchgängig unterstützt, unbedingt notwendig.

  Das von der IDS Prof. Scheer GmbH entwickelte Analyse- und Modellierungswerkzeug "ARIS-Toolset" erfüllt die genannten Anforderungen.

- **Informationsmodelle**
  Informationsmodelle, die die fachlichen Anforderungen von Unternehmen bestimmter Branchen (man spricht in diesem Zusammenhang von Branchenreferenzmodellen) sowie Informationsmodelle, die die Funktionalität von Standardsoftware in strukturierter Form beschreiben, unterstützen den Einführungsprozeß in erheblichem Umfang (Anmerkung: Informationsmodelle oder Teilausschnitte bietet die SAP AG für ihre R/3-Standardsoftware an, für die R/2-Standardsoftware oder für einzelne Branchen bietet die IDS Prof. Scheer GmbH Modelle an.).

- **Fähigkeiten und Kenntnisse**
  An die am Projekt beteiligten Mitarbeiter werden hohe Anforderungen gestellt. Die Mitarbeiter müssen kommunikative und analytische Fähigkeiten in hohem Maße besitzen. Desweiteren ist fachliches Know how im Hinblick auf die Art des Unternehmens (branchenspezifisches Know how), über die einzusetzende Standardsoftware (Funktionalität, Parametrisierungsmöglichkeiten etc.) und über die Einsatzmöglichkeiten der Software (Art der Realisierung fachlicher Anforderungen) notwendig.

  Ein systematische und dokumentierte Vorgehensweise erfordert auch entsprechende methodische und werkzeugspezifische Kenntnisse.

Die beschriebene prozeß- und modellorientierte Vorgehensweise bringt folgende Vorteile:
- optimierte unternehmensspezifische Geschäftsprozesse und der dafür erforderlichen Daten- und Organisationsstrukturen;
- optimale Unterstützung dieser Anforderungen (im Rahmen der Standardsoftware-Möglichkeiten) durch optimale Konfiguration und optimales Customizing der Standardsoftware;
- Transparenz über abgedeckte und nicht-abgedeckte fachliche Anforderungen;
- Transparenz über die Geschäftsprozesse und Strukturen nach Einführung der Standardsoftware.

Zusammenfassend läßt sich sagen, daß durch die methodische, strukturierte und modellorientierte Vorgehensweise eine zielorientierte und effiziente Einführung sichergestellt ist, die fachlichen Anforderungen in optimaler Weise realisiert werden und insgesamt kürzere Einführungszeiten und niedrigere Einführungskosten im Vergleich zur herkömmlichen Vorgehensweise entstehen.

Literatur

Brombacher, R.:
Unternehmensspezifisches Informationsmodell unter Berücksichtigung des SAP-Informationsmodells, 2. I.I.R.-Fachkonferenz, Unternehmensweite Daten- und Funktionenmodellierung, Tagungsband, 1993.

Brombacher, R.; Bungert, W.:
Unternehmensmodellierung I + II, Seminarunterlagen, 1993.

Scheer, A.-W.:
Architektur integrierter Informationssysteme, Springer-Verlag, ISBN 3-540-53984-0, 1991.

Scheer, A.-W.:
Methodenbuch - Fachkonzept -, Saarbrücken, 1993.

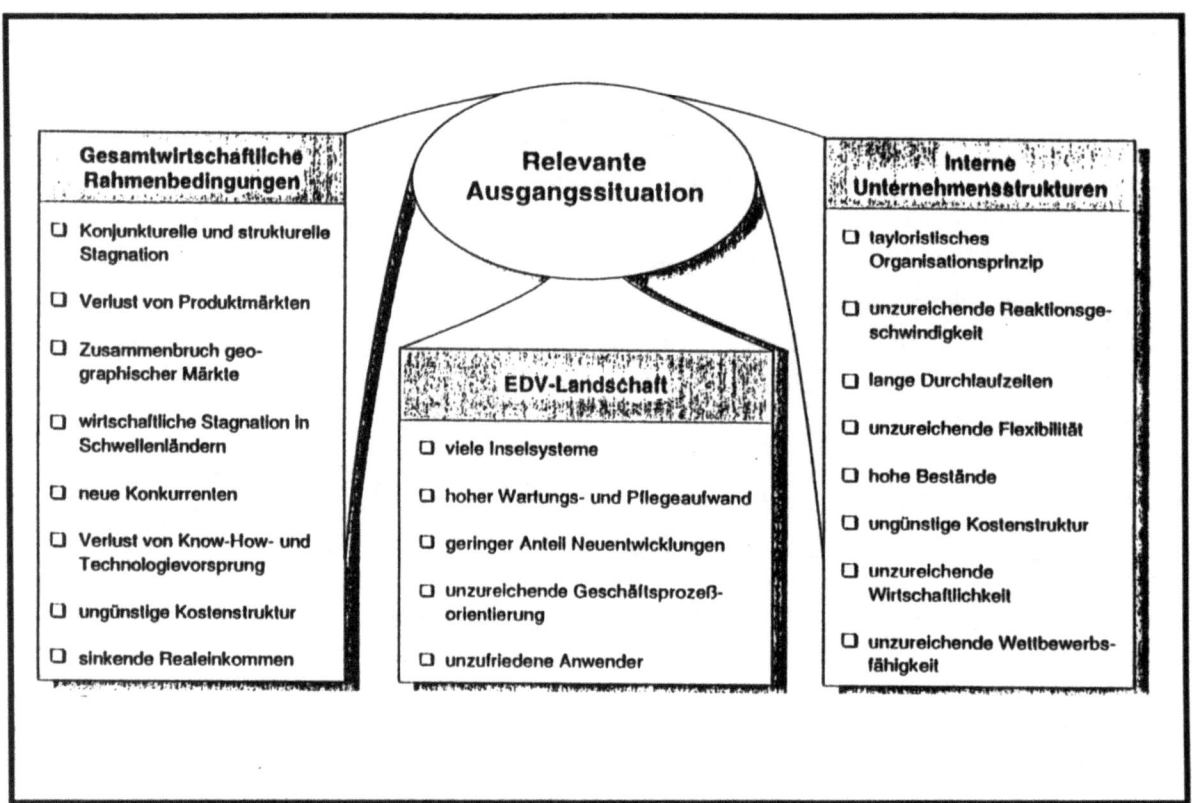

Bild 1 Relevante Rahmenbedingungen

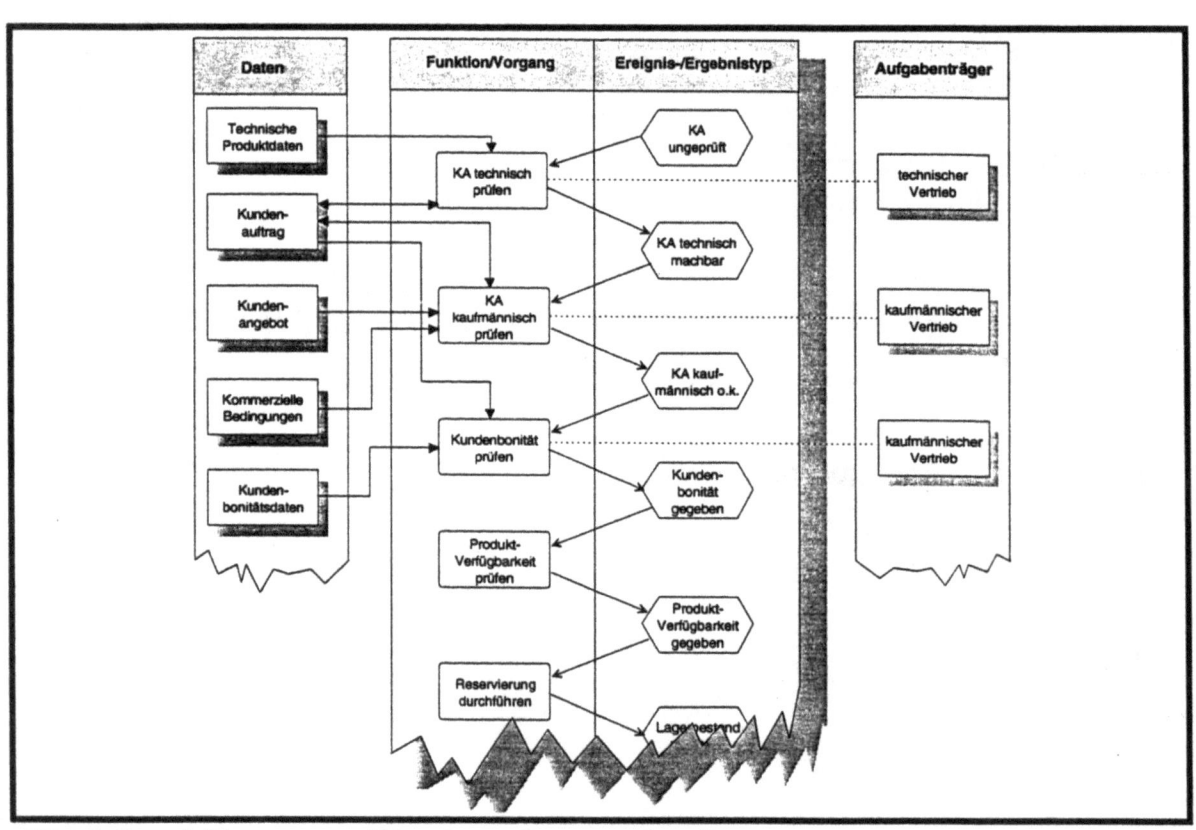

Bild 2 Geschäftsprozess "Kundenauftragsprüfung"

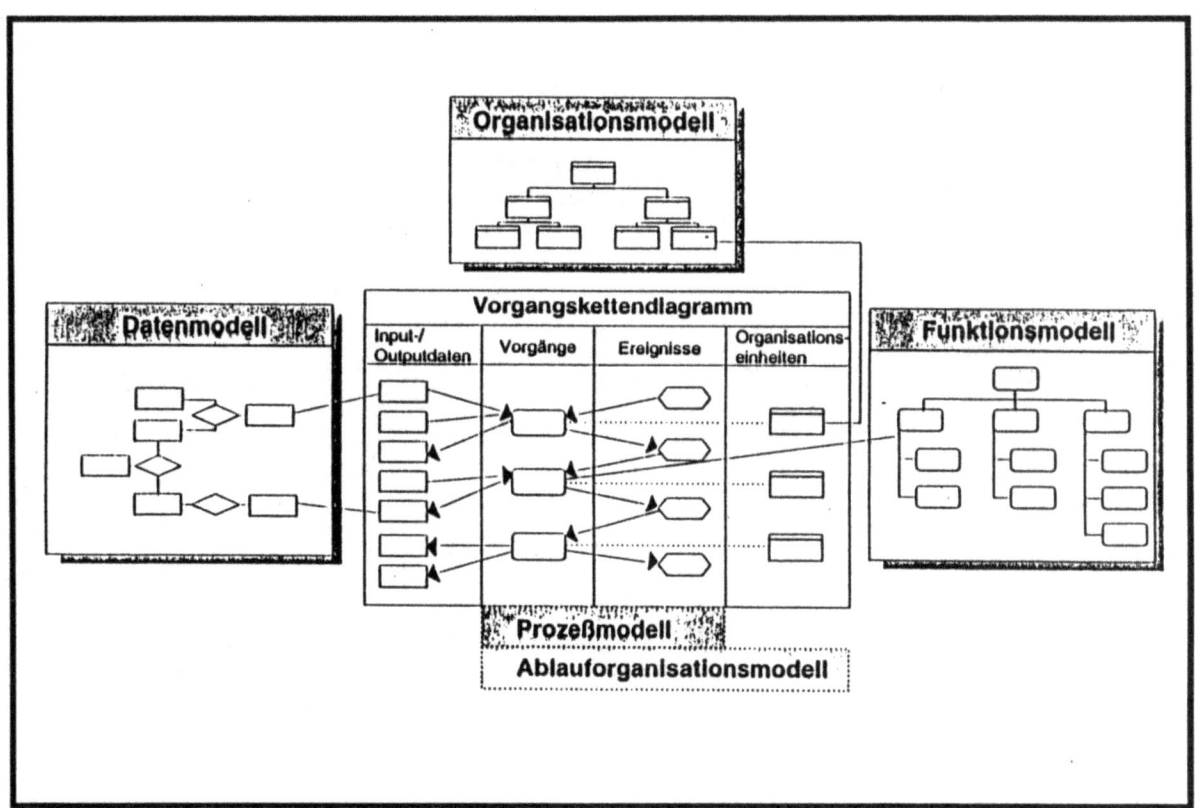

Bild 3 Fachliches Informationsmodell

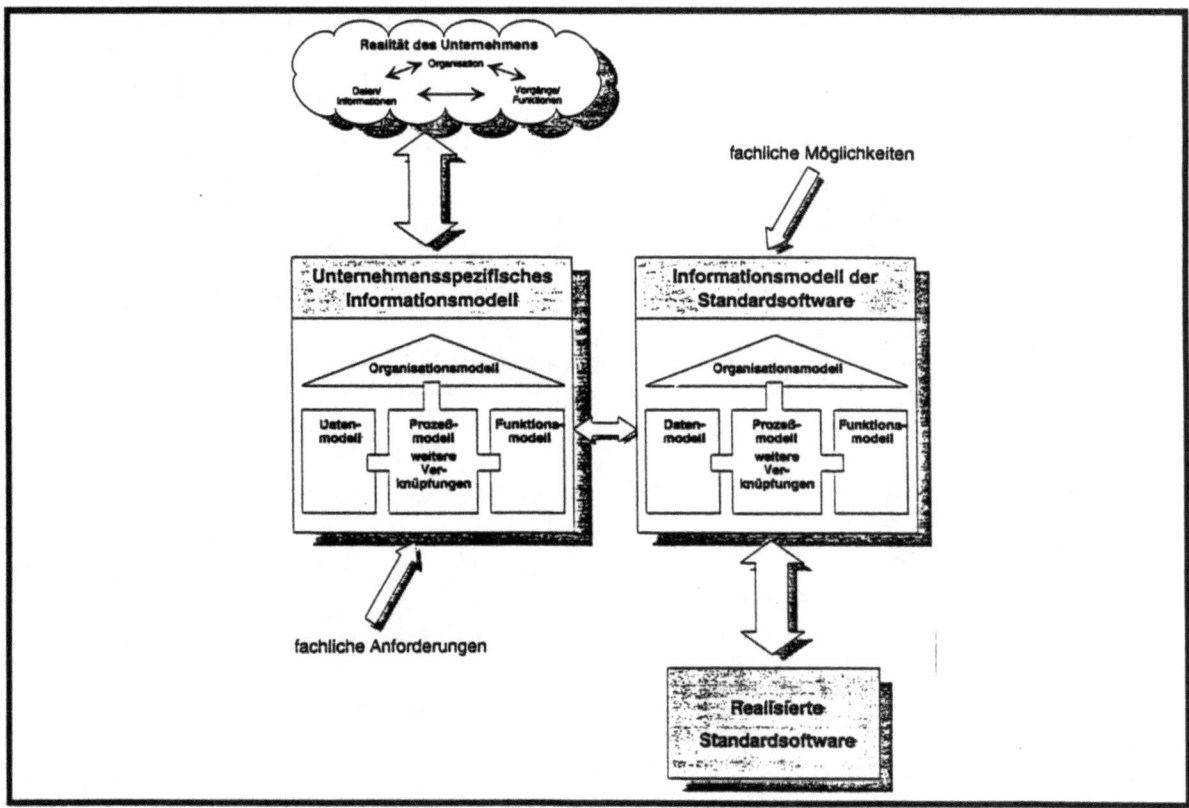

Bild 4 Relevante Informationsmodelle

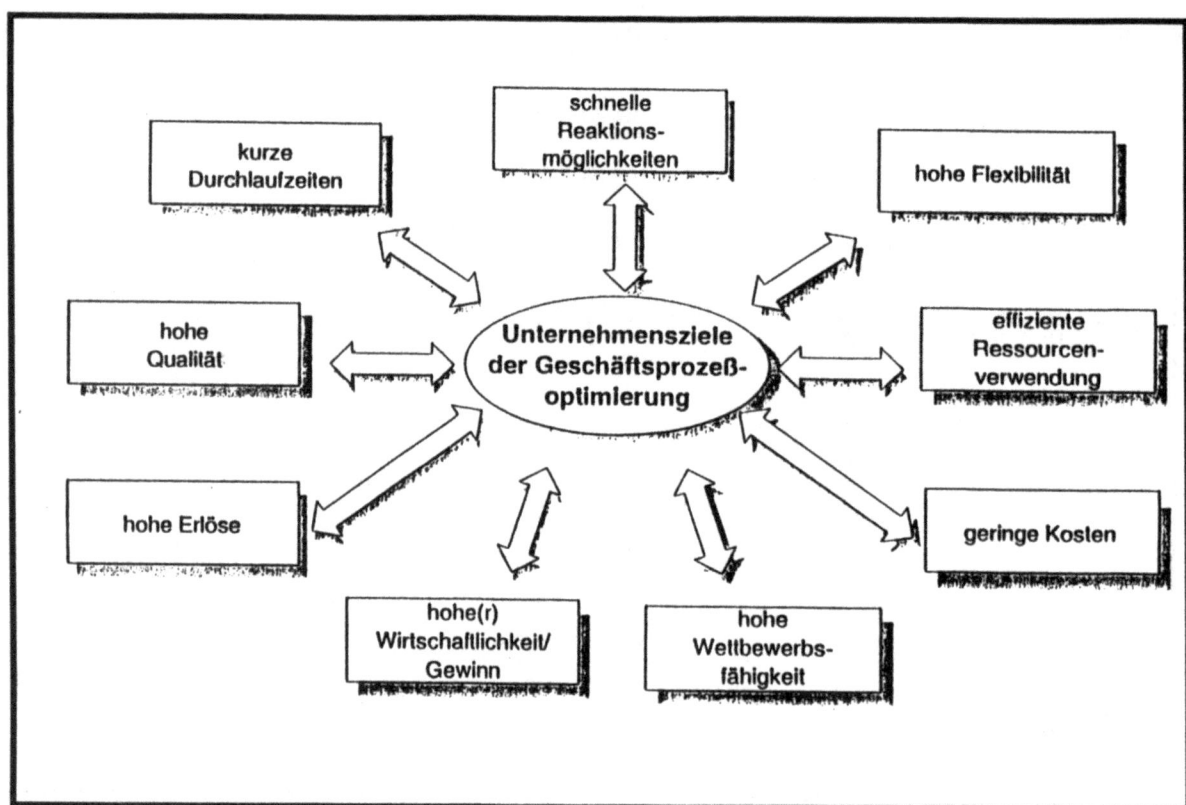

Bild 5 Unternehmensziele der Geschäftsprozeßoptimierung

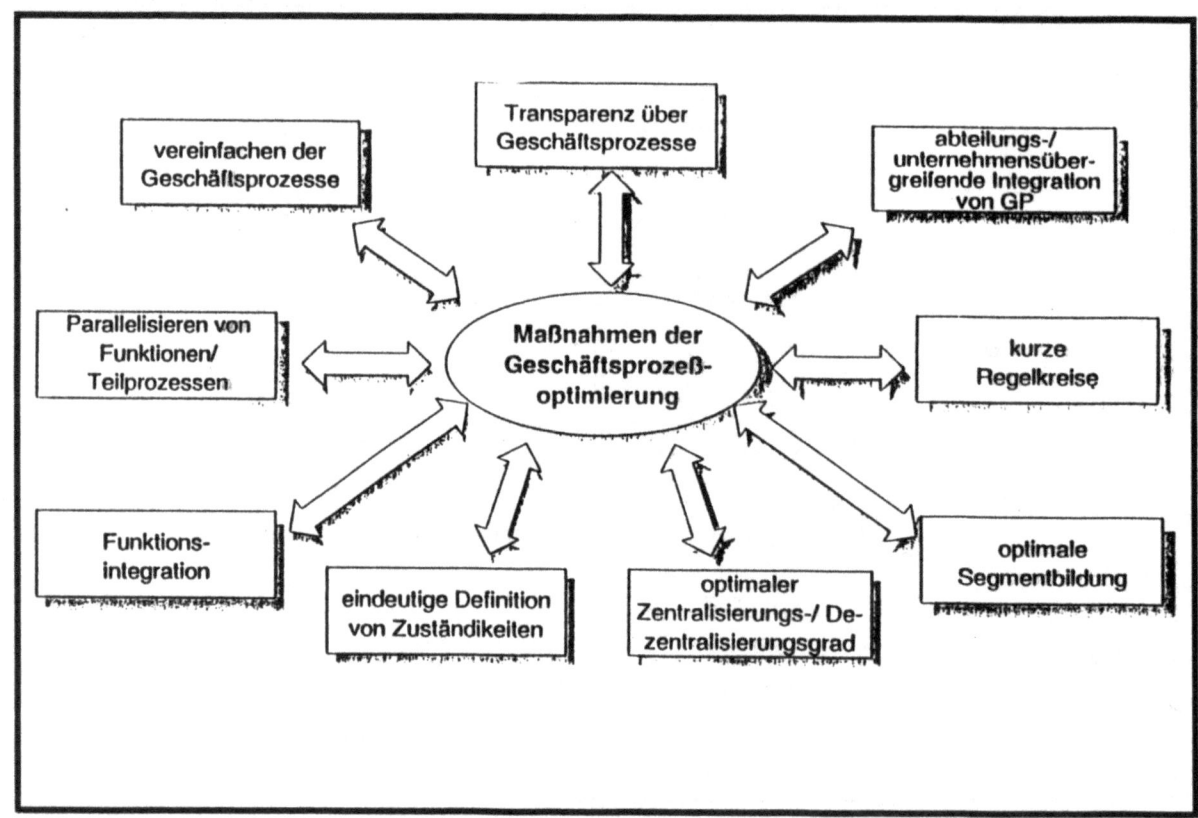

Bild 6 Maßnahmen der Geschäftsprozeßoptimierung

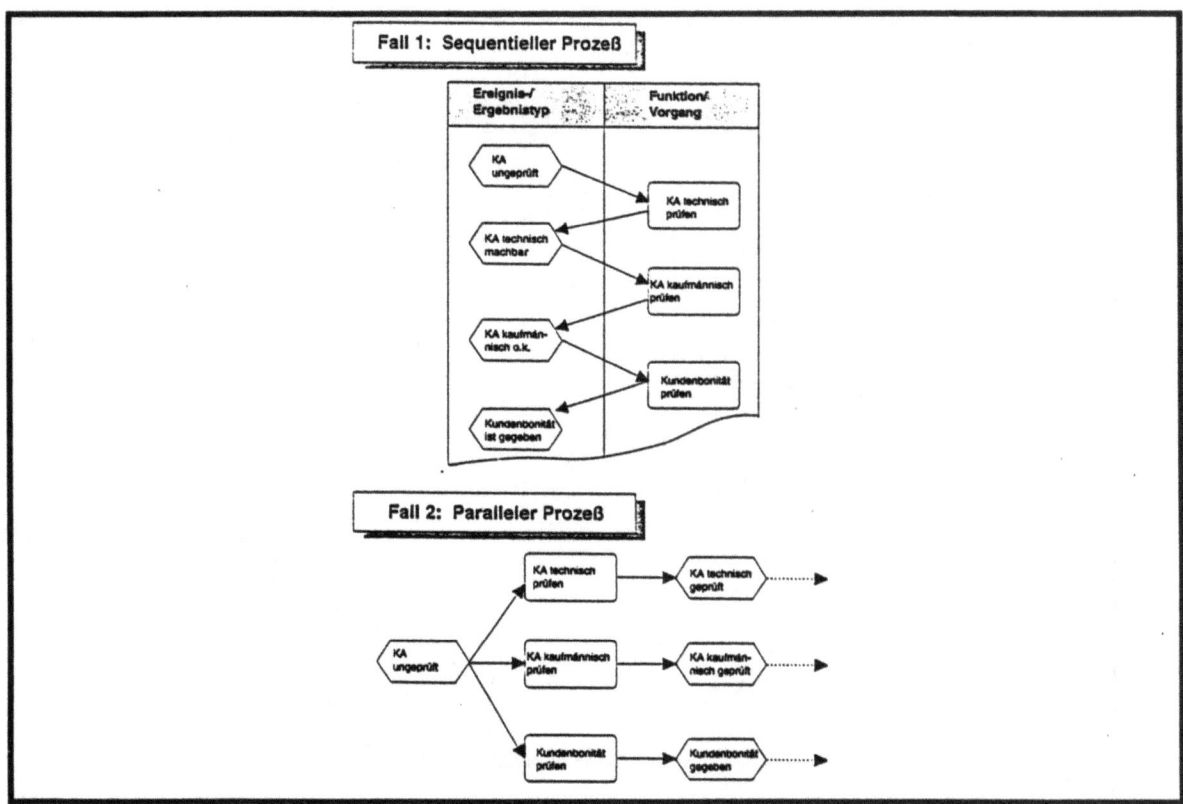
Bild 7 Parallelisierung von Prozessen

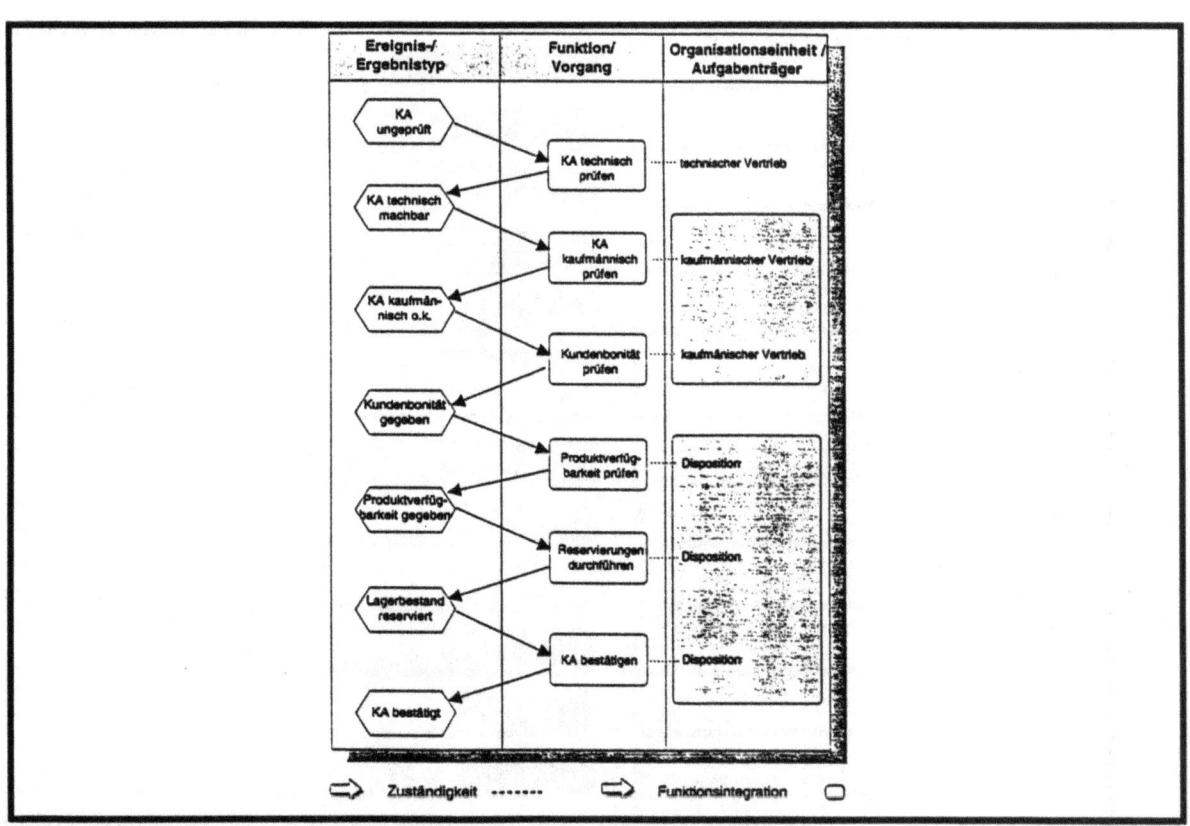
Bild 8 Zuständigkeitsdefinition und Funktionsintegration

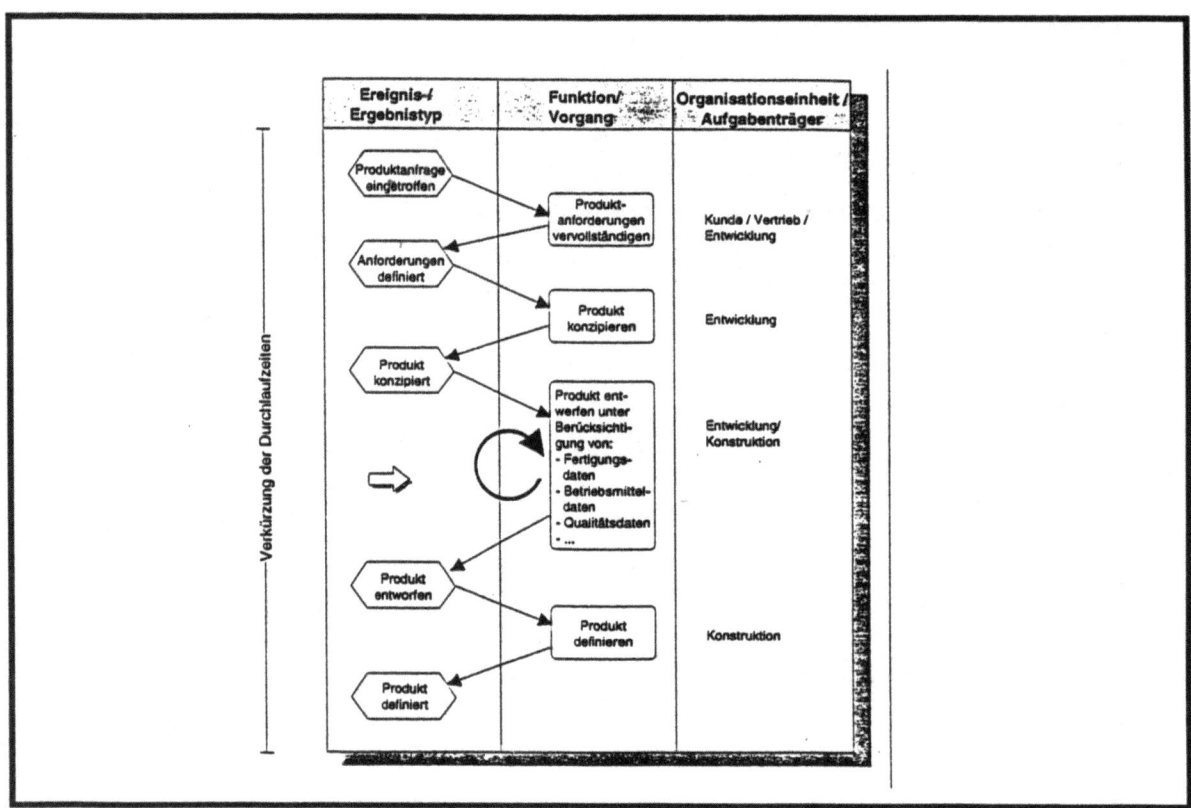

Bild 9 Funktionsintegration und kurze Regelkreise

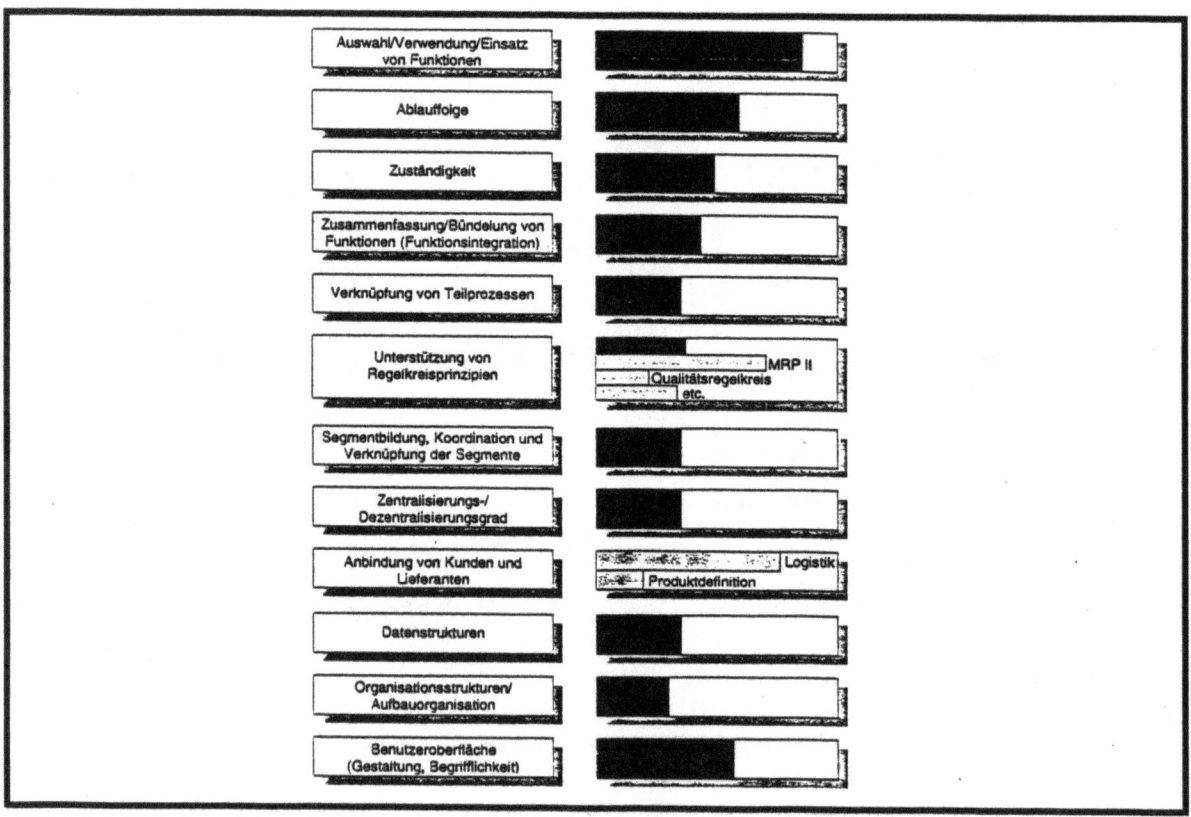

Bild 10 "State of the Art": Parametrisierbarkeit von Standardsoftware

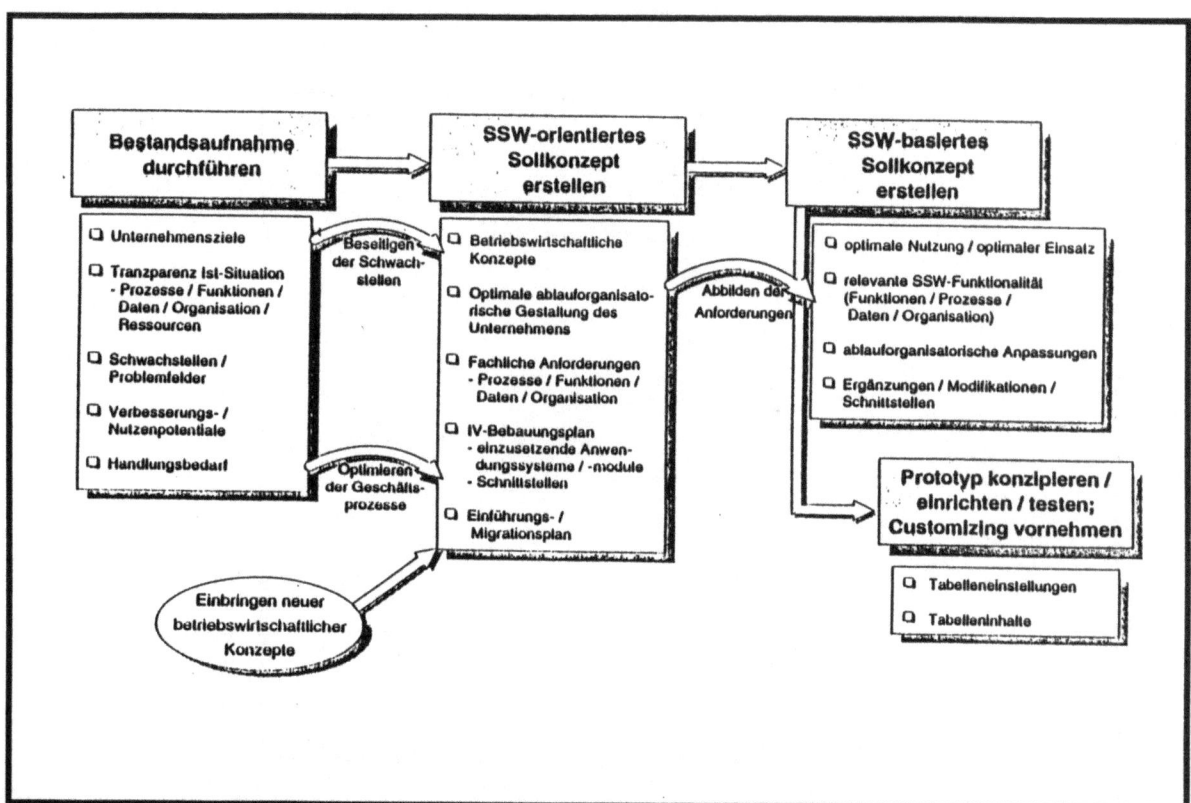

Bild 11 Prozeß- und modellorientierte Einführung von Standardsoftware

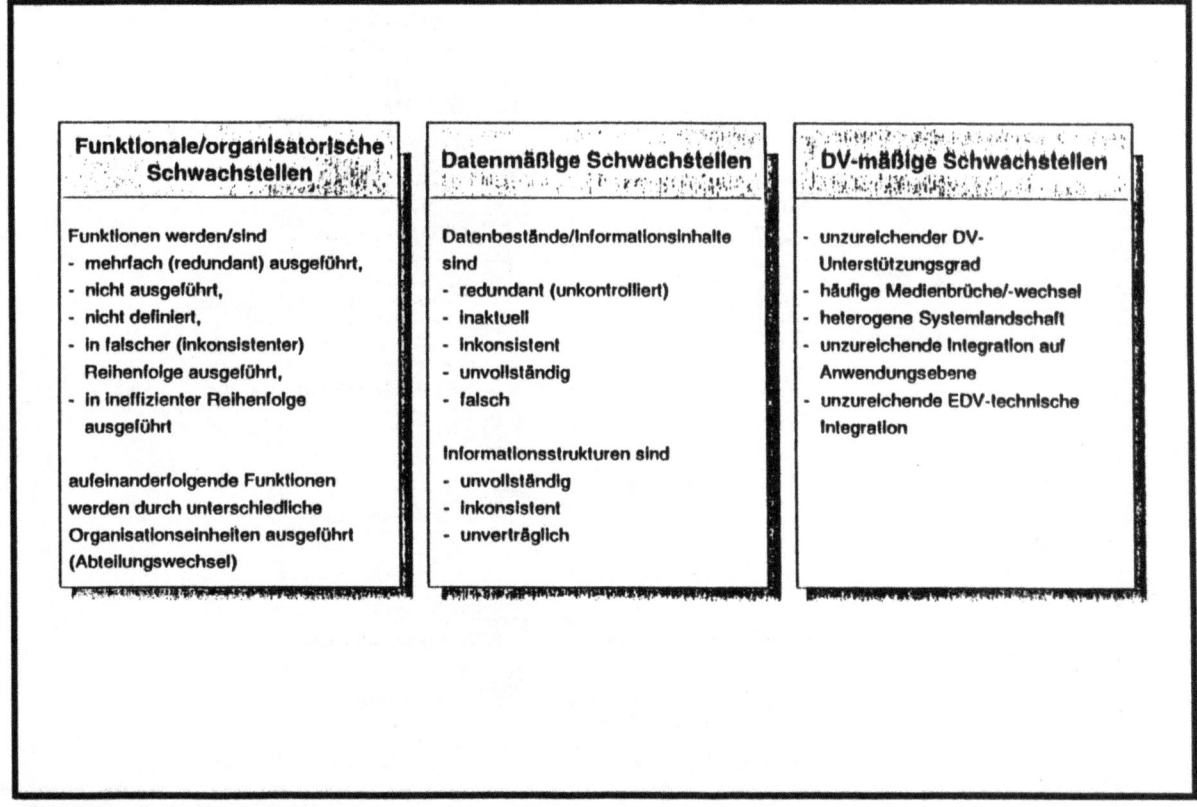

Bild 12 Schwachstellen

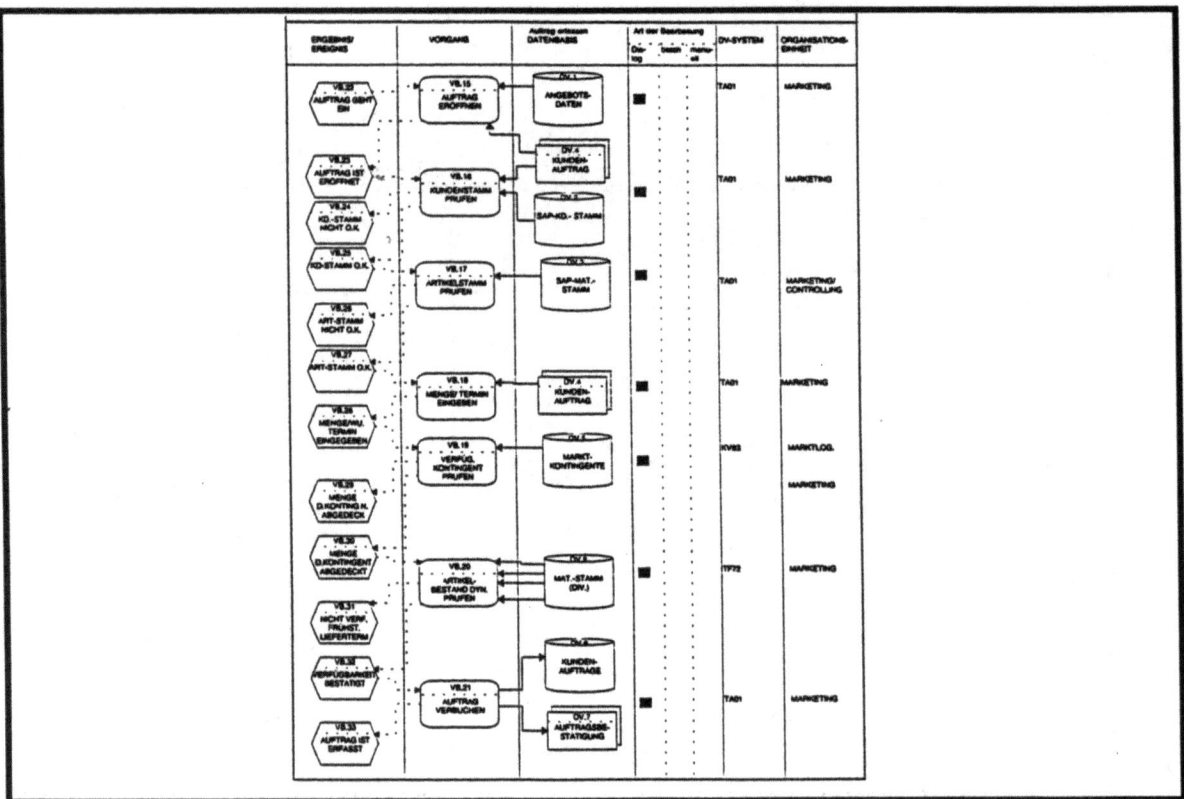

Bild 13 Vorgangskettendiagramm " Kundenauftragsbearbeitung"

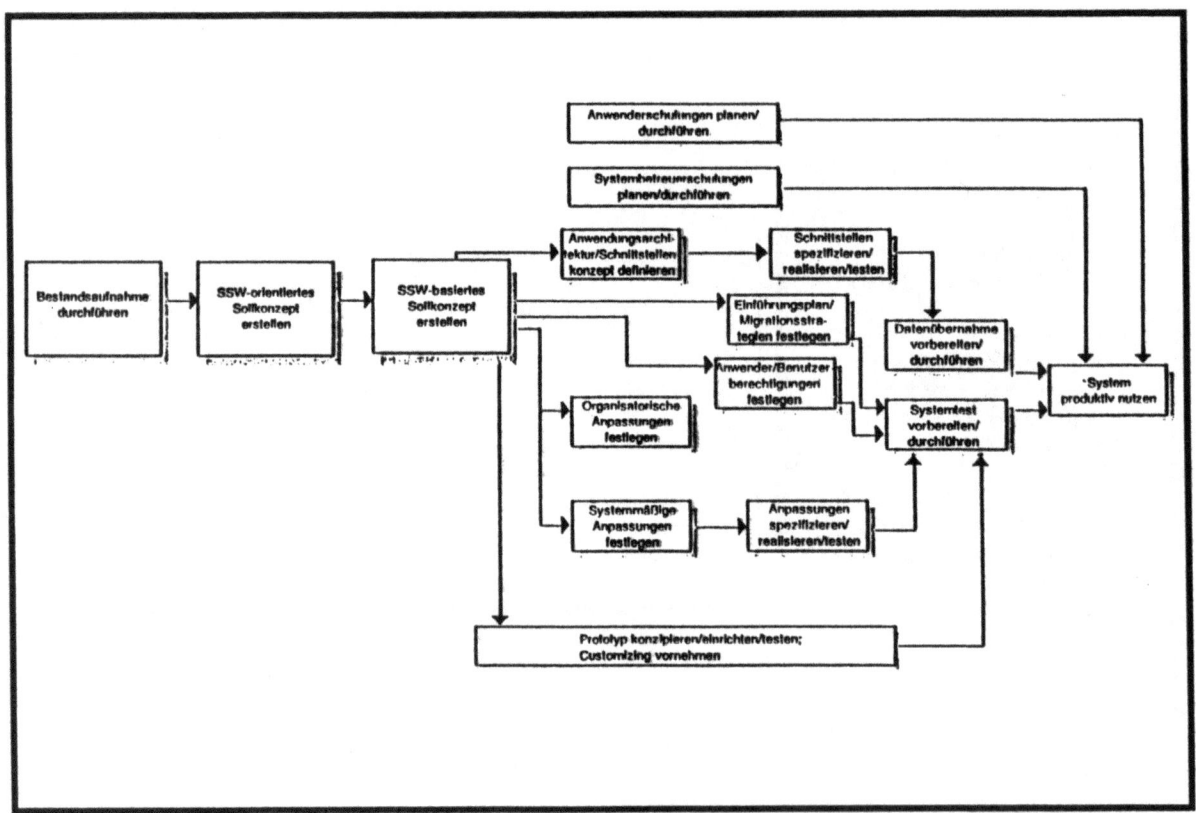

Bild 14 Gesamtvorgehensmodell: Prozeß- und modellorientierte Einführung von Standardsoftware

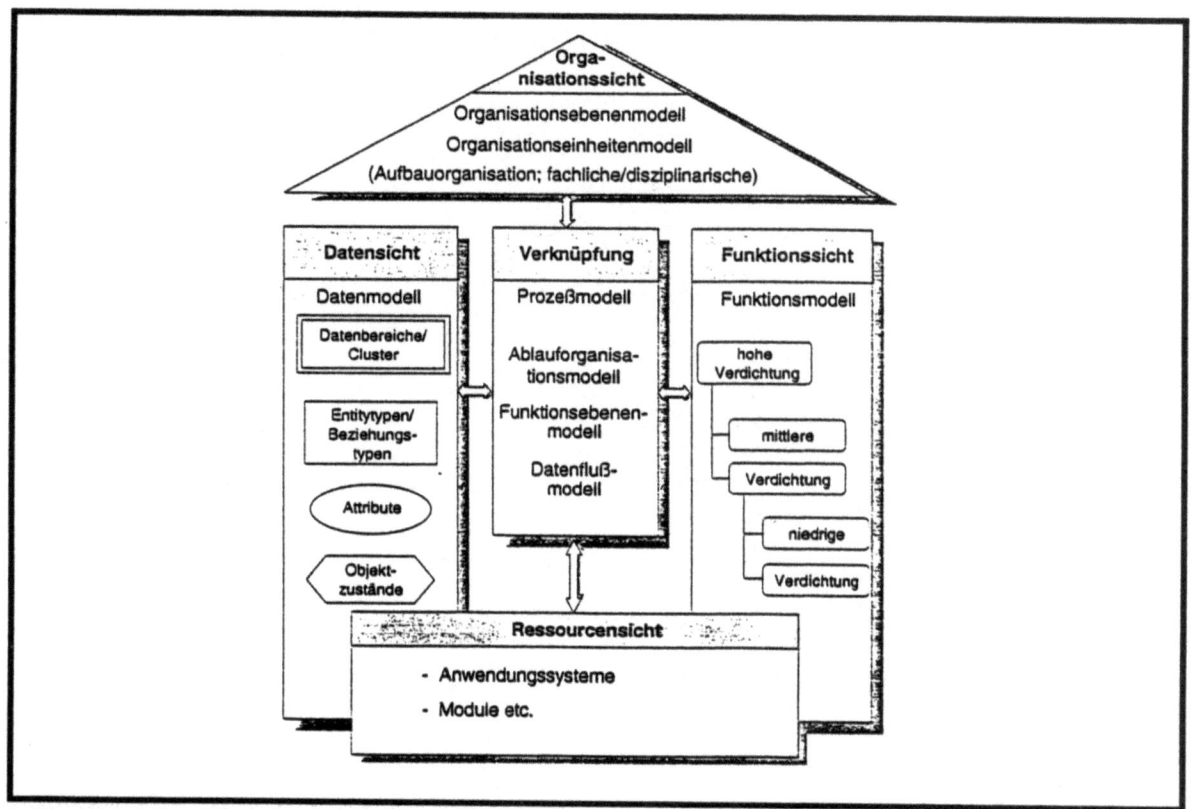

Bild 15 Ganzheitliche ARIS - Methode

If you have any concerns about our products,
you can contact us on
ProductSafety@springernature.com

In case Publisher is established outside the EU,
the EU authorized representative is:
**Springer Nature Customer Service Center GmbH
Europaplatz 3, 69115 Heidelberg, Germany**

Printed by Libri Plureos GmbH
in Hamburg, Germany